杰克·E·戴维斯 著

丘梦晨 译

墨西哥湾

的

历史

The Making of An American Sea

The G美U国L海F

社会科学文献出版社
SOCIAL SCIENCES ACADEMIC PRESS (CHINA)

Jack E. Davis

谨献给薇拉

并以此纪念葬身于我们心系之海的

吉米（1956~1970）

年表 / *001*

序　历史、自然和被遗忘的海 / *001*

引言　诞生 / *010*

第一部分　河口和陆海变迁：土著和入侵的欧洲人 / *019*

一　冢堆 / *021*

二　墨西哥湾的由来 / *039*

三　无谓的送命 / *050*

四　一条最重要的河流和一个"了不得的"海湾 / *077*

第二部分　大海和天空：19世纪亮相的美国人 / *098*

五　昭昭天命 / *101*

六　鱼的海洋 / *120*

七　降服海岸的野鱼 / *162*

八　铩羽之鸟 / *201*

第三部分　未来的序幕 / *244*

九　从海湾到海滨 / *247*

十　石油和得克萨斯的小心试水 / *289*

十一　石油和路易斯安那的奋力一跃 / *310*

十二　岛屿，因时而易的沙子 / *337*

十三　风和水 / *371*

Contents /

第四部分　饱和与失去：1945年后 / 413

十四　扩张的海岸 / 415

十五　深陷泥潭的佛得二州 / 455

十六　物质过剩的河流 / 485

十七　出逃和失控 / 511

十八　时光沙漏中的沙 / 524

十九　消失的边界 / 540

后记　黑暗中的光明 / 562

注　释 / 586

参考文献 / 611

图片来源 / 617

索　引 / 619

Contents /

时间	事件
10000 年前至 1513 年	第一代居民在墨西哥湾沿岸定居生活。 海平面上升至现代水平。 生态和地理环境演变至现代形态。
1513~1821 年	来自西班牙、法国和英国的征服者在墨西哥湾部分海岸登陆并定居。 欧洲人发现墨西哥湾的主要地理特征和海岸线轮廓。 欧洲疫病在当地肆虐，原住民人口剧减。
1821~1900 年	海湾开始美国化。 海湾五州成立。 商业性捕鱼业萌芽。 大肆开发开始对当地包括鱼类和鸟类等自然资源产生影响。 针对墨西哥湾的生态保育活动拉开帷幕。 旅游观光从垂钓扩展到海滩度假等活动。 人们开始在密西西比河筑堤。

1900~1945 年	墨西哥湾发现石油。
	工业进步推动着旅游业的发展和自然资源的商业化。
	沿岸大部分地区的人口稳定发展。
	摧毁性的飓风为上述发展画上了问号。
	部分海洋生物数量呈现急剧下降趋势。
	候鸟迁徙路径被锁定，猎鸟开始盛行。
1945~2000 年	整个海湾和海滨地区人口呈爆炸式增长。
	飓风持续威胁着海滨生物的生存。
	海上石油开采和石油化工行业发展至现代水平。
	化工废水污染急剧加重。
	墨西哥湾水域出现死水区。
	工程活动大大改变了海湾的海岸线。
	海岸线侵蚀问题被正视。
	动植物数量大幅减少。
	生态学的发展加深了人们对海湾生态的理解。
	针对海湾的自然生态资源保护活动增加，并形成组织。
	部分水体得到了清洁。

2000 年至今

墨西哥湾遭遇史上最严重的一起石油泄漏事故。

污染在部分地区得到遏制，在其他地区则仍在发生。

有组织的自然生态保护活动仍在继续。

海平面上升成为新难题。

海岸线侵蚀加速，范围更广。

水产养殖使海湾的自然资源得到可持续利用。

序　历史、自然和被遗忘的海

> 人类应该作为物理*世界*的组成部分来研究。
> 人属于*自然范畴*。
>
> ——汉斯·费迪南·海尔默特（1901）[1]

> 不录荒野的历史不成其为历史。
>
> ——E.O. 威尔逊（Edward O. Wilson）（2016）[2]

1904 年，佛罗里达州西北岸，霍莫萨萨河（Homosassa River）正从这里缓缓流入墨西哥湾，画家温斯洛·霍默（Winslow Homer）整个 1 月都在这里垂钓。此前，这位大西洋画家从未来过墨西哥湾，现下这大海和海岸共同构成的大自然调色盘——它的色彩、律动和历史——令他兴奋不已。

沿岸是芦苇丛生的湿地，再往里是茂盛的林地——霍默称那为一抹丛林之绿——那里蔓延的气生植物和蕨类植物在斑驳阳光下摇曳，在柏树和红月桂传送的阵阵芳香中，还夹杂着有机肥腐烂的气味。此刻，霍默也许在探听丛林深处象牙喙啄木鸟的敲击声，也许在观察正在水上安静捕鱼的苍鹭和白鹭的奇特站姿。宽广平静的水面一览无余，水底暗流涌动。霍默带上了鱼饵和钓具，划着小船；小船所到之处，水底铺满水草，绵延数英里，水草中满是螃蟹、贝类，以及各种目不暇接的小动物。其中最亮眼的是成群成群的鱼，它们随着看不见的墨西哥湾流游动着，形成的鱼群足有运货的火车那么长。数量如此壮观的鱼群，既吸引来了在上方盘旋的鹰和鹗，以及素爱浅滩的涉水鸟，也吸引来了霍默。他在数年之后又回到了这里。

他当时 68 岁，一如既往地把自己拾掇妥帖，蓄着胡子；彼时的他名声正盛，他的大西洋海景画最为人所称颂。他同时也是垂钓的狂热爱好者，他擅长收竿就和他擅长作画一样。冬天到来时，他会关闭他在缅因州的工作室，南下度假偷闲，其选取的目的地通常是一个微风和煦的海岛。

令人惊讶的是，他没有在古巴和佛罗里达礁岛群（Florida Keys）间发现过墨西哥湾的影子。多年来，他的垂钓日记都在称颂美国后院的海是垂钓者的天堂，是未被开发的人迹罕见的净土。从佛罗里达州南部到得克萨斯州南部是一条长长的弧形海岸线，遍布绝佳的垂钓点，而其中霍莫萨萨河的入海处是他一直以来的最爱。《森林和溪流》称其"实在是一处迷人之地"，在那里"钓竿守卫者平常用来放钓饵和固定钓钩的时间就足够让他钓上一条大鱼来"。鱼来得如此轻松，霍默在给他弟弟的去信中写道，那"是他能找到的全美国最棒的地方"。[3]

同样引人注目的是当地独特的历史印迹，尽管它们在多年后已被美国的主流历史所遗忘。你若沿着海岸行进一整日，沿途可能一个人影都看不见，却随处可见数不尽的土著冢堆，它们在平坦的荒原上如此突兀，处处透露着旧时人为的痕迹。这些冢堆由泥土和贝壳组成，上面覆盖着植被，就像鱼群和树林一样，融为大自然闪耀的一部分。它们是人造环境的遗迹，是数千年前曾经在这里生活过，但后来又消失了的人们留下的。其中少数冢堆相对更高耸、庄严，其余的则多是较低矮的丘堆，它们中部分要追溯到公元前 250 年甚至更早。数量最多的是堆了生活垃圾的山包，它们被称为厨余冢；人们在里面发现了贝壳和骨头，它们既是土著饮食结构的明证，与现代垂钓者们的盛宴也同样有千丝万缕的联系，揭示了一段至今仍未被揭晓的历史。

墨西哥湾熠熠生光的自然和历史唤起了霍默的创作灵感。他正等待这样的时刻。他只要带着鱼竿和渔线，就一定也会带上颜料和画笔。当他的画作日渐成熟，以往作为背景出现在他画布和画纸上的自然景观现在已经成为他作画的焦点。在他许多的大西洋海景画中，人物细节清晰，摆位正中，画中人常与大海做着搏斗，磅礴的大海时见惊涛骇浪，象征着大自然的无上威力。

墨西哥湾水面开阔，常常平静有如小水池一般，如此一来画面上的各个要素的比例便面临调整。霍默在霍莫萨萨河边完成的几幅水彩画中，人物只是淡淡的一抹颜色点缀在平静的大海上，海面碧绿宛如硕大的明镜，棕榈树映衬在其上，树干向着淡褐色的云层一直延伸到画面的中央。《贝冢》（*Shell Heap*）正是这样一幅作品，画面上蒲葵树下是一个原始丘堆，丘堆上满满的牡蛎壳一直散落到了水边，近岸处漂着一只小船，船上坐着两个垂钓的人，此处寓意的正是原始到现代的延续。和霍默在霍莫萨萨河边的其他所有画作一样，《贝冢》表现的是人、自然与历史三者之间密切且重要的联结。我把这三要素称为霍默的真理，它是此书的核心。

霍默那个年代，在大多数人包括史学家眼中，大海和自然并不单独存在，它们的出现总是伴随着人类的活动和发展。尽管海洋面积占地球表面积的71%，但史学家们的研究主题仍是重大事件、数据、战争，以及大城市和民族国家。时至今日仍是如此，海洋代表贸易和勘探通道，甚至在更多时候，它只是一个陪衬的背景。在1901年发表的一篇少有人知的以太平洋为论题的论文中，史学家爱德华·维尔切克伯爵（Count Edward Wilczek）提到了这种异常，他认为海洋"在人类历史进程中扮演了重要的角色"。但即使是维尔切克伯爵，这位奥地利贵族，最后也是落

/ 006

了窠臼，他的论述依然将海洋视为一片起到连接或分离陆地作用以及文化作用的被动水域。[4]

直到 20 世纪中叶，以法国学者费尔南德·布罗代尔（Fernand Braudel）为首的新一代历史学家才开始转向更开放的态度。布罗代尔是当时倡导创新的年鉴学派的领导者，年鉴学派从普罗大众的视角解析历史，颠覆了传统史学自上而下的研究方式，即将历史事件的发生归因于少数领导者个人的行为。布罗代尔在年鉴派方向上更进一步，将"我们所见所爱的海洋"视为影响人类活动的重要媒介。他发表了具有开创性的他称之为地中海"传记"的两卷本著作①，肯定了维尔切克的观察，与霍默的理念不谋而合。作品于 1949 年面世，并于 1966 年、1972 年再版发行，《地中海》一书引领了一股海洋研究的热潮。世界各地的史学家纷纷开始撰写大西洋、太平洋和印度洋的历史。从那之后，越来越多的研究出现，其中也不乏以地中海为题的。但进取的海洋史学家却总止步于墨西哥湾，墨西哥湾未在这段辉煌中占有一席之地。

即使在今天，墨西哥湾也不被美国历史提及[5]。因此本书涵盖了从更新世至今的历史，旨在展示这片在沧海桑田中孕育了数个文明的海洋。墨西哥湾不仅承载着灿烂土著文明的全貌，也是西方帝国财富积累的积极推动者，美利坚版图扩张和经济崛起的重要一环。合众国的缔造者们通过协约、征战和买地筑起了这个

---

① 指的是 *La Méditerranée et le Monde Méditerranéen á l'Epoque de Philippe II*，英译名为 *The Mediterranean*，中译本为由唐家龙、曾培耿、吴模信译介，商务印书馆出版的《地中海与菲利普二世时代的地中海世界（全二卷）》（下文简称《地中海》）。另，本书后文也征引了不少书目，但少有中译本，因此除非注明，相应中文书名仅供参考。——译注（除特别标明为译注，本书其他脚注均为作者注）

国家，他们认为墨西哥湾理所应当是美国的。早在 1803 年路易斯安那购地案和此后的西进运动之前，托马斯·杰斐逊就将当时还处于西班牙控制下的这片海域，视为这个年轻的共和国日后兴旺的基础。但如此有杰斐逊之视野，能将其看作国家扩张目标和美国精神化身的史书却是罕见。只需对海湾历史稍作了解，便能知晓它对美国人民价值指向和野心的彰显力度并不亚于西部历史，而针对西部历史的书作已浩如烟海，无不试图借此探讨美国精神之所在。

墨西哥湾的历史，如我们将看到的，正是美国的历史，两者唇齿相依。学校书本教给我们说，加入美国独立战争的是英属的十三州殖民地，但实际上是十五个：被遗忘的两个分别是当时同被殖民的西佛罗里达和东佛罗里达。湾区与北美十三州同样站在抗争的前线，为美国人民和移民提供了追求更好生活的机会，让国家得以繁盛，这一切依赖的不仅仅是西部的林地、群山和河谷，还有南方的海湾。19 世纪初，新英格兰的捕鱼船将贸易活动开展到了墨西哥湾，于是东北部、中西部的度假爱好者和霍默一样，闻声南下，被这里的阳光和户外活动吸引而来。此时，一个垂钓者来到了得克萨斯州一片封闭的小海湾里想试试运气，结果在他的小船下发现了石油。于是油田勘探者纷纷会集到近海处，在地底下寻找那个污秽黏稠的东西，最终墨西哥湾便成了整个国家最重要的油气储藏地。

随着每一条驶往海岸的铁路线的铺设，每一家新旅馆的开业，各路眼睛都紧盯着这里的紧俏资源，这个地方很快便和这个国家的其他地方一样，紧紧跟上了改变和消耗的步伐，最后一举超越了它们。墨西哥湾成为美国海。

这些无一不受自然的影响。既拥抱霍默的真理，我们便不能撤除自然的语境；在传统的历史叙述中，人类活动的背景没有得到应有的记述，自然因素被抹除和忽视，本书将摒弃这种叙述方式。即使在很多随《地中海》浪潮而起的海洋传记中，自然环境这一历史媒介也是——用近 70 年前布罗代尔的话来说——"几乎无法察觉的"。正如这位法国学者所说，自然从不缺席，它不只是模糊的背景[6]。

它是参与者、推动者和催化剂。丰富的资源既使一国富饶强盛，也使各国短兵相接；我们的祖先坚持垦荒畜牧，靠天吃饭。人们以何种方式，在什么地方，用什么样式来建造他们居住和营生的地方，都依赖于自然环境和条件。人们书写作画、穿戴交谈、谋划消闲，以及选择生计的灵感，无不来源于天地之间。自然塑造了战争策略和经济形态，自然资源的丰富和贫乏便决定了人们和其事业的兴衰。

和前辈温斯洛·霍默同样敏感的密西西比河画家沃尔特·安德森（Walter Anderson），曾经问道："人为什么活着？" 20 世纪中叶他曾旅居在墨西哥湾一处岛上，在其日志中，他是这么回答的："为了成为自然的仆人和奴役。" 安德森并非在宣扬一种理想，而是陈述海湾人们固有的生活。它丰富的渔业资源，准确来说，并不是新英格兰人进取开拓的产物，而是墨西哥湾富饶的河湾带来的。第一批度假爱好者是被当地一种鱼吸引而来的——这种鱼凶猛好斗，非常受垂钓爱好者的青睐——随后被垂涎的便是这里美妙绝伦的海滩和落日了。河流将美国海和本国的其他地方，包括其农业和工业中心，连接了起来，从此墨西哥湾沿岸便有了全国最繁忙的货运港口。偶然而成的地质条件，连同河流、山川、千变万化的海洋、久远的海洋生命，和古老的地球一起，赋予了海湾丰富的石油资源，而它正以令人难以置信的方式改变着现代社会。[7]

西方传统将历史当作文明进程和伟大领袖天才之举的记录。但传统观念上的进步——人口发展、财富积累、技术进步——却可叹地一直伴以生态环境的恶化。湾区曾有不计其数的飞鸟从天上跌落，只为满足商业活动和人类的消遣。这片地区成为美国陆军工程兵团[①]展示其地表挖掘技术的绝佳场地，也成了全国农业和工业污水的集中排放地。壮观的海湾几近枯竭，当日霍默看见的鱼群种类中只有小部分存活至今，而水也不如那时清澈干净了。

海洋并不是唯一遭殃的，发展带来的恶果也侵蚀着大陆和岛屿。墨西哥湾是美国的飓风走廊，但美国人还是死心不息地在其中大搞建设。移民大量聚集的众多海滩，并不全是天然而成，而多是花着纳税人的钱与大海"打对台"的结果。这些恶劣的事例反映了当下盛行的文化观念，它们蚕食着我们赖以生存的自然支柱，使未来岌岌可危。

前事不忘，后事之师。"请用平等的心怀／思考过去和未来"，T.S.艾略特在他著名的描写海洋的诗篇《干燥的塞尔维吉斯》（*The Dry Salvages*）[②]中如此写道。我们这个时代的议题，已经与霍默时代相去甚远；我们的日常话题都在探讨我们与环境的关系，而且对此也有了更深的理解。但从种种迹象看来，我们与自然的关系与往日并无不同。我们没完没了地往自然界生产垃圾、排出废气——我们仍然按我们的意志在使用它。[8]

---

① 美国主要水利机构之一，隶属于联邦政府和美国军队，主要负责水利工程的规划、设计、施工管理及运用维护。它也是世界上最大的公共工程、设计和建筑管理机构。——译注

② 出自其《四首四重奏》（收录于《T.S.艾略特诗选》，译者张子清）。——译注

可以说如今人类面临的最严峻的挑战来自气候变化和海平面上升，而在美国所有地区中，墨西哥湾首当其冲。我们在寻找补救方法时，可以在历史中找到大量可供参考的先例：其他文化中人们是如何与周围环境共处的；我们如何在过去过着比现在更可持续的生活；当我们试图改变自然时它是如何给出与以往不同甚至令人不解的回应的；或者当从前无人叨扰时，自然是如何不吝馈赠，而自从人类干预以来，它却变得所剩无几。历史可以揭露适得其反的行为，同时也能借过去的智慧弥补过失。它可以揭示生态环境对人类状态的影响，重新唤起自然是人类居所这一理念。

因此全书章节的结构是围绕墨西哥湾的自然特点展开的，从鱼群、鸟类到河口、海滩，旨在探讨它们是如何介入人类活动中，以及相应地，人类是如何介入自然从而影响到自身的。基于各种相关原因，后面很多内容都聚焦在了美国。它不像大西洋有多达 43 个国家共享其海岸，也不像太平洋几乎占了半个地球，墨西哥湾并不是一个有相似体量的国际性海域。与它接壤的只有三个国家，而美国占据了其一半的海岸线。然而海滨景色并不是故事的全部。地缘政治、地理、经济，尤其是生态环境等因素都使墨西哥湾在很大程度上与美国脱不了干系。

在我看来，墨西哥湾在我们的生活和历史中扮演如此重要的角色，因此我们有必要将它的前世今生了解得更为透彻，这也是我撰写本书的起因。自 2010 年"深水地平线"漏油灾难发生以来，墨西哥湾的名字上便被打上了石油的烙印。它塑造了人们——无论是记者还是政策制定者，甚至是科学家和游客——对美国海的观感。前后持续了 87 天的噩梦，造成了 11 人丧生，爆炸的钻井平台在世界地球日不幸沉没，这次事故成为史上最严重的石油泄漏事故，也许也是最糟糕的一次事故善后处理。墨西哥湾从此背负着对未来致命且未知的后果，对此作家罗恩·雅各布森（Rowan Jacobsen）在《墨西哥湾上的阴影》（*Shadows on the Gulf*）⁹一书中已有了敏锐的预判。

此书并不是专门为"深水地平线"两亿加仑的原油倾泻事故作的序。一来，正如雅各布森和文稿中提及的其他人所认识到的，这次重大的石油泄漏并不是，也远远不是墨西哥湾自然生态遭受到的最大灾难。无论源头远近，墨西哥湾每天都在经历环境灾害，泄漏事故也因此不足一提。二来，没有单独的一个人或一次事件能代表一个或一连串悲剧的全部。

墨西哥湾及其历史——布罗代尔也许称之为它的传记——应当被称颂，而非哀悼。美国海过去是，现在是，将来也会是人类的福音。它为我们的生活带来美好，鼓舞人们的精神。它为我们提供食物，调节气候，帮助我们减少空气中的二氧化碳，代之以我们呼入的氧气。这种养分不是从水井抽取上来的，而是散布于海湾各处。它是一个整体的生态，是从阳光到植物到动物的能量循环；对未来生存而言，生命链条上不竭流动的活力比化石储藏量更重要。

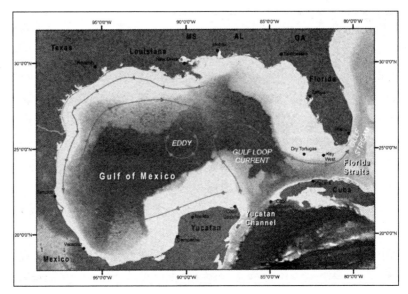

墨西哥湾环流滋养着墨西哥湾暖流,
改变了欧洲人从新大陆返程的航道。

墨西哥湾的生态故事……就是一切的源头。

——威廉·惠特森（William Whitson），

《墨西哥湾计划》（*Gulf of Mexico Program*）（1993）[1]

　　1.5 亿年前，从赤道往北极方向的三分之一处，墨西哥湾开始有了雏形。它的发展势头并不迅猛，却蔚为壮观。它的形成得益于泛大陆的分裂；泛大陆是当时地球上唯一的大陆地块，被唯一的大洋——泛大洋——所包围。亿万年来偶有发生的地壳震动撼动着这片超大陆，使陆地分裂，沼气喷涌而出。火山爆发，数以千计的火山带溢出炽热的火山熔岩，最终形成山体。喷射物使整片天空弥漫着烟雾和二氧化硫，导致了"大灭绝"的发生；这是地球有史以来最严重的一次物种灭绝事件，几乎所有海洋生物和大部分的陆地脊椎动物因此绝迹。在断裂碰撞之下，巨大的上地幔和地壳板块经过一系列的震动、推移、碰撞和相互堆叠，在隆起形成了更多高山的同时，也撬动着超大陆的解体，它一分为二，诞生了劳亚古大陆（北美和欧亚大陆）和冈瓦纳古大陆（南美和非洲大陆）。裂缝将巨大的陆地地块尤卡坦半岛与佛罗里达割离，中间便形成了一处盆地。

慢慢地而又不可阻挡地，盆地发展为海湾。水从西南和泛大洋灌进来，当时的尤卡坦半岛尚在逆时针漂移，以后它才与墨西哥合为一体，成为一道天然大坝。在东边，一道裂缝形成的海峡切割了佐治亚州的下半部陆地，引入附近的水流，也就是日后的大西洋。不久海峡闭合，加勒比海成为盆地唯一的海水源头，海水从尤卡坦东侧海峡流入。在地球的极点还未被永冻冰层占据时，海湾所能覆盖的最北端位于现在伊利诺伊州开罗市的位置。

经过数百万年的断裂、下沉和侵蚀，这个海盆终于被打磨成如今墨西哥湾的大小和形态。恐龙出现又消失，它们中的一些进化成了鸟类，在地质灾害时期存活了下来，栖息在墨西哥湾海岸。海水上升、下降了两次、三次、四次，也许更多。在更新世时期，蓄水的海盆大幅萎缩，水位比今天差不多要低 250 英尺，温度也比现在低很多。墨西哥湾此后四分之一的水量被冰川裹挟，随之北上了数百英里，随着冰川融化，水流通过密西西比河流域倾泻而下，灌饱了盆地。

/ 014

墨西哥湾是如何形成的，在很长一段时间里，都是地球科学领域的一个谜。地质学家有时通过观察地球的特征来判断它的起源，苏伊士湾就是一个例子。俯瞰下，它狭长的水域就像绿巨人衬衫上崩开的一道缝，这表明它起源于一次断裂。但就墨西哥湾来看，它的形状让人想起一只被牵引着的、头向西侧视的骆驼脑袋的轮廓，地表并没有暴力撕扯留下的痕迹。19 世纪发展起来的诸多起源理论基本只是未加证实的猜想。一些科学家猜测是小行星碰撞产生的其中一颗流星撞进大气层进入地球后，在墨西哥湾的位置砸出的一个深坑。这个猜想毫无根据，也许可见于科幻小说情节，但与真相相去甚远。

20 世纪末时，一位专研石油的地球物理学家在尤卡坦半岛西北角位置发现了一个 110 英里宽的陨石坑，将其命名为希克苏鲁伯陨石坑。这在当时被普遍认为是触发传说中白垩纪第三纪大灭绝的导火线，陨石撞击造成大量烟尘升空，遮天蔽日，阻挡了光合作用，使依赖阳光获取能量的植物和浮游生物无以为继，包括恐龙在内的动物便因此断了食物来源。

墨西哥湾起源的决定性证据一直深埋地底，直到 20 世纪初才在石油公司的一次偶然侦测下得见天日。通常，地质学家的研究成果会为矿物探测带去帮助，但在这次案例中，石油公司在这个地区广布的深钻勘探井为科学家们提供了前所未见的重要样本，以及指向断裂和泛大陆解体的实质证据。石油公司成功的勘探发现也坐实了这个结论，因为断裂点通常就是石油的发现地。

一直以来墨西哥湾起源的难以定论让世人对它的定位也摇摆不定。1895 年作家斯蒂芬·克兰在得克萨斯州一港口城市加尔维斯顿流连时，曾表达出当时人们的普遍想法，他注意到"墨西哥湾被认为是大西洋的一部分也许是个错误"，它的名字在地图上应该也是"大写的红色字体"才对。数十年后，由沿海国家组建的承担世界水道测量工作的国际水文组织，将墨西哥湾划定为大西洋海域的一部分。此次降级掩盖了墨西哥湾的独立起源，模糊了它的物理属性、水文特征和个体特征，也为此书的存在提供了部分理由。[2]

温斯洛·霍默再一次给我们带来灵感，但这次他是作为大西洋画家出场的。有别于他对广阔大洋的描绘，他的霍莫萨萨河水彩作品更加印证了墨西哥湾独一无二的特性。霍默画笔下的大西洋是一个狂怒咆哮的巨人，灰暗的海面下海水翻腾，惊涛骇浪，鲨鱼涌动。海岸上海浪击打着参差不齐的礁石，黑暗汹涌有如压顶的天空。画中人常常与冷酷无情的风浪抗争，因为大西洋广阔、粗暴、自我，并不轻易让你容身。相反，霍默笔下的墨西哥湾亲切友好，有着另一番色彩。在他的画里，水面平静，波澜不惊，偶尔有鱼跳动着吐钩。但这令人兴奋，而非害怕，垂钓者继续让小船随波漂着，继而用一个漂亮的动作将渔线收回。白云悠悠的天上，鸟儿张开翅膀迎着上升的气流自在飞翔。

霍默注意到，墨西哥湾最大的特点在于其散发的独特气质。它诱使你进入，但在你眼前的并不是像大西洋画里呈现的那样是一个暗藏汹涌的海底旋涡。它叫你融入它，叫你踮着脚丫走在慢慢暗下来的船坞上。在 20 世纪 30 年代的墨西哥湾，七岁的 E.O. 威尔逊便是在这样一个船坞上度过了一个夏天。这个夏天被他称为"奇幻的一个夏天"，他不断在那里发现"珍贵稀有的"生物，这次经历使他一往无前地走上了开拓学识和精神视野的人生之路。当他长大成人，成为美国国内卓越的进化生物学家时，他写道，他此前的这番经历"当被一代一代人重复上无数次"。[3]

但这并不表示墨西哥湾总是风轻云淡。它也会翻脸无情，那可能是因为大西洋的坏天气席卷而入，也可能是它自己酝酿翻腾的结果。可以肯定的是，正如英国旅行作家亨利·梅杰·汤姆林森（Henry Major Tomlinson）多年以前说过的，它有"翻江倒海"的能力。[4]

/ 016

　　端详着墨西哥湾的人们如果没有将它与大西洋混为一谈，那他们常会将它同地中海（同样被国际水文组织定义为大西洋的附属海域）联系起来。1934 年，当美国诗人华莱士·史蒂文斯从基韦斯特往墨西哥湾望去，他总有那么几次以为自己看到的是另一片海。他给在康涅狄格州家中的妻子去信说，墨西哥湾"有地中海般的美丽"。这种比较可追溯至早期欧洲人的活动，他们尝试在这里再现熟悉的景色，尽管二者的形态相去甚远。地中海比起蓝中透着绿的、水深较浅的墨西哥湾，要更年轻、更大、更深，也更蓝。年轻的这片海，海岸都是峭壁，几乎不见潮水涨落，而年长的这个，落潮涨潮分明可见，罕有礁石，垂直高度最高的不过是沙丘和少见的红黏土断崖。地中海严格说来也是海，而墨西哥湾，其实，是一个*海湾*。[5]

　　史蒂文斯的这番比较最终抛出了一系列问题：一个水体什么时候是海湾（Gulf），什么时候又会被纳入洋（Ocean）、海（Sea）、湖湾（Bay）、小湾（Cove）① 或其他类别里？大小是最主要的区分点，洋是其中最大的。它们是地球上广而深的所在，是有边界的主体，是互相连接的海水整体。在大小上紧随其后的是海，然后是海湾，虽然划分并没有固定的标准，有点像服装行业里不统一的尺码表：这个牌子的中码是其他牌子的大码。墨西哥湾的总面积有 60 万平方英里，比俄罗斯东端的鄂霍次克海要大五分之一，比之日本海就更是大了。

　　可以确定的是，在日常谈话中，将海湾称为海并无大碍，但绝不能将海称为海湾。另一个让人不自觉地会将墨西哥湾和地中海

---

① 对不同大小的湾，此处分别译为海湾、湖湾、小湾以示分别。在汉语习惯中，实际不作严谨区分。尤其对于 gulf 和 bay，专有名词的中文译名一般均译为湾，例如下文中提到的在英语中能体现出区别的哈得孙湾（Hudson Bay）和墨西哥湾（Gulf of Mexico）。——译注

联系起来的原因，是海湾和海都与洋相通而又部分地被陆地包围。除了九英里宽的直布罗陀海峡外，地中海四周被陆地环绕，而古巴、墨西哥和美国也将 94% 的墨西哥湾包围了起来。从理论上来说，海湾应大于湖湾和小湾之流，而且通常也包含它们。不过，地理学，像所有其他东西一样，都有规则破坏者。就面积而言，北美洲的哈得孙湾①比世界上其他海湾都大，除了一个：墨西哥湾。

这个最大的海湾其面积在地球上所有水体中排第十位。墨西哥湾的表面积相当于太平洋的百分之一，大西洋的五十分之一。费城到伦敦的航行距离大约就是墨西哥湾的周长，海湾沿岸是美国的五个州、墨西哥的六个州。海岸线中约有 1500 英里从墨西哥的塔毛利帕斯州延伸至金塔纳罗奥州北部，另有 1631 英里从美国的佛罗里达州到得克萨斯州。墨西哥湾区的所有海岛、湖湾和其他枝枝节节上的海岸线有美国潮汐海岸线的十倍之长。古巴 236 英里的海岸线虽然相形见绌，但这个横卧在海湾中央修长优雅的海岛是出入海湾的唯一门户。从古巴的最西端向西横跨 125 英里便是墨西哥的尤卡坦半岛，此间的尤卡坦海峡连接了加勒比海与墨西哥湾。哈瓦那东北方 99 海里（115 英里）就是基韦斯特的所在地，两地之间是佛罗里达海峡，部分墨西哥湾流从这里涌入巴哈马海峡和大西洋。

墨西哥湾流是一股温暖而强有力的水流，它沿佛罗里达东部海岸而上到达北卡罗来纳州，然后横跨大西洋向欧洲流去。它就像大海中的河流，以每小时 5.6 英里的流速每一秒输送着将近 40 亿立方英尺的水量——这比世界上所有河流的水量总和都要多。欧洲人若想加快回家的航程，多半会选择让载着新世界金银的船只从墨西哥湾起航，于是湾流的源头来自何处便激起了科学家们的好奇

---

① 哈得孙湾具备海湾（gulf）的特性，若非沿用历史上的命名，称其为海湾（gulf）更妥当。

心。1575 年，安德烈·特维（André Thévet）——这位法国牧师和
宇宙学家——错误地断言密西西比河是湾流的源头。他错得离谱。

　　来自尤卡坦和加勒比暖流以及太阳的热力和能量，在墨西
哥湾形成一股强劲的环流，即使从卫星图像上也能清晰看见这股
墨西哥湾环流像毛毛虫似的蠕动着。它的尾部从尤卡坦海峡一直
爬升至路易斯安那海岸。躯干的部分环绕着佛罗里达狭长地带①
海岸线行进，然后以几乎平行于赤道的方向，通过古巴和基韦斯
特间的佛罗里达海峡，与此同时虫子的脑袋继续沿着半岛往北推
进。环流如此循环重复，南北往返耗时大约一年时间。

　　蕾切尔·卡森，这位为海洋生命著书立说的人物，将墨西哥
湾称为"靛蓝的洪水"。它比周边水域的颜色要显而易见地深上
一两个色度，这部分是由于水里布满了游动的生物——小至显微
镜才能观测到的浮游生物，大到海龟，比比皆是。欧内斯特·海
明威喜爱在基韦斯特和哈瓦那之间的墨西哥湾捕鱼，寻找与大马
林鱼或金枪鱼一战的机会。有了湾流的助力，再加上他自身的坚
韧品格和高超捕鱼技术，海明威赢得了世界纪录创造者和巡回赛
冠军的头衔，以及海上杰出运动家的名号。6

　　华莱士·史蒂文斯从没和海明威钓过鱼，却和他在基韦斯特
一处酒吧门口打过架。他戏谑道，他刚到墨西哥湾来，就被一阵
飓风"推"出了佛罗里达的基韦斯特。这倒不全是坏事（至少远
远坏不过他那只向海明威下巴抢去一拳反倒骨折了的手）。史蒂
文斯从此便知道墨西哥湾也能生出不同于地中海的美来，就像一
首自有一套节奏和韵调的诗歌。美国海成为他的罗蕾莱女神，将

---

① 佛罗里达狭长地带（Florida Panhandle），即佛罗里达州的西北部，也译作"佛罗里
达走廊"。——译注

他迷住了；他来了一次又一次，古巴和湾区五州他都去了个遍。

　　想象一下，他坐着客船，像玩跳房子一样在墨西哥湾上从这玩到那。第一步是乘着蒸汽船驶出哈瓦那港，将旧时西班牙的要塞莫罗堡（Morro Castle）甩在身后，往北方的亚拉巴马州莫比尔港驶去，来到湾区最靠北的海岸——至此他已经行进了将近700英里了。此处风景之动人让他写下了一首描写鱼鹰的可爱诗歌《来自帕斯卡古拉的一些朋友》。下一跳将会从佛罗里达西海岸的坦帕市出发，这里盛产用古巴烟叶人工卷制的雪茄（"上好的圆胖的"那种最合他的胃口），穿过湖湾狭长的航道，就能迎着落日进入墨西哥湾，客船要如此行进1000个五英里才能最后到达墨西哥的港口。[7]

　　在两趟旅程之间，他会经过一个装着6430兆加仑水的海盆，就提到的这个容量而言并不算太大，因为墨西哥湾的平均深度只有一英里。卫星图显示，整个海岸边上似乎聚集着一片雪地，其中最厚的当属尤卡坦、路易斯安那和佛罗里达那些。那是大陆架和大陆坡，这就解释了为什么墨西哥湾的浅水（约38%）比深水（约20%）占比更大。

　　大陆架是亿万年前在海平面更低洼时其四周还未被淹没的陆地。现在你若站在墨西哥湾边，由于地球曲度的存在，你是无法一眼望到更新世时海浪到达的边界的。那时的气候寒冷、干燥，狂风大作，和现今的温暖和煦相去甚远。乳齿象、剑齿虎、大熊、骆驼，还有牛一般大的地懒在热带稀树草原上扬长而过，稀树草原呈阶梯状，草色褐中带金，针叶林地的树种现在只能在大陆北方见到了。在这片大风肆虐的土地上，除了有现在已经不存在的动物外，也居住着人类。这些体型巨大的动物举步维艰，因为它们不仅面临共同的无情的捕食者——手持矛枪骨棒的人类——还要应对不断变化的气候环境。历史告诉我们，它们的灭绝是这两者共同导致的。

第一部分

河口和陆海

变迁：土著

和入侵的

欧洲人

/ 一　冢堆

湾区被数量巨大的贝冢环绕，标志着湾区的富足和外来文明入侵前原住民生活的兴旺。

> *最浪漫的莫过于绿色的海湾闪烁着粼粼波光，自古老的*
> *冢堆而上，远远地映射于天际。*
>
> ——威尔士·摩西·索耶（1896）[1]

　　美国考古史上最令人兴奋的考古发掘之一是伴随一声闷响开启的。1895 年初，墨西哥湾上靠近佛罗里达南端有一个叫马可岛（Marco Island）的小岛，一名劳工的铲子在岛上淤泥沼泽地里铲到了一个手工雕刻的木制物件。这名劳工是 W.D. 柯里尔（William D. Collier）手下挖泥煤的，挖到的泥煤会被用来给蔬菜园子施肥。人们称柯里尔为柯里尔船长，他种植柑橘和椰子，捕捞蛤蜊，建造、驾驶包船，经营岛上的杂货店和小旅馆。他还是马可岛的邮政局局长，虽然岛上居民比方圆 500 英亩的土地上的居民都少。他拥有诸多头衔，但没有考古学家这一头衔。

尽管如此，当他的工人挖到这件宝贝的时候，柯里尔还不至于毫无头绪。在墨西哥湾住了一辈子的人，不会不知道它的海岸边环绕的都是土著留下的贝丘，山体连绵不断，直入墨西哥境内。人们不断地在山丘上挖掘，希望能让他们找到印第安人留下来的金银。他们有时能找到西班牙殖民时期的小饰品，可能是当时双方的贸易品，但最常见的还是矛尖和看上去没什么价值的贝壳之类的东西。柯里尔的这件手工品连同它的出土地——沼泽，而不是山丘——都不太寻常，不寻常得就像未起贪念的柯里尔一样。他本着探索历史的兴趣去咨询了一位考古爱好者 C.D. 邓福德（Charles D. Durnford），这是一名从爱丁堡来的英国退休军官。

邓福德和墨西哥湾间有那么一点不解之缘。他的曾祖父作为英国皇家陆军工兵的测绘署署长，曾在 18 世纪 60 年代对彭萨科拉市进行了测绘，当时彭萨科拉市西至密西西比河一带是英属殖民地。邓福德则不时地来墨西哥湾钓大海鲢，以及探索人人称奇的人造山遗迹。有人说这山是早已消失的湾区土著留下的，也有人说这是外来移民修建的。查尔斯·肯沃西，这位经常来墨西哥湾边海钓的纽约户外运动爱好者，在 20 年前的《森林和溪流》中也提出过这个种族学上的迷思，"众所周知，印第安人如此懒惰，是不可能完成这项工程的"。他呼吁"我们的科学人士们"去调查调查。但当时墨西哥湾并未引起考古界的兴趣，这个答案唯有等柯里尔领着邓福德去采样后才能揭晓了。[2]

这位考古爱好者明白这东西必须让专家过目，而找专家最好去费城。邓福德的家乡爱丁堡是苏格兰启蒙运动的中心，而费城就是美国的爱丁堡。两座城市在科学领域上的交流可追溯到本杰明·富兰克林时期。邓福德亲自将手工艺品送到宾夕法尼亚大学考古学及人类学博物馆，并请博物馆的创始人威廉姆·培柏作评。威廉姆·培柏也是一位备受尊敬的物理学家，在学术界和社交圈中被称为胡椒博士①。当时同在博物馆的还有一位人类文化学家弗兰克·汉密尔顿·库欣（Frank Hamilton Cushing），他看起来身体虚弱。库欣本任职于史密森学会②，当时告了病假在培柏这儿养病。他只扫了一眼穿孔的贝壳和绳网，就知道眼前这东西是土著留下的古物。于是他不顾病中的身体，坚持要马上到马可岛上去。

库欣天资高，做事细致，自尊心强，是完成这项工作的最佳人选。人类学和种族学领域的同行都尊他为土著文化研究的权威。库欣的童年在纽约州的中北部度过，小库欣在家里农场耕犁边上发现了一枚箭镞，这仿佛是命运的召唤，因为他的脚下正是詹姆斯·费尼莫尔·库柏笔下《最后的莫希干人》这样的印第安故事的发生地。库欣在 17 岁时发表了他的第一篇科研论文，论述对象是他研究了三年的当地的一个碉堡。他 19 岁时便在史密森学会得到了一个馆长的职位。[3]

此后他逐渐走入公众视野。纽约报纸上刊载着他在新墨西哥与祖尼族印第安人共同生活的六年经历，这段经历使库欣成为美国社会科学史上利用参与式观察法进行科研的第一人（这个名号在他离世多年后却被错误归到了别人头上）。《华盛顿邮报》一则头条里称他为"最著名的西部专家之一"，库欣在史密森学会的上司约翰·韦斯利·鲍威尔也称库欣是"天选之才"，而鲍威

---

① "培柏博士"在英语中称 Doctor Pepper，与当时七喜公司推出的一款碳酸饮料（中译名"胡椒博士"）同名，故有此昵称。——译注

② 1846 年创立于美国华盛顿的一个博物馆机构。——译注

尔本人就是一位西部研究领域中杰出的科学家和勇敢的开拓者。库欣遇到邓福德时已经 37 岁，胡子拉碴，身形瘦小却神情刚毅，永远在田野工作中忙得停不下来，即使因此染上了病痛也不管不顾，就像晕船却不愿意离开大海的海员一样。[4]

库欣对土著文明研究的贡献是卓著的，他的发现曾轰动一时，但历史没有记住他，一同被遗忘的还有他将在马可岛上挖掘出的遗落的印第安文明。提到美国的诞生地，现在更为人熟知的是那群走出森林的祖先，但被库欣称为"礁岛居民"的原住民和他们赖以生存的海湾对美国历史的贡献绝不逊色。

墨西哥湾是世界上最大的河口湾区之一，其 200 多个河口（占北美河口总数的四分之一有余）占地近 800 万英亩。与美国五州接壤的墨西哥湾沿岸是生命的发源地，造就了这片美国海独特的生态环境。它的存在有赖于几个条件。一是土地——无论海岛半岛，无论气候干湿——需部分地被浅水环绕，形式也不拘于湖湾、长沼、小湾、潟湖、入海口、海峡、河谷或湿地。这些地形在墨西哥湾处处可见。

另一个条件就是最早研究海湾的拉丁人所说的"aestuarium"，也就是"有潮汐的地方"。海洋生态系统的核心就是海水和淡水间的动态交换机制，淡水可能来自溪流、河流或者地表径流。美国内陆的 65 条河流缓缓汇入海湾，交汇融合，最后形成了环绕聚合的湾区。流动的淡水夹带着肥沃的沙土沉淀物注入咸水。这锅咸水犹如高汤，滋润着动植物的生长，为饥饿的野生动植物送去大餐。墨西哥湾就这么勤劳地、坚定地集合了众河流之力建筑着大海和海岸，它的周边是当时世界上最富饶的栖居地。它孕育了礁岛居民，也间接地为库欣的墨西哥湾之旅埋下了伏笔。

从费城到佛罗里达州西南部的这趟旅程除了需要耐力，还需要耐心。库欣见过邓福德不久就踏上了火车，但火车出不了纽约州，于是他们转乘克莱德公司的蒸汽轮船到了佛罗里达州东北岸的杰克逊维尔。然后又从那儿坐舰明轮船往南跨过半个半岛，来到自南向北流的圣约翰河的下游城市桑福德，桑福德盛产柑橘，但那年冬天冰天雪地、霜冻绵延。接下来是火车，再接下来是30英里的马背之旅，终于来到了佛罗里达的西南海岸，夏洛特港口的蓬塔戈尔达（Punta Gorda）。他可能在蓬塔戈尔达旅店歇了一晚，当时很多海钓的狂热爱好者会在每年开春南下钓大海鲢，这家旅店就是为迎合这批旅客新近修建的。库欣在当地雇了一个叫约翰·史密斯的海钓导游，史密斯驾着一只他起名为"佛罗里达号"的"单桅小帆船"，带着库欣沿着海岸来到了马可岛。[5]

佛罗里达的西南岸远离了季节性游客的喧闹，只有寥寥几百的居民，他们都是些分得了土地的定居移民、牧场主、渔民和野生动物盗猎者，散居于这1000平方英里的灌木丛地、沼泽地和充当着海风屏障的岛屿上。库欣又一次来到了科研前线，虽然这地方看着和他住过的位于西部的祖尼族栖居地——刷新了美国人想象的一次经历——不太一样。但它们是一样的天高云阔，在一片红红褐褐的荒漠沙石中，库欣看到了银白的沙滩、葱绿的岛屿和一望无际的水域。他后来写道，眼前的景象，把他带回到了"儿时关于海盗和西班牙人传奇冒险的梦境……"[6]

为了能真实记录下这趟探险，库欣随身带着一本日记本。第一篇日记出现在5月28日（1895年），那天，史密斯船长和他的伙伴带着库欣在"美丽的黑夜"里从夏洛特港出发了，他们航行在港口"光洁的水面"上，穿过迂回曲折的水道，来到了墨西哥湾。按工业文明的定义，这些水道被称为港口；按自然界的说法则是入海口，皮斯河和米亚卡河在这里放缓，众多的小海湾构成了整个河口，它吞纳潮汐，被湿地环绕。库欣就是从夏洛特港开始被一点点吸引去的。[7]

"佛罗里达号"航行了一个小时后，"远方水天交接处出现了一根蓝色的带子"，那是墨西哥湾，这是库欣第一次见到它，它"泛着乳白色的光"，"壮观极了"。如果"佛罗里达号"驶往得克萨斯州或者湾区北部，史密斯船长会看到更平静慵懒的海湾。为了能到达马可岛，船长选择了更常规的航道，往基韦斯特和古巴的方向向南驶入派恩岛海域——这也是一个欣欣向荣的河口，周围岛屿"密布棕榈"，"泥沙均被吸附其上"。[8]

从蓬塔戈尔达到马可岛，在顺风的好天气里不作停歇，一日便可到达，结果他们却用了八天。每到一个出现了贝冢的岛，库欣便要"佛罗里达号"停下来。从夏洛特港到马可岛的一路至少有 75 个冢堆，根据他的估测，其中 40 个体积"巨大"，他称之为"被截了顶的金字塔"。"古老的"水道在土地上"交织"而过，他认为那是供独木舟行驶的，间或还点缀着似是人工挖就的湖泊。他还遇见了海螺壳筑成的防波堤，有几英尺高，将潟湖状的区域围了起来，他将这片封闭区叫作"水下广场"，认为这里曾是人们安居的地方。他渐渐意识到土著人口数量要比他想象中的多得多，而且他们很可能并不是从别地迁居至此，而是真正的原住民。[9]

开始时，库欣和其他大多数的游客一样，将此地的自然景色视为多彩的热带风光的一部分。然后他注意到在冢堆和水下广场周围野生生物活动频密，于是他开始将这些现象联系起来。他坐在"佛罗里达号"的船舷侧，从船舷上方望去，陆地和海岛近岸"遍是暗绿色的红树林"。红树林生长在海岸线，常见于气候更温暖的河口地带。全世界有超过 50 种的红树林，三种生长在墨西哥湾的美国海岸，集中于广阔的海岸林里，库欣称其为"遮天蔽日的水中丛林"。最为多产的红色红树林只分布在佛罗里达州，因其垂悬赤褐色的铅笔状细长荚果而得名。它们向外伸出细长的支撑根，像准备好要迈起步来的样子。黑色红树林在地理上的分布则更为广泛，因黑色树干和硬铁般的心材为人所熟知。它们长着成千上万的一种名为呼吸根的特殊根茎，这些根"像蜈蚣腿似的弯曲着"钻出湿地，库欣如此描写道，使它们在变化的潮汐间也能够呼吸。不喜湿水的白色红树林则生长在它的两栖近亲的后方，因此长得也就没那么古怪。10

红色和黑色红树林都是河口生态的庇护者和市集。海潮高涨的时候，树林的根系网络将海上的漂浮物诸如腐烂植物、贝壳、不完整的珊瑚和被连根带起的海绵动物都网罗了起来，变成了食物的储藏地。附生在根系上的红树林牡蛎将随海潮漂来的浮游生物过滤取食，反过来，一同到来的鱼类也会以牡蛎为食。同样地，红树林蟹会吃入浮游的碎屑腐食，然后通过被鱼类鸟类吃掉将能量传送到食物链的上一级。在潮间滩涂地里，独居的寄居蟹和成群的招潮蟹的做法也多是如此。咖啡豆一样的蜗牛为了躲避鱼类捕食会往树上爬，但也只是成为鸟类的食物。生活在红树林草上的蚊子也同样是这个生态系统的重要组成部分。处在食物链底层的蚊子幼虫便是小鱼们的食物来源。

虽然水下的生命对库欣来说并不那么容易看见，但它们并不比湾区任何一个城市冷清，挤满了蓝蟹、牡蛎、游虾、乌龟和各种或幼小或成熟的鱼。"世界上没有其他水域能像佛罗里达南边的墨西哥湾海岸一样，"库欣断言道，"有这么丰富的能产出食物的动物了。"在浅滩和海岸，红树林在其根部堆积腐殖土，海草滋长，营养丰富，生命繁衍不息。在库欣那个时期，湾区河口广布着远超百万英亩的海草草甸，数量以佛罗里达水域为最。有人估测，一英亩的海草生长一年即能为上千万的无脊椎动物和上万的鱼类提供足够的食物，无论是虾米还是大鱼。库欣沿途遇见"极大的"鱼群，它们常常"恣意跳跃……一遇到张嘴而来的海豚和庞大的鲨鱼时就四下逃窜而去"。[11]

鸟，这种最招眼的野生动物，也被鱼群给招呼来了。库欣有一次目睹了千鸟齐飞的景象。鸟中的长腿家族，像苍鹭、白鹭、朱鹭、篦鹭和林鹳，喜爱在"灌木丛生的"红树林里筑巢栖息，于晨昏间到浅滩，偶尔也会到更近岸处，涉水啄食。鹰和鹗靠飞临水面抓获食物。褐鹈鹕头朝前方，从天上俯冲而下，"一举便迅速锁定了它们的晚餐"。鱼群和鸟群使河口呈现出一派生机，而它们周围也总是会出现冢堆和水下广场，这传递了一个信息。它们"以一种生动瞩目的方式告诉了我"，为什么几百年前人们"会选择在海边安营扎寨"，库欣写道，"他们跟随鹈鹕和鸬鹚的步伐，在可以行船但又不至于太深的近水海岸，先是解决了生计，最后世代定居于此，这不是最自然不过的事儿了吗？"[12]

晚上，"佛罗里达号"停靠在一处偏远的商业运营的海钓营地边上。营地管理者是些偏爱孤岛生活的人，他们习惯了蚊虫和这里黏糊湿热的天气，可库欣却一晚没合眼。晚餐常是白天里的猎物，从来难不倒他们。有一顿晚餐是史密斯射杀到的苍鹭——"不错的食物"，库欣写道。另一个晚上的，是库欣在海滩上踱步捡贝壳时将它翻了个个儿的一只海龟——"比牛排要好。"当他们的单桅帆船终于抵达马可岛时，岛主人柯里尔船长端出了一盘鹿肉来。库欣显然觉得这无甚特别，全然没提到它的味道。[13]

但他记下了对柯里尔的印象——一个"有礼"之人，但"嘴上并不尊重神明"，意思是他为说话添趣不避脏字。身材细长，蓄着胡子，正值中年，柯里尔 ① 多少算是这个遍地有湾区常见的锯棕榈和菜棕装点的马可岛的统治者了。落潮时露出的红树林沼泽便将他的岛与另一个名叫卡桑巴斯（Caxambas）的岛连接了起来，卡桑巴斯岛比马可岛大了好十几倍 ②。在这片与世隔绝的绿地中，少数的渔民、猎户和向导都住在用厚木板搭建的刷了白漆的房子和捕鱼用的小屋里。

在柯里尔还是小孩时，这个岛便是他的家。他、他的父母和他的八个兄弟姐妹在美国内战中流离失所，父亲是田纳西州的一名技工，造了一艘纵帆船并命名为"罗伯特·E.李"，全家人乘着它行驶在湾区海面上。1870年这家人在不幸地经历了一场暴风雨后偶然来到马可岛，就像不计其数的为了政府授予的160英亩宅地而迁居西部展开新生活的人一样，他们在这里落脚了。

柯里尔的夫人，玛姬·伊莱扎·莫西维恩，也吃惯了岛上生活的苦，自幼生长在锡达礁（Cedar Keys）海岸上，那正是柯里尔大量往来贸易的地方。她经营着他们有20间客房的旅馆，帮忙监管他们雇来照看菜地的工人们。这菜并非要运去集市上售卖，而是专供店内客人食用，客人们多是北方来的有闲阶级的先生女士们，热衷于运动休闲。这里最吸引他们的是休闲式的钓鱼活动，但有些人会到佛罗里达的大柏树区去渔猎。大柏树是个尚

---

① W.D.柯里尔与广告业大亨巴伦·柯里尔并无血亲关系。巴伦·柯里尔后来成为当地乃至全州最大的地主，佛罗里达州的柯里尔县即以他命名。

② 库欣时期的马可礁（Key Marco）现名古马可村（Old Marco Village）。20世纪80年代，马可岛南边的霍尔岛（Horr's Island）被开发商更名为马可礁。二者在20世纪60年代的一项疏浚填筑工程中被连接了起来。

未被伐木工染指的千年湿地森林，人们总期望能在那里猎获美洲豹或熊，但短吻鳄从不会让他们失望。[14]

库欣径直走到挖掘点，"几乎是马上就发现了遗迹"。"巨大的成功"，他在他（1895 年）6 月 5 日的日记中写道。在污泥里苦干了一天，就让他碰上了个大的。他肯定那是土著居民的村落遗址，他们并非带着身家从别的地方来到这里的，而是让自己适应了当地的环境。接下来他马上回了费城。他带回的样本内有一个木制面具和海螺壳制的长勺，成功说服了培柏博士和菲比·A. 赫斯特为接下来的全面研究提供资金支持，菲比即威廉·伦道夫①的母亲②，她同时也是一位满腔热忱的人类学研究赞助人。当年 12 月，库欣就回到了佛罗里达。[15]

这一次，他从佛罗里达的塔彭斯普林斯（Tarpon Springs）启航，那是湾区边上的一个村庄，定居着在这里下水采收海绵的希腊裔移民。他拿到了驾船许可，船名叫"银色浪花"，它是一只 52 英尺长的纵帆船，"船帆很多"，总共六张。事实上他是掌舵的最佳人选。据这支探险队里的画家威尔士·索耶（Wells Sawyer）说，库欣有着"用不尽的、无处不在的……热忱和激情"，让这支他亲自挑选的 11 人组成的考古队伍士气高涨。从塔彭斯普林斯出发时，系着领带，穿着翻翼领的衬衫、西服马甲和外套，健康状况仍然堪忧的库欣，在陪伴他 13 年的妻子艾米莉·丹妮森的陪同下，驾驶着"银色浪花"从安克洛特河往湾区

---

① 威廉·伦道夫·赫斯特，20 世纪初美国报业大王，是新闻史上饱受争议的人物。——译注

② 几乎所有提到她的材料中都将其身份错误标示为是赫斯特的妻子。

驶去。他们周日下海,周三便到了马可岛的峡口。那里"顺风而下,别有风味",索耶在给友人的去信中如此说到"银色浪花"。于船的左侧便可见覆盖了整个200英里海岸的红树林。[16]

柯里尔把马可岛完全交由库欣支配,只有一个要求,就是要将挖出的不含盐分的腐殖土留下给他的庄稼用。从表面看,挖掘现场就像一个"淤泥洞"。这"整个地方就像一块厚厚的海绵",库欣写道,"浸透了水,水里含盐量高,臭味也足"——如此他也并不泄气。这个臭熏熏的泥潭,形成一个厌氧泥沼,有效地将氧气隔离在外,将里面的东西保护起来。但当木制手工品接触到空气的那一刻,他并没有为即将到来的可怕事情做好准备。它们开始迅速腐烂。索耶赶在那个祭祀用的面具或辟邪器物还未丧失它原有的色彩和形状前,用纸、笔和速写本疯狂画了起来。其中一些出土物,索耶的速写成为它们最后仅有的留存形式。[17]

此外令人丧气的是挥之不去的蚊子,工作人员一直用烟熏也无济于事,它们可能带来潜在的危险。索耶染上了轻微的疟疾。库欣的身体倒令人意外地挺住了。他每天穿着白衬衫和马甲来,却迫不及待要弄脏它们,如此持续了六周的挖掘工作,是美国考古史上成果极为丰硕的一次。"他们每次挖到好东西的时候,"玛姬·柯里尔在她日记里写道,"所有人都会大喊一声,然后库欣先生会与那个发现东西的人握手。"喊声和握手频频出现。库欣的团队挖掘出约1000件手工艺品:几百年前的祭祀面具、工具和武器。他的上司鲍威尔从华盛顿来了,还有F.W.帕特南,这位哈佛大学皮柏第博物馆的考古馆长,说"几乎不敢相信会有如此重大的发现"。那些面具,帕特南坚定地认为,是"所有出土文物中最为了不起的考古证据"。[18]

对帕特南和其他考古学家来说,更重要的是,库欣证明了生活在佛罗里达州西南部的人们已经发展出了一个有机的社会。他们最开始可能来自中美洲或南美洲，甚至也可能是北美洲，但他们在墨西哥湾的海洋环境中重新孕育了全新的文化，在这里生息繁衍了数千年。当库欣此后开始将这些实实在在的过去的手工制品与西班牙殖民时期的第一手档案资料联系起来时，这一事实显得更加清晰。西班牙人是第一批到达墨西哥湾的欧洲人，在他们到来时，时值 16 世纪，当时佛罗里达西南部的土著人口数量可能已经有两万人，分散在 50 个村落中。这些人即库欣所称礁岛居民的后代，他们生活在等级森严的酋邦社会中，通过战略性联姻和武力来维系权力。他们的领地范围覆盖了南部三分之一的佛罗里达半岛，之后追随库欣而来的研究人员将其合并定义为沼泽文化。

来自西班牙的征服者和传教士将他们在佛罗里达西南部遇到的土著人以他们的酋长（最高统治者）名字为名，称他们为"卡洛斯"，后衍化为"卡卢萨"（Calusa）。根据西班牙人的记录，当地的被统治族群将卡卢萨解释为"凶猛的人"。这个形象很快传遍了大西洋。新大陆早期的史学家对卡卢萨性情的描述是"极为乖戾野蛮，凶狠好斗，不受控制，喜怒无常"[1]。这个毫无疑问就成为欧洲侵略者眼中当地土著的形象，而他们第一次展现出这些特质是在海上。

卡卢萨人将柏树改造成木筏，先用火将原木的中心烧掉，然后用贝壳铲刀将中间掏空，两根原木经过捆扎后可以载 40 个士

---

[1] 这位史学家是冈萨洛·费尔南德斯·德奥维耶多 – 瓦尔德斯（Gonzalo Fernández de Oviedo y Valdés），由 R.H. 福森（Robert H. Fuson）引述于 *Juan Ponce de Léon and the Spanish Discovery of Puerto Rico and Florida*（MacDonald and Woodward, 2000）一书第 165 页。

兵。装上船帆后，这只得力的小船便能将他们载往古巴，也许还能到尤卡坦和卢卡亚①（巴哈马群岛）②。

胡安·庞塞·德莱昂于1513年第一次来到佛罗里达，当他在今天的夏洛特港附近登陆时，他与那些木筏相遇了。他的三艘海船驶入对方控制的水域，靠岸时带着武器和装甲士兵，这副极富侵略性的武装姿态，导致了两场小的冲突，八个印第安人被俘，双方均有伤亡。某日的破晓时分，80艘木筏上的战士悄然潜伏在水中，瞄准了这些抛锚泊定的入侵者，然后随着声声高喊，箭镞和飞镖如雨点般划过头顶，刚好落在入侵者船只前的不远处。这是警告。西班牙人只好撤退，并最后返回到波多黎各。

在将近四个世纪后，随着库欣团队的挖掘，证明这些土著势力存在的有力证据展现在世人面前。它们是武器和家用工具的残骸。北方土著用的是石头，卡卢萨人则用他们所在环境中可及的材料；而他们周围除了石灰岩外，几乎不见卵石和岩石。骨头和贝壳是南佛罗里达文化的核心。"他们的艺术，"库欣写道，"是贝壳和牙齿铸就的艺术，海洋为其提供了几乎所有部件，土地仅仅为部分材料的使用提供了场地。"战士们用来武装自己的矛枪是用短吻鳄和鱼的骨头做成的，刺虹的脊椎骨也能用作不错的家用刀具和鱼叉。鱼叉在战斗中能兼作矛枪。贝壳用作勺、匙、碗、锤子、锥子和其他的挖掘砍劈工具。大的带尖头的海螺壳被

---

① 卢卡亚，西语为Lucayos，卢卡亚人是西班牙人入侵前定居在巴哈马群岛的土著居民。——译注

② 16世纪的史学家弗朗西斯科·洛佩斯·德哥马拉（Francisco López de Gómara）认为卢卡亚的女人拥有能引诱男人们渡过大海的美貌。Francisco López de Gómara, *Historia General de las Indias y Vida de Hernan Cortes*（Biblioteca Ayacucho, n.d.），p. 23.

绑在棍棒头上，可用于打斗。[19]

八年后，不知悔改的庞塞·德莱昂再一次将自己暴露在这些防御武器面前。他率领两艘船回来，计划要殖民这片土地，卡卢萨人又一次阻击了欧洲人。后来西班牙的历史编写者将卡卢萨人描述为长着渡鸦般的黑色毛发的巨人。虽然他们并非巨人，但这种夸张说法情有可原。卡卢萨人身高在五尺八到五尺十之间，比西班牙士兵的平均身高高了数英寸，比库欣也还要高些。这两次失败打击了号称所向披靡的西班牙征服者，也击碎了庞塞·德莱昂的梦，这也就让卡卢萨人以巨人的形象出现在了欧洲人的新大陆神话中。

是什么让卡卢萨人无论在身高还是政治上都如此令人瞩目？简单来说，是海湾的生态。具体而言，根据库欣的发现，其他的狩猎采集社会在过冬时，存粮和猎物都在减少，食物短缺的问题甚至严重到了威胁生命的地步，年老体弱者将很难熬过冬季。但对卡卢萨人而言就不是这样了。他们只需固守在湾区河口，这里源源不断地供着蛋白质——自生自长，长年不断——让卡卢萨人免去了冬季里的忍饥挨饿。他们不再需要费心农耕，同时也因为常年待在一个地方，他们能专注发展出稳定的社会和有力的防御机制。

在北美乃至全球，能让人永久定居且无须操心粮食作物的地方实属罕见，甚至可以说是一种奢侈。卡卢萨人也无须逐猎而居，因为食物会自己送上门。大鱼、小鱼、虾米、海龟、螃蟹、龙虾、海牛，甚至是鲨鱼、鲸鱼和西印度海豹，只用矛枪、渔网甚至是敏捷的双手就能轻易捕获。水鸟、鹿和植物在当地食物中只占很小的一部分。在所有食物来源中，海洋生命占了超过90%的比例。卡卢萨人身材高大，因为他们有丰足的食物。

从库欣和其后的研究者们从贝骨冢堆中获取的挖掘物可以轻易破译他们的日常饮食。冢堆中贝壳的密度和种类与当地生态相关联。牡蛎壳占据了河口一带，海螺壳则集中在含盐量高的水边。库欣很早便注意到，那些被称为土著居民的垃圾山或厨余冢的冢堆常包含更多信息。由于海湾海岸上少有天然山地，土著人于是用废弃贝壳制造高地，这在他们的文化中象征崇拜和政治荣耀。近海居民对其自然环境同样有明智见解。他们将房子抬高，直到高于海水涨潮和预计风暴潮将到达的高点，高处的风也许还能击退咬人的虫子。

库欣很肯定湾区土著在为他们的房子市镇选址时考虑了风和海的因素。当贝壳不够用时，或者如果某人的社会地位不足以确保他拥有稳固的基底，他们便会往淤泥里敲木桩，将房子高高盖在它们上面以保持干燥。马可岛的原住民将房子建在北边，也就是靠近大陆一侧的岛屿上，可以稍稍阻隔些暴风雨和飓风。尽管如此，一场大风仍然可以掀掉他们的住所。其建筑物是标准的圆形一室小屋，以松木杆支撑，以棕榈叶和茅草为顶，配以斜条结构的墙和相同材料编织而成的地垫。

酋邦里的公共议事厅，可以容纳 2000 人，在和平时期酋长便在这里用鱼和牡蛎（没有蔬菜或陆地食物）来招待西班牙使者。公共议事厅设置在基冢岛（Mound Key）上，议事厅是一个大型的土垒工事，贝壳基材将其整体抬高了 60 多英尺，其他小些的住房抬高高度在 20~30 英尺。

库欣的研究对象们也并非过着全无忧虑、与世无争的生活。他们不会像北美的其他狩猎采集者一样，将野牛恐吓驱赶到悬崖边上 ①，不会为了获取猎物而火烧森林，不会耕作田地直至地

---

① 美洲野牛是北美土著居民重要的生计来源，他们猎杀野牛的技巧便是将野牛引诱、恐吓至悬崖边上，牛群跑至悬崖前收不住腿便会随惯性跌入崖底摔死，然后人们在崖底预先布置好的屠宰场中将其宰杀。——译注

力枯竭。但他们也汲干湿地、清整土地，建立镇区，这些镇区相互独立，都经过严谨细致的规划。所有新大陆的土著居民都面临同一个问题，那就是西半球没有马或骡子供他们用来拉车，但卡卢萨人有他们的河道。在他们的冢堆周围，他们挖掘了大量绵延数英里、不亚于威尼斯运河的水道，通过水道，他们乘木筏漂流2.5 英里，就可以横跨位于两个海峡间的派恩岛，而无须蹚 10英里的水绕道岛的任何一头。在从 18 世纪中叶卡卢萨人消失，到白种人在下个世纪移居至此的这段时间里，被清理的空地上草木重新生长，湿地也恢复了，正如柯里尔和库欣挖掘留下的坑洞此后又重新变回沼泽。

但卡卢萨人的生活并没有离开有机自然，他们始终在这个环境里生活工作，与之共存。库欣修复了卡卢萨人的渔网后便从中注意到了这种互动方式。他们用辛勤的双手将松萝凤梨和棕榈纤维（蒲葵或锯棕榈）旋转捻拧成紧紧的绳索，然后同样小心细致地将它们编织成网，并沿着底边穿上贝壳，以加重网底的重量。为了能让网笔直立在水里，他们把上沿的绳索（也就是今天的浮子绳）绑上有悬浮力的葫芦科植物——通常是当地生长的木瓜或压扁的西葫芦。他们捕到了鱼，而且数量众多。海湾用丰富的海草和清澈的河湾持续养育着它们。卡卢萨人世代见证了这种从不间断的丰饶富足，他们明白鱼类和鸟类之间相互依托的关系。他们也看到了月运周期和季节间的联系：月亮潮汐会将贝类带到近岸，冬天遇到大退潮时，牡蛎床就会暴露出来；春天海龟会被吸引着爬到岸上产卵，大鱼会游到内陆水道里找食。

即使在西班牙人大加赞叹对手的健美和壮硕时，他们也没有将这些和富饶的河湾环境联系起来。尽管他们在湾区奋力拼搏，却始终没有正视土著文化是如何在自然世界中自处的。他们也许在航海报告和日志中对此稍作评论，但从未试图去复刻它。库欣对历史的挖掘是对这段遗落的文明和遗产的记录。欧洲人的征战，正如后文将讲述的，使后人与自然的关系抛弃了和谐，走上了不明智的道路。

在庞塞·德莱昂第一次撞见卡卢萨人的一个半世纪后，西班牙人已经征服了佛罗里达东海岸，尚未占据墨西哥和古巴外沿的墨西哥湾。但他们丝毫没有停下在印第安村落里布道的脚步。基督徒有义务传颂上帝的话语，为未入教的人引路。耶稣会会士胡安·罗赫尔与卡卢萨人一同生活，那时卡卢萨人已经勉勉强强地接纳了西班牙人。他的布道持续了整整三年时间。在此期间，罗赫尔由当地人带着，乘木筏，沿着手工挖掘的运河，走遍了各个村子。无论什么季节，他都穿着粗纺教士服，束之以黑色腰带，头戴不带绒球的四角帽，手按圣经。圣经告诉他，上帝主宰人类，而人类主宰世界，因此人类对海里的鱼、天上的鸟以及世上万物有绝对的支配权。不同于上帝创造的其他"牲畜"，人类是一个独立物种，拥有智力和理性，拥有神赐的福泽，他与自然有别，高于自然。

卡卢萨的宗教领袖们有与此截然不同的精神感悟，但它们不是从书上来，而是来自土地和海洋。他们不穿袍子，但是戴面具。面具就是库欣在地里发现的那种，上面雕着动物形象，用于仪式；人们也许会在仪式中称颂大海的慷慨。小雕像用当地悬铃木雕刻而成，同时融合了人和动物的样貌特点。卡卢萨人相信在他们死后，他们的灵魂会附着在某个陆地动物或者鱼的身上，当它们被吃掉，灵魂便又转移到下一个动物身上。所有形式的生命都是人和动物共通的灵魂的集合。

罗赫尔既不能理解面具和雕塑的含义，也不能将它们赶走。他试图阻止被他称为"巫医"的卡卢萨宗教领袖们参与卡卢萨的宗教仪式，但未能如愿。一年之后，他向在圣奥古斯汀的执政者去信表达了他的挫败感：卡卢萨人"和我说，他们的祖先有史以来就生活在而且愿意生活在他们自己的规则体系下，所以我应该随他们去，他们不愿意听我的话"。布道不止于拯救灵魂。罗赫尔尝试禁止卡卢萨人涂画身体，他给他们遮蔽裸体的布料，给他们修剪长发的剪子，给他们种植粮食作物的工具，但都被卡卢萨人拒绝了。粮食作物可以喂饱罗赫尔和他的卫兵。但卡卢萨人更愿意围绕海湾自然组织自己的生活，而不是在田地上耕作。[20]

326 年后，弗兰克·汉密尔顿·库欣踏上了这个曾经被罗赫尔的教士袍拂过的土地，但这位人类学家没能活到他的发现被发扬光大的时候。此时距离他辞世还有五年，他并非在调研时染病去世——这倒是浪漫的死法——据说他是在缅因州一所名叫庇护港的隐居寓所里整理墨西哥湾笔记时被一根鱼骨噎死的。

库欣曾经到佛罗里达的西南部去研究一种古代文明，他称这个文明下的人们是"史前最聪明的人群之一"。他在那里也了解了墨西哥湾的相关信息。古老的面具之后就隐藏着关于他的礁岛居民兴盛之谜的答案。威尔士·索耶为此以一首抒情的赞歌作结："与自然面对面 / 在所有他们眼见到的 / 在小鸟、溪涧和花朵里 / 自然的法则在运行 / 用法力让它们生生不息。"这是墨西哥湾的馈赠。这是库欣杰出发现的关键，虽然西班牙人发现了墨西哥湾并据为己有，但他们从未领悟这一点。[21]

/ 040

在欧洲人到来前，成千上万的土著居民生活在墨西哥湾海岸，在富饶的河口繁衍生息。

　　　　水对人类是友好的。海洋，作为自然的一部分，它不可
改变、至高无上的威力与人类的精神大相径庭，却从来都是
地球上前进开拓的各国的朋友。

　　　　　　　　　　　　　　　——约瑟夫·康拉德（1906）[1]

　　1519 年 6 月，阿尔瓦雷斯·德皮涅达（Álvarez de
Pineda），这位无论是当时还是现在都少有恶名的西班牙探险
家，驶入墨西哥湾，环绕海岸绘制了一幅地图。尽管西班牙人到
过佛罗里达，也正对墨西哥进行殖民统治，但在阿尔瓦雷斯·德
皮涅达的地图出现之前，他们并不确定两地之间的这片水域是海
洋、大型湖湾还是海湾。大航海时期，一个广阔的世界展现在欧

/ 042

洲各个帝国势力面前，约瑟夫·康拉德称这些帝国为"世界上奋进开拓的各国"。他们的航海人发现了墨西哥、中美洲、南美洲、格陵兰岛、纽芬兰岛、百慕大群岛、马达加斯加岛、津巴布韦和亚马孙河。他们绕过非洲的好望角驶过崎岖的水道，到达印度、泰国、越南和中国。瓦斯科·努涅斯·德巴尔沃亚（Vasco Núñez de Balboa）将船停靠在加勒比海岸，穿过巴拿马地峡银灰色的山林后，他眺见了太平洋。他将其命名为 Mar del Sur，即"南海"。六年后，阿尔瓦雷斯·德皮涅达开始了他的勘测之旅。

克里斯多弗·哥伦布到达新大陆后，首要任务是沿着加勒比地区开疆拓土、征服岛民，无暇顾及该如何界定北面那片水域。区域地理的划定同样也是问题。在墨西哥湾和加勒比的西班牙殖民地之间，有一片狭长的热带山坡和绿林，日后它被命名为古巴。它阻隔了征服者们的视线，本身也一直未被外界踏足。殖民者们以为古巴是另一片新大陆的边缘。即使只是在它边上流连数年，人们也时刻感受到了来自全新的土地和海洋的吸引力，未来的财富和荣耀在向他们招手。

第一个向古巴驶去的是哥伦布，他要去探寻他幻想中通往远东极乐和财富的入口。1492 年 10 月，他沿着古巴岛的东北岸往湾区驶进，然后遇到了一股强大的海流，迫使他倒退。他驶入了墨西哥湾流，但他并不知道。他只知道，或者他坚持认为他知道，古巴是亚洲大陆东端的半岛。

胡安·德拉科萨（Juan de la Cosa），他是哥伦布远航旗舰"圣马利亚号"的主人，同时也是领航员和船长，他对此有不同的想法。他随船环绕了古巴岛，也在哥伦布的命令下签署了证明他们勘察到一个半岛的保证书——以防自己被割了舌头，但他之后绘制了一幅地图，上面显示他勘察的这片陆地是一个海岛。绘制于 1500 年，德拉科萨的这幅地图艺术气息浓厚，除标识着地理信息外，它用色鲜艳如同手工艺品。因此也就不奇怪，在被湮没在巴黎的档案文件里数个世纪之后，它能成功引起亚历山大·洪堡的注意。洪堡是 19 世纪最伟大的科学家之一，也是最先提出南美洲和非洲大陆原属一个大陆的人之一。洪堡力证德拉科萨是个天才。这个西班牙人描绘古巴的角度非同一般，地图上岛的北端是一片大大的直入大陆中心的湖湾或海湾。他也许是从西班牙的奴隶口中得知海岛和其上水域的存在的，因为这些奴隶常来往于这些未知海域，也可能他是从生活在加勒比、在当地航海的泰诺人处了解到的。随后另两幅地图也问世了，它们的绘制思路与德拉科萨的近似。最后，西印度群岛的总督尼古拉斯·德奥万多（Nicolás de Ovando）为找到确定的答案，寻求塞巴斯蒂安·德奥坎波（Sebastián de Ocampo）的帮助。

从很多方面来看，这项任务本都不可能轮到德奥坎波。虽然他掌管着一队贸易商船，但他本不被允许这么做。他在西班牙惹了麻烦，罪名已不可查，但皇室将他流放禁足于伊斯帕尼奥拉岛（如今的海地岛和多米尼加共和国）。但德奥万多总督一直不是循规蹈矩的人，虽然也不是毫无防范，但他还是在 1508 年派德奥坎波前去查明古巴的地理形态。德奥坎波率领的两艘船先是到达古巴岛北岸，然后和哥伦布船队一样，逆着洋流往西侧驶进。德奥坎波奋力前进，在他的船只要停下来做例行检修的地方发现了一个港口，他后来起名为 Puerto de Carenas（此后更名为哈瓦那）。船只准备好后，他继续前进，绕过了古巴岛最西端——圣安东尼奥角，此时伟大的墨西哥的尤卡坦半岛就在他的右肩方向，但很可能超出了他的视野范围。他回到了伊斯帕尼奥拉岛，证明古巴是一个岛，而且它的西北方还有一片广阔的海域。

德奥万多总督的探索发现给他自己和出逃的德奥坎波带来了麻烦。古巴岛的消息还是传了出去。两年后，随德奥万多征战伊斯帕尼奥拉岛的其中一个副官，迭戈·委拉斯开兹·德利亚尔（Diego Velázquez de Cuéllar），对这座岛屿发动了一场成功入侵。作为古巴岛第一任总督，委拉斯开兹的全部精力都放在了殖民地事业上，他稳定经济，奴役泰诺人，许多泰诺人都成了他的私人奴隶，数量从几人上升到惊人的三万人。他，至少在那个时候，无暇理会岛屿北边的海域。他现在做的事为胡安·庞塞·德莱昂后来成为史上第一个进入墨西哥湾的欧洲人开辟了道路。

继哥伦布后，那段时期最为人熟知的一次远航当属胡安·庞塞·德莱昂 1513 年的发现佛罗里达之行。他没有其他航海家那么"花里胡哨"，已故史学家查尔斯·阿纳德（Charles Arnade）如此评论道，与他的同时代人比起来，他的成就是瞩目的，但尚不至于伟大。庞塞·德莱昂死后，因与不老泉①传说联系在一起而声名鹊起，这个故事最早见于早期的编年史料，然后因受到纳撒尼尔·霍桑②、奥森·威尔斯③和佛罗里达旅游业的

---

① 不老泉（Fountain of Youth）是传说中能使人异常长寿的奇妙泉水，其最早见于公元前 3 世纪希腊历史学家希罗多德的记载中，此后也有许多欧亚民间传闻间接地提到了不老泉水。在大航海时代，加勒比海的土著居民认为这种神奇的泉水是在比米尼群岛（Bimini）的某片神秘土地上。16 世纪胡安·庞塞·德莱昂占领了波多黎各，不老泉的传说也被写进了其传记中。——译注
② 19 世纪美国著名小说家，代表作有《红字》等。——译注
③ 20 世纪美国著名演艺人士，《公民凯恩》的导演、制片和编剧。——译注

推崇而广为流传。对像庞塞·德莱昂这样一位自筹资金远航的征服者来说，其议程上最重要的一项就是要踏上一片能令此行有利可图的土地。西班牙皇室颁予他的特许状里强调其任务是寻找金银和奴役印第安人，未提到泉水的事。[2]

因一个传说而声名大噪的这项远航任务实际上并不传奇。他在 3 月初启航去寻找巴哈马北面未知的大海和陆地，没有可供导航的地图。当他的三艘船到达佛罗里达东海岸的时候，他以为他碰巧到了一座岛上。他沿着海岸线北上，因时值复活节，于是他将这片陆地取名为 La Florida[①] 以作纪念，"复活节"一词在西班牙语里即 Pascua Florida，意为"花的盛宴"。而今天的佛罗里达人更愿意将其解读为西班牙人踏上的这片土地多彩芬芳，因为它确实有如亚热带地区般繁花盛开。这是个稀奇的说法，抛开了征服者的角度，代之以现代人的视角，用他们生活周围的、公园里看到的井然有序的景观来描绘早期的佛罗里达，他们对西班牙人当时登上的北美大陆的蛮荒所知甚少。

在庞塞·德莱昂眼中，海岸上应该尽是干草丛生、藤蔓缠绕的树林，灌木丛林地里满是锯棕榈，它们蔓延着生长开去，令人无路可走。这个地方应当是几乎见不到花的踪迹的。作为虔诚的罗马天主教徒，西班牙人常以宗教节日来命名他们新发现的地方。如果船队在更北的地方着陆，那么特拉华州或新泽西州，即便在当时还没迎来春花，它们在今天也许就被称为佛罗里达了。但这个小型护航队到了卡纳维拉尔角附近，一路往南开，绕过半岛南端，沿着西海岸来到了今天的夏洛特港海域。庞塞·德莱昂实际已经进入了墨西哥湾，只是他自己并未意识到。西班牙人

---

① 西班牙语"花开的土地"的意思。——译注

与卡卢萨人斗争了两周后便离开了。在返回波多黎各途中，他们登上了有 11 个小岛的岛群，将上面的野生动物掠杀一番，杀了数以千计的鸟和好几只海牛。他们的指挥官将群岛命名为 Los Tortugas^①，这次这个名字无关圣人，也无关宗教纪念，而是以 160 只他们或杀或掠的海龟为名。

庞塞·德莱昂环行于红树林环绕的佛罗里达半岛时，并没有意识到它西边的大海是一个海湾，也全然不知佛罗里达连接的是一个大陆。他以为那是另一个新世界的海岛。如果不是在半岛东边有了一个重大发现，他 1513 年的这次出行本将无功而返。他在卡纳维拉尔角附近转向南行，船只遭遇到一股强大的洋流，使他们寸步难行。这些西班牙人还未意识到他们已经完全被裹挟在墨西哥湾流中了。不久，他们就估摸出这股激流能够将一艘船一直往东推进，横跨大西洋，直至欧洲。一位墨西哥湾流学者这么评论道："克里斯多弗·哥伦布找到了通往新世界的路，而庞塞·德莱昂则找到了回来的路。"³

/ 046
对湾流潜在动力的发现其实应归功于庞塞·德莱昂身边机敏的副驾驶员安东·德阿拉明诺。他是地地道道的西班牙帕洛斯（Palos）人，而帕洛斯正是哥伦布那次历史性航行上的站点，也是无数航海人的摇篮。德阿拉明诺在还是个小男孩的时候就加入了哥伦布对新世界的第四次探险。庞塞·德莱昂有幸在数年后获得他的帮助。德阿拉明诺是当时最熟悉西印度群岛的人之一，也因此成为数一数二的领航员，颇受推崇。帝国力量的施展，既少不得像委拉斯开兹和庞塞·德莱昂这种自负而乐天的开创者，也

---

① 西班牙语"海龟的岛"的意思。——译注

同样不能缺少像德阿拉明诺这样有高超航海技术的领航员。

领航员们看得更远，也更接近事实的真相。地理大发现时代在自然界里有着功不可没的同盟：助力的洋流和大风，导航的星辰和太阳，建造船舰的材料，还有人们期待中的风险回报——金山银矿。作为一个领航员，德阿拉明诺要依赖人类发明的航海仪器，星盘和四分仪引导他靠近如灯塔的星体，指南针在地球磁场的作用下为他指引方向。他只需看一眼清澈夜空中的星辰，稍加计算，就能知道他所处的纬度和已航行距离，从而根据已知的地点——西班牙或伊斯帕尼奥拉岛——推算出当下身处的位置。当暴风雨让他偏离了航道，或者不合时宜的云层遮挡了他观测天体的视野时，他也许会咒骂自然。可是，要想横穿大西洋或带领庞塞·德莱昂顺利到达未知的墨西哥湾，德阿拉明诺不得不指望自然的力量。

就是在这样的情形下，当他遇到了挡住去路的陌生洋流时，相比于阻力，他从中看到更多的是可利用的机会。六年后的1519年，也就是阿隆索·阿尔瓦雷斯·德皮涅达绕着新海岸航行的同一年，德阿拉明诺就第一次利用当时还不知名的墨西哥湾流让满舱满载的西班牙舰队从墨西哥顺流而返。湾流在接近欧洲大陆的地方分为两路，一路去往不列颠群岛和挪威海，另一路去往西班牙。顺流而行在横渡大洋时可以节省一个星期的时间。在水上停留的时间越短，也就意味着更低的行船成本与更小的遭遇恶劣天气和海盗的风险。对西班牙人来说，湾流不仅可以运送贵金属，还可以运送木材、松脂制品①、糖和朗姆酒。它成为全球

/ 047

---

① 松脂制品因其疏水性被广泛应用于木制船只的建造和维护，在大航海时代中扮演重要角色。——译注

贸易的海上高速通道，正如已故的地理学家卡尔·奥特温·苏尔（Carl Ortwin Sauer）所说，它是"帝国"的"生命线"。[4]

在美国版本的历史里，本杰明·富兰克林是第一个绘制出湾流地图的人。这股水底的暗涌的确吸引了他，但他并不是地图的始创者。一个世纪前的1665年，德国耶稣会士亚塔那修·基歇尔（Athanasius Kircher）在他绘制的世界大洋图上已将湾流标示了出来。其他在富兰克林时代前出现的地图也对此有过刻画。它们是专门为贸易和清算公司绘制的，作为机密被妥善保管起来，谨防商业对手的窃取。富兰克林的确创作过一幅地图，但是是基于早期的地图和多位船长的证言而成。当时他还是殖民地的邮政局局长，想通过避开洋流的阻力加快英国寄来包裹的到达速度。只是，船长们是一群顽固的人。他们没有理会富兰克林的示意，邮件越过大西洋的速度依然一如既往地慢。将近一个世纪后，墨西哥湾流才迎来第一次精准的现代化勘测。主导人就是美国海岸勘测局的负责人亚历山大·巴赫（Alexander Bache），他也是富兰克林的曾孙。

如果说好奇心是探险和摸索新世界的领路人，那利益便是前进的驱动力。巴尔托洛梅乌·迪亚士于1488年首次到达好望角，为开辟前往亚洲的贸易通道奠定了基础。打通水上的全球贸易通路后，各国商船赚得盆满钵满，欧洲帝国财富膨胀，教会将金银收入囊中。为了能走得更快更远，新式海船被设计了出来，原先60英尺的轻便帆船被改进为大得多的宽身帆船。船员们在世界地图上连点成线，探险家们的胆子也越来越大——如果可能的话。当中最引人瞩目的当数斐迪南·麦哲伦的环球航行，麦哲伦是扬着西班牙旗帜出发的葡萄牙裔人，所率领的舰队代表当时最先进的航海力量，他启航的时间正是阿尔瓦雷斯·德皮涅达完成墨西哥湾海图绘制的那一年。

在庞塞·德莱昂之后，先后有三队探险人马到过墨西哥湾。他们从古巴岛，向东途经尤卡坦半岛和玛雅人的金字塔式台庙，最终到达了墨西哥湾底部一个开阔的椭圆形湖湾上。其中一人，德阿拉明诺，将其命名为坎佩切湾（Bay Campeche）。第一队人是带着殖民任务的骑兵，他们没有带劳工——而要想在加勒比地区建立起有利可图的殖民事业，劳工被认为是必不可少的。随后那支队伍由离经叛道的征服者埃尔南·科尔特斯（Hernán Cortés）率领，他们收获了墨西哥的金银财帛。此后一个月，阿尔瓦雷斯·德皮涅达便从牙买加向墨西哥湾进发了。

我们对阿尔瓦雷斯·德皮涅达知之甚少，无论是他的国籍、经历还是相貌。他有没有可能，像德奥坎波一样，是被牙买加总督派来执行任务的流放犯？这位总督垂涎的不仅是珍贵金银；其岛上奴隶的数量因受到体罚、旧大陆疫病肆虐而锐减，他亟须补充奴隶，而北方的墨西哥湾就是一片等待被征服的领地。

开春后，阿尔瓦雷斯·德皮涅达率领四艘船离开了牙买加，他很有可能是从尤卡坦海峡进入墨西哥湾的。从这里开始，他的航行路线我们不得而知。他要么顺时针、要么逆时针地将湾区环绕了一周，也或许两种方式都走过也未可知。证据就是他的地图。他的地图绘制得粗糙简单，没有指示线，没有方位刻度或标识，至多是一条鬼画符样的海岸轮廓线。看起来丝毫不像能改变一个领航员一生的那种海图，但它恰恰就是。那个鬼画符样的轮廓线是墨西哥湾物理形态的恰当表达，它解开了两个谜题。它告诉我们庞塞·德莱昂发现的佛罗里达岛其实是一个半岛，古巴北边不知名的水域周围有大陆环绕，那是一个海湾。

阿尔瓦雷斯·德皮涅达是有史以来第一个到达湾区北部海岸、到达得克萨斯州海岸的欧洲人。途中,他发现了几条河流,包括看起来像密西西比(他将其命名为 Espiritu Santo,意为"宗教节日")的一条河,此后它将成为欧洲各国在北美大陆最为重要的一条河流。湾区地图的第一位绘制人也在维拉里卡(Villa Rica)遇见了正在征战墨西哥的埃尔南·科尔特斯。阿尔瓦雷斯·德皮涅达继续往北走,在墨西哥的帕努科河(Río Pánuco)附近展开了殖民统治。这段时间持续得不长。史学家们判断有99%的可能,他是在当地瓦斯特克人(Huastec)的反抗中死去的。

他的地图比他长寿,此后出现的各版本地图也充分显示了其影响力。曾经隐匿于世的这片海也有了自己的姓名。1541 年的一版作者不详的地图上称之为 Seno de Mejicano,也就是"墨西哥湾"(Mexican Gulf)。塞巴斯蒂安·卡伯特——新大陆发现人约翰·卡伯特的儿子——在 1544 年发行的一版地图上指其名为 Golpho de la Nueva España[①]。一位葡萄牙制图师从地理角度取了一个中性的拉丁文变体名 Sinus Magnus Antiliarum,意为"大而圆的海湾"。这个名字的命运就像它的前辈们一样,并未被采纳,也许是因为显得笨拙了(不像制图师本人的名字 LopoHomem,是拉丁语中"狼人"的意思),最终被敲定的名字是 Golfode México。

阿尔瓦雷斯·德皮涅达是否曾为墨西哥湾命名,我们不得而知。在他的地图上没有看到这样一个名字,而且不幸的是,他的探险之行没有在后世留下任何书面文字。因此这片大海和海岸经

---

① "新西班牙海湾"之意。——译注

过他的巧手绘制，却也没留下一些诗意的结语。正如每个探险家
都会做的一样，阿尔瓦雷斯·德皮涅达肯定也有记日志的习惯。
他的日志将是发现新大陆时期唯一从第一视角对海湾北部的当地
文化进行观察描述的文字。根据二手史料的记载，他遇见的土著
族群有 40 个之多，那将是数千年土著文明的最完整呈现，因为
此后横渡大西洋的每一艘船都将带着欧洲大陆的病菌，侵袭大片
的土著生命。考古证据表明，他会看到保存完好的圆顶小屋，小
屋以木梁承重，覆以动物皮毛、茅草或棕榈叶，卡卢萨人的住所
也一样，被建在贝冢上，其中有不少要比埃及金字塔还要古老。
他在 6 月到达这里，也许会看见空无一人的村落。因为在卡卢萨
以外的地区，海湾海岸的狩猎采集者会在暖和的季节里前往内陆
采集坚果、水果，追猎野生动物，其余时候则回归到海湾常年供
应的食物上。

　　阿尔瓦雷斯·德皮涅达的日志里还很可能会描述地形，而当
地的地形，一言以蔽之，就是平坦。不同于他所熟悉的加勒比地
区高峻的火山岛群，湾区地势并无明显的起伏。没有岩石嶙峋的
山峦岬角，也没有陡直纵深的山谷沟壑。虽然地形千篇一律，但
地貌是多样的：沿海草原、盐沼、宽阔海滩、红树林防护线、海
峡、潟湖、障壁岛、河口三角洲。它们组成了湾区的自然景观，
使湾区的土著居民活得健康强壮，从而有力地抵御了欧洲入侵
者，让他们当中很多人为此付出生命的代价。

/ 三　无谓的送命

对土著来说，16世纪驶近海岸的西班牙船只充满了敌意。
作为回击，有三位著名的征服者都在墨西哥湾的
异域海岸上丢了性命。

　　一个头脑清醒的人被惊恐绝望弄得如此软弱，以至于面
对上天的丰富馈赠也不懂利用；知道这一点，我们的怜悯之
情也就少得多了。

——伯纳德·罗曼斯（1776）[1]

　　毒番石榴树生长在热带地区，常与红树林为邻。它的大小

与红树林相当，根系暴露在外，扭曲弯折。它们之所以扎根于海湾沿岸，也许是靠果实随着环流一路从中美洲漂荡而来播下了种子。毒番石榴树的叶片亮绿无瑕，花气香甜，果实有手掌大小，形似苹果——它的外表掩藏了其致命的毒性。西班牙人叫它 *manzanilla de la muerte*，即"致命的小苹果"。

当庞塞·德莱昂于 1521 年带着殖民者第二次来到南佛罗里达时，一个卡卢萨守卫者用一个手工刻制的梭镖投射器掷出一个飞镖，击中了庞塞·德莱昂的大腿。被击退的殖民者带着半昏迷的队长逃离。几乎可以肯定飞镖的尖端沾有毒番石榴的毒液。庞塞·德莱昂撤回古巴几天后就身亡了。几个世纪后，美国诗人威廉·卡洛斯·威廉姆斯（William Carlos Williams）对此挖苦道，卡卢萨人"让他的泉水涌了出来"。[2]

当时居住在海湾沿岸的土著有上万人，他们防守能力强，沟通网络高效，能够将信息沿着陆地和水道传送到千里之外。作为海上民族，他们并不像西班牙人设想的那样，过着原始的离群生活。他们的世界跨越了地平线。实际上，在西班牙人知道他们的存在前，他们已经知道了西班牙人的存在。他们已经获知了发生在巴哈马群岛、伊斯帕尼奥拉岛和古巴岛上的对印第安土著的殖民和杀戮。还有那个年代随处可见的船舶残骸，也出卖了他们的存在。自从欧洲人开始大探险以来，漂浮的残骸持续冲刷着印第安土著居住的海湾沿岸，一同被冲上岸的还有 T.S.艾略特所说的"外国死人的装备"，有时还包括遇难人本身，他们面目模糊，披头散发，穿着厚重的衣服。偶尔会有幸存者爬上岸，如此一来，外来人的信息就更多地被透露了。所以当庞塞·德莱昂第一次见卡卢萨人，对对方还一无所知时，当地人便用西班牙语和他的船队问好了。[3]

印第安人并不奇怪这位征服者在八年后重返此地。在这个他认定将成为他伊甸园的地方、在那个苹果面前，他终究还是倒下了。印第安人也不惊讶七年后又来了另一位征服者，潘菲洛·德纳尔瓦埃斯（Pánfilo de Narváez）。这些征战者前赴后继，冷酷无情，而德纳尔瓦埃斯的冷血一如他的前辈。在史学家们的笔下，他是一个说一不二的暴虐之徒 ——一个"嗓音低沉的恶霸"，有人这么说——一心想着报复埃尔南·科尔特斯，绝不会任人宰割。他是地道的卡斯蒂利亚人①，蓄着红褐色须髯，是征战牙买加和古巴的主要力量。科尔特斯也曾参与古巴殖民战争。他和德纳尔瓦埃斯当时是迭戈·委拉斯开兹·德利亚尔的手下，委拉斯开兹在征服古巴后，成为古巴总督，蓄养了三万奴工。[4]

古巴岛土壤肥沃，因此除了蓄养农奴外，委拉斯开兹还在这里种植了木薯（古巴语称为 yucca）一类的农作物，它们能换取大量财富，但这些作物一旦离开健壮的劳动力则毫无价值。大部分土著奴工不是死于外来的疫病就是死于殖民者的暴戾酷刑。由于前两次出师尤卡坦半岛均不成功，委拉斯开兹于 1518 年末派科尔特斯发起了第三次征战。事实证明这是一次错误的决定。科尔特斯掠得阿兹特克的金银后，尽管是委拉斯开兹资助了此次出征，但他丝毫没有要起程返航与其分享战利品的意思。一年后，总督派德纳尔瓦埃斯将科尔特斯带回来。科尔特斯的一个手下，伯纳尔·迪亚兹，后来回忆起此事时，说德纳尔瓦埃斯是一只"赶尽杀绝的疯狗"。但显然这两人中，科尔特斯是更精明的那一个。他征战阿兹特克人的经历，在他与这位卡斯蒂利亚对手的斗争中重演了：他以少胜多，打败了德纳尔瓦埃斯。德

① 卡斯蒂利亚人是西班牙的主要民族。——译注

纳尔瓦埃斯失去了一只眼睛，但保住了性命。他在韦拉克鲁斯（Veracruz）——欧洲人在北美大陆的第一个永久殖民地——被囚禁了近四年，后来在其妻子的担保下被释放。[5]

重获自由只会让德纳尔瓦埃斯重燃复仇之心。他回到西班牙，请愿要与科尔特斯一战。查理五世很慷慨。除了庞塞·德莱昂的旧有领地，他授予德纳尔瓦埃斯的佛罗里达领地向北延伸至今天的佛州边界，向西至距离太平洋 250 英里处，向南到了墨西哥他的关押地附近。几乎还未被白人染指的墨西哥湾海岸线的三分之二都落入他的管辖范围。古往今来除了君王，没有一个人像他这般坐拥如此多的滨海之地。德纳尔瓦埃斯出征时的头衔也是一大箩：总督，船长总领，第一执法人，要塞总指挥，殖民地行政总督。他此去墨西哥湾将要自筹资金。但是，人们预期此行将会带来回报（金银和奴隶）以及与科尔特斯彻底清算的机会——这是一个会削弱判断力的动机。不仅如此，代价还包括性命。有大约 600 个士兵、水手和殖民者为这次出征赌上了性命——这是一场不明智的赌博。

史学家们一直以来都说德纳尔瓦埃斯不仅是最残酷的，也是"所有征服者中最不走运的"。所有跨洋跋涉都伴随着风险，正因为危险无处不在，一次平安的旅程就将成就一段史诗。德纳尔瓦埃斯率领着五艘船于 1527 年夏天渡过了大西洋，一路无灾无难。但不幸的到来也是史诗级的，他刚驶入新世界，坏运气就像水蛭一样紧紧吸附在他身上，直到耗尽他的生命。一场罕见的 11 月飓风带走了两艘船、60 条人命和 20 匹马。德纳尔瓦埃斯在古巴岛上换了船，还雇了一个领航员，对方称自己具备相应的航海技术，足以驾驭前方的陌生海湾。他上任第四天，便将船队带上了古巴南边海岸的暗礁，导致船底龙骨触礁，船搁浅了两周。然后从南边席卷而来一场船员们平日最怕的暴风雨，海潮上涌，船队才得以脱身。他们随后在哈瓦那补充给养，整装再次出发，却因偏航一头扎进另一场风暴中，然后是第二场、第三场。[6]

他们在哈瓦那重整旗鼓后，这群着了咒的西班牙人终于做好向墨西哥进发的准备了。在新世界里行进仍要依赖古希腊传下来的工具，那就是用来指示方向的罗盘和测定纬度的星盘，但它们并不准确，因为要到两个世纪后才发展出能做精准测量的六分仪。当时的海图也不可靠，常常标错地标，地标间距也不准确。航海人到 16 世纪末才等到可以测船速的测程板出现。18 世纪时，用以定位东西方向并确认经度的经线仪问世。领航员可用的工具有限，因此他们在航位推测上的技术就显得尤为重要。所谓航位推测，就是基于船速和洋流方向而做的猜测；船速的测算依据是水面泛起的波纹大小，而说起洋流，墨西哥湾流在当时仍是一个谜。

当船队离开古巴时，事情就变得糟糕透顶了。他们的目的地是格兰德河（Rio Grande）以南 125 英里处的帕尔马斯河（Rio de las Palmas）①，领航员穆罗本应按这个西向航线相应调整他的罗盘，然后根据水面波纹计算定位。在海上不知过了多少天后，他们还是看到了陆地，但他们身处的不是帕尔马斯河，而是 900 多英里之外海湾另一头的坦帕湾附近——他们到了哈瓦那的北边，而不是西边。

尽管日落出现在大海那头而不是陆地那头，穆罗和其他领航员都坚称船队到达的地方就是墨西哥，只要沿着海岸往北走

---

① 即今天的索托马里纳河（Rio Soto la Marina），位于墨西哥北部。——译注

10~15里格①就是帕尔马斯河了。这支小船队究竟是怎么偏离航道的至此仍旧是个谜。一些历史学家认为是另一场暴风雨袭击了德纳尔瓦埃斯，另一些认为船只是遭遇了墨西哥湾流和环流而被带偏的。这两种观点都说得通。

可以肯定的是，德纳尔瓦埃斯要先解决摆在眼前的难题。迷了路的西班牙人应该尝试去找帕尔马斯河吗？如果要找，是走着去还是坐船去？当地的土著会作何反应？土著居民有黄金吗，或者他们知道哪里能找到黄金吗？他们有食物吗？

补给是远道而来的殖民者面对的最要紧问题。随船而来的都是西班牙社会中称得上体面的一群人——工匠、商人、律师、科学家、绅士和修道士。除了一些奴隶外，他们所有人都是基督徒，势必跟随他们的上帝以及代表耶稣战士的德纳尔瓦埃斯，他们必定是坚韧自律、忠于信仰、仁慈宽容的。但渐渐地，他们开始感到怀疑、害怕和懊悔——背靠丰饶的河湾，饥饿反倒是无须担心的。

他们从没想过要从坦帕湾开始对水底生命进行全方位的勘测，这是他们的失策之处。在海洋这座不眠的都市中，海湾是熙熙攘攘的市中心，而坦帕湾就是海湾东海岸的大苹果城②。鱼群就像集市或露天市场前后簇拥的人群。它们的数量之多就和陆地上的昆虫一样。在海湾绵延的海草床上，200种鱼类在和虾蟹、小鱼们孜孜不倦地玩着捉迷藏的游戏，鱼类在海底可以轻而易举地捕获到蚝、蛤和扇贝。这里生活着鲨鱼、魟鱼、宽吻海豚、水獭和数十种鸟类，它们的存在将海湾的食物链向上拓展到人类下

---

① 里格，旧时长度单位，通常在航海时运用，1里格约为3海里。——译注

② "大苹果城"，纽约别称。——译注

方的位置。

科学界的主流猜想是千万年前，坦帕湾所在的石灰岩板块分裂，于是形成了坦帕湾这么一个淡水汇集的盆地。也许在 6000 年前，墨西哥湾水位不断上涨，海水开始涌入这个淡水盆地，海生动植物也借机寄居于此，直至今日。四条占据了 2200 平方英里流域面积的河流在这里汇合，源源不断地供应着淡水，但它们对河口生态改变甚微，仅仅使其在干涸和季节性的水位上涨间摇摆徘徊。不同区域的水体表现略有不同，或浑些或清些，或咸些或淡些，沿岸多是红树林和盐沼。

西班牙人早期称呼坦帕湾为 Bahia Honda，意为"深的海湾"。坦帕湾平均水深 12 英尺，虽然适合德纳尔瓦埃斯的船队通行，但若不加疏浚的话，其水深并不足以支撑此后出现的大型船舶行驶。也许更合适它的名字应是 Bahia Muchos[①]。坦帕湾占地 400 平方英里，是一个汇聚了众多小海湾（名称分别为 Terra Ceia, Boca Ciega, Hillsborough, Old Tampa, Little Cockroach, Miguel, Mobbly, Double Branch, East, McKay, Joe）和长沼（名称分别为 Coffee Pot, Cabbagehead, Boat, Mullet Key, Clam, Cooper, Little, Big, Emerson, Cambar, Champlain, Critical, Custer, Tillette, Williams）的海湾区。虽然河口形态在持续不断地变化着，但坦帕湾今日的轮廓线与当年被德纳尔瓦埃斯错认为墨西哥河的那个基本一致。

关于德纳尔瓦埃斯此次远征的大部分史料都来自阿尔瓦·努涅斯·卡韦萨·德巴卡（Álvar Núñez Cabeza de Vaca）；卡韦

———————————

① 西班牙语中 Muchos 意为"很多"。——译注

萨·德巴卡是此次远征队伍中的幸存者，他在呈给国王的一份报告中记录了这些事件。史学家普遍认为其所言可信，但他的话里没有提到德纳尔瓦埃斯对土著的残忍行为。年代史编者后来是从其他渠道了解到征服者们的事迹的，包括从遭受了他暴行的人们口中流传下来的故事。

卡韦萨·德巴卡是一名孤儿，原出生于南西班牙的一个下层贵族家庭，后来作为德纳尔瓦埃斯手下的皇家财务总管加入了远征舰队，在这之前他从未踏足过新大陆。今天，卡韦萨·德巴卡的纪念碑被安放在休斯敦的赫曼公园里。他铜像上闪烁的熠熠光泽很好地映衬着他的面容，他胡须蜷曲，衣袖细长，头戴高顶头盔（这是传统的征服者们的头盔），胸前是硬挺的护胸铠甲，凝视前方的眼神透露出的并非坚定，而是好奇。政府追认他为得克萨斯州外科学会的守护圣人（他为一名印第安人移除了嵌入其胸膛的一枚矛镞），得克萨斯州的第一名欧洲商人（他协调了印第安族群间的贸易活动），第一位人种学家（他记录了对狩猎采集社会的描述），第一位史学家（因记下了他在海岸上的经历）——德纳尔瓦埃斯远征结束后发生的事情。

卡韦萨·德巴卡也对当地的动植物做了记录。新世界的自然环境对西班牙人来说，一方面是新奇，另一方面又难以适应。他的记录里没有提到土地上显而易见的葱茏繁茂。在一个征服者看来，平静得毫无威胁的大自然并不能吸引其注意，只有当它来势汹汹挡住其去路时才能被正视。卡韦萨·德巴卡描述海岸边是一片"陌生又糟糕的土地，资源缺乏，让人留也不是，去也不是"。与此相反的是，至少有 35 万名土著居民在这里兴旺繁衍，他们中多数都栖居在河口地带。[7]

在他们到达坦帕湾后，远征升级为殖民、探险和财富掠夺，复仇之役演变为延续了八年之久的令人毛骨悚然的长篇传说，既暴露了德纳尔瓦埃斯的凶残本性，也显示了他领导能力的不足。从中也能看出，当面对同样的自然环境，土著和欧洲人所代表的两种文化是如何做了截然相反的解读：一种待其如朋友，另一种则当成对手。

这五艘随海浪摆荡的船在坦帕湾下了锚，在土著居民看来，这些船只令人生厌。这些土著居民身上文有蛇、鸟和几何图案，因此很有可能就是拜日的图可巴伽人（Tocobaga）。面对眼前在海上受尽磨难的迷路的西班牙人，他们既没有发起攻击，也没有张开双臂欢迎。

对征服者们来说，海岸上荒无人烟也不如在陆地上看到印第安人来得可怕，印第安人是他们对"新发现土地"上的土著人的称呼。欧洲人，尤其是西班牙人认为，土著人缺乏进取的野心，也没有取得西方文明的成就。上帝创造了他们，但他们没有接受他的恩典，反而去尊崇——用一位多米尼加修道士的话来说——"他们的自然之神"。在海湾土著人和欧洲人的互动中，有一个史学家们甚少提到的事实，那就是土著人与自然的关系以及他们进行的宗教活动，让欧洲人愈加坚信印第安人是低等种族，因而欧洲人确信他们的征服行为是正当的。在西班牙人看来，守着丰富的自然资源不用、对财富没有野心和追求的人，都是粗鄙、懒惰的人，于是西班牙人理应夺回上帝恩赐的资源，并将这帮野蛮人奴役为己用。印第安人看似过着简单的生活，衣不蔽体，贫困潦倒，他们心安理得地臣服于自然，而没有征服它的心思；他们生于这片荒野，和这里的荒地一样未经开化。在一段时间里，他们可以被用来当向导、奴隶，为西班牙人提供食物。除此之外，他们就像灌木丛一样，西班牙人只想将其铲除得干干净净。[8]

当船队遇到图可巴伽人时，德纳尔瓦埃斯期待他们能为其人数众多的远航部队奉上食物，然后领着他们去寻找黄金白银。他梦想得到财富和权力，但他现在来到远离墨西哥的这个地方，这两样都沦为泡影，对此他无法接受。耐心也不是他的品格之一。一项早期的资料显示，他在一场与图可巴伽人的争吵后砍下了酋长的鼻子，并令咆哮的军犬扑向对方的母亲。图可巴伽人急切地想摆脱这个胡子拉碴的暴虐之徒，于是指向北边，向他保证他想要的东西都能在那个叫阿巴拉契（Apalachee）的地方找到。德纳尔瓦埃斯另派了一支船队走水路去搜寻原定的目的地帕尔马斯河，自己则领着剩下的队伍走陆路，向着金山银山进发。他后面跟着300人的队伍、40匹营养不良的马，以及数量不详的身负教化任务的修道士，尽管他们已经自身难保。他们计划最终要与船队会合，虽然没人清楚确切的时间和地点。德纳尔瓦埃斯在关键时刻总能做出决断，只是他的决定不是每次都正确。

德纳尔瓦埃斯率领的一众人沿着当地土路前进了200多英里。不仅是土路，他们还用斧头开路，在柏木沼泽、阔叶林和松木林都留下了欧洲人的新足迹。当他们披荆斩棘来到阿巴拉契，也就是今天佛罗里达北部塔拉哈西附近时，人和马都已经疲惫不堪，最后直到他们奄奄一息也没有找到财宝。图可巴伽人骗了他们。阿巴拉契人已经收到西班牙征服者要前来的预警，于是全数搬离了村子，并且手持竹箭埋伏于树林和沼泽地旁，箭镞是鱼骨、蟹钳或者火石，他们向着西班牙人不时地一通乱箭齐发，且屡屡得手。

饱肚和逃生的需求已经取代了对金银的渴望，成为远征队伍的首要目标。西班牙人撤退到阿巴拉契湾（Apalachee Bay）沿岸，他们祈祷着在那里可以看到前来会合的船只，但未能如愿。

陷入困境的西班牙人决定自救。现在他们已经反应过来他们所到的是海湾的另一头。他们认为现在的最佳选择是先造木筏，然后乘木筏到位于墨西哥的西班牙领地去——想比做容易。在他们组成的这个分工各异的西班牙小社会里，似乎没有谁具备造船的技能，但此时已经走投无路的队伍别无选择。

剩下这大约250人的队伍开始合力打造起能出海航行的木筏来。这是一项因地制宜的工程。海岸边上是茂密挺拔的松林。它们在几个世纪后，将被机器轻而易举地伐倒并被榨取制成纸浆。而手边没有切锯工具的西班牙人唯有就地取材，用马革制成风箱，把马刺盔甲、长剑弯刀等能找到的金属品都熔化了，锻造出凑合用的斧子，砍了大概150棵成熟松木，每30根松木做成一个木筏，每一个木筏搭载合计四吨重的人和物资。最终，这些木筏虽然做工粗糙，却格外牢固，它巧妙地结合了外来资源和本土资源，堪称典范。柏木则用来做船桨。船帆是用衣服缝制成的。至于木桩之间的空隙，这些造船新手用了矮棕榈叶子和松树脂的混合物将它们密封住。

他们还有阿巴拉契湾的帮助。阿巴拉契湾位于大弯曲（Big Bend）上方，湖湾海岸线长200英里，南边是塔彭斯普林斯（Tarpon Springs），北边是欧拉克尼湾（Ocklocknee Bay）。霍莫萨萨河盆地，也就是在1904年被温斯洛·霍默引以为最佳钓鱼点的那个地方，就位于阿巴拉契湾上。大弯曲的水浅，看起来像个水塘，天然适合潮沼、带状草地和灯芯草的繁衍壮大。平静的水面和阳光普照的浅滩，促进了以泰莱草和海牛草为主的海草的生长繁殖，形成了绵延1200平方英里的水下草原。在暖和的季节里，海牛（manatee）从南边迁徙来吃草。有些人会将这种大型哺乳动物称作海中牛（sea cow），哥伦布曾误以为它们是美人鱼。海湾东部有 85% 的鱼都曾在大弯曲的草场里觅食草料，而扇贝、虾蟹、海马和海星则会选择避开捕食者。长久以来，这里的河口环境哺育了一代又一代的人。

但它没有填饱西班牙人的肚子。他们到达阿巴拉契湾时正值夏末，正是食物富足的时候。牡蛎随处可见，它们已经让多须石首鱼、红鲈和蓝蟹们饱餐了一顿。西班牙人造木筏的时候正遇上石蟹产卵季里的最后一个月，多肉的甲壳动物此时正爬向浅滩，红鲑鱼开始产卵，此时也是这些平日清心寡欲的动物一年中唯一的交配时间。但自学成才的造船工们似乎在捕食海鲜这件事上没有天资。他们为了果腹，隔一天便宰杀一匹马，直到木筏可以出海的那天——9 月 22 日——刚好吃剩最后一匹，这时的鲻鱼开始成群游向近岸准备过冬产卵。木筏启航了，从印第安人那里强征来的玉米被装上了船，每人每天定量配给。

风和沿岸洋流将西班牙人送往了他们想要去的方向——西边。虚弱的船队一开始只在海岸和障壁岛间航行，小心避开牡蛎床。对印第安人来说，牡蛎床是全年食物的指望，但在西班牙人看来，那是长着锯齿的沙洲，一不小心就会将他们好不容易饿着肚子造起的船给劈开。于是，他们诉诸惯用的伎俩，一路偷袭印第安土著人，毕竟除了饥饿以外，土著人本身也是另一种威胁。抢来的食物，卡韦萨·德巴卡写道，"为当时的他们提供了必要的帮助"。土著人日常以渔猎各种牡蛎和鲻鱼为食，对这些窃来之食，西班牙人也难有贬损之词。"我们见过的所有印第安人都长得很好，匀称健壮，身手敏捷。""远看就像巨人。"9

离开内陆河道的庇护后，水手们便遭遇了坏天气。海浪汹涌，扎木筏的绳索眼看着要松解，但它们顶住了，这是对造船新手技艺的一次考验。他们过得越发艰难。淡水和食物一直短缺，"身上的骨头都能数清了"，而当他们气虚力竭地上岸找食物时，还常会遇到攻击他们的土著人。接下来，飓风季过去了，东北风暴（nor'easter）来了，寒风和冬季里混浊的海浪不断地拍打着木船。德纳尔瓦埃斯此时宣布所有人各自为战，这是一条海事规约，当境况发展到了团队作战会危及个体生存且已经别无他法时，便适用这条规约。但卡韦萨·德巴卡认为，那是他的指挥官退缩了。[10]

很快，在 11 月的一个寒夜里，海浪"在黑暗中怒吼"，海浪将木筏一个接一个地抛向岸上。这些西班牙人此时身在得克萨斯州，散落在今天的加尔维斯顿（Galveston）和科珀斯克里斯蒂（Corpus Christi）间。印第安人埋伏在海岸的最南端，突袭被冲上岸的船只。那些在骇浪中活下来的人，结局依然是一死。为了让自己免于此劫，德纳尔瓦埃斯在船靠岸后，行使自己的特权，命令两个人为他在夜里值守以保证安全。但夜里突然起了大风，把正熟睡的人带到了海里，带向了死亡。[11]

德纳尔瓦埃斯因为倒霉和自大死了，留下了卡韦萨·德巴卡和其余 40 名幸存者，他们精疲力竭，继续面对来自陆地的折磨。许多人蜷在海滩上，赤着身子，带的东西都在来路上丢光了。海湾北部的冬季，不停刮着让人生疼的北风，这并不是一个能让人存有救赎希望的季节。没有衣服蔽体只是其中一个担忧。那些不停为生计奔波的狩猎采集者正在障壁岛上过冬。毫无抵抗之力的西班牙人，对这个远离冷酷大海的避难港一无所知，他们只能寄希望于土著人的仁慈。

卡韦萨·德巴卡后来将这座岛称为 Malhado，即"苦难之岛"，这个命名并不妥，因为岛上的土著人可是救了他的。土著人虽将他和其他幸存的人俘虏为奴，但给了他们食物、容身之所，以及性命。有五个人因为害怕自己会沦为献祭品或者食人族的食物而挺身反抗，但土著人也没有伤害他们。除了他们自己，他们本不需要害怕任何人。或出于无知，或出于恐惧，他们放弃了河口的天然给养，导致了此后的厄运。他们"互相吃掉对方"，卡韦萨·德巴卡写道，"直到剩下最后一个人"。基督信徒们认为这种难以置信的行为是蛮荒之地的习俗，而他们自己正犯着这样的罪行。土著食人族的故事受到欧洲编年史作者的追捧，这为他们笔下的新世界故事增添了猎奇色彩。此后美国大学里的考古学家们也不遑多让，继续编造着这些神话。一位史学家在 1959 年的写作中称得克萨斯州的印第安海岸为"吃人的海岸"。但是迄今也没有一人做过可靠的田野调查，来证实无论是出于宗教目的还是饮食需求，都是确有其事的。恰恰相反，卡韦萨·德巴卡记录道，土著人对这些陌生人居然争先恐后地相食同类的行为大感惊骇。[12]

整个岛被卡兰卡瓦人（Karankawa）占据，西班牙人在这个岛上孤立无援。虽然卡韦萨·德巴卡的记录中没有说俘虏者的任何坏话，但历史还是将卡兰卡瓦人视作嗜血的恐怖分子。几个世纪以来，白人都害怕搁浅在得克萨斯州海岸，因为按照传言，他们很快会遭到土人的折磨、杀害，成为被吃掉的那个弱者。因此大概在 19 世纪 30 年代，当卡兰卡瓦人逐渐走向绝灭时，没有人对此感到惋惜。

100 年后，得克萨斯州沿海土著的形象仍停留在老一辈的故事里。同时他们也引起了学术界的兴趣。得克萨斯州考古学和古生物学学会（Texas Archeological And Paleontological Society）的创始人埃德温·布斯·塞尔斯（Edwin Booth Sayles），在一只名叫"开心"的混血杰克罗素猃犬的陪伴下，完成了对美国土著历史的一项初步调研。此后有很多研究者也跟上了脚步。随着一个个矛头、贝冢和考古现场的出现，土著文化开始被重塑。和卡卢萨人一样，卡兰卡瓦人体型占优、孔武有力。在欧洲人到来的几个世纪里，他们面对来自大陆、来自大洋对岸的西班牙人、法国人、墨西哥人和美国人，纷纷奋起反击，捍卫自己的领地和生活方式。得克萨斯州的考古学家罗伯特·里克利斯（Robert Ricklis）说，我们将守卫者贴上"怀有敌意"（这是英裔美国人社会中至今仍然使用的描述印第安人的用词）的标签，谴责他们的行为，可同样的事情挑衅的入侵者们做得更多。[13]

在塞尔斯带领的这条研究支线上，里克利斯是其中最新近的一位研究者。他认为卡兰卡瓦人并不是一个仅仅在生存线上挣扎而没有组织的零落种群。这个说法就像那些说他们好斗食人的说辞一样不准确。他们的祖先在 8000~10000 年前来到得克萨斯州海岸，他们身强体壮，有着完整的社会关系结构，对自然有一套传统的认知体系。他们将自然尊为高于人类生命、社会和文化的神圣力量，这是土著人和欧洲人之间的最根本差异。

差异可能是从看似不相关的东西开始体现的，比如当地人使用的一种抗蚊叮的制剂，这是一种用短吻鳄脂肪和鲨鱼鱼油调制而成的膏药，因为气味辛辣，致使欧洲来的访客对土著人的人道产生了怀疑。一名来自得克萨斯州海岸的学者说："你还没看到来人，就能闻到那是一个卡兰卡瓦人。"他们身上刺着文身，喜欢在脖子上挂着海螺壳、野狼牙齿，雕琢过的北美野牛骨头在胸前晃荡着，这说明他们和海湾另一边的卡卢萨人不同，他们是半游牧的种族。他们在春天离开岛屿，为了躲避烦人的蚊虫，他们搬离盖着兽皮的椭圆小屋组成的驻扎地，顺着内陆的河流一路采食牡蛎和蛤蜊，跟着白尾鹿群和北美野牛穿过草原，等到秋天再回到他们位于岛上的营地。在沿海地带，因为不用担心会断粮，他们会吃得更痛快些。[14]

卡兰卡瓦人像墨西哥湾海岸的其他土著人一样体格高大，比生活在内陆的人吃得更好。"无论是早期还是后来的目击者，他们在这点上的看法都高度统一，"19 世纪的一位人种学家评论道，"那就是他们的人长得很高，身材健美，体格强壮，身形比例上也是匀称得堪称完美。"里克利斯写道："他们这种体型，一部分可能是源于其膳食结构，而不只是社会文化因素驱使下基因筛选的结果。"[15]

卡兰卡瓦人控制的 367 英里得克萨斯州海岸线有小海湾、后湾、长沼、潮汐带和峡湾，是一道呈弧线形的河口湾区，土地肥沃，物产丰饶。它们中许多此前并不是现在这个模样，也是在土著人定居后才逐渐成形的，其他河口区也有这样的规律。切萨皮克湾（Chesapeake Bay）和纳拉甘西特湾（Narragansett Bay）就是曾经的河谷因冰川融化导致被海水淹没而有了现在的河口湾。有些河口湾，例如坦帕湾，是从湖泊盆地发展而来的。也有些原本是陆地，由于地质变动或火山爆发引起陆地断裂而形成河口湾。旧金山湾（San Francisco）就是一例，普吉特湾（Puget Sound）也有这个成因的河口。而峡湾型的河口，是原本纵深的河谷被冰川切割后，经冰川消融后的海水倒灌而成。得克萨斯州的海岸地势相对低洼，也就没有险峻的河谷或峡湾。但它有河水冲积的三角洲，包括加尔维斯顿湾（Galveston Bay）、马塔戈达湾（Matagorda Bay）以及科珀斯克里斯蒂湾（Corpus Christi Bay）。它们与入海口处的潟湖汇合；近岸泥沙堆积形成了障壁岛，由于障壁岛的隔绝，就形成了与外海分离的水域，即潟湖。

得克萨斯州最大的河口潟湖是马德雷湖（Laguna Madre）。

从地图上看，它是帕德雷岛（PadreIsland）和大陆之间一道狭长的蓝色线条。有着 3000 年历史的马德雷湖北起于科珀斯克里斯蒂湾，南止于格兰德河三角洲，长 115 英里（和古巴到基韦斯特的距离一样）。它的下半截，也就是南马德雷湖，与北马德雷湖之间被潮汐滩和美墨边界阻隔，湖长与上半截相当，沿着墨西哥塔毛利帕斯州（Tamaulipas）的海岸展开。这里才是德纳尔瓦埃斯的倒霉船队从古巴出发后本应登陆的目的地。

北马德雷湖中间位置有一个以它遥远的北极表亲命名的巴芬湾（Baffin Bay）①。和科珀斯克里斯蒂湾一样，巴芬湾最后与马德雷湖主干一起流入河口三角洲。由于没有足够的淡水河注入，加上潟湖水浅、水流速度慢，马德雷湖是世界上含盐量最高的潟湖，甚至高于墨西哥湾，对牡蛎这种得克萨斯州海岸上有着重要历史地位的食物来说，这里的水太咸了。但是，全美四分之三的海草草甸都分布在这片潟湖的 65% 的面积上，海草草甸连同蔓延的潮汐滩、向内凹的黑红树林带，为鱼蛟虾蟹们——鲻鱼、鲣鱼、海鳟、红鲑、小褐虾和甜虾等——铺就了寄身之所，它们正是得克萨斯州当代商业性渔业的最主要贡献者。超过七成的约 100 万只北美潜鸭聚在马德雷湖过冬，数量多得让 19 世纪初发现它们的户外运动人士惊愕不已。

大多数遇难的西班牙人都搁浅到了马德雷湖以北的海岸上，邻近加尔维斯顿湾，或者加尔维斯顿湾区中较小的水域——克里斯姆斯（Christmas）、韦斯特湾（West）或德拉姆湾（Drum Bay）。加尔维斯顿、福莱特（Follet's）、圣路易斯（San Luis）的群岛后

---

① 指北冰洋属海巴芬湾，位于北美洲东北部巴芬岛、埃尔斯米尔岛与格陵兰岛之间。——译注

方围蔽着众多二级小海湾，史学家们普遍认为卡韦萨·德巴卡的登陆点就在那一带。加尔维斯顿湾是墨西哥湾美国境内部分最大的海湾，比坦帕湾还大 200 平方英里。它属于特里尼蒂 - 圣哈辛托河口湾（Trinity-San Jacinto Estuary）的一部分，特里尼蒂 - 圣哈辛托河口湾是得克萨斯州第一大、全美第七大河口湾，水域极其开阔，但水深仅有七英尺。有 33000 平方英里流域的淡水注入其中，它们来自地上径流、特里尼蒂河（Trinity River）和圣哈辛托河（San Jacinto River），并且带来了大量泥沙，混合于海水中。当西班牙人在那里着陆时，海湾中满是牡蛎，更别提虾蟹和鱼类了，而鱼类中又以石首鱼和红鲑鱼为最。

从阿巴拉契湾来的这一路，随着征程越来越艰难绝望，这些走投无路的难民中有部分人摸索出了怎么捕食贝类。在得克萨斯州，他们从他们的俘虏者那里学到了如何在河口湾环境中觅食，因为西班牙人作为奴役者本来就被指望要给所有人准备食物。一个半世纪后，当法国探险家罗伯特·拉萨尔（Robert de La Salle）率领的船队搁浅在 100 英里外的马塔戈达湾上时，队员们感恩河口湾为他们提供了蛋白质来源。"水面阵阵骚动，水里的鱼纷纷弹跃而起……我们收获颇丰，"远征队的成员之一昂利·如泰勒（Henri Joutel）在他的日记中写道，"这种程度的收获经常有，对我们的生存起到了很大帮助。"[16]

相对于谷物稻米，土著人的一个显而易见但又不太为人知的碳水化合物来源，是广泛生长在湿地的香蒲。卡韦萨·德巴卡吃的印第安面包，就是以香蒲根茎为原料，将其捣烂并用蛤壳刮擦后形成的淀粉浆做的。在陆地上度过的几个月里，他从地里挖各种可食的根茎，割仙人掌，到秋天时和当地人一起沿着瓜达卢普河谷边的野生树林采集美洲山核桃，这个采集季就像节日一样盛大，会吸引很多从遥远地方来的土著族群。白尾鹿和北美野牛也是他们的猎物，它们以墨西哥湾的林地和河岸为主要栖居地。德纳尔瓦埃斯的这支流亡队伍恐怕是第一批尝试北美野牛肉的欧洲人，卡韦萨·德巴卡还曾想象这片哺育了北美最大野兽的琥珀色草原，在未来某天也会出现欧洲牛群的身影。里克利斯的研究显示，北美野牛占了土著人肉食总量相当大的比例，但其比例还是比不上"河口湾区的水生动物"。但看起来，这些西班牙人都没有想到商业性渔业在日后的巨大成就。[17]

　　虽然卡韦萨·德巴卡保住了性命，但在很长一段时间里依然营养不良。他多年来作为奴隶在不同的印第安家庭间辗转，而这也正是西班牙人轻易强加于殖民地土著人身上的命运。但卡韦萨·德巴卡一直在策划逃跑。最后，他和另外两个西班牙人以及一个来自另一远征队伍，同样受到奴役的摩洛哥人一起逃走了，希望与他们在墨西哥的同胞重聚。这个残余的德纳尔瓦埃斯远征队，穿过了被太阳暴晒的土地，往北沿着险峻的西马德雷山脉（Sierra Madre Occidental），一路摸索着往内陆挺进。这是伟大征程的最后一环。还在海岸上时，他们会治病的名声就已经传开了。这个消息经由土著人的沟通网络不胫而走，他们沿途经过的村庄和营地都会要求他们提供这项服务，以作为让他们通行的条件。通常，他们只需做祷告，在病人身上画十字，便可保证四人的安全和温饱。到1535年年中时，他们已经到达墨西哥的中北部地区，准备往西南沿古代的贸易路线走，越过东马德雷山脉（Sierra Madre Oriental）后朝日落的方向一路穿过索诺兰沙漠（Sonoran Desert）。

　　在他们被海浪抛在得克萨斯州那个冰冷的海滩八年之后，这四个游魂一样的幸存者，同时也是我们知道的德纳尔瓦埃斯陆上队伍中仅存的几个人——三个面目全非的基督徒和一个外国奴隶——他们衣不蔽体，受着烈日烘烤，拖着已经瘦得不成人形的躯体，终于来到了太平洋沿岸的圣米格尔·库利亚坎（San Miguel de Culiacán），见到了同胞。

卡韦萨·德巴卡终于踏上了往西班牙的回程，路上先是击退了法国的私掠船[①]，然后又一次遭遇了可怕的飓风。他在呈诵给帝国法庭的报告中，对湾区的土著和河口环境做了详细阐述。但在许多人的脑海中，新世界依然有且仅有满地金银，全然罔顾已经有成百上千的人葬身在那里而一无所获的事实。

赫尔南多·德索托（Hernando de Soto）是又一个相信远征海湾的回报会大于风险的人，他坚信自己会在德纳尔瓦埃斯倒下的地方获得成功。他刚为西班牙国库填进了来自秘鲁的银子，于是请求皇室将原本属于德纳尔瓦埃斯的领地和所有必不可少的头衔都转授予他，包括一个奖励：古巴总督。他曾尝试邀请卡韦萨·德巴卡入伙，好在两人后来协商未果，倒是为卡韦萨·德巴卡省去了额外的劳顿。

德索托的墨西哥湾之行最终只是重现了德纳尔瓦埃斯的暴戾无情和败绩。从思想上来说，它同样开启于对墨西哥湾区遍地黄金的幻想。德索托押上了他的全部家产，还借了些债。连卡韦萨·德巴卡的亲戚也往这个虚无的淘金热里投了钱。从行动上来看，它起始于1539年5月的哈瓦那，这一次船在和风春色中扬帆，计划中的目的地是坦帕湾。德索托在启航一周后到达，将它

---

① 私掠船（Privateer），又译作武装民船，是一种获得国家授权可以拥有武装的民用船只，用来攻击他国（主要是敌国）的商船。——译注

命名为 *Bahía de Espíritu Santo*①。②

当地土著人看到西南方向的海平面上出现了九艘船，然后西班牙人就看到远处树林上方升起了烟雾。烟雾延续了几天时间，这是沿岸居民在持续给内陆村民发送陌生人的位移信号。德索托在一处人去屋空的村子里驻扎下来，村子建在小海牛河（Little Manatee River）河口边的贝冢上，这个河口就是当地尤兹塔人（Uzita）的餐饮室。这位总督佩上礼仪徽章，站在海岸边，为西班牙皇室，也为他自己，将目之所及之处甚至更多，都收入囊中，并且，据史学家玛乔利·史东曼·道格拉斯（Marjory Stoneman Douglas）的研究观察，他们四处"行礼致敬，插上旗帜横幅，奏响音乐，身着金色祭衣的神父做了弥撒，向印第安人做宣告"。一切进行得井然有序，对双方来说各有不同意味。德索托有 500 名可供调遣的士兵，12 名负责必要的劝诱改宗的修道士。他还得了一个翻译，叫胡安·奥尔蒂斯，曾经是德纳尔瓦埃斯麾下成员，被土著人抓去后，由于得到酋长妻女的说情而被释放——这个情节成为日后约翰·史密斯的宝嘉康蒂故事③的灵感来源。德索托队伍中还包括两个女人、237 匹马、数不清的

---

① 意为"圣灵之湾"。——译注

② 虽然索托抵达了坦帕湾是学界公认的说法，但历史学家罗伯特·维德尔（Robert Weddle）对此持有异议。他推测索托的登陆点在夏洛特港一带。[Robert S. Weddle, *Spanish Sea: The Gulf of Mexico in North American Discovery, 1500–1685*（Texas A & M University Press, 1985），p.214.]

③ 这是一则广为流传的历史逸事。英国殖民领袖约翰·史密斯（John Smith）1607 年到达弗吉尼亚并开始殖民印第安人，在此过程中被印第安部落逮捕囚禁，据约翰·史密斯自己的讲述，在他即将被执行死刑时，当地酋长波瓦坦（Powhatan）的女儿宝嘉康蒂（Pocahontas）为了救他，将自己的头颅取下，替换了约翰·史密斯的，这才让他逃过此劫。这个故事被后世多番改编创作，其中最为人熟知的有 1995 年的迪士尼动画电影《风中奇缘》（Pocahontas）。——译注

佣工奴仆、驮货的骡子、作战的格雷伊猎犬和一群伊比利亚猪。和德纳尔瓦埃斯不同，德索托身边有现成的新鲜肉，不需要牺牲他的马队。[18]

土著人这次见到的殖民领袖的模样和上次红胡子的那位不同，却是一样的嗜血暴君。如果后来人的描述可信的话，德索托有着褐色头发（或卷或直），胡须像鸭尾巴，一双浅褐色眼睛横亘在鹰钩鼻上。举止间有种高傲。据他的一个传记作者的说法，他作为低阶贵族的后代，是一个内心有太多"雷霆和激情"的人，传统生活远远无法满足他的野心。[19]

国王曾令德索托对印第安人要加以"善待和教化"，尽管他们终将被奴役和剥夺财产。这位新任总督还接到了措辞矛盾的命令，让他"征服并[在此]安居"，"使[此地]永保安宁"。对此德索托还是诉诸熟悉的操作。几周后，他和士兵、修道士出发前往阿巴拉契，大批的印第安人在西班牙人的武器威胁下加入了德索托的分遣队伍，被当作搬运奴工，除军队物资外，还得搬运德索托成箱成箱的奢侈用品：衣橱、精美的寝具、瓷器、橄榄油和葡萄酒。人和牲畜组成的浩荡队伍，绵延数英里，在行进中起起伏伏地蠕动着，像一只有生命的爬行动物。队伍长长地划过荒野——当然，这是有主的荒野——随着一串串足迹在生机盎然的野地里穿行而过，土地的旧貌不再。风笛手吹响了队伍前行的号角，所到之处，刀砍剑劈，人群、马群、猪群踩踏而过，俘虏戴上了镣铐。行军路上大开惩戒，这和他们的前人并无不同：外来的人强征食物，奴役更多的土著人，对不合作的土著人，他们砍下其双手、割去其鼻子。[20]

德索托的远征队于10月抵达阿巴拉契。考古证据显示，西班牙人在那里庆祝过圣诞。如果这是真的，尽管庆祝活动可能并不盛大，但他们很可能是第一批在今天的美国过圣诞的人。在德索托军洗劫了阿拉巴契的一个村庄并且没收食物、摧毁房屋后，土著人掀起反击，西班牙人理应有所预料。他们伏击了巡逻队，攻打了德索托的驻地，他们的武器通常是像人一样长的弓，以及根据西班牙人的描述，能够纵向刺穿一匹马的箭。西班牙侦察队在一个海湾附近发现了德纳尔瓦埃斯当初建木筏时留下的残存的营地遗迹，包括被宰杀马匹的骨头。这是一个预兆。在佛罗里达的十个月里，后六个月他们持续地遭遇围攻，德索托部队只得转移至佐治亚州，结果只是将无法避免的战斗和苦难一起带到了那里。

随着他们往大雾山（Great Smoky Mountains）行进，队伍的人越来越少，也越来越疲惫不堪，勘测金银的活动还在虚弱地进行。然后队伍转而向西，横渡泥泞混浊的河流之父密西西比河，进入阿肯色州和路易斯安那州，路上遇到一个接一个的土著部落。距离他离开古巴三年后，德索托在密西西比河边病倒了。一些现代研究者说他死于一种热带的热病。但这个结论显然不成立。猜测中的热病指的是疟疾或黄热病，但它们都起源于大西洋彼岸，在德索托时期的北部湾区尚未有其踪影。在目击人的记述中也没有提到在队伍里有疫情蔓延的情况。但相反，他们提到了流感。不同于黄热病和疟疾，流感病毒的传播不需要昆虫做媒介，只需一个咳嗽、喷嚏或者肢体接触，就能在人和任何野生或家养的动物间传播。另一个可能性是他感染了伤寒，长时间的冬季扎营为有害的粪便细菌的繁殖提供了机会，提高了感染概率。卫生纪律的缺乏能够摧毁一支原地不动的军队。德索托死的时候正是他刚结束冬季露营的时候。

当西班牙人将他们领袖的尸体从密西西比河西岸送入水中

时，这支曾经浩大的队伍已经萎缩到只剩 300 个衣衫褴褛、饥肠辘辘的人，还有几匹羸弱的马。但他们至少在完整性上还是比德纳尔瓦埃斯的好一些。他们也没有被印第安人掳去为奴，还进入了此前欧洲人没有踏足过的地区。但他们仍是一支没有征服任何土地、没有获利、没有记录下任何新领地的远征队伍。他们不堪困窘，只能中断使命，找到回西属墨西哥的路。陆上路线没能成功，他们最终还是诉诸德纳尔瓦埃斯的办法，打造了七只海航的木筏回到了墨西哥。

1543 年的一个仲夏夜里，密西西比河的水流将这支临时拼凑的船队送往了墨西哥湾。西班牙人刚开始对他们是否到达了目的地不太肯定。其中一个存活者回忆说，在晚祷过后，信徒们注意到他们已经接近河岸，但仍然在一道"离海岸很远"的混浊的淡水水流上。他们向西行驶，力图不让海岸离开视野范围，中间遇到了一场糟糕的暴风雨，最后总算活着到了得克萨斯。木船漏水严重，但根据其中一位官兵日后写到的，他们发现了一种黑色的"海面涌起的浮渣，看起来像沥青一样的东西"，他们于是用它来给船密封。他们没有意识到他们眼前的正是未来的石油——日后西北湾区无出其右的称霸者。[21]

德索托的剩余部下从得克萨斯州挺进到帕努科河（Río Pánuco），这里也是墨西哥湾第一位地图绘制者阿尔瓦雷斯·德皮涅达 25 年前的葬身地。德索托一行历时四年，走过了美国和墨西哥共十个州，合计 4000 英里。最终，德索托所达成的目标也没有比德纳尔瓦埃斯更多。如史学家弗朗西斯·帕克曼（Francis Parkman）所言，德索托梦中的"黄金国"，已经"化作了苦难与死亡的苍茫之地"。[22]

但这场悲剧远征的领袖作为一个崇高偶像活在了美国白人

的历史里。德索托脱离盎格鲁人标准的普利茅斯和詹姆斯敦①式的叙事结构，成为机会均等（equal opportunity）的典范（当然，前提是如果我们不从土著的视角看待这段历史的话）。美国历史上只有出类拔萃的美国国父、少数几位总统和马丁·路德·金，能继德索托之后成为名字被广为使用的公众人物。多个城市、（佛罗里达州、路易斯安那州和密西西比州的）多个郡、学校、高尔夫球场、街道、联邦和地方公园、一个国家公园、一个国家森林、一个联邦军事堡垒、一艘美国军舰、数个淡水泉、一个瀑布、一个唱片公司，争相以德索托的名字命名。克莱斯勒汽车公司在1928年至1961年间运营着德索托汽车品牌（但没有以美国国父名称命名的轿车，倒是福特旗下有林肯汽车公司，通用旗下有庞蒂克），20世纪50年代车型引擎盖上的标识是一个戴着头盔的德索托半身肖像，现在已经成为收藏家们的藏品。国会大厦的圆顶大厅里，悬挂着作于1847年的德索托发现密西西比河的画像。虽然那是个没有意义的成就，因为当时没有人记录下河流的地理位置，欧洲人需要重新发现它。

研究德索托的学者倾向于维护他在历史上作为最著名征服者的地位。对一些人来说，追踪他行进路上的每一次绕圈、转向、回头和转圈都像寻找宇宙起源一样。但它们的大部分都不能粉饰德索托的凶残手段。最近一位传记作者称他的这次征程为"野蛮人在美洲的探索"。源其远征的四份一手材料让我们难得地可以一瞥当时的人口种族布局。它们和考古证据一道展示了繁荣的密西西比文化，它由数不清的土著部落组成，他们建冢立堆，覆以泥陶建筑和庄稼田地，挖凿出小径和步道。一个世纪后，当法

---

① 普利茅斯和詹姆斯敦是英国在北美建立的最早的两个殖民据点。——译注

国探险家们沿着这些小路对路易斯安那进行殖民活动时，土著人的抵抗已经不复从前。存活下来的土著村落越来越少。德索托的军事活动扰乱了部族间的权力结构。他挑起冲突、盗窃食物、烧毁村舍，但所有这些造成的永久危害都不如他们带来的看不见的病菌更严重。[23]

北美土著人对天花、麻疹、流感等外来的传染病没有免疫力，这些病菌随着德索托历史性的跋涉在村落间传播，最终导致了疫病肆虐，百万人因此病死。他带来并留下的黑褐相间的猪，其中包括阿肯色州的尖背野猪，成为他这趟旅途留下的一个意想不到的"遗产"。在今天，它们的野生后代成为一大威胁，它们将当地植被连根拔起，扰乱种群演替进程。当年，受感染的猪很可能触发了肺结核、旋毛虫病、布氏杆菌病、炭疽病、细螺旋体病或囊虫病的暴发，或将病菌传到了土著人食用的野生动物身上，例如鹿和火鸡。即使德索托只是安静旅行，与当地村民握手，而不是砍了他们的手，他依然埋下了种族灭绝的暴雷，为日后的殖民之路扫清了障碍。①

佛罗里达的阿巴拉契人、图可巴伽人和卡卢萨人，得克萨斯的卡兰卡瓦人，亚拉巴马的莫比尔人（Mobilian），密西西比的比洛克西人（Biloxi），路易斯安那的霍马人（Houma），以及所有其他湾区的土著居民对西班牙的刀剑和宗教入侵奋起抵抗，长达 200 多年。但他们无力抵御传染病，强大一时的酋邦土崩瓦解。至于卡卢萨人，根据西班牙人的记载，他们是被北方殖民地来的印第安奴隶贩子乘虚而入强行掳走的。根据哈瓦那保存的洗礼记录，1763 年西班牙向英国妥协交出佛罗里达后，卡卢萨人

---

① 疾病是如何促进了他们的征战进程的，西班牙人对此很是清楚。

中有一部分最后到了古巴。

威廉·卡洛斯·威廉姆斯在写到美国和墨西哥湾的征战时说："我们的历史开启于谋杀和奴役，而不是发现。"[24]

没人清楚为什么征服者们会饿死在海湾上。有史学家说那是因为他们多是来自西班牙内陆，没有吃海鲜的习惯。但显然他们对吃马和吃同类倒是不排斥的。最大的可能是他们习惯于掠夺食物，相比于从海里捞捕食物，掠夺才是他们更熟悉的战略。关键是，他们饿死在了土著们生息成长的这片河湾上。活不下去的那部分人战胜了在这里世代繁衍的人，这是不折不扣的讽刺。

在那几个荒唐世纪里，西班牙人从没有真正利用过海湾上的丰富资源。除了他们获得的第一手观察外，他们得出的结论与弗兰克·汉密尔顿·库欣不同，后者在历史的挖掘中每每惊叹于土著人民的生活方式。法国人、英国人皆如是，他们紧随西班牙人来到这里，但不是挖金掘银，而是为了打下更传统的经济根基，这使得他们对此地的地理环境有了更好的理解。

英国地理学者乔治·高尔德（George Gauld）
笔下18世纪60年代繁忙的彭萨科拉湾和港口。

　　此次勘测让我们有了全新的认识，不仅认识了我们所处
的自然环境，也认识到了它的重要性，这远远超出了我们的
预期。

——英属西佛罗里达总督
乔治·约翰斯通（1766）[1]

/ **076**

　　密西西比河三角洲是北美境内最令人印象深刻的冲积平原
之一，充分展现了墨西哥湾的地理特征。作为北美大陆最大的水
系，密西西比河流域远跨中西部，每年输沙量高达4亿吨，因此

得了个"大泥潭"（Big Muddy）的绰号（其主要支流密苏里河也有此称号）。在流域末端，所有泥沙顺着河口发散开去，成为沼泽和海岸线的一部分——从远方陆地分解而来的泥沙，在这里堆积出了新的陆地。河水顺着河道冲入墨西哥湾，泥沙沉积形成三角洲，面积大得惊人，水流终年不止，并通过五条水道与大海相连。恼人的是，三角洲有时会让人难以辨认，尤其是在春季入汛后，即使你身在其中也难识其真面目。这也是为什么德索托的人马逃难到春天的大河上时，一度判断不出他们究竟是还在河上，还是已经被冲到了海湾里。

欧洲的探险者们对地理位置的划分，主要是为了根据地形来排兵布阵——海湾是船只能安全入港停泊的地方，厚实牢固的海崖上可以构筑堡垒，河流可以帮助他们深入内陆。像密西西比这样的三角洲不是能让人定居的地方。这里"稀疏得可怜的植被"，还有它们脏兮兮的淤泥，都给人一种"贫乏无用的印象"，约瑟夫·康拉德（Joseph Conrad）在其充满诗意但少有人读的书《大海如镜》①（*The Mirror of the Sea*）中对三角洲做如此描绘。尽管如此，密西西比河三角洲注定要与地缘政治扯上关系。谁掌控了这条大河，谁就掌控了这片大陆的多数商业和贸易。[2]

要从墨西哥湾进入这条河，你必须在谜一样的三角洲里找到通行的路。德索托的队伍跌跌撞撞来到了河上，但当时没人画下地图，西班牙人也没有再来寻过它。抛开河不说，墨西哥湾北部，也就是格兰德河和佛罗里达半岛之间这一块，既没有金也没有银，飓风倒是经常造访，因此并不得意欲征服新世界的西班牙

---

① 约瑟夫·康拉德：《大海如镜》，倪庆饩译，百花文艺出版社，2000。——译注

的青睐。

　　法国人在这片遭西班牙冷眼的广袤之地上看到了机会。法国人一直致力于保护他们在加拿大和五大湖的皮草贸易帝国，他们传统的出口路线需经由东北部而上，但彼时正值英国大肆扩张其殖民领地，法国人因此急于找到另一条通道。为此，雷内-罗伯特·卡瓦利·拉萨尔先生（René-Robert Cavelier, Sieur de La Salle）于 1681 年 12 月循密西西比河而下，同行的还有 54 名印第安人和法国人。当时已是严冬，他们从迈阿密堡（在今天的俄亥俄州）乘树皮艇出发，在覆着冰层的伊利诺伊河上滑行而下。当他们到达密西西比河的汇入口，转而往南划着冰水时，两个月已经过去了。

　　终于，他们在 4 月到达三角洲。他们在淤泥里临时插了一只标记用的木杆，在木杆旁埋下刻着法国纹章的铅制碑牌。拉萨尔于是以他的国王路易十四的名义，认领了这片土地——不管它是湿地、旱地、河流、长沼、沼泽，还是其他什么，总之是这片生活着 7 万土著居民的土地。他将下游命名为路易斯安那① 河谷以表敬意。 由于补给已不多，树皮艇只能在春天呼呼上涨的湍急河流中调头往回走，回到了伊利诺伊。

　　划着独木舟顺河而下是一回事，驾着船从大海出发去往法国的贸易站又是另一回事。两年后，拉萨尔来到墨西哥湾，准备再次出征密西西比。他说服国王支持他的此次探险，他说密西西比河口就在今天得克萨斯州的位置——意味着它就位于西班牙在墨

---

① 这里的路易斯安那领地包括现今美国中部由密西西比河口至加拿大边境的很大一部分区域，和今天的美国路易斯安那州不是一回事，整片法属领地在 1803 年被低价卖给美国（即"路易斯安那购地案"）后，从中先后划分出 15 个州。——译注

西哥的银矿附近，并誓言此次是为"国王陛下的荣誉"而战。史学界们一直以来都称拉萨尔弄错河口位置是一场巨大的骗局，但也许事情没那么极端。他第一次沿河而下，带的是坏掉了的、不断出错的罗盘和星盘，所以可能不是欺骗，只是犯蠢罢了。不管原因为何，他 400 英里的差错使得制图师将河口画在了今天的得克萨斯州海岸上，河口处是一个大大的海湾。这个海湾是拉萨尔犯下的又一个大错。那些不幸和他坐在同一条船上的人——士兵、工匠、女人和孩子——都因他的错误遭了罪。[3]

四艘船渡过大西洋，在尤卡坦海峡遇到西班牙海盗时损失了一只，就这样拉萨尔的小舰队进入了墨西哥湾。"船上没一个人知道它凶险走向的秘密"，已故史学家弗朗西斯·帕克曼（Francis Parkman）写道，"它"，指的是墨西哥湾难以捉摸的湾流。拉萨尔向北往河口方向驶去，显然他已经到了。但他没有看到它。他不知道他要找的是一个三角洲，他在找一个不存在的海湾。一个测深员往水里投掷绳索，但他并不知道他在探测的这片混浊水域是河流的沉积物。拉萨尔乘着大划艇到了岸边，懵然不知他脚下的泥泞就是那个三角洲。这些法国人搞不清楚方向，也没搞清楚自然环境，史学家克里斯多夫·莫里斯（Christopher Morris）如此评论道，他们没能"理解三角洲的大小、形状、位置和作用原理"。拉萨尔坚持认为他们在阿巴拉契湾上，于是让船队往西行驶，但阿巴拉契湾还远在佛罗里达狭长地带东边的拐弯处，他们就这么稀里糊涂地离河越来越远。[4]

最终这次探险的终点落在了马塔戈达湾，也是拉萨尔错误的地图上密西西比的位置。马塔戈达湾在一个半岛后面，让法国人躲过了正到处找他们的西班牙巡逻舰。此时的海湾，潮沼和河牡蛎床吞噬了海岸线，短吻鳄推倒了芦苇爬上来晒太阳，印第安人正在进行季节性的迁徙。密西西比还在八竿子打不着的地方。

另一个失望之处来自拉萨尔本人。他严肃傲慢，十分自负，情绪大起大落。他的头衔"拉萨尔绅士"本意是令人尊敬，结果却适得其反①。补给船的船长故意让船在海湾入口处搁浅损毁，很显然，他是想破坏这次行动，令其不得不中止。然后又一艘船被损坏，掉头回了法国。到最后，仅剩的那只船也不见了。这支被荒野打败的殖民队伍现在别无选择，只能找到那条"致命"的河，然后往北去法国属地。探险队的成员昂利·如泰勒（Henri Joutel）用"致命"形容密西西比；无独有偶，史学家弗朗西斯·帕克曼（Francis Parkman）也用了同样的形容词。此后两年时间里，这位领队一直将目光投向西方，直到当地的塞尼斯人（Cenis）给拉萨尔画了一张地图，告诉他河在东边。拉萨尔于是带着从幸存者中挑选的 17 个强壮点的出发了，虽然他们很多人连鞋都没有。至于那些体弱的，大概有二十来个，则留在原地。这一次，他终于朝着正确的方向走了。但在他们发现河流前，"既是为了复仇，也是为了自保"，帕克曼说，队伍内部发生叛变，拉萨尔被杀害。最后只有一小队人成功抵达伊利诺伊河段。[5]

对西班牙人而言，拉萨尔是一个蛮横无理的入侵者。自从他们在海峡抢下拉萨尔的船后，他们就有要将其逐出墨西哥湾的打算。他们派出了五支巡查队，四支走海路，一支走陆路。几年过

---

① 拉萨尔名字中的 Sieur de La Salle 字面意思是庄园主，是法国的一个贵族头衔称谓，作为名字的一部分冠在原姓氏后。在法国贵族阶层的体系中，这个头衔的获得不需要经过承袭或立功勋，花钱就可以买到。——译注

去了，他们没有找到要驱赶的法国人。但潜在对手的存在使西班牙人重新在上湾区（upper Gulf）活跃了起来。史学家罗伯特·维德尔（Robert Weddle）对法国人早期在墨西哥湾的活动做了细致研究，他对此评论道，西班牙人对拉萨尔的搜捕，慢慢演变成了"那个年代里对墨西哥湾最彻底的一次考察"。他们定位了加尔维斯顿湾、马塔戈达湾、查克托哈奇湾（Choctawhatchee Bay）、密西西比湾（Mississippi Sound）、莫比尔湾（Mobile Bay），以及不胜枚举的障壁岛。[6]

在整个搜查过程中，西班牙人从来没发现密西西比。一支搜查队伍已经驶入了三角洲，但并未找到河流入口。他们也在寻找拉萨尔虚构的那个海湾。墨西哥湾一共有 33 条大河流入，欧洲人已经知道了它们中的大多数，但其中最大的同时也是世界第十大的这条除外。

西班牙人的挑衅使法国更加坚定了要建立连接北美内陆和墨西哥湾的水上通道的想法。

1698 年，皮埃尔·莱莫恩·伊贝维尔先生（Pierre Le Moyne, Sieurd'Iberville）从法国布雷斯特启航，率领三艘配备 30 倍径火炮的护航舰，誓要从海湾入口找到密西西比河。这位 38 岁的指挥官，生长于蒙特利尔的一个显赫家庭，他和他的几个兄弟都是新法兰西①杰出的军人，他本人更是久经历练、英勇有

---

① 新法兰西，即法国位于北美洲的殖民地，在占据路易斯安那前，新法兰西领地集中在北美洲东北海岸。它以 1543 年的圣劳伦斯湾（加拿大东南部海湾）沿岸为起点逐步扩张，鼎盛时期（1712 年）的新法兰西包括五大区域：加拿大（蒙特利尔之所在）、阿卡迪亚、哈得孙湾、纽芬兰、路易斯安那。得益于毛皮贸易的发展，蒙特利尔在此间逐渐成为新法兰西的殖民基地和商业中心。——译注

加，也因此，他并没有将信任全寄托于那个时代的地图上。当他抵达加勒比海时，他向领航员询问河的位置。没人能准确回答上来。

所以伊贝维尔赌了一把，往湾区北边的海岸线去了，他始终贴着海岸行驶以便全面侦察。他后来在帕斯卡古拉（Pascagoula）遇到印第安人，从他们口中得到了有关河流方位的最确切信息。他很庆幸自己离目的地已经不远了，于是在密西西比海岸附近一个障壁岛的背风处下了锚。他，和比他小很多的弟弟让－巴蒂斯特·莱莫恩·德比安维尔先生（Jean-Baptiste Le Moyne, Sieur de Bienville），以及其他几个人搭乘两只双桅小舟和两只树皮艇，出发去找大河的入海口。到第四天快结束的时候，他们遇到一股湍急的淡水流，上面漂着死掉的树和其他植物残骸。这一次，这些欧洲人知道，自17年前拉萨尔顺流而下后就没再出现的那个河口，被他们找到了。"这是一次愉快的行程，"乐观的伊贝维尔写道，"一次海岸探索之旅。"[7]

尽管如此，他还是要去探一探河口以及周围的海岸线，以确保它不会再次消失。三角洲非常潮湿，不适合久居，于是他们回头找船只在帕斯卡古拉河附近的下锚处。但是帕斯卡古拉的浅水，还有能划破船体的牡蛎床，都令他们知难而退。向西行驶三里格后，伊贝维尔测得此处比洛克西湾（Biloxi Bay）的水深正合适。在他们东边，是一处结实的楔形陆地，左右各被一个湖湾和一个风景如画的内陆长沼包裹着。那里有溪流和泉水，除了可供采集狩猎的常见食物（牡蛎、李子、火鸡、野兔和鹧鸪），稀奇的野生动物（浣熊和负鼠）也不少见，比洛克西人和帕斯卡古拉人的世代繁衍便有赖于它们。而紧挨着水边的，是密密匝匝的松林，可以用来建堡垒要塞。法国人将此地称为比洛克西，所建堡垒称莫勒帕堡（Maurepas）。这里视野开阔，一眼望去，嵌于两个障壁岛（船岛和霍恩岛）之间的峡湾可尽收眼底。地理位置的重要性可见一斑。

虽然两国已经通过皇室联姻达成同盟，西班牙人依然不乐见法国人进驻墨西哥湾海岸。针对法国人在比洛克西建堡的行为，西班牙在帕斯卡古拉建起了永久据点，想着恶劣的自然环境自会把法国人驱赶出去的，就像西班牙人自己一个世纪前在帕斯卡古拉遭遇的那场飓风一样，那也是他们放弃上湾区的主要原因。法国的路易十四对自然的角色有不同的定位。他指示伊贝维尔"在比洛克西繁殖 [当地] 水牛；寻找珍珠；了解野生桑树以便制丝；寻找木材以便造船；以及探寻矿藏"。[8]

伊贝维尔深谙新法兰西经济与自然资源间的联系。17 世纪 80 年代，英国的哈得孙湾公司①来犯，双方不宣而战，伊贝维尔肩章上的杠条便是从这场皮毛贸易捍卫战而来。但路易斯安那并没有让路易十四如愿。南方的水獭和浣熊，其皮毛质量比不上北境的海狸。如果说还有什么能像皮草一样受欧洲人追捧的话，那就是丝绸，丝绸要从中国进口，路途遥远，价格高昂，且需要用白银交易。虽然路易斯安那的桑树是完美的桑蚕养殖地，但这个产业还是没能运作起来。干旱的气候和印第安人的围猎迫使水牛往西迁徙，成片成片的牡蛎里也找不到珍珠。

比洛克西的自然环境也不是那么合法国人的意。1702 年，他们舍弃了莫勒帕堡，将行政首府搬往莫比尔湾。那里有比洛

---

① 哈得孙湾公司（Hudson's Bay Company），于 1670 年获得英王授予的特许经营权并注册成立。它控制英占北美地区的绝大部分皮毛贸易达几个世纪之久，同时也承担了早期北美大陆的开发探索，在欧属殖民地建立前实际上承担了部分北美地区的政府职能。今天，它依然是加拿大著名的百货公司。——译注

克西所没有的进入内陆的水上通路。但有时一个好的地理位置会变坏。莫比尔湾被泥沙冲积后，港口淤塞，于是法国人又撤回比洛克西。那年随后迎来一场飓风，比洛克西的水道被改变了，他们又将阵地——连同它的名字一起——搬到了西边。路易斯安那的首府就像棋盘上的旗子，随着地理环境的变化被挪来挪去。

在法国人第一次来到比洛克西，还没站稳脚跟时，不速之客就出现了。在伊贝维尔发现密西西比河的六个月后，英国一艘10倍径火炮轻巡洋舰就沿河逆流上行了60英里。这是密西西比河上出现的第一艘远洋船，对法国人来说已经足够羞辱了。此后不久，英国就因贸易纠纷和路易十四之孙承袭西班牙王位①的问题，与法国和西班牙开战，而此时英国的出现，已然对帝国在湾区的权力平衡构成了威胁。伊贝维尔年仅19岁的弟弟，号令两只独木舟的比安维尔，设法将无耻的巡洋舰驱离了密西西比河。为防更多入侵者闯入，他领头在三角洲上建起了一座堡垒，而后为以防万一，又在纳齐兹族印第安人领地往北的一个大断崖上建了一个前哨，下游有什么动静可以一览无遗。尽管如此，建在纳齐兹人眼皮底下的哨岗还是装备有限，三角洲上的堡垒也常年洪水泛滥。比安维尔于是将目光投向两地之间的一处大河曲地带。

① 1700年，西班牙国王卡洛斯二世逝世，留下遗嘱传位给法王路易十四的次孙安茹公爵腓力，英国、荷兰在法国对西班牙关系上产生不满，由此爆发了一场几乎欧洲全部国家卷入的西班牙王位继承战争。[由于是近亲结婚，卡洛斯二世（或称查理二世，腓力四世之子）从出生起就身患多种遗传病，没有直系后嗣。由于影响着整个欧洲的权力平衡，因此在卡洛斯二世还在世时，西班牙王位的继承人就一直备受欧洲各国关注。腓力的继承权建立在与西班牙国王腓力三世的关系上——腓力的祖母安妮是西班牙国王腓力三世的长女。]——译注

这里离海岸有 100 英里，背靠大湖湖口，他将这湖取名为庞恰特雷恩（Pontchartrain）。此处海岸蜿蜒，河段弯曲，使得日后这里的城市地形如新月，新月城的外号也由此而来。法国人正式将此殖民地命名为新奥尔良，得名于奥尔良公爵腓力二世。1723 年比安维尔将首府搬往新奥尔良，确信它同时能抵御外敌和飓风。

在西班牙统治时期，墨西哥湾不过是将黄金白银运出墨西哥的通道。法国人在这里重新发现了密西西比河入口后，与金银宝物分享这条航线的还有内陆的皮毛。然后七年战争（北美称为法国－印第安战争）打响，这是大西洋列强在殖民地和贸易上的利益之争，英国和法国是两个主要对抗方。由此，先前的权力结构被打破。战火没有烧到墨西哥湾，但它还是免不了受殖民力量重新洗牌的影响，1763 年前来的和平大臣就很乐于借此测试地理专家们的分类技能 ①。

法国割让了加拿大和密西西比河东岸的路易斯安那给英国，保留了西路易斯安那和新奥尔良，但随后又拱手将二者给了它的前盟友西班牙，就此，法国与墨西哥湾的沿岸属地算是暂时没了瓜葛。西班牙的哈瓦那在战争中被英国占去了，于是西班牙用佛罗里达去交换。古巴的制糖业利润可观，佛罗里达就没什么赚头。战争快结束时，一个逐利而来的人凿开了银矿丰富的马德雷山脉的主矿脉，于是哈瓦那作为湾区财富守护者的角色就变得空前重要起来。新奥尔良也为西班牙财富的增加做了贡献，它成为

---

① 1763 年英、法、西三国签署《巴黎条约》，和约的签订正式宣告七年战争的结束。——译注

大英帝国版图边缘一个碍眼的指印。一位忠诚的帝国国民愤愤道："只要西班牙人还占据着新奥尔良，那密西西比河通航就是一个笑话。"[9]

所以重新划分后的帝国版图是这样的。西班牙控制密西西比以西的湾区海岸，英国占据其东面，但新奥尔良除外。而印第安人则无处容身。

英国控制了北美洲大西洋沿岸的绝大部分地区，而佛罗里达对英国人的意义就在于补足这条海岸线。英国国王将新得的领地划分为两块——西佛罗里达和东佛罗里达，把它们加进了现有的十四个殖民地中，十四个殖民地中也包括新斯科舍。应该说，1775年爱国者们①奋起反抗时，英属殖民地中有十五个将最终成为美利坚合众国的一部分，其中两个被美国历史课本准确地略去了。这两个是唯一的湾区殖民地，当然真正的区别在于革命期间它们仍忠于英王——也就是说，反对美国。

在英国治下的 20 年间，它们对大英帝国忠心不二，这与那些私人殖民公司截然不同。大西洋沿岸的东佛罗里达，气候温和、土壤肥沃，孕育出一片盛产靛蓝、棉花、大米、甘蔗和柑橘的种植园。这里的经济并不十分发达，但英国政府仍希望英国人勤劳节俭的美德能将成熟的商业环境复制到墨西哥湾的土地上。

收集地理数据是当时的首要任务。虽然密西西比自 1701 年就能在地图上被准确定位，也厘清了其河口处是一个三角洲而非海湾，但它的很多地理细节仍是一片混沌。制图师继续把佛罗里

---

① 爱国者（the Patriots），是美国独立战争期间英属十三个殖民地的暴力反抗英国统治的殖民者。仍然忠于国王的殖民地人民称他们自己为保皇党、"托利派"或者"国王的人"。——译注

达半岛画成短短粗粗的钟乳石形状，尤卡坦半岛则是一个头重脚轻的沙漠岩石的构造。用来标识航向、距离的地图和航海图，竟是"这样错漏，令人感到可耻"，湾区印第安事务的英国负责人这样说道。很多老西班牙地图都是委托作坊制图师画出来的，他们从来没去过这些地方，只是在西班牙某个房间的桌子上凭借从航行日志上收集来的信息埋头描画。而英国人则相反，他们让制图师到实地去，用上最先进的测量仪器，例如能更精确计量纬度的六分仪，还有最先进的数学和推测技术去推演地球的曲率。他们还开始对通航水位的深度进行细致测量。[10]

不知道应该说是反映了官僚组织的冗余，还是反映了英国对湾区的兴趣，也许两者都有，他们分别给三个人分派了绘制地图和海图的任务，测绘对象是从密西西比河到南佛罗里达的墨西哥湾上部。三位未来都是美国哲学学会的成员，他们为世界提供了经过放大的墨西哥湾地理景观。

乔治·高尔德（George Gauld）是苏格兰人，在亚伯丁的国王学院接受教育，他在和约签订的次年来到海岸。他从地中海来，墨西哥湾就常被人们冠以美国地中海的名号。被任命为海军的海岸测量员后，他在墨西哥湾度过了17年，这些时间他有时是在虫蛀的船上，有时在忙于躲避因过深而难以进行有效测量的水流。他还是一个天才的铅笔画家，留下了一幅少有人知的画，画工精妙，画的是彭萨科拉湾上的航海景象——几只船在航行，下了锚的船只则正在转移人员和货物，长长的码头上显眼地飘着属于国王的颜色，后方是一排随着海湾沿岸成为永久据点而出现的四坡顶建筑物。

托马斯·哈钦斯（Thomas Hutchins）出生于新泽西殖民地，参加过法印战争。随之而来的是20年的军人生涯，当过工程师、测量员和制图师。作为一位"丈量过大量土地"的专注的科学家，一份当代出版物如此评论道，哈钦斯绘制过大西洋中部、上南方 ①、俄亥俄河道以及密西西比河谷上游地区。此后就接到了为佛罗里达绘制地图的任务。测量战利品的任务交给曾帮助取得战争胜利的人去完成最合适不过了。他在墨西哥湾上的工作成果使他写下了《路易斯安那和西佛罗里达的历史和地形》（*An Historical Narrative and Topographical Description of Louisiana and West Florida*）一书，在 1784 年出版，篇幅不长，共 95 页。[11]

伯纳德·罗曼斯（Bernard Romans），一项资料显示，他也是一个"行动派"，在史料中，罗曼斯的形象是三位地理学家中最为鲜明的。他出生于荷兰，在英国生活了一段时间后移民到了北美殖民地，在法印战争中服务了三年，至于他是否参与了前线战斗则并不清楚。他十分能干，在他 43 年的人生中，他当过海军上校、私掠船船员、测量员、制图师、植物学家和学者，广泛阅读历史、诗歌、人类学和政治学书籍，阅读语言涵盖了荷兰语、西班牙语、法语和拉丁语。18 世纪 60 年代，他率领满载红木的船从古巴出航，在佛罗里达礁岛群附近海域的大堡礁上搁浅了。这次事件后，第二次沉船事故又紧随而来，这"迷阵似的航

---

① 上南方（Upper South）指美国南部偏北的地区，与之相对的是深南部（Lower South 或 Deep South），这个划分源于南北内战。在 1860 年总统选举后南方七个蓄奴州（南卡罗来纳、密西西比、佛罗里达、亚拉巴马、佐治亚、路易斯安那，以及得克萨斯）宣布脱离联邦，组建新的南方政府，这七个州后来被归为深南部。而上南方则指 1861 年 4 月南北战争正式打响前并未脱离联邦的各州，即弗吉尼亚、田纳西、阿肯色、北卡罗来纳，也包括肯塔基、密苏里。上南方当时以小规模种植业、畜牧业和狩猎为生，较少使用黑人奴隶。时至今日，二者在经济、人口和文化上依然有较明显的差异，现在有时也直接用上南方指代所有深南以北的州。——译注

海经历"是墨西哥湾给他的见面礼。人有从错误中学习的天性，因此他之后成为南区测量员副手是有一定道理的。他将测绘的数据和自己各种幸运和倒霉的经历，包括在坦帕湾的又一次沉船，都写进了一本名为《东、西佛罗里达简明自然史》(*A Concise Natural History of East and West Florida*)的书里。书名具有欺骗性。书包括了正文、附录和地图，它的简明"在不知不觉中膨胀起来"，他说道，最后成书变成了上下两卷共 800 页。它涵盖了大量重要信息，其中有许多借鉴自高尔德未出版的作品。[12]

给未知地域测绘是一件难事。其中最难的莫过于给墨西哥湾臭名昭著的浅水做测深。这是个辛苦活，借用测深索吊着铅锤来完成，完全是手工作业。随着铅锤一遍又一遍下探到底部，每一次海员都要根据测量标记或绳索上的绳结大声报出一个记录深度。水底几乎都是沙子和贝壳，海员们不需要担心会撞上岩石，或者，如果是在群岛外海域，会撞上珊瑚礁。但没有哪个海底会一直那么深，或者一直那么浅。很多船长，包括经历了三次海难的罗曼斯，都知道沙质浅滩的危险，不仅在近岸，即使数英里之外，它也在埋伏以待。更危险的是牡蛎床，几乎所有淡水和海水交汇的地方都有它们。哈钦斯就曾警示，在帕斯卡古拉河的河口有一处牡蛎床，竟达到惊人的四英里之长。三位测绘员最终将数不清的测深数字铺满了他们的海图，其中又以海难的潜在发生区域最为详细。

除了浅滩，制图师们还得格外留意资质优良的天然港口。其中得众人一致认可的是位于佛罗里达狭长地带最西端的彭萨科拉湾。高尔德接到任务后，从英国来到墨西哥湾海岸，他乘"鞑靼号"(HMS Tartar)穿过尤卡坦海峡赶往这个广受赞誉的港口。结果"鞑靼号"在离目的地东边很远的地方停下了——这并不奇怪，毕竟当时的航海图还很粗糙，更重要的是，当时的海员还没有测量经度的能力。即使领航员严格跟随罗盘指向，但由于缺乏能定位东西方向的工具，不管风向如何，航船总会在湾流的作用下往东向偏移。作为一种矫正手段，"鞑靼号"沿着海岸往西行进。近岸的墨西哥湾如碧玉松石般闪耀，水深 40 英尺，水下的沙子清晰可见，平静的水面偶尔泛起涟漪，倒映着护卫舰长长的身影。当船首右舷出现圣罗莎（Santa RosaIsland）这个 50 英里蛇身般细长的障壁岛，看到上面"洁白如雪的……沙丘"时，"鞑靼号"就到了熟悉的海域了。彭萨科拉湾就在岛的西端。在进入之前，"鞑靼号"下锚等待满潮和港口引航员的指引。[13]

彭萨科拉是西佛罗里达的首府。在高尔德目所难及的彭萨科拉西北面，那里的大陆海滨与近百英尺高、数英里长的高地相连，铁锈色的红土沿内陆山丘倾撒而下，绝壁断崖成为彭萨科拉的标志性地貌，这即使在整个墨西哥湾北部也实属罕见，是一个建立要塞的好地方。西班牙人就曾这么做过，只不过他们建造要塞用的是木料，建得狭小鄙陋，被"鞑靼号"上的一位军官嘲为"小得不值一提"。英国人将在日后把木头换成砖石和当地的红土，在这里重建要塞。八年后，根据罗曼斯的统计，这座首府将拥有房屋 180 座，这些房屋建得"颇为雅致，但用的是木头"，而且很多盖顶材料用的依然是不堪一击的美洲蒲葵叶。[14]

彭萨科拉并不是个友好的热带地区。士兵们抱怨冬天里往屋顶缝里钻的北风和屋子单薄的板材。但没人会抱怨这个海湾，显然他们不知道海底还沉着十艘被暴风雨刮沉的西班牙船舰。这是飓风的杰作，阻止了 16 世纪的西班牙人在这里建立永久据点。小瞧了眼前这个要塞的一位英国官员称这个海湾"了不起"。罗曼斯被它的宽广打动了，它长 13 英里，宽 2.5 英里，水深则是宜人的 30 多英尺。这是"我在这个大陆上见过的最棒的水域"。坦帕、阿巴拉契科拉、莫比尔、比洛克西、帕斯卡古拉的海湾在尺寸上都相形见绌。得克萨斯的那些也是。[15]

它的航海条件优越,但要想驶入它却是有风险的。这也是"鞑靼号"锚定了等引航员的原因。高尔德此时站在上层甲板一连串的火炮间,甲板由北美橡木铺就,此时被笼罩在盐雾里。当他看着距离不远但现在进不去的海湾时,心里一定在预想他的第一个任务:绘制一幅海湾入口的海图。英国人相中的这个海港还有另一个缺陷。埃斯坎比亚河(Escambia River)和帕蒂诺河(Perdido River)从海湾北边汇入,船只从两条河进入海湾内只需要行驶一小段距离。

没有比密西西比更完美的了,所以英国人才会对西班牙控制着新奥尔良而使其无法长驱直入大为光火。但他们还是相信,它被外人控制的时间不会很长。他们宣称密西西比河口的东边通道属于他们,于是派高尔德前去破译三角洲。高尔德穿着军装,带上军团,对三角洲进行了详细细致的测深,在海图上标记了数百个标识作为对浅滩的提示。在他的作品中,三角洲向下延伸着五条通道,就像大树深入土壤的根系一样。之后当哈钦斯来这里做测绘的时候,他观察到墨西哥湾的水是"黏土一样的颜色",密西西比河也"差别不大","每年的洪水带下来大量的泥土、大树、树叶等"(如果拉萨尔知道就好了)。[16]

罗曼斯的时间是在另一条河上度过的,汤比格比河(Tombigbee),它有螺丝锥一样的行进路线,从莫比尔湾的北端汇入。住在莫比尔的欧洲人和非洲人可能有 800 名。罗曼斯很可能在那里碰上了犹太人,他们是被英国的宗教自由政策吸引而来的新移民,和彭萨科拉的以色列移民一道成为湾区的第一批犹太定居者。他提及他们时，好像他们是从法国统治时期就一直在那的一群人一样，那时的莫比尔是法兰西帝国最重要的湾区前沿据点。英国人没怎么在意过莫比尔这个潮湿闷热的地方。而且让人头疼的是它湾水很浅，沿岸土地"贫瘠荒凉"，除了有条"还不错的河"以外，看起来似乎就没其他搞头了。罗曼斯想它其中可能隐藏着通往新奥尔良上方密西西比的水道，这样就可以绕过讨厌的西班牙人了。他去找了，可没有成功。但他发现了乔克托人（Choctaw）和契卡索人（Chickasaw）的 60 个村落，他们是密西西比地区冢堆建造者尚存的后代，罗曼斯将这个信息列在了河流的地图上。乔克托总人口有 7500 人，契卡索有 2500 人，而他们更兴旺的邻居克里克人（Creek）则有两万人。罗曼斯正在描摹这个大陆的文化地图——这个时常被英国政策当作一片空白来对待的东西。[17]

到了上游地区，罗曼斯就变成了一个民族志学者，展现出他学者风范的一面。他认为，当地人与土地的关系也许表明英国从当地收获商业利益是可行的。西南部的印第安人除了采集坚果、橡子、浆果和野生燕麦以食用外，他们也是"备受尊敬的好猎手"，他们会猎食鹿、熊、野牛、火鸡和野猪的肉，这些野猪就是被西班牙早期探险者带来然后繁衍下来的后代。印第安人也会饲养家畜，这些家畜的来源，一是过去伊比亚人留下的品种，二是英国人带来的家畜闯进了印第安人领地的那部分。[18]

在欧洲人入侵以前，印第安人的园子里大多是玉米、豆类、南瓜、向日葵和烟草。现在，几乎每个村子里都有了甘薯，甘薯最早是南美洲的产物，后来远渡去了欧洲，又被早期的湾区探险者带回美洲大陆。一种解渴的藤蔓植物，西瓜，最开始由入侵的摩尔人在 8 世纪引入欧洲大陆，然后被带到了墨西哥湾沿岸，西瓜备受印第安人喜爱，一个世纪后在美国南方人那也有同样的待遇，他们每逢春天就用四轮马车载着西瓜到镇上广场和郊区路口贩卖，还发明了西瓜节（和选美比赛一起），有腌瓜皮和吐籽比赛。罗曼斯曾说，印第安人的"耕耘精神使他们种植培育了"韭葱、大蒜和卷心菜，这都是从非洲大陆越洋而来的入侵物种。[19]

罗曼斯很好奇还有什么是他的同胞不能在沿岸的沙质土里种出来的。支撑着印第安人"广大丰饶的土地"的是湾区从 5000 万年前就逐渐形成的土壤根基。当时的地球温度比现在高得多，海水上涌至内陆 100 英里处，死掉的浮游藻类沉积下来，它们的石灰质遗骸在千万年间一点一点地凝聚固化，最终形成了一种密集的石灰岩层，即塞尔马白垩层（Selma Chalk）。同样的演化进程也在湾区东部州的土壤下方形成了一种地下结构，20 世纪 50 年代一位水文专家将其命名为佛罗里达含水层（Floridan Aquifer）。在雨水和湿地的共同驱动下，整个佛罗里达半岛的湖泊、池塘和泉水底部，以及上海岸一带至密西西比州下方的岛屿和沙丘底部都潜藏着这种含水层。它支撑着亚拉巴马州和佐治亚州南部一带的灌木丛地和松林地，南卡罗来纳州也不例外。在很多地方，这些古老的石灰岩层暴露在了地面，罗曼斯很可能是见过的，它们看起来带着霉菌，黄黄的、坑坑洼洼的样子。[20]

大多数的石灰岩层是暗藏在地底的，它是一块巨大的透水岩石，有丰富的通道、孔洞和缝隙，就像满是洞坑的蜂巢，或者坚硬的海绵，聚集着上千兆加仑的淡水。地表涌动的泉水最初便是来自这些含水层，泉水又滋养着河流和湖泊，它是印第安人世世代代赖以生存的饮用水源和洗浴水源，也是欧洲航海人们必需的补给，不老泉的传说也由此而来。罗曼斯遇到的印第安部落所在的塞尔马白垩层，位于佛罗里达含水层的最北部边缘地带。当墨西哥湾的水位退回到今天的海岸线或更远处时，腐烂掉的有机植物——主要是海底草甸——层叠堆积在塞尔马白垩层上，形成了异常肥沃的土壤。

/ 090

罗曼斯不满这些肥沃的土地被"野蛮人"占据着，他预言"未来的文明人会享用他们所能想象到的最美好的来自土地的馈赠"（在除掉印第安人后，那些"文明人"——美国白人——将会用奴隶来获取以棉花为主的"土地的馈赠"）。至于墨西哥湾的角色，他写道："总而言之，我预测［它］将成为往来贸易的地方，成为北美的富庶之地。"他说得多对啊！英国商人已经开始通过汤比格比河来运送大自然的货物了。[21]

是他们催生了这个地区的产业化，虽然只是在大海的外延。印第安人像往常一样聚集在彭萨科拉，用农作物与商贩换取毯子和一些金属器皿、刀具，外加一些朗姆酒和威士忌。如果是熊皮和鹿皮，英国人愿意用手中的来复枪交换。他们自己也设法从当地攫取了大量资源。当地的柏树可以制造出经久耐用的隔板。雪松可以制成盖板、木标杆和木桶上的板条。彭萨科拉高原上的红土被拿来制砖，盐场建在海湾沿岸，制出的盐用来腌肉。

他们的法国前辈们发现泥泞的密西西比三角洲和莫比尔沼泽地是种植稻米的好地方。那里的环境，罗曼斯写道，"非常乐意"产出谷物。长期依靠米来做汤、做面包、做贝奈特饼的法国人，凭借西非人的湿地经验，耕耘出了一连串的大农场。他们的奴隶很多来自尼日尔和冈比亚河口三角洲，它们在自然环境上和密西西比就如同双生儿一样，那里的居民种植冲积土谷物已经有3000年的历史了。从此路易斯安那人有了一道特色菜肴：秋葵浓汤（gumbo）。在法国人之后，西班牙和英国人继续种植稻米。他们还出口槐蓝属植物、大麻和柑橘，罗曼斯也曾寄希望于丝绸、无花果、葡萄干、棉花、糖，以及朗姆酒和葡萄酒酿制产业，但最后只有棉花业维系了下来。此外还有松脂制品的买卖，主要是沥青、松香和松节油。松脂贸易一直延续到了 20 世纪，因为到那时松树林已经耗尽了，而原本的松林面积广阔，围绕着湾区沿岸，覆盖了从弗吉尼亚到佛罗里达再到得克萨斯一带的南方土地。[22]

/ 091

英国人几乎完全忽略了海洋资源，将目光锁定在土地作物和他们的印第安贸易伙伴身上。这对印第安人来说是一件坏事。欧洲疫病的致命打击和激进的入侵活动迫使印第安人进入了商业世界，而这在欧洲人到来前的土著文化里是不存在的。他们变成了一项浮士德式交易 ① 里的供给方，给他们赖以生存了数千年的荒野生态带来了毁灭性的打击，陆地上的野生动物数量急剧下降。树木几乎被砍伐得精光，他们还对商人欠下了巨额债务。更糟糕的是，他们开始在曾经的富庶之地上遭遇饥荒。面对一边是西进的卡罗来纳的英国殖民者，一边是湾区北上的贸易货船，将他们的土地抵给了英国的债主后，乔克托人、契卡索人、克里克人、彻罗基人（Cherokee）和其他印第安部族人被迫南下到佛罗里达半岛寻找食物和毛皮。英国人将他们笼统地称为塞米诺尔人（Seminole）。

最后，因为印第安贸易的成功，彭萨科拉的经济重要性超

---

① 浮士德式交易，指一个人因对一种看似最有价值的物质有了盲目崇拜，而失去了理解人生中其他有价值的东西或精神的理由和机会。歌德的诗剧《浮士德》是最佳阐释，浮士德为了寻求生命的意义，在魔鬼梅菲斯特的引诱下，出卖自己的灵魂以换得它的帮助。——译注

过了西班牙的新奥尔良，这激怒了路易斯安那总督，也恶化了本已紧绷的西班牙和英国殖民者的关系。在这一切还有待解决的时候，大不列颠和它不守规矩的北美国民间的战争爆发了。

美国革命改变了这三位地理学者的生活，也改变了他们的滩头阵地。当支持美国人的西班牙掷弹兵在1781年攻下彭萨科拉时，他们将高尔德下了狱。他在一年后死去，死时仍忠于英王。

罗曼斯转而支持爱国者一派，刚开始他自愿要为哈得孙河堡垒的建设贡献自己的工程师技能。但军事委任会写了一纸诉状递到了乔治·华盛顿将军面前："为了罗曼斯先生展示他的天才，我们付出了昂贵的代价，结果无人收益。"他被解雇了，然后以陆军校级军官的身份加入南部战场。在去往查尔斯顿的途中被英国海军俘虏，之后就神秘失踪了。[23]

哈钦斯是一个摇摆不定的保皇派，直到政府将他关进了英国监狱，给他捏造了一项严重叛国的罪名。在他自己的策划下，他被释放了，之后便向本杰明·富兰克林请愿加入大陆军，他如愿成为南部地理学者。战后，国会任命他为第一位美国地理学者。

在1783年的和平谈判桌上，佛罗里达被归还给西班牙，英国在墨西哥湾的短暂篇章就此落幕。此后哈钦斯马上提出应将佛罗里达和路易斯安那一起并入美国国土。他相信新共和国的命运在西部，这片丰饶的土地——墨西哥湾和密西西比河，终将并且应当成为美国领土。他的声音自有人听到。

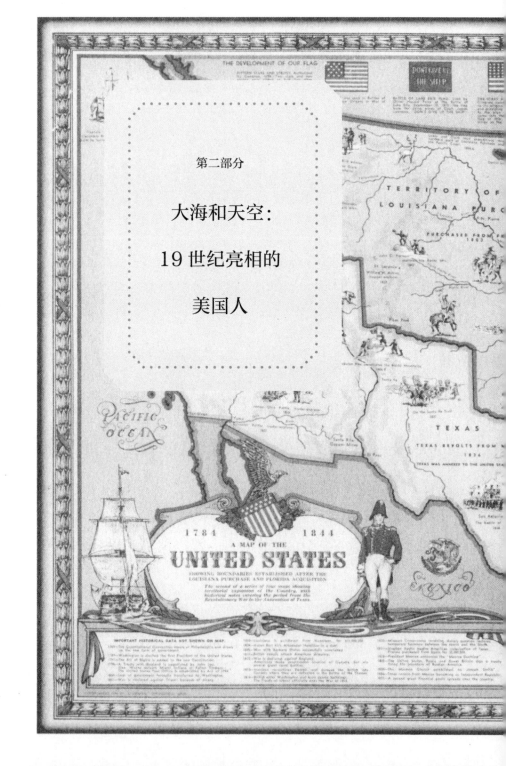

第二部分

大海和天空:

19 世纪亮相的

美国人

美国的海湾各州在 19 世纪建立；建立之初，海岸仍是一片荒地，
这对美国海岸勘测局的地图测绘工作来说无疑是一项挑战。

你所提到的，我们这美妙的三角体系具有不间断的延续
性，它将联邦的海岸逐段逐段地串联起来，[我] 非常清楚
它的重要性。

———斐迪南·格迪斯，美国海岸勘测局（1853）[1]

"麻烦似乎总跟着你，但都被你一一克服了。"美国内战期间，约瑟夫·史密斯·哈里斯登上联邦军的炮艇"酋长号"后，读到了这份来自其华盛顿上司最新的赞许。几周前，他在"枪林弹雨"间沿着绳梯攀到桅顶，指挥迫击炮射向南方联盟的杰克逊堡（Jackson）和圣菲利普堡（St. Philip），它们是分置在密西西比河两岸的两个前哨。沿此上行70英里，就是南方邦联的龙头城市新奥尔良。[2]

在南部邦联的星杠旗前，新奥尔良的上空飘扬着三面联邦国旗。这座城市一共有16万人，人口分层明显，族群多元，那是各帝国在此殖民留下的印记，也是它作为港口城市的特殊性。在这座由法国人创立的城市里，那些标志性的法式铁艺阳台建筑，都有优雅的法语名字，但住在里面的却大都是西班牙居民，即使在古老的法国区（French Quarter）也不例外。新奥尔良整体的样子、味道和声音都受到来自欧洲和西非的影响，它们肆意交杂糅合的痕迹在饮食、服装、音乐、艺术、礼拜和混合语上随处可见；所谓混合语，就是语调轻快的克里奥尔语，它将英语和法语混合在一起，还加入了西班牙语、塞内加尔语和当地的马斯科吉语。

至于战争的目的，南部局势最不稳定的城市也是联盟的少数几个产业中心之一。工厂向外输送军需用品和联盟军的灰色制服，船舶装配工将最新式的轮船下了水，那是装甲舰和潜水艇。新奥尔良还有北美最大的奴隶市场，最后这个城市废止了奴隶制，这是包括奴隶在内的主张废除奴隶制的人们所获得的巨大道德胜利。最重要的是，孜孜不倦的大河日夜不停地输送着国内外的货物，使新奥尔良成为南部最繁忙的港口城市；也正因如此，大河成为联邦的海湾封锁分遣队要拿下的关键目标，这支分遣部队的头头是舰队司令大卫·法拉格特（David Farragut）。

战争爆发后，毫无疑问联邦军会把目标瞄向新奥尔良，但联盟军领袖们确信对方会使用步兵从北边打过来。在被泄露给《华盛顿明星报》的一份报告显示攻击即将从另一个方向发动起来时，联盟钢铁般坚定的信心丝毫没有被动摇。联盟军对从南边发起攻击这个策略嗤之以鼻，认为即使是北方人也不会干这样的蠢事。一来，路易斯安那南边的沼泽和长沼即使是最精锐的步兵来了也招架不住。二来，密西西比的河口，不是简单的一个招呼你进去的大开口，它有五条隐晦的通道，像一只手上的五根指头，是一副完美的铠甲手套，通过泥泞多变的浅滩将敌军战舰都挡在了外面。河两边的杰克逊堡和圣菲利普堡，墙体用土砌成，外面加护了两层红砖，钢缆和柏木做成的横木架在河上，但它们不过是后援，大自然才是他们依赖的主力。

自然发挥了它的力量，只不过它站在了入侵者那一边。春天上涨的河水使法拉格特的舰队顺利通行。不仅如此，它还冲走了河上的部分障碍物。13艘联邦舰艇躲过了堡垒的炮火，挺进了新奥尔良。美国南方城市庄严的堤坝是为抗击洪水而建，无法抵御坚定的敌人。新奥尔良很快就被攻下了。11位美国海员被国会授予了荣誉勋章[3]，法拉格特则被提拔为海军上将，这是特为他而设的一个军衔。

至于协助操控迫击炮的约瑟夫·史密斯·哈里斯，上级的赞许就足够了。他不是一个正式军人。称赞他的那位华盛顿上司是美国海岸勘测局的负责人，海岸勘测局负责的是美国湿地边界的测绘。战争爆发后，测量员们的技能被用在了战场上。在新奥尔良一役中，哈里斯请求跟随海军沿河北上，记录下敌军堡垒的准确位置，决定迫击炮船的停泊点，进而发动最有效的攻击。他精准地完成了这项工作，一位炮舰船长说如果没有哈里斯或者其他测量员"在身边"，他"不会执行任何一项炮击任务"。[4]

除了战场上的危险，对从事和哈里斯一样的职业的人来说，为墨西哥湾测绘——以线条的形式呈现在地图上——也同样是挑战重重。正如西班牙人、法国人和英国人先前学到的，水陆相交的地方极少有定数。你不能像对待岩石众多、海岸线固定的缅因州海岸一样去对待墨西哥湾。墨西哥湾有不断变化的海岸线，而且变化还会一直持续下去。作为一条线，它自然地转向、扭曲、凸起、退后。它甚至会转圈，无时无刻不在考验你的方向感。太阳总是东升西落的，无论是在陆地上还是海面上。确实是这样吗？

自从欧洲人第一次模糊地意识到有它的存在以来，三个半世纪过去了，美国人仍在研究墨西哥湾的地理。西班牙人发现了墨西哥湾，法国人从那里找到了密西西比河的入口，英国人则开始在地图上描摹它。终于，美国人在 19 世纪夺取了对它的控制权，在约瑟夫·史密斯·哈里斯从"酋长号"的桅杆上爬下来后，在战场的硝烟消散后，海岸的测绘员开始捕捉湾区的地理细节——它的海水是拍打在沙滩上，还是流入芦苇丛生的湿地，还是潜入岛屿后的小湾、长沼、海湾里去了。它现在是美国的海。

让这一切开始的人是托马斯·杰斐逊，他自己就曾是一个测量员。就任总统后，他在 1807 年愉快地签署了成立海岸勘测局的法规。他不仅重视国土扩张，也有对地理信息准确度的追求。正因如此，他在 1803 年将刘易斯和克拉克派去西部勘测路易斯安那购地案中的新土地。四年后授权成立海岸勘测局也是基于同样的需求。水资源的重要性毫不逊色于土地。那是路易斯安那购地案背后隐藏的故事。当托马斯·哈钦斯——这位英国皇家地理学者，美利坚合众国的第一位地理学者，杰斐逊的测量员同僚——提出墨西哥湾无论从地理上还是道义上都属于美国时，杰斐逊听得很认真。在对路易斯安那购地案的简要论述中，这位总统援引了哈钦斯的著述。

关于美国扩张论的谚语式表述在这个关键时刻出现了，它最终是这样被呈现的：在这个与拿破仑·波拿巴和法国人达成的世纪购地案中，托马斯·杰斐逊将美国国土扩大了一倍，为日后国人在这片大陆上畅行无阻开辟了道路，尽管如此，也还有几场与印第安人的战役和积雪的山路。这是真的。但在新西部殖民和买地是为了更好地保证入海通道畅通。这项交易之所以诱人，是它包含了新奥尔良和密西西比河的控制权，而墨西哥湾就是这二者的前厅。

杰斐逊支付给拿破仑500万美金，换取了直至落基山脉的80万平方英里的土地。他支付了两倍于前述的价钱取得了新奥尔良和美国的通航安全。虽然杰斐逊从没有踏足过海湾沿岸，但一幅地图足以显示为什么"美利坚"这个名字要靠这片海来补足。它将大范围打通对外贸易的水路运输渠道，将领土边界从脆弱的土地变为有防护力的海洋。在他任国务卿时，杰斐逊曾向约翰·亚当斯总统提议，古巴作为墨西哥湾入口的天然堡垒，它"对联邦的持续和完整是必不可少的"。

在杰斐逊买下路易斯安那前，国家安全问题的确是一个实实在在的忧患。英属西佛罗里达在美国独立战争期间落入了西班牙人手中，和谈没有将东、西佛罗里达判给美国，而是给了西班牙。西班牙自从法印战争后就一直把持着路易斯安那。然后，在1800年，拿破仑秘密向西班牙施压，迫使其归还路易斯安那，并且希望佛罗里达最终也会归他所有。后院相对安静的西班牙邻居美国人尚且难以容忍，咋咋呼呼的拿破仑就更不用说了。这次杰斐逊是总统了，虽然他是个彻头彻尾的亲法派，但在巴黎时他明确地告诉他的部长，拿破仑要是来占领新奥尔良，那法国就是"我们的天敌、世仇"。[5]

后来，法属圣多明戈（海地）的非裔奴隶造反，拿破仑不得不重新考虑他的北美大计。为了筹集镇压动乱的足够的资金，"为日后大局考虑"，佛罗里达作家 T．D．奥尔曼评说道，"路易斯安那像一件被穿上又匆匆脱下的巨大斗篷"，拿破仑准备好了要将这个大号省份脱手。他不知道的是为了断了法国插手密西西比的念头，美国暗中扶持海地人的革命，革命最后取得了成功。[6]

杰斐逊通过购置路易斯安那，渐渐促成了美国史上第一次墨西哥湾沿岸的不动产业。交易中转让了今天的路易斯安那州海岸不到 400 英里的部分，但发生了一点意外。美国宣称交易包括了西班牙在西佛罗里达上的 200 英里土地，也就是密西西比河以西至帕蒂诺河（Perdido River）间的部分，帕蒂诺河是今天亚拉巴马和佛罗里达州的分界线。西班牙人当然提出了抗议。谈判一直相持不下，另一边自称西佛罗里达龙骑士的美国定居者洗劫了西班牙在巴吞鲁日（Baton Rouge）的驻地，建立了西佛罗里达共和国，草拟宪法，选出总统——福尔沃·斯基韦弗（Fulwar Skipwith），他是弗吉尼亚的烟草酒品商，也曾在路易斯安那种植棉花，但没有成功，他还是杰斐逊的远房表亲，自不必说他还参与过路易斯安那购置案的谈判。

新共和国的首都在密西西比的圣弗朗西斯维尔（St. Francisville），爱国者们升起了国旗，国旗以蓝色作底色，上面是一颗白色的五角星。虽然存在时间不长，但他们是最早的孤星共和国①。詹姆斯·麦迪逊总统看到了其中的机会，发布了合并声明，将爱国者们和他们的领土并入美国，用闷闷不乐的斯基韦弗总统的话来说，那就是到"祖国的怀抱"中去。[7]

此时的美国像一个难以管教的横冲直撞的青少年，年长的欧洲各国正逐步缩减在北美的势力，但还未做好彻底引退的准备。在这个年轻国家想一展身手的地方，西属佛罗里达正好挡住了去路。它带来的困扰不止一件。印第安人生活在那里，佐治亚州的黑人奴隶也纷纷逃往那里。在其中串联一切，同时也在后来挑起了第一次塞米诺尔战火的，就是所谓的黑人堡（Negro Fort）。黑人堡在阿巴拉契科拉河东岸的西班牙属地内，离墨西哥湾航程15 英里，是英国人在1812 年战争中所建，最初只是简单地被称作英国哨点（British Post）。很快他们就意识到可以利用它来怂恿奴隶们逃脱美国的种植园，然后联合当地印第安人，拿起武器反抗他们的敌人。后来战争结束，失败的英国人从这里撤出，他们留给美国人的临别馈赠，就是这个被黑人和印第安人控制了的全副武装的河上堡垒。

为了防止种植园劳动力持续大量外逃，美国人也在佐治亚州上游的弗林特河修建了他们自己的关卡。美军的南方事务指挥官，安德鲁·杰克逊，坚持弗林特河驻地的物资必须通过阿巴拉契科拉河运送。终于如杰克逊所愿，黑人堡的占领者向美军巡逻队开火了，他马上展开反击。十天后，美方炮艇射出幸运的一炮，直击黑人堡的火药库，军火弹药被炸毁，堡垒占领者伤亡惨重。

佛罗里达的印第安人承诺庇护出逃的黑人奴隶，因此此次

---

① 孤星共和国是得克萨斯共和国的别称，因1836 年自墨西哥独立后，被夹在美墨之间，实力弱小，因而别称"孤星共和国"。——译注

爆炸事件也没有阻止佐治亚州奴隶外逃。杰克逊不能容忍这两拨不守本分的人——一个是本应安守一隅的印第安人，一个是归白人所有的黑人。另一边的西班牙人也不得杰克逊的欢心，在他看来，西班牙人是时候退出北美大陆了。所以不难想象，他离开了田纳西州的种植园，召集了一支军队，向南进发，要让佛罗里达归降。

他的出征在多大程度上是总统詹姆斯·门罗的授意我们不得而知。杰克逊在战场上的行事多是源于他老胡桃木①式的狂妄以及他此前的军事征服。杰克逊身材颀长，一头密密匝匝的乱发下是一双敏锐的眼睛，他在1812年战争中攻下了彭萨科拉和新奥尔良，擢升为少将，现在在美国总统的指派下来到了西属佛罗里达。在靠近圣马克（St. Marks）时，他指控两个英国人与印第安人密谋妨害美国安全，凭借一点薄弱的证据将两人定了罪，并且在外国土地上将二人处死。杰克逊继续向西而行，到了西佛罗里达的首府彭萨科拉，他摆出一副战斗姿态，几声鸣枪示警后，西班牙官员随即逃到了古巴。

殖民地难以为继，西班牙没有理由再紧抓着它不放。行驶在墨西哥湾流上的航船不再满载着财宝，因为它需要来自半岛的保护。此外，他们从佛罗里达殖民地上挣的还抵不上他们的维护开销。为了债资平衡，西班牙将大量土地分售给美国移民。新移民的到来，在帮助振兴佛罗里达经济的同时，使当地人口中白人占了主流——也就是对前来讨伐的杰克逊欢呼喝彩的那部分人。杰克逊在海湾沿岸烧起的战火在美国国会和新闻界激起了强烈反

---

① 安德鲁·杰克逊的强硬性格被军队中的士兵比作又坚又硬的老核桃，所以便给他起了个"老胡桃木"（Old Hickory）的绰号。——译注

响，一部分人认为杰克逊越权行事，另一部分人则为其行为辩护。但最后，他的野心带来了巨大回报。1819 年，美国拿下了佛罗里达和 770 多英里的墨西哥湾海岸线，并以偿还美国居民对西班牙政府的未偿债务的名义支付了价款。

公众的谴责如果说对杰克逊有什么影响，那也只是更加坚定了他的意志。他让战争部长约翰·卡尔霍恩把枪和人给他，他要一并拿下古巴。美国人已经越发相信墨西哥湾是自己的，所以除掉占着海湾出入口的西班牙人的提议使人难以拒绝。在蒙蒂塞洛（Monticello）①注视着这一切的杰斐逊写信给门罗总统，说控制了古巴"就控制了墨西哥湾"，并且"有助于开创良好的政治格局"。[8]

门罗顶住了诱惑，放过了古巴，但杰斐逊很肯定另一片海湾土地注定会被美国收入囊中。"得克萨斯，"他告诉门罗，会成为"我们联邦的最富有的一个州，没有例外"。不久，墨西哥脱离了西班牙，取得独立，得克萨斯被纳入墨西哥。获得自由的墨西哥之后犯下了西班牙犯过的错误，那就是邀请美国人定居得克萨斯。此时杰斐逊已经离世十年，但没人会诧异，从诞生了独立宣言的国家出来的人们将会为独立而战。接下来，得克萨斯人创立了第二个孤星共和国。他们的主权维持了九年之后，在总统约翰·泰勒（John Tyler）和他的继任人 J.K. 波尔克（James K. Polk）的策划下，得克萨斯国会通过了并入美国的提案于是在 1845 年，美国又获得了 367 英里的墨西哥湾海岸。[9]

对有些人来说，这还不够。这些人无非就是南方的种植园

① 指蒙蒂塞洛庄园，位于弗吉尼亚州中西部，是前总统托马斯·杰斐逊的住所。——译注

主，牢牢守着颇具争议的奴工体系，对古巴虎视眈眈。对国会来说，这符合它原有的奴隶制度，是其权力向群岛的延伸。波尔克，这位来自田纳西的杰克逊门徒，向西班牙慷慨出价 100 万美金要买下古巴岛。也许这位总统也曾让教皇放弃梵蒂冈吧。有利可图、忠心耿耿、具有象征意义、地理位置优越的古巴，一直是神圣之所在。西班牙回复说宁愿要"将它沉入大海"也不会卖给美国人。[10]

美国众议院的南方州议员坐不住了。这番回绝不仅侮辱人，也潜在地让南部要扩大其政治影响力的美梦破灭。南部议员们未加犹豫，修改了前路易斯安那参议员皮埃尔·索尔（Pierre Soulé）任美国驻西班牙大使时撰写的报告，著名的奥斯坦德宣言就此产生。这份 2500 字文件的要义是：因西班牙对总统发出的友好而可敬的要约做出了有辱神灵的回绝，美国从西班牙手里"武力夺取"古巴是"正义的"。[11]

1854 年的秋天，国会内部的热忱友好在西进运动的压力下正慢慢减弱，他们在奴隶制问题上相持不下。南方人希望在西部建立新的奴隶州，而北方人只想要自由的制度。阶层间的矛盾最终导致堪萨斯内战（Bloody Kansas）爆发，美国人互相残杀。民族骄傲因此受损。在远离动荡的西部的古巴和墨西哥湾，南方白人看到了推行他们的劳动／种姓制度的另一个可能之地。佛罗里达议员、海湾沿岸的种植园主大卫·尤利·莱维称墨西哥湾是一个"可供扩张的盆地"。然后，南方阶层可能会往南，甚至跨过古巴到委内瑞拉，也许一直到巴西（内战后，的确有很多美国南方的奴隶主最后到了那里），通过那里大量的奴隶劳力，建立一个商业帝国，然后如《里士满调查报》说的，"控制全世界的力量"。[12]

以上这些都没有发生。但内战结束后，美国开始绘制墨西哥湾北部新的海岸线，这就像在大海上盖上美国所有的印戳一样。那便是美国海岸勘测局的工作。

它最近的几位前任——英国地理学者哈钦斯、高尔德、罗曼斯——绘制了不错的地图。启蒙运动在科学领域掀起高潮，作为支持者，他们证明了自然世界的真相是可以通过有素训练而观察到的。他们到旷野、林地、沼泽中去，带上了数目可观的专业工具：测量链、转镜经纬仪、象限仪、反射望远镜、平板仪、经纬仪、镀金或镀铜的指向仪。他们所缺乏的是计算经度，也就是东西定位的能力。

航海和制图业的一项革命性发展是英国一位佩戴假发的钟表匠约翰·哈里森带来的，他完善了精密计时表。在乔治·高尔德前往彭萨科拉的那一年，哈里森登上"鞑靼号"，在行经巴巴多斯①时，他设计出了能精准得出相对于天体的已知位置时间的工具，从而能够得到所在地在经线上的位置。对于高尔德、哈钦斯、罗曼斯来说，不幸的是，在英国20年殖民统治结束后，这种精密计时表才在墨西哥湾上被广泛应用。

由于时间宽裕，技术也有了突破，海岸勘测局能够在原来的英国地图上补充线条，海难发生的惊人次数得以减少。亚历山大·贝奇在1843年谋得了勘测局负责人的职位，此后勘测局成为联邦一大政府机构和全美极为重要的科学组织。贝奇曾是美军工程师、自然科学教授、国家科学院的第一位院长，同时也是"红标右侧进港"（Red, Right, Returning）（至今仍在沿用的一套航道

---

① 巴巴多斯（Barbados），位于东加勒比海。——译注

标志放置标准）的创立人。这位蓄着长髯的勘测局负责人跟随了曾祖父本杰明·富兰克林在航海事业上的追求，一直监督着墨西哥湾流海图的绘制过程，以求精准。

和富兰克林一样，贝奇对科学精确有严苛的要求，这也成为他对手下测量员的要求：要精通天文学、气象学、物理学、数学、光学和测地学。他们需要知道如何升起和控制风帆，如何迎风航行，如何改变帆向，而且，由于他们的船舶是混合动力，就必须知道怎么操作锅炉，怎么拧开螺丝钉修理。贝奇的"助理"——这是他们职级中的一个正式职位——是其中毋庸置疑的佼佼者。他就是写信给约瑟夫·史密斯·哈里斯，并称赞其在法拉格特的新奥尔良一役中表现出色的那位华盛顿长官。

哈里斯在偏僻的宾夕法尼亚州出生、长大，看起来并不适合海岸测绘一职。事实并非如此。他有九个兄弟姐妹，他和他的哥哥史蒂芬，毕业于同一所以理数见长的高中，贝奇就曾担任过这所高中的校长。海岸勘测的职责是给那些为户外而生的人准备的，正如这两兄弟。1854 年，当时只有 18 岁的约瑟夫就已经装扮整齐，做好了要跟随哥哥史蒂芬加入勘测局的准备。他在帕斯卡古拉（Pascagoula）待了几乎有一年，其中六个星期因感染伤寒卧床休养，然后就接到了去西北勘定北纬 49 度线[①]的任务。他在 1862 年 2 月回到墨西哥湾，在从华盛顿出发，驾驶着联邦"昂卡斯号"（USS Uncas）沿波拖马可河（Potomac River）而下时，他目睹了北军"监视者号"和南军"弗吉尼亚号"（即联

① 北纬 49 度是美国与加拿大在西半部边境的划定依据，也就是呈现在地图上的美国西北部那一段直线。——译注

邦的"梅里麦克号")间的汉普顿海战①。两个月后,他自己也将在密西西比闪躲炮火。26 岁的约瑟夫·哈里斯身材苗条,身手敏捷,爬得了桅杆绳梯,勘得定海岸。

尽管海岸勘测局资金宽裕、人才济济、设备先进,无常的墨西哥湾海岸没有轻易向海图和地图测绘投降。"多处海岸都存在或多或少的困难,"斐迪南·格迪斯,哈里斯的顶头上司,在给贝奇的汇报中如此写道,"勘测进行得越深入,困难便越大。"格迪斯从 1848 年开始就是墨西哥湾的首席测量员。在 19 世纪50 年代,他领导着勘测局最大的勘测项目,将重心放在了海运和商业渔业活动频繁的地方:基韦斯特,墨西哥湾上海岸,以及新并吞的得克萨斯州。[13]

墨西哥湾颇有异域风味,但不是讨人喜欢的那种。打头阵的是海湾上的夏天——这个"有害健康的季节"。蚊子,以及被当地人称为"不见影"的微米级别的蠓虫,它们毫无怜悯之心。据格迪斯手下的一个助理说,他们的命运"无法用语言表达"。蠓虫是纯粹的惹人厌,蚊子就不是惹人厌这么简单了;盐沼地、淡水湿地、森林里潮湿的地面都是它们的产卵地。其产下的卵可以在严寒气温下存活,即使天干物燥,它们也能躲藏数月,直到有了水汽它们才孵化蜕变为空中杀手。这些小小的身躯——虽然不总是、不全是,但也常常、多数——携带着可怕的病菌,令每一个测量员忧心忡忡。疟疾和黄热病已经在海岸肆虐了数个世纪,并且此后仍将持续半个世纪。其中数新奥尔良所遭受的创伤最为

---

① 汉普顿海战,或译汉普顿锚地海战(Battle of Hampton Roads),是 1862 年即南北战争期间,在大西洋沿岸汉普顿停泊场发生的一场海战,是装甲舰艇之间的首次作战,代表北军的是"监视者号"(USS Monitor)装甲舰,南部邦联军用的是"弗吉尼亚号"(CSS Virginia),即改装后的原"梅里麦克号"(USS Merrimack)。——译注

惨重，在 1853 年的大灾中其病死的人数以千计。[14]

那一年的天气状况也不好——至少不利于海岸测绘。那年 5 月，贝奇记录道，得克萨斯州近海处"突然遭遇强烈的飓风，营地被摧毁，测绘工作难以为继"。风暴的到来是随时随地的，此前毫无征兆，它一来，测绘队员们就要仓促逃往高地。身处得克萨斯州的助理詹姆斯·威廉姆斯在他给贝奇的报告中记录了他的沮丧心情："风暴多发的冬季，短促的暮色，炎热无云的夏天；频繁到几乎已成常态的狂风；雾蒙蒙的空气——都令工作举步维艰。"[15]

也许威廉姆斯实在是个爱抱怨的人，但他说的不无道理。频繁的风暴拖慢了工作进度。墨西哥湾的多处海岸线难以辨认，沼泽地和红树林的存在模糊了土地和海水的分界线。沉下地面的花岗岩地界碑随着时间的流逝有时会消失，那是因为它标记的那块土地消失了。岛屿有规律地突然消失又突然出现，河口时而淤积时而畅通，海岸也在侵蚀和堆积的两端来回变动。

尽管如此，地理也有它稳定不变的一面。此次勘测向美国展现的不仅是海岸线，还有关于这块土地珍贵的物理描述——它的等高线和上面的植被。哈里斯发现在诸多地理信息中，绿色植被——最明显的就是树木——是极富传达力的。它们的种类很少，但数目众多。一些古树对海岸线的迁移并不敏感。最多的是槲树（live oak），醒目地分布在被哈里斯用测链量过的 44 英里密西西比海岸线上。它们组成了海岸硬木林，被美国海军砍来做炮艇的木质骨架。虽然在海岸树种中，槲树并不是最多产的一种，但它们是常青的地标，屹立此处数百年，见证着历史。毋庸置疑，哈里斯遇见的槲树在德索托、德纳尔瓦埃斯的时代就已经存在，甚至要早于贝冢建造者们的时代。

槲树是这里最富有诗意的树。它们"枝繁叶茂"，"令人愉悦"，诗人沃尔特·惠特曼这么写道，它们向四周延伸开去的树丫能比主干还长，上面栖息着鸟禽、松鼠，还生长着松萝凤梨①。松萝凤梨是一种形态纤细、垂悬生长的附生植物，喜欢温暖潮湿的环境，和它附生的大树一样是这一区域的标志性植物。槲树被成排种植在大街小巷上，绿树成荫，别有风味。它们是常青树，在冬天会有短暂的落叶，秋天里，槲树的橡子像雨点一样落下，喂饱了松鼠、浣熊、鹿、熊、鸭子、火鸡和松鸡，橡实也是当地人食用油的来源之一。槲树的分布范围从得克萨斯南方海岸一直延伸到佛罗里达角，生长在硬木群落和内陆稍高的飞地上，这些飞地土壤含有较多的泥煤，其中就有槲树落叶的功劳。比起大多数的沿海林木，槲树对来自入侵盐水的污染更为敏感，但靠着深入地底的根系，它们在暴风雨中是最为坚挺的。[16]

/ 110

在得克萨斯州，针对美国多变的海岸线，海岸勘测局的助理威廉姆斯首先绘制出了准确且详细的海图。他还记录下旱地的特征。这些旱地被裹挟在数不清的看上去都差不多的沼泽湿地里，四周是海湾、潟湖，还有延伸至宽广内陆的草原。得克萨斯海岸多是大风天气。在罕见的无风天里，风出现在海旁的倾斜面上，在厌恶盐分的槲树里，在豆科灌木丛中，在林冠下。它们有的死死抵抗但还是被压制住了，有的则顺从地弯下身躯，随风摆动，没有还能站得笔直的。虽然沿海树木的树冠又绿又开阔，但整体依然矮小。天空很大，就像沙漠一样，使平坦地面上的所有事物都显得渺小荒凉。这种整齐划一中间或会出现成片的槲树，槲树旁边有时又可见菜棕的身影。菜棕既可以独处，也不介意有邻

---

① 又叫松萝铁兰、老人须，因形似西班牙征服者的大胡子，它在英语中被称为西班牙苔藓（Spanish moss）。——译注

居，它们欢迎任何其他树种群落前来做伴，有时能在其他种类的树木根系间找到一小片自己的立足地，变成了双物种的关系——棕榈和槲树，棕榈和松树，或者棕榈和木兰。没有什么树能像菜棕一样容忍墨西哥湾时冷时热、时干时湿、时咸时淡的环境。

就像它们毫无困难地扎根得克萨斯的草原海岸一样，棕榈也生长在路易斯安那海岸，出现在被测量员认定为是咸水和盐沼的几乎每一寸土地上，成为陆地和海洋的一部分。密西西比在1817年被国会从西佛罗里达中划离，独立为州，测量员们发现这里的土地坚实，沿着这个州不长的滨水区有一片温和的沙质高地。生长在海滨边缘的多是松树，松树中又以长叶松林为主；它在南方松树林中居统治地位，间或也有其他种类的松（沙松、湿地松、云杉和火炬松）。与它们共处的，还有虽不占多数但也颇具规模且能在沙质的酸性或碱性土壤中存活的树种（木兰、柏树和槲树），对于融入环境，它们各有办法。木兰只能生长在干燥土壤中，它们开白花，花香浓郁，叶子呈龟壳状。而柏树，稳稳地扎根在沼泽地里，树干多凹槽，根系向上生长，被称为"根膝"。上方，柏树的短枝上也常和槲树一样密密地悬附着松萝凤梨。

亚拉巴马领地在1819年被划立为州，划走了西佛罗里达50英里的海岸线；在靠近亚拉巴马州境线处，测量员们又一次摸爬滚打在湿地里。亚拉巴马州的大部分边缘，尤其是莫比尔湾和毗连的长沼沿岸，都是连绵的沼泽。以松树为主的树林在这里延续，它从亚拉巴马一直延伸进入佛罗里达。长长的海滩一路贯穿佛罗里达狭长地带，成为被夹在海湾和林地之间的一道白色线条。藏在像驼峰似的沙丘后面的，是40英尺高的灌木丛林地，那是一片宽广的低矮锯棕榈和数目更多的松树，这些郁郁葱葱的密林将面临大范围的砍伐开发，以黑人为主的劳工将它们砍下，造成木材、松节油，最后变成纸浆。

在更远的东边，亚拉巴马州南部从佛罗里达狭长地带到半岛一带，在大弯曲的沿岸，海滩在这里暂时消失，演变为沿海沼泽，就像路易斯安那州的一样。这里的海水很浅，沿着大陆架缓缓上升到海岸线，不卷起一点浪花。科学家们称之为低能量海岸。这里的洋流太过柔和，以至于带不动太多泥沙，无法形成沙滩或沙丘，所以在和煦天气里，海水也只是轻拍在长满草的海岸上。

再往更南边去，沙子又开始闪耀起来，虽然堆起的沙丘不如佛州狭长地带上的那么多、那么高；这次红树林成为内海岸的主角。一位测绘副官称红树林给他们造成了"极难克服的困难"。它们可以延续数英里，形成密不透风的海边密林，蚊、蠓滋生，令人苦不堪言。在19世纪50年代，墨西哥湾北部冬天的平均气温比南佛罗里达要低十多度。坦帕以南的海岸就进入了亚热带，在那里，如罗曼斯所说，不见"冬天的踪影"。热带植物——椰树、桃花心木、裂榄、兰花——在这里出现了，但不包括坦帕以北或者在墨西哥以外的海岸。[17]

这次勘测将佛罗里达半岛严谨而精确地绘制了出来，它看起来不会再像个短短粗粗的钟乳石了。测绘员们绕着佛罗里达礁岛群航行，佛罗里达礁岛群由珊瑚礁构成，岛群从半岛西南端向西探入佛罗里达海峡，看起来像被洋流拉扯过、打了绳结的绳索，当然，这里的洋流是朝另一个方向去的。绳上的最后一个结是无人居住的干龟群岛（Dry Tortugas），这里也是三个世纪前庞塞·德莱昂发现那些海龟的地方，离基韦斯特有72英里，和半岛的最西端在同一条经线上。对于那些在大西洋一侧的群岛，测绘员们要沿大佛罗里达礁（the Great Florida Reef）小心翼翼地行驶，这个礁岛海岸线长170英里，是美国境内唯一的活珊瑚大堡礁。

哈里斯在 1864 年墨西哥湾勘测项目结束前，就离开了美国海岸勘测局，转而在一家铁路公司工作，再后来就成为雷丁铁路公司的主席。勘测工作在下一个世纪依然在继续，他们将海湾合理分解成小块，以便认识它、开化它。这就是在海图和地图上画下线条、标出准确数据的意义。估计陆地和海水的位置，这项工作从西班牙人起就开始做了，这只是他们拒绝接受它的原始形态并对其进行改造的第一步。自然风光并没有被多看几眼。在征服者、制图师、工程师和美国移民的眼中，所谓美，不是原始和荒芜，而是规矩和制度。

如果杰斐逊的西部是这个国家昭昭天命中的那片土地，那么墨西哥湾就是其中那片海。我们能轻易推论，奴隶是推动这个国家南进（这个方向被多数史学家遗忘）的主要力量，但也别忘了大自然是引燃昭昭天命论[1] 这个美国终将主宰北美大陆的信念，并使它燃烧起来的那根导火线。在这个语境下的大自然指的是商品化的大自然：基于商业利益和政府认为的为国家和经济安全所必需的自然资源。怀着美利坚帝国梦的人们梦想着农业、矿业、木业，以及毛皮贸易——如果它还能持续的话——都能得到发展。但如果没有土地这个地理学家 D.W. 梅尼格（Donald W. Meinig）口中"伟大而振奋人心的美国特色"，这些都不可能发生。土地是这片大陆的主要商品，这个商品造就了传说中的美国

---

[1] 昭昭天命论（Manifest Destiny），又译天命论、命定扩张论等，是 19 世纪美国民主党人所持的一种信念，他们认为美国被赋予了向西扩张至横跨北美洲大陆的天命。Manifest Destiny，这在当时是一句上口的政治口号，现在已是标准的历史名词。——译注

开拓者，保证了传说中的美国人的个体自由。[18]

墨西哥湾海岸有陆地，是的。但它提供的另一种形式的丰盛，从某种程度来讲比土壤给予的要更好。如果说，山峰和山谷让开拓者们看到了无际的农田、牧场、林地，那么海浪和波峰就让海湾的渔民们看到了无尽的海洋生命。有人曾看见，鲻鱼在水面翻滚跳动，就像"远处的闪电"在"日夜"闪烁；还有其他种类如鲭鱼，它们时常游过船底，像点亮了大海的银色河流，水里的鲨鱼和海豚追击它们，天上飞过的足以遮天蔽日的鸟群也盯着它们。天上有多少飞鸟，海里就会有比那更多的鱼。墨西哥湾的鱼群格外地丰饶。"最难以置信的故事，"诗人西德尼·拉尼尔（Sidney Lanier）在 1875 年如此写到墨西哥湾，"是关于鱼群的，它们如此之多以至于挡住了船舰的去路。"[19]

渔民们，无论男女，都成为美国湾的拓荒者，他们热切而坚定地憧憬着未来的无限机会。渔村就是边疆城镇，和传奇的西部简陋城镇没有两样。在杰斐逊的愿景中，自由的国家和自由的人民要靠领土扩张来完成，而这里就和西部一样，有同样开阔的天地，承载着同等分量的人们对未来的寄托。如果说土地臣服于斧头和耕犁，那么鱼群则臣服于渔网和绳缆。一头牛，一只船，都是自给自足的手段。但是，不同于宅地的格栅和围栏，它们最终会将土地圈起变成牧场和田地，多数的海湾始终保持开阔的水域；而且不同于西部，其土地总是有限的，海湾的自然资源是源源不断的。渔民不用为雨水不足而忧虑，也不会为担心失败而困扰。海湾就是这样，大方得要命。

/ 六　鱼的海洋

密西西比海岸的商业渔民们正驾驶着渔用帆船收工返航。

> 这海里的牡蛎、鱼、海鸟、贝壳、海龟，似乎总是源源
> 不断。
>
> ——西德尼·拉尼尔（Sidney Lanier）（1876）[1]

　　史学家们还没有串联起墨西哥湾上由来已久的商业捕鱼史。如果他们有，那他们应该谈起古巴人、印第安人、新英格兰人；谈起虾、鲻鱼、牡蛎和红鲷鱼；应该确定墨西哥湾实际已经成为美国海。经过研究，他们会发现一座特别的墓碑，那是白色大理石砌的方尖碑，上面沾染着一层黑色霉菌，依稀可见碑上凿刻的生卒年份，1813~1881。

　　这是莱昂纳德·德斯坦（Leonard Destin）在这片土地和大海上生活过的岁月；在这 68 个年头里，他从康涅狄格的新伦敦一路到了佛罗里达的伊斯特峡湾（East Pass）。他只有一幅画像被保留了下来——可能是他 40 岁时留下的——一幅用软性炭笔画的上半身画像。或许他内心仍是十足的新英格兰人，但他在墨西哥湾海岸上已经生活了 20 多年了。他看起来整洁、拘谨，穿着纯黑的西装外套和马甲，白色衬衫领子上系着一个简单的领结。他的头发从前额倾斜而下，像帘子似的盖住了耳朵。他的脸型窄长，不蓄胡子，脸上的神情表现出的严峻恰如其人。他适合去训诫有罪之人，或者讲述饮酒的罪恶。但德斯坦并没有坐上布道坛，而是站在了一艘捕鱼船的船舵前。他死后的 20 年，伊斯特峡湾小小的刷了白墙的邮局为了纪念他，以及他创立的这个繁荣的渔村，将这里命名为"德斯坦"。

　　莱昂纳德·德斯坦在 1835 年来到墨西哥湾。得克萨斯当时还是独立的共和国；路易斯安那、密西西比和亚拉巴马是美国的州；佛罗里达是领地，十年后才成立了州。印第安人还生活在这里，虽然人数已经不如从前，但白人还很少见。从海路来到国境边的海岸上，就像翻山越岭去往西部大地一样，总有些危险。

　　22 岁的德斯坦从新伦敦出发，带了一小队人，开的是家里的渔用帆船，这艘纵帆船有双桅杆，从船头到船尾可能有 80 英尺长。他的父亲乔治和哥哥威廉姆斯在另一艘船上。《新英格兰杂志》曾经在 19 世纪——航海时代的末期——发表评论说："要说行驶安全、造型优雅，没有什么比得过装点整齐、大胆向海而行的渔用帆船了。"德斯坦出发时正当 9 月，风暴还未减弱，并不是大胆向南方海域进发的最佳时机，甚至都不是登上纵帆船的时候。他们计划在秋冬两季捕鱼，将它们拿到基韦斯特和哈瓦那

的市场上贩卖，然后沿着佛罗里达礁岛群打捞那些在珊瑚礁上失事沉没的货物——这是常有的事。²

他们航行至卡纳维拉尔角附近时，两艘船被大雾阻隔了。接下来驶近群岛时，情况变得更糟。一场飓风从大西洋席卷而来，将来自新伦敦的两艘船狠狠地甩在了暗礁上，他们靠打捞沉船发财的计划不成，反而成为失事船只中的一员。除了一个船舱服务生，他父亲船上的其他人都不见了。船是被海水冲上岸的，塞米诺尔族土著将这个男孩从已粉碎得不成样的船里救了出来。德斯坦那艘船上的整队人都沉入了大海。他活了下来，从汹涌的海浪中挣扎逃上了一个荒岛。虽然大海不缺食物，但孤岛上没有淡水来源。三个月以来，口渴和暴晒在考验他不断消失的运气，直到一队渔民发现了他。

几年后，德斯坦独自完成了他家族的未尽之旅，他最后来到一个叫伊斯特峡湾的小湾，在其最东端的圣罗莎岛（Santa Rosa Island）上安全登陆了。这位来自康涅狄格的渔民，最终还是保持了他"东部人"的身份。

如果德斯坦曾为自己的幸存感到过愧疚，那多半是因眼前的美景而生。他将会在这片土地的岬角上盖一座装有护墙板的房子，成为七个孩子的父亲，建立起一支船队（包括一艘30吨重，名叫"一点不在乎"的纵帆船），开展起商业捕鱼，因被指控是联邦间谍而进了邦联政府的监狱，最后悄然离世。他眼前的这片土地，现在尽是沙子和长满草的沙丘。最引人注目的是三大主色调：环绕的蓝色天空，无瑕的白沙滩，以及海湾明亮如绿宝石、剔透如水晶的水。这样的海湾颜色，是白沙滩一路延伸入海底，阳光从干净的海底反射上来，途中经过了细密海藻和层层叠叠数不清的各种微生物的结果。

在连接查克托哈奇湾的入口附近，水底满是水草，混杂着牡蛎床，很多有机物被从内陆冲刷下来，水因此有些发浑。水底生机盎然，有虾，有蟹，还有一种稀奇的时常跳跃的鱼叫鲻鱼。在进入海湾 12 英里处，德斯坦和来自亚拉巴马、密西西比的其他渔民发现那里有个 100 英寻 ① 的弯曲面，也就是说，海水在这里陡然加深了 600 英尺，在这里能找到石斑鱼、鲭鱼和鲷鱼。再往半岛方向前进 200 英里，就是世界上最大的海绵栖息地。以海绵为食的是海龟，它们乘着看不见的洋流在海湾各个角落自由来去。每一个角落都活力纷呈。

/ **117**

生物学家们说墨西哥湾的鱼类生物量密度和种群多样性是全球最高的。抛开这些科学的说法，早年间一位诗人也曾有过相似的结论。20 世纪 30 年代，诗人华莱士·史蒂文斯简洁明了地称墨西哥湾是"鱼的海洋"。60 年前，西德尼·拉尼尔到访这里时，他就像个作词人一样把海洋生命都数了一遍："这里有：黑鲸鱼、白鲑鱼、黄鲷、蓝鲷、银鲤、石斑鱼、棘鬣鱼、梭鱼、鳟鱼、河鲈鱼、鳗鱼、鲻鱼、鲱鱼、比目鱼、颌针鱼、羊鲷、鲈鱼、石鲈、黄狮鱼、大海鲈、无鳔石首鱼、鲳鲹、圆鲹、扁鲨、红鲷、鼓鱼、牙鳕、鲟鱼、乔氏笛鲷、鳐鱼，没人知道还有多少其他的。"拉尼尔的同时代人，但与其性情截然相反的爱德华·金，既不是诗人也不是科学家，有商人特有的严肃正经，他写道，从佛罗里达到得克萨斯的海岸，"这里有大量的牡蛎、鱼和休闲活动，如果面向这个市场开展事业的话应该会非常成功"。一个世纪前，当那位笨拙的英国测绘员伯纳德·罗曼斯来到墨西哥湾，船只搁浅在这里时，他可能也被吸引了。"海鱼，"他写道，"数

---

① 英寻（fathom），测量水深的单位，1 英寻 =6 英尺 =1.8288 米。——译注

量太惊人，实在超出了想象。"3

在德斯坦那个时代，墨西哥湾被看作世界海鲜供应市场的奇迹。勤勉的新英格兰人将贸易带动了起来，也正是他们中许多人的祖辈在北方海域开创了商业性捕鱼的先河。他们中有些人只在冬天南下到这里，为一个季度的收获而来，也有人是永远移民到这里的。他们钓鱼类和海龟，也开始捕捞和采集螃蟹、牡蛎、海绵和虾，然后将存货拿去新奥尔良和哈瓦那卖，或者运回新英格兰。商业性捕鱼是墨西哥湾第一个真正重要的产业。美国人民不是发起人，但当他们断言墨西哥湾不再是西班牙海，而是美国海时，他们抓住了机会。

伯纳德·罗曼斯曾希望英国能抓住这个机会。这个海湾发展商业性捕鱼的潜力，他写道，"需要且值得认真考量"。这样的考量没有发生。英国殖民者（西班牙人和法国人也不例外）的餐桌上主要是牛肉、猪肉和当地种植的蔬菜、稻米和采集来的坚果——鲜有鱼类。欧洲人忙于榨取土地，而非海洋。官员和领导早期探险与殖民的探险家们都是地主阶级的代表。土地是他们能理解的东西，虽然他们并不会弄脏自己的手，但他们知道土地能够以及将会带来什么，所以他们坚持自己所熟悉的，并指挥他人耕耘、采摘。那些拖着海上的收成回来，身上脏兮兮还带着鱼腥的老水手，他们在帝国发展大计上并没有发言权，但不代表他们没有在其中做出贡献。4

罗曼斯在海湾测绘时，遇到了临时搭建的捕鱼营地，当时他就看到了一个潜在兴起的行业。"整个东佛罗里达的西海岸，"他注意到，"全是渔民们的临时营房和架台。"临时营房实际是房子大小的建筑，木质框架，表面覆盖着蓬松的灰褐色棕榈茅草，从某种奇怪的角度看，像是很久以前漫步湾区的长满毛的猛犸象，但不像猛犸象那般坚固。它们向一边倾斜、松垂，看起来一阵微风就能把它们刮倒。供睡觉的吊床里里外外地悬挂着。坑里烧起的火，用来做饭和驱赶蚊虫，它们被严格地与棕榈茅草隔离开来。架台是手工搭建的支架，用来将鱼晾晒在太阳底下，然后用盐腌后保存，这样能保证鱼在运抵市场的路上不坏掉。营地的主人们就像工作台前勤勤恳恳的工匠，不断地清洗、腌制、晾晒他们捕获到的和卖掉的东西。罗曼斯看到的训练有素的渔民不是英国人，而是古巴人，即西班牙领地下旧世界和新世界的融合。5

哈瓦那对新鲜的、被干燥和腌制过的捕获物的需求源源不断。后者翻越了丛山被运送到种植园给印第安和非洲奴工当食物。古巴海域一度可以满足需求，但随着其重要性的提高和人口数量的增加，古巴岛就越来越指望卡卢萨人的供应了，卡卢萨人会将串联的木筏满载货物，穿过佛罗里达海峡来做交易。除了鱼以外，西印度的海豹和海牛有丰富的脂肪，土著人从中提炼出油，用来与西班牙人交换其他商品，西班牙人需要这油脂来涂抹在船底。有时卡卢萨人还供应一种美味，那就是乌鱼子，欧洲人认为其可与鲟鱼子酱媲美。而土著人的返航船上则装满了咖啡、烟叶、糖、衣服和酒。显然，在古巴人看来，卡卢萨人所在的佛罗里达是个资源丰富的好地方。西班牙渔民声称那片海是他们的，他们往北边的海域挺进，想着能满载而归。刚开始，他们拿着鱼钩渔线一番摸索，但一无所获；然后转而用卡卢萨人的方法用草捻的绳织网，学习如何在近岸的海里撒网。最后，经验丰富的西班牙渔民带来了棉织的渔网。

"古巴渔民将佛罗里达海域，"民俗和鱼类学者米歇尔·扎克写道，"当作自家后院的食物储藏室，它离得近也不费事。"很快，沿岸就开始涌现很多为秋冬渔猎而扎起的营地。他们在春天补充保存肉类用的盐，夏天则闭门而坐，躲开飓风。营地最后扎进了英国人的佛罗里达领地里，已经成为出了名的渔牧场（fish rancho）了。罗曼斯敦促英国政府效仿，他计算道，一季两次，古巴渔民每次为哈瓦那带去"1000吨重的风干腌制鱼"。[6]

开始时，罗曼斯的长官对此未加理会。罗曼斯立马批评他们"如果不是愚蠢，那也是懒散怠慢"，让古巴人"带着这些殖民地上的丰富水产离开"。他说，古巴人将从海湾捕来的鲳鲹鱼放到古巴市场上出售，比英国渔民在纽芬兰市场里卖的任何东西价格都高。迫于压力，自满的英国当局决定让古巴人离开，但也没有将渔业机会开放给自己人。这些渔牧场循例使用的是印第安劳工。在早年间，他们中很多人无疑是正在走向消亡的卡卢萨人的后裔。后来，迫于卡罗来纳剧增的英国移民数量，当地的克里克人和雅玛西人（Yamasee）只能向南撤。当时，新英格兰那边，美国激进分子正磨刀霍霍，准备为民族独立而战，佛罗里达的殖民者害怕渔牧场里的印第安人会和美国人站在一边，就像西班牙一样。因此，反独立的佛罗里达殖民政府驱逐了古巴人，关停了渔牧场。[7]

但这些渔民前脚刚走，后脚又回来了。美国获得独立，在其与西班牙签署的和约中承诺归还东西佛罗里达。19世纪第二个十年，在派恩岛南湾和坦帕北湾之间，虽然移民稀少，但有至少六个渔牧场恢复经营，这一点即使在佛罗里达被并入美国领土后也没有改变。1831年，一位税务官员从基韦斯特启航，照例去各处收税，他发现在派恩岛湾一带有四个渔牧场、200个劳工，他还受邀享用了他们的古巴面包、咖啡和雪茄。

一位记者，约翰·李·威廉姆斯（John Lee Williams），在撰写一本关于美国南部最新领地的书时，遇见了他们中的很多人。最吸引他注意的是一位名叫何塞·马里耶·卡尔德兹的老前辈。卡尔德兹已有 90 岁，长得"结实，健康，是一位西裔白发老人，非常勤劳"，他已经在坦帕湾和派恩岛湾经营了 30 年的渔牧场。他把自家房子建在派恩岛湾上的一个岛上，他叫它何塞法（Joseffa）岛。岛是小岛，但由于被一道 18 英尺的山脊遮挡，卡尔德兹的渔牧场可以安全躲过暴风雨天气。按照西班牙人的习惯，他很多年前就以繁育和食用为目的养了猪。威廉姆斯到访的时候，猪崽子已经在岛上泛滥了。[8]

卡尔德兹手下超过一半的工人是印第安人，美国人不加区别地一律称其为塞米诺尔人。古巴男人和印第安女人间的通婚和同居已经像潮汐起落一样平常。美国边界上向来是也一直会是文化融合的大杂烩。税务官员对渔牧场的阶层流动并没有什么疑虑，只要渔牧场主人像现在这样缴足了税就可以。渔牧场的经营者们也对基韦斯特的经济发展贡献良多，他们在那里购买保存干燥鱼肉的盐。他们还将雪茄、菠萝、橙子等商品卖给布鲁克堡的士兵，布鲁克堡在坦帕湾的一个半封闭的岛上。

佛罗里达成为美国领土后，新英格兰人闻声而动。莱昂纳德·德斯坦就是这么做的，他们乘着小渔船（smacks）出行，之所以叫"smack"这么个名字，是因为流动的海水拍击在船内活鱼舱的木板上发出的就是类似的声音。在特定季节里，卡尔德兹大概会看见 30 只上下康涅狄格来的渔用帆船从他的小岛旁经过。一开始，这两拨人相安无事。古巴人擅长做风干的腌鱼，新英格兰人则做新鲜的。新英格兰人会将成堆的鱼，主要是石斑，卸在哈瓦那的码头上，然后在 5 月赶回家，在纽约和波士顿的集市上一直工作到 11 月。终于有一天，新英格兰人也开始尝试晒鱼干，与古巴人面对面地竞争起来。总有那么几个贸易保护主义分子会抱怨抢占市场的外来渔民。当矛盾正要升级的时候，其他迫在眉睫的问题打断了它。但不管如何，古巴人都是输家。

事情在 1835 年急转直下，也就是那一年德斯坦来到了墨西哥湾。哈瓦那突发霍乱，集市暂时关闭，与此同时关税征收的手伸进了渔牧场经营者们的口袋里，一场关税战争在美国和西班牙之间被迅速挑起。同一年的 12 月，佛罗里达的美国人和塞米诺尔人之间爆发了武装冲突，渔牧场在双方交火中遭了殃。在军人看来，印第安人就是印第安人，而所有的印第安人，包括在渔牧场辛勤工作没有惹事的印第安人，都要被驱逐到西部去。另外，谣言传播开来，说古巴渔民在向战中的塞米诺尔人走私武器，尽管印第安人对几个渔牧场进行了扫荡。

同时，美国人害怕逃命的奴隶会在渔牧场的掩护下逃往古巴，因为在古巴只要他们改信天主教就可以换得自由，或者逃去巴哈马，那里在前一年废止了奴隶制。众多逃走的人都站在塞米诺尔人一边，足以说明这场战争既是奴隶的反抗也是印第安人的起义。1836 年，也就是美国人暗中帮助得克萨斯脱离墨西哥的那一年，海军部部长下令墨西哥湾舰队荡清佛罗里达的古巴渔牧场。

到这时，古巴岛是墨西哥湾上唯一还存在的殖民地。海湾不再是西班牙海，也不再只是陆上商品的运货通道。新英格兰渔民将快速使它变成工业的海洋，而且是美国的海洋。海湾沿岸的多个位置扮演了新英格兰渔港的角色——而没有其他地方比彭萨科拉更合适。

英裔彭萨科拉人永远感激安德鲁·杰克逊在 1817 年第一次

塞米诺尔战争中赶走了西班牙人。当地一份出版物对此大加赞赏，说正是将军在彭萨科拉之役的胜利让这个国家"睁眼看到了美国的'昭昭天命'"。这番话是带着家乡的自豪感而说的，但彭萨科拉有理由认为它在此间发挥了特殊作用。在较短的一段时间里，它是美国佛罗里达属地的两个首府之一，与圣奥古斯丁（St. Augustine）共同分享这份荣誉（杰克逊任临时总督）。彭萨科拉的联邦政府坐落于一个海军船坞，还在海湾的障壁岛圣罗莎岛上建有一座堡垒，堡垒是让奴工用 2500 万块当地黏土烧制的砖头砌成。伐木业随后井喷式地发展起来，精选的长叶松木用于建筑业，槲木则用于造船（南方木材已经在联邦"宪法号"①上证明了自己的价值）。[9]

联邦军在内战期间占据了彭萨科拉，北方人在此地的影响力在重建时期②和之后都一直存在。这么做主要是考虑到这里的自然条件适宜停靠一只船队——不是西班牙和英国那样的海军舰队，而是渔船队。同样理想的是，这个海湾在一个 100 英寻深的弯曲地带中。许多守旧的当地南方人反感从北方来的趁南方局势不稳来捞一笔的捐包客，但这些该死的北方佬确实对海洋略知一二，他们在彭萨科拉建立了一个庞大的渔业，在墨西哥湾北部首屈一指。

---

① "宪法号"（USS Constitution）是美国海军自己生产的第一艘战舰，也美国战争史上的著名战舰，曾参加 40 多次海战，胜绩屡屡。"宪法号"的建造共消耗了 60 英亩林地，木材均取自南方缅因州和佐治亚州的松树和槲树，包括来自佐治亚州加斯科因海崖的南方槲树（southern live oak）。——译注

② 重建时期（Reconstruction），指的是美国历史上 1863 年到 1877 年，南北内战结束，南方邦联瓦解，奴隶制被废止，美国解决内战遗留问题的尝试。"重建"需要解决的是南方分离各州如何重返联邦，南方邦联领导人的公民地位，以及黑人自由民的法律地位等问题。——译注

安德鲁·富勒·沃伦（Andrew Fuller Warren）跟这也有点关系。他是另一个被墨西哥湾吸引来的新英格兰人，他的新英格兰人身份不容置疑。他父亲的祖辈们乘"阿拉贝拉号"来到美洲大陆，同行的还有约翰·温斯洛普[①]；他母亲的祖辈们则乘"里昂号"来，同行的有罗杰·威廉斯[②]。沃伦在罗得岛的布朗大学读书。他1863年入学，1871年也就是29岁时到了彭萨科拉，成为班级里唯一移居南部的人。他去佛罗里达前，当过波士顿一家银行的职员，也在一家大型的海运公司里工作过。海鱼、麻绳、沥青和焦油的气味，他最熟悉不过了，还有船靠岸时被摩擦得嘎吱响的系船索，哐啷响的短索，挥动的风帆，还有鱼仓屋顶盘旋欢呼的海鸥、码头上被敲打的桩木。彭萨科拉如一弯新月的海湾边上就是这样一幅场景，12个码头分列开去，都是密密麻麻的桅杆和整齐地被收拢在帆桁上的风帆。这些船舶都登记在加拿大人、英国人、俄罗斯人和其他国家的人名下。码头附近是一个挪威海员教堂。

科曼德西街码头的尽头是彭萨科拉冰块公司，它是这座城市第一家做这个行业的，创立人是一个康涅狄格人，叫S.C.科布（Sewall C. Cobb）。他的办公地点就是两个鱼仓那么大，沃伦在他手下干活。沃伦在海运公司的工作经验让他多少知道些和冰有关的知识。在19世纪初，波士顿就开始把冰用于鲜肉储存和运输，那时的冰是从新英格兰冬天里结冰的湖泊河流上用长的带齿

---

① 约翰·温斯罗普（John Winthrop），英国殖民者，曾为马萨诸塞湾殖民地总督。——译注

② 罗杰·威廉斯（Roger Williams），英属北美殖民地教士，宗教自由的鼓吹者和罗得岛州的创建人。——译注

的手锯切割来的。然后这些冰被严严实实地封存在船舱里，周围塞满木屑来隔热，这样最远可以运到印度。这个收割机一样将瓦尔登湖的冰面锯成大块全球贸易商品的行为，让亨利·戴维·梭罗讥讽了一番："这样说来，查尔斯顿和新奥尔良，还有马德拉斯、孟买和加尔各答的闷热难耐的人们，是从我这口井里取水喝的。"严寒的新英格兰给南部送去了它的标志性饮料——冰茶。[10]

/ 124

在使用冰之前，墨西哥湾的鱼，比如石斑鱼，它们来自低温深水，不喜欢结群而游，在运输途中就比较难在温暖拥挤的鱼舱里生存。如果游进了淡水海湾和淡水河，对它们来说就预示着死亡。另一位康涅狄格州人，赛拉斯·莱瑟姆（Silas Latham）船长，自称是第一个解决了这个问题的人。1868 年春天，他在往南航行时，船上带了八吨冰，他为此支付了 200 美金，然后就从坦帕湾到莫比尔湾一路捕鱼。当他将捕来的鱼放到冰上时，码头上开始沸沸扬扬地传起了"疯狂的北方佬"的故事。很快，"疯狂"变成了"绝妙"。配备了密闭舱的冷藏船开始定期开往哈瓦那、基韦斯特、新奥尔良、莫比尔和彭萨科拉。渔船上装上了冰盒子，这样船长在叫卖货物时就可以加上"新鲜"二字，以示与风干腌制鱼的区别。然后，有冰袋包装的鱼就从海产盛地新奥尔良和莫比尔被传送到江轮或火车上，然后被运到内陆餐馆和鱼贩子手里。[11]

科布的公司经营着一只渔船，并会在当季与港口里几艘康涅狄格的船签订协议。沃伦，他的同伴描述他"天生脑子快，适应能力强"，扩大了捕鱼这项经营活动，公司很快就将名字改为彭萨科拉冰块和海产公司，再然后就把"冰块"两个字去掉了。[12]

沃伦对自己在墨西哥湾的前途有信心，于是回到北方娶了来自缅因州巴斯的范妮·克拉克·斯特恩斯，巴斯是海岸上的一个捕鱼和造船港。他们在这个旧西班牙殖民城市定居下来，这里有他们熟悉的新英格兰式的渔村，在沃伦余下的 46 年岁月里，他们见证了这座城市迅速扩大了十倍，居民超过三万人。

在那些年里，国家铁路公司加入进来，不需要借助内陆深河，便将这座城市与更多的人、更多的市场连接了起来。彭萨科拉的美景还有路易斯维尔和那什维尔客运火车站（Louisville and Nashville Passenger Station），这是一个橙黄色砖楼，结合展示了草原学派 ①、西班牙布道院和意大利建筑风格。遥相呼应的建筑群矗立在城镇街道两侧，一直延伸到码头，它们中许多都仿着新奥尔良和莫比尔的建筑式样，有西班牙风格的阳台。

这个城市的业务和那些忙于业务的人，不管是工人还是业主，似乎都聚集在海湾边上。小渔船每天都将捕获物带到冷藏鱼仓里。那里有包装仓库、货仓、船库、供膳宿舍、澡堂、港务局长办公室和海关；有船务杂货间、造船间、制帆间；有锅炉、机器、修补配件、铁匠、舢板和咖啡馆；有三角起重机、沙砾和刨削机。大量被伐下的木材被日夜不停地运往港口，排队等待锯木机。轮船驶入，卸下压舱石——被搁置在水边，很快上面就爬满了黑蜘蛛一样的方蟹——来自墨西哥湾且经过铣削的木材被装上船，往大西洋彼岸出发。那里还有台球厅、酒吧和妓院——太多了，用高尚的当地人的话来说，光顾得最勤的都是从货船和渔船下来的饥渴难耐的船员。他们常常在发薪日趾高气扬地走进去，然后身无分文地跟跄着出来，不过想来也是得到了满足的。13

---

① 草原学派（Prairie School）是 19 世纪末 20 世纪初的建筑风格，在美国中西部地区最为常见，以水平线条、平坦或檐状屋顶、开阔屋檐、用水平条统一起来的窗户、造型厚重、装饰简单为特征，强调与自然环境融为一体。

沃伦的妻弟塞拉斯·斯特恩斯（Silas Stearns）也是一个严格谨慎的人。安德鲁和范妮婚后两年，范妮16岁的弟弟也从缅因州来到这里。斯特恩斯在彭萨科拉渔业公司当学徒，是一个能干的职员——对数字敏感，工作细致——他之后参与创立了他姐夫开在贝伦街码头的沃伦渔业公司。在一段时间里，彭萨科拉渔业和沃伦渔业是镇上的两大渔业公司。此后，两个新英格兰人——一个来自罗得岛，一个来自康涅狄格——从彭萨科拉渔业公司手里买过它的船和机器，在帕拉福克斯街码头经营起了E.E.桑德斯公司。在19世纪80年代发展的巅峰期，拥有33只船的船队的兴盛主要有赖于一种鱼，那就是红鲷。

自从19世纪40年代，康涅狄格的詹姆斯·基尼（James Keeny）将红鲷引入彭萨科拉的市场，彭萨科拉的渔民就开始和红鲷打交道了。基尼当时正驶往新奥尔良去卖鱼，他手里有羊鲷、鲳鲹鱼、鲑鱼，以及一些其他的鱼，他都叫它们"海滩鱼"，但船开到一半，遇到了无风天，被迫停在离岸还有几英里的海上。据美国渔业委员会一位代表在后来写下的故事说，当厨子把食物残渣倾倒在船边时，一种胖胖的红色的鱼出现了——"长得奇怪"，"急吼吼地吃着"那些残渣。于是船长和船员下了钓饵，最后钓上来200条这样的鱼。在新奥尔良，鲷鱼"卖得和刚出炉的煎饼一样"。[14]

红鲷鱼通常要到深水区才能捕到。墨西哥湾盛产红鲷，其鱼鳞呈红色，有斑点，它们最适宜的水深为30英尺到200英尺甚至300英尺，也会在礁石、海底斜坡和暗礁周围活动，那里有大量的螃蟹、甲壳动物和幼鱼供它们饱餐。如果有一艘古老的西班牙大帆船长埋海底，那这些西大西洋的"土著"一定会在其中流连忘返。比起其他鲷鱼——灰笛鲷（mangrove snapper）、巴哈马笛鲷（lane snapper）、双色笛鲷（mutton snapper）和九带笛鲷（dog snapper）——斯特恩斯的同时代人形容红鲷"是一种块头很大的鱼"。它有典型的鱼的样子——如果一个孩子作画的话，弧线会在向下张开的鱼嘴处骤然上扬，然后在多刺的背鳍下滑至扇形的尾巴，鱼尾到突出的下颚这一段是微微下突的曲线，最后是针一样的牙齿。还会特别画上胸鳍和腹鳍，添上有深有浅的红颜色，最后一下是点睛的一笔——圆圆亮亮像黑珍珠纽扣一样的眼睛。[15]

往鲷鱼锯齿嶙峋的栖息地里撒网会让你损失惨重，所以渔民们会使用鱼钩和渔线。通常，他们会在渔线的两根子线上装两个鳕鱼饵，然后将两磅重的铅坠下沉到五六英尺的深度。鲱鱼是海湾里极丰富的一种小鱼，拿来作饵是最好不过的。"鱼在饿的时候，"斯特恩斯提到红鲷鱼时说，"渔线刚放下去它们就咬钩了……它们因此得名啮鱼。"渔民们用那些涂了焦油的棉渔线，能钓到平均有 24 英寸长的鲷鱼，在斯特恩斯那个年代，它们的重量大概在20~60 磅。[16]

任何钓上来的鱼叫价都要比网到的要高，因为船在冰上航行的成本要算进去。在纽约，墨西哥湾的红鲷鱼在 1883 年的价格是 18 美分一磅，比生鲜龙虾要贵 8 分，是鳕鱼价格的三倍——前者是诱捕的，后者是网捕的——但比鲳鲹便宜四分之三，鲳鲹是另一种要用上鱼钩渔线的鱼。可煎可烤，带着克里奥尔的风味，红鲷鱼很快成为深南部① 人民的最爱。铁路运输网覆盖到彭萨科拉后，鲷鱼就开始被卖到亚拉巴马、田纳西，然后是中西部

---

① 深南部指美国南部偏南的州份，详见第四章脚注。

一带。全国性的报纸杂志开始报道来自墨西哥湾的鱼，它经常被佐以柠檬出现在女士俱乐部午宴的餐盘和火车餐车里。《纽约时报》的一篇文章称红鲷鱼是"高价奢品和珍贵食材"，并预言它的受欢迎程度会超越鳕鱼。事实并非如此，但冰块能承载多少，沃伦和桑德斯就卖出了多少。[17]

红鲷和彭萨科拉变成了同义词，两者都得到了美国渔业委员会的注意。美国渔业委员会在 1871 年成立，目的是帮助发展和促进商业捕鱼业。委员会还注意到了塞拉斯·斯特恩斯，斯特恩斯当时已是名声在外的墨西哥湾鱼类专家。他没有留下任何照片或画像。他高矮胖瘦、蓄须与否，我们并不知道。他一直年轻着；他没有挺过 30 岁。但我们不知道他的死因，也不知道是什么点燃了他对鱼的热情。这种热情是源自他在家乡巴斯的经历吗？还是在彭萨科拉？我们知道他父亲的离世中断了他的学业，他搬去彭萨科拉后，曾经试图让华盛顿特区的鱼类研究学会的元老们相信他作为自然学者的能力，但他开始被拒绝了，他被当成了一个纯粹的业余爱好者。

也许是谦逊的言辞帮了倒忙。"我还年轻，获取的知识还不多"，他在给史密森学会主席的信里这么说道。但拒绝似乎激励了他。有海湾作为他的实验室，再加上他敏捷的思维和双眼，这位极其勤奋的年轻人能辨认出超过 50 种鱼类，其中有四种最后以他的名字命名。史密森学会最终邀请他做顾问，他同时也出任了美国渔业委员会的特别代表，被赞誉为国内首席鱼类专家。[18]

乔治·布朗·古德（George Brown Goode）是史密森学会的助理秘书和鱼类研究负责人。在成为渔业委员会的负责人前，他曾计划为其编制一份综合性的渔业研究报告，邀请斯特恩斯准备其中墨西哥湾方面的稿件。这是斯特恩斯用生命去完成的一项任务。研究鱼类已经刻在了他的骨子里，这也将成为他的遗作。

他沿墨西哥湾行进的路线是从基韦斯特到布朗斯维尔，途中见了许多的鱼仓经营者、船长、船员，一丝不苟地收集了所有相关的详尽数据，包括船舶类型和吨位、捕获量和价值，以及收入，包括船员们的薪水等。他访谈过的对象口音各异，有德国的、意大利的、希腊的、葡萄牙的、瑞典的、挪威的、新斯科舍的、南斯拉夫的，还有纽芬兰的。他在路易斯安那的卡津海岸（Cajun Coast）遇到华裔移民在捕捞虾蟹。如果他曾在圣伯尔纳堂区（St. Bernard Parish）停留，他会遇到一群说西班牙语的人，他们是从加那利群岛移民来的群岛人（Isleño）①，运营着牛地湾（Terre aux Boeufs）和水獭湾（La Loutre）。他统计过，1880 年，这个行业在整个海湾地区的从业人数有 5131 人，渔船有 1449 只。除了鱼钩和铅坠，他似乎把能数的一切都数遍了。

佛罗里达控制了这项贸易。美国墨西哥湾四分之三的本土船只都出自它的港口。它有渔民 1936 人，而得克萨斯有 290 人；佛罗里达卸下的鱼有 830 万磅，而在所有湾区的州中排第三位的得克萨斯的这个数字为 380 万。佛罗里达占据墨西哥湾在美国的半数海岸，所以它的统治地位来得并不稀奇。更让人印象深刻的反而是路易斯安那州。虽然它的海岸线只有佛罗里达州的一半长，但其捕获量却有佛罗里达州的 85%。亚拉巴马州的捕获量是 350 万磅，与得克萨斯州几乎不相上下，但其渔民干活的海岸只

---

① 加那利群岛（在大西洋上，摩洛哥的西南方）从 1497 年起成为西班牙殖民地，现在是西班牙管辖下的自治区。因为西班牙的主体民族在伊比利亚半岛，所以为了区分，便将加那利群岛上的居民，包括后来移民到美洲的群岛后裔，都称为 Isleño，即群岛岛民，而来自伊比利亚半岛的西班牙裔人则称为 "peninsulares"，即半岛岛民。——译注

有它的小脚趾 ^① 那个范围。密西西比州有 78.8 万磅；不过它终有一日会拥有一个美国国内最多产的渔港之一。

斯特恩斯在古德研究的开篇就表达了对纽约、马萨诸塞、缅因和俄勒冈州渔民的敬意。其中每一个州的产出都超过了墨西哥湾区 1550 英里海岸产出的总和——在那个阶段是的。不用说，东海岸的渔业作业更高效，不仅是因为船队规模更大，也因为渔民世代的海洋生活已经融入他们的血液里。不过，斯特恩斯的致敬看起来仅仅是必要的铺垫，因为他接下来就带着可以理解的骄傲之情，强调了墨西哥湾的功绩："美味的鱼类和贝类"，"品种多样，无穷无尽"。他将此归功于"自然的仁慈"——"热带阳光的宜人"和"可亲的栖息地"。[19]

委员会里的一位元老级鱼类研究学家 J.W. 柯林斯（Joseph W. Collins），来自鱼群的故乡缅因州，他对墨西哥湾便没有这么迷恋。他在 1885 年发表的一篇令人费解的政府刊文中写道，墨西哥湾"不可能会达到与新英格兰渔业相提并论的高度，仅仅是因为它没有如此巨大的可供汲取的资源"。他补充道："南方物种在熏制食品领域也不太可能取得像大批量生产的北方海域那样的重要地位。"[20]

还在经历战争失利的伤痛的南方人，当然对柯林斯言及"南方物种"时表现出的新英格兰式高人一等的态度进行了强烈回击。他那位身在彭萨科拉的缅因州老乡斯特恩斯，现在已是南方水域的皈依者，对此抱有他自己的看法，但当时他一直从鱼的角度看待墨西哥湾，包括其丰饶的河口。更少有人会承认墨西哥湾

---

① 亚拉巴马州从地图上粗略地看就是一个大矩形连带在左下角突出一个小矩形，这个突出形似伸出的小脚趾。亚拉巴马州只有那个小脚趾的范围是沿海的。——译注

的未来并不止于红鲷鱼。维系斯特恩斯和沃伦的生意的红鲷鱼甚至不是这片美国海最有经济价值的产品。说到经济价值，牡蛎名列前茅，接下来是海绵、石斑鱼、鲻鱼、虾，然后才是红鲷鱼。

自然学者罗伊·白迪切克（Roy Bedichek）在他1950年环游得克萨斯时注意到，"这里的海岸边留下了很多无可置疑的远古牡蛎制品的遗迹，让人不敢想象"。早在两个世纪前，墨西哥湾海岸就被法国探险家皮埃尔·德沙勒瓦（Pierre de Charlevoix）指名为"牡蛎的王国"。他们所说的，是墨西哥湾土著居民每日饮食中残留下来的一堆又一堆经过岁月洗刷的贝冢。[21]

贝类海鲜的（美国）国内市场最先在北方显露，人们想到牡蛎，首先想到那是来自纽约和康涅狄格州之间海域的礼物，偶尔也会有来自切萨皮克湾[①]的作为补充。在那些地方，多亏印第安人的善良，牡蛎拯救了无法靠自己力量填饱肚子的白人殖民者。在其富饶多产且未遭到破坏的黄金时期，南哈得孙河河口繁育着大约350平方英里的牡蛎床，可能全世界有一半的牡蛎都在这里，牡蛎床包括壳在内有十英寸之厚。

这种汁多味美的双壳贝在纽约人手中变成了19世纪都市餐饮文化中的标志性菜式，就像在下一个世纪享受到同样待遇的披萨和贝果一样。熟食店和街头的餐饮车会售卖带壳牡蛎。餐厅的菜单上有牡蛎肉饼和牡蛎派，做法也多样，有用油煎的、用扇贝壳烤的、腌制的、焖炖的，配以鸡尾酒酱的，放吐司上烤的，佐以培根的，或加入牛奶或奶油一起炖的；菜的名字也五花八门，

① 切萨皮克湾在美国东海岸中部。——译注

比如蓬帕杜生蚝、阿冈昆生蚝、荷兰风味蚝、纽伯格风味蚝、法式浓汤牡蛎。可惜，查尔斯·狄更斯口中的"令人赞不绝口的牡蛎烹饪"，带来了一个坏处：过度捕捞。18世纪初这个问题就开始显现，大都市往贝壳栖息地激增的污水排放更是加剧了问题的严重性。[22]

在纽约已经变得污浊的在墨西哥湾依然甜美。北美的牡蛎是一个种类，纽约的本地供应量日益减少，可想而知，墨西哥湾的牡蛎将成为其合适的替代品。但是，"正如酒一样"，马克·科兰斯基（Mark Kurlansky）就这座城市的牡蛎史写了一本有趣的书，他说，牡蛎的大小、形状、色泽，甚至是味道都随它的生长环境的不同而不同。水温、盐度、养分含量、牡蛎床的构造和密度，还有牡蛎的年龄都有影响。所以虽然几乎墨西哥湾的每一个河口都生长着牡蛎，但它们吃起来并不都一样，也不太像哈得孙河的牡蛎。纽约人在品味一事上有点自命不凡，但他们热爱牡蛎，这就够了。南方海域中最受他们赞赏的大概是来自佛罗里达州阿巴拉契科拉湾（Apalachicola Bay）的。斯特恩斯说"在墨西哥湾没有其他地方是更好的了"。[23]

阿巴拉契科拉湾河口的宜人气候赋予了这里牡蛎的独特风味。它既有海水，也有养分富足的淡水，两者达到了理想的平衡。其淡水来自与海湾同名的河流，而这条河流又由弗林特河和查特胡奇河汇流而成。在海湾前方的四个障壁岛既阻隔了来自河流的淡水，又引入了盐度适中的海水。以岛做防护的这种类型还存在于派恩岛湾、拜尤拉巴特里（Bayou La Batre）、巴蒂斯特湾（Bay Batiste），以及马塔戈达湾、加尔维斯顿湾、比洛克西湾、卡米纳达湾、莫比尔湾、彭萨科拉湾和博卡谢加湾（Boca Ciega Bay）——这些地方都盛产肥美的牡蛎。

部分地归功于其牡蛎，阿巴拉契科拉湾也是捕捞鱼、虾、蟹的好地方。牡蛎是滤食性动物，每一只牡蛎每小时过滤两加仑的水，摄食其中的海藻和浮游生物。这让这片214平方英里的海湾得以保持清澈。阳光能够直达水底，鼓励了海草的生长，海草又能制造出为其他海洋生命所需的氧气，构成了生命循环的一部分。长大后，鱼会吃漂浮着的牡蛎幼体和蚝仔，也就是即将长壳的幼年牡蛎。成年牡蛎不是那么好对付的。它们完全长成的贝壳利如刀锋，会在踩上它们的脚或碰到它们的手上无情地切开一道口子。但它们并非刀枪不入。海星和螃蟹会吃牡蛎。浣熊也会在浅滩搜寻它们。钻蚝螺，一种住在壳里的蜗牛，会在牡蛎壳上钻孔，然后吸食里面的牡蛎。

阿巴拉契科拉一度看起来会成为一个重要的海运港口。阿巴拉契科拉河的水深足以运送来自亚拉巴马和佐治亚州的棉花，以及来自所有三个州的木材。1907年发展起来的铁路将大多数的海运贸易导向了其他港口，但它跑起了"牡蛎快线"，将美味的冰鲜贝类直接送到正蓬勃发展的亚特兰大。从经济角度看，阿巴拉契科拉最后不需要发展为主要的货运港口，相反，它成为墨西哥湾最大的牡蛎出口地。海湾上的工作可以让一个人（man）过上不错的生活，那里也的确几乎是男人（man）的天下。1915年，镇上三分之一的男性工人——有400人——在117艘捕蚝船上工作。

钳子是他们的干活工具。钳子上绑了两个桦木或橡木手把，有8~16英尺长，看起来就像是一把在刀尖处有个钢制耙子的剪刀。由于经年累月地使用这种夹钳，在所有渔民中，采捕牡蛎的人最突出的是他们宽厚的背部和肩膀。通常，他们的妻女、姐妹会从事开壳的工作，这是个不需要花心思的机械性工作，所需的只是一个简单工具——一把开壳的刀子，可以用来撬开贝壳以取出蚝肉。阿巴拉契科拉的牡蛎仓雇用了250个开壳工，他们中很多是孩子。其中一个雇主是镇上最富有的人之一，J.G.鲁格（John G. Ruge）。他最出名的一是他在海边有一幢维多利亚式的大房子，二是他为人顽固（他有一次被罚款是因为他说邮政局局长是该死的蠢蛋）。他和他的兄弟乔治来自德裔移民家庭，在河口建立了阿巴拉契科拉第一家牡蛎罐头厂。这个时候是1884年，当地的商业采蚝业已有50年历史。

比洛克西、拜尤拉巴特里，还有南边的加尔维斯顿，它们的采蚝业也有一些发展。路易斯安那河口将最终在1912年以一次百万美元的丰收一举超越它们。虽然这只是"厨房牡蛎"，对此很多路易斯安那人也承认，它们并不如阿巴拉契科拉湾的那样美味，但这不重要。不管你手上有1蒲式耳①的牡蛎，还是100蒲式耳，在19世纪90年代的新奥尔良，你都能以一桶（3蒲式耳）3~4美元的价格将它们卖光。那时候，食客们会为他们的贝壳食物搭配塔巴斯科牌（Tabasco）的辣椒酱，辣椒酱产自南方牡蛎栖息的长沼地区。墨西哥湾上四分之三的牡蛎床都分布在路易斯安那州水域，像尚德卢尔、布列塔尼海峡，还有那些有着特别名字的长沼：卡尤（Caillou）、杜拉吉（Dularge）、拉福什（Lafourche）、特澈（Teche）、泰勒博恩（Terrebonne）。

因珀尔河（Pearl）、阿查法拉亚河（Atchafalaya）和萨宾河（Sabine）汇入而被冲淡的长沼带，大部分都被"播种"了取自东边大河的天然牡蛎床上的牡蛎。不出数月，它们就会长成适合出售的大小，这些贝壳没那么细长，而是更圆，更受挑剔的餐

---

① 英美计量干散颗粒物的容量单位，大约相当于8加仑或36.37公升。——译注

馆食客的青睐。这种将蚝仔从一个地方转移到另一个地方的细致工作，主要是19世纪初达尔马提亚海岸（Dalmatian Coast）的克罗地亚移民发展起来的，克罗地亚裔人采集牡蛎已经有125年的历史了。（斯特恩斯写道："在路易斯安那涂画花哨的采蚝船上几乎没人说英语。"）牡蛎幼体需要附着或扒在河底或湾底的一个坚硬物上，以便成长为蚝仔和成熟牡蛎。牡蛎加工者做过最聪明的事就是将老牡蛎的壳重新扔进河口，这样幼体就有了它们所需的坚硬物。[24]

牡蛎的日常饮食也需要石灰，而被丢弃的贝壳中就有大量的石灰。牡蛎加工者做过的最笨的事——搬起石头砸自己的脚的事，但又是他们最常做的事——就是将贝壳砸碎做肥料，拉走去修路，或是毫不在意地堆在一边，直到它们像莱昂纳德·德斯坦的墓碑一样被覆上了一层黑色霉菌。汽车问世后，修路人们对路基材料的需求如饥似渴，以至于要去挖古老的贝冢，真是让人感到可怕的"古文物爱好者"。路易斯安那州的摩根城在20世纪20年代有两个碎壳厂，专门出售粉碎后的贝壳，其既可以用来修路，也可用于制作家禽饲料和化工厂用的石灰。四分之一的碎贝壳产品来自路易斯安那海岸。

路易斯安那同时也是牡蛎罐头的首创地。阿巴拉契科拉人喜欢说是鲁格兄弟开了墨西哥湾上的第一家牡蛎罐头厂。但实际上另有其人，他们是来自新奥尔良的两兄弟——乔治和弗兰克·邓巴。他们在南北战争期间去法国学习烹饪艺术（部分原因也是为了躲开战争），并且于1867年在路易斯安那的格兰德特雷岛（Grand Terre Island）建立了第一家罐头厂。十年后，在密西西比州的帕斯卡古拉也开了一家罐头厂，又过了几年，又一家开在比洛克西——这都是在鲁格兄弟之前。

密西西比海岸成为墨西哥湾的罐头加工中心，它和约翰·斯坦贝克的小说《罐头厂街》开篇中描述的加利福尼亚州蒙特利的沙丁鱼区相去不远。它们都"是一首诗，一股恶臭，一阵刺耳的噪声，一片深浅不变的光，一个音调，一种习惯，一阵思乡之情，一个梦"。1900 年，比洛克西的罐头厂雇用了 2500 人，那是接近全市一半的人口。而北方工厂的劳动力则依赖移民——主要是波兰移民，和斯坦贝克笔下沙丁鱼罐头厂里的情况一样——他们在马里兰和海湾沿岸的牡蛎罐头厂季节性地来回迁移。[25]

早在城市区划法令出台之前，比洛克西的罐头厂就沿海而设，占据了海湾附近的所有荒地，人们对其毁誉参半，它提供了工作机会，但也是个碍眼的存在。机器无时无刻不在哐啷作响。没有遮挡的厂房已锈迹斑斑，金属件凹陷起皱，被丢弃的贝壳像瀑布一样被哗哗啦啦地从上面倾倒下来，像山一样高高堆在场地上。罐头厂往空气里注入了死去的海洋动物标志性的麝香味，工人们穿回家的橡胶靴和脏污裤子上都带着这股味道。比洛克西的镇长及时颁布了一则气味法令，强迫至少一间罐头厂迁往下风区。

虾，同样地，不仅为罐头厂的周边空气增添了风味，也让牡蛎采集者的钱包鼓了起来，因为他们会在夏秋季时转而捕捞甲壳类动物。海湾里的虾实在太多，海滩上蜕下的虾皮收集起来会像海藻的地毯一样。

墨西哥湾地区的商业性捕虾开始于 18 世纪（一说 1735 年[26]）法属路易斯安那的两个男人和一张围网。两个人一人拉着围网的一头，从海草床上方包抄过去，这样餐桌上就有食物了。希腊人、罗马人和墨西哥湾的土著人几千年前就是以这样的方式捕虾。后来，这两个人开始把虾卖给邻居——或煮过、炖过、煎过，里面填上米饭或面包屑，外面裹了秋葵浓汤和什锦菜（jambalayas），配上粗碾的谷物。后来的人将网编得更长，直到它有 2000 英尺，需要 20 个人才能拖动它。他们有时会套在马或骡子身上来省点人力。然后人们学会了驾驶纵帆船来展开围网，如此一来他们的围捕活动就能在更远的海湾、长沼和海峡上进行了。

这种捕虾方式持续了一些时日。然后，1913 年，在佛罗里达东海岸的费尔南迪纳，一位来自马萨诸塞州的捕鱼船长比利·科库姆（Billy Corkum）经历了灵光一现的瞬间。他一直不满足于传统的围网——花费太多的人力，收获却不多。他拿捕鳕鱼用的网板拖网来稍作改良，最后的成品是一个背袋状的网，前面开口处装有木门，裂口打开时就像饥饿的鱼张开的大嘴。他从他的纵帆船船尾将网徐徐放出去，就这样，他用更少的人力在捕虾上有了不小的收成。

近四年后，这种方法才慢慢在墨西哥湾的捕虾人中普及，一旦普及，他们的产量随即飙升。路易斯安那的渔民毫不费力就在其中拔下头筹。他们中有克罗地亚人和中国人——"操着一口外国话的乡下人"，还有沿岸的卡津人，他们也猎捕皮革市场所需的短吻鳄，"靠潮涨潮落"过日子，新奥尔良的《每日一铜币报》（Daily Picayune）通讯员玛莎·菲尔德（Martha Field）这么写道。"路易斯安那的捕渔业，"她补充道，"作为几大产业之一，它极为独特，而且利润丰厚。"菲尔德也许自己都没意识到她说得有多对。她所在的州有全国 40% 的沿海湿地，那就是海洋生命的孵化器、家园和食槽。[27]

虾在海洋里生存的时间不比其他海洋生物短，以虾为食物的捕食者，从鲸鱼往下，数不胜数。古罗马人的烹饪书《阿比修斯》（*Apicius*）中有虾的做法，另外在 19 世纪 60 年代，中国移民——在类似古巴人在佛罗里达的渔牧场的营地里——开始将路易斯安那的脱水虾出口到中国、夏威夷和菲律宾。东北部的美国人曾经将虾盛入香槟杯中，当作一种时髦的可食用的鸡尾酒待客。这些都发生在拖网的普及之前，在那之后虾便以更低廉的价格进入了寻常百姓家。

拖网出现，市场对虾的需求与日俱增，与此同时，船舶开始使用汽油发动机，汽油引擎驱动着船只在海岸、海湾自如地来去、进出、往返。人们变得不再那么依赖变化无常的风力，这意味着人和自然世界之间又被割裂开了一点，但人类又会以另一种形式成为有限自然资源的奴隶——在这里体现为精炼石油燃料。制冷技术在 20 世纪 20 年代诞生——自然界的冰不再被需要了——完美地配合克拉伦斯·伯宰开发出海鲜的速冻处理法。瞬间销量飙升。

为了赚钱，捕虾船隔一段时间就会消失个几天。它们要驶入海湾深处，风吹海和的经典乐章从此消逝了，取而代之的是内燃机重金属的轰隆声和蒸汽排气的呼哧声。渔民们发现，如果他们工作到日落之后，他们的拖网中会出现一种以前没见过的褐色的虾，它们会在晚上和常在近岸水域被捕捞到的白色虾一起浮出水面。然后到了 1949 年，在基韦斯特临海那一头，一个拖网渔船又网上来满满的另一个品种的虾，虾身呈粉红色，肉质鲜嫩甜美，它第一次被发现还是在石斑鱼和鲷鱼的肚子里。

据自然科学作家杰克·鲁德洛（Jack Rudloe）和安妮·鲁德洛（Anne Rudloe）的观察，"数百吨"这种粉色"黄金"从佛罗里达的西海岸被捕捞了出来，它们最终占据了全国捕捞总量的 85%，成就了冬季渔业。接下来，在亚拉巴马海域 200 英寻深处发现了皇家红虾（royal red），使拜尤拉巴特里一跃成为主要的捕虾港。然后，又一个新品种，岩石虾（rock shrimp）在阿巴拉契科拉湾现身。为了更好地适应新环境，捕捞网的设计也在与时俱进，"平网、气囊网、撒取式拖网、蝴蝶网和猫鼬网，"鲁德洛写道，它们每一个"都比虾聪明"。据作家伯尔尼·基廷（Bern Keating）说，20 世纪 70 年代的捕虾人可以总价 15 万美金买下一只 85 英尺、钢制船体的拖网渔船，并在五年内付清。[28]

　　一连串偶然的创新——汽油和柴油引擎、网板拖网、制冷、冷冻食品——改变了捕虾和捕鱼业，开启了墨西哥湾的无限商机。那么在全新的驱动力和捕捞网出现后，船舶又做出了哪些改变呢？

　　答案要从比洛克西的克劳福德街街尾的一家船坞开始说起，这家船坞的主人是克罗地亚移民，名叫 J.D. 克瓦契（Jacob D. "Jacky Jack" Covacevich）。在他 1962 年去世前的 70 年间，数百只新船经由他的双手驶入了巴克湾（Back Bay）平静的水面。他选择当地的长叶松、常青橡木和柏树，用他麻利的双手将它们锯切、刨平、连接、搭接、弯曲，制成坚固的框架和龙骨，最终设计并制造出密不透水的船只。他有帮忙的学徒，学徒在当时的 19 世纪 90 年代每天工作 15 个小时，日薪是 75 美分。那是在 1893 年飓风过后，那一次附近几乎所有船只不是沉没就是被撞得粉碎。比洛克西是墨西哥湾的造船中心，飓风过后，它的六个码头日夜赶工，重建渔船船队。

　　和他的竞争对手们一样，克瓦契制造出"白翼皇后"，这是人们对神圣的纵帆船的昵称。但和他们不同的是，他发明了一种更聪明的作业船，并起了一个无趣的名字叫比洛克西小帆船

（Biloxi lugger）。小帆船长 30~60 英尺，有一种地中海风格，对此，克瓦契说灵感来自路易斯安那的意大利渔民。小帆船的甲板在船尾处呈方形，船腰较低，弧线形的船首最高，吃水深度仅有三英尺。驾驶室放在了船尾，工作甲板在前面。第一艘下水的装了桅杆和风帆，之后的装的是引擎和螺旋桨轴，去掉了帆缆。它们在密西西比、路易斯安那和亚拉巴马地区被广泛使用。

另一个创新是所谓的得克萨斯拖网渔船，和佛罗里达拖网渔船是一样的。它的上层设计与比洛克西小帆船正相反：工作甲板在后，驾驶室在前。拖网渔船更受欢迎，在 20 世纪中叶的时候，它们被装配上舷外支架，它像蜻蜓翅膀一样展开并从两侧分别将网拉起，一个舷外支架可以有两个以上的网。到这时，墨西哥湾渔民捕获的虾占了全美国的大部分，而捕虾的拖网渔船也成为海上的标志性作业船，就是那种画家站在画架边上描摹黄昏时会从落日前方经过的船——微隆的船身轻晃着，腰身低平，船首和驾驶舱都清晰可见，渔网收拢并悬挂于船尾，白色的船漆已经有了锈迹，尾流在船后深深地荡漾开来，它正往地平线驶去，也或许正从那里回来。

船的重要性并不亚于捕获物本身。它在很大程度上表露了渔夫的身份。它可以揭示渔夫的职业，甚至他的家族。在英年早逝的斯特恩斯离世前，类似于拖网捕虾船的船只开始从佛罗里达半岛的安克洛特河驶出。这些船没有舷外支架，船体俯冲式的线条已经说明了一切。这几何图形是希腊的，船员是希腊人，他们所来自的塔彭斯普林斯（Tarpon Springs）是希腊人的地盘。他们的捕获物——海绵，本就深深打上了希腊传统的烙印。

19 世纪 70 年代，一个渔夫在捕海龟时，他的网被挂在了黏糊糊的东西上，直到那时人们才意识到墨西哥湾中海绵分布之广。事实证明此处海绵有 9000 平方英里，是美国之最。虽然海绵看着像植物，而且也像植物一样牢牢固定在一个地方——有些甚至会向下伸出根系来——它们其实是动物。和珊瑚一样，海绵是无脊椎动物，多为群体生活，也像珊瑚一样会筑礁。它们可以忍受几乎所有的水温环境，无论是极地的严寒还是热带的温暖，不过它们更青睐清澈平静的水域。虽然它们有些长在岩石上，但大多数的墨西哥湾海绵附着于沉积岩形成的海湾底部。它们没有循环或消化系统，而是在水流经过它们身上的小孔时一边吸收其中的营养物质，一边排泄废物。鱼虾特别喜欢海绵创造的生活环境，海龟则喜欢海绵尝起来的味道。

数十年来，海湾沿岸的居民会在船舶下锚的浅水地带采集海绵，用于个人生活，直到 19 世纪 40 年代，他们才意识到海绵巨大的商业价值。起初，海湾地区的海绵贸易中心在基韦斯特和古巴，直到 19 世纪末这个格局才被打破。事情源于北边海岸的一个捕龟渔民被钩住了渔网，于是生长在这里的黄海绵、海藻绵、线海绵、手套海绵和羊毛海绵被发现，产业中心开始势不可当地向北转移。海藻绵被医院用作外科医用海绵，而人们在日常生活中会用羊毛海绵来洗浴和擦洗马车，当然，后来就变成擦洗小汽车了。在世纪之交，阿巴拉契科拉成为这两类海绵的重要供应港口。

当时，所有人都认为塔彭斯普林斯不过就是东北部人过冬的一个好去处。它气候宜人、橡树成荫，河流也显得可亲，因为那里有容易咬钩的鱼儿供人垂钓，还有一年四季恒温的温泉浴，足以满足一大批游人。但海绵床正是在塔彭斯普林斯被发现了，它们是大自然赋予的水底宝藏。斯特恩斯报告说海绵的价格是每磅 1 美元。在当地没有任何水产能有这样的价值。最贵的鲳鲹鱼也许能有 50 美分的单价。在 1890 年，根据当地史学家的说法，海绵床为塔塔彭斯普林斯的一家公司贡献了 100 万美元的销售额。

这个商机鼓励了来自费城的加工厂厂主约翰·切尼（John Cheyney），他雇用了希腊人约翰·可克里斯（John Cocoris）做他的采购员。他们构思了一项计划，从希腊的多德卡尼斯群岛招来了一批经验丰富的海绵采集者，多德卡尼斯的海绵采集历史可以追溯到柏拉图时期甚至更早的自由潜水员。墨西哥湾的海绵床提供了很好的工作环境，切尼也许在招募希腊潜水员时声明过这一点。那里的水域既平又浅，如"清澈的泉水般透明"，斯基伯纳出版社的一位作者写道，"自然的壮美和新奇""无处不在，令人目眩"，它会"激发一个自然学者最炽热的爱"。第一年有 500 个希腊人移居至此，很快又有数百位陆续加入。[29]

在 20 世纪 40 年代，安克洛特河停泊了 150 只海绵采集船。它们的设计原型来自进口的地中海船，它长 30 英尺，有上扬的船首和船尾。它们"像一弯新月般"滑过水面，公共事业振兴署（Works Progress Administration）的一位撰稿人如此写道。在它们即将启航展开一段 2~4 周的旅程时，圣尼古拉斯希腊东正教堂的牧师会为每一艘船祈福。[30]

每一个渔港都喜欢宣称自己是这种或那种鱼的产地中心。而塔彭斯普林斯，在直到 20 世纪 40 年代末期的二三十年间，是真正意义上的世界最多产的海绵出口港。它出产的天然产品将美国冲刷得干干净净。

虽然塔彭斯普林斯（Tarpon Springs）的经济和一种纹丝不

动的水生动物捆绑在了一起，但这个城镇的名字①来源却相当有动感，虽然它其实是个误会。从北方来到安克洛特河的新移民以为水里跃起的鱼是大海鲢（tarpon），他们看到的很可能是钢灰色的鲻鱼。大海鲢只有在感受到压力的时候才会跳起。而鲻鱼看起来是想跳就会跳，也许是因为在海里的生活非常开心（研究者们还没有弄清它们的动机）。"鲻鱼跃出"应该更为准确，但作为冬日度假胜地的名字就太过扫兴了。除了它的空降兵特性，鲻鱼和大海鲢比起来就是一种平平无奇的鱼。钓到一只鲻鱼是不算数的，但一条漂亮的大海鲢就不同了。鲻鱼不会咬你的钩，它们是坚定不移的素食主义者。鲻鱼很难让垂钓者生出兴致来，除非他们能发明出对其有诱惑力的长得像草一样的假饵来。鲻鱼也毫无威望可言。它们很普通，墨西哥湾的每一个小海湾、海峡、小湾、长沼和长着一片海草的河口里都能看到它们的身影。

　　尽管如此，鲻鱼有一点是胜过大海鲢的，那就是它们可以吃。它们在咸水和淡水中都可以生存，人们世世代代都在食用这种随处可见的暖水海洋鱼。《每日一铜币报》的玛莎·菲尔德称其为"阿卡迪亚人的奢侈品"，指的是鲻鱼已经成为挑动工薪阶层味蕾的最不容置疑的美味，没有之一。米歇尔·扎可思（Michelle Zacks）在她一篇言过其实的鲻鱼专题报道中说，吃这种鱼的"人通常不是白人或都市老饕，而是肤色各异的普通人"。鲻鱼从来没有出现在戴尔莫尼科（Delmonico）餐厅的菜单上。[31]

　　但对赏鱼的行家来说，这些都不是问题。一位来自锡达礁

---

① 英文 Tarpon Springs，中文音译为塔彭斯普林斯。tarpon 是大海鲢，一种尤其受垂钓者喜爱的游钓鱼种，spring 意为"跃出"。——译注

（Cedar Key）的老渔民麦克·戴维斯说，只要鲻鱼还在跳，"人就不会饿死"。不管经济状况如何，不管鱼虾卖得好还是卖得差，水里都有食物。北卡罗来纳的许多家庭在 19 世纪 80 年代移居到了佛罗里达的科尔特斯（Cortez），带上了他们称之为飞鱼的小艇，把海湾戏称为他们的"厨房"。那里经常能看到鲻鱼跳跃的身影——鱼身有墨西哥湾常见的条纹，颜色灰中泛蓝，身形修长，背鳍较小，成熟之后有 18 英寸到两英尺长、数磅重。其数量之多可比肩牡蛎或虾。从码头或收了帆的小艇艇尾撒下一张网，然后将鱼拉上来，去掉头尾，从鱼肚处剖开，掏出内脏，将鱼身往两边摊平，鱼脊骨要留在其中一边（让吃的人而不是烹饪的人去对付那些牙签一样的鱼刺），然后烹煮。再加点粗面粉，让狗安静下来，这样你就能得到一顿饱食了——"一日三餐，全年如此"，《纽约时报》的通讯记者在1876年写到鲻鱼时这么说，"除了猪肉和玉米粥，这就是那些'穷苦白人'一日三餐的主食了。"[32]

鲻鱼就是一顿饭，它代表了渔牧场的年代和古巴的奴隶制。它们在餐桌上或市场上出现时通常是腌制的，而不是冰鲜的；它们被装进牛车，哐啷作响地经过乡野地区，或装上火车一路颠簸着运往南边的火车小站，而不是一路飞驰送往东北部和中西部的城市。痴迷垂钓的洋基客南下钓鱼时，数不清的米诺鱼大小的鲻鱼被他们拿来做饵。

/ 141

外人对鲻鱼的兴趣就仅止于此。铁路和冰块也没能消除遥远的距离。得克萨斯州的鲻鱼一般是被得克萨斯州人自己吃掉的；亚拉巴马的，被亚拉巴马人吃；佛罗里达的，被佛罗里达和佐治亚州的人吃。南方的种植主，和古巴的种植主一样，买鲻鱼来给他们的奴隶吃——废奴后，给他们的佃农吃。这样一种可靠的食物要价只是每磅两美分，买它们的人自是打好了算盘的。当地海产中没有比这更方便获取、更有营养或更便宜的了（石斑鱼每磅要七美分）。斯特恩斯在计算鱼和渔船时，发现占墨西哥湾海产捕获量 50% 的鲻鱼，在销售额上仅占 20%。

鲻鱼就是南部的鳕鱼，融入了地区经济中，也被嵌入了捕猎这种鱼的人的形象，虽然这个形象带着一点洋基客的偏见。在北方，鳕鱼的捕鱼人被理想化地描述为干净、清醒、努力工作的一群人，捕获的食物保障着这个国家的伟大。而在南部的墨西哥湾，追逐低贱的鲻鱼的，不是那些来自过度捕捞海域的休假中的新英格兰人，而是没有留下讨喜印象的当地人。据美国渔业委员会估计，有 3000 名墨西哥湾区的居民参与了鲻鱼贸易。60% 是白人，25% 是黑人，剩下的是巴哈马人、古巴人，以及平常的卡津人、中国人和路易斯安那的克罗地亚人。因为鲻鱼活动于近岸水域，渔民不会进入大海，如果是在海上，他们将会在新英格兰船长的严密监控下证明自己的坚毅品格。捕猎鲻鱼的人倾向于单兵作战。许多人让旧日的渔牧场重现辉煌，他们有时去到长毛猛犸象一样的茅草屋里工作，那些茅草屋都在偏远的地方，在那里可能走上几天甚至几个星期都看不见一个陌生人。

这些地方证实了外界对他们生活方式的判断，而这种生活冒犯了这些旁观者的情感。其中一位就是自由民管理局的巡视员，陆军上校 G.F. 汤普森（George F. Thompson），萨拉索塔湾（Sarasota Bay）的鲻鱼渔民让他感到恶心，尤其是他们的早餐，"臭气熏天的咸鱼和面包！！！"显然，被他投以刻薄评价的这些人，他们所遭受的内战导致的匮乏，这位大惊失色的洋基客陆军上校是没有经历过的。但即使是塞拉斯·斯特恩斯，这位忠实的墨西哥湾的辩护人，这位看起来无辜的人，也显露出了内心深处的旧清教徒身份，他将捕鲻鱼的渔民称为"一群卑贱的人"。[33]

　　食物链顶端的人类并不是唯一的消费者。几乎所有的鱼都会吃鲻鱼。这也就是鲻鱼肉会成为上佳的垂钓鱼饵的原因。鸟吃它们，龟和螃蟹也吃它们。虽然鲻鱼每拖上来一网，就是数以千磅计的起鱼量，但这种风光，在墨西哥湾的渔夫兼饭店老板兼作家里奥·洛弗尔（Leo Lovel）看来，是鲻鱼的苦难，于是抱着几分同情，洛弗尔将鲻鱼称作"海洋食物链的基础"。

　　　　鲻鱼，可怜的家伙。海里游的、天上飞的、地上跑的，所有动物都爱它……
　　　　现在它是海豚的最爱……
　　　　鲻鱼奋力向上游时，鹈鹕便俯冲了下来。
　　　　每一条浮向水面的鲻鱼都会被老鹰和鱼鹰一把抓起。
　　　　大海里所有鱼都吃它。小到河口里手指头长短的，会被鳟鱼吃掉，大到近海三磅重的，则是大马林鱼的食物。
　　　　水里有鸬鹚的追逐。
　　　　水草里的小鱼苗被海鸥拣食。
　　　　连短吻鳄也吃它们。34

　　由于所有这些捕食者的存在，鲻鱼的生物本性让它的产卵数量比预期所需存活的后代数量多得多。已故保育生物学家阿奇·卡尔（Archie Carr）称这种行为是应对"捕食者过剩"的策略。很多生物会采取同样的手段——比如，青蛙和鲨（一只雌性会一次产下 10 万颗卵）。鲻鱼只有在产卵的时候才会离开河口、海湾和峡湾，游向外海，此前它们整个夏天都在吃腐烂植物和动物残骸。深秋和冬季，当雌性鲻鱼体内满是鱼卵时，它便会游向开阔的墨西哥湾。空气变得新鲜，海水渐凉，激发了它们迁徙的本能。[35]

数千尾鲻鱼成群而游，蔚为壮观。渔夫们捕鱼时也往往会对眼前之景惊叹不已。他们为了保暖穿着厚重的衣服，有些人还会往脑袋上套一个面粉袋子，像戴着滑雪面罩一样，时不时从大衣和船舱里掏出"几品脱的纯黑威士忌"来，洛弗尔这么说道，"鲻鱼如此肥美，他们像打鼓一样拍打着船边板。"渔夫手里的渔网能在河里拖上几百码，或者他们会将渔船都并排聚集起来，鲻鱼翻腾跳跃，搅动着河水，数不清的鲻鱼奋力往网外逃，但最终还是有数吨的鲻鱼被捕获。洛弗尔说："鲻鱼不喜欢被抓住。"[36]

没有谁会喜欢，有时，渔夫们也不想要他们抓到的东西。三不五时地，撒网捕鱼的渔夫会带上来一只海龟。杰克·鲁德洛是在一个捕虾人那第一次见到这个情景，他听到对方骂："该死的，没什么比捞上来一只又大又老还臭气烘烘的海龟更可恨的了！"渔夫们的前车之鉴告诉他们，海龟会给捕虾捕鱼的渔网带来不小的破坏。海豚也是一样，甚至更坏。但是，如果是只海龟，当渔网倾撒在甲板上，露出大自然最有魅力的馈赠时，人们的愤怒很快会随之消退。海龟壳在世界各地都价值连城，它们被用来做成昂贵的龟甲梳、笔刷和首饰盒。尤利乌斯·恺撒在埃及大获全胜，除了所剩无几的金库，最令他惊喜的是亚历山大的宝库里高高堆起的龟甲。大多数时候，海龟受到赞美是它们被盛在餐盘和汤碗中的时候。"他们说一只海龟身上同时有七种不同的肉，"那个捞到该死的海龟的捕虾人告诉鲁德洛，"有些吃起来像猪肉，有些像小牛肉，有些像鸡肉，其他的我也说不上来。但是真的好吃！"[37]

这位捕虾人拉上来两只红海龟。海龟共有九种，墨西哥湾里
生活着五种，红海龟是其中之一。当地人说海龟实在是太多了，
你可以踩在海龟背上在水里自由行走。它们疯狂的繁殖方式让庞
塞·德莱昂将佛罗里达礁岛群西南海域的那个小岛群命名为 Los
Tortugas（海龟岛）。那 160 只被船员掠夺的海龟很有可能就是
红海龟和肯氏龟。

红海龟是大海里的流浪者，它们的足迹从深水到浅水，遍
布大海各处。它们通常在近岸处搜寻软体动物、螃蟹和甲壳类动
物。肯氏龟也一样，喜欢到拖网也会经过的地方去吃虾，因此这
两种海龟最是经常大肚朝天地落在渔船甲板上。绿海龟，小只滑
溜的家伙，有强壮有力的划水肌，常常游得比贪婪的拖网渔船还
快。棱皮龟，也被称作舢板龟，是第四重的爬行动物，在所有海
龟中体型最大、鳍状四肢最为发达，它不仅体型大，而且体态特
殊，呈罕见的泪珠形，生活在远洋，以水母为食。玳瑁常出没于
会扯破渔网的礁石洞穴环境。但其精致漂亮的背甲曾经是现在依
旧是龟甲收藏者们的最爱。

海龟落入渔网并不单纯是不幸的偶然事件。它们曾经是被猎
捕得最凶的墨西哥湾商品。数千年来，沿海土著起初猎以为食，
然后作为贸易产品运往古巴，海龟脖子和四肢上的皮用来做船很
是耐用。约翰·詹姆斯·奥杜邦（John James Audubon）在 19
世纪 30 年代游历墨西哥湾时，注意到有白人正小心翼翼地在小
河入海口处撒网。他后来了解到他们用的是网眼较大的渔网，可
以让鱼通过，但足以困住令人垂涎的远洋爬行动物。海龟游动时，
"它们的名声以及轻盈的动作"让他联想到了"空中的飞鸟"。[38]

他本人作为天才的画家和鸟类学家同样声名在外，但并没有

用他的名望为野生生物挣得同情，即使它们对他的工作是如此珍贵。在当时社会普遍的氛围下，地球上的生命都围着人类的兴趣打转，野生生物的数量看起来已是过分得多，并不需要为今天这里或那里又杀了一只海龟而担忧。如果说奥杜邦叹赏它们水中优雅的身姿，他更赞赏的是那些用鱼叉捕捉它们的"技艺高超的捕龟人"。话说回来，作为一件商品，海龟捕回来要用网网着，养在船板上，确保它们还活着，这样的海龟更值钱。它们接下来会被卖给商贩，商贩把它们关进围栏里，待价而沽。[39]

整个墨西哥湾都在猎捕海龟。绿海龟被认为是最好吃的。一个商贩夸口说："绿海龟之于其他肉类，就像香槟之于其他酒。"斯特恩斯的报告中说，在 1879 年，有 2400 磅的绿海龟在得克萨斯被捕捉，并以 3~4 美分一磅的价钱出售。曾经有一天彭萨卡拉迎来了一艘满载 500 只活海龟的船。将海龟处理制成罐头肉和汤的加工厂遍布墨西哥湾沿岸。在一段时间里，上好的捕龟水域很多分布在锡达礁四周以及它的南边，那一带的水底都长满了海草。[40]

而在南边的基韦斯特，捕龟活动终年不休。有个名叫阿曼德·格兰迪的法国厨师，被一个纽约批发食品商说服，在这个热带岛屿的玛格丽特街上开了一家罐头厂。他的罐头厂是这一带最繁忙最有名气的。他将海龟汤罐装在一个 1.4 磅容量的罐头里，外包装上的标签写着海龟产自"附近海域"，标签上的图展示的是两个男人正在沙滩上将海龟翻面，他们身后是一片山峦，可基韦斯特是一片平坦沙地，并没有山。上面的广告语是"源自大海，直达罐头"。是的，途中经过了屠宰场，但在供应这道格兰迪大厨招牌菜的精致纽约餐馆里，这一点是不被说破的。除此之外，做汤的时候，大厨的罐头厂里弥漫着死亡的腥臭味。工厂并不好看，壁板是光秃秃的，金属屋顶上起伏着斑斑点点的海鸟粪，后面是拥挤不堪的龟栏。无论什么时候，格兰迪罐头厂里都有 100 只海龟在爬行游动，它们互相挡住去路，对眼前的无路可走感到不解。人们对海龟很是有兴致，于是格兰迪开始收费，每次十美分就可以看一眼这些巨大的、稀奇的、即将被做成汤的爬行动物。[41]

对于不断扩张的捕龟业来说，罐头厂只是其中的一件副产品。不需要去捕龟，甚至不需要有船，你也可以是产业中的一员。海龟被逐出海岸，以便人们在这里或附近安居，这样看来他们中的每一个人都参与了这个产业。每年 4 月下旬到盛夏，是海龟们筑巢的时间，他们从海湾划着重重的身体向海滩游去——难看的泳姿和半溺水的水手没有两样——人们正在等候着。等一只海龟产下了卵，覆上了巢，缓缓爬过沙地、爬向大海时，有人就会过来将它仰面翻过来，任凭它四脚朝天，无力地挥舞着。海龟的背甲是它最好的保护和依靠。要将沉重的棱皮龟、红海龟和玳瑁翻过背来，需要劳动两个或以上的壮汉，或者借助杠杆的力量。海龟一旦被翻过来，捕猎人就走近龟巢，将里面的蛋全部偷走，一个不留，一个窝巢大概能有 250 个蛋。这些人回家先自己吃饱，然后喂给狗和猪，丝毫没有浪费——然后是又一次的……

掠取窝巢是对自然恩赐的违逆，这个行为连奥杜邦都无法容忍。他称被偷的蛋是威胁种族存续的"不义之物"。除了入侵的人类，海龟也不得不和其他野生生命抗衡。浣熊、熊、狼和野猫会偷袭埋好的巢穴。当破壳而出的小海龟往海里快快爬去时——它们的快是本能——鸟迅速落下把它们叼走，沙蟹将它们拖走，即使逃过这俩，鱼也要吃了它们。海龟也有鲻鱼一样的补偿机制，用过量产卵的方式。为其他动物提供饲料已是不易，更别提还要喂养人类，尤其是他们同时抓走了祖先和后代，全然不顾后世。[42]

斯特恩斯没有将海龟列为墨西哥湾的主要商品。它们正在消失。格兰迪在 1890 年开设罐头厂，那是在斯特恩斯死后的一年，那时海龟的消失在墨西哥湾北部和西部已经显而易见。曾经能捕捞起上千只海龟的地方，现在据统计只产出了 1000 多磅的海龟肉。格兰迪的生意进行了不到十年已经难以为继，因为他的供货商已经无法再供应来自"附近海域"的海龟了，他们转战中美洲和加勒比水域——那里倒的确山峦迭起。

浪费是水产捕捞业一直以来都存在的现象。渔民们的世界观就是丰盛是永远存在的，他们相信他们的渔网在海里留下的空洞自然会有其他某处的鱼游过来补上。佛罗里达那不勒斯的一位居民曾经看见渔民们快速甩动着一张四分之一英里长的围网，最后拖起了 5400 磅的正游向外海产卵的鲻鱼。几乎整个鱼群就此覆灭了。这里的鱼肉已经多于任何人的需求。史料里包含大量对惊人捕捞现象的证实描述。据渔业委员会统计，在 1896 年，渔民从佛罗里达西南海域捕捞起的鲻鱼共有 50 万磅，其中没有到达市场的数量数不胜数。有时一次的捕捞量太大，以至于渔民们来不及准备，无法及时晒干，也无法及时获取足够的冰保证它们不变质腐败。

过了没多久，在 1904 年，得克萨斯的渔民出港了 20 万桶牡蛎——这是永久性衰退前最后的巅峰时刻。阿巴拉契科拉以及它邻近的圣文森特湾在十年之后出产的肉量达到了 30 万磅，但此后就一蹶不振了。密西西比的官员早在 19 世纪 90 年代就规定了采收季节，但牡蛎采捕者从未遵守过。在路易斯安那和得克萨斯，渔民们在 19 世纪 80 年代开始采用起贝器作为他们采捕牡蛎的操作方法，对他们自己和对海底环境都造成了伤害。在大萧条的饥饿年代，密西西比州的环境保护法批准了起贝器的使用，起贝器像捕虾的拖网一样张着一个大嘴，下唇是类似耙子的铁器。渔民可以用它在深水中捕捞牡蛎，但它在底部拖行后会凿出拖痕，没有鱼会跟上去了。阿巴拉契科拉的牡蛎捕捞者永远弄不明白，为什么他们的同行会选择这种毁灭性的工具。威廉·柯里尔用自己设计的起贝器捞起的马可岛的蛤蜊，到了 1910 年就再也看不见了。

/ 148

到了 20 世纪的下半段，捕虾船用起了水底拖网，远在那之前，他们从鲻鱼捕捞人那里得到了灵感，也开始用网来封锁河段或长沼。虾无法承受这样的围捕，近岸数量急速下降。但没人从中吸取教训。捕虾人继续开发新的虾场、新的品种来自我拯救，他们远航至墨西哥，越走越深，就像大海是一个无底洞一样。捕获量开始展现向上的势头，从 19 世纪 80 年代的 1000 万磅上升至 1905 年的 2400 万磅。

红鲷鱼的捕捞者们在类似海域上活动。斯特恩斯不情愿地报告道，1883 年对他们来说是悲惨的一年。他推测红鲷要么是被过度捕捞了，要么是游到其他地方去了。渔民们更愿意相信是后者，于是做了一个简单的补救措施：他们也到别的地方去。冰块解决了时间和距离的问题。1885 年，在离彭萨卡拉西南方 200 英里处，就在墨西哥湾所谓的外滩群岛（Outer Banks），他们找到了红鲷鱼的大本营。它们的栖息地一路延伸到干龟岛（Dry Tortugas），位于佛罗里达西海岸 50~60 英里外，锡达礁、坦帕和萨拉索塔的渔民被吸引而来，也包括那些移民到了科尔特斯的北卡罗来纳家庭。

这个意外之财最后证明是一股只刮到了 1910 年的旋风。但没关系。到那时，渔民们又在路易斯安那边上找红鲷鱼了，从阿兰萨斯（PortAransas）和加尔维斯顿港口来的商船也加入了进来。到 20 世纪中期，有了制冷技术和引擎——解了燃眉之急的动力——渔民们往南跑到了坎佩切海岸，惹来了墨西哥政府的抱怨。海洋划界问题上的争端在新千年到来之际加剧。

商业性捕鱼在墨西哥湾上的诞生，借用斯特恩斯的话来说，正是海湾的"仁慈"的表征，但即使在他那个年代，人类的过分行径也已危害到了那份仁慈。但令人称奇的是，墨西哥湾被誉为下四十八州 ① 最佳钓鱼点的荣耀时刻还在后头。捕鱼业还在继续扩张，它接下来在产出重量上超过了东海岸产出的总和，尽管此时它的丰盛程度已经不如从前。但它们是相对的。每一个渔牧场都面临资源减少的问题。1971 年标志着墨西哥湾区统治地位的开始，那一年它的产出占了全国总捕获量的 42%。

100 年前，国会通过了一项联合决议，决议中表达了对渔业中过度捕捞现象——指的是东北部渔牧场——会造成"公共伤害"的忧虑。这项决议后成立了美国渔业委员会，而新英格兰渔民的应对措施就是跟随鱼群去往南方。和数十年前的莱昂纳德·德斯坦一样，他们向墨西哥湾进发。他们，以及那些后来加入的人，无一不是在重蹈覆辙——阿奇·卡尔称之为供过于求的捕食者。[43]

---

① 英文 Lower Forty-Eight，（美国的）下四十八州，字面意思指的是美国最北两个州（阿拉斯加及明尼苏达）以南的所有美国州，但更常用于表述不计阿拉斯加及夏威夷以外的美国，多为阿拉斯加州人使用，指阿拉斯加人视角中的美国大陆本土地区。——译注

他们不是唯一漫不经心的海洋猎手。游钓者也来到了墨西哥湾，而且就在斯特恩斯正潜心成为鱼类学者时，他们的数量逐年上涨。他们对自然的索取是另一种方式——带着消闲、运动和特权的意味。他们也不是工薪阶层，他们是爱运动的那一群人。他们中打前阵的是银行家、律师、建筑师、商界领袖，以及这些人的妻子和遗孀。他们中有些人改革了美国经济。一个世纪后，一位从前是游钓向导的小说作家挖出了这段历史，了解到他们是如何，同样地，帮助美国认识了墨西哥湾，以及他们是如何，同样地，将这片水中花园采摘得寸草不生。

/ 七　降服海岸的野鱼

1914 年克莉丝汀·B.M. 霍利（Christine B. M. Hawley）
和她的 154.5 磅重的大海鲢合影。自 19 世纪末期，
北方的有钱人开始到墨西哥湾来钓这种大海鲢，引爆了海湾的旅游业。

　　然后他会高明地将话题转移到深海怪兽上，然后谈起不
可避免地要到尤斯帕岛，或者长礁岛，或者阿兰萨斯湾，甚
至远到坦皮科去度假的可能性。

　　　　　　　　　　——理查德·萨顿（Richard Sutton）（1924）[1]

/ 151

　　你很容易会将兰迪·韦恩·怀特（Randy Wayne White）
错认为是职业摔跤手。他有着肌肉发达的倒三角身材，头上

理着选手式的适合电视竞赛转播镜头的发型。大块头、大肌肉，你这么想着，直到你注视他的双眼。那双眼睛分明是文学心灵的澄蓝之窗。怀特写过通俗的犯罪小说，小说标题强劲有力，比如《热血岛屿》（*The Heat Islands*）和《燃情坦帕》（*Tampa Burn*）。他的小说背景通常是20世纪末的墨西哥湾海岸。在成为畅销书作者前，就在弗兰克·汉密尔顿·库欣一个世纪前考察过的那片具有历史意义的海上，他当了13年的游钓向导。

向导们通常都对他们所服务行业的背景故事略知一二，而怀特几乎了如指掌。他尤其着迷于墨西哥湾大海鲢的历史。大海鲢拥有和种马同样的品质，身体光滑，耐力强劲，它的重量有时能超过100磅，上了钩的大海鲢是凶猛的斗士，是猎手争相追猎的战利品。虽然已经坐了数千回的包船，但怀特对大海鲢的后空翻杂技表演从未感到厌倦。每一次表演都令人兴奋。同样令他兴奋的是，经过对历史的一番挖掘，他了解到了这一野生鱼类是如何在19世纪引爆了游钓业并从此改变了墨西哥湾海岸的。

作为有着一头纤发，在俄亥俄和艾奥瓦州的农场上长大的男孩，怀特看起来不像是会对海洋生物如此着迷的人。他在高中的时候，对棒球、橄榄球和跳板显然比对钓鱼更感兴趣。实在无处可去的独处时间，他会用来读书——他的最爱是马克·吐温、约翰·斯坦贝克、约瑟夫·康拉德和柯南·道尔。高中毕业后，他上了社会大学。他说走就走，去从未去过的地方，靠自己的才智讨生活。有一次，他在一个小农场上干活，农场主人是一对四处游历的夫妻，他们"盛赞"了萨尼贝尔（Sanibel），那是墨西哥湾上的一个障壁岛，他们说那里有热带色彩和野生动植物，更别提美妙的海钓了。1972 年，怀特再次上路。他那时 22 岁，身体里住着自由的灵魂，想将自己停靠在从未见过的大海边上。[2]

他开着一辆 1968 年通用的三色皮卡——红色、白色和锈色——沿着墨西哥湾沿岸，一路来到了迈尔斯堡（Fort Myers）。驶过迈尔斯堡，再穿过萨尼贝尔的海湾，就是圣卡洛斯岛（San Carlo Island），他在岛上租了个房子，房子有点破，和它所在的捕虾码头一样，闻起来也满是码头上大海的味道。这位从小在一片农田的"海洋"上长大的中西部人，现在已经成为一个岛民，围绕在他四周的是盐沼、红树林、海湾、河流、峡湾、关隘，以及墨西哥湾。他当上了专线记者，供职于被当地人称为鲻鱼日用包装纸的迈尔斯堡《新闻报》。这是一段有重要意义的学徒时期，激发了他成为犯罪惊悚小说家所需的想象力。他日思夜想的游船码头也是一样。

怀特一直在找机会进入大海，如果有一艘属于他的船，那就更理想了。他通过了折磨人的海岸警卫队员考试，拿到了驾驶租船的船长执照，然后用东拼西凑的钱买了一只二手的小帆船，船有 20 英尺长，船身是经过打磨的白色玻璃纤维材质，有着"讨人喜爱的外形"。他在 1977 年开始当向导，一年有 300 天都在船上度过，收入也翻了番。他在大海鲢湾（Tarpon Bay）旁的一个游船码头上干活，那里是一个鱼群跳跃的河口，与其说是湖湾，不如说是个小河湾，它在派恩岛海峡边上，邻近萨尼贝尔岛的南端。在导游之余，怀特开始写作。在他周围，无论是历史还是现实，他都找到了供他写作的素材。[3]

如果他生活在切萨皮克或科德角，他绝不会错过詹姆斯敦和普利茅斯、波瓦坦人和万帕诺亚格人、弗吉尼亚公司①和清教徒②这段严肃的历史。但在高中历史课本里，即使是佛罗里达的历史课本，也只字未提生活在派恩岛峡湾附近的卡卢萨人和试图在那里建立欧洲人在湾区第一个殖民地的庞塞·德莱昂。怀特意外发现这片阳光灿烂、鱼群欢跃的大海有这样特殊的历史，而且他的客户们也是其中的一环。他们想抓住大海鲢。人们对这种特殊鱼类的痴迷要追溯到90多年前，这激起了怀特的好奇心。他开始收集科学文献、旧的杂志和报纸文章，以及被遗忘的回忆录里有价值的部分，总之是任何与大海鲢有关的东西，他将为其拂去历史的尘埃。

原来第一条记录在案的用鱼竿和渔线钓起的大海鲢是1885年3月19日在一个闷热的小海湾上被拉上船来的，那个小海湾他曾带他的客户去过。从事商业性捕鱼的渔民就是这一年在彭萨科拉湾发现红鲷鱼的。当时墨西哥湾的美国海岸上居住的居民还不到8000人。休斯敦和加尔维斯顿的人口就占了这个数字的一

---

① 英国政府特许弗吉尼亚公司在北美进行殖民地经营，弗吉尼亚公司在1607年将100多名移民送到詹姆斯敦，以这个定居点作为基础，英国建立了在北美的第一个殖民地，美国历史也由此开启。詹姆斯敦在弗吉尼亚州东南部、切萨皮克湾的沿岸，而波瓦坦人（Powhatan）就是当时占据弗吉尼亚潮水地区、切萨皮克湾东岸的印第安部落联盟，他们与詹姆斯敦的英国移民经常爆发战斗。——译注

② 普利茅斯，在东海岸的马萨诸塞州，名字源于英国西南部城市普利斯。这个殖民地的缘起则与英国分离派清教徒有关。分离派清教徒是英国清教中最激进的一派，由于受英国国教的残酷迫害而决定迁居北美。1620年，著名的"五月花号"带着一批分离派清教徒先是到达科德角（Cape Cod），最后在普利茅斯登陆，在这里建立了继詹姆斯敦后英国在北美的第二个殖民地。而万帕诺亚格人（Wampanoag），是半定居半迁徙的北美印第安人，在英国清教徒移民到普利茅斯后，他们曾与英人缔结和平条约，后来英人毁约，对原住民抢占土地、肆行虐待，双方爆发战争，万帕诺亚格人几遭灭绝。——译注

半，而坦帕，拥有落日景色的城市中数它最大，它的人口也仅有
2375 人。而迈尔斯堡，则没有出现在美国人口普查的统计数字
里。格罗弗·克利夫兰在两周前刚就职第 22 任美国总统，否则，
他本也将成为在墨西哥湾海岸渔猎大海鲢的好手。

当我们说到美国海的形成时，大海鲢，和红鲷鱼一样，不得
不提。被它吸引来到海岸的人，不是新英格兰人，而是纽约人，
不是新移民，而是游客，这都是墨西哥湾有史以来的第一次。

有一位来自哥谭镇的 30 岁的建筑师，威廉·哈尔西·伍德
（William Halsey Wood），他是许多大型华丽的教堂和卡耐基
图书馆的设计者，现在，那条具有历史意义的鱼咬住了他的鱼
钩。他钓大嘴黑鲈很是成功，据说没人比他钓得多，但这次他决
定钓一条大海鲢。他此行的装备有一只小划艇，五英尺长的一根
竹竿，自己设计的 250 英尺长的渔线，一个大大的用鳕鱼作饵的
O 型鱼钩（环形鱼钩，和商业渔民用来捉红鲷鱼的鱼钩类似），
一条鲻鱼，以及训练有素的耐心。鱼咬钩时，伍德没有马上提
竿，他让渔线出溜了 250 英尺。这其实就是他的技巧：在收线前
要给鱼足够的时间去吃它嘴边的饵食。大海鲢嘴巴内层像钢铁一
样，几乎不可能被刺穿。它一旦感觉到拉力，就会试图摆脱那个
令它感到不舒服的物体。应该让鱼钩钩住鱼鳃或者到达内脏的位
置。我们不知道最后伍德的鱼钩到了鱼的哪个部位。但我们知道
它奋力挣扎了 26 分钟，重达 93 磅，长 5 英尺 9 英寸。

当兰迪·韦恩·怀特读到这个起源故事时，那个跳出来的
英雄并不是这位纽约建筑师，而是他的向导——约翰·史密斯船
长，一个被晒得黝黑、身材结实、工作勤劳的船夫。他，就是十
年后用"佛罗里达号"单桅帆船载着手工艺品收集人弗兰克·汉

密尔顿·库欣从蓬塔戈尔达一路到了马可岛的那个约翰·史密斯。严苛的库欣几乎没有留意到史密斯作为租船船长的能力，也许这并不公平，但伍德将史密斯作为向导歌颂了一番。在 3 月 25 日，伍德钓到了第二条大海鲢，然后在 31 日，又钓到了第三条、第四条和第五条——都少不得史密斯杰出的相助。

据资料记载，史密斯是一个芬兰海员，在基韦斯特的暴风雨中遭遇海难，然后沿着墨西哥湾海岸到了蓬塔罗莎（Punta Rassa），克卢萨哈奇河（Caloosahatchee River）多沼泽河口处一处偏僻的平地。蓬塔罗莎就在萨尼贝尔的对面，自从成为西班牙殖民地后，它有过很多身份：渔牧场、美军军需用品仓库，积尘、泥泞的它也是佛罗里达州南部地区牛群放牧的终点。它未经驯化，就像得克萨斯州西部的牧牛镇一样，看起来十足就是一个牧牛区，除了它还有个放牛的码头。除此之外是牲畜围栏、牛棚、寄宿处、酒吧，以及想来也肯定会有的——妓院。它充斥着世界各地的声音，你能听见初来乍到的被太阳晒成棕色的牛仔们挥着皮鞭噼啪作响的声音。你能闻到牛群的味道，听见金钱的响声，因为他们的交易使用的是硬币。内战时联邦军封锁了海湾，牛仔们宁愿冒险将他们的牛卖给古巴人换取金银，也不卖给邦联军去换他们没用的纸币。蓬塔罗莎将许多佛罗里达男人养成了具有西部特色的大块头地主。

它也是墨西哥湾海钓最初的滩头阵地。如果你不是赶着牛的话，而是坐船前往蓬塔罗莎，你首先看到的会是水岸边一个仓库大小的木结构建筑。它始于第二次塞米诺尔战争期间，建在码头上，屋顶是杉木板盖的，讽刺的是它的形状看起来像一个印第安人的冢堆。最近的一次，它被用来存放国际海底电缆公司的电报站。这里也是来此钓鱼和捕猎的北方冒险家们的地盘。借宿在这里的游客们将它称为"营房",从这名字里就能知道这个住宿地方的状况——斯巴达式的清苦但讲究秩序。史密斯就在这里工作。通常向导会兼职当商业渔民,但史密斯不是,他是电缆公司的厨师(库欣赞赏了他的厨艺)。[4]

一次飓风过后,蓬塔罗莎几被夷为平地,史密斯于是搬到了派恩岛,一座被卡卢萨人用贝壳抬高了的障壁岛。怀特入了向导的行当后不久,也跟随前辈移居到了派恩岛上,住在印第安冢堆上的一间老房子里。数千年来人们都在这个隆起的冢堆上讲着故事,怀特喜欢这种感觉。

伍德的胜利很快就传开了。在他钓上来第一条大海鲢之前,让美国的钓手先生、钓手女士们兴奋的一般是大西洋鲑鱼、鲳鲹鱼、婢鲈和黑鲈。它们中的任何一个如果能有一条大海鲢的四分之一重,那就能称得上战利品了。伍德手上93磅重的捕获物还只是小的,大的可以达到280磅重,8英尺长。但无论尺寸如何,都是一场好戏。"全世界多数的钓鱼人都认同,"一本垂钓向导手册的作者写道,"大海鲢腾空的身手、它的力量和强大的心脏使它成为轻钩钓鱼者的终极之选。"[5]

虽然你能在外海开阔的水域里抓到更大的鱼——蓝鳍金枪鱼或马林鱼——但伍德时代的这个运动项目多数会将深海留给商业渔民。在机动快艇被广泛应用之前,外海里的鱼无论大小并不受欢迎,人们也不会感到兴奋,因为那不是能轻易到达的地方。大海鲢会在春夏游进海湾、峡湾、关隘和河流。钓上一条大海鲢就是钓起了一条深海鱼,却不需要你到深海去。

这完全就是为了消遣。大海鲢的鱼肉里都是难以清除的小根鱼刺,几乎无法食用。但与一个有力的对手战斗,能带来肾上腺素的飙升,可以站在被从鱼鳃钩起的大鱼边上摆出胜利的姿态留影，越来越多这样的时刻被保存下来并展示在一面照片墙上，理所当然地可以拿来吹嘘一番。"我讨厌看到这些银色的庞然大物躺在码头的尘土里"，约翰·多斯·帕索斯写道，他经常和海明威在基韦斯特钓鱼，"是绝对的虚荣心捕住了大海鲢"。[6]

早前，人们对这种梦寐以求的游钓鱼种仅有的信息来源只是海钓爱好者和他们的向导们，而且这些故事中不乏传说。所有人都以为是生物的本能驱使它们游到近岸产卵。当生物学家们终于对这种在地球上已经生存了1300万年的古老鱼类展开研究时，他们发现，墨西哥湾的大海鲢在开阔水面产卵，主要是坎佩切湾以及佛罗里达西南方向的外海上。

和鳗鱼这位有一两次洄游习惯的表亲一样，大海鲢的幼体时期会持续几年时间，幼体大海鲢长得也像鳗鱼，手指般的长短，体形瘦长，呈半透明状。风暴和洋流可以轻易地将幼体运送到河口区，它们在水草和红树林的掩护下成长为年少个体，此时它们的外形已经是成年个体的缩小版。大海鲢对海水的咸淡值有非常高的容忍度，成年个体会离开深海，在繁殖周期游向近岸，甚至为了猎食更小的鱼而溯游到江河。它们通常在下层水域寻找食物，尤其喜爱虾，但也会拣食螃蟹和它美味的老朋友鲻鱼，但鲻鱼看似躺卧在水草上，实则暗藏鱼钩。大海鲢有一张夸张的充满机械感的大嘴和一个突出的下颌——这个身体结构组合能为掘土机的设计带去灵感；大嘴一张，能有整个鱼身那么长。鱼身本身是长长的圆柱体，体背蓝中透绿，体侧铬黄，泛着金属质感。一对胸鳍似是轻盈的蝴蝶落在了鱼身上。[7]

因其光泽、速度和威严，大海鲢获得"银色帝王"的称号。它的鱼鳞有银圆般的形状和光泽，常被从鱼身上移除并作为纪念品保存，有时也当作服饰珠宝出售，或者印上姓名和号码做精致花哨的名片。在很多游钓旅舍里，钓手们会将它们钉在大厅或餐厅的墙上，并在上面写上他们的名字和捕获日期，直到其数量已经难以被墙纸负荷为止。在得克萨斯，有这样一片上面写着："5英尺1英寸。77磅。富兰克林·罗斯福1937年5月8日于阿兰萨斯港。"在大海鲢的鱼鳞后面、鱼身的里面，有一个独一无二的组成部分——上面覆满了血管的鳔，和陆上动物的肺一样，是用来输送氧气的。生物学家称大海鲢是一种专性空气呼吸的鱼，意味着它必须定期浮上水面吸收氧气。它呼吸时会打转。所以如果就在附近，游钓者就知道应该在哪里下渔线了。[8]

大海鲢的身影出现在从弗吉尼亚州到巴西的大西洋，从塞内加尔到安哥拉的西非海岸，也总叨扰东南亚、日本和澳大利亚的浅水和深海。"它真正的家，"一位英国垂钓者在19世纪90年代写道，"无疑是墨西哥湾。"这也是当时他所在的游钓圈子里人们的普遍看法。[9]

游钓兴起时只是一项在淡水上进行的活动，许多人也会将游钓的历史起源与另外一位英国人艾萨克·沃尔顿（Izaak Walton）联系起来。沃尔顿是一个伦敦商人，他在退休后住进了英国乡下邻近米斯河的一间茅草顶的农舍里，并开始对垂钓产生了热情。他也将写作当成他的第二事业，后来写了一系列对文学体裁产生了影响的短篇传记。他的第一本书《钓客清话：沉思之人的消遣》（*The Compleat Angler, or Contemplative Man's Recreation*）[①]在1653年出版，奠定了他作为游钓之祖的地位。

---

① 艾萨克·沃尔顿：《钓客清话》，缪哲译，新星出版社，2014。（正文中为对应原文对副标题做了补充。）——译注

　　如果当时有畅销书排行榜,《钓客清话》肯定榜上有名。这本书最后历经了 300 次印刷,它或沃尔顿在柯勒律治、狄更斯、儒勒·凡尔纳、托马斯·哈代、赞恩·格雷、诺曼·麦克林恩等众多数不胜数的名家作品中都出现过。《钓客清话》是一部永不过时的渔钓策略书,是沃尔顿为读书之人写的渔钓指南。它包括诗歌、散文和寓言;它甚至有一个主角——渔夫——作为渔钓权威在书中发声。

　　"angle"一词意为"鱼钩",可追溯至古英语。征服者威廉在 11 世纪离开诺曼底,冲过英吉利海峡后,他给英国带来了城堡、封建制度,以及飞蝇钓。最早关于消遣性渔钓的书之一,也是第一本由女性作者所写的书,出现在 1498 年:朱莉安娜·伯纳斯(Juliana Berners)的《关于使用鱼钩捕鱼的论述》(*Treatise on Fishing with an Angle*)。伯纳斯的背景有点神秘,难以分辨资料来源是否可信。一些说她是英国最早的诗人之一,其他的又说她是一位虽隐居但深谙世事的女修道院院长。最吸引人的一种说法是她是个美丽聪慧的女人,爱情令她忧惧,于是她将全副精力投入户外运动中。也许以上都不是她,也许都是她。她也很有可能是第一位使用英语出版的女性。在已知的户外运动书籍中,包括打猎、鹰猎和渔钓领域,她的作品是英语世界中最早出现的。

/ 158

　　这些活动本是绅士们追逐的游戏,结果他们中很多人的信息竟是来自一位禁足于男人特权世界的修女或说女诗人。150 年后,伯纳斯的书又成为沃尔顿珍贵的学习资料。她的论述解释了如何造鱼竿,如何绑蝇饵,以及哪个季节哪一种鱼适用何种钓饵。它将渔钓的重要性上升到了比肩其他户外运动(比如猎狐和猎鸟)的地位。

伯纳斯同样传达了作为垂钓人应具备的忍耐力和资源保育意识。"当你有足够的食物，你不应贪图更多，"她写道，"尽你所能，让你的猎物繁衍生息。"五个世纪后，国际钓鱼运动协会称她的保育准则"惊人地体现了现代思想"。[10]

渔钓主要是给那些有社会地位和时间"只钓鱼，以及谈论鱼和捕鱼"的人做的，沃尔顿这么写道。大不列颠的地主贵族是控制了林地的少数人，他们将猎狐和猎鹿当作他们阶层自己的娱乐活动，不允许农民涉足其中，工人虽然可以进入，但也严禁随意射猎。贵族也或多或少地规定了哪些人可以在哪些水域钓鱼。而在大洋彼岸的英属美洲殖民地上，定居的大多数英国移民并不属于旧地主阶级，于是他们坚定维护自己从前被否决的自由。消遣性渔钓和射猎在美国与土地私有联系在一起，被赋予了神圣的民主符号。掷下鱼饵，就是在用另一种日常的形式向世袭特权说不。枪炮和鱼竿消除而不是划分了社会阶层；英国贵族的消遣成为美国全民的消遣。更重要的是，自由派土地上的河流和湖泊都鱼群腾跃。[11]

然而，渔钓的魅力远不止于挂满一钩链的鱼和证明垂钓人有胜鱼一筹的技巧。有人将他们的战斗称作艺术。沃尔顿将其比作诗歌。其书的副标题"沉思之人的消遣"，揭示了一个珍贵的真相：钓鱼，就像艺术，是一种情感上的逃离，一次洗涤心灵和审视内心的机会。它意味着独处，即使有伴亦然。两个垂钓人坐在同一条船上，或站在同一条溪流里，他们都不成其为伴。"垂钓人都是美德的热爱者，"沃尔顿写道，"安静钓鱼。"1878 年，一位常在户外活动者从墨西哥湾给费城的家人写信说，钓鱼就像一种有效的专利药。"在钓鱼上获得的成功能给心灵带去巨大的满足，驱散腐蚀人心的思虑，激起内心深处的喜悦，鼓舞倦怠的神经，促进消化。"[12]

优点还体现在环境的优美上——沉浸在户外的气味和声音中，闪耀的天空和波光粼粼的水面，奔腾不竭的溪流，透亮的不起一丝涟漪的湖泊，在这样的时光交融的时刻，在美丽无瑕的和谐中，与不朽世界的联结显得如此真实、如此私密。进入 19 世纪后，渔钓还几乎没有跨出过淡水溪流和湖泊的界限。对垂钓的绅士们而言，钓海鱼听起来是在结实手臂上刻着粗糙文身的渔网拖运工们的事情。终于，海湾、长沼和峡湾里鱼儿们的活力四射俘获了他们的心。许多人将他们新发现的娱乐活动称为蓝海渔钓。

名义上的海钓之父是另外一个英国人，亨利·威廉·赫伯特。他在 1831 年被驱逐出境，原因不明，有人说是因可耻之事，总之赫伯特在 24 岁的时候移民到了纽约。熟人和同僚眼中的他自以为是、傲慢自大，无可救药地显示自己高贵的家族血统（一个伯爵爵位）。他常怒气冲天，这似乎让他的及肩头发和威严的胡须都更蜷曲了起来。这导致了他的离婚、流放和自杀。然而，他也不是完全没有可取的成就的。他创立了《美国月刊》，虽然他与常人相左的行事使他很早就离开了杂志社。在他到北美后的三年里，他出版了一部小说，之后又出版了些别的作品，但无一被国内文学界看好。

/ 160

在某个时刻，赫伯特开始在纽约港和周边的河口区钓鱼。这些地方的水域开始不堪都市发展的重荷，他是早期发声提出渔业保护的人。不过他依然设法钓起了一些相当大的鲑鱼、鲱鱼和条纹黑鲈。三不五时地，西奥多·罗斯福的叔叔罗伯特会加入他，两人一起出游渔钓。和他的性格相一致的是，赫伯特对自己的兴趣爱好也有优越感，他坚称海鱼"无一例外是最强壮、最勇敢的，因此，与之相应，海钓作为最好的运动也名副其实"。完成了一天的捕鱼后，他会让自己坐在最爱的酒馆里喝一杯，然后忘形地吹嘘一番自己战胜了那些强壮的和勇敢的鱼。[13]

赫伯特的钓鱼故事也是站得住脚的。它们为他的遗作《美国和英属北美各省的鱼和渔钓》（*Fish and Fishing of the United States and the British Provinces of North America*）奠定了基础。书在 1849 年出版，是美国同类书籍中最早的一部，它的内容更多是指引性的操作指南，而非思考类专著，主要分类汇编了作者与全国各地渔钓者的来往函件，来信者各自阐述他们捕钓到了什么以及是如何做到的。和《钓客清话》一样，赫伯特的《鱼和渔钓》是为未来游钓留下的一部力作。

令人惊讶的是赫伯特在书中没有提到墨西哥湾，虽然当时距离海湾迎来第一批钓客还有些时日。东北部的钓手们一直在孜孜不倦地寻觅新的钓鱼点，他们急切地等待着蒸汽班轮和贸易船带来的消息，因为它们的船员有机会在别的水域上抛下鱼钩试试水。约翰·詹姆斯·奥杜邦曾在 1826 年从新奥尔良乘船去利物浦，在他的航行日记里他观察到"提洛岛号"的船员们，包括船长，都手拿鱼钩和渔线，钓上来很多跟着船游的鱼，包括鲯鳅，它"像铮亮的金子一样在船边滑过"。[14]

实际上，墨西哥湾上第一个消遣性的游钓客可能是水手。也可能是蜗居在岸边的一个居民，虽以钓鱼为生，但从中体会到了一点乐趣。也许是一个来密西西比海岸体验矿物温泉浴的中西部人，一时起意要试试钓鲷鱼和鲭鱼。又或许是一个在沙岬碧水边冥想的亚拉巴马人，而其所在又恰好是莱昂纳德·德斯坦开始商业性捕鱼的地方。这里的鱼群大量涌入，到了 20 世纪中叶，德斯坦所在的小镇汇集了全国数一数二的游钓船队，于是小镇自称其为"全世界最幸运的渔村"。商业性港口多样化发展是再正常不过了。比洛克西、塔彭斯普林斯、加尔维斯顿、阿兰萨斯港、伊莎贝尔港、萨拉索塔都有船、有专家,也有鱼。他们缺的是游钓客。

查尔斯·哈洛克(Charles Hallock)——一个贵族,而非水手——在将游钓客带入海湾一事上也有责任。作为来自纽约市都市峡谷里的枪杆玩家,他出版了 17 本书,发表杂志文章数百篇,没几个人能比得上他在推广户外运动上的贡献。他在 1873 年 8 月创办了《森林和溪流》,目的是"培养男士和女士们对自然的爱"。印刷业的技术革新使连载刊物的生产成本下降,铁路的普及又为杂志销售打开了更广阔的市场——更不用说垂钓客了。逐渐扩大的有闲阶层希望被告知哪里可以一试鱼钩和子弹的逍遥,当他们自己无法前去时,他们希望故事能将他们带去。哈洛克开始有了固定的读者,很快他就应邀推出了其他的连载作品:《野外运动》(Sports Afield)、《户外生活》(Outdoor Life)、《美国垂钓客》(American Angler)、《田野和溪流》(Field and Stream)。[15]

作为一个继承了家族财富的英国殖民地居民,哈洛克自有冒险的资本。他在东部和中西部的溪流里钓鳟鱼,在太平洋海岸的河流里钓鲑鱼。北极的冰层里也有他留下的渔线,他后来又打包了他的鱼竿和枪支去了佛罗里达。他在人烟稀少的半岛上打猎、捕鱼,根据他同时代人的记述,猎物"非常丰盛,足以让这位渔猎好手酒足饭饱"。墨西哥湾的海岸吸引住了他。他说,这是"上乘的诱人土地",这里的"河湾没有尽头,海滩开阔,有岩石嶙嶙的珊瑚港"。他对查尔斯·肯沃西(Charles Kenworthy)

说了这些，对方最近刚从北部南下搬到杰克逊维尔，就为了能离野外运动场更近一点。哈洛克让肯沃西在海湾上一边探索娱乐项目，一边给杂志写稿。肯沃西一开始就目标明确："我们一直都主张西南海岸的优点有必要让大家都知道且欣赏。"[16]

这位外派通讯员投入了工作。他在新泽西州买了一只 21 英尺的单桅帆船，将它运到萨瓦纳（Savannah），从那里驾船航行到费南迪纳（Fernandina），然后将船装载到平板货运火车上并运往锡达礁，几个月后也是在这条轨道上，将迎来正在做旅行见闻讲演的西德尼·拉尼尔。肯沃西一路巡航了海湾、小湾和岛屿，往返锡达礁和基韦斯特，在 3 月到 6 月的旅程中，一共写出了 12 篇通讯稿。肯沃西肯定"老艾萨克·沃尔顿的拥趸们"理所当然地会对墨西哥湾感到满意。他总结道，这里是"户外爱好者的天堂"。[17]

最当得起这个描述的是他最后到访的地方，佛罗里达的霍莫萨萨泉（Homosassa Springs）。"我们在霍莫萨萨停留了一周，发现在这里只有一件烦心事，"他说，"那就是我们不得不离开了。"霍莫萨萨位于从锡达礁去往塔彭斯普林斯的半道上，附近有一座 500 人的村落，泉水与它流入的河流同名，霍莫萨萨槲树成荫，银灰色的松萝凤梨面纱似的覆于其上。荒野和文明在这里无碍交融。人们从一个地方到另一个地方时会从野生动物们的通道上经过，动物们也会在马车路上留下足迹。历史上西班牙人带来的柑橘在矮树丛中生长，那里还有当地人培育的桃子、梨子、无花果和番石榴。[18]

在北方的户外爱好者南下前，发出嘀嘀声的鹤群在冬天来到了这里，同行的还有一群熙熙攘攘的鹈鹕、苍鹭、鹗、鸬鹚、鹤和美洲蛇鸟。这些捕鱼者的出现从来都是一个好信号。带上"足够多的有力的鱼钩和渔线"，肯沃西建议道，"渔夫"会发现"竹荚鱼、鲑鱼、鲈鱼、红鲈、石首鱼，还有红的黑的石斑，数不胜数，在河底悠然自得地游着"。肯沃西本可以加上大海鲢，但"钓竿守卫者们"当时还没有掌握捕捉这种难以捉摸的对手的秘诀。[19]

世纪交接的时候，霍莫萨萨成为东南部极受欢迎的渔钓目的地。肯沃西的通讯稿为它在美国国内带去了不小的曝光量。他，以及越来越多的其他向导和杂志作者，赞扬霍莫萨萨有"家一样的舒适，出色的住处，上乘的餐桌，干净整洁，还有极好的气候"。格罗弗·克利夫兰为他自己和他的渔伴们在河边修了一座隐居寓所，后来，温斯洛·霍默的名字也出现在了当地一家公寓的登记簿上。[20]

那是在1904年年初。冬天来临时，霍默会离开他在缅因州的家，到大西洋上的热带岛屿去。他既是去试试钓蓝鳍金枪鱼的运气，也是去寻找艺术创作的灵感。12月，当他正浸淫在基韦斯特的温暖中时，他突然很想到墨西哥湾海岸上试试钓鱼，这样既能消遣，也能创作。在霍莫萨萨的激发下，霍默完成了11幅水彩画。最为著名的是《黑鲈》。在画的中间，一尾漂亮的黑鲈在半空中战栗着，它试图要吐出垂钓人下的饵钩，黑鲈的宽鳃闪耀着朱鹭似的猩红色。河水清澈，倒影浓密，河岸线就在不远的后方，河岸上生长着本地的菜棕和其他"密林"植被。天空盘旋着一只鹰或鹨，它们是墨西哥湾最常见的猛禽，又或许是一只兀鹰，它常出现在霍默的作品中，象征着不可避免的死亡。

黑鲈是户外爱好者们的田园牧歌。"这里的气候令人愉悦，"霍默给在普劳茨狭地（Prouts Neck）家中的兄弟亚瑟去信时说，"像我们的9月一样凉爽。"他在这里停留了一个月，于第二年返家，然后1908年又来了，1909年是最后一次，因为此后他罹患了中风。他在后来的到访中没有再画画。他只是一个垂钓者，沉浸在被他认为是全美国最好的渔钓体验中。[21]

还有其他类似的话描述了从佛罗里达到得克萨斯一带的墨西哥湾上的渔钓僻静处。垂钓客回到家后会说起大海的遥远、热带的宁静、天堂般的岛屿，以及力量悬殊的较量。大鱼的故事不全是吹牛。你尽可以在水里扔下一个生了锈的饵钩，也会有鱼来咬钩。华莱士·史蒂文斯在海湾上时，当地人告诉他水里的"鲦鱼成群结队"，到处都是。和霍默一样，佐治亚诗人西德尼·拉尼尔从前也是个大西洋的拥趸，直到他来到墨西哥湾。无边无际的大海震住了他，而他不是一个爱钓鱼的人。"光是如此多样，这些鱼就足以令人赞叹。"[22]

最令墨西哥湾的狂热爱好者称赞的是大海鲢，但在拉尼尔提笔的19世纪70年代，它还没上垂钓客的钩。但海钓客们还是着了迷。他们非常清楚这种闪着金属亮泽的鱼的存在。他们想象着用鱼竿和渔线与它搏斗是种怎样的感觉。有人认为"没有人有那么强壮，可以抓住大海鲢"。其他人见到过一些抓捕的成功案例——但不是用鱼钩，而是鱼叉，用长绳绑在一只漂浮的木桶上的鱼叉。旁观者坐在一只小船上，头晕目眩地看着被鱼叉叉中的鱼不停地从水里弹跳到半空，这样过了半个多小时后，将自己活活累死。有时那根长绳会被绑在船首，户外作家詹姆斯·亨歇尔（James Henshall）在马可岛附近亲眼见过。"小船就像一只鸟蛤壳一样被大鱼拖着打转……直到它激烈的抗争和大幅度的跳跃对它产生作用。"[23]

然后威廉·哈尔西·伍德成功钓起了一只大海鲢，《森林和溪流》报道了这则不可思议的消息，伍德此次捕获所用的鱼竿、绕线轮和渔线被展示在纽约富尔顿街的J.R.康罗伊渔具商店里，四个街区之外就是受污染的东河。而南部的原始海湾将迎来改变。

在兰迪·韦恩·怀特的犯罪小说里，大海鲢的形象通常是这样的："它们多数有六英尺长，疯狂地翻滚、俯冲，深吞一口水面的空气，然后一跃而上，口中吐着气泡，它们大大的马眼生动鲜明，但不见丝毫感情，作为远古时期的鱼类，它们意志坚定、行为狂野，但就像一束光线，它们不会思考。"这是《萨尼贝尔平原》（*Sanibel Flats*）里的旁白。小说主角是福特博士，一个前中情局探员和海洋生物学家。福特没有设法从中美洲恐怖分子手中救出他已故友人的儿子，他当时在研究大海鲢。[24]

在虚构鱼的事实来润饰小说的同时，怀特也为真实的大海鲢找到了展示的途径。他的一位朋友卡琳·弗雷德里卡·布伦南（Carlene Fredericka Brennen），也是银色帝王的爱好者和作家，在征得怀特同意后，将她多年搜集到的材料聚集到一起，包括她自己的一些，出版了《兰迪·韦恩·怀特的大海鲢终极全书》（*Randy Wayne White's Ultimate Tarpon Book*）。全书共406页，由怀特作序，汇集了19世纪末期到20世纪初的报纸和杂志文章，以及200多张黑白照片。他们选取的文章和语句，都写自和渔钓有关系的名人：赞恩·格雷、托马斯·爱迪生、欧内斯特·海明威、威廉·哈尔西·伍德。他们发现了一颗属于棒球名人堂成员泰德·威廉斯的宝石，威廉斯曾经制作了一部关于捕钓大海鲢的电影，并在佛罗里达礁岛群上创立了一个大海鲢锦标赛，在其中赢了几回比赛。"一种有活力、有激情的、迎难而上的——唔，总之是动人的、令人为之惊叹的鱼"，威廉斯如此说道，他还参与创作了一本关于他钓大海鲢的书。少有游钓鱼种成为如此多书的主题。[25]

第一本出自弗兰克·平克尼（Frank Pinckney），出版时间在游钓运动兴起的三年后。但当时最著名的一本书是出版于1911 年的《大海鲢书》（The Book of the Tarpon），作者是安东尼·韦斯顿·迪莫克（Anthony Weston Dimock）。身材瘦长、胡子密匝的迪莫克是海湾垂钓客中盎格鲁－撒克逊系的白人新教徒①的原型。他毕业于一流学府，赢在了起跑线上，年纪轻轻就在华尔街取得了成功，在黄金市场上挣了不少钱。读他的书时你能感觉到作者的自豪感。他清楚自己的优势，于是用它来在全世界周游历险。他和科曼奇人赶野牛，和肖松尼人追灰熊，和塞米诺尔人猎鳄鱼、海牛，"跟着其他荒野人民一道"巡航扎寨。他的儿子朱利安是一个独一无二的天才摄影师，常常背着笨重的大画幅相机和明胶溴化银玻璃干板出现，用千分之一秒的曝光时间捕捉野生生物的瞬间。那本大海鲢书就收录了朱利安的92 张黑白相片。[26]

　　这是迪莫克唯一一本以单一动物为主题的书。他的开篇故事讲的是咬了他的钩的一条大海鲢，这个故事的发生时间比伍德的早了三年。迪莫克从霍莫萨萨河顺着"洋流席卷"的方向进入海湾，拖饵而钓，他雇了一个黑人向导，书中只提到他叫泰特。黑人向导在佛罗里达西南部很常见，很多都是商业渔民，知道如何隐忍他们客户（包括北方客人）划下的肤色界限，比如说把泰特当家仆对待的迪莫克。咬了钩的大海鲢最终还是逃走了。迪莫克本想用鱼钩将它拖上来，但在鱼的抵抗下，他一个后翻掉进了水里——一次湿了身的失败冒险，为此他将泰特责骂了一通。骄傲

---

① White Anglo-Saxon Protestant，简称 WASP，是指盎格鲁－撒克逊新教徒裔的、富裕的、有广泛政治经济人脉的上流社会美国人，现在可以泛指信奉新教的欧裔美国人。——译注

的迪莫克写道:"我认为我渔线上的这条大海鲢才是人类钓上来的第一条大海鲢。"[27]

迪莫克或者伍德——获奖者的名字并不重要。爱好渔钓的布尔乔亚们正等着这样的鱼钩和小船的出现,是谁并不重要,只要上钩的是大海鲢。第一条大海鲢被钓起来后,《森林和溪流》中的一篇刊文说到如果艾萨克·沃尔顿抓到了一条银色帝王,他定会为它留一个章节,那《钓客清话》就"不仅是完整那么简单,而是完美了"。《伦敦观察家报》有感于向来无畏的英国垂钓客,预测道:"探险家们或许很快就会朝着佛罗里达的大海鲢进发了,就像他们现在到北极区猎驯鹿、海象和麝牛一样。"[28]

大海鲢很快就被加冕为银色帝王。韦氏词典在它接下来的版本中加入了"大海鲢"一词,户外作家称呼起它来也是毕恭毕敬:"无双的君主","阁下","高贵之鱼","强大、勇敢的银色帝王","EL Sabalo"("大海鲢"的意思)。眨眼间,这个新兴的游钓鱼种,正如一位户外作家所说,"也许是这个世界上最伟大的游钓对象"。当然了,这都是夸张的说法。或者,真是如此?[29]

正如鳕鱼带动了新英格兰的码头作业,"无双的君主"也带动了墨西哥湾休闲海岸的发展。铁路和蒸汽船航线重新瞄准他们的目标:新兴的大海鲢游钓客。他们投放的广告上都是出游行程和度假寓所的价目表。交通航运业的业界大亨 H.B. 普兰特(Henry B. Plant)让出行更简便了——比去北极区驯鹿的故乡要容易得多。秉承着一贯的掮包客①做派,这位银发的康涅狄

---

① 南北战争结束后,一些北方人来到南方,一部分是来推行共和党政策以稳定政局的,也有的是看准局势不稳的南方有商机而来的,这些人都被南方人讥为"掮包客"(carpetbagger),指他们用一个毯子(carpet)打包了自己的全部家当,来到南方趁乱谋利。——译注

格新英格兰人多年来抢先收购这一带濒临破产的铁路公司，将新轨道从杰克逊维尔一路铺到半岛的西边，而亨利·弗拉格勒（Henry Flagler）则往东开发。这两条线路都沿着柑橘和越冬蔬菜南向发展的轨迹走，但这亦敌亦友的两大巨头，同时也沿着铁路线为来此过冬的北方人——有钱的那些——建起了度假酒店。机缘巧合，普兰特开通了第一条去往坦帕的铁路线，而时间刚好就是伍德点燃了游钓世界的那一年。他还耗资300万美元建了一家旅店，旅店提供了镀金时代①该有的安逸舒适，内设电梯、电灯、电话（这些在佛罗里达都是首次亮相）、私人浴缸、保龄球馆、跑马地，以及赌场。无论是坐船还是坐火车，你到达坦帕首先看到的就是旅店的六座银灰色摩尔式的尖塔建筑，处处彰显着酒店的奢华。

然后在一次不那么巧合的情况下，普兰特决定要穿过亚热带灌木和湿地，向南开辟出一条通往蓬塔戈尔达的铁路线。这一次，是1888年，蒸汽动力第一次滚滚而来，随着火车停下时蒸汽释放的一声"长叹"，他已经为垂钓客们备好了住处。安妮女王式的蓬塔戈尔达酒店有150间房，俯瞰夏洛特港。向导们也在等候了。搭乘几个小时的蒸汽船或单桅帆船，就可以到达最好的大海鲢海钓点。普兰特自己，《迈尔斯堡新闻报》观察道："拿捏起渔线来和他应对铁路线一样拿手。"在1897年的田纳西州百年纪念暨国际博览会上，他展出了当年4月他在克卢萨哈奇河捕到的一条150磅重的银色帝王。[30]

---

① 镀金时代（Gilded Age），引申自马克·吐温的一本同名长篇讽刺小说，指的是美国内战结束后至20世纪初期经济突飞猛进的一段时期，在此期间美国超越英国成为最发达国家，时间上大概是从1865年到1893年。——译注

他是在标准石油①的百万富豪安布罗斯·麦格雷戈（Ambrose McGregor）和其妻子托蒂的游艇上抓到这条大海鲢的。麦格雷戈夫妇也是这里的季节性居民，他们在迈尔斯堡的克卢萨哈奇河边上有一座房子。他们的邻居是托马斯·爱迪生和他的妻子米娜，而在他们的房子隔壁，就是亨利·福特（这个名字被怀特借用来做他连载小说的主角名）的冬季寓所。在伍德钓起大海鲢的那一年，爱迪生夫妇从蓬塔罗莎的一个牛牧场主那里买来一片13英亩的土地，在上面盖房子和实验室，并将住所命名为塞米诺尔小屋。在屋后，他们增建了一个码头，一直延伸到奔流清澈的河水中。爱迪生夫妇对大海鲢有强烈的兴趣。他们为客人备好了划艇和电动汽艇，还有待命的船夫，以及充足的鱼竿和用具。大海鲢的海钓鱼竿是为他们自己预备的。"全世界最棒的大海鲢渔钓点就在我家门前"，得克萨斯的一位商人邀请他前去另一个海岸钓大海鲢时，托马斯如此回复道。"有如此多的大海鲢和其他鱼群涌到了这个浅浅的河里来，以至于它的水面每一季都会上升11英寸。"[31]

"所有人都在谈论大海鲢"，《森林和溪流》在佛罗里达西南部的一位通讯记者说。"大海鲢"被漆在无数船只的横梁或船头上，普兰特船队的一艘双推进器的蒸汽船也不例外，其航线连接了墨西哥湾上的莫比尔和哈瓦那。佛罗里达大沼泽地（The Everglades）也有一个大海鲢湾，不要和伍德钓鱼的那个大海鲢湾混淆了，伍德这个大海鲢湾北岸在两年后建起了一个村庄，就是塔彭斯普林斯。蓬塔罗莎的"营房"也有了全新的大名，叫作大海鲢旅舍。其他旅馆很快就会来跟它抢客人了。[32]

---

① 标准石油公司就是现在的埃克森美孚石油公司的前身。——译注

多亏了伍德、史密斯和他们93磅的猎物，大量的游客慕名而来。几乎所有都来自英国、加拿大和美国北部。在南下之路上，男士们换下了他们的羊毛西服，穿上了亚麻夹克和宽松的便裤，女士们的衣服也轻了三分之一多，裙子也越发短了起来。大海鲢旅舍在派恩岛的最南边，在那里史密斯的向导生意正做得风生水起，在海湾的另一头，来自缅因州和加拿大的一群投资人划出了圣詹姆斯城的地界。他们引进了酸橙和柠檬树、菠萝、香蕉、番石榴和成千的椰子树，计划在那里大兴农业。引入这些植物也有另一个目的，那就是为这个布满灌木的岛增添热带风情。

沿着一条雪白贝壳铺就的道路开到尽头，就是圣卡洛斯旅店。旅店有三层楼，50间客房，一间酒水间，还有能容纳100人的餐厅。在一楼有一条长长的绿荫遮蔽的走廊，服务生在上面摆了一排摇椅，客人可以坐在上面吸烟、阅读，或者互相交换名片和大海鲢的故事。"每一个人都在谈论那个鱼，"一位房客说，"希望着、期待着、渴望着，或是害怕自己不能抓到它。"那些希望时时刻刻都待在水边的垂钓者会选择入住凯普蒂瓦旅舍，它是一座漂浮在圣卡洛斯湾边上的建筑物，有21间客房。它的下锚地在凯普蒂瓦（Captiva Pass）和博卡格兰德峡湾（Boca Grande Pass）间轮换，房客们赞叹它是"全世界最棒的大海鲢海钓水域"。[33]

约翰·罗奇在1894年买下尤斯帕岛（Useppa Island）的时候就是这么想的。作为芝加哥一家有轨电车公司的主席，罗奇对地理位置这件事略懂一二。尤斯帕此前有一段历史，它就是何塞·马里耶·卡尔德兹的渔牧场所在的小岛，当时它还叫何塞法岛。对罗奇来说，更重要的是，它能同时快速到达博卡格兰德峡湾和凯普蒂瓦峡湾。他盖的尤斯帕旅馆有三层楼，外墙漆成白色，从旅馆能看到派恩岛峡湾上的峭壁，远处就是墨西哥湾，此外旅馆提供不错的客房，还有一个技艺精湛的大厨，它很快就受到客人的追捧。广告业的富豪巴伦·柯里尔，他曾购买并出售罗奇有轨电车上的广告位，也曾聘请过司各特·菲茨杰拉德写广告文案，他在1911年以10万美元的价格收购了这间旅馆。他将第三层扩大，加建了有圆形柱子的门厅，以便显示与其客人身份相称的奢华和独特。唯恐被人认为这间度假旅馆正失掉它的优势，他将其名称改为大海鲢旅馆。俱乐部厅的墙上嵌着榫槽，上面闪耀着圆形的鱼鳞，这些都出自旅馆客人们的捕获物，也就是被他们奉上神坛的大海鲢。

/ 170

客人们在尤斯帕的一天开始得很早，服务生在破晓前将他们唤醒用餐，早餐是丰盛的鸡蛋、培根和西柚。在旅馆码头上，其中一只烧木材的蒸汽艇，"瓦里玛号"或"艾卓号"，正等着将客人们送往其中一个峡湾，那里是大海鲢去往河口觅食的大通道。等小艇迎着升起的太阳上路时，停在浅滩上的涉水鸟此时已经开始捕鱼了。这样的景色应该被相机定格下来：锅炉的黑烟从玩具船一样的烟囱里袅袅升起，黑烟拖出的一束尾巴划过大得惊人的英国国旗后，往后面被拖行的无人船队飘去了。

这种蛇形组合是海钓兴起后的产物。蒸汽艇下锚后，每位客人分别和各自的向导爬上他们自己的小船，小船有8~18英尺长；然后拖绳就会被解开。向导会将船划到银色帝王堆里去，或者去到它们可能在附近游荡的红树林带。客人抛下鱼饵或假蝇，然后等待，通常这个时间不会很久。那种感觉是无法比拟的，坐在船里，船被咬了钩的警觉的大海鲢拖来拖去，有时要拖上数英里，甚至可能被甩到水里去，如果大鱼弹射到半空的话——"以一弯新月的形状，"赞恩·格雷如此形容他的第一次经历，"对手拥有如此了不起的力量，它看起来就像笞打在水上的鞭子。"[34]

　　尤斯帕的客人们捕到了很多大海鲢。往墙上钉鱼鳞钉得最多的恐怕要数来自纽约的爱德华·沃姆·霍夫（Edward vom Hofe），他在每一片鱼鳞上都标上了他的名字、家乡、日期和捕获物的重量。他的游钓生涯跨越了33年，鱼的重量有不足100磅的，也有大大超出这个数字的。他是约翰·罗奇的朋友，更重要的是，他还制造高端渔具和渔线轮。他的渔线轮是专为此鱼定制的——抗压力强、工艺考究，精美得如同珠宝镶嵌的手表，一个发烧友评论道——线轮的黑色侧面盘上采用的是硬化的巴西橡胶，与镍银材质的支架、线轴和摇臂形成色彩上的鲜明映衬（海明威钓鱼用的就是沃姆·霍夫设计的钓具）。从1888年开始直至去世，沃姆·霍夫每个钓鱼季都会去墨西哥湾，一待就是三四个月。理论上来说，他这是潜心于产品测试和研发，对这位老人长期在外的不满也许会来自他在纽约的办公室伙计，但绝不会来自醉心大海鲢的游钓人。他针对他们的大海鲢，研发出了一种特殊的拖动式渔线轮——寰宇之星（the Universal Star），在1896年成功申请专利。最好的一款售价是70美元，相当于今天的1700美元。

　　两年后，沃姆·霍夫证明了这个售价的合理性。他在凯普蒂瓦峡湾捕获了一条破纪录的210磅重的大海鲢。在一张沾有污渍的照片上，纪录保持者正站在他的战利品旁边，鱼比人还大，被从嘴和鳃处挂起，吊在尤斯帕艇库的椽木上，沃姆·霍夫穿着一件长袖衬衫，外面套着一件马甲，戴着帽檐卷边的黑色帽子，像轻歌舞剧的笑匠，还有一个钩住边沿的鱼饵。他的右手握着鱼竿，上面正是寰宇之星的渔线轮，左手点燃了庆贺的雪茄代替了他日常的烟斗。他正欢呼雀跃地、欣喜难耐地跳着吉格舞。

如果沃姆·霍夫的反应看起来过于夸张了，也许情有可原。在他所处的年代，美国正在经历男性气质的弱化，具体表现为消失的边境，不断扩张的都市，以及处于和平中的国家，捕获大海鲢在这种背景下成为一剂解药。资产阶级的二代们被这个男性危机强烈地影响着。管理一个信托基金并不需要身强力壮，即使一个人在狗咬狗的复杂金融和商业世界里充分展现出其男子气概，他也依然可能是一个手无缚鸡之力的人。娇弱的身体，这曾经是管理者、所有者和继承人们特有的标志，让自己有别于体魄强健的劳力者——比如说，一个游钓向导，但这已经过时了。一个由软弱的男人——照西奥多·罗斯福的话说就是"肩膀溜得像只香槟瓶子"——领导的国家，据说会对国家安全造成危害。[35]

竞技体育、西部探险和战争成为追求男性气质思潮下的受益者。拳击的形象从野蛮的毫无意义的运动转变为充满男子气概的艺术。橄榄球取代赛艇成为各大学间最重要的运动。西奥多·罗斯福，这位美国男性气概的体现者和宣扬者，认为橄榄球练就了未来领袖所应具备的毅力、自律和志在必得的决心。他也相信挺进美国西部荒地、大山和峡谷能对男子气概的历练产生不可磨灭的力量。他曾无数次去过西部。他也参加过 1898 年古巴对抗西班牙的战争，为了美国的男子气概而战——一场远离坦帕的战争。他著名的登上古巴圣胡安山之举，既是为了宣示美军的胜利，也是为了一展民族雄风。

/ *172*

捕捉大型猎物是罗斯福展示男子气概的主要尝试。他通常追逐四只脚的陆上动物，而将渔钓这项冥想艺术留给它的热爱者。但在 1917 年 3 月，这位前总统去了一趟凯普蒂瓦岛（Captiva Island）。再过一个星期，国会就要讨论一项关于参与欧洲战场与否的特别议案，而作为这项最具男子气运动的爱好者，他将前去游说美国参战。在加入华盛顿的政治混战之前，和一个能誓死捍卫自己生命的野生动物来一场搏斗是不错的热身运动。罗斯福带着日常随行人员来到蓬塔戈尔达，并和当地大鳄亲切握手，让平常使用长枪短炮的新闻摄影师们留下合影。他在凯普蒂瓦租了一条50英尺的屋船，船头飘着美国国旗，屋船顾名思义就是船上搭着白色隔板屋子的游艇。大海鲢热兴起了屋船租赁贸易，屋船供应雪茄和波本威士忌，用来招待周末的单身汉们。

罗斯福不是为波本酒而来，也不是全为大海鲢而来。作为美国历史上最著名的野外活动好手，他是潮流的制定者而不是追随者。他来到大海鲢的故乡是为了捕猎魔鬼鱼，其在今天被称为蝠鲼。他称其为"大海里的野兽"，但他忽略了魔鬼鱼除了它的名字外，其实是海洋中最优雅、最被动的动物这个事实。在一次叉捕成功后，一位摄影师拍到了他在岸边获胜的一幕，照片中他摆出角斗士的模样，七英尺长的鱼叉交叉于胸前，脖子上绑着头巾，左脚扬扬得意地踏在被杀死的魔鬼鱼上，海湾的水正冲刷着它死去的16英尺长的体翼。驯兽师旁站着五位男性陪同者。他们现在是海上的牛仔，如果是在平原，他们身旁或许是一只死去的野牛，如果是荒山野地，则可能是一只熊。[36]

威廉·哈尔西·伍德的门徒们自称是大海鲢猎手和大海鲢杀手。一只大象或河马在来复枪的射击下无一例外地倒地，相较而言他们这个大猎物为其冒险带去了更多的意味。大海鲢会向你叫板。这就是它的魅力。迎着一条体重和身高相当或超出于自己的鱼，像重量级拳王约翰·沙利文一样与之搏斗，挥洒汗水，直至筋疲力尽、浑身疼痛，淤血的关节和火辣辣得疼的拇指（渔线的作用）使人重燃起对自身身体力量的信心。此外，要在一艘小船上打败一条大型的、力大无穷的、鼓噪不安的鱼是一件刺激的事。即使它已经力竭，一只在甲板上还"活着"的大海鲢也依然能发了疯似的摇动船只。人们因此受伤。一位向导被一只做最后一搏的大海鲢掀翻到船下，不省人事。亨利·惠灵顿·瓦克（Henry Wellington Wack）是又一位对这种海钓者最凶悍的对手大加赞美的作者，他写道："除了大海鲢，海洋里的所有其他猎物都是乏味的。"[37]

保罗·亨德里克森（Paul Hendrickson）是对海明威的海上生活了如指掌的传记作者，他说，海钓大型鱼类，"不是竞赛，是激情，因它本身而起的激情"。这场战斗首先发生在男人与鱼之间，接下来是男人与男人，然后是男人与女人。维多利亚式拘束的女性特质逐渐走向衰落，这一点在海上尤其明显。女人们拒绝任何认为捕钓大海鲢是男人专属的说辞——但要说在屋船上疯癫玩乐、喝得酩酊大醉，这样度过周末的机会，她们很乐意让给异性。米娜·爱迪生钟情于钓大海鲢一如她的丈夫。她将这份痴迷告诉给他们的孩子们，往北方家中写的一连串书信中都是钓鱼的事情，称断然拒绝她鱼钩的大海鲢是"最诱人的"。女士们或由丈夫陪同，或独自前往渔猎大海鲢，在俱乐部厅的墙上留下了她们激情的见证，也留下了与大鱼的合影。[38]

克莉丝汀·霍利的照片摄于1914年5月6日的尤斯帕。她是来自纽约上流社会一位31岁的寡妇，爱好打桥牌，身形异常得娇小。在她的纪念照里，她迎着阳光，眯缝着眼睛，上面架着一副款式端正的眼镜，穿着长及脚踝的带褶边的行走裙（这是那个时代女性渔钓客的标准服饰），上身是一件仿海军服风格的白色套头外衣，围兜领上系着围巾。被悬吊起来的大海鲢张着的嘴又大又圆，像一个篮圈。大鱼看起来大得足以吞掉她整个人。霍利是第一位获得银徽章的女性，银徽章是旅馆的垂钓者俱乐部为成功钓起重于 150 磅大海鲢的客人而设的奖章。霍利的鱼称得了154.5 磅的重量。这个鲜有人知的表彰活动一直延续到了一个世纪后。旅馆的餐厅端上了一份八盎司的安格斯牛肉汉堡，"烤得正合你心意"，霍利女士评价道。

霍利用的是沃姆·霍夫设计的渔具。当这位渔线轮设计者抓到了那只让他跳起舞来的大海鲢时，他打破了另一位寡妇保持的七年纪录，她是 G.T. 斯塔格夫人（Mrs. George T. Stagg）。她保持的历史纪录几乎没有对她此后的生活激起一丝涟漪，连她自己的名字都没有留下；这就是那个年代美国女性的生存状态，她们没有选票，在婚后也将失去个人权力和个体身份。唯一的涟漪引向的是她的丈夫，他已经再婚，是肯塔基州的一个威士忌酿酒师，而文档中留下的几句不过是陈词滥调的信息是："斯塔格夫人"拥有"其作为女性所特有的迷人的谦逊"[39]。她乘着她家的游艇在克卢萨哈奇捕到了 205 磅重的大海鲢，此后，基于迷人的谦逊，她将其展出在 1893 年的芝加哥世界博览会上①。

直到那个时候，在海水环绕的州游览的游客们被内陆河流和淡水泉吸引了，恐怕这就是激起庞塞·德莱昂灵感的神秘的不老泉。每一年都有五万名远足者去到银泉市（Silver Springs）——和去往尼亚加拉大瀑布的人数相当——从杰克逊维尔乘明轮船沿丛林密布的河流来到佛罗里达州的心脏，水的世界。他们来看奇异

---

① 美国人口普查显示第一位乔治·斯塔格夫人名为伊丽莎白，在 1877 年前后离世。乔治可能在 1890 年人口普查开始前已经再婚，但原稿已经在一次火灾中变成灰烬。他大概在 1891 年死去，也就是第二任乔治·斯塔格夫人钓到大海鲢并打破纪录的那个时间前后。如此，即使她在接下来的这次人口普查记录中出现，也无法追查她的姓名。

的野生生物——进食的鸟儿、晒太阳的乌龟、沐浴的短吻鳄、玩耍的水獭。一个世纪后，他们会被称为生态旅游者。海滩浴一度取代了内陆的浴场成为最受欢迎的目的地，但海滩浴场的游客又被大海鲢招去了，岛屿和海岸线上的沙丘草和灌木丛都变成了为游钓狂热者用隔板和木瓦搭建的度假村。

如前文所说，亨利·普兰特注意到了海岸发展的趋势。在世纪博览会上展出他的大海鲢标本的那一年，他在坦帕湾的面海一侧开了一家旅店，叫贝尔维尤（Belleview）。旅馆坐落于一座跨半岛的岬角末端，在几百年前，这里叫作松树角（*Punta de Pinal*），因为这里满是高高的松树。普兰特牺牲了这里树木心材造就的自然风光，建起了贝尔维尤，落成后它占地 82 万平方英里，有绿色的瑞士牧屋式屋顶。它被宣传为世界上最大的木框架建筑，很快又会成为游钓客们的另一个聚集地。

大西洋海岸铁路公司在 1902 年收购了普兰特铁路公司后，很快就开通了前往加斯帕里拉岛（Gasparilla Island）博卡格兰德（Boca Grande）的线路，将皮斯河（Peace River）开采出的磷酸盐送出去，将游钓客送进来。不知是有心还是无意——合时宜是肯定的——博卡格兰德（大嘴）这个名字与这种令此地享誉全国的鱼的身体构造恰好相配。在迪莫克看来，"世界上不可能再找到比博卡格兰德更好的大海鲢钓鱼点了"。[40]

两年后你就能乘火车前往迈尔斯堡了。在其军事堡垒的职能被正式停用后，迈尔斯堡没有理由继续存在了。此后大海鲢为这里注入了新的活力，使它成为墨西哥湾东部的渔钓中心，为街道建筑添砖加瓦，为商业发展积蓄资本，使之成为郡政府的所在地，从大沼泽地移来 800 棵大王椰子栽满街区的大道。"它的每一个贸易分支，"《森林和溪流》写道，"都或多或少，受到了渔业的影响。"1898 年 4 月 14 日，当全国的日报头版都在争相报道即将爆发的古巴对抗西班牙的战争时，《迈尔斯堡新闻报》却在报道当年"官方颁布的大海鲢纪录"。[41]

一个城镇有它的当务之急。迈尔斯堡坐拥墨西哥湾海岸上最好的旅馆，从简朴到奢华一应俱全，它夜生活丰富，包括 24 小时营业的大海鲢餐厅、银色帝王酒吧和台球厅。那里有海特曼 – 埃文斯公司（Heiman-Evans Company），它被公认为纽约阿贝克隆比 – 费奇（Abercrombie & Fitch）以南最大的户外用品商店。如果你的钓具盒忘了什么或需要什么——也就是，想要什么——新的工具，爱德华·埃文斯都会帮你搞定。赞恩·格雷说在所有商店中，埃文斯那里有最全备的渔具供你选择。出于一些理由，迈尔斯堡有最好的向导，他们收取的费用是一天六美元（是得克萨斯海岸收费的两倍），当地镇民也将游钓客当成"行走的金矿"。有人计算过，每一条被钓起的大海鲢，促成的当地贸易额为 500 美元——1894 年被捕获的大海鲢有 389 条。那个"有人"很可能就是埃文斯，他负责为商会统计捕获量。[42]

再往海岸的南边一点点，是铁轨还远未到达的那不勒斯，它直到 1927 年才通了火车，那里有一个伸进海湾几百英尺的 T 字形垂钓码头。无论是什么日子，上面都摩肩接踵地挤满了垂钓者和讨鱼吃的鹈鹕；入夜后，人们在月光下起舞，喝着鸡尾酒，水边飘着乐声和絮絮密密的话音和笑语。暴风雨总是定期袭击码头，一次，有个没熄灭的烟蒂引燃了一场大火。那不勒斯人多数是来自肯塔基的移民，他们永远在重建家园。这个码头是当地经济的支柱。此时距离火车通行还有近 30 年，垂钓者们坐普兰特公司每周两趟的蒸汽船"大海鲢号"前来，《纽约时报》说人们在那不勒斯的"口头语"是"上钩了吗"。这是一篇两栏的专题报道，表达了对墨西哥湾海岸的游钓旅客将超越纽约州的忧虑。[43]

得克萨斯和墨西哥也是他们的目的地——游客不仅不去纽约，他们也打那里来。他们来自圣路易斯、德卢斯、威奇托、克利夫兰、波士顿、多伦多、伦敦、纽瓦克、巴尔的摩、路易斯维尔、帕萨迪纳、长滩和芝加哥。1891 年，圣达菲铁路（Santa Fe Railroad）载着孤星州博览展驶入了风城①。这是商会的得意之作，三节旅客车厢被改造，用以展出得克萨斯州的风物。照着稿子发言的代表称，得克萨斯州拥有一切最大最好的东西，除了税金——虽然也是最好的，但当然，这里的最好说明它不是最大的。无论是定居还是玩乐，他们说，得克萨斯州都能令君尽兴。在声势浩大的宣传下，展览展出的都是些普通物件，如果不说是无趣的话：建筑石材、木材、肉类、水果、谷物和玉米。但有一件夺人眼球的，那就是 110 磅重的大海鲢标本。

还没等众人反应过来，得克萨斯海岸在一系列机缘巧合下俨然已是银色帝王的朝圣地。北方的户外活动爱好者很长一段时间里都南下海岸射猎野鸭。一个备受欢迎的射猎地位于阿兰萨斯峡湾（Aransas Pass）附近，它是一处将科珀斯克里斯蒂湾（bay）和阿兰萨斯湾（bay）与墨西哥湾（gulf）相连的天然 Y 字形水道，西班牙殖民者将其命名为阿兰萨斯。1890 年后的某天，州政府与一家工程公司协议要修建一道石筑的防波堤以促进通航。此时，多是克罗地亚移民的工程师和船员们，注意到了水里鱼群的活动。他们雇来当地的一些商业渔民，将他们摆渡到了峡湾中，就在那里他们捉到了大海鲢。很快，户外爱好者的射猎之旅

---

① 孤星州指得克萨斯州，风城指芝加哥。——译注

就变成了渔钓之旅。虽然它在游钓领域的起步晚于佛罗里达，但这并不阻碍得克萨斯海岸将自己包装成银色帝王的王国。

商会在这轮大海鲢热中进账颇丰。1892 年，有人在佐治亚州的坎伯兰岛附近捉到了这种光滑的大鱼，称捕钓大海鲢是"最伟大的一项运动"的《亚特兰大宪法报》断言道，墨西哥湾的游钓客会被吸引到佐治亚的海岸来。从东田纳西州到西北卡罗来纳的铁路线，向来是脏兮兮地拉着铁矿石，为增加旅客服务，也将坎伯兰纳为站点之一。虽然任性的大海鲢一路探险到了新斯科舍，但它们最终还是钟情于南方的温暖水域。佐治亚沿海始终没能像南边的墨西哥湾一样得到丰厚的进账。即使在密西西比和亚拉巴马，垂钓者们的鱼钩通常也是为鳞斑鳟、鲭鱼、鲑鱼和鲷鱼准备的。这些鱼类更温顺，但更美味，而且没人抱怨自己不走运。"一天的垂钓，"《每日一铜币报》的记者，路易斯安那的玛莎·菲尔德写道，"就能给我们带来 200 多条鱼"，足够引诱艾萨克·沃尔顿爬出墓地来在水边过一天了。[44]

在得克萨斯南部，你不需要做出妥协。这里的水域给人们提供了广泛的选择，从美味到仅供游钓的鱼都有。从得克萨斯州内陆到渔钓点，你可以从圣安东尼奥市出发，这里是得克萨斯州第一大旅游目的地，从这里搭乘开往阿兰萨斯峡湾的火车到距离罗克波特（Rockport）260 英里的阿拉莫（Alamo）。然后搭乘纵帆船穿过阿兰萨斯湾抵达野马岛（Mustang Island），如果风力正好且遇上退潮，这段航程要花费两小时，最坏的情况则要六小时。如果你不是一个对口味挑剔的老饕，那你很可能就在哈特菲尔德家住下了，这是一对性情亲切随和的母子经营的得克萨斯大海鲢旅舍，它的前身是筑堤工人的营房。接待室的墙上挂满了银币大小的鱼鳞。很多都是玛丽·哈特菲尔德自己钉上的，她曾经在两小时内钓上来四条大海鲢，最小的那条长六英尺，重 125 磅。

另一条不错的渔钓线路是从新奥尔良坐火车到科珀斯克里斯蒂。很多垂钓者会留在南方，在马德雷湖周围垂钓，或者再往南到伊莎贝尔港（Port Isabel），那里有沿着格兰德河追着饵鱼北上的大海鲢。在大海鲢旅舍，刚到的客人会在房中密切留意那些围着向导船跳跃的银色帝王的动向，每一只向导船都飘着独一无二的长三角旗，这样客人们就可以决定第二天他们要雇哪条船了。向导每次远航的收费是三美元——"收入还不错"，有人说——他们的称呼五花八门，比如鲳鲹雷德和浮桥老兄。45

在 11 月下旬，鲻鱼吸引着大海鲢游向帕努科河（Río Pánuco）上游，垂钓者也跟着到了墨西哥的坦皮科。这就是那条让环绕墨西哥湾的欧洲第一人——阿尔瓦雷斯·德皮涅达——永远葬身于此的河。印第安人渡河用的仍然是手工砍制的木筏，上面常常载满了橘子和成梭的香蕉，宽阔的水边常能见到粉红色的火烈鸟，还有越冬的发出嘀嘀声的白鹤。"朝霞下的河流就像一块不安的猫眼石轻轻颤动着"，这是赞恩·格雷所写下的，他在这些河上垂钓过不止一次了。46

/ 179

北方来的同一群人——被玛莎·菲尔德粗暴地形容为"那些纽约来的富豪"——也在坦皮科垂钓。他们和宽容的向导们练习他们的西班牙语，在充满南境氛围的小餐馆里，一口一口地抽着雪茄，轮流喝着渐渐见底的龙舌兰酒。他们也许比大多数的垂钓者都更贪心一点，在墨西哥的美国人通常是想在即将到来的得克萨斯州渔季里拔个头筹。47

得克萨斯州和佛罗里达州的大海鲢渔猎大致是从 3 月持续到 8 月。一些海钓客断言得克萨斯州的渔钓环境更好，大海鲢当然也更大。有人说在阿兰萨斯峡湾钓鱼就像漂浮"在彩虹的尽头"。有人在 1894 年钓到了一条 234 磅重的大海鲢——这应该已经打破了斯塔格的纪录，但显然它没有得到过官方的认证。像所有其他东西一样，大标本和大数据都出自得克萨斯。一个星期钓上来 12 条约等于一无所获。这里的鱼的好斗之心，也许比佛罗里达州的要更甚。有一个垂钓客说得克萨斯州的一条银色帝王和他拼搏了五个小时。[48]

得克萨斯有许多故事是大海鲢传说搜集者乐于讲述的——尤其是其中涉及总统垂钓客的两个故事。第一个故事和沃伦·哈定有关。在他赢了 1920 年总统大选后，他有了一次在墨西哥湾上度假的机会。他和他未来的第一夫人弗洛伦丝（Florence Harding）受一位竞选资助人的邀请，到墨西哥边境附近的伊莎贝尔港打高尔夫球。哈定在早上安排了一场大海鲢渔钓，这对他来说是一项新运动，而下午则去打他最是痴迷的高尔夫。他在一次外出时被拍到，照片上他穿着深色长裤，白色衬衫，打着领带，脚穿帆布鞋，头顶遮阳草帽。在跟拍的摄影机面前摆样子时，他留在老式的 35 毫米胶片上的动作显得焦虑不安。他宣称伊莎贝尔港是他"在世界尽头最喜爱的钓鱼点"。他是在迎合当地人，但他的声明也绝不缺乏诚恳。[49]

八年前，当时哈定的政坛之路还停滞不前，《纽约时报》观察说："人们放弃了高尔夫俱乐部，转而追逐钓大海鲢的鱼竿去了。"哈定随后走上了政坛巅峰，在得克萨斯州时，他严肃声明取消了两场高尔夫球活动，高尔夫球场是他除了家以外最爱去的地方了，他想试试拿个海上的战利品。一条七英尺长的咬住了他的渔线——是一只大鱼，但脱逃了。他幸运地在第二天提到了一条四英尺长的。弗洛伦丝，在一阵大呼小叫后，捕获了一条 200 磅重、将近六英尺长的。结果这条大海鲢就是当年的年度纪录。

新当选总统收获了头条，未来的第一夫人有了夸口的资本，而伊莎贝尔港则有了无价的宣传机会。[50]

在哈定之后，民众又经历了两位共和党总统，才最终选出了一位慈祥的民主党总统，将美国拖出了大萧条。富兰克林·罗斯福的儿子埃利奥特是阿兰萨斯峡湾的常客。在1937年的春天，他劝说他父亲乘总统游艇"波拖马可号"前往得克萨斯游钓大海鲢。当地一位渔具小店的店主巴尼·法利（Barney Farley）接到了电话让他去给总统当向导。他此后将会留下两段关于总统的回忆。前一段里，法利在他的回忆录中写道，总统一如既往地谦和，捕到鱼的时候兴奋得像个小男孩，急切地问法利该如何应对咬钩的大海鲢。另一段是他在一本游钓书里留下的访谈，他说总统对渔钓建议充耳不闻，固执己见，用他的鱼竿拍打水面，就像一个着了魔的管弦乐团指挥在挥舞他的指挥棒一样。但不管如何，罗斯福钓到了鱼。这些都被保存在当年的影音新闻纪录片里——总统被缚在钓鱼椅上，露出新月形的下巴和令人难忘的微笑，一条又一条的大海鲢被用鱼钩拖上来放在船的一边，小机动船随着汹涌的海浪上下晃动。有一条鱼与他搏斗了1小时20分钟，令他错失了一场新闻发布会。那倒还好。新闻记者也坐着他们的船来到海里上下摇晃，其他公众也如是。每次海湾送上来一条翻腾扭动的战利品，人们都为之喝彩。

有一张具有吸引力的黑白照片，大约摄于1900年，是一个男人孤身站在那不勒斯600英尺长的垂钓码头上的身影。他穿着深色休闲外衣，正在使用一根2.5倍于他的高度的鱼竿，以击球手的姿势双脚分开站立着，左臀靠在码头栏杆上支撑着，左手握着鱼竿，右手支在右臀上叉着腰，他的上半身向后倒着以平衡那股咬着他的线的力量。我们不知道他最后运气如何，但我们不妨猜测应该是不错的。墨西哥湾就是如此慷慨。大约也是这个时候，在得克萨斯的另一边阿兰萨斯峡湾，一个来自丹佛的男人在27天里钓到了80条大海鲢。

人们不断索取，为什么不呢？鱼咬了钩，垂钓者们不断积累它们的数字。渔钓俱乐部的建立就是为了推广这项运动。在尤斯帕岛，巴伦·柯里尔和其他人一起创立了艾萨克·沃尔顿渔钓俱乐部，它是致力于环境保育的美国艾萨克·沃尔顿联盟的前身。但保育并不是尤斯帕俱乐部人的目标——至少开始时不是。阿兰萨斯峡湾大海鲢俱乐部也一样，其总部在一个叫斯波特（Sport）的镇上。它的创立宗旨是"为这项运动设立更高的标准"。这个俱乐部认为，重量优于数量。普通的商贸渔民追求的是数量，但有尊严的垂钓者不是。"一个真正的运动家从来不会夸口他捕获的猎物数量。"俱乐部向捕获了相应大小战利品的人授予金、银徽章，和尤斯帕的艾萨克·沃尔顿渔钓俱乐部因其捕获物的重量而授予克莉丝汀·霍利的那枚银徽章一样。饶是如此，每个人谈起大海鲢时说的还是数量。报纸记录着每日和每季度的"屠杀量"，这就是他们的原话，使用起来毫无愧疚之意。《森林和溪流》报道捕获数量，旅馆会给捕获数量最多的客人颁奖，于是就有了俱乐部一面面墙上那些大海鲢鳞片。[51]

这是一个竞赛：看谁能让自然吐出更多。1889年的一天，沃尔特·霍尔德曼（Walter Haldeman），这位那不勒斯的创立人和《路易斯维尔信使日报》的发行人，在仅仅一天时间里，钓起了94条鱼。第二年，一个纽约人从1月到3月在蓬塔罗莎捕到大海鲢共199条。迪莫克曾经在52天左右的时间里钓鱼334条，他说——一次投掷就有63条。坦皮科在1906年的渔季捕获大海鲢 1287 条。在什么时候这项运动失去了它的意义？早在 1895 年，《纽约时报》报道称，"有太多的北方渔钓客每年拜访大海鲢在墨西哥湾沿岸的渔钓点，现在大鱼数量锐减，在它们首次被发现的栖息地上已经很少见到其踪迹了"。[52]

20 世纪的第一个十年，垂钓者们有一个问题，而且他们清楚地知道。他们没有理会朱莉安娜·伯纳斯永不过时的建议："当你有足够的食物时，你不应贪图更多。"大海鲢的数量越来越少。在一些季节里，这些好斗的鱼似乎忘了来到近岸，忘了扮演它作为游钓鱼种的角色。在阿兰萨斯峡湾，问题的部分原因是他们将发展重点转移到了水上贸易。大海鲢的村庄被更名为阿兰萨斯港，码头被改建，河道被加深以适应货物运输，于是这条峡湾受到了游钓鱼之王的冷落。由于人们在格兰德河上修建了双重堤坝，曾经垂钓者在河口海滨处就能捕捉到大海鲢的伊莎贝尔港也受到了和阿兰萨斯港同样的影响。同样的事情也发生在休斯敦南边的布拉索斯河，人们在上面筑堤修坝，倾倒工业废料，堵塞了河道。河口湾消失，淡水不足，再加上令人窒息的污染物，于是也不再有活蹦乱跳的大海鲢了。

早期，各地的主要问题是银色帝王带来的狂潮。人们捕鱼，杀鱼，拍照留念，偶尔将鱼堆积如山，然后丢弃一旁。这是一种浪费。艾萨克·沃尔顿渔钓俱乐部首先提出了捕获后放生的倡议，使大海鲢成为最早受到保护的游钓鱼种之一，虽然这是个拯救游钓运动的保育计划。霍利引入，也许是设计了一种特殊的鱼钩，鱼钩呈圆圈形，在它进入鱼身内脏前会被卡住，以防鱼钩撕扯鱼身。

这都是伟大的想法，但大多数垂钓者并不在意。如果这个渔季收获不佳，他们会等下一个。只要大海鲢回归，杀戮就会继续，而且数量一直在增长，因为越来越多的垂钓客涌入峡湾、小湾和河口。更荒唐的是，在海湾地区人们纷纷创办起大海鲢锦标赛，并设置了大额奖金，它们可见于阿兰萨斯峡湾、奥康纳港（得克萨斯州）、格兰德岛（路易斯安那州）、萨拉索塔、博卡格兰德和韦拉克鲁斯。兰迪·韦恩·怀特曾将福特博士的名号用于博卡格兰德峡湾的锦标赛——这在后来撤回了。

在大海鲢的游钓历史上，杀戮是其中困扰着怀特的部分。当他还在当向导的时候，他的客人会将他们捕到的多数大海鲢放生。当他想到被留下并吊起来拍照的鱼，或者使用虽然合法但并不人道的钩钓法抓到的鱼时，他总是内心一惊，钩钓法用的是一种在底部加重的鱼钩，实实在在地将鱼钩住，鱼的结局十有八九就是死亡——他认为，这是钓鱼圈里"不可告人的小勾当"。在艾萨克·沃尔顿渔钓俱乐部提出倡议的一个世纪后，怀特停止赞助博卡格兰德峡湾锦标赛，因为钩钓换了另一个叫法后仍继续存在于赛事中。他也敦促佛罗里达州鱼类和野生动物保护委员会将大海鲢指定为捕获后放生的鱼种，委员会照办了。[53]

美国人开创了游钓产业，也培养了出色的技能，能捕捉到同样出色且好斗的鱼。他们的才智、毅力和对这项运动的热爱得到了充分体现。与此同时，他们执着于在大自然身上留下自己的印记，而这种带来不幸的行为并不局限于游钓群体。

路易斯安那州艾弗里岛上的白鹭妈妈和她的孩子们，
她们在此躲避为收集女士礼帽上的羽毛而来的猎人。

　　在法国它有着长长的喙，因为有这样的特点，当它们生
下小鹈鹕时——幼鸟总是格外好看——它会用嘴在小鹈鹕身
上厮磨爱抚，并张开翅膀覆盖在它们身上。

——菲利浦·德塔昂，《鹈鹕》，

托马斯·莱特译（1841）[1]

　　在阿根廷南方海岸 4 月的暮色中，一只鸟站在海浪中准备好
要遵循自己的本能。这是一种娇小的鸟，不足两盎司重，比几片

/ 185

吐司还要轻。它的喙又长又细，呈深橘色，是一支能发出吱吱声的长笛。它的腹部是白色的，背部的羽毛已经从冬天时的灰色变成雪白，外沿则是暖棕色。它正扭转着它几乎很难被注意到的脖子，用长喙最后一次整理自己的羽翼，这样一来它尾巴上又露出了更多的白色，它便是因此得名的。白腰滨鹬从 12 月起就待在巴塔哥尼亚，吞食海水里的无脊椎动物。它的脂肪储备会迅速转化为能量。滨鹬的翼展有 17 英寸，三倍于其身长，黑夜一旦降临，它将展开翅膀，在星辰的引领下，沿这个种群数千年来已经熟稔的方向飞去：美洲北极。

这种矮脚鸟是世界上屈指可数的毅力可嘉的候鸟。当一切尘埃落定时，它已经飞出了 7000 英里，它能在空中一次连续飞行 60 个小时。直到在委内瑞拉作第一次停留，它已经掠过了整个南美洲。休整过后，它又在满天星光下开始上路了，它们结伴而行——每只都隔着一英尺的距离——扇动翅膀飞过西部的加勒比和尤卡坦，然后不停歇地飞越墨西哥湾。当白腰滨鹬在得克萨斯和路易斯安那州之间着陆时，它们像喷火式战机一样猛地向陆地一头扎下，如此维持着展翼的姿势，又轻轻地落在水边。在接下来一周时间里，它们会进食海生蠕虫、软体动物和甲壳类动物，然后又继续往北飞行。

在 1915 年的春天，洪都拉斯一份报刊上刊登文章讨论了鸟类飞越海湾的行为，并将其作为一种事实性的常识。美国鸟类学家对此表示反对，坚持认为这种高空壮举超出了鸟类的能力范围。当时，对鸟类迁徙活动做了细致记录的任职于美国农业部生物学调查分部的 W.W. 库克（Wells W. Cooke），他试图提出相反意见，但遭到了嘲讽。对方嘲笑库克，虽然他们读过英国园艺家威廉·布洛克（William Bullock）的文字，他在 1824 年乘纵帆船经过墨西哥的坎佩切州北部时，遇上数百只在此降落的鸟，鸟群正处于"从墨西哥湾北岸飞往尤卡坦海岸"的迁徙途中。他们也知道马丁·弗雷泽（Martin Frazar），在布洛克事件的57年后，正值春天的暴风雨天气，弗雷泽正在密西西比河30英里开外的地方扎营，此时出现了20多个种类的100多只鸟——其中有唧鸟、鹩、燕子、鸫——从南边飞来，飞到他的船上寻求庇护。他们也应该知道海军水手W. T. 赫尔穆特（W. T. Helmuth），他曾在第二次世界大战巡逻海湾时记录下了陆禽飞越的场景。约翰·詹姆斯·奥杜邦和其他博学的撰稿人，包括约翰·巴赫曼（John Bachman）（巴赫曼麻雀①即以他的名字命名），他们提到海湾通道时——包括蜂鸟的——都将其作为已经被认可的事实提出。²

　　每年两次，有十亿只鸟从墨西哥湾以及质疑的鸟类学家的头顶飞过。《约伯记》和《耶利米书》提到了迁徙中的鸟，荷马、希罗多德和亚里士多德追踪过鸟类的季节性迁徙。但现代科学攻克了核裂变的秘密，却不曾接受鸟类横穿海湾行为的真实性。

　　相信者和质疑者究竟谁对谁错，着手验证此事的科学家是G.H.洛厄里（George H. Lowery Jr.）。他是路易斯安那州立大学的动物学家，他在1945年4月搭乘一艘挪威货船的顺风车从新奥尔良出发了。货船在蒸汽动力的驱动下直入海湾中心。洛厄里目睹鸟群在头顶飞过，日夜不停，看到这一幕时他离海岸的距离远得不能再远了。他还辨认出有21种不同的鸟登上船来休息。货船在尤卡坦的普罗格雷索的平静水域里刚停稳，他就架起了一个望远镜，观察着从月亮表面无声飞过的身影，它们在往北

---

　　① 英文Bachman's Sparrow，汉语称松林猛雀鹀，是一种小型鸣禽。——译注

飞，他写道，往路易斯安那的方向。15 年后，当科学家们开始
使用风暴跟踪雷达研究鸟类迁徙时，每个人都成为相信者。最终
他们了解到超过 200 个种、数十个科的鸟类每年会有两次从墨西
哥湾上空掠过。结果显示，在北美洲的四条鸟类迁徙路线中，有
三条通过了墨西哥湾，分别是密西西比迁徙线、美洲大西洋迁徙
线和中部大陆迁徙线。[3]

　　这些旅人都是挥着翅膀的朝圣者，北美就是他们的麦加城，
它们古老的年度仪式确保了种族未来的延续。在一众候鸟中，巴
尔的摩金莺和红喉蜂鸟从中美洲来，靛蓝彩鹀和橙尾鸲莺从西印
度群岛来，食米鸟和烟囱刺尾雨燕从南美洲来。一次从南到北的
跨海湾飞行的距离大约是 600 英里，环着海岸飞行的距离是前者
的两倍，所以大多数鸟都选择直线飞行。尤卡坦半岛是一个理想
的长途驿站，对候鸟们来说这是上天的恩赐。它们将这里当作休
息点，吞咽着岛上的热带虫子，吮吸着热带花朵，为接下来的长
途跋涉做准备。时候不早了，数千只鸟在黄昏时飞上树梢，然后
和鹬一样，等星星出现，它们就起飞了。它们会飞上一整夜，直
到次日早晨或下午时分在海湾北岸着陆——在空中飞了 20~30 个
小时，视当时情况而定。这是世界上陆禽进行的最长距离的开阔
水域迁徙。

　　除了能抄捷径外，横跨海湾的飞行还有其他好处。一来，候
鸟可以尽享蓝天，而免受捕食者的打扰。二来，它们数千年来都
是这么做的。它们在非生产季节里将自己吃胖——科学家们称之
为摄食过量。一克脂肪可以支持一只唛鸟在空中飞行 125 英里。
最后，此时从百慕大高压刮来的热带纬度的风开始朝西北方向
刮，它们便可以搭上季节性风而飞。不是所有鸟都能成功。有些
年龄大的会累得从天上跌落。有些遭遇了暴风雨，可能数千只鸟

会因此遭殃。科学家们曾经剖开过鲨鱼的肚子，从中发现了不幸的鸣禽。但大部分鸟群躲过了劫难，它们中许多最后会落在得克萨斯东部和路易斯安那西部的海岸上。

在它们还在半空飞时，海浪为迎接它们的到来，将裹挟着美味的无脊椎动物的海草推向近岸。这就是大自然的运转方式。精疲力竭的鹬、珩、三趾鹬、鸥和其他千鸟属的海鸟会像饿极了的马拉松选手一样对眼前的食物狼吞虎咽。让即将到此的鸟儿们备感欣喜的是，春天的温暖还会将树木、灌木丛和上一年秋天落叶堆里的昆虫都吸引出来。

每年的四五月份，似乎整个鸟类王国都在往墨西哥湾对岸飞去。每天都有上千万的鸟抵达这里。有些会多飞 30 或 40 英里的航程到内陆的森林里去。烟囱刺尾雨燕通常是第一个到的，蜂鸟紧随其后。候鸟们各有特点，无论是在大小、形态，还是颜色上——羽色发红的是为了迎接接下来的婚嫁季节。成千上万只鸟一同抵达，它们落下时就像天空中出现了一道瀑布，然后在绿荫上分出一道波浪，直到树上溢出了热闹的话音和歌声。进食马上开始，"一切来得毫无预兆，"自然学家·威登索（Scott Weidensaul）写道，"没有伸懒腰，没有放松，也没有舔毛。"猎鸟者将这种现象称为"速降"（fallout）；在美国海，他们称之为海湾速递。4

"快乐的鸟！"1867 年约翰·缪尔在墨西哥湾短暂停留时这样写道。"这是一件令人愉悦的事，看着这些长着羽毛的人齐聚在此……优雅地在自然之家的餐桌上各自就座。"因为墨西哥湾是一个食物生产厂，这里有太多的鸟了——海洋的、涉水的、冲浪的，来自陆地的、来自岛屿的，路过的、季节性造访的，还有永久定居在此的。甚至迎来了蓝脸鲣鸟和红喉潜鸟。墨西哥湾是温带和热带地区的交会处，因此它既是喜晴鸟种迁徙的最北点，也是喜冷鸟种迁徙的最南端。鸭、麻雀和鹰——同样地，还有潜鸟——每个冬天到达的最南的地方就是墨西哥湾。白鹭、苍鹭、篦鹭、林鹳和朱鹭在每年春天也不会再往海湾的更北边飞，而是与终年原地栖息的无数留鸟一起待在这里。[5]

7月下旬，候鸟们开始感觉到有一股力量促使它们回南方的家。在墨西哥湾度过夏日的鸟类中，千鸟是第一个离开的，伴它而行的是北方南下过境的鸟群。随后离开的是在佛罗里达的圣乔治岛筑巢的燕鸥、蛎鹬和黑剪嘴鸥，很快，从东北部来的数万只唪鸟也加入了它们。有些只离巢一月或两月的时间，它们都不会过久停留。障壁岛是返航鸟群的补给站，它们的毛色不再那么容光焕发了。秋季迁徙会持续到10月，一年中，10月的季节性强气流将引领鸟群飞过海湾的东缘。从北极来的白腰滨鹬会在9月现身在此。跨越整个北半球，它很快就能回到阿根廷了。

1886年，15吨的"法兰西之花号"行至阿兰萨斯峡湾和加尔维斯顿时，因遭遇9月飓风而沉入海底。打捞队伍发现了600只鸟的残骸。但它们不是暴风雨下落到纵帆船上寻求庇护的迁徙受害者。船上还发现了价值数百美元的枪支弹药。

倒霉的"法兰西之花号"上的货物证实了威廉·厄尔·道奇·斯科特（William Earl Dodge Scott）在此前夏天了解到的信息。在威廉·哈尔西·伍德捉到改变海湾沿岸命运的那条大海鲢的一年零一个月零二十四天后，斯科特正坐在纵帆船上在同一片水域上逡巡。和船上其他人不一样，他不是为鱼而来。他是一位鸟类学家，刚满34岁，此时正为普林斯顿大学的生物博物馆采集样本。

那个年代对自然历史的观察主要发生在实验室里，也就是科学家们去户外采集标本，带回实验室做研究。美国鸟类学的杰出先驱，亚历山大·威尔逊（Alexander Wilson）和约翰·詹姆斯·奥杜邦，就是背着两个木箱子到田野里去的——一个装着颜料和笔刷，另一个装着火药和枪炮。枪是斯科特最重要的田野工具。虽然从小腿脚不便，需要依赖手杖行走，但他能够熟练地越过树木和红树林的阻挠开枪射击。

但他在 1886 年的海湾考察之行中几乎没怎么开过枪。就标本搜集而言，这次出行无疑是失败的。这种情况极不正常。

七年前，当斯科特还在佛罗里达的热带内陆时，他就预见到这个灰暗的未来。他那时行进在欧克拉瓦哈河（Ocklawaha River）上，那里是佛罗里达当时流行的"丛林"漫游的主干道。最吸引游客的本是野生生物，但丛林里一片安静。船员解释说是因为上一趟游览活动变成了即兴狩猎。荷枪实弹的游客——当时很是常见——把红腹龟、水獭、短吻鳄、苍鹭、鹗，总之是一切活物当作标靶射击找乐子。游客现在可看的野生动物很少了，但船队将其归咎于胆小的动物而不是持枪作乐的游客。

/ 190

斯科特对此非常熟悉。哈里耶特·比彻·斯托（Harriet Beecher Stowe）也一样，她曾享受过漫游欧克拉瓦哈河的活动，直到她目睹射杀发生，并被告知这是一项运动项目。"当然，"她在她 1873 年出版的《棕榈树叶》一书中带着沉痛的心情写道："这种与生俱来的野蛮本性很难追究其动机。人们为杀戮而杀戮。"如果枪手们乘坐火车行进在大平原上，那轨道车窗就会像战舰的射击孔一样炮火四射，死去的一排野牛如野鬼般游荡在草原上。19 世纪末期，从南北达科他州到墨西哥湾一带，这里的自然生命在面对人类无情的随意杀戮时根本毫无招架之力。[6]

斯科特最近的一次海湾之行暴露了人类无止境的残暴行径。他租用了单桅帆船"坦塔洛斯号",熟练驾驶它的船长以前是海绵采集者,叫作贝克。"坦塔洛斯号"在 5 月从塔彭斯普林斯的码头启程,开往多风的安克洛特河(Anclote River)。同行的还有斯科特的妻子玛丽安,他们的狗狗格劳斯,还有一位助手。他们目之所及都是垂钓者。这片水域满是惊喜,但对鸟类学家来说就不尽然了。斯科特更早时候来到海湾时,鸟群之庞大足以遮天蔽日,但现在垂钓者比鸟多,曾经洋溢着活力的飞鸟的天堂如今已是一片沉寂。整个海岸变成了屠宰区。这里的杀戮不像欧克拉瓦哈河上那样随意和随性,这里的人们有条不紊、勤勉劳碌。但它们是一样的——完全一样。

背后操控这一切的力量来自遥远的北方和外国,它有一个看起来毫不相干的源头,那就是女士帽业。女士们在钓大海鲢时为了躲避强烈的光线而戴的草帽并不是罪魁祸首。被戴着去聚会、晚宴和教堂的那类才是。有些像花园里的鸟池一样大,上面绽放出长长的、轻柔的羽毛;因为花翎羽饰的存在,你可能都见不着帽子本身。大羽毛帽在维多利亚时代的社会非常时髦,价格昂贵,比最高级的沃姆·霍夫渔线轮还要贵得多。尽管如此,它们依然是美国和欧洲富裕家庭里每家必备的饰物。

设计师们最青睐长而轻软的羽毛,比如说白鹭、苍鹭、朱鹭、林鹳、篦鹭和火烈鸟的,也就是所有大型涉水鸟的羽毛。羽毛并不是被鸟抖落后人们从地上捡来的,尽管这个行业里的人喜欢这么说。时尚和金钱制造了世上无处不在的灾难。商业猎鸟人从一小撮上好的雪白的白鹭翎羽上挣的钱等同于一盎司的黄金。因此为制造帽子而杀鸟就不足为奇了,这是现代社会对野生生物犯下的残暴罪行之一，恶劣程度相当于人类给北美野牛和海狸带去的毁灭。在那些更为著名的大屠杀里，毛皮和兽皮至少为需要它们的人提供了温暖。旅鸽被视为人为促使灭绝的标志性物种，它在眨眼间消失殆尽，但即使是旅鸽，也最终作为食物出现在食品市场和餐桌上。而帽子上的羽毛，除了虚荣什么也没带来。

墨西哥湾的涉水鸟成为主要的目标。如果最终没有得到以奥杜邦团队、妇女俱乐部、一位美国总统、塔巴斯科辣酱大亨为代表的墨西哥湾保育派们的荫庇，它们也许早就被从地图上抹去了。

贝克船长的"坦塔洛斯号"驶入坦帕湾时，屠杀的行径一览无遗。作为开端的是马克西莫群栖地（Maximo Rookery），它在历史上是整个墨西哥湾最丰饶的鸟类栖息地之一。这里曾经生活着将近十万只鸟，有 25 种鸟类在这里筑巢建窝，它们亢奋拍打翅膀的声音、叽叽喳喳的叫声不绝于耳，但现在的马克西莫已经不再是一个群栖地了。它现在只是一座被红树林环绕的孤寂的岛屿，万鸟飞绝，只剩下海鸟粪的白色渍点和摇摇欲坠的枝巢，成为它往日辉煌的唯一佐证。

/ 192

斯科特和他的同伴目睹了那位"老法国人"的手工艺品。他的真名是阿尔弗雷德·勒舍瓦利耶（Alfred Lechevelier），也可能是让·舍瓦利耶（Jean Chevelier）。没有人确切知道。他就像一只游荡的鸥，只出现在海岸上一天。他说着一口奇怪的洋泾浜英语，虽然他说起巴黎的生活时让人以为那里是他的家，但他显然来自加拿大蒙特利尔。50 年前，是另一个法国人奥代·菲利普伯爵（Count Odet Philippe）将柑橘引入当地，在很长一段时间里，马克西莫只有为数不多的移民在这里捕鱼、养牛、种植柑橘。在 1885 年《美国医学协会期刊》宣布这个海角是"佛罗里达州上……最健康的地方"之后，一切全改变了。北方的肺病和气喘患者纷纷向这里聚拢，正遭受黄热病和其他疾病侵害的坦帕港上的人们也跨过海湾来到这里。地球上最有利于健康的不是其他地方，正是鸟类群栖的地方。[7]

放弃了马克西莫后，老法国人和他的两个助手沿着海岸向南杀到了万岛群岛（Ten Thousand Islands）。在大沼泽地时，舍瓦利耶不慎将子弹射入了自己的右手，但他很快习惯了使用左手射击，他速战速决，留下他的助手们将射下的鸟剥皮、掏出内脏，得到的羽毛放到他的纵帆船上。但莫名其妙的是，佛罗里达州派内拉斯（Pinellas）的一处小湾、万岛群岛的一处海湾，以及建造了第一条横穿大沼泽地公路的建筑公司都以这个残忍的羽毛猎手的名字命名。多年以后，1958 年的一部 B 级片《穿过沼泽》中，在伯尔·艾弗斯（Burl Ives）饰演的一个狂躁的羽毛商人的角色身上还能看到他的影子。这个大佬声音粗哑，身形圆胖，光秃秃的头顶和胡子拉碴的脸上永远渗着一层亮晶晶的汗珠，他沉迷于暴力，是电影中被着重刻画的一个角色。

斯科特跟随舍瓦利耶的屠杀路线从一个群栖地到另一个群栖地。萨拉索塔和加斯帕里拉岛的海湾上鸟类几乎已经绝迹，只有不知如何设法躲过了劫掠的一对有点泛红的白鹭、两只白色的朱鹭和三只苍鹭。斯科特形容他巧遇到的这几只仅存的鸟是惊惶的。然后是——"夏洛特港！"斯科特在他给《海雀》的报告中发出了一声惊叹，《海雀》是美国鸟类学家协会的期刊。在斯科特寄出这份快件前，蓬塔戈尔达的邮局局长告诉他，猎鸟者在短短两季时间里已经将当地的苍鹭的群居巢剿杀殆尽了。[8]

许多羽毛猎手和老法国人竞争。羽毛代理商一边刊登报纸广告，一边口头宣传，招募当地"枪手"（斯科特如此称呼他们），并承诺这份工作来钱快，于是应征者如潮。纽约代理商约瑟夫·巴蒂和 60 多名猎手签了合约。之前，巴蒂收购的羽毛不外乎是用来制作捕猎陷阱、做博物馆的收藏品和实验室研究。当他能将羽毛卖给女帽制造商后，这些不怎么盈利的业务很快就靠边站了。[9]

作为前所未有的充满革新意识的猎人——他写了一本指引书，指导人们如何对野生动物进行射击、诱捕和下毒——巴蒂为他的猎手们配备了一批后膛霰弹猎枪，能同时适配 12 铅径枪管和杀伤力更小，声音也更小的 0.22 英寸口径枪管。后者用在小型鸟的近距离射击上。他那艘 45 英尺的单桅平底纵帆船是货运船舶，常停靠在港口、岛屿和渔船码头上等待运送羽毛。在加斯帕里拉峡湾（Gasparilla Pass），斯科特看着巴蒂的猎手们将纵帆船划向岸边，然后在接下来的几个小时里，砰-砰-砰的枪响声划破天际。他们用的是 0.22 英寸口径的。斯科特在第二天早上打听到，他们射下了燕鸥和鹬。[10]

6 月下旬，斯科特回到了和平的普林斯顿。如果他将行程扩展到海湾的其他地区，他将会了解到随得克萨斯暴风雨而来的"法兰西之花号"上的 600 张鸟的皮毛。那场打沉了货船的飓风很可能制止了本将发生的针对数千只鸟的杀戮。佛罗里达海岸几乎被扫射了一遍，可搜刮的已经越来越少，于是羽毛猎手们继续往路易斯安那、得克萨斯以及墨西哥的障壁岛和海岸找寻生机。

羽毛代理商放出话来，要重金求购当时稀缺的白鹭羽毛。从生物学角度来说，白鹭的白色羽毛没有色素沉积，但仍拥有设计师们所追求的丝般的纯洁。三年后，美国鸟类学家协会对得克萨斯海岸的一项勘测显示，这种"雪白的产品"几近绝迹了。到了这个时候，代理商们转而收购所有他们可以收购的：燕鸥、反嘴鹬、鹬、鹈鹕、苍鹭和鸥。据说一个羽毛猎手一次要交付 1000 张混杂的皮毛，那是一周的射杀量。到了 19 世纪 80 年代末，得克萨斯布满丝兰和仙人掌的岛屿已经一片死寂。在《科学》杂志上的一篇文章中，备受尊崇的美国自然历史博物馆的鸟类馆馆长乔尔·阿萨夫·艾伦（Joel Asaph Allen）悲叹道："得克萨斯经历过的浩劫正沿着我们的海岸线蔓延开来。"[11]

离艾伦位于曼哈顿上西区的办公室不远，纽约的经销商近来收购了七万只被射杀的鸟的羽毛，它们全都来自长岛上的一个村庄。羽毛猎手大举扫荡澳大利亚、非洲、中东、远东、南美和南欧的鸟类巢穴，跨越地区、大陆和海洋将他们的掠夺品运往各地。1902 年，在本就是一个巨大的时尚消费地的伦敦，其商业销售部公布，其羽毛库存有 55000 盎司。换算成鸟的数量的话，前面的重量等于 19.2 万只成年鸟类和 2~3 倍于此的丢失的鸟巢和鸟蛋——它们全部来自美国，大部分来自南部海岸。四只白鹭仅能产出一盎司的羽毛。像舍瓦利耶和巴蒂这样的每船十万只的射杀量并不少见。奥杜邦协会的一位成员说鸟类正在"吃它们的最后一顿饭"。[12]

在斯科特即将出发去墨西哥湾前的那个冬天，鸟类学家弗兰克·查普曼（Frank Chapman）花了两个下午的时间在曼哈顿上城的零售街区里行走。他数到了 542 顶有羽饰的帽子，代表了从麻雀到鸵鸟的 174 种鸟类。有些帽子有一整只的鸟——翅膀、头部、喙、爪等一切。最华丽的帽子招展着来自涉水鸟的羽毛，它们中的很多，毋庸置疑，曾经是丰饶的海湾自然的一分子。

在屠杀发生之前，涉水鸟和海上落日、棕榈树一样，是吸引游客的热带奇观。回忆录、日记和寄回家的书信中从来不会不提到白鹭、苍鹭、林鹳，或者荧光粉色的篦鹭。一些长颈的涉水鸟有成年男性的胸口那么高，它们姿态拘谨，竹竿腿和向后弯的膝盖① 让它们走起路来一板一眼的。结束了一天的捕鱼后，它们在黄昏时进行的仪式能轻易抓住旁观者的眼球。它们从头顶飞过，作家玛乔丽·斯通曼·道格拉斯（Marjory Stoneman Douglas）写道："白色的鸟群里有成千上万只鸟，它们飞过时，发出丝质横幅沙沙作响的声音，鸟群像羊群、像楔子、像被风吹皱的缎带，蓝的一团，白的一团，鸟群似河流迎着落日倾泻而下，返回了栖息地。"[13]

涉水鸟一般喜爱独处——除了朱鹭，它们因此受到羽毛商的偏爱——而且每一只都鲜明耀眼。它们筑在红树林和柏树（林鹳喜欢后者）的巢非常醒目，就像它们白天在浅水或湿地猎食的身影一样。它们是严于律己的捕鱼者，部分涉水鸟可以令人难以置信地始终维持一动不动的姿态，就像在公共广场上表演的活雕像一样，直到有吃的走进了它们敏捷的喙的可及范围。其余的，包括雪白的白鹭，会从浅水上淌过，将食物搅弄上来。

雪鹭属于鹭科，它孵出的蛋呈淡蓝色，营巢建得很低，多是用细枝和芦苇堆集而成。成年后的雪鹭身长约 24 英寸，重 0.75 磅，这样的已经算是中等个头了。从出生开始，它们身体上的毛发就一直保持着无瑕的缎白色，完全漆黑的双腿和黄色的脚爪让你敢断言它们一定是在一桶油漆里被浸过。它们的嘴是同样的黄色和黑色，嘴的长度和形状与一把小军刀无异。在繁殖季，黄色会变成橘红，它们还会长出飘逸纯白的婚羽。一位研究得克萨斯海岸鸟类的专家，G.B. 塞内特（George B. Sennett），认为雪鹭是"所有鹭中最漂亮的"。它们的活动范围横跨世界各地的湿

---

① 看起来像"向后弯的膝盖"的是鸟这种趾行性动物的脚后跟。——译注

地，它们的种系起源可以追溯至更新世，当时和雪鹭共同生活在墨西哥湾上的还有猛犸象、前欧洲的马、骆驼、美洲驼、巨大的三趾树懒，但它们都没有在地质气候巨变以及早期人类的原始武器下存活下来。而更为敏捷和随机应变的鹭，活了下来。但它们终究无法抵挡现代狩猎者的枪。[14]

没有什么比人们猎杀白鹭更让来自路易斯安那的爱德华·艾弗里·麦基尔亨尼（Edward Avery McIlhenny）感到胆寒的了。这个行为触犯了他内心南部绅士的感性，更不用说他和鸟类间的密切关系。

他自幼的生长环境给予了他这种共情，他在路易斯安那的一个岛上长大，海岸边多是沼泽地带，树木茂密，野生动植物繁多。鸟爱待在这里。这里有它们生活的基础：食物、巢材和荫蔽，还有迁徙途中的栖息地。内德——人们是这么称呼麦基尔亨尼的——在1872年越冬鸟群聚集时出生在这个岛上，是黄石成为美国首个国家公园的那一年。除了外出念大学、差旅、探索世界之巅，他从未离开过这里。在他还是一个蓝眼金发的小男孩时，他就跟着他的父亲叔伯坐着小艇去钓鱼，虽然大人们的活动和谈话内容很是无聊，但他被"白鹭和苍鹭在低洼沼泽地边上昂首阔步"的姿态吸引住了。等长大了些，他便开始自己划着船出去一边观察一边学习。他将这些鸟画入画里，写进诗里。他贪婪地读着鸟类学的书籍，几十年后，他写了一本给小读者们的书，叫作《一只白鹭的自传》（The Autobiography of an Egret）。他迅速意识到岛屿上涉水鸟的数量锐减。他听到了枪声，看到了被丢弃的鲜血淋漓、被扯去羽毛的尸体。屠杀必须停止。[15]

麦基尔亨尼有一切充分必要的条件去完成他想要做的事。不管是打造一座大花园，尝试栽种竹子，还是经营家族生意，他都极富开创精神。他也生于富贵之家。麦基尔亨尼家族是这座岛的主人，岛屿得名于内德的外祖父丹尼尔·达德利·艾弗里（Daniel Dudley Avery），称艾弗里岛。这里是一处宁静的世外之地，四处萦绕着紫藤、柏树针叶和木兰花的香气，树林茂密，除了前面说到的，还有槲树和山茱萸；这里一年的降雨量有 60 英寸，到处是水塘、小湾和溪流，里面生活着乌龟、鱼和小龙虾；人工栽种的杜鹃和山茶花娇艳欲滴；长尾小鹦鹉、象牙喙啄木鸟和各种涉水鸟禽穿梭于其间。艾弗里岛边缘是密密匝匝的一圈 3 英尺长、2.5 英尺宽的带状沼泽禾草（互花米草），使它看起来不像一座岛屿。岛上的最高点比海平面高出惊人的 162 英尺，它像新奥尔良以西 140 英里处拔起于长沼地带的一座山峰。内战爆发前，在岛屿和奴工的助力下，丹尼尔·艾弗里一跃成为一位成功的甘蔗种植园主。

随蔗糖而来的还有盐。艾弗里岛地底是一处岩盐盐丘——这也是岛屿地势高的原因。第一批开采的人是岛上最初的白人定居者，也就是西班牙殖民时期的爱尔兰移民，他们买来西班牙政府出售给新世界的天主教良民的土地。岩盐和海盐是珍贵的调料品和食物防腐剂。海水蒸馏——其实就是在火堆上架设大锅将海水煮沸——是墨西哥湾上一项古老的产业，可追溯至殖民时期。内战期间，邦联军先从得克萨斯和佛罗里达的畜养牛身上获取肉食，然后用来自海湾的海盐保存肉类。作为封锁补给线的一项措施，沿海岸逡巡的联邦军炮艇的炮轰目标就是那些透过树木升起烟气和蒸汽的地方——蒸馏地的标志。开采盐丘可以省去蒸馏的过程，为控制了盐矿的那一方积蓄优势。

当联邦军围攻新奥尔良的时候，艾弗里一家正在得克萨斯州自我放逐。大卫·法拉格特率领的军队控制了艾弗里岛，重开岩盐矿以供应军需用盐。战后，丹尼尔·艾弗里召集以前的奴隶劳工——现称雇佣劳动者——重操甘蔗种植旧业。他也从他的前敌人那里学了一手，开始和另一家公司合伙开采盐矿。艾弗里在1879年离世，他离世后，盐矿带来的特许经营费收入让艾弗里家族的财富得以维系。

盐是一项利润可观的遗产，但内德的父亲，埃德蒙·麦基尔亨尼（Edmund McIlhenny）留下的这一笔则更为"辛辣"。他体格魁伟，胡须又厚又黑，他长得看起来像吃喝不愁的人，又或者是一个银行家。他在新奥尔良时是后者，那时候内战还未爆发，他娶了丹尼尔·艾弗里的女儿玛丽·伊莱扎（Mary Eliza）。战后，北方掮包客独揽经济大权，他也因此丢了工作。他和玛丽回到了艾弗里岛，那里除了有瓦遮头，还有玛丽的盐矿收入。但埃德蒙需要一点目标。

他就是在那时候开始尝试种植从墨西哥或中美洲买来的塔巴斯科辣椒（Tabasco pepper）。作为西班牙和哥伦比亚辣椒的杂交品种，到1868年，这种亮红色手指形状的辣椒在他的照料下已经在岛上茁壮成长了起来。在一间用砖头和隔板搭建起的外屋里，他不知疲倦地工作着，将成熟的辣椒捣碎至浆状。他将红润的辣椒泥放进陶瓷罐里使之变陈，上面盖上艾弗里岛的岩盐以锁住其风味，再加入醋继续陈化。数周后，他将这种辣物倒入古龙水瓶子里，这瓶子是他从新奥尔良的一个玻璃制品商那里买的，他在每一个瓶子上都贴了标签——"麦基尔亨尼的塔巴斯科牌辣椒酱"。

他的创造很快就被应用到牛扒、炖肉、汤、秋葵浓汤和其他更多来自长沼湾流的牡蛎虾食中，为其增添风味。如果没有当地的海鲜饮食习惯，他可能无法受到启发制作出此酱料。尽管它对餐饮贡献良多，但国家在麦基尔亨尼去世后的20年里陷入了经济萧条，辣酱公司也摇摇欲坠。塔巴斯科辣酱制造落到了他的大儿子约翰的身上。约翰为让经营好转做出了值得称赞的努力，在古巴反抗西班牙的战争中他加入了"旷野骑士"①，并随西奥多·罗斯福登上圣胡安山，此时品牌的经营已有起色。第二个儿子，内德，此时接手了公司的经营。他将生产过程流水化，缩小产品容量，并且为了取得更醇厚的风味，他将陈化时间延长，酿造容器改用杰克·丹尼式的白橡木威士忌桶。内德为辣椒酱生产注入了新的生命，家族生意逐渐扭亏为盈。

　　生意上的成功在一定程度上反映了麦基尔亨尼丰满的性情和乐于冒险的性格。根据他的家族传说，他好与短吻鳄搏斗，并破纪录地射杀了最大的短吻鳄——19英尺长；他与在后来击倒了重量级拳王约翰·L.沙利文的绅士吉姆·科贝特②拼拳击也不落下风；他救过200个遇难的海员，其中一位是杰克·伦敦。麦基尔亨尼大概从来没有和科贝特互殴过，也没有向杰克·伦敦投去过救生索，但他毋庸置疑是一位无畏的冒险者，曾经救出过被冰层困住的捕鲸船船员。

　　他彼时25岁，风华正茂。当时他的头发还是从中间分向两

---

① Rough Riders，也译作义勇骑兵团。美西争夺古巴战争中诞生了三支志愿骑兵团，其中由西奥多·罗斯福领导的第一志愿骑兵团别称"Rough Riders"，以骁勇善战闻名。在前文提到过的那场发生于1898年7月具有历史意义的圣胡安山战役中，罗斯福正是带领这支部队重创了西班牙守军，为夺取战役的胜利起到了巨大的作用。——译注

② 绅士吉姆（Gentleman Jim），詹姆斯·约翰·科贝特的昵称，美国历史上的重量级拳王。——译注

边，到他更年长时，便将其从前额往后梳，同时剃掉了以前修剪整齐的蓄须。但他的男子气概依然在。他一直擅长利用他的社会身份，将它们当成一双穿着舒适的旧鞋，当梦想被阻拦时他便穿上它们。1897 年，他离开了他的岩盐岛，去往冰雪之国，这是一趟自筹经费的探险之旅，他和两位助手将要去采集珍贵的北极生物标本，其中包括白腰滨鹬。三人探险队在阿拉斯加最北端的巴罗角（Point Barrow）建了一个大本营。那里的居民，除了野生动物，就只剩下当地土著和基督教士了，还有在夏天到初秋时会经过的捕鲸船。

这不是麦基尔亨尼第一次来冰封的北极圈。三年前，他曾和 F.A. 库克（Frederick A. Cook）（他号称是第一个拿下北极的探险家）一起到过格陵兰岛，当时他们的船沉了，需要救援。巴罗角，阿拉斯加，勾起了他的回忆，尤其当他看到几条夏末还未返航的大意的捕鲸船。"担心他们"，麦基尔亨尼在他 9 月 6 日的日记里写道。不出几日，船队四周的冰层冻住，被围困的船员面临被饿死的境况。麦基尔亨尼参与了美国海关缉私署发起的救援行动，他负责给被围困人猎取食物。在一本记载了此事的书中，约翰·托利弗（John Taliaferro）写道，内德展现了他作为"一名出色的鸟类神枪手"的技能，这都是他还年幼时射猎秋季水鸟时习得的。为了救捕鲸人，他射倒了数千只鸭子，一天就杀了 430 只。他奇准的枪法总共带来了 9000 磅的肉。[16]

现在看来，有些鸟是麦基尔亨尼想射杀的，有些是他想救的。在巴罗角以南 4000 英里的地方，一场类似的援救活动正在展开。它饱含麦基尔亨尼对鸟类的善意和爱，这件事基本上是他以一己之力进行的。他想出了一个简单但又不那么明显的拯救被过度猎杀的白鹭的方法：一个鸟笼。在进行阿拉斯加和格陵兰岛之行的间隙，他和他雇的帮工在艾弗里岛上扩建了一个水塘，在水塘旁边，他打造了一个巨大的鸟舍，鸟舍用竹子架设框架，上面盖着铁丝网。然后他在艾弗里这座已经凋零的鸟类王国找到了两个白鹭巢，偷了八只小白鹭放进鸟笼里。他把自己当成小鸟的父亲，每天喂食，和它们互动。很快，他说，它们"对于能在我身边流露出真正的快乐"。[17]

/ 200

到深秋，这些小鸟已经有能力飞翔时，他卸掉鸟笼，让住客往南迁徙。过了两晚和一次霜冻后，它们飞走了。来年三月，他每天都要走到那边，期待着能看到回家的鸟儿。在 3 月的第 18 天，他发现，有四只雪白的小家伙出现在了灌木丛里，那里正是以前建鸟笼的地方。两天后，另一对也回来了。它们一点没浪费时间，两个鸟巢已经开始动工了，一根树枝一根树枝地搭建着。那个春天一共有八只小鸟被孵出来。13 只白鹭在 11 月往南飞去，次年 3 月，它们全都回来了。到夏天的时候，艾弗里岛上养育着 20 只刚孵化的幼崽，一年年过去了，这个数字翻了两倍、三倍、四倍。没过多久，白鹭的表亲们也加入进来。在新世纪到来之际，这里已经有 2000 多只鸟爸鸟妈了。

麦基尔亨尼没有将责任完全归咎于当地猎手，认为是他们造成了他现在正与之对抗的危机。他将他们看作环境改变的受害者，虽然他们参与推动了这个改变。射杀和诱捕野生动物一直是路易斯安那人的一种生活方式。比如说短吻鳄，在近几个世纪，自从这个已经存在了 1.6 亿年的美洲冷血爬行动物被欧洲探险者看上以来，它们就被猎杀在海湾周边的淡水和咸水中。在伊贝维尔 1699 年为法国重新发现了密西西比河口鸟趾状的三角洲时，他在日记里写道："我杀了一只小的，8 英尺长。"纺织厂和内河船只用短吻鳄的油脂润滑机器，邦联军将鳄鱼皮做成马鞍和靴子，鳄鱼肉则成为他们的口粮。在麦基尔亨尼所处的时代，短吻鳄的生命被延续在钱夹、背包和鞋子上。它们的牙齿、卵、四肢、幼崽，无论是活着还是被做成标本，都被视为自然界的新奇玩意儿，广受欢迎。[18]

1880 年到 1933 年，路易斯安那州向市场输出了 350 万只短吻鳄；佛罗里达的数字是其两倍。短吻鳄和白鹭的数量同时坠入深渊。不同之处在于几乎没人在乎短吻鳄的处境；唯一拯救了它们的是羽毛市场。当羽毛市场被打开后，短吻鳄相比起来就成为低收入但高风险的猎物。它们身上唯一可以出售的皮是肚子上的皮，市场价是一英尺十分钱。一个年轻猎手质疑如果"猎鸟一天的收入"就相当于"猎鳄"一个月的收入，那为什么还要冒险进入有可能被感染的水里呢。[19]

其他野生动物的境况更加糟糕。在皮毛贸易中被当地人和欧洲狩猎者疯狂猎杀的白尾鹿最终算是缓了过来，但熊、海狸等更多的动物并没有。到羽毛贸易盛行时，猎手和市场已经学会了接受浣熊毛和麝鼠毛。20 世纪 20 年代的学院生活刮起了一阵浣熊皮毛外套的狂热风潮，于是又一个物种的处境变得岌岌可危起来。为了保持路易斯安那在皮毛经济中的活跃地位，有人想到了建立海狸鼠养殖场的主意。海狸鼠是半水生的啮齿类动物，如果让水獭和一只饥渴的海狸交配，生出的后代大概就是海狸鼠的样子。它们就像生长在湿地的野猪，跟吃了助孕药一样，繁殖能力强得令人生厌。在数十年间，2000 万只海狸鼠将它们的大门牙伸向了当地植被，被它们啃过的区域，当地人称为"被吃干净的地方"。21 世纪皮毛市场坍塌后，成倍增长的啮齿动物每年要吃掉 40 平方英里的湿地植被。

麦基尔亨尼是最早一批建立起海狸鼠养殖场的人，很长一段时间里，历史文字都指责是他将这种巨大的啮齿动物从阿根廷引进，并任由它们肆虐路易斯安那的海岸。但有其他更早建立的海狸鼠养殖场，其养殖场的海狸鼠是从一个新奥尔良商贩那里买来的。待市场已经无法承受这种风险后，养殖者们放生了他们的海狸鼠。

鸟类并不像海狸鼠一样捣乱环境，也不像短吻鳄一样会咬掉你的手臂。而且它们的羽毛售价高昂，足以吸引当地狩猎者大规模出动。在猎鸟的狂热分子中有一类人，他们曾经猎鸟不为别的，只是为了餐桌上的食物。金钱，一位奥杜邦守育人评论道，对"许多真正善良的人来说是一个可怕的诱惑"。以前，当地人猎杀涉水鸟只是为了获得食物（在万岛群岛，他们叫白鹭"乔科洛斯基①鸡"），枪支几乎没有对种群数量形成影响。根据美国鸟类学家协会的统计，女帽贸易每年屠杀500万只鸟，截止到20世纪末，墨西哥湾的羽类鸟群数量只剩原本的十分之一。查普曼说在那里要拍摄一只鸟几乎已经是不可能的事了。在大屠杀的顶峰时期，大平原上的北美野牛数量——顶多800只——都比海湾上的雪鹭要多。这样看来，白鹭很快将成为我们的回忆和博物馆的展出品了。[20]

/ 202

商业狩猎者通常不会看向未来，但他们中的很多人最终也无法忍受其职业所带来的暴行。射杀鸟类的最佳时机是雏鸟刚被孵化出来时，这时成年鸟身上珍贵的婚羽还未褪去，大批的鸟类还日夜聚集在群栖地中。枪声响起时，作为父母它们不会四散而逃，而是要将幼鸟保护起来。无依无靠的雏鸟的结局，不是被天敌吃掉就是在阳光下死去。内疚袭来，一位猎手无法将杀掉白鹭

---

① 乔科洛斯基（Chokoloskee）是当地地名。——译注

母亲和"执行上帝的使命"联系在一起。那个被猎鸟酬劳吸引，认为它比猎鳄要好的年轻猎手最终彻底放弃了这个职业："我受不了了，听着那些挨饿的小鸟的叫声。"[21]

对动物心生怜悯并不利于职业发展。如果你会因杀戮而感到不安，你就不会得到工作。不管是在市场里屠宰，还是仅仅在这片土地上生活，学会漠视自然的遭遇是必要的。鸟类遭受的这种残酷压迫不仅仅在于贡献出自己的羽毛。在加尔维斯顿湾附近的鹈鹕岛（Pelican Island），得克萨斯州鸟类学家、酷爱雪鹭的乔治·塞内特有惊人的发现，"这座岛上的每一平方码"，有人告诉他，都曾经有扇着翅膀、叽叽喳喳的造巢的鹈鹕，直到几个"有进取精神的人"来到这个海滩，怀揣着他们的冒险计划——杀鸟炼油。不出数年时间，鹈鹕岛上就再没有鹈鹕了。但从商业角度看，供应紧缺没有带来什么后果。因为这些准资本家从来没找到过有这个需求的市场。[22]

破坏自然并不需要你身在自然。你的影响可能来自不起眼的地方，只是从大宅子里攫走了一小件物件。再说回到旅鸽，这次我们借用詹妮弗·普赖斯（Jennifer Price）在其杰出著作《飞行地图》（*Flight Maps*）中所说的话，纽约戴尔莫尼科餐厅（Delmonico's）的食客们从来没有想过，他们餐盘上这只鸟在来到热气蒸腾的餐厅后厨前在什么地方，也没有想过他们自己在终结其生命这件事上所扮演的角色。帽子上的鸟，同样地，将人远远带离了大屠杀的现场。

在工业化的都市社会，用自然之物来装扮、表达自我已经成为一件普遍的事。从她公寓窗子往下看伦敦的街道，弗吉尼亚·伍尔芙写道，"羽毛似乎是有活力的精致生活的自然装饰，是尊严和独特的象征"。鸟类带有女性特质，人们这样认为。羽毛，它们丰满、瞩目、活泼，当它转变为女性时尚时带来了审美意趣，只是它意味着致命的生态扭曲：自然之美助长了托借之美，而托借来的美将抹灭自然之美。[23]

顶戴的花羽是双手沾染的鲜血，这是麦基尔亨尼所看到的。他谴责人们"对饰物的残暴追求"。美国的媒体和科学环保组织都指责这种女性的虚荣。"这种对装饰品的渴求是一种野蛮人的品位"，一位著名的自然学家约翰·伯勒（John Burrough）在《世纪杂志》（*Century Magazine*）中写道。《华盛顿邮报》头版头条标题呐喊"时尚没有灵魂"。下方的刊文对"正托着枪支寻找下一个开采地"的"名流夫人"表示无法容忍。更多的陈情开始诉诸母性的温情：上百万的鸟妈妈正在被杀害，你难道看不见吗！伯勒、查普曼、麦基尔亨尼，和其他许许多多的人在大声疾呼。美国户外运动者联盟（League of American Sportsmen）的主席说，女性曾申斥以狩猎为消遣的男性"残忍对待动物"，但她们现在自己也放弃了这片道德高地。[24]

伍尔芙对"涂脂抹粉"的女人同样毫不留情，说她们用脑袋上那根羽毛来衬托她们那张"愚蠢的脸"。但这位作家太过敏锐以至于让男人逃脱了罪责。对沾染了鲜血的女性时尚的斥责有时忽略了一个事实，那就是这是男人的世界。男人们射杀了鸟群，他们控制着女帽制造业，而将羽饰帽子展示在橱窗上的商店的店主也是男人。男人们统治着媒体，报纸上年复一年、一页又一页地在标题栏上印的都是：走在时尚前沿的人穿……，时髦女性穿……，上流社会的女孩们穿……，巴黎美人们穿……，等等。《华盛顿邮报》，那份宣布时尚没有灵魂的报纸，在一整页宣传最新羽饰穿戴的版面中用的是诸如"诗意""优雅"这样的词。通常编辑时尚版面的都是女性记者，女性也在穿戴上保留有自主选择的权利，但是，正如伍尔芙意识到的，她们将自己放在了男性主导的社会语境中。而占据主导地位的男性的虚荣心不见得更少。他们修剪胡子，戴圆顶礼帽，为了博得身边这位穿戴羽饰的淑女的欢心，他们投入的精力也不少。[25]

麦基尔亨尼倒向了将羽毛需求归罪于女性的阵营。同时，他也知道女性作为社会规则的监护人和俱乐部的参与者，她们正致力于让猎杀鸟类成为道德问题。她们最为关注的，一是那些拿着空气枪对准了飞鸟的男孩，二是数量激增的猫，它们常"悄悄扑向"哺育中的鸟类。针对前者，她们发起了教育运动，并写信要求青少年杂志停止刊登气枪公司的广告。而针对被一撰稿人称为鸟类杀手的猫，应对措施则极端得多。在圣彼得斯堡，一位名叫凯瑟琳·蒂皮特（Katherine Tippetts）的俱乐部女性游说市政委员会颁布一道消灭"一切流浪猫"的法令。[26]

蒂皮特背后有来自当地奥杜邦协会的影响力支持。爱鸟俱乐部的女性们将她们的热情投入奥杜邦协会中，在一些地方，协会花名册就是一份女性俱乐部花名册的复写本外加几位男士的名字。就全美国而言，奥杜邦协会会员中的女性成员数量是男性的16倍。有组织的保育活动，不论是来自奥杜邦协会还是女性俱乐部，都推动了19世纪末期美国进步主义的崛起。进步主义源于对迅猛的工业化和城市化进程下出现的经济和社会问题的社会和政治反思，所谓的问题即如政治腐败、大财团的垄断、对工厂劳动力的剥削（包括童工问题），以及对自然环境和野生动植物进行的无意义的摧残。

美国进步主义中涌现出许多知名人士：西奥多·罗斯福、威廉·詹宁斯·布赖恩、爱莉丝·保罗、劳拉·简·亚当斯[1]。改革的主要推力来自女性俱乐部，她们的改革议程在多个领域展开，从强制入学、公共图书馆到禁酒和妇女投票权——惯常被男性搁置在一边的议题。俱乐部成员由具有社会影响力的女性构成，她们热心公共事务和人文关怀，尽管她们没有选票，就像《每日一铜币报》专栏作家玛莎·菲尔德写的，"一旦她们组织起来，就成为南方一股令人畏惧的力量"。[27]

对像凯瑟琳·蒂皮特这样的人来说，关系和人脉意味着一切。蒂皮特是一个寡妇，这意味着她摆脱了传统妻子的责任，她是一家旅馆的所有者和房产管理人，一个作家，一个完美的市政工作者——她活跃于 24 个团体——在法律许可时曾竞选过公职。她参与创立了当地的女性俱乐部，并将其成员引荐到了她曾担任主席 33 年的圣彼得斯堡奥杜邦协会。她也曾出任佛罗里达妇女俱乐部联合会和佛罗里达奥杜邦协会的主席。

加尔维斯顿年轻的塞西尔·塞沙斯（Cecile Seixas）看似正走在相似的轨道上，她于 1899 年创建了第一个得克萨斯奥杜邦协会。不幸的是，第二年厄运降临到她身上，她的母亲、两个姐妹和其他 8000 多人葬身于当年的加尔维斯顿飓风。1903 年，米莉·伊娃·兰姆（Millie Eva Lamb）和霍普·图尔逅（Hope Turhune）在加尔维斯顿湾的沿岸大陆上又重新集结起新的团体。

女性常常占据主动，然后高明地劝说行事高效的男性为她们工作。在女性主导的得克萨斯奥杜邦协会，其中一位重要说客

---

[1] 爱莉丝·保罗（Alice Paul），美国女权运动的领袖；劳拉·简·亚当斯（Laura Jane Addams），美国芝加哥赫尔宫协会的创始人，因争取妇女、黑人移居的权利而获 1931 年诺贝尔和平奖。——译注

就是一个真正带枪的前得克萨斯州骑警默文·巴瑟斯特·戴维斯（Mervyn Bathurst Davis），他留着一头狂野比尔①式的长发和胡须，腰间别着一把六响枪。可想而知，他一定是别着这把枪去奥斯汀游说立法者通过美国鸟类学家协会的范例法（model law）的。

范例法是提前草拟好以方便立法者采纳的法律条文，立法者可以在其基础上按他们的喜好修改。得克萨斯州的法律非常具有代表性，其禁止贩卖野生鸟类羽毛，禁止偷盗属于海岸和涉水鸟的鸟蛋——一个日渐恶化的问题。奥杜邦曾于 1832 年拜访干龟群岛，群栖的禽鸟在那像"云团"一样盘旋在头顶，奥杜邦亲眼看见古巴的猎蛋人用木棍将上千只鸟赶向天空。他们最终"装满了一货船八吨的燕鸥蛋"，这些蛋会被运往哈瓦那和基韦斯特以每加仑 25 美分的价格卖掉。[28]

几十年后，海湾沿岸的居民贪婪地望向野生鸟蛋，将它们视为季节性的食物来源——不算无理。自上一次繁殖季结束以来第一次，平底煎锅上将滋滋响地煎着蛋和培根。但是，这顿春季狂欢的美妙香气掩盖的是毫无远见的愚蠢：食用鸟蛋正在使鸟类种群绝后。城市居民向营巢地围拢来，他们不理会巢中的鸟蛋，而是循例将每一个蛋打碎。这么做是为了防止带回家部分成型的胚胎。等一两天后，先前的鸟巢里出现了新下的蛋，这些饥饿的人群便再次返回抢掠一空，这一次他们将这些新鲜的盗猎物小心翼翼地装满了木盆木桶。

1886 年纽约州成为第一个通过范例法的州，虽然它的精要早在九年前已经出现在一个海湾沿岸州的法典中。引人瞩目的

---

① 詹姆斯·巴特勒·希科克（James Butler Hickok）的别称，他是 19 世纪中期美国西部的民间英雄式人物，经典形象是及肩的蜷曲长发和八字须。——译注

是，在佛罗里达深陷总统大选计票丑闻，导致选举结果遭到质疑的同一年，佛州的法律制定者仍镇定地制定出了宣告猎杀带羽鸟类和鸟蛋违法的法令。海湾地区的其他地方，立法保护也在缓慢吃力地进行着。直到 30 年后，海湾的最后一个州，亚拉巴马，也拥有了范例法。[29]

　推动州和联邦政府的鸟类保护是奥杜邦协会的首要任务。作为一个全国性的组织，奥杜邦协会有两个诞生地，第一个是在 1886 年。乔治·伯德·格林内尔（George Bird Grinnell），他是一个名副其实①的自然学家，更别提他还有一个鹰钩鼻；他创立奥杜邦协会的时间，正是查普曼在曼哈顿上城数帽子之时，是美国鸟类学家协会提出范例法之时，是威廉·厄尔·道奇·斯科特发现海湾上那个幽灵群栖地之时。格林内尔是查尔斯·哈洛克的《森林和溪流》纽约办公室的编辑。作为一个消息灵通的知情人士，格林内尔准备好了宣传他的新组织。协会成员很快超过了五万人。这让他猝不及防，同时运营一本杂志和一个组织压垮了他，所以他不情愿地解散了后者。

　尽管如此，他创立协会的初衷得到了延续。查普曼创立了一本双月刊《禽鸟传说》（Bird-Lore），跟踪调查鸟类的处境，另外，麦基尔亨尼打造了他的鸟笼。在波士顿，这座女帽制造商和羽毛代理商的城市，哈里埃特·荷曼威（Harriet Hemenway）读到了关于鸟类屠杀的事件，她悲愤不已，并将此悲愤化作了有建设性的力量。荷曼威来自一个富庶家庭（约翰·辛格尔·萨金特②为她画过肖像画），她认为社会特权让一个人有义务奉献到

---

① 指其名中 Bird（鸟）一词。——译注

② 约翰·辛格尔·萨金特（John Singer Sargent），当时著名的肖像画画家，曾为西奥多·罗斯福、约翰·洛克菲勒画过像。——译注

利他事业中去。她的祖辈曾经鼓动社会保护被缉捕的外逃奴隶；她将鼓动社会保护被猎杀的鸟。1896年，她招募了她的表亲敏娜·霍尔（Mina Hall），然后两人邀请社会中的名流，创立了马萨诸塞州奥杜邦协会。900名女性组成了它的核心团队。其他各地的成员跟随她们的范例，纷纷在当地建立起协会——比如得克萨斯的塞西尔·塞沙斯。在海湾另一边的海岸上，九位女性、六位男性在1900年组织了佛罗里达奥杜邦协会。

几个州的团体开始每年在纽约市举行聚会，1905年便成立了全美奥杜邦协会联盟。其新任主席威廉·达奇尔（William Dutcher）说，协会宗旨是要通过推动明智的立法、建立鸟类保护区、设立保育员以树立起野生鸟类和"自私的人类"间的"屏障"。[30]

各州开始遵循范例法以来，全国协会开始为推动联邦的鸟类保护展开激进的游说活动。协会成立的五年前，国会已经通过雷斯法案，意味着联邦有权起诉任何违反州法猎杀鸟类的人。在此法案下第一个被起诉的，是一艘从得克萨斯的布朗斯维尔开往纽约，载着鸥和燕鸥的货船。然后，在20万封请愿信和奥杜邦协会说客的密集攻势下，国会在联邦的1913年关税法中增加了一道关于进口带羽毛服饰的禁令。

商业猎鸟人现在成为游离于法律之外的盗猎者。但不严于执行的法律不成其为好的法律。海湾各州没有设置任何野生动物相关的公职；负责执行联邦鸟类保护法的美国农业部，只向货运港口而非猎杀现场派出执法官员。此时，在其职责范围内，灯塔科（US Lighthouse Service）加入进来，负责戒备盗猎者。在得克萨斯州马塔戈达岛灯塔科看守人的守护下，得克萨斯州海岸鸟类开始恢复生机，另一边，路易斯安那的蒂姆巴里尔岛（Timbalier Island）的灯塔看守人，像很多猫一样，将偷蛋人轰走了。为了弥补执法漏洞，新英格兰画家亚伯特·赛耶（Abbot Thayer）自行筹资，雇用保育人并将其交给达奇尔，达奇尔彼时已是鸟类学家协会下鸟类保护委员会的负责人。

达奇尔最早雇用的一批保育人之一是 32 岁的盖伊·布兰德里（Guy Bradley）。他被指派去监护佛罗里达州的大沼泽地南部、佛罗里达湾，以及佛罗里达礁岛群。在海岛和湿地长大的布兰德里，深知他巡查的这片土地地处偏僻，外界难以管辖。他也知道一旦他戴上保育员的徽章，虽然他有郡县治安官的授权，但他的处境并不比一只长羽毛的鸟好多少。一个难对付的盗猎者叫沃尔特·史密斯，他打小认识布兰德里，他在即将被逮捕时射杀了布兰德里，留下他的尸体在他的巡逻船"奥杜邦号"上随波漂流。基韦斯特的大陪审团拒绝对此提起控告，这对鸟类救护者来说是一个极其沮丧的时刻。数周后，全国奥杜邦协会成立了。

一个兄弟，准确地说是第一个兄弟倒下了；正义没有得到伸张，威慑力也就不存在。保育员们有千万个理由重新考虑自己的人身安全，甚至放弃。饿狼击倒了牧羊人，走向羊群。尽管如此，其他保育员们仍选择继续坚守，包括负责守护动荡不定的夏洛特港的哥伦布·麦克劳德（Columbus MacLeod）。他独自一人住在一个狭小整齐的木结构房子里，房子周围只有一棵低矮的橡树和菜棕，前面是一个坚固的两层厚木板铺成的小码头。他当然知道狼群正在向他围拢。每年鸟群要回归栖木，狩猎者便每年都循迹而来。在 1908 年的 11 月，他们冲着麦克劳德来了，麦克劳德失踪了。他被绑上沙袋沉入了大海，他的巡逻船带着他死亡的线索浮出水面。在船上人们找到了麦克劳德的帽子，里面装着他的头骨碎片。他的尸体一直没有找到。那年在南卡罗来纳州狼群拿下了第三个牧羊人。

女帽制造业被卷入了这场暴力事件中，作为该行业公共形象的维护者，全国女帽制造业协会在公共关系前线竭力为自己辩解。它向消费者们保证，羽毛服饰是合法的，帽子制造商是可敬的。受到冒犯的女帽协会对奥杜邦和查普曼提起控告，指责他们在一次次冲突中发起公开谴责，是在诽谤这个行业，这不仅威胁到百万美元规模的行业，也影响到刚走出 19 世纪 90 年代大萧条的美国经济。努力工作的人们会因此丢了工作，行业协会发言人如此宣称，问题在他们口中变成了人和鸟之间的抉择。

在谋杀带来的恐惧中，查普曼选择了人，但他并不是与女帽行业站在一边。他反对再往盗猎者的枪口上送新的保育员，奥杜邦的总部一片愁云惨淡。此时为痛失人马而哀悼的达奇尔，有失优雅地提出了将鸟类群栖地和麻风病患者隔离区整合到一起的建议，认为这将比法律或保育员都有效。[31]

虽然这边一筹莫展，但鸟类保护区正焕发着生机——和麻风病院没关系。麦基尔亨尼鸟城的成功并非没人注意。

1903 年，达奇尔和查普曼带着请求来到罗斯福总统位于纽约州长岛酋长山的家中。罗斯福对眼前两位上门的推销员有着巨大的敬意：理想主义的查普曼，他相信每个人"心中都住着一只鸟"；大胆进取且总是一丝不苟的达奇尔，他将栖息在长岛上的每一只鸟都分出了类别。他们希望罗斯福将佛罗里达东海岸的鹈鹕岛划为鸟类保护区。他同意了，而且随之签署了一份总统令。于是，这片坐落于水美鱼肥的印第安河旁的 2.5 英亩的地块，就成为联邦政府开辟出的第一个唯一目的就是保护野生动物的保护区。墨西哥湾将是下一个。[32]

罗斯福在很早以前就展示了他作为一个爱鸟之人的善意。他对其兴趣的钻研系统深入，可以追溯至其童年时期。当他能认出一种鸟来而郊游的同伴不能时，他也会激动地大声喊出来。作为纽约州长，他签署过鸟类保护法令，作为总统，他列着清单记录白宫草地上出现过的带羽毛的动物。将他选为荣誉副主席的奥杜邦协会的数量比他知道的多得多。他曾在得克萨斯猎狼，在路易斯安那和密西西比猎熊，那个时候他第一次被墨西哥湾的鸟吸引了注意力。1904年身居高位的他意气风发，显然，他的矛头并不只指向托拉斯。他也对准了猎鸟人——"利欲熏心的鸟屠夫"，以及偷蛋人——一群"毫无道义，将后代资源挥霍一空的少数分子"。他再次提笔，将路易斯安那边上的布雷顿岛（Breton Island）和尚德卢尔群岛（Chandeleur Islands）划为另一个联邦鸟类保护区。[33]

联邦政府将开辟出上亿英亩的自然保护区，这成为罗斯福改革中的一记重锤。此前，政府将土地像忏悔节里的珠链一样分发给巧取豪夺的资本贵胄，他们认为公共领地的资源——矿藏、皮毛、石油、水、木材——是自由企业应得的权利。罗斯福最终设立了 51 个自然保护区①。其中 11 个在墨西哥湾，包括路易斯安那的东蒂姆巴利亚岛（East Timbalier Island），这里是去往北极带的白腰滨鹬的中途停留点，以及曾经被老法国人舍瓦利耶扫射过的帕西奇岛（Passage Key），还有夏洛特港一带的三个保护区。当年罗斯福在坦帕湾等待启航前往古巴对抗西班牙人时，曾经到过帕西奇岛，几年之后他也在夏洛特港附近钓过魔鬼鱼。1915 年他退任总统后，游览了布雷顿岛，在他设立的鸟类保护区中，这是他唯一拜访过的一个。

他随身的拍摄团队记录了这一幕。一位黑白分明的前总统，

---

①　也有资料称他设立了 53 个保护区。

腰部圆润，穿着长袖长裤，纽扣扣到了最上面一颗，袜子盖住了裤脚，戴着的一顶柔软的军帽被压得很低，全副武装地抵抗蚊子和蠓虫。随着胶片斑斑点点地播放着，他脚上只穿着袜子，正小心翼翼地在沙地和沙丘草间挪动。到处是燕鸥巢，容不得半点破坏。他后来向政府提出要消灭抢掠成性的浣熊，以保护鸟类和绿海龟的营巢。尽管如此，这个没穿鞋的男人弯下大肚，挖出了一窝 84 只海龟蛋。他的一位同伴后来说，它们为"我们的餐桌添色不少"。[34]

布雷顿属于尚德卢尔地区北边的一座岛屿，是密西西比迁徙线上的候鸟的一个重要过冬群栖地，也是约 33 种鸟类的夏季繁殖哺育地。有些营巢建在地上，有些在矮树丛里，有些在红树林带。在罗斯福的纪录影片拍摄时，有声技术还未问世，但看着影片你也知道前总统穿过的是一片有声季节，既有高分贝的啁啾、长鸣和怒吼，也有低迷的唧唧咕咕、喋喋不休和翅膀抖动时的扑棱扑棱。大海、长沼和近岸有丰富的食物，足以让大鸟安抚抱怨的幼雏。它们在四周和头顶疾飞、回旋、高飞、交错、转向、倾斜、转圜，忽上忽下，来去自如。一场吵闹的飞行对罗斯福来说就是大自然完美的空中表演。

罗斯福在《一个爱书人的旷野假期》(A Book-Lover's Holidays in the Open) 中写到了这次旅途。他赞扬了鸟城市长麦基尔亨尼。就那一件成就——那只鸟笼和拯救濒临灭绝的白鹭——就足以让人们称呼这位辣酱手艺人一声"鸟类学者"，路易斯安那奥杜邦协会也因此在 1902 年成立之初推选他为主席。他很快就投入新工作中。他的朋友，查尔斯·维里斯·沃德 (Charles Wilis Ward)，是一位富裕的纽约商人，他曾搬到加利福尼亚并在那里开设苗圃。麦基尔亨尼和沃德计划购买海岸边的地产，并将其作为鸟类保护区的延续补充进行维护。沃德帮助麦基尔亨尼栽种山茶花，后来这片花园成为日后艾弗里岛上的丛林花园，可想而知，其自然保护区的计划正是在他们筹备花园时成形的。

1911 年，沃德和麦基尔亨尼买了一大片沼泽地，并捐赠了13000 英亩给路易斯安那州政府作为水鸟保护区（多年后这里不得不消灭繁殖失控的海狸鼠）。同一年，他们接触到一位豪奢，奥利维亚·赛奇（Olivia Sage），她是镀金时代华尔街大鳄罗素·赛奇（Russell Sage）的遗孀，热心慈善。他们请求她买下马什岛（Marsh Island），马什岛是一座 76000 英亩的海岛，是鸭、鹅与世隔绝的栖息地。交易很快达成。赛奇也是一个爱鸟之人，她将这个岛拱手让与州政府，条件是将这个岛设立为野生动物保护区。

与此同时，麦基尔亨尼用外界捐款再加上他自己的钱，买下了邻近艾弗里岛的 86000 英亩湿地。这和日后的土地保护信托 ①非常类似，他亟须寻找一位捐助人。赛奇向他引荐了约翰·洛克菲勒，这位亿万富翁的基金会买下了这个地产。在路易斯安那州

---

① 美国的土地保护信托（land trust 或 conservation land trusts）作为一项自然保育制度，起源于 1891 年，在 1981 年美国通过保护地役权法案、土地信托联盟成立后正式得到推广。它主要有两种达成方式：一是非营利组织自己取得土地的所有权或保护地役权；二是为致力于自然保育计划的个人和机构提供资金支持。在第一种方式下，信托基金得到的土地可能始终由自己管理，也可能出售给第三方。这个第三方通常是政府，政府一般将该片土地与其他保育区合并，或划分为单独的保护区；第三方也可以是个人或企业，但无论是谁都必须遵守严格的土地保育条件。组织取得土地的方式主要通过自行购买、受赠取得土地的所有权或保护地役权。保护地役权（conservation easement），意味着在不取得所有权的情况下，永久性地限制土地上的一些权利，如土地开采、伐木等。个人出售地役权，一来不涉及所有权转让，土地不因此转为公用，不影响持有人在不违反保育条件前提下的正常使用（例如不允许建房，但可以种庄稼），二来个人在获得权利出让收入的同时，还享受税收抵扣优惠，因此得到广泛有效的应用。——译注

保育委员会管理地块五年后，基金会将其无偿转让给州政府，于是洛克菲勒野生动物保护区（Rockefeller Wildlife Refuge）和禁猎区（Game Preserve）建立了起来。

在佛罗里达，自然保护区大量涌现，像春天的番红花般——在栽下了它们的俱乐部女性和奥杜邦人眼中无疑是美丽的。蒂皮特建起了圣彼得斯堡地区的 11 个保护区。在得克萨斯州，州土地局将南边海岸的格林岛（Green Island）以每年一美元的价格租给奥杜邦协会。协会的保育人 R.D.坎普，虽然患有"恼人的"风湿，但成功击退了盗猎者。这一方面是因为格林岛是刺槐的天下，另一方面是因为有响尾蛇的助攻。"为了你的身体康健，你也不会到格林岛来"，坎普的接班人对野生鸟类摄影师泰德·克洛斯（Ted Cross）如此说道。27 年来，每年春天，克洛斯都从普林斯顿出发，带着相机和防蛇咬的护胫到这座岛上拍摄红红的白鹭，如克洛斯所说，它们是一种"极其美丽、稀有和有趣的鹭，令人心生爱怜"。保护区和保育人的存在确保了它们在这里世世代代生活下去。[35]

对于罗斯福和麦基尔亨尼来说，保育的意义就在于：未来。向前看，佛罗里达女性俱乐部联盟的主席去信给麦基尔亨尼时说道。她的组织正在努力促成大沼泽州立公园的成立，她去信便是在就如何通过"合适的手段将野生动物吸引"到公园征询建议。大沼泽地的漫漫保育长路是从拯救白鹭开始的。两年后的 1918 年，麦基尔亨尼在艾弗里岛上统计到了两万只筑巢的鸟。他对白鹭的未来感到乐观。[36]

幸而，"未来"来了，大屠杀有所放缓。它的战场转移到了欧洲，人类对鸟的屠杀转变为对人性的泯灭。世界大战使资源抽离了民用市场和时尚行业。女士服装省掉了几码布料，帽子也变小了，某种程度是为了衬托最新的波波头发型和适应新型的封闭式轿车设计。随着军事基地的建立，红灯区在各地纷纷涌现，在其中工作的女性也赶时髦佩戴羽饰，因此，害怕引起身份误会的良家女性也就将她们的羽毛帽子束之高阁了。虚荣又一次完成了道德劝说无法做到的事。但是，鸟类法案、保育人、保护区、奥杜邦们，以及爱德华·艾弗里·麦基尔亨尼在墨西哥湾保育活动中展现的精神意义非凡。

在和平重新回到全世界的群栖地时，新的枪火震响了墨西哥湾的上空。游客可能要大喊："他们在射杀鹈鹕！"开枪的是渔民。

全球八种鹈鹕，墨西哥湾有两种：褐色的和白色的。白鹈鹕飞到海湾越冬，聚集在障壁岛上，褐鹈鹕则是终年栖息于此的本地鸟。很久以前有人说鹈鹕长得"奇形怪状"，其他人，包括鸟类学家们，也没有停止过这种冒犯。弗兰克·查普曼站了出来，说它们应该得到我们的尊重。"鹈鹕存在的时候，"他写道，"人类还不知道在哪里。"[37]

20世纪中叶，在著名墨西哥湾画家沃尔特·安德森（Walter Anderson）的笔下，鹈鹕成了地球上最美的鸟。实际上，它们的确是海湾地区长久以来的标志。土著将它们的形象复刻在雕刻品和面具上，它们脑袋朝前的俯冲姿势总是能吸引住早期欧洲探险者们的目光。伊贝维尔1704年重返路易斯安那时，他所驾驶的船就名为"鹈鹕号"。1887年，新奥尔良的一个小联盟棒球队取名为鹈鹕，路易斯安那州也将褐鹈鹕作为自己的州鸟，刻画在其纹章和州旗上。圣彼得斯堡的城市标志是一只鹈鹕立在码头木桩上——自有码头以来，鸟儿们就占据了的落脚点。

/ 214

最后，还有迪克森·尼尔·梅里特（Dixon Lanier Merritt）所作的五行打油诗：

> 奇妙的鸟儿叫鹈鹕！
>
> 大嘴能将肚儿撑鼓。
>
> 张嘴往下吞，
>
> 一周食物屯。
>
> 可是老天，这小肚儿多无辜。

"一周食物屯"，这正是战争给它带来灭顶之灾的原因。美国在 1917 年卷入欧洲大战后便面临食物短缺。鱼肉价格猛涨，渔民大获丰收。鹈鹕有三加仑容量的喉囊，这比任何鸟类的都要大，因为吞食鱼类，它被指吃掉了渔民的生计。路易斯安那的法国移民亲热地叫鹈鹕 *grand gosier*——"大喉咙"；它的大喉囊使它们顶着抢劫犯、小偷和海盗的罪名。它们经典的俯冲入水捕食动作时刻提醒着美国渔民，来自鹈鹕的竞争无处不在。于是他们射杀鹈鹕，捣烂它们的鸟蛋。

对于群居的鹈鹕来说，这是一大伤害。它们不怕人，是无所畏惧的厚脸皮土著。为什么不呢？它们比恐龙长寿。它们还有来自《利未记》第十一章的保护，里面宣言鹈鹕是不可吃的。任何在码头或船上钓过鱼的人都知道这不是慎独之人该做的事。即使只有你一人，也不能做。褐鹈鹕总是会尝试亲近你。它们会快活地靠近拖网渔船、船泊处、船坞、码头，等待你喂给它食物。

对商业渔民来说，鹈鹕不是密友，而是乞儿。海湾渔民向他们的立法者和政府官员大声抱怨这种带羽毛的偷鱼者。他们写信给美国食品管理局的赫伯特·胡佛（Herbert Hoover），请愿政府出面扑灭鹈鹕。根据坦帕当地报纸的报道，其中一位愤愤不平者说："只要给我们渔民这个权利，我们立刻将它们清除干净。"另一位说："我看见一只鹈鹕在 20 分钟内就把足够任何一个家庭吃一周的鱼给吃没了。"一位精明的渔民代表律师可以在约翰·詹姆斯·奥杜邦的日记里找到他要的支持材料；这位鸟类保护者们的精神先驱说道，仅一只鹈鹕"毁掉"的鱼的数量就"非常庞大"。抛开奥杜邦，投诉者们的话语还带有爱国色彩。渔民们正在为战争中的国家提供食物，而鹈鹕对此造成了"不小的威胁"。[38]

除了不满的渔民，没人愿意再发生一次大屠杀。查普曼等人强调这种针对鹈鹕的牢骚没有价值。为了平息争端，美国食品管理局派 T.G. 皮尔森（T. Gilbert Pearson）前去调查。虽然皮尔森在海湾附近长大，但他不是渔民心目中做此次调查的合适人选。他是全美奥杜邦协会的执行官。他和得克萨斯州、路易斯安那州、佛罗里达州三地的保育委员会合作，于是数百只鹈鹕被杀死并送到华盛顿做胃解剖。在里面没有发现一条食用鱼。海湾各州判决各项控告不成立，鹈鹕不应受到伤害。那一年，即 1918 年（此时距离世上最后一只仅存的旅鸽被发现死在辛辛那提动物园已有四年），国会通过了《候鸟协定法案》（Migratory Bird Treaty Act），受到法案保护的鸟类有数百种，包括鹈鹕。

让爱鸟人欣慰的是，联邦法取代了奥杜邦协会史学家弗兰克·格雷厄姆（Frank Graham）所称的"东拼西凑的地方法"。但即使盗猎者们回了家，即使渔民们记起了鹈鹕是他们的朋友——能看到它们从半空扎进水里的身姿的地方就有鱼——海湾也从来不是一个平静的地方。挥之不去的噪声制造者就是前来狩猎的先生和女士们。[39]

多草的潮汐平原、水田（多是法国殖民时期留下的）、多海藻的沙滩和淡水河流对移民和旅居者来说同时意味着拯救和死亡。天堂也有黑暗面。对于路易斯安那沿岸，自然学家亨利·柯普曼（Henry Kopman）不无讽刺地说道，这是"北美大陆上最风景如画的狩猎场之一"。鸟类刚落下脚来，它们就成了狙击对象——那些鹅、白骨顶、鹤，还有超过 25 种在海湾越冬的鸭子。那些被来来回回的海浪追赶得跳脚的小鸟也不能幸免。[40]

《每日一铜币报》的玛莎·菲尔德也是这些小可爱和毁灭场景的忠实观察者："那些优雅的友好的小鹬鸟正站立在盐沼浅滩上……皮埃尔的枪突然发出巨响。两个小家伙倒在了地上。剩下的也好奇地聚拢过来。我无法想象他是如何再装上子弹的。"如果她知道这些勇敢的小鸟为了种族生存，做出了飞越海湾的壮举，想象一下她在注视这一幕时的情感变化。[41]

在此地会合的持枪狩猎男女多数来自北方，他们比游钓大海鲢的人更早来到这里。纵帆船和汽艇带着狩猎团进行为期数周的短途游览，白天是射击马拉松，晚餐是美味的野禽和烈酒。后来的火车让狩猎者以更快的速度去更多的地方猎到了更多的鸟。在海湾沿岸加尔维斯顿和博蒙特间的州际铁路上，列车站点可以不经事先安排，火车司机会为狩猎旅客和队伍停在能看到大量禽鸟的地方。在圣安东尼奥－阿兰萨斯峡湾铁路，狩猎人可以租用有个人房间的卧铺车厢——"艾萨克·沃尔顿号"，车厢配备完全为满足客户嗜好而定制，包括一位擅长烹饪野禽的厨师。休斯敦的一家铁路代理公司曾组织过一次沿铁轨而猎的探险活动，该探险路线环绕了整个得克萨斯海岸。

到深秋季节，整个主要的候鸟逗留地满地都是鸭子，每一个人都成了杰出的猎手。在 1894 年的阿兰萨斯峡湾，一个大海鲢垂钓者撇下鱼竿渔线，偷空在三个小时里猎了 160 只沙锥（鹬的表亲），在另外两天时间里又猎到了 251 只鸭子。你大可以夸口炫耀自己猎获了许多的猎物，只是下一个人通常也能夸这样的口。这成了消遣，而不是竞技。一遍又一遍地以同样的方式杀戮，不会变得无聊吗？

抛开显而易见的糟蹋不说，许多以此为乐的狩猎者自认为是保育人士。说到流血竞技的坚定信徒，没人比得上罗斯福，他是第一位奉行保育的总统，就像鱼钩和子弹系列中的《森林和溪流》是第一本环保期刊一样。而既是狩猎爱好者又是鸟类保护代名词的约翰·詹姆斯·奥杜邦，他身上所体现的这种两面性比查普曼或蒂皮特都更直接。奥杜邦最为人熟知的两幅画作——《玫瑰琵鹭》和《白鹭》，它们的灵感分别来自得克萨斯和佛罗里达礁岛群，你需要射杀几只鸟才能摆出可入画的姿势。但奥杜邦杀掉的海湾鸟类数量是远多于此的数千只，和一般的狩猎爱好者无异。他坦承有一次和同伴们在佛罗里达州群岛射杀的"带翅膀的动物"太多，以至于动物尸体堆积起来像"一座小小的干草堆"。同时，他也承认枪口不应该对准鸟类——只是他的除外。[42]

但是，海湾州府制定的最早的保护法案得到了狩猎爱好者们的支持。在 19 世纪 20 年代，立法机关宣布点火违法，点火指的是夜晚狩猎时使用火把照亮猎物的行为。接下来是在繁殖周期内设置禁猎期，保护濒临灭绝的狩猎物种，以及设置捕猎量上限以维持种群数量。狩猎者支付许可证和印章的费用，而这些款项将用于购买栖息地，他们也游说支持设立禁猎区，虽然这是为了确保他们的狩猎活动能持续存在。但和那些没有武装的环保主义者一样，这些持枪分子也关注未来。

没人看得比麦基尔亨尼更长远，也没人能像他一样在秋天破晓的晨雾中享受坐在隐蔽处观鸟的感觉。他是他所在的州未来别称"游猎者天堂"的鸭鹅狩猎的化身。但乔治·洛厄里，这位证实了鸟类跨海湾迁徙的有洞察力的动物学家，说作为一个环保主义者，麦基尔亨尼走在了时代的前面。当路易斯安那奥杜邦协会选择麦基尔亨尼做主席时，路易斯安那州的一份报纸称他是"路易斯安那州伟大人士奥杜邦在鸟类研究领域的合格接班人"。他集结了近 20 万只鸟（洛厄里认为这对揭示迁徙路线是极其重要的），写下了许多鸟类观察日志，几乎创立了鸟类保护区，并促成了其中三个保护区的建立，他赢得了各地爱鸟人士的尊敬。[43]

然后他又失去了。他想建立第四个保护区，但事实证明困难重重。到 20 世纪 20 年代初，他已经收购土地八万英亩，保护了 120 种鸟类，全国上下媒体夸赞他是不会让人失望的"好小子"。他刊登广告，招募疏浚队伍以扩大湿地范围，并提前招募好新保护区的七个保育员。但财务支援并没有如期而至，他只能从他游猎者的思维里生拉出一个绝望的办法：将保护区每年向游猎者开放三个月并向他们收取费用。他将此取名为路易斯安那海湾海岸俱乐部。俱乐部计划招募 4000 名会员，会费是每人 1000 美元。他立即招募了美国参议员、众议员和邮政大臣。

批评的声音大喊伪善、表里不一、背叛。他们说新划出的栖息地夹在赛奇保护区和原来的沃德－麦基尔亨尼保护区中间，一定会成为社会精英们快乐的狩猎地。《芝加哥每日论坛报》说，披露出来的真相"引起了一场绝对的控诉风暴"。其中最令人难过的指责大概来自 W.T. 霍那迪（William T. Hornaday），他是纽约动物园（布朗克斯动物园）的理事，美国野牛的救助者，野生生物保护领域备受尊敬的元老。他指控麦基尔亨尼是披着环保主义羊皮的狼，利用相邻的保护区引诱鸟群进入死亡的陷阱。[44]

面对疾风骤雨般的批评声音，俱乐部的支持者们指出，此时此刻争议地块正向所有人全年免费开放，而俱乐部则会推行季节性狩猎。它还将对狩猎者的数量做出限制，从栖息地中划分出禁猎地块，其中也包括位于现存保护区之间的候鸟迁徙路径。

后来接任达奇尔成为奥杜邦协会主席的吉尔伯特·皮尔森，勃然大怒。显然，为了让他的俱乐部合法化，麦基尔亨尼作为早期支持者扶持了皮尔森一把。虽然皮尔森是改邪归正了的游猎者，但他还是经常被批评对狩猎派的态度过于温和。为了保住他的声誉和潜在的工作机会，他一改前态，对麦基尔亨尼展开了炮轰。他展开了巡回游说，并播放他在路易斯安那保护区——合法正当的那种——摄制的鸟群影片，想以此摧毁麦基尔亨尼的海湾海岸俱乐部。他在格蕾丝·雷尼·罗杰斯（Grace Rainey Rogers）处取得了成功，格蕾丝是已故 P.J. 雷尼（Paul J. Rainey）的妹妹，规划中的俱乐部的部分土地就属于保罗·J. 雷尼。皮尔森说服了格蕾丝将土地设为野生动物保护区，并交给全国奥杜邦协会管理。

麦基尔亨尼丢了一个俱乐部，但收获了一个保护区。尽管如此，被误解和失去他所敬仰之人的尊敬依然是一件难过的事。他从没有原谅皮尔森这样反口复舌地背叛他。几年后，他往皮尔森在奥杜邦协会里的对手的箭筒里送去一支箭：他揭发说，自从奥杜邦协会在 1925 年开始运营雷尼保护区以来，他们就一直违反捐赠条约，让皮毛猎人用在保护区里射杀的鸟当作诱饵。而且，皮毛的交易所得有一部分进了协会口袋。皮尔森的主席之位本就摇摇欲坠，经过这次揭发，皮尔森的对手最终扳倒了他。

这些争端并没有打乱鸟儿们的生活。它们在路易斯安那有了

75 英里受保护的海岸线，以及沿海岸而建的一众禁猎区和保护区。它们的数量在日益增长。美国奥杜邦协会底下就聚集了 18 个保护区。狩猎者将一直存在，但会受到野生动物保护区的约束。鸟群迎来了另外一大群动物的加入，那就是聚集在海滨上的人群，这在长远来看并不一定是好事。

第三部分

未来的序幕

HASE UNITS

19世纪90年代墨西哥湾的海滨游客。

大海的边缘是陌生而美丽的所在。

——蕾切尔·卡森（Rachel Carson）（1955）[1]

　　也许是大海鲢带起了海湾的旅游业，但是对于20世纪以来与日俱增的游客，尤其是越来越多的不再带着渔线鱼竿前来的人来说，美国海拥有的不仅仅是一种好斗的鱼。即使是对海钓念念不忘的安东尼·迪莫克，也在停下的片刻中注意到，在他的垂钓经历中，没有"比这里的自然环境更健康更美丽的了"，"这里有全国最茂盛的植物，最多的、最有生命力的动物，还有最蓝的

/ 224

天和无与伦比的灿烂云霞"。而观赏此等美景的最佳地点就是海滩，"美丽的、微风拂面的海滩"。有的海滩白得无瑕，也有的海滩经过风和水的鬼斧雕琢，面对它们，你所能做的只剩下目瞪口呆。到了20世纪中叶，这些大自然的恩赐已经成为海湾旅游业的中心，同时也是海湾地区极为重要的经济资产。[2]

那么这些自然资产，或更准确地说，沙滩上的物质——沙子，是从哪里来的呢？大概在科学解释之外最常听到的，也是人们到海边最常得到的一个简单答案是：沙子被海水冲上岸，于是形成了沙滩。但它只解释了其中的一小部分。蕾切尔·卡森称沙子"美丽"且"神秘"，她说："沙滩上每一粒沙子，其形成都要追溯到生命，或说地球本身模糊不清的起源上去。"[3]

在海湾的一些地方，沙子新来不久，比如路易斯安那的沙子，就是由密西西比河从它流经的31个州带下来的沉积物所形成的。被北达科他州的孩子踢起的泥土可能最终出现在路易斯安那的海滩上，并顺带着成就了大泥潭独一无二的模样。这里的沙子通常像土一样是黑黑的，海滩平地"平滑坚硬得仿佛由柏油铺就而成"，19世纪《每日一铜币报》的记者玛莎·菲尔德说。这就是路易斯安那的海滩从来没有什么大名气的原因。当人们开始有兴致想晒日光浴，想光着脚在海浪里蹚水，更柔软、踩上去更舒服的白沙是最受青睐的。[4]

海湾大多数海滩上的沙子都由来已久。经年累月的河流、雨水、风，还有涨涨落落、冲刷不止的海水，它们都在运输沙子。即使是昨天刚出现的，也没有任何一粒沙是新的；每一粒沙都有数百年的历史，是万世以来不断被冲刷、打磨、翻滚和运送的结果。侵蚀造就了沙子，沙子造就了海滩，海滩造就了旅游业。

数万年前，当海岸线位置还在今天内陆更深的地方时，无数的沙粒就在大洋持续撞击冲刷岩石的过程中产生了。然后地球变冷，冰川凝固，大洋后撤，露出了如今耸立于世的凿刻分明的山峰。后撤的海水带着它们制造的沉积物到了海湾，沿着陆地一路到了海洋。当大洋稍稍回摆，海岸线便达到了今天的水平。如今沙滩的边缘并不停在海浪拍岸的地方，而是远远地往海湾延伸到没入海水的大陆架边缘。

当海洋退出山峰，冰川和随后的雨水将取而代之，成为勤勤恳恳的侵蚀推动力。滴在坚硬的矿物集结物上的每一滴雨水都是一次敲击，每一次的力量极小，但时间赋予它力量，岩石被瓦解成了微粒；而每一滴雨水都是搬运工，将沙粒裹挟着落到土地上，运送到大洋里，或者跟随河流和小溪汇入大海。流入墨西哥湾的每一条河都曾布满了矿砂沉积物，还有一些，比如密西西比河和格兰德河，现在依然如此。高山不仅仅是地球的外脊，它们的冲积物是覆盖地球表面的土沙外衣。它们的泥沙流形成了湖底、海床和海岸。

所以当你走在海滩上时，你走过了高山。你还走过了海洋生命。混在矿砂里的还有被碾至粉尘状的珊瑚残骸、海洋生物化石和软体动物的壳——就是"她在海滩卖海贝壳"[①]里的海贝壳。西南部佛罗里达的沙滩是矿砂和颗粒状的海洋生物残渣的混合物，也被称为钙质砂。佛罗里达大陆架有四分之三是碳酸盐。贝壳的漂浮物则留在沙滩上，它们是覆盖在现有沙子上的未来的沙。

沙子从未停止移动。无论是在佛罗里达州还是得克萨斯州，

[①] 引用的是一段有名的英语绕口令中的一句 She sells sea shells by the seashore。——译注

沙滩每天都在发生变化——轻微的、不是总能被肉眼捕捉的变化，除非一场风暴到访。沙子被风、水流和拉扯海岸的潮汐裹挟着移动又抛下。一个平平无奇走完了全程的波浪——从海水到层浪，到薄薄一片拍岸的海浪，到最终渗入岸沙——会带动至少数千吨的沙子。就像地理学家迈克尔·韦兰（Michael Welland）说的，沙子的旅程是无止境的，"上岸，下海，或沿岸而行"，退入水中，形成近岸沙洲，在某个时候它很可能又会回到沙滩上。5

在 20 世纪 50 年代，得克萨斯农业与机械学院（即现在的得克萨斯 A&M 大学）的小威廉·阿姆斯特朗·普莱斯教授（Professor William Armstrong Price Jr.）常常回到他家乡的海滩。他花了大量时间研究得克萨斯州的风成海岸，风成（地貌）得名于希腊的风神埃俄罗斯①。地理学家们主要研究的是风神在沙漠地貌上的扬沙效应，尤其在经历了 20 世纪 30 年代那场改变了大平原地貌和人口结构的黑色风暴②后。但是这位架着眼镜的普莱斯教授，他的兴趣都在风吹皱的海滩和风堆成的沙丘上。就每一个颗粒来说，得克萨斯州的沙子比路易斯安那的要轻，它几乎全由矿物组成，颜色从白到粉。沙子颜色和布拉索斯河、（得克萨斯州的）科罗拉多河和格兰德河的泛滥平原地势相匹配，一直到格兰德河的源头——白雪覆顶的落基山。格兰德河中带有高

---

① 风成地貌指因风力的侵蚀、堆积等作用而形成的地貌，英语中"风成的"一词为 aeolian，源自希腊神话中风神的名字 Aeolus。——译注

② 美国此前持续数十年的农业扩张导致过度开垦，平原荒漠化，再加上当时持续干旱和大风天气，1930~1936 年北美大平原发生了大大小小上千次沙尘暴侵袭灾害，风沙席卷时形成遮天蔽日的深色云雾，被称为黑色风暴，这是一场巨大的生态灾难。连年的沙尘暴使大平原成为不毛之地，农民生活难以为继，因此又导致了美国历史上一次最大的生态移民潮。——译注

岭土，可用于制陶瓷和牙膏，它的颜色从灰色到红褐色都有。赤铁矿，属于氧化铁的一种，是沙波纹呈现出粉红色的原因，随科罗拉多河和格兰德河流动。所有河流都带有石英，它便是白沙滩的创造者。

石英是地球上分布第二广的矿物，几乎每一种岩石中都有它。石英的多种类型自古就被应用于珠宝制作。它一直是沙滩的主要颗粒物，在晴朗的天气里会反射出耀眼的阳光。佛罗里达的长海岸主要是石英，有些地方几乎是更新世就存在的纯石英。狭长地带和西半岛海岸上的沙子来自皮德蒙特和阿巴拉契亚高地，当时的它们高耸入云，比现在要高上两万英尺，和今天的喜马拉雅山一般高。侵蚀下来的泥沙向南流过半岛，流入已经变清澈的阿巴拉契科拉河和曾经到达过海湾的田纳西河。沿岸洋流将山砂沿狭长地带分布，最西端到达彭萨科拉的圣罗莎岛。

佛罗里达的海湾沙滩可能是世界上最白的海滩，带着"特殊的闪耀和光彩"，卡尔森写道。当你光脚走在上面时，干燥的沙子会嘎吱作响，也有些人说是唧唧声。沙滩是另一个世界——温暖，松弛，洁白，但又充满色彩，无疑是诱人的——这也是为什么，近代以来，它活跃在人类历史中。[6]

现代海湾海滩的历史是又一段不被熟知的过往，它可以用以下这段话开始："我好奇夏天的游客怎么能错过如此可爱的一处地方……这里有最柔和的阳光、最咸的海风、最好的钓鱼点，海滩浴值得开设单独的运动和卫生保健课程。"[7]

这段话出自 19 世纪 90 年代新奥尔良的《每日一铜币报》中玛莎·菲尔德的刊文。她轻快的行文听起来不像典型的报纸文风，当时的报纸每个版面都挤满了豆腐块文字，密密麻麻地充斥着摘要性文字。菲尔德的上司是伊莱扎·简·尼科尔森（Eliza Jane Poitevent Holbrook Nicholson），美国大型日报的第一位女性发行人。

她在1876年丈夫去世后接管了《每日一铜币报》，事实证明她是一个改革者，因报纸名称（"铜币"意味着小气）给人们带来了不少误导，她希望能提升大众对报纸的观感。她为办公室接通了电力，安装电话，将印刷机换成了莱诺铸排机，同时，桌上的墨水瓶和吸墨纸让位给了庞大的新型机器打字机（执着于纸笔的守旧者则绕道而行）。至于报纸，她翻新了它的周日版，一般而言周日版是被行业视为到手就扔的版面，但她在上面加入了一系列话题，从旅游到儿童文学到家庭事务，为每一个家庭成员都准备了一些内容。

为了扩充那些排列紧密、四四方方的格子，加入更多更有趣的主题，她聚集了一批女性作者，当时除了社交版外就很难再见到开放给女性记者的机会了。尼科尔森用她的笔名珀尔河（Pearl River）撰写了她自己的评论专栏，专栏名为"沉默是金的自然"，专栏多以动物虐待为主题。她重金请来得克萨斯州的知名作家和诗人莫丽·伊芙琳·摩尔·戴维斯（Mollie Evelyn Moore Davis）讨论当时的进步主义议题，还有多罗西娅·迪克斯（Dorothy Dix），她和尼科尔森一起首创答问专栏，以及凯特·肖邦（Kate Chopin），她的小说以自我解放的女性为主角，在国内广受欢迎。她们，以及玛莎·菲尔德的才能，帮助尼科尔森将报纸的发行量扩大到原先的三倍。

菲尔德在1881年加入，用凯瑟琳·科尔（Catharine Cole）这个笔名开了一个定期专栏。女性记者通常会用笔名写作，以防她们的丈夫因自己妻子外出工作而惹来闲话，所以尽管菲尔德已经是寡妇，但她还是这么做了。她生于密苏里，在新奥尔良长大，在马塞·勒弗朗研究院（MacéLefranc Institute）上学，她此前在三家报社工作过，后来在尼科尔森和她口中的宏伟愿景的诱惑下去了《每日一铜币报》。

和她老板一样，菲尔德长得娇小秀气，自信于她作为女性所具备的才智。她也是一个无畏的采访者和旅行者，她最著名的文章是关于路易斯安那的。虽然有时也充斥着维多利亚式的华丽辞藻，但她的文章总是富有生气，不管描写对象是一个卡津渔民还是那片给他生计的海湾。她为读者们介绍路易斯安那的人种多元化的人口结构（黑人、白人、中国人、克罗地亚人、意大利人、西班牙人和克里奥尔人），以及同样多元的地貌（松林、湿地、长沼、沿海沼泽和沙丘）。

1891 年，尼科尔森派菲尔德去执行一个 1800 英里行程，遍及全州 39 个地方行政区的任务。她在陆地的交通工具是一辆单座马车，拉车的是一对"瘦长结实的克里奥尔小马驹"，驾车的是一个"矮小的有色人种的小伙子"，而沿着海岸，她乘坐的是纵帆船和 pirogue（路易斯安那方言，是一种手造的类似独木舟的船），如此断断续续地走了两年时间。她一路上遇到了暴雨的伏击、闪电的恐吓，曾经陷入泥潭，遇到前路被洪水冲毁而不得不回头，遇到短吻鳄，遇到像被婚礼彩炮喷出来的一大群飞虫。这些经历激励了她。虽然当她提到残忍的猎鸟人时——包括那个在海滩上射杀鹬的皮埃尔——你能感觉到她语气的强硬，但她极少遇到讨厌的人。同样地，她没遇到过讨厌的风景。海岸边是沼泽湿地、海滩和海浪，沿岸航行是最为困难的。她称自己"多少成了海陆两栖了"。[8]

只是在最近几十年时间里，美国才开始往相同的海边涌去。

/ 229

19世纪不断扩张的城市，很不幸地变得越来越喧闹、狭窄和有碍健康，那时公园绿景还不常见。人们日益渴望逃离呆板的灰砖水泥，暂时的逃离也是好的。刚开始，他们去乡下享受片刻的田园生活。随着社会对端庄持重的看法开始改变，放松也渐渐被当作消遣的形式，但更多的是人们内心深处对大海的恐惧解除了，于是海边的沙地开始受到关注。

在休闲人士还不是海滩游客前，他们是海浴的爱好者；也就是说，他们不会涌去面朝开阔海域的海滩，而是喜欢被陆地包围的水域——海湾、峡湾或者潟湖。夏季的海岸需要具有创造力的头脑来将它变为度假胜地。正如海滩史学家莉娜·兰塞（Lena Lenček）和吉迪恩·博斯克（Gideon Bosker）所说，今天我们知道的海滩——人们躺着晒太阳、踏浪、眺望无尽的地平线的地方——是被发明出来的。它需要历经几个世纪的观念转变，还有像玛莎·菲尔德这样的发烧友来推动事情的发展。

其实，美国人并不是在发明创造，他们只是在古老的情感碎片中找寻其中被遗忘的，然后将它重复。古罗马人和古希腊人对海滩是疯狂痴迷的。虽然众神总是通过大海和海岸发泄他们的情绪，虽然在荷马的故事里出场的总是海妖，但人们依然抛开恐惧，在地中海和爱琴海的浪花中嬉戏。罗马人学会了逃离使人愚笨的城市中心，去往空气轻柔、视野开阔的海边，而希腊人则更钟情运动。包括水上运动，甚至还有古希腊版的肌肉海滩，比南加州的那个早了1000年。对于哲学家和诗人——普鲁塔克、索福克勒斯、西塞罗，甚至是荷马——海岸唤起了他们心中的极乐世界。但当这个希腊罗马式的世界坍塌，海滩的美好印象也不复存在了。

公元 476 年罗马帝国陨落，随着人口中心北移至欧洲大陆，以及基督教影响的扩大，海滨失去了它的光彩。首先，就像兰塞和博斯克说的，那里缺少地中海有的快乐。北方的天空更灰暗，海水也更凉；瘟疫通过海港进入内陆。人们相信浸泡在水中会使毛孔张开而受到感染，他们因此躲避洗浴。干净指的是衣服，而非身体；在一个基督世界里，身体不是用来崇拜或显露的，就像它在希腊艺术和水中展现出来的那样，是"虚荣中的虚荣"。此外，大海是《〈圣经〉旧约》中恐惧的来源。基督教的统治需要塑造一个充满畏惧的世界观，以令人向黑暗的中世纪低头，远离阳光灿烂的海滩。《创世记》里的伊甸园没有海，也没有洋。旧约中海是"巨大的深渊"；上帝令大洪水冲走罪恶极大的人类。在《启示录》也就是《末日》中，一只七头怪兽从深渊中升起；在《但以理书》中，它又释放了另外四头巨兽去侵扰圣人。9

即使西方人想从地中海遗迹中找到蛛丝马迹，古希腊和古罗马幸福生活的重要证据——海滩、海浴和度假胜地——也已经丢失在了随全球变暖升高的海平面里。而吞没一切的海水又成为另一个要避开海岸的原因。

几个世纪以来，欧洲人对于海滩一直背负着许多感情包袱。早期西方神话中茫茫大海是洞穴巨人和木精灵的庇护所，里面躲藏着巨蛇和恶龙之流，它还是地球的坠落边缘（这更是一个广泛流传的观念，而非学术共识）。除了神话和迷信外，可怕的现实事物也有很多。甚至比森林更甚，大海总是充满无法控制的东西——它们总是巨大无比，而且很多还吃人。在《海上劳工》里，维克多·雨果让他的主人公吉利亚特陷入一场与大章鱼的恶战中，这个生物被描写为"天选的恶魔……它们是黑暗力量转变而成的巨兽……既是幽灵又是怪兽"。10

海滩离危险的大海仅一步之遥。它是遭遇大风暴的入口，常常没有预警，更别提迎接或懊悔。遭遇海啸的次数要少些，但它们无不拥有摧毁毫无防备的村庄的力量。有时，它们到来时，天蓝云清，让人无法相信在这样的环境下灾难即将降临。阳光如常照耀，小鸟声音洪亮。只是气氛变得阴暗，人们陷入了偏执。当你凝视深不可测的大海时，你的目光很可能收获一只年老的信天翁，它像是在发问：远方潜伏着怎样的危险？

这个问题没有困扰墨西哥湾海岸的土著——至少在怀有敌意的欧洲人出现在海滩上之前是这样的。在北美人的宇宙观中，大海是恭敬之地，是地球万物——包括人类——的发源地。当然它里面生活了各种生物，但不是怪物，而是可供食用的生物，骨头、牙齿和皮毛可以被制成饰物和有用的工具。暴风雨是常事，因此人们总是有所准备，比之其他地方，墨西哥湾地区更是如此；许多土著居民，比如卡兰卡瓦人，他们会有意在暴风雨季节搬到远离海岸的地方。土著人也会定期海浴，闻到欧洲来的基督徒身上的刺鼻气味时会捏住鼻子。

在一场漫长的海上之旅过后，早期的欧洲探险者们可能将沙滩看作新大陆绿白相间的大门在向他们招手。但结果经常是一场外来入侵者和当地抵御者的血战。如果大家还记得的话，庞塞·德莱昂抵达海滩的那天腿上就被扎了一支毒镖。如果你有幸在一次海难中存活，你会被冲上海滩，那是你的救赎之地——只是你可能会被土著人掳去当奴隶，就像卡韦萨·德巴卡曾经经历的那样，如此你可能宁愿溺死在大海，为人类文明而牺牲。比被奴役更惨的命运在等待着正划着大艇在得克萨斯海岸寻觅河口的罗伯特·拉萨尔六人船队。当夜色降临，他们在岸上安静扎下营时，从黑暗中冲出一群土著，将他们杀死。几个世纪后，战场才成为游乐场。

即使在病菌入侵，土著数量锐减，海岸大开后，海滩对欧洲人来说也意味着冰冷的隔绝和危险，而不是休憩和放松。独立战争打响前，伯纳德·罗曼斯对墨西哥湾海岸也少有好话。他说的是"怒吼的狂风"、"阴冷的北风"和雷鸣电闪。经历过海难，他知道对于探险者和地图制作者来说，海岸也是一个令人头疼的地方。它的看似宜人只限于因围于海湾而显得安全的港口，以及以大海为生并深知其风险的吃苦耐劳的人民。海滩是用来挖海龟蛋，清理浮木和失事船舶的。否则，它不会给任何人带来麻烦。[11]

为了跟上时代步伐，1850 年的玛莎·奥斯丁将她的兴趣放在了内湾海岸（bayshore），而不是墨西哥湾海岸（the Gulf shore）上，她游说她的丈夫威廉，在东比洛克西兴建游客之家。东比洛克西是密西西比湾和比洛克西湾交汇点上的一个渔村，是最初法属路易斯安那的首府，当时法国人还只是简单地叫它比洛克西。他们后来将首府和其名称一道迁往海湾另一边更好的水域边上，并给了旧首府一个不真实的子身份叫东比洛克西，混淆了殖民地的开拓进程。

在奥斯丁夫妇随玛莎的提议展开他们的事业前十年，密西西比州的一位牧师在此处搜寻适合进行洗礼的水域时，他发现楔入陆地的内湾上有一处含矿物质的泉水，这片陆地就是东比洛克西。海岸平原下的蓄水层渗入了海水盐分，在密西西比州的海湾沿岸创造出温泉浴场一样的矿泉。印第安人曾经在这里洗浴，美国白人也产生了同样的兴致。

奥斯丁夫妇来自新奥尔良，丈夫威廉在那里行医。东比洛克西坐落在槲树荫翳下，上面稀疏地交错着用碎牡蛎壳铺成的窄道和小径。玛莎和威廉在 300 英尺槲树成荫的海湾边盖了一座白色墙板的旅馆。里面是呈弧形走向的上下走道和 150 间客房。走出旅馆外的尖木桩栅栏，你可以登上在一旁等待的马车，随着马蹄踏在杰克逊大道上的噔噔声，你可以去往峡湾，或另一头的泉水。奥斯丁夫妇将他们的建筑起名为海泉旅馆。镇民非常喜爱这个名字，1854 年便用"海泉"（Ocean Springs）替代了东比洛克西。

对密西西比的温泉产业来说，奥斯丁夫妇算是后来者。在比洛克西一带的海湾，虽然居民不足 1000 人，但营业的旅馆就有六间。有些已经开了十年甚至更长。它们都非常相似——木地板、波斯毯、抛光的楼梯扶手和栏杆、金光闪闪的大吊灯、墙纸和壁板、天鹅绒的垫衬和窗帘，再加上丰富的休闲度假设施：浴室、桌球室、酒吧间、舞厅，以及独立的家庭套房。游客在这里包管满意，垂钓码头伸入峡湾，向导随时待命，将你领上小船，甚至为你备好饵钩。开私人游艇来的客人组织了一个游艇俱乐部互相竞技，他们的赛艇会成为这里夏天不容错过的节目。

但是将游客吸引到比洛克西和大洋泉，以及后来的圣路易斯湾、帕斯克里斯琴（Pass Christian）、帕斯卡古拉和密西西比市（也就是后来的格尔夫波特）的，是泉水。用早年一位编年史作者的话来说，它们无不"有着得天独厚的气候条件和地理位置"。它们被戏称为"六姐妹"，比洛克西又是其中的"泉眼王后"，密西西比的温泉度假地与捕鱼作业的水滨码头和谐共存，有着维多利亚式的悠闲惬意。客人们无须闻到当地罐头厂的气味，但风帆猎猎、渔船环绕的风景却尽收眼底。旅馆的餐桌铺好了亚麻桌布，上面供应着当地捕获的鱼、虾、牡蛎，再搭配上路易斯安那的新晋辣椒酱——塔巴斯科辣椒酱。蒸汽班轮定期往返，将这里的水产带往莫比尔港和新奥尔良的市场，同时卸下商品、食品原料、邮件和度假的旅客。海泉用被罐头厂丢弃的牡蛎壳堆起了一座塔，塔顶装了航标灯，为晚间到达的班轮导航——以免班轮略过此地到了下一个度假地。[12]

旅店营业季节性很强，它迎合了一种传统。很长时间以来，南方种植园主都倾向于逃离夏天里令人窒息的种植园，去往他们在沿海海岸的第二个家，在高窗宽廊前度过惬意的时光，这点上很像古时的希腊人和罗马人，都是以奴隶为基础的。1821 年西班牙将南密西西比和亚拉巴马割让给美国，几乎就在同一时间，种植园主建起了第一批度假屋。此后，在这个国家百年诞辰之际，南方文化的引领人、前邦联总统杰弗逊·戴维斯，来到了比洛迪西附近，加入了他们。战争惨败后，这位身无分文的英雄搬进了毕沃益尔（Beauvoir）庄园的一间小村舍。

庄园主人是莎拉·多尔西（Sarah Dorsey），她同情前总统的败北，为他提供这里的食宿。她还帮助陷入情感低谷的戴维斯撰写回忆录，希望能借此挽回他的声誉和财产。从他的陋室窗户望出去，可以看到这座 608 英亩庄园的标志性自然风光：有一道自流泉流入的淡水湾头湿地。旁边就是庄园的主建筑，一座拔地而起的路易斯安那式种植园房屋。法式大门九英尺高，窗户外是白色圆柱门廊，从门廊望出去就是生机蓬勃的峡湾。三年后，多尔西将这座庄园和它的风光遗赠给了戴维斯。

城里人，多数来自新奥尔良和莫比尔，也在海岸上盖起了避暑的别墅。希腊罗马式的公共浴场用竹制管道将矿物泉水引来，于是光是浴场和泉水就吸引了大批度假游客。驱使人们收拾行囊逃离城市的主要原因是都市夏日的炎热和潮湿，但这些都比不上传染病。

城市，等于健康隐患，就是这么简单。虽然有人清理，但餐厨垃圾被倾倒在街道沟渠里，上面飞满了苍蝇，猪满街乱跑，十足街头帮派的样子。"必要的"人——这是人们避重就轻的称谓——会从公共厕所和地下室里拉走一车车的马粪和人粪。因此也就不奇怪，城市是疾病的大熔炉：霍乱、天花、伤寒、肺结核、流感。黄热病，也称黄色瘟疫、黄杰克，是墨西哥湾地区苦难的根源，异常险恶：先是使人脉搏衰弱、牙龈流血、尿血、发热、吐出发黑的呕吐物，随后就是了结一切的死亡。

研究南方疾病的专家将多数的传染性疾病归咎于有毒的空气。他们对细菌和病毒性感染的概念知之甚少，或者持怀疑态度，认为城市普遍的肮脏输送了瘴气——不加掩盖的粪坑和随处可见腐烂的垃圾和动物尸体。天气越热、越潮湿、越闷，理论上来说，这种污浊之气也就越强。得克萨斯州的科珀斯克里斯蒂曾暴发过一次黄热病，其间，一位着急的居民写信给她在普鲁士的父母说："黄热病出现在水无法排出的街道上，因此产生了传染性的物质。"[13]

说到聚水，没有什么地方能比得过新奥尔良。毕竟，比安维尔和法国人将他们的新首府建在了一个湿地上。更糟糕的是，汛期发大水是密西西比的自然之道——湿地之蜜糖，城市之砒霜。城镇刚刚重整起旗鼓，洪水就泛滥开来。比安维尔下令修筑防洪堤，结果导致陆地和海水的高度错位，将水平面上的景观颠覆了。走在街道上，你抬起头，能看见轮船诡异地行驶在河面上，从你面前经过。他成功地克服了河流——有时候——但当黑云压顶时，洪水从房顶一泻而下，根本无处可排。聚集的水池滋生蚊虫，于是黄热病暴发，为今后的新月城打下了不光彩的烙印。

随着事情的发展，穷人——被鄙视住在潮湿肮脏的街区，仿佛这是出于自愿——被指责是城市传染病肆虐的源头。内战前，新奥尔良的人均收入是全国最高的，显见于歌剧院、戏院和花园区安妮女王维多利亚式和希腊复兴式的房屋建筑。这个有着法式锻铁阳台的高贵城市也有它的贫民窟。住在那里的有这个城市多数的黑人（新奥尔良的黑人人口占比是全国最高的）和移民，主要是德裔和爱尔兰裔。贫穷的街区由于缺乏雨水排水系统，通常成为传染性病毒的第一个目标。

黄热病每个夏天都会造访，但没有哪一次比1853年造成的后果更惨重。那是美国史上最严重的一次黄热病暴发，导致新奥尔良一万人病倒。街上弥漫着黑色烟雾，是铁桶里燃烧的木馏油，这是一种常见的——但有毒的——用于铁轨枕木和码头板桩的木材防腐剂。政府官员有一种错误的观念，他们以为这种刺鼻烟雾能帮助清除空气中的瘴气。它并不会。《纽约时报》每天报道传染病死亡人数。最终死亡人数是8000人，占当年这个城市死亡数的一半。

没人知道并不是那个看不见、不存在的气体，而是一种厚颜无耻的蚊子——埃及伊蚊——传播了黄热病；而黄热病是一种病毒性疾病，经过伊蚊从受感染的人类宿主传播到了新的未感染宿主身上。蚊子和黄热病都是从非洲来到美洲的，伊蚊无意中搭上了西班牙运送奴隶的船，而船上奴隶的血液中又带有黄热病毒。非洲也很可能是疟疾的源头，这又是另一种频繁困扰海湾的疾病。那里的蚊子——疟蚊——本是一种虽然讨人厌但无害的土著蚊，直到它将一位来自旧世界的带菌者的病毒传播到了新世界的人们身上。就像几乎所有的外来事物一样，疾病也是通过海港进入新大陆的。

海湾是繁忙的交易地，来自中美和南美、古巴、加勒比的商船在这里卸下热带来的商品——红木、橡胶、朗姆酒、咖啡、菠萝、香蕉，以及热带疾病。新奥尔良在进口疾病方面领先全球。一个来自热带地区被感染的行动自由的水手，去了酒吧和妓院，他就能令一整座城市瘫痪。

一个特定的自然条件决定了灾难的范围：雨水。死亡惨重的那一年，1853年，也是甘蔗获得极大丰收的一年。如果当年夏天田里生机盎然，新奥尔良便能预感灾祸将至，虽然没有人知道为什么。实际上，埃及伊蚊比起沼泽，更喜欢雨水作为它的繁殖地，雨水洼地多见于街道、接雨水的水桶、家畜的水槽，甚至是花盆。滋养了农作物的雨水，也滋养着蚊虫，悲剧的是，它们从成千上万的花瓶中滋生，成长为强大的入侵力量，而放下花瓶的正是黄热病受害者的亲友们。

新奥尔良的易感性是一种必然。涌入港口的船舶和水手稳定得就像一条终年流经它的大河。它的码头有两英里，是世界上最长的码头，永远高高堆着板条箱、大木桶和捆扎的棉花包。只有新奥尔良和波士顿的装卸工能经手更多的船货。内战时货运量短暂地下降了，战后恢复后，新奥尔良是美国第四繁忙的港口，虽然它并没能保持这个名次。接近19世纪末时，它掉到了第12位。铁路固然抢走了一些货运生意，但更重要的是，新奥尔良的发热体质令商人和游客望而却步。

当地人也没有责备他们的立场。每年夏天，有条件的人都会搬离新奥尔良。一般来说他们会去"六姐妹"，在泉水边等待的时候，享受有益健康的海湾微风的抚慰。像威廉·奥斯丁这样的医生，通常都会开这样一剂处方——到远离城市的健康的度假地去；顺便他还能一并推荐住宿地：在黄热病肆虐的1853年夏天过后，威廉和玛莎的大洋泉旅馆开业了。

有时候，处方中建议的休息地也会沾染上死亡的气息，就像 1878 年发生的那样，黄热病意外降临到海泉市。路易斯维尔 - 纳什维尔铁路从附近的铁路厂往被疾病袭击的度假地运送了十桶木馏油。浓烟滚滚，日夜不停，也许它的确帮助控制了蚊虫这个隐匿的凶手的滋长，但依然有 30 人死去，其中包括大洋泉旅馆的经理和他的一些住客。

疾病在 1897 年再度来袭，刚开始，卫生检查员认为是人们吃了受城镇排放的污水污染的牡蛎导致的染病。然后他们意识到他们面对的是另一种训练有素的黄热传染病，并将源头锁定到一个刚从危地马拉来的外地人身上。不幸的是，在军队建立起检疫前，旅客纷纷逃离回家，将瘟疫沿着铁路线带到了马孔、亚特兰大、孟菲斯，甚至芝加哥。超过 500 人因此死亡。

如果一个度假胜地不再能推销有益健康这个好处，它依然能提供新的消遣。多年前，"六姐妹"就将增加冬季项目提上了日程。他们这么做不无道理。举个例子，如果你住在芝加哥，寒风鞭笞着密歇根湖直到春天，相较之下，墨西哥湾看起来就是一个热带天堂，而且只是一段火车之旅的距离。当地史学家说，帕斯克里斯琴的墨西哥湾旅馆，是第一家招待冬季旅客的旅馆。墨西哥湾旅馆于 1883 年开业，有 250 间客房，每晚收取 3~4 美元的房费；直到 1917 年毁于大火前，它都一直挤满了逃离霜冻平原而来的中西部人。

在它的东边，冬季的海泉市变成了一个小芝加哥。其中一位风城的逃离者是大名鼎鼎的建筑师路易斯·沙利文。在 19 世纪 90 年代，钢铁摩天大楼的大师在海湾边上盖了一座单层木结构的房子。他称他的冬天家园是"一座已经沉睡了祖祖辈辈，无忧无虑的村庄"。他显然对黄热病的暴发一无所知。[14]

讽刺的是，最令人害怕的海湾最前沿，也许用它持续稳定的大风驱赶了有传染性的蚊子，为人们提供了更好的保护。就在游客们依然沉迷于近岸的温泉和受障壁岛保护的峡湾和内湾时，海湾上的科学家们正在研究大海的神秘之处，并解出了其中一二。海岸线的勘测、绘制帮助他们更好地认识了这片海。但大海的深处是怪物还是其他什么，依然是个谜，为了找到答案，海岸勘测局在 1877 年发起了一项重要的墨西哥湾水底生物研究——这是前所未有的。

就在几年前，许多科学家仍赞同无生命假说，也就是相信深海中没有生命。英国博物学者爱德华·福布斯（Edward Forbes）在 1840 年首先提出这种假说，认为 300 英寻（800 英尺）以下的深海寒冷且缺乏光线，无法支持生命体。福布斯是一个博物学家，但他更为人熟知的身份是钢笔漫画家，他为杂志报纸作画，画离奇的吃人的海洋生物，怪兽似的飞鱼，还有侏罗纪的海生恐龙。这难道不是十足的讽刺吗，科学家们欣然采纳一个漫画家提出的假说？也有大量证据与其假说产生了矛盾，其中包括一位葡萄牙渔民的证言，他自"远古以来"就开始从深不可测的深海里打捞出鲨鱼。但是，博学的科学家们不愿意承认一个词不达意的经验主义渔民说出来的话，于是几十年来，专业人士们的傲慢让他们坚守着一个错误的推论。[15]

但是质疑、问询和异议是科学研究的重要支柱，部分科研人员不同意福布斯的说法。其中一位是路易斯·弗朗索瓦·普塔莱斯（Louis François de Pourtalès），他认为真相就埋藏在海面下的 300 英寻，而科学应该到达真相之所在。普塔莱斯曾是哈佛科学家路易斯·阿加西斯（Louis Agassiz）的学生，阿加西斯是国内首屈一指的自然学家，是海洋科学发展史上的中坚力量（他创建了比较动物学博物馆，普塔莱斯后来在那里出任管理员，此后又在东海岸建立了第一个海洋实验室，是伍兹霍尔海洋研究所的前身）。

/ 240

为了验证无生命假说的真伪，瑞士裔的普塔莱斯来到了墨西哥湾。他曾作为海岸勘测局一名测量员的副手协助过佛罗里达礁的三角测量，但他的专长在海洋动物学领域。1868 年，他来到佛罗里达海峡水面，在勘测局"比博号"船尾放下了拖网，"比博号"是一艘 160 英尺的侧明轮船，它三年前曾参与封锁墨西哥湾上的邦联军补给线。拖网被下放到 517 英寻深度时，由"比博号"拖行了一小段距离，然后船员用绞盘将拖网重新拉上甲板。当他们打开拖网收集袋时，一摊由鲜活的无脊椎动物和沉淀物组成的"肉汤"倾泻到了甲板上。不管拖网下沉到多深，总是能打捞上来源源不断的活物。

普塔莱斯的此番考察是在路易斯·阿加西斯的儿子亚历山大（Alexander Agassiz）的敦促下成行的。瑞士出生、美国长大的亚历山大，在 1849 年随父亲移居到了马萨诸塞州的坎布里奇，从小就对科学心生向往。他取得了多个学位，在世界各地研究海洋生命，出版了多部海洋生物相关书籍，曾出任美国国家科学院的院长。他还是水产学的创始人，致力于研究推动商业性捕鱼。虽然他兴趣广泛，但海洋学一直是他潜心钻研的学科，实际上他也是在海上离世的，享年 74 岁。海岸勘测局的负责人本杰明·皮尔斯（Benjamin Peirce）认为亚历山大·阿加西斯可以领导1877 年的墨西哥湾生物研究项目。

彼时的阿加西斯刚从秘鲁文物考察回来，42 岁，开始秃顶，正迈入他人生中的学术巅峰。历史上第一次以海洋学名义进行的考察任务是由英国皇家海军"挑战者号"执行的，他们从世界各地带回了动植物标本，阿加西斯当时也是标本调研小组的成员。海岸勘测局派往墨西哥湾的是"布莱克号"，这是一艘专门为水道测量工作设计的风帆蒸汽双动力纵帆船，此次将由阿加西斯全权指挥。阿加西斯的帆船的指挥官查尔斯·锡格斯比（Charles Sigsbee）是他的得力助手，锡格斯比曾在几年前别出心裁，在测深时用琴钢丝代替了更为脆弱、弹性更大的麻绳。双动力帆船让锡格斯比能够卷起风帆并借助推进器来到达目标位置。他这么操作了3000多次，详细绘制了整个墨西哥湾的海底。这次考察绘制出了第一幅真正意义上的海底（水下）地形图。地图上，锡格斯比用蓝绿色画出了蜿蜒的阶地，大致平行于海岸轮廓线。颜色最蓝，也就是最深处，是海湾的中心偏西部区域，深度超过2000英寻，这里后来被命名为锡格斯比海沟（Sigsbee Deep）。

阿加西斯和锡格斯比之行从基韦斯特，到尤卡坦，再到密西西比河返回，形成了一个三角考察区。在两年时间里，他们完成了300多次捕捞，证实了海湾的生物多样性①。经过数年研究，最终成果发表在阿加西斯的上下两卷著作中。全书对深海动植物进行了条理清晰、巨细无遗的描述，包括甲壳纲动物、蠕虫、海绵、软体动物、根足类动物、腹足类动物、头足类动物、腕足类动物、海百合、放射线状生物、海鸡冠亚纲动物等，不一而足。锡格斯比的海底地形图，阿加西斯的生物标本，以及拖网和测深技术的创新都推动了海洋学深入发展成为现代科学。深海怪兽被从知识地图上擦除后，墨西哥湾变得更可知、更有理可循，或许也就没那么令人生畏了。更确切地说，虽然有一些奇怪的生物生

---

① 他们接下来在加勒比海域进行了一次单独的巡航考察。

活在深海中，但它们许多不过是黏滑、多刺的动物，并没有发现巨蟒和恶魔的身影。[16]

对于未来的海滩游客来说，科学突破可能有间接的贡献。而更关键的是，艺术和文学引领了观念转变，令人们对海滩另眼相待，这些都是由美国土生土长的浪漫主义画家和作家带来的：比如詹姆斯·费尼莫尔·库柏（James Fenimore Cooper）、亨利·沃兹沃思·朗费罗（Henry Wadsworth Longfellow）、沃尔特·惠特曼（Walt Whitman）、托马斯·科尔（Thomas Cole）、托马斯·莫兰（Thomas Moran）和乔治·卡特林（George Catlin）。随着白人移民的到来和西进运动的开展，这些早年出色的笔墨构筑了独特的以自然的广阔画布为创作对象的美国艺术形式。荒野是浪漫的，陌生是美丽的，广袤是可敬的。自然的美国是令人称奇的美国。对于浪漫主义人士——在都市里避开了粗野的拓荒工作的世故之人，捕杀动物者、经商者和边陲上的拓荒者也许会颇有微词，认为这些梦想家和理想主义者在谋划着什么。在还未开发的峡谷、沟壑、喷泉、山峰、瀑布、高低沙漠①、拱石、如大教堂似的森林和绵延细长的海岸线中，美国人看到了这个国家中欧洲各国无法匹敌的美。

穿越美国的艺术家们大多喜欢追逐落日和密西西比河的远端。南下的艺术家们虽然名单不长，但都是能令人眼前一亮的名字：威廉·巴特拉姆（William Bartram）、拉尔夫·瓦尔多·

/ 242

---

① 低沙漠（Low Desert）一般指加利福尼亚海拔 2000 英尺（609.6 米）以下的沙漠地区。高沙漠（High Desert）则指南加州海拔在 2000~4000 英尺（609.6~1219.2 米）的沙漠地区。它们因明显的气候和生态环境差异而被做此区分。——译注

爱默生、哈里耶特·比彻·斯托、亨利·詹姆斯、斯蒂芬·克莱恩、约翰·辛格尔·萨金特、马丁·约翰逊·海德（Martin Johnson Heade）、温斯洛·霍默、劳拉·伍德沃德（Laura Woodward）、玛莎·沃尔特（Martha Walter）。他们通常坐火车到佛罗里达的东北海岸，然后订一张圣约翰河的风光游览票。

其中去过墨西哥湾的名单更短。威廉·福克纳的妻子，埃斯特尔（Estelle），在两人蜜月时，曾试图将自己溺死在海湾里，而哈特·克莱恩成功了，他从客轮的船尾一跃跳下了墨西哥海域——他人生中的这一次诗意表达，悲伤而执迷，发生在美国海上。他们的消沉和海湾无关，海湾大多数时候激发的是惊叹。在20世纪30年代，华莱士·史蒂文斯去往新奥尔良和海岸上的"六姐妹"，写下了一首诗：《帕斯卡古拉的朋友们》（Some Friends of Pascagoula）。"朋友们"是两个本地人和一只"在阳光炙烤的天空下张开翅膀"的鹰。17

史蒂文斯果断地在基韦斯特度过了一段快乐的时光。这里是热带，有阳光，有快乐，还带着一点迷醉——毕竟海明威也住在那里。史蒂文斯还在那里写下了他的名篇《秩序的概念》①。你可以将它解读为一个启示的故事。诗中的说话者，无论在大海的声音中，还是在歌唱者的歌声中，都无法找到秩序，他最终接受了自然在偶然性中发自肺腑的力量。

> 啊！可怜的雷蒙，为秩序而愤怒，
> 苍天总赐予创造者整理大海的词句的愤怒 18

---

① 《秩序的概念》（The Idea of Order at Key West）译文摘自西蒙、水琴所译《史蒂文斯诗集》。——译注

诗人西德尼·拉尼尔于19世纪70年代在锡达礁时没有写诗。但是，翻阅他的旅行笔记，灵感和敬畏之意在他献给海湾的章节中比比皆是。自然世界对他来说是诗意浪漫和至高无上的，对爱默生和梭罗来说也一样。拉尼尔称占据了海岸的火炬松和长叶松是"庙宇中庄严的石柱……是化作了树干、树枝和球果的信仰"。抵达锡达礁时，火车在终点站停下了，那是一个被高高筑在海滨上的站台。海湾出现在他眼前的窗户中，"浩瀚舒畅的大片海水"触动了他。"对于那些渴望一尝探险滋味的游客和户外运动者来说，"他写道，"佛罗里达的这片海域提供了一片迷人的场地。"[19]

约翰·缪尔（John Muir）在七年前来到锡达礁时发出了同样的感叹。1867年，他在印第安纳波利斯一家马车车轮厂工作时，他的内心呼唤他来一场1000英里以海湾为终点的徒步行。他正走在成为美国重要的自然监护人的路上，这位双腿细长、蓄着赤褐色胡须的29岁年轻人进入佛罗里达的首站是杰克逊维尔上方的费南迪纳，然后他便沿着铁路线走过了佛罗里达州，这也是之后搭载了拉尼尔的那条铁路线。缪尔偶尔禁不住会漫步入佛罗里达的花园里，那里有不知名的植物、鸟儿和声音。展成扇形的锯棕榈在这里集结成军，他称它们为"耀眼的太阳之子"。走出刺柏和松树，他便进入了沿海沼泽的广阔地带，四周都安静了下来，就像走在中西部的麦田里一样。他看到了一组群岛，岛屿小小的，上面生长着棕榈和雪松，"布置得像一束品味高雅的鲜花，为了维持它的新鲜，将它放在了大海中"。[20]

镇上的四个加工厂、300个工人正在将当地的红雪松碾磨成铅笔材料。它们被装上船——有时和运往帽子工厂的鸟羽毛一起，被运往纽约和欧洲制成最终产品。到 1890 年，这些制造厂一年要消耗十万根雪松原木，制成的铅笔板可以绕地球五周。当地人后来会说是 1896 年的飓风摧毁了工厂和经济。事实上，这个行业的死亡是自己造成的，因为过度消耗当地木材。

缪尔亲眼看见了运作中的工厂，甚至在其中一家工厂工作了一天。那是 12 月，但蚊子依然猖獗，他染上了疟疾。研究缪尔的学者喜欢着重描述海湾的疾病，但往往忽略了随之而来长达一个月的康复期。缪尔实在闲不住，他将自己从病床上拖起来，跟一个石头似的坐在一株槲树下，凝视着冬天里广阔潮汐带上正在哺育的鸟。稍微恢复了一点体力后，他乘着一只借来的小艇，从一个岛去到另一个岛，他开始重新评估人类在地球上的位置。经常性地遭遇"分泌毒液的怪兽"和"全身长刺的植物"，再加上他染上的疾病，缪尔确信，将人类置于自然之上是西方社会的一大狂妄。"大自然创造植物和动物的目的，"他在日记中吐露道，"很可能首先是为了万物的幸福，而不是创造了万物来满足某一种群的幸福。"[21]

无论如何，缪尔并不是在打击与非人类世界的和平交流。对他来说，自然是神圣的，而鼓吹恐惧只会令其言辞沾染上他那加尔文主义父亲令人厌烦的关于死后地狱之磨难的说教的意味。自然是热情的、诱人的、有生命力的——"永恒的真相"和"永恒的美丽"。人类"生于大地"，自然是他们的家园；自然之地——不是教堂，也不是受加尔文教义限制的任何地方——会令身体和灵魂清洁、强壮。他在一年后将会被加利福尼亚的约塞米蒂吸引，那里将成为他生命的烙印，在那之前，缪尔在海湾的时光塑造了他的感受力，为他日后领导环保运动奠定了根基。[22]

　　和创建了塞拉俱乐部 ① 的缪尔不同，多数浪漫主义者并不是花衣魔笛手，露骨地号召美国人民拥抱森林和大海。人们应该接受并置身于自然原本的模样中，艺术家们将这种观念暗含在了他们致敬自然的作品中。温斯洛·霍默的霍莫萨萨河水彩画正是如此。他画中展现的宁静成为超越其画技的诱惑，即使在一幅名为《丛林中》、画面中心是一只野豹的画中也是如此。以沼泽湿地为背景，画中描绘了两棵死去的树，灰灰的，光秃秃的，径直横倒在前景中。锯棕榈以不同角度挺立在湿地里面和旁边。美洲豹跨坐在其中一棵树干上，正往上攀爬，目光看向了别处。这里没有危险。恰恰相反：水中的倒影，深浅不一的绿色调，透过树林荫翳的阳光——没有引起恐惧的阴影——画面具有了立体的纵深感，像是打开了爱丽丝仙境里的森林入口，观看者也许会惊奇地踏入其中，一窥究竟。

　　18 世纪中期，试探性地，西方文明开始迈向海滩——不是在美国，当时的北美大陆，自由之子们仍在将承载着政治意味的英国茶叶撒入波士顿港，海湾还处于西班牙人和法国人的控制之下——迈向英国海岸的海滩。

　　西方文明中的海滩之行开始于灰暗寒冷的天气、一种在水上进行的浸浴疗法，还有一个古怪的被称为洗浴机器的精妙装置。一辆装配有小木屋的马车会驶入海水中，直到海水将将没入至木制车轮的车毂下方。这就是那个机器。一位主顾，或说病人，会从里面出现，穿着及脚踝的罩衫，放下双脚，让一位等在水里的

---

　　① 塞拉俱乐部（Sierra Club），或译作山岳协会、山峦俱乐部等，是约翰·缪尔于 1892 年在加利福尼亚州旧金山创办的环保组织。——译注

护理人员握住，这位护理人又称为浸泡工。这位病人会如此泡上
数次。被大海唤醒的恐惧，伴随冰冷的海水和随时溺水的警觉，
理论上应能使灵魂重回平静并最终令病人恢复生机。在失去北美
殖民地后，国王乔治三世突发急性精神疾病，便进行了这种治
疗。最终，洗浴没有救到他。

当海岸上出现这种机器时，围观者会聚集过来。开始时人们
以窥探洗浴机仪式为乐，不久，他们便开始为海滩和海水娱乐而
来。早期的海滩游客被称为海滩浴者。上层人士开始将他们的内
陆浴场转移到海岸边，以疗养和消遣为目的的洗浴跨过了海峡，
传播到了大陆的北方海岸。在南方，农夫和下乡人也在一段时间
里加入海边的娱乐，关于大海凶兆的预言被人们谴责（衣服也
是），于是地中海海岸的海水浴传统复兴了。

美国人跟上了英国和法国人的海上潮流，到19世纪中期时，
他们已经习惯了海岸一日的说法。一开始湖岸是更安全也更受欢
迎的度假地点，但到了19世纪80年代，越来越多的人离开已经
腻味的波士顿、费城、纽瓦克和纽约，在6月到8月的周末搭乘
通勤火车一日游，去往里维尔海滩（Revere Beach）、洛克威海
滩（Rockaway Beach）、科尼岛（Coney Island）和泽西海岸
（Jersey Shore）。后者有100英里的沙质海岸，一半都是海滩城
镇。那里有豪华的饭店、商场、浴场和数不清的木板路。数百名
游客在某一个周末，在浴场里排队等待换上海滩装：女士们是灯
笼裤或法兰绒的罩衫，男士们则是短裤和背心。

杂志上给出了如何正确地在海浪中嬉戏的建议，但同时又
宣称海滩浴作为一项无聊的消遣潮流很快就会过去。《大西洋月
刊》的编辑威廉·迪恩·豪威尔斯称自己被海滩上"懒洋洋地
倚靠着的""自甘沉溺"的身体劝退了。那不仅不"别致、有诗

意、引人注目"，还"古怪"。但在大西洋的两岸，印象派画家们——克劳德·莫奈、威廉·梅里特·蔡斯、莫里斯·普伦德加斯特、约翰·斯隆——用浪漫的笔触画下了海滩一日，描摹着未来。罗伯特·亨利问："为什么我们热爱大海？"他的回答是："因为它有无法抗拒的力量，使我们去思考我们愿意思考的事。"[23]

1835年，当玛丽·奥斯汀·霍利（Mary Austin Holley）在布拉索斯河附近看见一群海水浴者的时候，人人都会猜想这群人在想什么。玛丽正乘着纵帆船游览海岸，彼时得克萨斯人正确确实实地向墨西哥开火争取独立。那时，贝拉斯科（Velasco）还一片安静，那里是玛丽的表兄斯蒂芬·奥斯汀①在14年前安置他的第一批"移民家庭"的地方。同来的旅客，包括"女士旅客"，乘空来到"海浪中洗浴"。这意料之外的场景，预示着即将到来的海滩娱乐。60年后，贝拉斯科成为一个深水港，同时也是一个海滩度假胜地，临海处矗立着新开业的40层高的瑟夫赛德酒店（Surfside Hotel）。像它这样大胆地朝向外海的实在少见。当地报纸担保"那里绝对没有海底暗流之类的东西"，而且半英里外的"海水只有齐肩深"。[24]

在北边的一个障壁岛上，加尔维斯顿海滩酒店占据了类似的一个朝向海湾的位置。它在1883年开业迎宾，不同的是它的经营没有能够持续下去。它为远道而来的客人准备了四层楼200间客房；每间客房配有海水浴室，每层楼都包围着一圈18英尺宽的游廊。外面的草坪修剪一新，配着悦耳的乐声和汩汩涌动的喷

---

① 斯蒂芬·奥斯汀（Stephen Austin）被称为得克萨斯之父，他从西班牙政府和后来独立的墨西哥政府处获得在布拉索斯河地区的土地并管理殖民地事务，是最早开发得克萨斯的人。——译注

泉，时而会有激动人心的烟火和高空走钢丝表演。斯蒂芬·克莱恩曾经来过这里，他说："这个建筑的底层就是大海本身，它们通过一段台阶相连。"这个恢宏的酒店连同它标志性的红白相间的木屋顶，在城市健康检查员令其停止往不远处就是泳客游泳的海湾排放污水后，于1898年葬身在了一场原因不明的火灾中。这座酒店直面海湾而建，是时代的领先者，但它的木质结构决定了它并不是为未来而建造的。两年后，著名的1900年加尔维斯顿飓风也会轻而易举地推倒它——椽条、大头钉、墙板和红白相间的木屋顶。[25]

绝大多数的度假地为安全起见，都建在内陆的防波堤后或内陆水域边。亚拉巴马州普安柯里尔（Point Clear）上的格兰德酒店，从19世纪40年代起就在那了；客人们可以躺卧在水边，举起一杯薄荷朱利酒，为让他们得以乘江轮跨越莫比尔湾的财富干杯。每年有超过40万捆奴隶采摘的棉花从内陆种植园顺流而下往海湾驶去，海湾离此处还有几英里的距离。刚踏入20世纪的科珀斯克里斯蒂有将近8000名居民，六家酒店，作为"一片拥有惬意的海风、阳光和鲜花的土地"而声名鹊起，因地处内湾（bay），从而提供了"最安全的"海浴。得克萨斯州塔彭受龟背湾（Turtle Cove）保护的塔彭旅馆，也不再局限于招待游钓客人了；它宣传称沿着马车旅行路线就能到达粉白色的海湾沙滩享受"无与伦比的海浴"。当巴伦·柯里尔买下尤斯帕岛上的大海鲢旅馆时，为了满足不断扩大的休闲需求，他建造了一个沙滩，沙滩受派恩岛峡湾的荫庇，安全无虞，北方来的游客可以在插进沙地里的大太阳伞下悠闲地躺着。[26]

路易斯安那的则有所不同。他们除了勇敢别无选择。他们靠近内陆的地方除了沿海沼泽还是沿海沼泽。如果他们想要一个海滩，就只能去往海岛。最受欢迎的是格兰德岛（Grand Isle）和拉斯特岛（Last Island）。玛莎·菲尔德认为格兰德岛是所有路易斯安那障壁岛中的"花束"，多数路易斯安那人表示赞同。格兰德岛长六英里，宽半英里，它藏身于路易斯安那州凸出的东南部后方，从新奥尔良来这里只需要一段闲适的100英里水路。岛中央是一道长满了橡树的山脊，橡树弯向海风吹过的方向，像伸展着双臂向大海高呼哈利路亚的朝拜者。岛民们的肌肤"沾染着阳光洒下的金色"，从法国殖民时期开始，他们就在这里种棉花、甘蔗和黑莓，打鱼捕蟹。花椰菜和虾是新近应市场需求增加的作物。在岛民们的记忆中，菲尔德写道，这个岛一直是"各种户外运动爱好者的大本营"，不管是水禽狩猎者还是游钓客。[27]

度假的传统多多少少是从格兰德岛上一位花椰菜种植主约翰·路德维格（John Ludwig）开始的，他还有一个别称叫水龟之王。他在他的农田里，永远是一样的穿着：工作裤，汗衫，一顶黑色礼帽，咬在嘴里的一支棕色雪茄。透过可乐瓶子做成的眼镜，他看到了养殖菱形斑纹龟的"钱景"。数千只水龟沿着他的围栏匍匐爬着，直到新奥尔良来的订单将它们做成龟汤，或者纽约来的订单将它们做成一碟主菜，和旅鸽一起出现在戴尔莫尼科的餐单上。多年前，在战争即将爆发时，奋进的路德维格将一座种植园房子改造成了岛上第一家旅馆，招待付钱的住客。报纸称它是一个美国的家庭式旅馆（pensione）。他的时机坏透了，但他的想法赶上了时代。

战争结束后，前邦联海军上校、弗吉尼亚移民约瑟夫·黑尔·哈维（Joseph Hale Harvey）给了这个想法一个意想不到的转折。他和一个伙伴将格兰德岛上另一个种植园里的奴隶棚屋重新整修成了舒适的客居旅舍。它们很受欢迎，足以让轮船公司开通

/ 249

格兰德岛和新奥尔良之间的定期往返航线。往返穿梭的轮船提醒法国克里奥尔人家庭——他们是路易斯安那上等阶层里的绅士和夫人——可以到格兰德岛去建避暑别墅。于是夏季里的每个工作周结束后，他们离开城市来到这里。在 1892 年，菲尔德到来的那个季节里，耗资十万美元的顶尖之作大洋俱乐部旅馆，在夜晚点亮 320 盏燃气灯，开放了 160 间海湾景观房。

在咸海里进行的海浴"绝对是无与伦比的"，如果不是不可思议的话。菲尔德声称认识一个严重瘫痪的人，他做了三周的定期海浴后，就能自行登上带他回家的船了。毋庸置疑，她夸大了现实。"大海的声音是诱惑的，它从不停止，喃喃低语着、喧嚷着、咕哝着，邀请灵魂漫步在孤独的深渊中。"但一个现实是南方和维多利亚式礼制的逐渐松散。人们不再需要打着健康的旗号来光脚漫步海滩或跳入海浪。[28]

尽管如此，习惯、传统、惊吓——或其他导致了恐惧的东西——并不是能轻而易举抛下的。菲尔德了解这些岛上客人的潜在性情。他们中"有许多"并没有好好享受这一切。

> 他们从不追逐一只黄色的沙蟹……到它在林木和海上浮木中的巢穴去。他们从不会打碎附着藤壶的啤酒瓶，看看里面有没有来自大海的一封信。他们也不会收集被海浪精心雕琢过的浮木，不会为发现幸运的漂浮种子而兴奋，或者仅仅本着科学探究的兴趣轻轻地折磨一只水母。[29]

在海洋恐惧被克服后，故事和现实又将它们搅动了起来。首先，海底有看不见的暗流会将海浴者拖往深海。如果疲倦没有将你沉溺，那里还有黄貂鱼、水母和鲨鱼会将你咬伤、杀死。"越来越近，"菲尔德写道，"一只等待中的鲨鱼鬼鬼祟祟地移动着它的鱼鳍。"神话中的深海怪兽没有完全死去。其中之一，是无害的魔鬼鱼，也就是西奥多·罗斯福口中的"大海野兽"，它被它的名字拖累了，魔鬼鱼得名于它带刺的尾巴和像角一样突出的眼睛。菲尔德听见一位灯塔守护人警告说："可怕的魔鬼鱼，……常出没于海湾，它有时会将一艘纵帆船或小帆船拖到大海中，然后往下沉，一直沉到海底。"他在重复着传说，也许是从当时一本畅销青春小说《佛罗里达海岸上的年轻旅行者》（*Young Marooners on the Florida*）里读来的。作为故事里的配角，这只魔鬼鱼带动了故事情节的发展，它绊住了一只小艇的锚线，将船上的四个年轻主人公带到了一座荒岛上。[30]

海边的物理环境也不太稳定。格兰德岛的休闲姐妹岛——也被称为 Isle Dernière（最后的岛）的拉斯特岛——就散发出不安定的气息。这座 24 英里长的岛窄窄长长，像一根烟熏肉条，它就在爱德华·麦基尔亨尼鸟类保护区的东南边上一点，只比海面高出了一点，它作为障壁岛的身份可谓名不副实。你可以站在岛上长满草的陆地这一侧，看着海浪击打在另一侧海岸上。

尽管如此，新奥尔良的商人和医生，河流上游来的甘蔗和稻米种植主，自州长以下的州政府要员，都将拉斯特岛视为他们最爱的度假胜地——"在夏日中寻找久别的闲适"，一位到此游览的诗人写道。这里的时光不紧不慢，一天过去了，又是另一天，再另一天，直到，唉！是时候回到城市或种植园去了。1853 年海岸勘测局的一幅海图中有这么一条注释："拉斯特岛最容易被识别的就是海滩上无数的房子。"三年后这些房子都消失了。[31]

那一年的夏季到来前，堪萨斯的支持奴隶制和反奴隶制的动乱者间爆发了流血冲突。在度假岛屿上，在雪茄和波旁酒的间隙，人们不可避免地要谈起即将到来的阶层矛盾，但是 1856 年沉浸在夏日宁静中的拉斯特岛，距离这些话题可能还有十万八千里远。穆加旅馆（Muggah's Hotel）的房已经满了，保龄球道、台球室、纸牌桌和餐厅都热闹非凡。幸运的避暑房客们坐在房子的门廊上，向来往的人友好地道一声"日安"，此时侍者们会端上茶点。对于自由人来说，海滩提供了沉思的时刻，在咸咸的平缓的碎浪中，有些人在体验海泳的新奇乐趣。你可以走出 500 英尺，但海水依然只有胫骨高。在有檐的长廊下，女士们很庆幸可以让她们牛奶般白皙的肌肤避开阳光的照射，她们正在等着去海滨漫步。所有人聚集在人头攒动的海滩上进行这场日落仪式："严肃的绅士们"拄着手杖站立着，穿着衬裙的女士骑在马上或坐在马车里——每一个人都盛装打扮。夜幕降临时，他们会参加穆加旅馆的活动，或回到各自的房间，在他们的随身仆人的帮助下脱去衣服，睡在有细密网眼的蚊帐帘保护的床铺上。晚风从海上吹来，刚好助眠。这就是他们的夏日，闪亮、豪华、闲适——直到事情有了反转。[32]

当他们在 8 月 10 日的早晨醒来，如果他们知道接下来的 24 小时意味着什么的话，他们宁愿自己身处战斗中的堪萨斯。前一晚，他们参加了穆加旅馆组织的一场舞会。外面，看不见的海浪正在拍打海滩，黑暗中，大风呼呼地吹在这座被抬高的建筑上。它咯吱作响，颤抖不止；但每个人都在继续跳舞。安静不下来的天气看起来更多的是令人生气，而不是危险的征兆。再说，如果"海神的粗暴问候"变得太频繁的话，当时在度假的路易斯安那众议院议长威廉·皮尤（William Pugh）记得，会有一艘内河蒸汽船将他们带往有庇护的长沼。[33]

第二天早晨，风力达到强风级别。海浪狂啸，雨势愈加猛烈，大风卷着碎片将房屋撕裂开来。这栋两层建筑倒塌了。计划中的逃生工具，蒸汽船，被暴风雨抛了海滩上。海湾来到了岛屿寄居者们的面前。在这个平日里他们正忙着在海滨漫步的时间，海岛消失在了12英尺高的风暴潮中。

几天前，一场大西洋飓风席卷了佛罗里达海峡，并向西北方向推进，持续积蓄力量。拉斯特岛正面遭遇了这场飓风。大海吞噬了这座狭长的岛屿，带走了198条生命。幸存者总计203人。他们所有人都是对海岸持接纳态度的先锋者，而即使暴风雨没有击倒人们重回海岸的心，它也将他们的消遣场地破坏成了八个破烂的小岛。

玛莎·菲尔德是在将近40年后游历海岸的。她当时坚信，格兰德岛，如它现在这般的高度，不像曾经的拉斯特岛，它是"永远不会被冲走的"。第二年，1893年，一场飓风卷起了16英尺的大浪，彻底摧毁了大洋俱乐部旅馆。每隔八年，格兰德岛都会遭遇一次正面冲击。一位小说家，同时也是生长于河流上游的中西部人，查尔斯·坦尼·杰克逊（Charles Tenney Jackson），在风暴的间隙拜访了暂时归于平静的格兰德岛，他苦恼"会有不幸的那一天格兰德岛被发现，然后岛上开始混乱不堪地挤满了旅馆和游客"。他不知道这座海岛的度假传统，却预知了它的未来。[34]

当人们抛弃了中世纪流传的对于海岸的恐惧，他们同时也丢掉了对风的小心。一半的人忘记了来了又走了的风暴，另一半人几乎不相信风暴再发生的可能性。在美国史上最致命的一次飓风——1900年加尔维斯顿飓风——来临的前夜，这座得克萨斯岛屿城市正迎来如潮水般的海滩游客，他们来自休斯敦，充分利用周末加开的特别专列，乘火车而来。骡车每趟收费五分钱，固定往返于海滩，骡车上带有轻便的更衣室。它们更像旧时英国用马拉的洗浴机器的新式改良版，只是目的不同：它是为了让病人的双脚不碰到沙子。那里也有许多穿着鞋和光着脚散步的人，还有自行车。

加尔维斯顿此时正处于真正的海滩文化前沿，随之而来的是毁灭。抛开死亡和毁灭，在1900年飓风吞噬岛屿的11年后，当地投资者斥资百万美元，建起了226间客房的加维斯酒店（Hotel Galvez），希望可以借此重振旅游业。得克萨斯州人称其为"海湾之后"。它有七层楼高，优雅地矗立在离城市新建的防波堤仅一步之遥的地方，以抵御另一场风暴，不怕它再来一次。1927年，得克萨斯州教师们的教案上说加尔维斯顿岛的港口贸易和旅游业的繁荣为"在1900年拒绝接受失败的英雄们的信仰"正名。加尔维斯顿岛因他们而有了宣扬它拥有"世界上""最好的"临湾海浴的底气。[35]

纵览这一时期的海湾，佛罗里达海滩也不失精彩。这是托马斯·罗伊（Thomas Rowe）为他建在海浪边的旅馆招徕第一批度假客人时心里所期待的。罗伊在马萨诸塞州的坎布里奇出生，父母是爱好歌剧的爱尔兰人。罗伊自己体态苗条，长相俊朗，也爱上了在伦敦演出的歌剧《唐·恺撒·德巴桑》（*Don César de Bazan*）中迷人的女主演露辛达。他们相爱了。她是他的玛丽塔娜，他是她的唐·恺撒。他们相约私奔到美国，但遭到她的父母阻挠。无奈带着一颗空洞的心灵，罗伊只身登上航船。

最后，罗伊娶了别人，但内心的孤独依旧。他用追逐财富来慰藉自己的心。在20世纪20年代，似乎每个参与到佛罗里达建设热潮中的人都迅速致富了，于是他加入了他们。看起来，每条去往佛罗里达的路——而且为了满足蜂拥的人群，新的道路正在建设——都通向财富。报纸刊文说这是 1848 年加州淘金热的重演，或者 1897 年阿拉斯加的克朗代克黄金热。只是其中火热的商品不是黄金。房地产才是，它在国内受追捧的程度比黄金尤甚。投资者们的财富在一周内就翻了一倍、两倍。

南佛罗里达就是一个梦，它是南加州的翻版——无止境的阳光、令人陶醉的海风、随风摇摆的棕榈（它们中许多进口自加州的枣椰树），搭配着地中海风情的建筑——但不失它自己的独特风情。萨拉索塔的房地产管理署在 1925 年 10 月登记了 1100 万美元的销售进账。约翰·林林（John Ringling）将他马戏团的大队人马包括小丑、杂技演员、老虎、大象带到镇上来，开启了冬季巡演；他买下来一大片临湾地块，在上面给自己和妻子梅布尔建起了一座私人艺术博物馆和一座威尼斯哥特式宅邸。有些媒体人将冬季旅居者称为"雪鸟"，这个词被一直沿用至今。

萨拉索塔的全年人口在这十年热潮中几乎翻了两倍；坦帕市也几近翻番；而跨过现在这座 205 英里长的混凝土大桥后的海湾对岸，圣彼得斯堡的人口达到了四万人，翻了不止一倍。圣彼得斯堡的外来人口远比当地出生的人口多——在商界和政界领袖中，这个比例大概是 25∶1。他们将这座城市建造成了他们心目中的香格里拉。那里有长片的临湾公园，曲径蜿蜒的街区（其中一个街区的街道用混凝土浇筑，被刷染成了粉色），成排的棕榈树，以及随处可见的地中海复兴风格建筑——游艇俱乐部、乡村俱乐部、女性俱乐部、基督教青年会、游乐场、公共盥洗室，每栋建筑都覆以白色或赤褐色的筒形瓦顶。

城市的主建筑是一座耗资百万美元的市政码头，它长 1400 英尺，宽度足以容纳两条汽车道和一条有轨电车道，上面盖有一栋两层的地中海复兴风格的娱乐场，里面有一个露天舞厅和瞭望台，从瞭望台上既能远眺坦帕湾，又能回望同样具有标志性意义的城市天际线。在 20 世纪 20 年代末期，圣彼得斯堡共有 140 家酒店。世界冠军纽约洋基队在时髦的索然诺酒店设立春季主场。巴比·鲁斯（Babe Ruth）和卢·格里克（Lou Gehrig）在佛罗里德莱昂公寓租住了带屋顶花园的顶层双公寓，可以一览海湾美景。巴比在那里钓大海鲢，饮酒寻欢，对禁酒令嗤之以鼻。顶风作案的酒吧会以比如"跳板夜总会"这样的名字出售从海湾对岸的古巴和巴哈马用货船走私来的酒。兴旺的 20 年代是寻欢作乐的时代。那时甚至有一间市属的日光浴室，人们可以在里面进行裸体的日光浴。

这座城市也有简单粗暴的一面，沿街叫卖不动产契约的男孩，他们头发梳得油亮、穿着短裤和双色鞋子，站在市中心角落的橘色大木箱上兜售不动产合同。这带有刻板印象，但只有一点点。以低 10% 的价格出售不动产合同，他们是这个时代市侩文化的代表。这门生意的逻辑是契约规定的全额支付期限为 30 年，在期限到来之前契约可以被多次转手从而谋利（佛罗里达最初的庞氏骗局）。合同被倒卖了一次又一次，直到房地产市场在 1925 年末轰然倒塌。

罗伊在这次繁荣潮中发了财，足够让他花十万美元的大价钱在长礁岛买下 80 英亩的地。长礁岛（Long Key）是一座 200 码宽的障壁岛，和圣彼得斯堡之间隔着一座桥——在海湾上这样的资产并不多见。桥和汽车对真正的海滨发展大有益处，罗伊正确地感受到了时代正在从内湾海滩往海湾海滩发展。他将他的岛屿地产划分为宅地，然后耗资 120 万美元建了一幢摩尔式酒店，楼高六层，共有 220 间客房，有拱形的入口、露台和红色筒形瓦顶。它没有像其他常见的海湾酒店那样使用钉子加墙板——它们都被飓风一根板子一根板子地刮走了——罗伊选择了混凝土和灰泥。建完整栋建筑，罗伊花费了 12000 加仑的粉色定制涂料，1928 年 1 月 16 日，公众参与了一场盛大的黄昏开幕庆典。

此刻的罗伊是否期待露辛达，他的玛丽塔娜的到场？答案不言而喻。他将他的新作命名为唐·恺撒，酒店装饰传达着恰如其分的浪漫和始终不渝。客人们的夜晚从观赏日落开始，橘黄色的太阳渐渐下沉，最后消融在瑰红的天际。建筑的色调与夕照相映成趣，随暮色隐褪了下去；客人们在徐徐海浪声中进入了梦乡。

罗伊将他的酒店酒建在海湾 100 多英尺开外。为了保证建筑在流动沙地上以及对抗风暴巨浪时的稳定性，他的建筑工程师设计了一种以深入地底的金字塔式混凝土地基加固的浮动混凝土基础。这种设计让进一步征服外滩成为可能。罗伊建造了"唐"——这是当地人对酒店的叫法——使其经受住了长时间的天气考验，就像他为露辛达坚守的内心一样。瑰红的酒店富丽堂皇，耸立在沙丘间，长久地矗立着，成为附着于海湾边一处休闲度假的不朽丰碑。

到了唐的时代，"度假"迅速替代了"节日"，在现在更是如此，人们对消遣的追求已经超越了对心灵、身体和精神上的自我提升的追求。海湾沿岸也并非只是为有钱人准备的游玩地。在许多高端度假地纷纷拔沙地而起的 20 世纪 20 年代以及其后，有更多为普通人准备的朴实的旅馆和村舍。汽车也在改变着度假风景，将游客的基建设施——也就是过夜的旅馆和相关景点——从铁轨变成了柏油马路。

好路运动（Good Road Movement）推动了 1916 年、1919

年和 1921 年三项联邦公路法案的通过。受益者之一是古西班牙路（Old Spanish Trail），它在 1915 年开始动工，最终连接了圣奥古斯汀和圣地亚哥。它沿亚拉巴马和密西西比海岸而建，将"六姐妹"以铺设好的马路连接了起来。截至 1927 年，迪克西高速公路（Dixie Highway）建起了从加拿大到佛罗里达的东、西两条高速线，同时，汽车保有量的扩张也推动了美国的度假人数。但不是所有人都会为过夜订房。

有趣的是，现代汽车带来的便利让人们对公路流浪跃跃欲试。《纽约时报》说，20 世纪 20 年代中期美国推出的最新汽车型号中有一半是为汽车宿营设计的。这篇报道也许言过其实了，但这种风潮的确在美国刮了起来。它抓住了那些无法负担酒店房间费用，或者单纯就是更愿意睡在星空下的人们的心。他们有一个引以为豪的绰号叫"罐罐旅行者"（Tin Can Tourists），得名于他们在营火上烹煮的罐头食品。他们在他们的雪佛兰、奥尔兹莫比尔和福特（小罐车，Tin Lizzie）的水箱盖上焊上一只空的汤罐头以表明自己的身份。有些人就是简单地将所有装备放到车里或车顶上，每到一个露营地就打开行囊，更有创意的会将汽车和卡车改装成露营车，它们看起来是在自家车库里鼓捣了一番木工活完成的。他们在原先汽车底盘的后半部分用木板搭设起方形的厢房，并为其着色上漆，修整边角，最后开出窗口和一道从里开的门。

罐罐旅行者就这么东征西闯，南来北往。每年有数千人去往佛罗里达，避开二手房契的兜售者和城市的喧闹，停在绿树成荫的公园里，或者农民的休耕地里，或者矮树丛旁，或者专门为罐罐旅行者准备的营地，每周只要一美元。他们在坦帕设立了一个全国性的协会，在戴德市玩起了推圆盘，在阿卡狄亚切开感恩节的火鸡，在萨拉索塔组一支铜管乐队，在墨尔本跳起方块舞，在泽弗希尔斯弓着腰玩宾果卡，并在所有地方烧烤。他们也到了对酒店仍然需求旺盛的临湾海滩。一把扎下帐篷后，他们在海里游泳、晒太阳、钓鱼，用海岸上的漂流木给柴堆添火，烹制他们的战利品。待到日落，美好的白天过去了，美好的夜晚降临了。

房地产热潮和罐罐旅行者绕开了佛罗里达狭长地带，虽然那里并不缺精致的石英白沙滩，但它缺乏现代交通的便捷。那里没有高速公路穿过，火车轨道在狭长地带上沿着它北方走廊的农田村落蜿蜒而过，避开了海岸，除了彭萨科拉。这个例外让当地一位报纸编辑抱有一个局限的思想，坚信圣罗莎岛及其遍布峡湾的光洁雪白的沙滩会很快成为"南部的科尼岛"。那是 1887年，除了少数几个海浴者拥抱了它以外，没有过山车，也没有热狗摊出现在这里。在 1931 年开通了供汽车行驶的桥后，这座岛成为彭萨科拉人的周末海滩，酒店建了起来，亚拉巴马州人也来了。一座供跳舞和餐饮的娱乐城也开业了，当然也有必不可少的渔钓码头。现在，这里有了热狗摊，但还是没有过山车。"这是一个开始，尽管来得有些慢"，史学家哈维·杰克逊（Harvey Jackson）在一本有意思的关于狭长地带海滩的书里写道。[36]

在圣罗莎岛的最东边有一个未建制的沃尔顿堡（Fort Walton）（上面没有堡垒但在镇中心有一个印第安冢），不到100 人的当地人和少数的亚拉巴马游客在峡湾和查克托哈奇湾上建起了房屋和村舍。有些人会划船或游泳渡过峡湾，徒步走过海湾高高的沙丘后，来到海湾里海浴。沙丘起伏延展，就像一座看不见的山脉上的山麓丘陵。在没有生长鼠尾草和棕色草叶的地方，沙丘闪耀着难以置信的洁白。它们在风的雕刻下缓缓滑向沙滩的厚软垫，并随之伸向水彩画般的海里。这个壮丽的海滨总

有一天会迎来成群的游客，这很显然也是托马斯·E.布鲁克斯
（Thomas E. Brooks）——这座城镇名义创始人（一个亚拉巴马
人）的孙子——所预言的。他在20世纪20年代建造了40个村
舍，一座观景台，在海滩上盖了一座娱乐场。营业第一年门可罗
雀，杰克逊说，但这只是一个开始。

在它东边的河湾入口处，莱昂纳德·德斯坦留下的捕鱼船队
一如既往地忙着带游客到过百英寻的弯曲带去捕猎战利品以供相
册收藏。尽管海清沙幼，但这里的海滩几乎无人问津。1933年，
美国98号公路沿着海岸打通了狭长地带的东西两侧，公路距离
海水仅数英尺的距离，它碾过沙丘，但开阔了视野，让更多的亚
拉巴马人开车南下海岸。涌入此地的游人依然只是夏季里的一小
股溪流，但足以激怒捕虾人、牡蛎捕捞者和长叶松樵夫，他们过
着隐居生活是有原因的，其中之一就是要避开讨厌的城里人。

有些城里人会从德斯坦以东一直开往格雷顿海滩（Grayton
Beach），住在那里一间建于19世纪80年代的临湾酒店。格雷
顿的名字要么来自一位大胡子内战老兵C.T.格雷（Charles T.
Gray），要么是一家将它作为伐木工营房的木材公司。有个爱开
玩笑的人叫它作冲刷酒店。这是这片海滩在做的事——冲刷。这
个地方最被守口如瓶的一个秘密就是海岸的沙丘湖，它呈单宁
褐色，看起来肮脏，但其实干净诱人。它们和大海之间隔着沙
丘，是水文系统中的一部分，可见于小部分地区如澳大利亚、新
西兰和马达加斯加，但墨西哥湾上只此一处。通常来说，当雨水
和溪流灌入沙丘湖时，不断积蓄的水量便溢出到狭长的沿岸沙丘
带上。此时，当地人和游客便投入徒手冲浪的狂欢中，让身体随
着湍急的水流冲向海湾，然后把自己拖回到沙丘上继续下一趟冲
浪。最后，也许是一场暴风雨，也许是海湾的洋流会将湖水封堵

起来，直至它下一次的突围。

再往南走是巴拿马城（Panama City），是狭长地带上仅次于彭萨科拉的最大城市，它在1930年的居民数量有大约一万人。和彭萨科拉一样，它位于其海湾的北部。和彭萨科拉人一样，巴拿马城的居民希望从日常生活（对很多人来说这意味着在当地造纸厂里工作）中得到暂时的解脱，他们开始跨过内湾到海滩上去。村舍、舞厅和酒店很快沿着海湾兴建了起来。亚拉巴马州伯明翰的一位开发商购置了98号公路旁4000英尺的沿海地块，并将其划分为小片宅地，一周内便卖出了37处，全都卖给了亚拉巴马人。

半岛上的佛罗里达人极少会注意到狭长地带，除了在它以较少的人口数量在立法机关中占了绝对的多数席位时。如哈维·杰克逊指出的，在1937年发行的一本佛罗里达州的推介手册上连提都没有提到彭萨科拉的海滩或巴拿马城。论起与狭长地带的亲密关系，佛罗里达人并不及亚拉巴马人。从很早开始，狭长地带上的居民就认真发起过一项运动，要脱离佛罗里达，加入亚拉巴马"南方"的摇篮。他们多数是中产阶级、新教徒、白人。他们力求让海滩保持种族隔离，但就此事而言，密西西比、路易斯安那、得克萨斯的白人也是如此，甚至，移民到了佛罗里达半岛的北方人也是如此。

维持白沙滩的白对狭长地带的发展几乎没有带来任何影响。漫长而孤单的98号公路——北面是松林，南面面朝海湾和内湾——等待公寓和沿路商业区弥合边界的那一天。

/ 260

所有的一切都在下一次世界大战后到来了，终于，彭萨科拉海滩的游乐园里有了起起落落的过山车，以及随之回响的尖叫声。美国海湾上几乎没有一处是被忽略的。回到被电灯点亮的《每日一铜币报》办公室里，那时正撰写专栏的玛莎·菲尔德有时会希望海湾海滩能激起文明世界更强烈的兴趣。如果能活过43岁，活到80岁，她也许会收回这个愿望。到那时，已经没有什么能阻挡人类、商业和开发商了——包括种族隔离、高企的房地产价格和建设成本、环境的退化、人山人海的海滨、拥堵的高速公路，甚至是飓风。

　　海滩游客不太可能了解吸引他们的海滩和将他们送到那里的石油之间的原生关系，前者点亮了世界，后者令其黯淡。

古斯克里克油田（Goose Creek Oil Field），是墨西哥湾上第一个水上油井，也是第一起海湾漏油事件的发生地。

目前可暂且认为墨西哥湾有潜在的盐丘油藏。

——O.L. 布雷斯（Orval L. Brace），地理学家（1941）[1]

1933 年的芝加哥世博会上，一只雷龙大出风头。很多人知道雷龙是恐龙的一种，它长长的脖子上安详地顶着一颗小脑袋，为了保持平衡，它拖着一条长尾巴，四肢短粗，身体呈圆丘形。这只两吨重的灰绿色机械仿制品是万国博览会上恐龙展的一件展品，这个恐龙展的赞助商是辛克莱石油公司。根据公司的统计，博览会平均每天的参观人数达 24000 名——劳动节的那个周末达到了 50 万人。人们站在巨大的爬虫动物前拍照留念。当时展出了三种恐龙，尖牙的暴龙，长着巨角的三角龙，以及样子友好的雷龙，人们开始将它称为迪诺（Dino）。辛克莱灵机一动，将雷龙选为其官方吉祥物。

这是一次成功的公关策略（此时距离其创始人哈里·福特·

/ 262

辛克莱身陷蒂波特山油田丑闻已有十年，公司亟须修复与公众的
关系）。迪诺的大受欢迎，让辛克莱成为向公众阐释石油来源的
行业代表；关于石油来源，辛克莱将其简化成一个错漏百出，但
通俗易懂的说法：化石燃料来自恐龙化石。辛克莱利用流行的迪
诺来刻画其石油的古老血脉，如此而来的真实性让竞争对手无法
如法炮制。当时公司的一则广告断言："总的来说，最好的机油
从最古老的原油中来。"[2]

于是顺理成章地，辛克莱的加油站在世博会后便换上了全新
的标志：白底绿边，红色字体，一只迪诺的绿色侧影出现在前方
正中央。凡购买一油箱辛克莱汽油的顾客可以免费得到一只迷你
雷龙收藏品。在 1964 年，辛克莱再次带着它的恐龙展回到了世
博会，并将展览命名为迪诺大地。高速公路穿过佛罗里达海湾沿
岸的同一年，辛克莱将它的一个服务站建在了一个三维形态的大
型迪诺里（汽车保养场被安放在迪诺的双腿之间）。这是独一无
二的。在来往经过的车辆中，一张张稚嫩的小脸紧贴着玻璃，手指
指着窗外——孩子们都爱死了辛克莱的吉祥物。为了能得到一只带
去海滩玩的充气迪诺，他们会缠着父母去恐龙招牌那里加油。

多年后，批评人纷纷谴责麦当劳公司推出开心乐园套餐玩
具，并且在店里开设游乐园来吸引孩子的营销策略。但辛克莱很
早以前就开始用这样的策略了："小孩，和成人一样，被这种独
一无二的史前恐龙迷住了"，一份公司资料显示，"因此恐龙和
辛克莱的关联在人们成长早期就被接受了"。[3]

天真的迪诺也有隐藏的黑暗一面。它既是麦当劳叔叔也是
R. J. 雷诺（R. J. Reynolds）烟草品牌标志骆驼老乔的祖先。迪
诺是一个讨人喜欢的品牌形象，但它的产品污染水源，排出温室
气体和有毒物质——有些比较明显，比如从炼油厂和汽车排气管

喷出的烟雾颗粒；有些则难以判断，比如燃烧含铅汽油时产生的看起来精致实则有毒的氧化铅（直到 20 世纪 70 年代联邦逐步废止了含铅添加剂的使用）。素来名声不佳的烟草巨头已经被禁售薄荷烟，但恐龙大使的石油起源故事依然在流传。①

那个石油起源故事也有问题。首先，雷龙是不存在的。这只著名的恐龙是一个野心勃勃，或许还是粗心大意的古生物学家创造出来的，当时正值19世纪末期所谓的骨头大战②，这位古生物学家正摩拳擦掌想一举击败对手。雷龙被错安上了别人的脑袋。由这个虚构恐龙引出了另一则"石油来自恐龙"的假话也就不足为奇了。地理学家保罗·穆勒（Paul Mueller）说，这个说法是对化石的混淆。但是，即使科学家们认识到了真相，原始版本的故事作为一种聪明的商品营销手段依然存在，令化石燃料呈现出令人愉悦的侏罗纪公园的样子。像任何优秀的神话一样，这个故事后面也隐藏着让人难以接受的现实，那就是从地底攫取石油这门肮脏的生意。

相较之下，石油真实的地理起源是乏味的。即使是最有创意的营销天才也不可能找到一个可爱的吉祥物来代表石油最原始的真实的DNA——腐烂的海洋藻类植物和浮游动物（壳牌石油公司的标志是一个黄色的扇贝壳，但它远不能和绿色迪诺抗衡）。在古老的海床上躺着生物体的残骸，这些生物体在侏罗纪的巨型

---

① 截至本书写作时，辛克莱在中西部和西部 20 个州运营着大约 2600 家加油站。

② 骨头大战（Bone Wars），又称化石战争，当时的两位著名古生物学家，爱德华·德林克·科普与奥塞内尔·查利斯·马什，互相竞争发现更多、更著名的新恐龙。马什在雷龙的骨架上装错了颅骨。直到 1981 年，耶鲁大学的皮巴第自然历史博物馆才发现了这个错误。——译注

生物存在时就已经死去了，残骸上的细菌分解消耗了氧、氮、磷和硫，被留下的大多是碳和氢。这个过程持续了数百万年。就墨西哥湾而言，在这数百万年间，阿巴拉契亚山脉上的沉淀物被冲刷进入大海——同一种形成了海滩的沉淀物。

沉积物不断堆积，到了数千英尺的厚度，山顶成为海底，导致温度和压力上升（有些科学家认为落基山脉上的火山灰就形成于这个过程）。在沉积物内部，生物和地质发生了不可思议的融合，动植物分解转化为原油，这就是未来石油钻机的富矿带。"现在，如果我可以将手伸到地底下，然后带上来那些几百万年的演化产物，"在1953年电影《霹雳湾》中，詹姆斯·斯图尔特饰演的一个海湾石油猎人如此怅然说道，"让它们为现实和未来效力，那我也算是做了点什么了。对吧？"

19世纪末期围着海湾工作的人们，一开始将他们的研究精力集中在得克萨斯的土地上，他们是斯图尔特所饰演的角色在现实生活中的前辈。因为从前的海湾比现在要大得多，因此深海淤泥的沉淀物——也就是石油——在海水撤去后被留了干燥的陆地下。早期的石油勘探者自称投机分子，他们都是坚定的猎取土地的人。他们的勘探方法非常简单直接，但始终保持和时间的一致。他们依赖地面地质学，基本上就是通过观察周围环境来决定——或说猜想——地底下有什么。得克萨斯州，一望无际、沼泽遍布、怪石嶙峋的得克萨斯州，备受蚊虫、野猫和响尾蛇折磨的得克萨斯州，要想在这里靠占卜探矿，你需要敏锐的眼神，一双好腿，有时还需要好几双鞋，因为到最后鞋面总是结着尘土，鞋底总被磨穿。

勘探者把目光放在油苗、矿物泉、石蜡土和沉积岩上，并从当地人口中获取信息。如果有人足够幸运能遇到难闻的气体嘶嘶地往地上裂缝处窜的情况，他们会擦一根火柴，并寄希望于它能烧起来。这是"人类技能与自然的执拗间的对抗"，20世纪中叶的一项行业历史记录如此宣称道，"运用人类的智慧去解开油气藏于地球哪个角落的谜题。"在这个尝试解谜的过程中，个人勘探者花光了积蓄，合伙勘探企业走向破产，投资人都往别处去了。然后，只要其中一根火柴被点燃，答案，以及财富，便会自然浮现。[4]

1901年得克萨斯州博蒙特镇（Beaumont）附近一个叫纺锤顶（Spindletop）①的地方就发生了这样的故事；西班牙探险者发现这一带柏树呈纺锤造型，因此得名纺锤顶。在乌鸦飞过的离海湾25英里的地方，一口前所未见的喷油井从一个新钻井处喷射而出。这是墨西哥湾海岸上的第一例，令人印象深刻，成为行业的头等大事。宾夕法尼亚州、俄亥俄州和最近的加利福尼亚州都成为财源滚滚的石油中心。但极少人认为南部有这个潜力，虽然几个世纪以来，人们在得克萨斯州早已发现地表上渗漏的迹象。印第安土著和西班牙殖民者，其中包括德索托的撤离队伍，他们曾经从黑色泉水或渗出的储油层处提取一种类似沥青的东西作为船体密封材料。储油层就像是鼓鼓地装着原油的土地容器上裂开的一道缝。

这多少是帕提洛·希金斯（Patillo Higgins）的猜测。希金斯上学上到四年级，做过伐木工（在一次伐木事故中失去一只手臂）和制砖工，也杀死过警察。当时年少狂妄的他引爆了一个黑人教堂，将一名试图逮捕他的警官开枪射死，而他之所以引爆教堂显然是因为他憎恶那些聚会者的肤色。他后来说服了法庭他杀人是出于自卫，因而得以无罪释放。和从前很多谋杀犯一样，这

---

① 又译作斯平德托普。——译注

个方下巴的年轻人最终被宗教拯救了。皈依上帝后，他让自己修长瘦弱的身体在洗礼水中冲洗，并描述说他的拯救是"无声的、超自然的圣灵所为"。他开始在一间浸礼会的主日学校教课，最享受的就是带着他的班级到酸泉高地（Sour Spring Mound）去野餐，高地就位于小镇南边的纺锤顶。[5]

这里是平原上的丘陵地带，丰饶宁静，没有市镇和农场上的苦差事。这里杂草丛生，野草有脚踝到腰间的高度，随风掠过野花，令人沉醉；这里的天空时而晴空高挂，时而深沉低悬，风若从西边吹来，那么是干燥的，若是从海湾来，那便是湿润的。但这里也并不总是纯净无瑕——对于鼻子来说。硫黄的恶臭常常能越过小山。但这也是它的诱人之处。这位主日学校老师会借此吸引孩子的注意，用一根竹棍刺穿土地，释放出油气；然后有条不紊地拿出一根路西法的火柴，点燃神奇的火把。

正如它名字所显示的，纺锤顶的酸泉高地上有矿泉。内战时，邦联军的医务部队曾经用它们来治疗黄热病患者。此后，商人将其中两处泉水和一个叫酸湖（Sour Lake）的地方改建为矿泉疗养浴场。纺锤顶的地表特征，包括地面的油苗，都清楚无误地显示它的地底结构。地理学家认为酸泉高地下面是一座盐丘。希金斯知道这个。别的不提，他还是一个地理研究爱好者，他不仅相信地底下是盐丘，他还相信盐丘上的盖层是大自然为存储石油而盖上的盖子。

盐丘是原始海洋蒸发后留下的残余物；五万英尺厚的沉积物下潜伏着广阔的盐岩层，盐体刺破上覆岩层后便形成了盐丘。在海湾西北部的沿岸和近海处分布着超过 500 座盐丘，使美国海成为世界上盐丘分布最密集的地区之一。

爱德华·麦基尔亨尼的艾弗里岛的 162 英尺的海拔高度就

归功于盐丘。它比相当于珠穆朗玛峰海拔的深度还要深，永远不会被开采完。墨西哥的塔巴斯科，就是麦基尔亨尼家族著名辣椒酱品牌名的来源及其辣椒的故乡，有一座大型盐丘。就在这个家族将辣椒酱推出市场之际，捕鲻鱼的渔民在离得克萨斯州海岸 100 英里外的海里发现了三座礁岛，上面长满了植物、海绵和珊瑚。这些珊瑚礁在海湾北部是独一无二的（这里的珊瑚有 10000~15000 年的历史，可能是被环流从墨西哥裹挟而来的"移民"）。渔民们将它们命名为花园垄（Flower Garden Banks），但他们没有意识到这片水下花园的底部连接着的是来自海底的盐丘穹顶。

当时几乎没有人清楚盐丘的性质。即使地理学家们的知识也有限，他们似乎很肯定盐丘和石油没有关系。当希金斯在 1892 年成立了一家石油公司，为能在纺锤顶上钻井而寻找投资人时，当地报纸对他出售的是不是蛇油表示好奇。城里人在他背后讨论他，说他"着实古怪"。他对过去的忏悔也演变为一种极端的自以为是，他监督他人的品行，大声斥责酒精、舞蹈、戏剧、游泳、海滩度假和原谅惯犯罪行的牧师。让人们大为震惊的是他长期单身并与他母亲住在一起，让人们更为震惊的是他开始收养十多岁的女孩——甚至，在他 45 岁时，和其中一个女孩结婚，生了三个孩子。他钻井三年以来，除了让诽谤者的话成真外，他什么也没有得到。[6]

他在公司破产后，又登广告招募新的投资者。当地人对此保持一贯的冷漠，就在此时希望降临，一位路易斯安那州的克罗地亚移民安东尼·卢卡斯（Anthony Lucas）前来问询。卢卡斯生于达尔马提亚海岸（Dalmatian coast），是奥地利海军的前军官。他在 1879 年移民到美国后，为自己挂了个"上校"的头衔，虽然他在奥地利最高也只到中尉；他后来在艾弗里岛上找到了采矿工程师的工作，成为盐矿的管理人。他和希金斯都一致坚信哪里有盐，哪里就有油。除了艾弗里，路易斯安那州还有其他四个盐丘岛：杰斐逊（Jefferson）、威克斯（Weeks）、贝尔（Belle）、科特布兰奇（Cote Blanche）。卢卡斯一一调研过，都找到了有石油的证据。

在1900年的夏天，他开始在纺锤顶钻井。他用一种圣诞树形状的木制架塔，或称"钻井台"，来放置和固定一个用蒸汽引擎带动的旋转钻头。钻头分节组装而成，呈中空结构，以方便受压液体——也叫钻井泥浆——从中通过并到达底部，清洗锯齿状钻头末端钻进地面形成的岩屑。在到达地底575英尺时，卢卡斯遇到了困难，财力不济，于是去了一趟匹兹堡，和资深的石油开发人会面，并谈妥了几位财务投资人，其中包括银行业的百万富翁和未来的财政部部长安德鲁·W.梅隆（Andrew W. Mellon）和他的兄弟R.W.梅隆（Robert W. Mellon）。新投资人迫使虔诚的希金斯退出，他们认为他没有什么可贡献给这项事业的，但留下了卢卡斯上校。他们还从科西卡纳（Corsicana）带来了经验丰富的队伍，科西卡纳地处休斯敦和达拉斯之间，六年前这里开发了得克萨斯州第一个虽然不大但有商业盈利的油井。

纺锤顶的探井还未复工，1900年飓风来袭，淹没了岛屿城市加尔维斯顿，离东北方向上的钻井地不到100英里距离。热心的科西卡纳人为受灾的人们送去了冰、水和1000条面包。新的钻井队带着钻井架木材和钻井设备登上了火车，到了博蒙特镇，并将赈灾物资送到加尔维斯顿。当飓风幸存者从碎石堆里被救出时，钻井工人在酸泉高地上已经建好了钻井架，并架设上了全新的旋转钻机。当年10月，12英尺的钻头开始钻进沉积岩。

1901 年 1 月 10 日，当钻井深度达到 1139 英尺时，钻井架开始震动。工人以为是钻头钝了，于是将其拉上地面换上新的。他们这么做的时候，泥浆从钻孔喷涌而出，六吨重的泥浆沿钻头顶部灌入了四英寸钢管中。工人们四下躲避。没有人受伤，喷发停止了。然后还没等众人缓过神来，泥浆再次喷射，工人们被第二次撞倒在地。油气嘶嘶作响，发出呼啸的风鸣声，空气变得混浊。随后又是一片安静，但所有人保持着小心。钻孔里传出冒泡声。石油慢慢涌向顶端，先是往外溢，积蓄能量后，怒吼的原油喷射而出，像被从亿万年沉睡中惊醒而燃起的怒火。它喷向 150 英尺的高空，是钻井架的两倍之高，落在手舞足蹈的钻井工人身上。

得克萨斯州的史学家说纺锤顶将石油带进了现代社会。这说法并不夸张，但就像他们说的，时机，意味着一切。在纺锤顶之前，用煤油灯点亮的街道和建筑为石油产业提供了燃料。以一桶三美分的价格打入市场的纺锤顶原油，为供暖、战争和运输提供了新的动力。从前以煤为生的发电厂在用上石油后开始在全国范围内扩张。铁路行业开发出石油驱动机车，代替了燃煤的蒸汽机车（截至 1905 年，服务得克萨斯州海岸的圣达非铁路公司运营着 227 个燃油机车）。1910 年，煤也被美国海军抛弃了（煤的有效载荷比石油重）。英国刚完成了海军改造，在此前一年，西奥多·罗斯福为炫耀本国海上力量而组建的大白舰队刚结束了全球巡航，返回港口，一路上冒着黑烟和难看的煤灰。

但汽油仍然只是煤油提炼过程中产生的无用的副产品，煤油多用于治疗头虱和清除衣物上的油渍。提炼厂将大部分汽油排入了河里。但它很快将成为海湾原油最重要的提取物。距离纺锤顶开发不到十年，汽车带动了美国交通、旅游和航运的改革，创造了有史以来最大的对自然资源的商业需求。汽车制造商开始时考虑过多种不同燃料，包括一般性酒精和工业乙醇，直到可显著提高燃料辛烷值的四乙基铅 ① 被研发出来，价格更便宜的汽油才被确定下来。

到了 1918 年，美国产出了世界上 70% 的石油。研发实验室在持续研发新的应用方向。石油"润滑车轮，铺设道路，为轮胎提供合成橡胶"，一段关于海湾本土的汉贝尔石油公司的史料中如此记载道。"它为建筑提供暖气、盖顶和涂漆，为它们的地板上蜡，帮助清洁窗户。它为人工合成材料、塑料和化工产品——可以说是数不胜数——提供了最基础的原料，无论是和平年代还是战争年代皆是如此。"[7]

博蒙特镇对泥泞街道上覆盖的沥青视若无物，为什么不呢？沥青是一种石油产品，而博蒙特镇多的是石油。在纺锤顶发现石油前，博蒙特就是一个平平无奇经营木材的镇子，镇上的生活乏善可陈。一夜之间，它变成了有些人口中的"喷油井之城"。石油商和投机客、男人和女人，纷纷来这里寻找工作和财富，他们从北方城市来，从农场和牧场来。到了 1902 年，这里运营的石油相关公司已达 500 家。9000 人的人口在三个月后翻了两番，此后也没有停止过增长。三个新镇诞生了：纺锤顶，格拉迪斯和南非（黑人和墨西哥人的聚居地）。房地产的价格和卢卡斯的喷油井一样飙升得厉害。得克萨斯州的一份石油史料里记载说，"猪浴池的售价是 35000 美元，牛牧场售价是 10 万美元"。"博

---

① 辛烷值是燃料抵抗震爆的指标，汽油的辛烷值越高，代表其抗爆性就越好，动力经济性能越高。四乙基铅因能提高燃料的辛烷值，带来更高的燃油效率，一度被作为添加剂广泛使用在汽油里（即含铅汽油）。但如前文所述，四乙基铅是剧烈的神经毒物，对健康有极大危害，现在推广的是无铅化汽油。——译注

蒙特 150 英里外的地价是每英亩，1000 美元。"而纺锤顶的每英亩地价是 90 万美元。[8]

纺锤顶上的钻油塔有如荷兰花园里的郁金香般生长着，尽管它乏味难看。租来的地块狭小得只有 20 平方英尺，勉强容得下一台钻油塔，有时这台钻油塔要同时操作好几个探井。到 1904 年，铺天盖地的 1200 台钻油塔占据了 170 英亩的土地。一个人可以脚不沾地地从这台钻油塔走到那台钻油塔去。每一寸地方——每台设备、每个正在走路说话的人身上——都闪耀着原油的亮泽。即使天空湛蓝，这片土地也是灰暗的。开凿出的巨大露天矿井里，漂浮着 300 万桶油，这是一面映射着繁荣的庞大的闪耀黑镜。行业未来的三个巨头——海湾石油、美孚石油、德士古——都是从纺锤顶发的家。据报道，梅隆兄弟的投资回报是 4000 万美元。虽然被迫退出他们与卢卡斯的协议，希金斯也很快穿上了昂贵的西服。他又创办了新的石油公司，出租仍在他名下的资产，最终将股份以约 300 万美元的价格转手了。在纺锤顶的 25 周年纪念聚会上，人们向这位曾经被视为执拗于找油的傻瓜欢呼致敬。

1902 年，这片高地产出了超过 1700 万桶原油。旺盛的供应使石油价格跌到了空前的低点。但随着盐丘逐渐被汲干，价格快速反弹。纺锤顶开始熄火，来得快，去得也快。"这头奶牛，"卢卡斯说，"被榨取得太狠了。"1904 年，油井中抽出的油只有 10 万桶。[9]

纺锤顶的衰落在整个恢宏的产业版图里不值一提。钻井塔很快开始钻探得克萨斯州的其他地方，萨拉托加（Saratoga），酸湖，巴特森（Batson），哈姆伯勒（Humble），还有西哥伦比亚（West Columbia），巴伯斯山（Barbers Hill），赫尔（Hull）

和高岛（High Island）。得克萨斯州的沿岸地区成为石油产业的新大陆，但这不只是归功于人们的勇气和坚毅，大自然站在了成功的一边，提供了明显有利的环境条件。得克萨斯州的气候温和，土壤松软。不像其他地区坚硬的岩石，海湾大部分的沉积层为钻井消除了更多的阻碍。此外，还有海湾的 500 座盐丘。希金斯和卢卡斯的直觉是对的。纺锤顶之后，石油勘探的投机分子广布海湾沿岸，在得克萨斯州和路易斯安那州土地上从一个盐丘走向另一个盐丘。此后，他们的目光投向了古斯克里克（Goose Creek）。

曾经的卡兰卡瓦人和阿塔卡帕人（Atakapa）会在合适的季节到古斯克里克和泰布斯湾（Tabbs Bay）捞牡蛎、蛤和鱼。西班牙和法国殖民者显然对此不太在意，虽然古斯克里克就位于圣哈辛托河流入加尔维斯顿湾的交汇处。19 世纪 20 年代墨西哥挣脱西班牙取得独立后，美国人开始来到这里。他们在这里建起渔牧场和农场，在土地上种满了稻米，利用奴工和西非人的聪明才智在这片土地上精心耕作稻田。

1834 年，玛丽·琼斯（Mary Jones）将泰布斯湾和古斯克里克交汇处的一个小半岛卖给了来自马萨诸塞州查尔斯镇的查布（Chubb）兄弟。查布兄弟在这里建造渔用和航运用的纵帆船，并且在山姆·休士顿（Sam Houston）的率领下参与了得克萨斯独立战争，其中一人还是海军的五星上将。他们从非洲的黄金海岸走私奴隶，当南北双方敌意升级时，查布二人背叛了北方弟兄，在古斯克里克建立了一座邦联海军船厂，建造吃水浅的封锁突破船。战争结束后几年，T.B.盖拉德（Thomas B. Gaillard）买下了查布兄弟的资产，并将其妻子和八个儿女从密西西比州的那切兹接来了。

1903 年，也就是纺锤顶走向衰落之时，盖拉德的其中一个成年的儿子，约翰，正在古斯克里克河口的泰布斯湾上钓鱼。当他发现有气泡往水面上冒时，他并不知道此时他漂浮的水域下是一座盐丘。他以为那是准备咬钩的水牛鱼吐出的泡泡。但他突然想试试擦一根火柴。到这个时候，基本上得克萨斯州沿岸的每一个人都知道石油地质学家的这种伎俩。如果气泡燃起了红橙色的火焰和黑烟，它们就是天然气，地下很可能有石油。约翰·盖拉德不是地质学家，他是一个面积 262 英亩的小牧场的牧场主——但他很快将成为一个富人。他的火柴燃起来了。

/ 272

是这样吗？盖拉德的故事也许是和辛克莱恐龙故事异曲同工的另一个小说式的起源故事——关于得克萨斯州沿海的石油如何被发现的故事。它出现在很多在线资源里。它们互相之间一字不差，没有引文来源，也就是说大家都在直接或间接地抄袭着其他抄袭者。最初的原创，其实是《得克萨斯指南》中的一篇文章，它发布在网上的时间是 2010 年 6 月，正是深水地平线石油泄漏事故发生的时候。这篇文章援引了四个出处。其中两个提到了盖拉德，它们都是书籍。其中一本拼错了盖拉德的名字，而且说他的钓鱼时间在 1916 年，而不是 1903 年。另一本没有提到日期，但名字是对的。后一本书中第 13 页的一张黑白照片里，四个男人在一座钻井架前正在南得克萨斯州的阳光下眯着眼。站在中间，八字胡翘到了颧骨上的就是盖拉德。他个子很小，跟一个小男孩一样。他戴着一顶斯泰森的"平原之王"（Boss of the Plains）毡帽，帽顶很高，帽檐和茶碟一样扁平——一个戴着大帽子的小牧场主。两本书都没有提到关于火柴的事。[10]

疑点并不止于此。根据 20 世纪 50 年代休斯敦地质学会出版的一本野外指南的说法，泰布斯湾的气泡是在1906年被发现的，发现者不是盖尔德。在水面上的是三个周末度假的垂钓者，可能是在钓大海鲢，他们一人口袋里装着庆祝用的雪茄，另一人口袋里装着雪茄——或其他可能出现的东西——用的火柴。其中一人，L.P.加勒特（Lovic P. Garrett）有地理学学位，在布拉沃河石油公司工作。所以他知道划火柴的事。在火柴被点燃后，他的两个同伴，R.A.韦尔奇（Robert A. Welch）和R.T.鲁（R. T. Rue），在第二年创立了古斯克里克制造公司，并开始在盖拉德的牧场上钻探井。

野外指南条目的作者曾在海湾石油公司工作，这个行业是写出了最早一批石油探索历史的行业。它们都带有专营私有的色彩，各种记录文字已经形成了一种标准叙事方法，那就是将行业本身的发展归功于将国家带入现代社会的英勇探索。盖拉德是一个影子式的角色，如果他会被提起的话。也许的确是他在1903年划下了那根火柴，只是官方的年代史编者对此避而不谈了。因为他不足以成为一个好故事。虽然他把地租给了石油公司，但他内心始终是一个牧场主，这明显体现在他租约中的一项有争议的条款里：如果钻井工人们没有关好大门，以致他的牛群走散的话，他有权赶走土地上的这些工人。在遗产叙述中，早期石油勘探的投机分子都是石油商，都是有胆量的梦想家，有着不容置疑的品质。他们有着"超凡的能力"，一则史料中说，"见多识广，令人不可思议"，绝对具有"进取精神"。这种对斯多葛派式英雄的描写是乏味的，这些英雄没有缺点，没有怪癖，也没有不为人知的秘密——他们总是白人男性的专属，不是富人就是在成为富人的路上。[11]

不管是谁划的火柴，甚至有没有那根火柴，古斯克里克的第一桶石油直到1916年才出现。《休斯敦纪事报》8月24日的头版头条是：古斯克里克产石油万桶。美国石油公司引入了一个好的产地，时机刚刚好。在八个月之后，伍德罗·威尔逊会请国会批准对德宣战国。欧洲的大战是第一次使用石油的战争；同盟国中 80% 的石油产自美国土地。

国会通过威尔逊的宣战不久，辛克莱石油和 E.F. 西姆斯石油（爱德华·西姆斯是辛克莱董事会的成员，且足够富有，他的休斯敦庄园雇了八个园丁）在他们的油井"甜心 11 号"喷出了石油；当年 8 月，他们又在从盖拉德邻居处租来的地下发现了石油，这次的油井被取名为"甜心伊万杰琳"。钻头下探到了 3000 英尺处，每天产油 35000 桶。《匹兹堡公报》上有一家石油公司登广告寻找投资商投资新的古斯克里克油井说："每分钟入账 33 美元的喷油井。"在此前一年，古斯克里克的年出产量是 40 万桶；"甜心伊万杰琳"的那一年，这个数字变成了 730 万。虽然它不是 1902 年的纺锤顶，但古斯克里克依旧被业界称为美国新的甜蜜地带，牧场主盖拉德不知不觉经营起了租约牧场。[12]

/ 274

这片土地原本是得克萨斯州最大的河口湾，特里尼蒂－圣哈辛托河口湾中一个宁静的小峡谷，但最后，这段神圣的历史和随之而来的原油事业已经将它原先的身份抹去了。在封锁突破船和石油出现之前，古斯克里克一直是鸟类的冬季天堂，候鸟群集，比如秋沙鸭、白帽鹊鸭和白鹈鹕。在约翰·盖拉德的管理下，吸引来的都是财富猎人了。甜心伊万杰琳带来了重型木材，框架支架，转盘，凯利钻杆，以及由休斯敦的老霍华德·休斯（Howard Hughes Sr.）设计的全新的双牙轮旋转钻头；锅炉、蒸汽引擎，以及黑烟；42 加仑的钢桶，土制储液器，每天工作 10 小时日薪 5.2 美元的满身油污和汗渍的钻井工；一个城市的流动炊事车、厕所和帆布帐篷，将终年在这里用树枝在矮树丛里搭巢的褐鹈鹕和玫瑰琵鹭挤了出去。

《休斯敦纪事报》记录道,"在一排绿林后",场景突然变换,"让人措手不及"。植被正在快速消失。盖拉德的牧场上飞快地出现了40多个钻井架。它们如果不是那么嘈杂、黏腻、浓烟滚滚,很可能已经被投机取巧的鹗和鹰拿来当作栖息的巢营了。其他的土地业主也开始出租和出售他们的产业。不到两年,这里已经有1500座木制的或钢制结构拔地而起,业界和媒体将这里称为古斯克里克油田。所有这些工业生产活动取代了河口环境,而本身作为自然经济中的重要生产者的河口,却几乎没有引起公众和科学界的关注。当防守用的石油需求刺激了石油价格的飙升,发展注定将成为重中之重。"发展不是全然无错的,我的朋友",电影《霹雳湾》中詹姆斯·斯图尔特饰演的一位实话实说的政府环保官员这样说。[13]

钻井架无可避免地会从飞鸟栖息地扩张到海洋——也就是说,进入鱼虾牡蛎在得克萨斯州沿海最常光顾的地方。虽然它们通过木制码头与陆地相连,但这些油井依然是海湾上最早的海上钻井平台。

约瑟夫·艾萨克斯(Joseph Isaacs)是一个有事业心的人,他时常出没在古斯克里克油田泥泞的大路上,坐在一个让两只黑色高大的骡子拉着的改装过的平板车上。平板车上平放着一个钢制水箱,在水箱上方的前端,艾萨克斯装上了座椅,他坐在上面,双脚悬垂,双手抓着缰绳,缰绳那头是他听话的骡子。水箱装着来自一口自流井的井水,井水将以每桶35美分的价格卖给古斯克里克油田的住户。生意很红火。因为石油工业已经污染了这一地区的家用井水。

污水源于数十年前灵光一现的一个想法,虽然并非有意但无可避免。1859年宾夕法尼亚州西北部首次发现石油,由此引发了美国最早的石油热潮,就这股热潮卷起的当口,托马斯·罗兰(Thomas Rowland)向美国专利局提交了一份申请。罗兰在金属制造上的多项创新远近闻名。知名的联邦"监视者号"的钢制防弹船体就是罗兰在布鲁克林东河的大陆工坊(Continental Works)里一手打造出来的。

内战结束后,国内经济迎来变化,而罗兰一直走在变化的前端,甚至引领了这种变化。宾夕法尼亚州首次发现石油的十年后,他取得了他的"海底钻井装置"的专利。这是海上钻井平台的雏形,有出色的预见性。它包括一个架设在可伸缩支架上的独立平台,可以向海底延伸50英尺。对罗兰而言不幸的是,他的装置直到他去世后很久仍然只是草图上的一个概念。在他后来继续研发大型钢制天然气储罐时,石油行业开始往海上发展。但它们并没有按罗兰的设想走,而是去了他工厂所在地的反方向,大陆的另一头。

/ 276

挺进海洋的第一步发生在1896年加利福尼亚圣巴巴拉市附近的面朝太平的萨默兰海岸的白色峭壁前。那里没有号角齐鸣,没有铜管乐队,没有嘉宾致辞或剪彩;更没有海底钻井装置;有的只是木制的钻井架,和其他任何一个钻井架别无两样,唯一的区别是它被架在一短截码头末端,离海岸只几步之遥。五年后,多个码头分布在整个峭壁海岸上,每个都支持着2~3个甚至更多的钻井架——码头上的钻井架共计有400多个。每个钻井架的延伸长度都不过100多英尺。这是一次心切但谨慎的探试。

海上钻探的受限之处并不在于设计或技术,像史学家或石油工业爱好者所称的那样。当时的独立钻井人正在俄亥俄州17000

英亩的格兰德湖（Grand Lake）水库上作业，格兰德湖水库是伊利运河的一部分，它和100英里以北广阔的五大湖相比就是一个水洼。石油工人将木桩打入水库底部，以便建造不需要额外支撑的平台，它们被称为井壁基架（cribs）。上面会再分别盖上传统的索具钻井架。工人们则划船来换班，他们在一座人工水库里的人工木制岛屿上工作，与吵闹的蒸汽引擎和锅炉共享这个四面环水的空间。钻井架和陆地的唯一联系是一根连向岸边储油罐的输油管——没有相连的栈桥或码头甚至是狭窄的人行街道。1913年，《纽约时报》报道那里有"超过100个油井"。一位史学家认为最早的这批油井比加利福尼亚的那些足足早了五年。[14]

　　这个可能性的提出或许会让路易斯安那州穆灵斯波特（Mooringsport）富有集体荣誉意识的人们感到困惑。他们在1994年于喀多湖 [Caddo Lake，曾名费里湖（Ferry Lake）] 为一个历史性地标举行了落成典礼，宣称那里的油井是全美国第一个独立式"近海"油井。喀多湖和得克萨斯州东部和路易斯安那州西北部接壤，是一个由众多小湖和数不清的河沼组成的大湖，水边环绕着树干沟沟壑壑的古老柏树。得克萨斯州人称喀多湖是他们唯一的天然湖——或者用他们的话说是唯一"诚实的"一个（所有得克萨斯州湖都是人工湖）。美国未来的第一夫人，克劳迪娅·阿尔塔·泰勒（Claudia Alta Taylor）在1912年出生于喀多湖的得克萨斯州沿岸。她在日后成为伯德·约翰逊夫人后，因致力于沿州际公路栽种野花而受到爱戴①，人们将她的感性归

---

①　泰勒·约翰逊是美国前总统林登·约翰逊的妻子，因温良美丽而有"Lady Bird"（淑女鸟）的美名，在成为第一夫人后一直致力于环境保护和美化，积极支持1965年的"高速公路美化工程"。——译注

功于喀多湖带来的自然财富，虽然它们被改变过。

20世纪初，海湾石油公司的一个钻井队队长在成功探明了一系列油井后，说服他的老板从路易斯安那防洪局租下了8000英亩的湖底。美国陆军工程兵团批准在东侧修建堤坝控制水位（这就是得克萨斯州诚实的湖的由来）。石油商砍掉了柏树，修建钻井平台，老霍华德·休斯从休斯敦带来了他号称"岩石毁灭者"的双牙轮旋转钻头，并进行了成功的试运行。在克劳迪娅·泰勒出生的前一年，休斯的钻头撬开了喀多湖第一个高产的海上油井（休斯注定要获得巨大的财富，小霍华德·休斯成立的第一家电影公司名字就叫喀多制片公司）。克劳迪娅刚学会走路时，拖船推着油驳船驶过湖泊，湖泊本身已经成为超过250个钻井架的露天剧场。它们就像完成委派任务的测绘员一丝不苟画下的图，纵横交错，整齐划一，就像阿灵顿国家公墓里的墓碑。

当古斯克里克也开始尝试往水体发展时，钻井队伍中既有使用加利福尼亚州的码头栈桥式的，也有使用喀多的独立式的。但如果说喀多的是精确的几何艺术，那么古斯克里克的效仿就显得草率。它们毫无秩序可言，部分原因是得克萨斯州试水时正赶上战争的急切需求。陆上的油田到处是钻井架，到处是租赁人，所有人都在攫取同一块地里的石油——宰着同一头猪，用他们的话来说。所以你要尽你所能地在每一寸土地上架设钻井架，不然的话你隔壁的那个家伙就会把你吸干。但如果你拥有沿海土地的一纸租约，只要跨过了那道陆地和海洋的界线，房地产对你来说就是小意思了。古斯克里克在巅峰的1917~1919年，产出了900万桶石油，当时在陆地、沼泽和溪流上架设的钻井架有1500台。

你也可以咬文嚼字说，在游泳或涉水而行就可以到达陆地的水上建钻井架——它们的离岸距离还不及钻孔向下深度的2~10

倍，水深可以让矮小的盖拉德站进去——算不上是真正的近海钻探。但是，这些溪流和海湾上的钻机是广泛应用于大海各处的钻机的先驱。而且它们有相近的审美、外观和手感。

在石油泄漏上尤其如此。油田肮脏、丑陋，散发着恶臭。当地居民恨恨地看着一个又一个的钻井平台建起来，把他们的世界变得越发黏腻乌黑。泥泞的泥巴地上交错着人行的木栈道，没完没了，到处都是，即使已经很久没下过雨了。可透水的地面上、水库里，目之所及都是坑坑洼洼的废水和原油。倒渗回土地的，或流入溪流、泉水和河湾的原油比被灌进油桶的部分还多。"石油泄漏"甚至不是一个正式的词语。当时最接近这个概念的词是"井喷"。

当井喷还很新奇的时候，它是一件值得庆祝的事，一口活跃的油井像一瓶被拔去了木塞的香槟一样喷出来，让人的肾上腺素也随之飙升。纺锤顶的油井喷射前后持续了九天，流走了80万桶原油后，采油队才将喷射口堵住。你看在金钱的面上才让井喷停下，而不是在意鱼类、鸟类甚至地下水。所以才有像约瑟夫·艾萨克斯这样的人赶着两头骡子在各个新兴城镇间运送可饮用的好水。你让井喷停下是为了与钻井的邻居修好，因为他们不需要你的好运浇在他们倒霉的头上。尽管如此，还是偶尔有操作员会打开受控的油井为其测量流速，也有些人抵挡不住要炫耀一下冲天的黑色喷泉的诱惑。浪费是成功的一个标志。乌黑的土地上闪耀着金光。

但是，甜心伊万杰琳并不是每一个人的甜心。这座1917年8月凿出的喷油井，直冲250英尺的高空，整整三天，原油洒下犹如倾盆大雨。因此流失的35000桶原油足以为2100户家庭提供一年的供暖。溢出的原油形成了十英亩大小、两英寸深的油泊，而且并不是所有的都集中到了这个坑里。风将喷洒出的原油带到了数英里之外。树木的枝叶在滴油，马路打滑，挂在绳上晾晒的干净衣服被染了色。古斯克里克剩下来的稻田遭到污染。住在油井边上的家庭将他们的家和校舍一并搬离海岸，他们中很多人去往古斯克里克的镇区，在其他早几年逃离污油空气和水源的人们的帮助下重整家业（学校被重新安置后的年鉴将被命名为《井喷》）。就在那时，盖拉德将他的牛群赶向了海湾对岸的霍格岛（Hog Island），他花了 900 美元将那里买了下来（他后来将此地以 25 万美元的价格转卖给了汉贝尔石油公司）。

1918 年，大家都在猜测 8 月时会不会实现连续第三年井喷。8 月在闷热中日复一日、周复一周地过去了。最终，8 月 31 日，西姆斯 - 辛克莱的"甜心 16 号"在水边喷发，爆炸声之大你在邻国都能听见。钻井架被炸得散了架，绿黑色的液体往天空足足喷洒了九天，总共一万桶。这一次，脱离控制的原油没有往内陆去，而是飘进了泰布斯湾。如果钻油井处是坚实的土地，液体还能被困在临时的一个水洼里，或者随人工水道流入河流。水上或湿地边的油田则不然；在你还没来得及反应时，井喷就可以迅雷不及掩耳之势污染整片沼泽和河口——实际上野生动物或野鸭的捕猎者和游钓人也并不会将古斯克里克当作他们的游猎场。泄漏的石油随波而下，进入加尔维斯顿湾，进入开阔的海湾，流向了未来。

/ 十一　石油和路易斯安那的奋力一跃

1953 年，詹姆斯·斯图尔特和他参演的《霹雳湾》将路易斯安那州
第一次开采海上油井的真实事件搬上了大银幕。

往下钻，约翰尼，往下钻。

——史蒂夫·马丁，詹姆斯·斯图尔特饰，《霹雳湾》
（1953）

　　1953 年春天，战后经济仍然低迷，但衰退不会再持续超过
一年。美国人对未来感到乐观，消费的引擎正在加速运转。他们

购置房产，生儿育女，美国生育率达到了历史高峰。他们纷纷买起车来，高油耗的大车型——每加仑 10~15 英里的燃油功率——也不在话下。那个年代，比起燃油功率，开车人更注重马力和 0~60 英里 / 小时的加速情况，况且汽油还便宜。每加仑 20 美分的汽油，让婴儿潮中出生的孩子们可以坐在车里兜风，让住在郊区的大人可以驾车通勤（如果车主人是白人的话），人们心情愉悦地开车周游，避暑度假。每周黄金时间的电视荧幕上，广受欢迎的黛娜·萧尔（Dinah Shore）都会唱起那句："坐在雪佛兰里看美国。"

美国人也在买电视机（超过一半的美国家庭拥有一台电视机）。孩子们一屁股坐到电视机面前看《嬉闹屋》（Romper Room）、《库克拉、弗兰和奥利》（Kukla, Fran and Ollie）、《闪闪丁克和你》（Winky Dink and You）。全家人围坐着一起看《我爱露茜》（I Love Lucy）、《奥兹和哈里特的冒险》（The Adventures of Ozzie and Harriet）、《先知安迪》（Amos'n Andy）、《亚瑟·戈弗雷天才秀》（Arthur Godfrey's Talent Scouts），还有《德士古明星剧场》（Texaco Star Theater），这是早期极为成功的一档电视节目，播出时间从 1948 年持续到 1967 年。

虽然出现了新的竞争媒介，但人们对电影的热情始终不减。那一年，美国人花在大银幕上的钱估计有 4300 万美元。5 月，曼哈顿中心区时代广场上的勒夫国家剧院要上映一部电影；影院的银幕是正常尺寸三倍的全景电影银幕，它是为《霹雳湾》的盛大首映礼准备的，电影由詹姆斯·斯图尔特出演，将以彩色画面和三组扬声器的立体音（一些批评家觉得这会让人分心）呈现。

首映礼当晚，夜色清朗，气温 70 ℉ ^①，人群聚集在剧院外。一众闪亮的黑色豪华加长轿车停在遮檐聚光灯下，人们在等着看车里将走出哪些人物。总统女儿，玛格丽特·杜鲁门，也是歌手和电台名人，率先走了出来，随后是鲍里斯·卡洛夫，泽维尔·库加特（Xavier Cugat），还有"意大利难以承受的性感美人"阿贝·莱恩（Abbe Lane）。维持秩序的警察这时把人群往后压了一压，是美丽的汤尼·寇蒂斯和珍妮特·李夫妇出现了，他们瞬间陷入闪光灯和麦克风的包围。然后斯图尔特到了，观众纷纷在人群中跳起来，就为看一眼这位身形矫健的全美偶像。他的身边是他结婚多年的妻子格洛丽亚，穿着高跟鞋的格洛丽亚和斯图尔特一般高，在 70 度的晚上身穿一件貂皮披肩。

《霹雳湾》也同样火爆，它在当时被宣传为一部讲述近海采油开端史的冒险片。它刻画了一对坚定的油井勘探冒险者，克服了怀疑、敌意和资金限制等困难后，在路易斯安那开采出首个远离陆地的水域里的油井，这个故事源自六年前发生的真实事件。

导演安东尼·曼（Anthony Mann）喜欢拍过程艰苦卓绝但这些困难最后无不被一位善良硬汉的双拳一一克服的故事，这个硬汉通常还会吻上一个直到被吻之前都不愿被吻的女孩。安东尼·曼的风格为西部片增添了色彩，而斯图尔特就是他心目中的那个男主角——少言寡语，神情痛苦，但坚如磐石，随时准备好挥起拳头或拔出枪支，捍卫法律、弱小者或他自己。他们合作了五部西部片——当年有两部（其中一部的另一个主演是珍妮特·李），都反响平平。环球国际影业希望他们有所突破，于是《霹雳湾》应运而生。斯图尔特本人对石油生意略知一二，这得益于

---

① 约 21℃。——译注

他在得克萨斯州成功的油井投资，他向安东尼·曼推荐了这个题材。斯图尔特将饰演史蒂夫·马丁，马丁是一位退伍的工程兵，他仿照托马斯·罗兰的专利设计，设计出带可伸缩桩架的钻机，并下定决心要在海湾的海面下找到石油。在宽阔的电影银幕上，马丁双眼圆睁，坚定地说道："那下面有足够润滑整个宇宙的石油。"

安东尼·曼喜欢在画面里的一切都巨大、醒目，所以他在实地自然光下拍摄，以便捕捉原始、生动的景色。在《霹雳湾》里，他选择了真实事件的发生地作为拍摄地——路易斯安那州的摩根城（Morgan City），它在阿查法拉亚河河口附近，四周是杂草丛生的牛轭湖。路易斯安那州一望无际的平原上没有孤峰、峡谷、多彩的岩石，但安东尼·曼充分调动起南部大地的光线和广阔的海湾天空，再让阵阵轻柔的海风拂过演员的发梢。如果河流或海湾上水面平静或波涛汹涌，他会运用彩色电影的蓝色和绿色——以及飓风袭来时的灰色，来保证看电影的观众们也看到这一幕。

但影评人被电影中的钻井平台分了心，他们控诉安东尼·曼为了刻画钢铁建筑牺牲了自然景色。"直观地看，《霹雳湾》最与众不同的"，一位《纽约时报》的评论家说，是"复杂的近海钻井装置"。斯图尔特饰演的史蒂夫·马丁像个骄傲的老爹，称呼钻机时一口一个"我的宝贝"。安东尼·曼的电影传记作家，珍妮·贝辛格（Jeanine Basinger），说导演将其刻画得"美丽、威严"。[1]

这也许是他的隐喻。电影中的近海作业区几乎就是一个巨大油腻的建筑模型，泥污四处飞溅，画面中充塞着工业制造的灰暗和生锈的钻杆。影评人们没有在票房和安东尼·曼的艺术手法之上看到这幅更大的图景。没有人发现，无论是从美学角度还是生态角度，钻机已经是变迁中的美国的标志，已经是海湾水景的入侵者，或者说，已经广泛分布于海岸和内陆水域，它们象征的是工业对这个地区的接管。相反，他们眼中的钻机代表更好的经济水平和更高的生活标准，代表承诺和优质。就像被刻画出的亲切可人的迪诺，它不是真实的。但为影评人们说句公道话，这是20世纪50年代，向他们提出生态远见上的要求是过分的。但读到和看到更广阔未来的潜力就在那里，在人物对话间，在电影镜头里，在污泥、油垢和铁锈里。

为了了解这个为电影定做的近海石油钻井平台的起源，我们要回到1901年的纺锤顶，那时一个叫沃尔特·斯科特·海伍德（Walter Scott Heywood）的男人正在从得克萨斯州去往路易斯安那州海岸的途中。海伍德是一个石油勘探的投机者，1872年出生于俄亥俄的克利夫兰，那里是两年前成立的标准石油公司最初的总部所在地。他的母亲是学校老师，父亲在希拉姆学院（Hiram College）授课，当时的学院负责人是未来的美国总统詹姆斯·加菲尔德。

年少的斯科特的短号吹得非常出色，他在青少年时便随一个音乐演出团体在西部州做巡回演出。19世纪90年代中期，他在加利福尼亚作为专业演奏家做了最后的谢幕演出后，结了婚，开始卖保险，并指挥一个学校乐队。然后在1897年，他的独子出生的这一年，他投身于淘金。他和他的三个同样眉清目秀、有音乐才华且相亲相爱的哥哥，一同加入了其余十万名满怀希望的采矿人的行列，用镐在克朗代克地区沿着被雪覆盖的蜿蜒山路掘出了让人难以想象的漫长沟壑，山路两旁是嶙峋的山峰和一失足便会丧命的岩架。海伍德说那是"纯粹的折磨"。他们兄弟是极少数挣得了一点点勉强能算是收益的人。[2]

回到加利福尼亚州后，海伍德又突然迷上了石油，他开始在圣贝尼托县（San Benito County）租来的土地上钻井采油。当卢卡斯喷油井的消息传到西海岸时，他拎起行李便踏上了开往得克萨斯州的火车，同样地，他的三个哥哥也加入了他的探险旅程。他是兄弟中最小的，却是这个团伙里的老大。他们不是互相竞争的兄弟，而是一个快乐和谐的四人组，他们后来创立了海伍德石油公司。作为钻井队的负责人，斯科特在纺锤顶的数月时间里就挖到了四个喷油井。很显然，对于如何将贵重商品从地里弄出来，他很是有一套。

后来有一帮投资人邀请他到路易斯安那州的杰斐逊·戴维斯堂区（Jefferson Davis Parish），他们看重的就是他的这点才能，这个堂区和古斯克里克一样有气泡冒出的迹象。在詹宁斯（Jennings）镇附近，有一个种稻田的农夫叫朱尔斯·克莱门特（Jules Clement），他感到好奇，每次他浇灌农田时都发现有气泡往水面上冒。他拿来烟筒放在气泡密集处，往后退了几步，点燃一根火柴，扔进烟筒里。探究石油地质并非难似登天，但有时它看起来和听起来就是登天般难。烟筒爆了，并射出了一道红色火焰。听说克莱门特的试验后，当地五个商人租下了那一片总共2000 英亩的土地，他们行事低调，怕招来竞争对手使地价飙涨。

海伍德前来查看这片稻田。再过一个月他就 29 岁了。他的头发修剪得利落整齐，温和清秀的外形很像唱诗班里的男孩或小学乐队的老师。但如果你再看仔细些，会发现他手指甲里的泥。有人曾经拍过他的一张照片，他和四个勤勉的同伴正站在一堆油井砂上，背后的喷油井正在喷涌，他们几个都油光锃亮，像一群脸上画了黑油彩的游方艺人（其实看起来像他的哥哥，著名的歌舞杂耍艺人阿尔巴）。

事实证明，克莱门特的土地位于一座盐丘之上，它足以让海伍德和五个路易斯安那州商人谈成交易。海伍德将他的钻机从得克萨斯州运来，并和他的队伍一起，在6月的酷热中将它们重新组装起来。那个夏天的工作非常艰辛。有好几次油井开始冒油，所有人燃起了希望，油又迅速被堵在了沙土里。清理它们是一件相当耗时费力的事。

后来有一处油泉持续往外涌，附近的一个农夫很快跑到詹宁斯镇上，散播消息说克莱门特的田里有一口井喷油了。得克萨斯州、路易斯安那州的报纸媒体也听到了新油田的风声。《达拉斯晨报》刊登了一则附了四个副标题的头条："詹宁斯举镇欢腾。"但人们高兴得太早了，这个任性的油井再一次淤塞。钻井工人将油和沙子弄得一团糟，朱尔斯·克莱门特一度将田地封了起来。一些投资人撤出，海伍德走在詹宁斯的街道上时说："我被认为是一个在稻田里钻石油的疯子。"他依然继续前进，但最后，不得不放弃了这口井。[3]

在相信一切皆有可能的路上，失败不成其为阻力。其他石油勘探的投机者蜂拥而来，很快，南路易斯安那石油涌流。海伍德转战新阵地，并获得了成功。他在詹宁斯镇上买了一所房子，将他的家人从加利福尼亚州搬了出来。他一直住在詹宁斯，直到1950年去世，他曾任一届州参议员，是州矿产委员会的成员，并被尊认为路易斯安那州的石油之父，他见证了盐丘海岸被展开的命运。直到20世纪末，路易斯安那州的土地和水域上共出产了18.1万桶石油和天然气。

到20世纪20年代，勘探者发现了八座盐丘油田，它们都是陆上油田，或是像艾弗里那样分布在被沼泽地包围的高盐分的隆起型岛屿上。石油产业希望进入更多的勘探地，州政府一如既往地乐意效劳，出租了大片的沿海湿地——在某些情况下甚至一份租约就涉及上万英亩的标的。石油财富对富有州和贫困州来说都是毒品，对像路易斯安那这样的贫困州来说尤甚。"这是可悲的，"海伍德曾对州长休伊·朗（Huey Long）说，"我们有些人民要以这种方式生活并不得不忍受这种牺牲。"石油意味着就业、发展、税收，以及当权者捞取一点油水的机会。休伊·朗，这位当权首领说，一个拥有被很多人渴望的珍贵商品的州才是有影响力的州。[4]

但这不是故事的全部。早在1849年沼泽地法案（1849年、1850年、1860年的沼泽地法案的最大受益者一是佛罗里达州，获得了2000万英亩地产，二是路易斯安那，获拨地900万英亩）将联邦政府的沼泽地所有权转移给州政府之前，路易斯安那就一直急于开拓或发展它的湿地。官方声明中说，湿地是荒地——即使从生态角度讲，湿地形成了有如天赐的路易斯安那州海岸。用它来打鱼捕猎自然是合适的；用来钻井采油更好，也更有利可图。

随着被引导的探索者进入湿地和长沼，地质勘探的新技术也出现了。重力计、扭秤，尤其是地震检波器，都为石油地理学家透过水面窥视地球的神秘提供了工具。他们定位到了深处的盐丘，以及隐藏在它们侧面和岩层断层里的石油。在探索中，地理学家们了解到海湾的近岸水底是海岸的漫长延伸带，从路易斯安那州往水下延伸出100多英里，极少有深过20英尺的，学者们预测那里存在盐丘和石油。此后科学家们在路易斯安那州将发现204处盐丘油田，其中80座是完全在陆地上的。

打通第一座合法近海油井的是优越石油（Superior Oil）和纯净石油（Pure Oil）公司，它们是独立的法人公司，现在已经不存在了（前者被埃克森美孚、后者被雪佛龙吸收合并）。20 世纪 30 年代，这两家石油公司联手跨出了史无前例的一大步，它们在卡梅伦堂区（Cameron Parish）向海 1.5 英里处用 140 根涂有木馏油的南方黄松木搭建起了一座"木棍"钻井平台。克里奥尔油田所在水域只有 14 英尺深，但要划两个小时的船才能到，此时回头会发现大陆已经变成远方的一条线了。新油井在 1938 年 3 月 18 日动工（同一天，在半个地球之外，加利福尼亚州的标准石油公司在沙特阿拉伯首次发现石油）。

前一年，在海岸往南一点的海面上，富兰克林·罗斯福正带着他的招牌露齿笑容在阿兰萨斯港钓大海鲢。再往前一年，华莱士·史蒂文斯称海湾是鱼的海洋。而其他人早已将其视为一片等待被开采的大油田。一本行业杂志谈及路易斯安那人的新观念时说：他们不仅必须"了解石油"，而且"对当一个水手意味着什么要有切实的理解"。[5]

从现在回望过去，我们能看到向美国海转移工业发展重心的不祥征兆，捕虾船变成了钻油船，它们带着全新的目标向大海进发，柴油机的烟味盖过了所剩不多的鱼的气味，航行四小时载着钻井工人往返于克里奥尔钻油平台和陆地，这里和后来的其他近海钻井平台一样，没有可供休息的地方。随后那些年让克里奥尔油田这个名字充满了讽刺，家庭捕鱼船逐步变成了近海钻井平台，渔屋的发薪日变成了石油公司的付薪支票，克里奥尔人传统的沿海生存方式带来了普遍的损失。这并不是说商业捕鱼已成历史——至少当时还不是。它的黄金时代还在前头。但是，那个时候，一个新的石油力量将统治海湾，并成为政治权力的中心。

　　随着克里奥尔油田的成功和与德国、日本战争的到来，石油的地位理所当然上升到了前所未有的高度，部分是因为战争的发生符合提供了作战资源的人的利益。正如上一场战争一样，同盟国需要石油来推动工业发展，以便开放新的领地，钻取更多的油井，灌满比以前多更多的油桶。地质图上代表被发现盐田的圆点变得越来越多，再加上水上前线已经被优越石油和纯净石油扫清了障碍，其他石油公司纷纷叫嚷着要投资近海油田这座富矿。只是事情的发展并不如人愿——并不总是如人愿。

　　战争期间，海湾里潜伏着恶魔，推迟了这个未来的到来。就在阿道夫·希特勒 1941 年 12 月向美国宣战的几周后，他向美国东海岸派出了他最好的海军武器 Unterseeboots，也就是潜水艇、U 船①、狼群战队。商船运载着潜艇以及大批的军用物资和石油，成群拥入了海岸。美国海军对突如其来的猛攻毫无准备，而且在刚开始他们在派出护航舰队一事上犹疑不定，害怕还不成规模的舰队面临损失。大西洋海岸遭遇了敌军炮火的狂欢式扫射，比狂欢节上的射靶还容易。德国人不敢相信他们的运气，或说不敢相信美国人如此粗心，没有在晚上熄灭海岸上的灯，为敌人点亮了商船这个靶心的位置，而且商船没有护航，不堪一击。1942 年的 1~8 月，希特勒的德军潜艇击沉了将近 400 艘船只，这些船只运送的是当年同盟军四分之一的物资。德国人称那是"快乐的时光"，"美国射击季"。[6]

---

① 英语为 U-boat，是德语 U-boot（U 取自 Unterseeboots 首字母）的英译，德语中 U-boot 可用以表示一切潜水艇，在英语语境中则一般用来特指德国潜水艇，尤其是一战、二战中的德国潜艇。——译注

对美国人来说，开场的那几个月是四年战斗中最灰暗的时候。总参谋长乔治·马歇尔将军说这些袭击"威胁到了我们整个战备"。那是美国历史上一段令人不安的时刻——超过了珍珠港事件。令人称奇的是，这段历史在今天鲜有人知，尽管当年有那么多亲历战场的民众。从泽西海岸到迈阿密海滩，海滩游客、度假人士和沿海居民日夜遭到海边爆炸声的惊扰，国内安全飘散于滚滚浓烟中。如果浓烟是漆黑色的，那代表一个油罐被击中了，更多时候，将天空染污的东西是漆黑色的。当政府对民用汽油实行配给制时，所有美国人都感受到了它的后果。[7]

5月，美国物价管理局发行了第一批燃油配给券，与此同时德军潜艇潜入佛罗里达海峡，躲开了基韦斯特的海军港。整个夏天，从水面下，从看不见的地方，敌人控制住了美国海。24艘潜艇在海湾下逡巡而过，它们中的多数都在密西西比沿线航道上埋伏以待。美军仅击毁了一艘德军潜艇，而被德军沉入海底的同盟军船只是56艘（它们现在仍在海底，作为西佛罗里达大学海洋研究项目的考古遗址）。

1942年英国记者阿里斯泰尔·库克（Alistair Cooke）前往海湾沿岸时，他与同航班的一位乘客聊天，对方在新奥尔良周边经营了一队油轮。三个月前，他损失了20条船。那天早上他还有12条，到晚上的时候只剩下"可能八九条了吧"。库克问及有没有为油轮招员工时，对方的答案发人深省："和招人来自杀也没什么两样了。"那时也不是在开阔水域钻井的好时候——当德军潜艇就潜伏在足以看清海岸上的人群时。那个新奥尔良人说现在的境况已经让他快要说出"去他的石油"了。[8]

但要赢得战争少不了它。当年夏末，已经有380条船被鱼雷袭击，海军被迫提前采取行动。灯火管制生效了。美国的战斗机和船舶（船舶多出自比洛克西）生产进度很快达到了历史高点，海军因此有能力为商业运输线提供空中和海上的护航。来自科珀斯克里斯蒂、比洛克西、彭萨科拉、坦帕、圣彼得斯堡和基韦斯特，以及迈阿密和圣胡利安（古巴）的战斗机组成了空中护航队。美国海军成功阻截了敌人的扫射。

当《霹雳湾》首映时，战争已经过去了八年；另一场在朝鲜发生的战争，将在两个月后结束。电影中出现的那个分散了影评人们注意力的石油钻机是真实存在的。安东尼·曼找到它的地方不是在外景场地上，而是在 25 英里外海湾上的科麦奇石油工业公司（Kerr-McGee Oil Industries）。这个信息带着强烈的暗示。科麦奇是在 1947 年打通了世界首个深海油井（发生在《霹雳湾》所讲述的故事之后）的组织，油井位于阿查法拉亚河南向11 英里处，连一条线的陆地都看不到。

和其他石油公司相比，科麦奇是一个相对小型的俄克拉何马州私营企业，汤姆·希尔（Tom Seale）说它"长期缺乏营运资本"；汤姆·希尔在一定程度上是斯图尔特饰演的史蒂夫·马丁的原型。除此之外，科麦奇此前专做陆地钻井，从未涉足过水上钻井。此前没人在海上钻过井，但所有人都知道无论要承担什么风险，大海都是未来的方向。"如果没人愿意赌一把，"为人亲切的克米特·麦克唐纳（Kermit MacDonald）说，"石油行业就止步不前了。"克米特·麦克唐纳是《霹雳湾》中为史蒂夫·马丁的理想提供资金支持的公司的领导人。[9]

科麦奇在某种程度上是被迫到海上去赌一把的，因为大石油公司已经控制了陆地上最好的出租地块。科麦奇的二把手，迪安·麦奇（Dean McGee）是一个地理学家，他的父亲就曾在堪萨斯当过一阵不走运的石油勘探投机者，迪安·麦奇说："我们决定去探索真正的可能高产之地——盐丘——陆地上的好油田已经不复存在了。"探索没有一刻停下来过。[10]

/ 291

刚开始，这场探索像是在和时间赛跑。先是路易斯安那州地震地图上的一道褶痕几乎让麦奇错过了最有开采价值的一处水下地产。然后半路杀出了一笔被汇到巴吞鲁日的西联电报局的租地投标款，于是就有了一通拨给州长的求救电话，对手的投标被截下。麦奇搭计程车紧赶慢赶地到了路易斯安那 34 层形似阳具的州议会大厦，同时他在后座上已经填好了投标申请资料。他赶在截止时点的最后几分钟里递交了材料，尽管这项租约的合法性存疑。近期发生在加利福尼亚州的一项法院判决中，联邦政府获得了胜诉，法院裁定州府的采矿权应限定在离岸三英里以内。麦奇很可能将从州政府租赁联邦土地，尽管如此，路易斯安那州还是配发了截止到 8 月 13 日的许可令。公司有一个月的时间开始钻井，否则将面临财政处罚，但麦奇还需要解决一项重要的运输问题，这样他的工程师汤姆·希尔（Tom Seale）才能开始工作。

在工地上的麦奇——矮壮结实，经常戴着一顶能让双眼藏在阴影下的黑色软呢帽，穿着卡其色的工装夹克和工作裤——看起来是个混合体，既像货运码头上的船队老大，又像控制了码头的黑帮头目。他最大的挑战是在作业地点离岸有 3~4 小时水路距离的情况下，如何支撑矿井的运转。他旅行到新奥尔良港时，看到了泊定在此处的二战退役备用船只，于是想到了办法。

他购置了两艘坦克登陆舰，各 382 英尺长，虽然外形毫无讲究之处，但特别适合多功能操作。麦奇从其中一艘开始，将它改装成服务于科麦克 16 号（Kermac No.16）油井的流动交通船。它有足够宽敞的空间，可以为钻井队提供营房和食堂，存储物资和钻探泥浆。科麦奇将它的大写名字漆在它的外舱壁上，最后画了一幅飞机飞过油井的壁画作为点睛。离岸交通船和宿舍是行业的另一个首创，但即使有壁画也还是能看出它是临时拼配的装置。麦奇记得，有些人说科麦奇的探索"有勇气"，"其他人就说我们是在犯蠢"。[11]

坦克登陆舰在蒸汽驱动下到达指定位置后，在四面环绕着大海和天空的 18 英尺水深处下锚，希尔和他的钻井队在钢板桩基上架设起钢制钻机。在《霹雳湾》里，詹姆斯·斯图尔特的角色有一刻仰望着他的"宝贝"并断言它可以抵挡住大自然抛过来的任何一场飓风。钻井刚开始一周（在处罚截止日前），希尔就面临了这样的考验，一场热带风暴在海湾西部形成，向东往佛罗里达半岛方向移动，此时它还在钻井区域的南边，但随后来了一个顺时针转动，在墨菲定律作用下往钻井平台而去，刮起了 70 英里时速的大风。希尔的宝贝挺住了。

就在三周后，它再一次证明了它的生存能力。在一个波光粼粼的 10 月早晨，科麦克 16 号开始涌出石油。原油从地下 1500 英尺涌上来，这个深度比任何人预想的都要浅。希尔原计划下钻到一万英尺到一个"不一样的地质年代"，有人这么说，去到盐丘的侧翼。他在无意间穿透了它的岩盖并击中了原油储藏的大动脉（原油会流上几十年）。石油商们非常清楚这份幸运背后的价值；在俄克拉何马州公司总部，大家无不面带微笑，互相拍背称庆。公司接下来的内部通讯将会报道说："每一个人都和其他人连连握手。"[12]

但不知为何这个重大进展逃过了国家级媒体的关注。在大型日报中没有看到一点相关报道。但对石油商来说如天降甘露，业界传得沸沸扬扬，大家都为新的可能性感到兴奋。一份一流期刊将科麦奇取得的成就和宾夕法尼亚首次发现石油、卢卡斯的油井井喷相比较。它"绝对将石油王国扩展到了新领域"。七年后，有 40 个钻井平台到达了离岸 50 英里处。人们预测，到 20 世纪末，海湾将成为世界上首屈一指的高产油田区。他们是对的。[13]

"石油就在某处"，《霹雳湾》的史蒂夫·马丁坚称，"必须有人去把它拿到手。"你能听出他话中的急切，他相信为了全人类着想，必须跨过百万年，将石油从自然中解救出来。

几年前有另一位导演，他抱有同样的信仰，出现在大致同一片区域。他的名字叫 R.J. 弗拉哈迪（Robert J. Flaherty）。他的电影《路易斯安那州的故事》（*Louisiana Story*）讲述的是石油工业与路易斯安那州沿海沼泽偏远居民发生的碰撞。路易斯安那州和得克萨斯州不同，石油工业诞生于得克萨斯州。而在路易斯安那州，石油商多是外来者。弗拉哈迪在小安斯河沼（Bayou Petite Anse）拍摄，并在那结识了辣椒酱大王。麦基尔亨尼将被盐圈包围的艾弗里岛开放给了弗拉哈迪，但有一个前提：不能伤害到任何野生动物。弗拉哈迪答应了，但实际上他想让他的主角射杀一只短吻鳄。

在这部影片里，弗拉哈迪没有用好莱坞明星。那样会显得不真诚。他拍摄的是纪录片，或说他是这么认为的，所以他希望让当地人出演。他们是那么"温和、快乐、生动"，弗拉哈迪受到了触动，那是他的优越感在作祟。为了找人饰演主角——一个光脚的卡津族男孩——他四处搜寻，真的找到了一个光脚的卡津男孩约瑟夫·布德罗（Joseph Boudreaux）。布德罗头发蓬松，是卡梅伦堂区的四年级生，因为他那时只会说路易斯安那法语而留了一级。他的角色名是亚历山大·拿破仑·尤利西斯·拉图尔

（Alexander Napoleon Ulysses LaTour）。电影的旁白简单称他为"男孩儿"。[14]

布德罗在镜头前不用为他的英语担心。这个角色大部分时间都是在独木舟上钓鱼，或者和他的宠物浣熊乔乔一起去打猎。在整场78分钟的电影里，他要么不作声，要么只说只言片语的字词。所有角色都不太有台词。弗拉哈迪和他的妻子弗朗西丝，在最终剪辑版里，留下了20多句台词（但仍然获得了奥斯卡最佳编剧——现在叫最佳原创剧本——的提名）。电影在公映时，《综艺》（Variety）周刊称它是"在多数时候用纯粹的摄像机语言讲述的一个纪录片式的故事"。

时间倒回到1922年，当时弗拉哈迪以一部《北方的纳努克》（Nanook of the North）确立了他纪录片之父的地位，片子拍摄的是北极圈加拿大的一个因纽特家庭。1948年在主要影院首映的《路易斯安那州的故事》具备纪录片应有的形式，但其实它是一个故事片（《北方的纳努克》也是如此）。它必须如此，因为它要传达预定的信息：石油工业，作为文明进程的大管家，既要管理原始环境，也尤其要管理依赖于这片土地的原始文化。如果弗拉哈迪愿意分享的话，他会在演职人员名单中放入免责声明，披露他接受了新泽西州标准石油公司的20万美元的电影拍摄赞助款，赞助方希望电影在主流影院中被放映。

电影观众是通过男孩合理的好奇心被带向弗拉哈迪想要传达的信息的。在开场的几分钟里，男孩正在后院河沼上探险，这时他听到了不远处的连续爆炸声。被吓到的他划船回家告诉他的爸妈，却只见一艘上了漆的闪亮的汽艇停在栈桥边，就紧挨着他父亲那只船尾装马达的未经打磨的平底小船。他的家是长满青苔的树林间的一间木屋，四周护墙板上挂着风干的海狸鼠皮毛和短吻鳄皮。这些皮毛是这个家庭的生计。屋内，一名和蔼可亲的石油公司代表正将一份出租协议从厨房桌上推到父亲的面前，协议将允许这位代表的雇主在河沼上钻井。这位父亲（由麦基尔亨尼的私人鸟禽看守人出演）用紧凑潦草的字迹签了名，很快，下一幕就是一帮人正用船载着一个油井架的画面。

多年前，成立于纺锤顶的德士古公司开发出建在驳船上的钻探设备，驳船由拖船拖动，可以驶入长沼，并在到达目的地后将部分船身下沉。弗拉哈迪在找拍摄点时，曾经透过一片草地的草尖，看到了这种驳船顶端的移动，那是驳船正沿着河岸悄无声息地行驶。这个画面触动人心。"诗意，"罗伯特后来回忆道，"它修长的线条出现在无边无垠的广阔沼泽草地上，那般干净、紧凑。"为了在电影中重现这个场景，它们从汉贝尔石油公司借来了一套钻探设备，和安东尼·曼对科麦奇钻井台的处理一样，罗伯特·弗拉哈迪让摄影师从下往上拍。这个 35 毫米的阿里弗莱克斯摄影机成为光脚男孩的双眼。这个钻井台对他来说无疑是一个神迹，这与他穿着鞋站在纽约大街上面对帝国大厦没有两样。[15]

电影中，文明以驳船式钻井台的形式进入了黑白色的沼泽中。两者交错，就像柏树和河沼一样，除了日夜不停的陌生嘈杂声：金属相互摩擦发出怨怼的声音，还有蒸汽引擎活塞和推杆发出的反反复复的哀叹和撞击声。男孩并没有反感，相反，不知停歇的工业活动刺激了他的好奇心，他和油井工人进行了友好的互动，工人们满是微笑，殷勤亲切。他向他们表演他是如何用在饵上吐唾沫的方法钓到鱼的，而他们则向他展示他们怎么用缆绳、转动绞盘和光滑的索链来钻井——先进文明中的速度和效率。后来，钻井遇到了困难，油井里不断喷出水和油气。男孩抓了一把他用来驱赶恶灵的神奇的盐，并扔进了钻孔里。然后他往里面吐了一口唾沫——一个原始但效果显著的仪式。很快，工人们开采出了石油。

弗拉哈迪然后切换到了一个重要的场景：他要传递他的信息了。在后方的木屋里，如同在过圣诞节。拉图尔一家拆开从商店买的食物包裹——给妈妈的双层锅和花色布料，给男孩的一把新猎枪——一切都源自和石油公司签的租约。

在接下来的场景中，钻井队暂时将油井井口盖上，并开走了钻井驳船，那里除了安静的井口，没有留下任何造访过的痕迹。没有喷油井会毒害这个家，会污染这个有着气派名字的卡津男孩的天地。电影接近尾声时，镜头从下方切入，男孩正坐在干净无菌的井口上，和乔乔一起拥抱着它，一边朝离开的钻井工人们挥别，一边喊着："做得好！"[16]

这是标准石油用钱换来的神话。行业需要一个正面的故事。当时石油进入海上正面临争议，它们针对的就是亚历山大·拿破仑·尤利西斯·拉图尔所听到的那些爆炸声。自 1924 年海湾石油公司的人在得克萨斯州海岸上成功进行了第一次离岸地震探测后，石油行业便开始采用这种物理勘探方法，而爆炸声就是其中的组成部分。在一种名为地震折射法的方法中，石油地理学家通过引爆炸药来探测地底声波的动向。如果它们碰到一座盐丘，地震检波器会显示声波的传播时间递增。在陆地上的爆炸已经很严重，如果它们发生在河沼中事情将更糟糕。它们会炸起河水、泥浆和植物，在海草和牡蛎床上留下大量的坑洞，并杀死鱼、虾、螃蟹。[17]

弗拉哈迪从没解释过那些爆炸，或者暗示它们对古老河沼将造成的后果。在《霹雳湾》里，当史蒂夫·马丁在海湾上引发一连串的爆炸时，安东尼·曼也避开了这些重点细节，但他刻画了争议——一个当地人喊道："他们不知道他们正在杀死那些虾吗？"《霹雳湾》展现的主要矛盾并不像影评人们说的那样发生在人和自然之间。当安东尼·曼尝试新的电影类型时，他用的仍是惯常手法，呈现出的不过是以不同的夸张手法包装的西部世界。斯图尔特做了退让，他在电影海报中的形象是清晰的。海报中他一副枪战中枪手的站姿，这个姿势他很熟悉，因为此前已经做过无数次了。不同之处在于道具：他汗水浸湿的斯泰森毡帽现在成了一顶磨损严重的帽子，他拔出的六发式手枪变成了六根一捆的炸药。与他点燃的引信对峙的，不是背叛他的印第安人或残忍的歹徒，而是路易斯安那的卡津人。在一场紧张的僵持场景中，马丁咬紧牙，扔出了一捆炸药，击退了那个控诉他炸死了海湾的虾的当地暴徒。

如果按照现代的社会敏感度来看，让主角和努力工作、遵纪守法的美国人——包括美国少数族裔——产生冲突是不合理的。但那是 1953 年，冷战正热。美国人紧紧盯着公民同胞，以防有人干预经济发展，导致美国落后于苏联。此外，斯图尔特在年轻人中声誉颇高。他是一个真正的被授勋的二战退伍军人，见过在德国被执行的多起轰炸任务。在电影中，他总是扮演睿智且有着惊人的远见，虽然有时受困但总能力挽狂澜的好人。他是永远富有同情心的乔治·贝利，肩上有天使确保他生活美好 [1]；他是尽职的史密斯先生，前往华盛顿为弱小而战 [2]。那些试图妨碍史蒂夫·马丁

---

① 指 1946 年电影《生活多美好》（*It's a Wonderful Life*）。——译注

② 指 1939 年电影《史密斯先生到华盛顿》（*Mr. Smith Goes to Washington*）。——译注

的进步的卡津人，还有看起来过于法国化和落后于时代的人，需要来一点合理的美国化。谁能比典型的美国人，吉米·斯图尔特，更适合来扮演这个让他们走上正道的角色呢？他比标志性的迪诺更具有标志意义，他是同样有效的传播者。为着他对卡津控诉者们说出的这句台词，石油行业的公关人也许给了他一个热吻："那些虾可以承受十倍于这个爆炸的威力。"

银幕之外的路易斯安那和得克萨斯渔民对此更清楚，因为他们已经见过太多被炸得粉碎的甲壳动物，他们在州内提出控诉。就在迪安·麦奇赶着提交他的钻井许可的时候，《纽约时报》的一篇头条就是《墨西哥湾渔民叫板石油商》。渔民向州政府官员寻求帮助，这些官员在一定程度上对此是有共鸣的。在得克萨斯州，近海的地震探测法只能在征得当地郡法官的许可时才能进行，但鲜少有人会站在发展和就业的对立面。而路易斯安那州只允许远离水底的爆炸发生，而且必须有一位州环保官员在场，表面上对海洋生命进行保护。[18]

离岸爆炸一直持续到 20 世纪 60 年代，一位直言不讳的路易斯安那人说："那样对环境不好。"地震气枪出现了，取代了炸药，这项新技术缓解了行业的两大痛处：作业场地的意外爆炸和人员伤亡带来的负面影响。就气枪来看，这种对负面影响的考虑并不包括海洋生命。气枪实际上是大炮，每一支气枪包含 48 支枪，释放出的爆炸声能比喷气式飞机强烈十万倍。它们不会产生爆炸坑，但会杀死鱼类，并对鲸鱼和海豚的生物声呐产生无法弥补的伤害。[19]

河沼地区还有其他问题，包括石油泄漏和盐水污染（钻井活动的副产品）。1932 年和 1933 年，路易斯安那的牡蛎渔民对德士古提出了 19 次诉讼。水面浮油和盐水不断污染毁坏他们在泰勒博恩（Terrebonne）和拉福什（Lafourche）堂区的牡蛎床。11 年的诉讼战后，州最高法院裁决行业对所做的损害赔付 21.1 万美元——实际上是弗拉哈迪的一部宣传电影的价格。

就像恐龙和石油之间不存在真正的关联一样，钻井平台也不会像《路易斯安那州的故事》里呈现的那样，干干净净地进入和撤出河沼。在南部堂区，石油工业的到来像是一场入侵。说到入侵，我们说的是它的量级、范围、速度、持续性和完整性；说的是它的足迹，一个来了就免不了有第二个，然后就有了第三个、第四个；说的是它的不可避免和永久性；弗拉哈迪将这场入侵裹上了一层路易斯安那的蔗糖。

不论你对石油是欢迎、憎恨还是佯装漠不关心，你都处于它的控制之下。本地人谴责石油代理商，将他们一律归为"les maudits Texiens"，即"那些该死的得克萨斯州人"。他们的入侵表现为大卡车、飞机、驳船式钻井装置、巨大的橡胶轮胎。这些水陆两用轮胎不过是又一种制造噪声的新奇装置，那就是专为海湾石油公司进行湿地地震勘探而设计的，并被恰如其分地命名的沼泽车。它的第一批产品出现在《大众科学》1937 年 3 月刊的封面上，那是定制的固特异大地（Terra）轮胎，高十英尺，厚三英尺，据称是世界上最大的轮胎。它们能将车尾溅起的泥泞抛出像喷油井一样的高度，在沼泽中涉水而过，就像摩西为他们分开了草地一样，碾压过路上的一切——走向另一种极端。

"那些该死的"石油商做生意的方式颇为极致，他们有意图让所有事情在昨天就完成的急躁性情，有公司律师式的游说能力，且认为土地所有权不可僭越——虽然，有人说，他们"分不清牡蛎床和花床的区别"，看似也并不在意踩在它们中的任何一个之上。他们的入侵武器还有管道，不只是凯利钻杆，还有直插入水和土地的大型焊接钢管（直径 48 英寸的那种）。比一路蹦跶的沼泽车更糟糕的是他们手上的牵引式疏浚机，它们挖通沟渠管道，让钢管、交通艇和驳船通行无阻。他们刚开始铺的是木板路，但那样消耗了太多的计薪工时和数不清的本地柏树板材，此外，麝鼠和海狸鼠也会吃掉起支撑作用的植物性地基。于是一开始他们挖掘了数十英里的管道，然后扩展到了数百英里，接下来是数千英里的管道从牡蛎床、稻田、湿地和野生动物的栖息地穿行而过。到了 1982 年，他们获得了 73000 英里的输油管道用地。其中的"麝鼠"输油管道线，到 355 英里处才停下，穿过河沼、海湾、河口三角洲和障壁岛，和其他所有管道一样，它的管道将植被连根拔起，改变水流和盐度，最终导致南路易斯安那州最为宝贵的旱地遭受洪涝。[20]

历来有捕鱼、务农和打猎传统的卡津地区，正在变得越来越不卡津，而更像异乡的工业地区。这在摩根城是无可争辩的事实，曾经，摩根城的贝壳路随阿查法拉亚河的曲折而曲折，它的经济也随河口湾的涨落而涨落。在石油工业化到来之前，摩根城至多不过是一个安静的河湾沼泽带。它在 18 世纪迎来阿卡迪亚的法裔移民和他们的甘蔗，随后建立了以土地和河水为生的卡津文化，也就意味着在 19 世纪，他们过着诱捕猎物、捕鱼、捕虾、捞牡蛎和砍伐柏木沼泽的生活。

20 世纪 30 年代，石油勘探投机者和大型石油公司进入了——侵入了——这个河沼地区，并在摩根城设立了办事处。从公司代表的口中，当地人必然听到了史蒂夫·马丁那句被无数次以立体声播放的台词："石油将造福这片土地。"对服务陆边盐丘来说，摩根城是一个理想的地方，因为它的堂区内就有四个盐丘。经由阿查法拉亚河，人们可以轻易进入海湾，在捕鱼码头上有大量可作为来往钻井平台交通艇的捕虾船供租借或出售。科麦奇在那次里程碑式的勘探突破前就已在那里设立了海岸总部，安东尼·曼得知此事后，搬来了好莱坞，用贝壳路作为他电影的开场画面。

到 1953 年《霹雳湾》首映时，路易斯安那州租给石油和天然气公司的土地有 75% 位于海岸带，路易斯安那州大多数出产原油也来自海岸带。有观察者说，州政府颁给石油和天然气的开采许可就像麦当劳应对顾客订餐一样："今天想要来多少呢？"21 没有地方能不被冒犯或得到幸免。麝鼠线路穿过了格兰德岛，格兰德岛是曾经迷住了玛莎·菲尔德的路易斯安那障壁岛中的"花束"，同时也是汉贝尔石油公司在路易斯安那州的总部。其他公司在马什岛钻井，马什岛是麦基尔亨尼协助设立并以救助鸟类为目标的罗素·赛奇州立野生动物管理区的所在地。全国奥杜邦协会管辖下的保罗·雷尼野生动物保护区未向公众开放，但没有禁止（37 座油井的）天然气开采。诱惑太大，难以抗拒。在雷尼野生动物保护区开采得到的油气最终为奥杜邦协会带来 2500 万美元的净利润，赛奇州立野生动物管理区的租约和油矿使用费收入已多次为组织运转提供了资金。①

虽然入侵、控制和污染依旧存在，但来自当地的抵抗越来越弱。无论史蒂夫·马丁在霹雳湾上遭遇了多少敌意，他总是能找到一艘可以雇用的捕虾船。为大人物摆渡，船舶主人不用累死累活就可以挣到捕鱼时一次大丰收的钱。为一家公司提供固定服

---

① 20 世纪 90 年代，当奥杜邦协会反对在阿拉斯加州的北极全国野生生物保护区进行石油开采时，《华尔街日报》一则专栏指责协会伪善。（"PC Oil Drilling in a Wildlife Refuge," Wall Street Journal, September 7, 1995.）

务可以挣到前所未闻的薪水——是一个人拖网拖一整天挣到的钱的十倍。而且这还是一份稳定发放的薪资，无须看老天爷的脸色。最后，还有医疗福利、休假时间和养老金。你可以买上一所建好的房子——而不是自己用东拼西凑来的材料搭建的——付清房款，然后在里面过上退休生活，把你的孩子送进石油大亨们赞助成立的州立大学。即使你想坚守原则拯救传统的生活方式，但你很可能有一个兄弟、姐妹、表亲、婶婶或叔伯在这个行业里工作，于是你也只能作罢。麦基尔亨尼家族最后不得不停止了大多数辣椒的种植，因为他们种植地上的工人们都被石油行业的高薪工作挖走了。塔巴斯科最后一点和辉煌历史的联系也因此消失了。但这个家族也并不无辜：是他们让汉贝尔石油公司在他们地质优越的岛屿上钻井的。

1937 年的劳动节是路易斯安那人和石油业之间不完美和解的开始。摩根城的居民在那一天揭开了第一届路易斯安那虾节的帷幕。从那以后的每一年，他们会吃几大碗的秋葵汤饭和什锦饭，拉着提琴，为拖网渔船船队送去祝福。30 年后，石油业希望成为社区节日里的主角。这是一个颇具争议的提议，但一些现实情况引起了人们的注意。在大萧条伊始，圣玛丽堂区（St. Mary Parish）的居民有 44 人在石油和天然气制造业中工作；到末期，超过了 400 人。这个数字向人们说明了一些问题。

当它提出要在节日中占有一席之位时，石油公司所雇用的当地居民人数是 2352 人。它的在编员工每年为经济贡献 700 万美元——比其他任何一个行业都多——当地工薪阶层的人均收入在全州位列前茅。第二年出产的 1474 口近岸油井预示着前方更美好的未来。这里的年轻人和海湾上其他很多捕鱼地区不同，他们在成年后会留下来——一部分人会继承家里捕鱼的传统，但也有越来越多的人选择在石油领域开始新的工作，他们的下一代和下下一代也是如此。在 20 世纪 80 年代，摩根城的一个居民告诉作家约翰·麦克菲（John McPhee），"当你在河沼里钓鱼的时候，你置身在被石油产业包围的大自然中"。[22]

至于石油泄漏、输油管道和沼泽车辙带来的环境影响，1977 年西南路易斯安那大学的研究者们为美国商务部撰写的一份报告中称"沼泽地"转变为"工业用地的好处""远远大于其弊端"。由于没有一位研究者是生物学家，他们的研究发现令人高度存疑。但不管什么时候当行业伸手够向钱袋子时，它在彰显它的肱二头肌。钱就是用来修改节日横幅用的肌肉。从 1967 年开始，横幅上书"路易斯安那虾和石油节"。[23]

在很长一段时间里，钻井和捕鱼看起来是达到了平衡的。当石油业遭遇抨击，它的发言人可以站出来说，"是的，我们在路易斯安那海岸钻井的力度比美国其他任何海岸地区都大，而且从商业角度而言，它是海湾上最成功的石油天然气区域"——然后加上理直气壮的有政府数据支持的"但是"句："但是我们的成功并不是牺牲商业渔业得到的。路易斯安那州渔民，无论是捕获数量还是价值，都一直在全国保持领先地位，并在 20 世纪 80 年代高居首位。"这都是事实，因此它可以用接下来这个问句表达它另一个断言："谁说石油和水不可以相融？"

安东尼·曼和斯图尔特说它们可以。他们处理外来的史蒂夫·马丁和捕虾人冲突的方式，可以看作一个无心插柳的劝诫故事。在最后一幕中，一帮挥舞着钩篙的卡津人正和马丁在钻井边对峙，准备一举毁掉他的事业。但这一次马丁没有从他腰间抽出一捆炸药。他有更好的防御武器：黄金虾。这是渔民们世代以来都遥不可及的捕猎目标，马丁找到了它们。这种虾堵住了他钻井装置上的水冷却泵，而他知道它们会被钻井机器吸引。这就是个人工鱼礁！马丁可以得到他的石油，卡津人可以获得难得的虾类，于是在这好莱坞式结局中太阳愉快地下山了。

这是对现实中的石油开采人更有用的东西，而且这次是免费的。石油巨头持续鼓吹这个故事，使得石油业最终从人工鱼礁这个比喻中获得的大量利益一直延续到了下一个世纪——比迪诺和恐龙起源神话收获的好处更多。它被运用到了路易斯安那虾和石油节的横幅设计上，节日标志是一只巨大的戴着黄色安全帽的虾正在拥抱一座石油钻井架，灵感正是来自安东尼·曼的电影，此外弗拉哈迪也曾在其电影中通过小主角拥抱井口的场景暗示过这一点。

现在快进到 2006 年——对那个骨瘦如柴的卡津男孩来说时光飞逝，曾经的影星现在已迈入人生的第八个十年，他很可能已经吃过太多的什锦饭和秋葵汤饭了。约瑟夫·布德罗行走时能看出他的背部和髋部状况不好，曾经乱蓬蓬的头发现在已是银白。在卡梅伦堂区的海岸上，在一个春日里，他带着州立大学电影专业的学生重游故地，说着飓风、他的电影和油气行业的事。他在这个行业里已经工作了好几年，也知道这里的人民依赖于它，因此小心地没说任何严重的话。

但是随后他坐在一台笔记本电脑前，看着电影的最后几分钟，谈论着它，言谈间似想吐露些真心话。"呐，就在这个无辜的地方，"他说，指着年幼的亚历山大·拿破仑·尤利西斯·拉图尔和乔乔趴在加盖井口上微笑着朝钻井队挥别的这一幕，"我告诉你们，从那时起再过个二三十年，侵蚀问题已经蔓延到了那里。"他说的是关于好工作和人工鱼礁的另一面——行业不愿意看到被翻起的那一面，那就是路易斯安那州海岸线和卡津文化受到严重侵蚀，而这一切的发生，与石油企业在沼泽地上大肆开挖输油管道不无关系。[24]

得克萨斯州和路易斯安那州不断膨胀的石油化工业在拉紧了它们经济命脉的同时，也放松了对自然——海湾自然——的情感依赖。

沃尔特·安德森（Walter Anderson）于 1948 年画的一幅鹈鹕速写。

在螺旋上升的创作过程中，原本最外侧的地方会翻转到最里侧。我会永远在灵魂深处带上一点霍恩岛。

——约翰·安德森（John Anderson）（2009）[1]

如果海湾上有什么是确定的，那就是不可避免的变化。这是来自沃尔特·安德森的感慨，他和石油工业没有丝毫关系，也不想有任何关系，而且几乎没有用过它的产品——除了他的自行车链条上有一点，他的桨架上也许也有一点，有时也会出现在他的画里，虽然他更喜欢用水彩作画。在跨越 20 世纪中叶在密西西比海岸度过的一生中，他大多数时候都住在海泉市（Ocean Springs），见证了许多变化。他的双眼总是保持关注——虽然多半会排除人类的影响：将他的小帆船推向岛屿又推离岛屿的风，太阳在东升西落中形成的仪式，变换季节间的"矛盾"，灌木丛和沙丘上的新旧交替。他曾经在他的日志中特别标出了"变化"这个词，说变化是"神奇的"。对他来说，最令他着迷的地方就是岛屿。[2]

它们不需要与谁竞争以得到他的注意力，即使对方是他的家人。他的妻子艾格尼丝承认，作为父亲和丈夫的沃尔特，在大多数时候并没有尽到义务。在他们的四个孩子出生时，他都不在场。茜茜，这是艾格尼丝最常被称呼的名字，她天生包容、善解人意，静静接受了沃尔特这种艺术才华带来的冰火两重天的自我沉浸。海湾的野生动物是他自我表达的源泉。他需要和他的表现对象待在一起，了解它们，直到他能将它们转化为艺术。障壁岛——"那些白色的土地背脊"，她这么称呼它们——环绕着从佛罗里达到墨西哥的海岸，尤其能激起他的好奇。他想去了解"是什么样的风，什么样的海流创造了它们……有多少动物在这里死去，有多少植物接受缓慢生长……什么样的鸟或海浪带去了树的种子、草的种子，或海滨燕麦草的种子"。他将它们都画了下来；他就是单纯地被岛屿迷住了。其中一个障壁岛占据了他大部分的心思，那就是霍恩岛，那里是"那只白鲸，莫比·迪克 [①] 的后背"。[3]

这是沃尔特的比喻，看起来他是对的。霍恩岛长十英里，宽一英里，像一只长着白色沙丘的脊椎动物。它与密西西比海岸平行，要去那里你只能坐船。在这个故事里，安德森就是试图接近

---

① 出自赫尔曼·麦尔维尔所著的经典长篇小说《白鲸》（Moby Dick）。——译注

白鲸的船长亚哈，只是霍恩岛并没有抵抗，安德森也无意报复。

除了前来拜访的艺术家外，霍恩岛少有人烟。在19世纪的大约30年里，它有一座灯塔和一个看守人，直到1906年的飓风将他们二者都卷入海底。有一户人家也住在那里，畜养了一小群很可能是西班牙人留下的牛和猪。这户人家在1920年离开了这里。但生命生存的支柱仍然存在。这里的年平均降雨量有大约60英寸，滋养着岛上的许多潟湖和水塘，它们在干旱期含盐量会提高。岛上有一处淡水泉水，人们以岛上最多的一种动物将它命名为兔子泉（Rabbit Springs）。那里还有大量的浣熊和海狸鼠和野猪。岛上野马奔驰，直到军队在二战时将它们赶走。水鸟、滨鸟和鸣禽也很常见。植被多为各种各样的矮树丛——杨梅、沙丘迷迭香和冬青，因为水分充足，长得比别地的都更大些。湿地松由于没有伐木工和开发商的侵扰，生长得茂密成林。周围其他岛屿上的植被也大致如此，除了其他岛上有大量橡树，而霍恩岛只有两棵。

岛上的生活无拘无束。这是安德森喜爱它的原因。"霍恩岛上的动物好像在前一天就都出动了，"他在日记中写道，"白尾鹞、沙锥、水鸭、绿头鸭、大蓝鹭、兔子，还有只在黄昏出现的，一只浣熊。"他给这只浣熊取名小墨。从二战结束到他1965年离世，安德森是这里的常客，每次来都待上一到两个星期。在这里住下时，他认为自己是大自然的"幸运观众"。[4]

霍恩岛在离海泉12英里外的密西西比湾上。安德森渡海用的是一只有点年头的渗水小帆船，这要么是从他兄弟那里借来的，要么是在海湾暴风雨过后打捞上来的遇难船，他在食物和画具上的预算只够他将几个黄麻袋和一只金属的垃圾桶带上船。"我轻便的小帆船是一只运货的驳船。我边划边往外舀水，边划边往外舀水。"他戴着一顶已经被汗水浸湿的卷檐软呢帽，用篙撑动船后便开始划水，等有风吹起时他便将帆扬起来，船帆很多时候不过是一张系在桅杆和帆桁之间的旧毯子。在顺风顺水的天气里，渡海要花六个小时。他喜欢在太阳落山的时候出发，在光影交错的"奇幻时刻"后，便被裹入夜色中，此时的风稳定但柔和，猎户星座跟着移动，星辰是他的向导。"有时月色下的水波会像胶水，而我则吃着杏子划着船。"他观察不眠的大海中海洋生物发光的奇观，倾听黑夜中鸟儿在头顶飞过的声音，从它们的叫声或扇动翅膀的声音猜测它们的种类。"等晨星伴着我在水上跳跃的时候，天空便破晓了，太阳升起了。"

在那些清晨，在他和第一缕光同时来到霍恩岛时，他会将船锚定，在海滩或琥珀色的草地上和衣而眠，一直睡到下午。他醒来时常常看着天上的两只、三只或四只军舰鸟，它们乘风而上时的翼展有七英尺长，是水鸟中飞得最高的，伺机攫取其他鸟类口中的食物。他为它们画了速写，特别是它们长长的分叉的尾羽，他注意那些打动他的事物。"美就在那里。我从未见过比军舰鸟更激动人心的了。"他对岛上所有鸟类都了如指掌。军舰鸟的嫡系表亲，鹈鹕，是他最熟悉的。他知道它们的生活习性和它们走向成熟的几个阶段。他知道如果你拎起一只刚会飞的幼鸟的翅膀，你很可能会折断它们。这座岛让他目睹了许多此类真相，许多关于死亡和濒死的事实。

他对此全盘接受，包括他自己面临的风险。被蛇咬伤、被刺鳐刺中，还有水母有毒的灼伤——水母是随波逐流的游民，已经在海中生活了五亿年——它们无一不是威胁。甚至保护性的峡湾也有背叛他的时候。不止一次，有乘船人经过安德森的身边，此时安德森正安静地划着他浸水的帆船往岸边走，但离岸还有几英里远。有时安德森会同意让对方的船拖着他的船走。其他时候他会从汗湿的软呢帽下礼貌地回应说"不用了谢谢，我自己可以"，并轻轻地点一下帽檐。独处的时刻是无价的。

一旦他到了霍恩岛上也是一样的。1965 年，他驾着一只漆成绿色的小帆船横穿海峡，那天是 9 月 1 日，正是大西洋风暴"贝琪"（Betsy）跨过佛罗里达向西移动到墨西哥湾的时候。"没有比这场飓风更可敬的了，它到来之前提供了所有的先兆、预警、预兆，等等，等等，"安德森在日记里记录道。"那可怕的日出——没人会忽略来自它的警告——在半空盘旋的黑色幽灵般的鸟——只有一只——（理应如此）。"风从岛屿四周围拢而来，海浪重重地拍打在海滩上。一只救生船出现了，印在白色船身上的是熟悉的海岸警卫队的红蓝标志，救生船要将他带回家。他知道是家人派来的救援。但他还是坐在海滩上他那只被翻转的帆船下，那是他在坏天气或好天气里的庇护所。那只船"最后离开了"，他写道，"她的舷灯在水上闪烁着。"贝琪进入海湾时是 4 级飓风，在它的中心接近安德森的位置时，风力已近 5 级，狂风以每小时 150 英里的速度刮着。

如果风暴要将安德森带走，那就带走吧。此时的他离 62 岁生日只差一个月，他强壮，思维敏锐，天赋过人，离群索居，有些时候，还是一个执拗的人。他在他想在的地方，这里有风，有雨，还有汹涌的大海和岛上的万物。

科学家们说，霍恩岛已经存在大约 4500 年了。多芬岛（Dauphin）、珀蒂布瓦岛（Petit Bois）、船岛（Ship）和卡特岛（Cat），这些位于它东西两侧最亲密的近邻也是一样。和海湾上的所有岛屿一样，它们都是障壁岛，不同于海岛。一来，只有海岛能起到作为国家唯一陆地地块的作用，比如加勒比海上的那些。从平均大小来看，海岛会让障壁岛相形见绌，有些障壁岛可能"还比不上大海里的一艘船"，玛莎·菲尔德在那些终日面对远洋邮轮的日子里如此写道；而海岛多是由坚固的长年濒死的火山岩石构成。它们在严格意义上属于群岛（archipelago），不和任何陆地相连，可能出现在海洋的任何地方。航行在墨西哥湾上时，在海中间你一座岛都不会碰上。[5]

障壁岛离大陆很近；它的一侧是海洋，另一侧是海湾或峡湾，它是两者的中间地带。它们可以服务海岸，一来它为海岸抵挡住来自海洋的破坏性天气，二来，障壁岛的存在可以让海洋咸水和河流淡水搅混在一起，并留在近岸水域，为河口带来生命力。包括霍恩岛在内的五座姐妹岛从莫比尔一直到西边的密西西比，在海湾和大陆间组成了一道90英里长的屏障。彭萨科拉河和珀尔河为其间的峡湾送去源源不断的淡水。

霍恩岛，在冰川融化导致海平面上升前，可能曾经与另一座岛屿或大陆相连。也有可能，它是自己形成的，由来自阿巴拉契亚山脉上的土壤和岩石，落入田纳西河，流入海湾而成，当时的田纳西河与莫比尔湾相连（今天，它从东向西穿过亚拉巴马州的北部，然后又折向北，汇入俄亥俄河）。进入海湾的浅滩后，这些沉淀物会随着洋流到达某个锚地，在经年累月的堆积下演变成干燥的陆地。障壁岛其实是由巨大沙砾堆积而成，四周被水环绕，许多障壁岛足够大，可以成为雨水的集流地；从大陆飘落入海的橡子和松果，以及更轻的随风传播的种子会在这里休憩。动物生命——天上的飞鸟，水里的游泳健将，还有顺着浮木或船而来的漂流者——最后都会来到这些岛屿。

上升的海平面在造就了新的海湾岛屿的同时，也淹没了旧岛。2001年，来自美国地质调查局和新罕布什尔大学的一队科学家登上长210英尺的科研船"莫阿纳波"（*Moana Wave*）号，通过两个月的声波勘测，他们绘制出了佛罗里达西北沿岸的大陆架图。他们想了解前一年在密西西比和亚拉巴马州水域中绘制过的深水礁，是否一直延伸到东边。结果他们发现了在海平面降低时曾经存在过的六个古老河口三角洲和无数障壁岛。如果科学家们在陆地上做过探索，他们会在高地上发现在海平面更高时期曾经存在过的障壁岛的遗迹。

那便是佛罗里达礁岛群开始成形的时间，即大约13万年前的桑加蒙间冰期，那时的海平面比现在高出大概25英尺。佛罗里达礁岛群是珊瑚岛，而非沙岛；珊瑚沿着被淹没的佛罗里达台地建礁，从半岛东端划出一道向西的弧线到达今天的基韦斯特和干龟岛，佛罗里达礁岛群由此而来。到了十万年前，反复无常的大海开始再一次回撤成为冰川，群岛便露出了海面。只有北部的那些，也就是从比斯坎岛以北的保卫着迈阿密的岛屿，才是严格意义上的障壁岛。热带硬木——桃花心木、苦木裂榄木、海葡萄、牙买加茱萸和北美悬铃树——生长在每一座岛屿四周环绕的红树林的后方。这里的白尾鹿为了适应在密林中穿梭，进化出了更小的个头。这种小型的亚种被称为礁鹿。16世纪被放逐到卡卢萨领地的赫尔南多·德埃斯卡兰特·方丹内德（Hernando de Escalante Fontaneda），在回忆录中写到它们看起来"像狐狸，但是……肉肥好吃"。[6]

障壁岛是海湾地理的独特组成部分，是众多海岸上极其令人着迷的特色，尤其是在得克萨斯。奇怪的是它们直到1700年才开始出现在地图上。从某些方面来说，前期的忽略是可以理解的。障壁岛很多时候难以捉摸。它们的确切数字取决于统计的人和统计的时间。它们稍纵即逝、摇摇欲坠，听凭风和水的摆布——它们造就它，改变它，也能毁掉它。得克萨斯、路易斯安那、密西西比和亚拉巴马现存的障壁岛有大约20座。佛罗里达狭长地带有9座，半岛有41座，它们中许多是由间冰期海洋底部的石灰岩构成，因此会比通常的沙质障壁岛更牢固。

这些数量不包括万岛群岛。这个稀奇的岛屿集中位于佛罗里达的西南方，远离那些汽车前保险杠似的为海湾沿岸护航的狭长障壁岛，蒙骗和迷惑了早年的水手。它的数量是数百，而非上万，而且都是红树林岛屿——大多数是小而茂密的树丛，有时它们还不及一铲干沙来得结实。蕾切尔·卡森在《海滨的生灵》（*The Edge of the Sea*）[①]中写道，从空中俯瞰，万岛群岛就"像一群游向东南方向的鱼群——每一个鱼形岛屿在它们的头部都有由水潭构成的'眼睛'，这些'小鱼'的头都朝着东南方"。大部分岛屿都从红树林而来，红树林牢牢地抓住了牡蛎床，长着又高又粗的支柱根。[7]

依据人类中心论观点，人们会说万岛群岛是个荒岛。岛上臭气熏天，满是被吃剩一半的鱼类残骸。岛上栖息着近200种鸟类，它们有些是短住，有些则终年留守于此，它们在枝蔓交错的树林间筑巢，为自己和雏鸟觅食，它们的食物是长着紫色蟹螯在浅滩上碎步疾跑的寄居蟹。人类只在其中较大的几个岛上立了地标，比如乔克洛氏基（Chokoloskee），它是岛群里的头，上面住了也许有400个居民。剩下的岛屿海水清澈，海滩狭长（如果有的话），组成了99英里长的荒原水道和国家野生动物保护区，是北美最大的红树林带，从马可岛一直延伸到罗斯特曼斯河

---

① 蕾切尔·卡森：《海滨的生灵》，李虎、侯佳译，北京大学出版社，2015。——译注

（Lostmans River）。岛屿混杂着隐匿的河沼、海湾和潮汐汊道。划船人飘入一片阻隔了视线的红树林后，虽然数码之外就是开阔水域，却可能迷失在其中好几个小时。

科学家们说岛屿会挪动或漂移。有些岛其实只是漂浮在水面上的一大团植被。障壁岛虽然不是，但它们依然会迁移。"你不能和障壁岛较真，"考古学家谢丽尔·沃德（Cheryl Ward）说，"它会到它想到的地方去。"风力产生的波浪和海滨漂积物会将一侧的沙子带往另一侧。1848年，珀蒂布瓦岛（Petit Bois）还在密西西比和亚拉巴马州界的东边；一个世纪后，它到了州界以西一英里处。整个霍恩岛群在这些年里都在缓慢地向西移动。"岛上的一切，"安德森写道，"似乎都捉摸不定。"[8]

飓风暴露了它们捉摸不定的天性，常常一夜之间，飓风就将这里搅得天翻地覆。随着风暴的侵袭，这些岛反复出现又消失，一会浅滩成了陆地，一会陆地又成浅滩。得克萨斯最著名的岛屿加尔维斯顿，曾经就是两个岛，直到1820年的一场大风暴闭合了中间隔绝的峡湾，于是两岛合而为一。1969年，飓风卡米尔（Camille）将船岛一分为二。英国的测绘人托马斯·哈钦斯在18世纪70年代对密西西比湾进行勘测时，他测定的霍恩岛长度是17英里；一个世纪后，海岸勘测局的约瑟夫·史密斯·哈里斯（Joseph Smith Harris）测定的是12英里。而据安德森的了解，它是一座10英里的岛。

岛屿神秘、浪漫、恬静；它是天堂之地，自由之所在，远离尘世喧嚣的避难所。《鲁滨逊漂流记》长年畅销不衰的原因之一就在于它所描绘的自然环境。读者被躲进岛屿这个新奇的可能性吸引了，不管这对生存来说是多大的挑战。丹尼尔·笛福需要一个孤岛来将其主人公完全与文明社会隔绝。森林或山脉，因为与大陆相通而无法做到绝对的剥离。克鲁索和他的家之间必须隔着一片海，这是为了让小说达到它对西方文明进行校验的目的。

虽然霍恩岛将安德森与大陆生活隔绝开来，但安德森不是克鲁索。他并非流落到荒岛，他也从未试图像克鲁索那样，将大陆事务移植到岛上；克鲁索是个孤身奋战的殖民者，刚开始只有他一个人，然后有了星期五，并将他转变为人为社会秩序下的一名忠诚奴仆，这种人为的秩序便是——文明。对安德森而言，霍恩岛上长着羽毛、皮毛和鳞片的岛民们是自然秩序下的要素，它们应当受到人类的敬慕。克鲁索将荒岛命名为绝望岛，但安德森的信仰绝不允许他这么做。

霍恩和其他岛屿都是希望之地。安德森对岛屿的热爱，可从后人发现的他的素描和水彩画中窥见，他的画纸几乎都是便宜的打字机纸，有些还留下了被红树林木篝火燎着了的烧痕和被雨水、洪水浇湿或漏水的船打湿后又干掉的水痕。他的热爱还体现在他用钢笔和铅笔"写就"的情深意切的文章，文章有的写在装订好的笔记本里，也有些写在零散的纸页上，加起来有 85 本日记之多。"透过它们还能闻见岛屿吹来的清风，"茜茜写道，"读着它们，我尝到了海的咸味，在阳光下眯起了双眼。"[9]

在大陆上时，安德森酒喝得凶，烟也抽得猛；到了岛上，他饮食节制得有如僧侣（他偶尔会带上一瓶酒）。他不需要逃避，不需要放松，不需要建立一个虚拟的现实。读他的日志，你会惊讶于他内心的充盈。"我在 6 点离开海泉市，"他在 1959 年 1 月 4 日的日记里写道。"海港入口处的黑色标杆向后退去。它们充满了和外形相符的精神——大概是颇为冷酷的那种。直到看到阳光洒落在海泉的水塔上时，我才稍感振奋，因为我正在往霍恩岛去的途中。"

少有人能如此全然地融入墨西哥湾，或者按安德森正确的话来说，接纳"内心无数次响起的对自身存在和当下意识的呐喊之声"。从下面这段话里，可以看出他对因他的存在本身而导致的影响是有充分意识的："昨晚我升起了篝火，煮了几颗土豆。这么一来，我就用掉了很多筑巢的材料。干燥的红树林木几乎是海滩上唯一能用的木柴了。"有人也许想拿安德森和瓦尔登湖的梭罗做比较。小 R.S. 萨格（Redding S. Sugg Jr.）对此有不同看法。他在 1970 年对其进行编辑出版前已经对安德森的日记烂熟于心，他注意到安德森在海泉市独居的村舍，房子"已经相当于梭罗在瓦尔登湖的木屋"，梭罗的小屋离爱默生的住所几步之遥，离为他洗衣的母亲也很近。梭罗越过瓦尔登湖来到了缅因州的北边林地，这里和安德森的障壁岛一样，一片荒芜，他笨拙地唤起既定秩序中的语言，说荒地是"野蛮和乏味的"。他感受着它，他说，"比想象中更孤独"。[10]

安德森在岛上从未感受到孤独。他将大自然当作自己的家。他无法对家族里的任何一个成员下批判之语，不管它是蛇、刺魟，还是葡萄牙军舰鸟。对自然显露出来的模样，他从不会滥用拟人手法去描述；不管有多可怕，大海永远不会是"发怒"的大海。"万物都以自己的方式存在着，"他写道，"有它们自己的完整体系，不管是草地，还是穿过草地的小动物。"[11]

镇上的人都说在安德森三兄弟中，中间的那个有点古怪。他聪明，甚至说到创造力上，他就是个天才；他面容俊朗，有着坚实的下巴和一头浓密卷曲的长发，穿的衣服有几分波西米亚的味道，行事安静沉默，是世俗社会里的局外人。从 1938 年到 1940 年的几年时间，他是分别在三家精神病院里度过的。他从两家逃

/ 314

了出来。其中一次，他将床单绑在一起后，将其从二楼窗台抛出窗外，然后他夹着床单溜下来。他在安德森家族庄园上的一间村舍里过着隐居生活，庄园是一块 24 英亩的林地，上面是安德森三兄弟的家和它们的陶土生意。

沃尔特和其他人的互动，包括茜茜和他们的四个孩子，一年比一年少。他在陆上无法驾船逃离时，他会骑上一辆挡泥板嘎达嘎达作响的自行车，这是他漏水帆船的陆上器械替代品。他踏着车到处走。他可以不留下一句话就消失，一直去到得克萨斯、南佛罗里达和纽约。他沿着古西班牙路（Old Spanish Highway）一路骑到了新奥尔良，尽管左肩还在咔咔作响，这 83 英里的路程，对他来说也仅仅是短途旅行。

抛开他的旅行癖不谈，海泉是被广泛认可的海湾小镇，准确地说是一个村庄，居民不到 2000 人。它有时也被称为东比洛克西或老比洛克西，出名的原因有一半是它曾是第一批欧洲殖民者在南密西西比河谷的定居点。它的历史从伊贝维尔 1699 年为法国人找到密西西比河口开始。霍恩岛西边的船岛就是此次伊贝维尔探索之旅的中转站。

伊贝维尔的海湾日记如果是他内心的真实反映的话，那么，这些岛屿并没有令他产生想去亲近的冲动。他既非艺术家也非科学家。他在墨西哥湾上航行时，没有想到要采集新的标本，也不希冀获得灵魂的升华。他的日记中没有提到过大自然本身，而只有关于自然界事物的只言片语，即便如此也只是基于实用主义的不带感情的描述。伊贝维尔关心的是当时迫切的探索任务。他是帝国的忠诚卫士。那是他看障壁岛的角度，透过这个角度没有什么能打动他。

障壁岛在很大程度上是被水包围的荒地，"没有树木"，在恶劣天气里常常洪水泛滥。更严重的是，岛上蚊虫为患，还爬满了浣熊，这种浑身皮毛的动物被法国人错认为 chats sauvages（"流浪猫"），这个岛因此得名 Isle aux Chats，也就是霍恩群岛中的卡特岛。虽然伊贝维尔无法从岛上得到什么淡水和食物（浣熊令人提不起食欲），但它们依然是重要的地标，为他在海岸上指引方向，并得以最终画出地图的一部分。也不止一次，岛屿的背风处在恶劣天气里为他们提供了庇护所。而船岛这个名字的起因则在于它提供了足够船只进出的水深。在定居到旁边的比洛克西湾前，伊贝维尔是将这里作为船队锚地的。[12]

安德森一家在 1923 年搬到海泉，彼时这里还只是一个度假地，"六姐妹"的其中之一。但维系当地经济的并不只时髦的游客。海泉市一直是个谋生的好地方，这可以从当地码头上停靠着的船幅巨大的捕虾船和采蚝艇看出来。海湾北部最广袤的牡蛎床位于尚德卢尔和布雷顿海峡，从比洛克西湾出来稍偏转航向就能到达。到 20 世纪初，比洛克西一年的虾蚝出港货量达到了 1000 万磅，于是它开始自称"世界海鲜之都"，其中它夸口的重点便是海泉的渔船，海泉的贡献从它铺着牡蛎壳的街道便可见一斑。

话虽如此，海泉的街道依然安静。街上"没有行色匆匆的脸庞，"过冬的旅居客路易斯·沙利文（Louis Sullivan）写道，"没有逐利者，没有地产经纪，没有骗子，没有推销员，没有偏僻的白桩待建地块。"牛群依然在街上自由漫步。除了几个罐头厂外，海泉没有其他工厂，但有来自土地的产品——小蜜橘、葡萄柚和美洲山核桃，还有间接产物，羊毛。在 1915 年到 1916年间的三个月时间里，当地苗圃出港了 20 万棵美洲山核桃树。旅游业在村里依然占据重要地位，与中西部联系密切。1927 年，来自芝加哥的威尔伯（Wilbur）和哈维·布朗尼加（Harvey Branigar）两兄弟耗资 1500 万美元在后湾对岸兴建了一个度假村叫海湾山（Gulf Hills），配备十八洞高尔夫球场和专为富裕的外州居民准备的豪华寓所。场地费是 1.5 美元。在大萧条期间，公共事业振兴署出版的密西西比导游指南——它的目标群体是有钱游客——给海湾山做了宣传："海岸名胜之一。"13

除此之外，指南上对海泉市的唯一一个专题介绍就是剪水鹱陶窑（Shearwater Pottery），也就是安德森家的陶窑。这个认可无疑令他们感到振奋，尤其是大哥彼特（Peter），是他 1928 年从父亲手里借了钱在安德森的土地上创建了这个陶窑。彼得依赖的是三兄弟的天分：他自己、沃尔特和最小的弟弟马克（Mac）。他们的母亲，安妮特（Annette），毕业于以艺术课程著称的杜兰大学纽科姆学院，她为这个家族生意贡献了她作为陶艺师的手艺。彼得以剪水鹱的名字为陶窑取名，剪水鹱喜欢沿海浪滑翔，有着优美的飞行特技和纤长的羽翼，擅长长距离飞行，而且长寿。彼得喜欢用本地的东西，包括他的陶土。他会定期驾驶一只 26 英尺长的纵帆船，后面拖上用来载陶土的小艇，去往比洛克西湾的最北端，在混浊的破罐河（Tchoutacabouffa River）几英里之上就是他采集陶土的河岸高地。这里也是当时已故的抽象表现主义艺术家乔治·欧尔（George Ohr）采集陶土的地方，乔治·欧尔自称是"比洛克西的疯癫陶艺人"，后来被其他人称为"陶艺界的毕加索"。14

沃尔特在家庭事业里的职能，就是在彼得和母亲烧好的陶器上雕刻、描画图案花纹。他也会创作些古怪可笑的陶土小塑像，他叫它们小玩意儿。他极具风格的鸟、鱼图案对陶窑成为当地特色有重要影响。但这位爱岛人士不是一个可靠的生意伙伴。他迸发的创造力是用于陶窑，还是专属于个人创作和岛屿时光，两者一直在抗衡。他对他的家庭生活有关注，也有忽视，大多数时候是后者。"他永远都是一个画家，"茜茜写道，"偶尔是爱人，从来不是丈夫和父亲。"15

他的性情与其说遵循了家庭生活的义务，毋宁说是追随了大海的节奏。他渴求"在海滨上能做自己的主"，他渴望得到同类的陪伴，他的同类是霍恩岛上的长叶松、火炬松和麒麟草，是羊鲷、雀鳝、石蟹、猫头鹰、紫拟椋鸟、海鸥、鹈鹕、苍鹭、白骨顶、紫青水鸡、红头鸭，还有闯入他营地行窃的浣熊，还有岛上的野母猪，它们在这里生活到老，在安德森也走过的小径上横行，直到飓风贝琪将它们淹没。它们是墨西哥湾上的灿烂夺目的生命力，也是安德森素描、水彩和版画的主角；安德森的画色彩鲜明，笔触柔软，它们极力模仿着海湾的轮廓和动作，几乎令人昏睡。"一个波浪打了过来，太神奇了！"他欣喜若狂道，"多炽热的色调，多不可思议的形状扭曲。"

有些出于善意的评论人会称赞安德森是以往某位杰出艺术家的承袭者。其中提到的一位是奥杜邦，奥杜邦也曾在海湾周围度过了一段时间。但这个说法侮辱了安德森。他无法想象杀死作画对象还将它们摆成一个姿势，像奥杜邦做过的那样。奥杜邦会杀死好几只鸟，将定位线穿过它们的身体，使之成为一个单纯的静物。安德森画死去的动物和画活物一样好，但前者生命的终结是由自然完成的。而且安德森的画布比奥杜邦的丰富得多，他将海湾呈现给他的一切都画了下来。

其他观察者还提到了塞尚、马蒂斯、梵高和毕加索。同样，这些比较是无力的。安德森传记作者克里斯托弗·毛雷尔（Christopher Maurer）认为，它们轻视了一点，那就是"对

'真实'的追求——无论是他自己的真实，还是自然的真实——是安德森的独特之处"。他用冷暖色来表现色彩的变化，用笔触来表达情感；他笔下的线条生动、灵活、饱满。它们勾勒出了墨西哥湾和上面的一切。这体现在他对自然完整性的追寻上，他力图发现一个"重要的形式"，这个形式不只是外形，它还有生命，安德森通过触摸、感受、聆听，甚至品尝了解它。"一个美丽的形象基本是取之不尽的，"他在日记中说。但通常，"人们开始前总会说'这是当然'，但他们的感受力还不具备赞叹和惊喜的能力"。这就是安德森的画所传达的：赞叹和惊喜。16

他做到了，雷丁·萨格说，因为他把"清晰的头脑"和"人类喜好"抛诸脑后，接受大自然的引领。安德森写道，"你会感叹于用专注的双眼观察一条鱼时它给你带来的惊喜，感叹于只要被放在适当的焦点上，几乎一切皆有可能；将两种东西以恰当的方式关联，会诞生令人心满意足的产物，它就是奇迹。"他从不乘汽艇登岛。这种做法是将自己和人类文明强加于自然之上——被自然吸引而去总好过去征服自然。"这里的蝴蝶会跺脚。自然不喜欢被预测，它喜欢出其不意。"于是他驾船、划船，必要的时候，让他的船漂着。"我克服了对大海的恐惧，看到了红日落下在这片土地上作画——自然中的一切都赞叹我的勇气和热爱。"17

这份热爱很可能拯救了他自己，也拯救了茜茜。将生命奉献于大海的艺术家，定然有着相似的内心。从精神病院逃跑的那些年里，他罹患了暂时性的幻觉和妄想症。那只是相对较短的一段时间。他成人之后更常见和根深蒂固的是他酗酒后的暴怒，显然是由自我怀疑和感觉受拘束引起的。茜茜的回忆录充满爱意，也很坦诚，她在里面谈到了他的黑暗面。不止一次，他威胁到了她和孩子们的生命，孩子们和他们的母亲一样，从未停止过对他的爱。他否认他生下过年龄最大的两个孩子，拒绝承担他作为父亲的责任。1946 年 12 月，他怒气冲冲地宣布他要搬出去。"我无法再忍受了，"他说，"我是一个艺术家；我必须是。"从那时起，那些岛就偷走了他。他必须成为一个艺术家，但更残酷地说，他需要自然帮他成为一个艺术家。[18]

安德森是墨西哥湾的艺术家。大西洋有属于它的许多著名画家：莫奈、修拉（Seurat）、西涅克（Signac），以及最为专注的透纳（J. M. W. Turner）和温斯洛·霍默。安德森和这些大西洋画家不同，一部分原因是海湾本就不同。海湾的海不是波涛汹涌、怒喝雷鸣的海。相反，它是哼着欢快的小曲儿的粼粼波光。他对人类与大海间的抗争没有特别的兴趣，不像霍默，霍默的画常刻画英雄式的人物，这个人常常是孤注一掷的个人，象征着他所看到的大西洋里的"孤独"。[19]

对安德森来说，海湾没有孤独的一面。它有属于它的很多忙碌着的、爬过的、飞过的、潜着水的、蹦起的、轻跃而过的动物——他的伙伴与令他快乐和着迷的来源。它们就是他画里的英雄人物。他曾在纽约和巴黎学习，到过哥斯达黎加，最远去过中国，去观察和比较自然形态和色彩，但他永远会回家完成他的创作。密西西比就是有这样的深刻影响，吸引着人们回到这片土地。福克纳的文学事业就是围绕这里展开的。尤多拉·韦尔蒂的笔也忠于密西西比。安德森可能也画过其他地方，但很难想象任何其他地方有密西西比海岸和其岛屿所拥有的天然的色彩、律动和生命。

让一个一年级学生画海里的岛屿，她很可能会将它们用圆圈形状来表示。成熟的大人应该了解岛屿可以有各种形状和大小，但人们还是倾向于使用这种简化的几何图形。海湾上的每一座岛都是独一无二的（个别甚至是圆的），虽然其中有些会更引人注目一些。

比如，在得克萨斯有一座拥有 2000 年历史的帕德雷岛（Padre Island）。陆地上的土壤颗粒被雨水带到了格兰德河，然后流入了海湾，岛屿因此形成。海岸洋流将沉淀物往北送，密西西比将沉淀物往南送，两相作用下它们建造了海湾上最大的障壁岛，为得克萨斯州人口中的"得克萨斯州一切都更大"添砖加瓦。但这说法也不尽然。帕德雷只是美国大陆上的第二大障壁岛。纽约州的长岛面积更大，人口也更稠密。帕德雷岛上唯一建制的南帕德雷，在 2010 年只有不到 3000 名居民。但从形态上来说，纽约州岛的名字更适合帕德雷，帕德雷是世界上最长的障壁岛——又是当地人夸口的好谈资。

帕德雷岛宽不足 3 英里，长 113 英里，和得克萨斯州海岸平行，与五个县隔水相对。它与海岸线弯曲的轮廓完美贴合。在地图上，狭长的帕德雷岛看上去就像安德森的笔触一样轻快。1920 年，《华盛顿邮报》称其 30 英里绵延不断的海滩是"海湾沿岸最美的天然海滩"。它拥有令人赞不绝口的风蚀沙丘，沙丘不断地经历着堆积、剥蚀、再堆积，就像这座岛的海岸线，永远让视觉艺术家眼前一亮。摄影师杰夫·温宁汉姆（Geoff Winningham）描述它的大致地形"半是沙漠，半是草滩"——使之成为船长们停泊下锚的明智之选。[20]

帕德雷是西班牙运载财宝船队的第一个船舶失事点。1554年，三艘满载货物的武装商船被困在一场东北风暴中，它们很可能在岛屿南端一个叫恶魔之肘（Devil's Elbow）的拐弯处附近遭遇了强烈的涡流。此后，这块无情的陆地便等着将所有困于风暴的船舶上的木材和货物都据为己有。四面国旗——西班牙的、墨西哥的、得克萨斯共和国的，还有美国的——都漂到了岛上，它的外形构造或多或少写就了带着西方文明意味的历史。

岛上的第一位西方永久居民是何塞·尼古拉斯·巴利（José Nicholas Balli），一名墨西哥牧师。他也是第一任岛主，其岛屿所有权最初由19世纪初的西班牙政府授予，墨西哥共和国独立后这项所有权继续生效。巴利既是进取的农场主，也是牧师。他创建了一个布道所，当时岛上有在此过冬的逐渐消失的卡兰卡瓦人，也有被他招募的白人移民，他便向他们传布福音。他和他的外甥胡安·何塞·巴利（Juan José Balli）建起了一座挣钱的牧场，里面养着牛、羊和马。马德雷湖对岸的大陆正在变成一片广袤的牧牛场。那里有18个牧场，每一个面积都超过了一万英亩，最大的那个有60万英亩。胡安·何塞比他叔叔多活了25年。他1853年死于席卷了新奥尔良和得克萨斯州南部部分地区的黄热病，他的继承人对这座岛没有兴趣。

但J.V.辛格（John V. Singer）有，那是一次命运的偶然。/ 3211847年，约翰·辛格带着妻子和四个子女，驾驶着一艘三桅纵帆船，离开了他们在纽约的家，扬帆起航，他此行计划前往得克萨斯着手做航运贸易。他们在穿过海湾时，不小心驶入了风暴，风暴将他们抛到了魔鬼之肘的浅滩上，他们便被困在了眼前这座狭长荒凉的岛上。辛格一家上演了帕德雷岛版的《来自瑞士的罗宾逊之家》（The Swiss Family Robinson），这是另一个出版于35年前的孤岛历险故事，但在当时仍极为畅销。他们从已经四分五裂的帆船上拆下木板，为自己盖了一间屋子，给马和牛安了畜栏，这些马和牛都是巴利留下来的。在最好的时候，他们靠着魔鬼之肘送来的遇难船只，养了1500头牲畜，搜刮来了珠宝、金币和各种珍品。在积累了足够的财富后，约翰资助他的兄弟艾萨克·辛格（Issac Singer）创立了缝纫机公司，而且，根据他大儿子的说法，他赶在邦联军驱逐岛上的联邦军支持者之前，在沙丘里埋下了 8 万美元的真金白银。战后，辛格一家想取回钱财，但在岛上遍寻无果。当地的史学家说千变万化的沙丘地貌将他们坑了。

帕德雷接下来的主要岛主人是帕特里克·邓恩（Patrick Dunn），他也没有找到钱。他挣到了钱，像他的前任们一样。邓恩来自大陆，是经验丰富的牧牛场人，他完全可以出演奥迪·墨菲（Audie Murphy）的电影——他们长得太像了——而墨菲这个得克萨斯州人，喜欢出演西部人。邓恩作为一个牧场主，在成年时正赶上倒刺铁丝围栏的发明。他对它的普及使用感到恼火。铁丝围栏围住了广阔的牧场，给大牧牛场带来了便利。但他没有墨菲的性格，邓恩不会揣上手枪，为正义而战。他搬到了帕德雷岛，那里天然的围栏——马德雷湖和墨西哥湾——会为他守住他的牛群的。

他这么做是有目的的。其他牧场主将得克萨斯州其他三个障壁岛——马塔戈达、圣何塞和野马岛——改造成了牧牛场。这也还有其他好处。不像大陆上那些无序扩张的牧场，帕德雷上几乎没有可以让牛藏身的矮树丛。供给牛群的淡水随处可得，只要在沙地里掘上几英尺就有。邓恩从海滩上搜集来浮木，建了一座简单的两层木屋，屋里的家具都是从魔鬼之肘搜罗来的。然后这座岛开始吸引来其他人，他们说起了开发的事。

在邓恩的最后 20 年里（他死于 1938 年），帕德雷岛变得越来越不与世隔绝了。户外运动者发现了上好的游钓鱼种——鲳鲹鱼、鲑鱼、深海鲈鱼和大海鲢。总统哈定在 20 世纪 20 年代来这里试手气，身后还跟着国家级媒体。投资商制订了计划要把这里开发成度假胜地，准备建酒店，建垂钓设施。岛屿和大陆之间修了堤道，以欢迎自驾游客的到来；于是开发计划继续流传开来。传言还说要将北边岛屿设立为野生动物保护区。有人赞叹帕德雷自然环境之辽阔，也有人将其视为荒原。那就是美国军方。二战期间，帕德雷上了第一次核爆测试的候选地名单。海军彼时已经在使用马德雷湖以及岛上部分区域作为他们的投弹和射击靶场。美国大陆报纸警告浴疗者远离这里的水域，以防被操练期间的扫射误伤。

海湾上每一座岛都各有历史，其中一些，比如帕德雷，则身负双重责任，它既属于自然，也是文明进程所需要的。这些大陆的天然保卫者中有许多都被赋予了抵御外敌入侵、保卫美国的使命。这些岛屿上先后共兴建过十座军事堡垒，不过无一受到过战火的波及。第一座是船岛的马萨诸塞堡（Fort Massachusetts），这是一座由红砖砌成的防御工事，从空中俯瞰，像一个用衬线字体写就的齐头式字母 D，像大学运动代表队队服上印的字母。在第二次塞米诺尔战争中，军队要将佛罗里达州的印第安人赶往俄克拉何马州的居留地，这里便被他们用来作为过渡安置点。法拉格特就是在这里集结了他装备有火炮和迫击炮的舰艇，沿密西西比河而上，攻下了新奥尔良。邦联军利用几个海湾岛屿帮助封锁了邦联军进出莫比尔、加尔维斯顿和其他港口的补给通道。在美西战争中，坦帕是美军侵袭古巴的登船点，工程师们在鲻鱼礁（Mullet Key）上建了德索托堡（Fort De Soto），在埃格蒙特礁（Egmont Key）上建了戴德堡（Fort Dade），用进口岩石和当地贝壳制成的混凝土建造而成。

对那里的 400 多名将士来说，为从未有过军事行动的岛屿戍堡是个轻松的差事。美得令人窒息的海滩，清明如玉的水面，耀目无比的海湾落日，这里几近天堂，除了可恶的蚊子。当地一位史学家说，它们"是德索托堡对战过的最凶猛的敌人"，也的确是一个令军方头疼的问题。海湾部的主治外科医生是个谨慎且有洞察力的人，他说如果这个"哨点需要继续作为驻地存在，那么应该，至少，保证上面的生活是过得下去的"。缺乏有效的蚊虫控制措施，驻地长官将"过得下去"理解成要为战士们喝上啤酒和葡萄酒。这样的话，是纯粹的巧合吗，当全国的禁酒令开始后，嗜酒的卫戍部队也撤离了？ 21

很多海湾的障壁岛既没有军队，也没有酒，没有人。密西西比的岛群就少有人烟，如果有的话，也无法长久维系。海湾的一些岛屿最终成了公园或保护区，鸟类成为它们的主要住客。而那些与大陆距离足够近，以保证堤道或桥的连接具有经济可行性的岛屿，则注定要迎接文明在上面的杂乱蔓延。其他的，比如说帕德雷，既支持了人类的生活，也容纳着大量的野生生命，部分是因为它成为一个被分割的岛——实实在在地被分割。陆军工程兵团在帕德雷岛中间切割出一道30英里长的行船水道，工程在1962年——轰炸演习停止的两年后——完工。那年，南端的开发还在继续，肯尼迪总统签署法令，将81英里的帕德雷岛设立为国家海滨公园，这是美国国家公园管理局的第四件藏品。

帕德雷从未将它藏起来的钱给回约翰·辛格，因为有别的人找到了。多年来，流言说海湾的海盗简·拉斐特（Jean Lafitte）将走私品藏在了这座长岛的某个地方，满怀希望的寻宝人于是逐流言而来。对想象力丰富的人来说，岛屿是海盗藏赃的地方，它们最终会被某个幸运的家伙找到。利用这种白日梦流言，20世纪初，佛罗里达西海岸外岛上有一对聪明的房地产投资者，他们假装从岛上挖出了其实是事前偷埋进去的藏宝箱，以此来推动土地销售。他们的唬人把戏得到了想要的曝光度，他们的岛屿也因此得名金银岛（Treasure Island）。海岸北边，为了找到商会每年春天埋在这里的藏宝箱，沃尔顿堡滩（Fort Walton Beach）的居民翻遍了圣罗莎岛上的山一样的山丘。这个仪式从20世纪50年代开始，已经成为"比利·博莱格斯海盗节"的一部分。[22]

比利·博莱格斯（Billy Bowlegs）是虚构的。但它的灵感原型是真的，来自一个叫威廉·奥古斯都·鲍尔斯（William Augustus Bowles）的人，他是出生于马里兰州的英国人，在美国独立战争后，和南部克里克（Lower Creek）印第安人一起生活在海湾北部。鲍尔斯在托马斯·哈代的画像中戴着土著的祭祀头饰，明白无误地是个长相帅气的盎格鲁人，他在西属佛罗里达创建了短命的印第安州府，此后统率了一支由两艘纵帆船组建的速战舰队，在海湾上掠劫货船。西班牙人抓到过他两次，他第一次逃脱了，第二次时，他在被囚禁于古巴一座岛上期间，因绝食抗议而死。

岛屿和海盗，神秘而浪漫，其中的真相和传说，你中有我，我中有你。约翰·戈麦斯（John Gomez）就是这样在海上流传的半真半假的人物，他可能有，也可能没有在鲍尔斯的年代在海湾上当过海盗。不过他的确是个罗圈腿（bowleggs），至少在他年老的时候是，那时的他看起来已经过了他人生的一半了。他大多数时候住在豹礁（Panther Key），在派恩岛附近，据说是"西班牙人、印第安人、猎人和渔人的混合体"，出生地是葡萄牙或西班牙，出生时间是1778年、1781年或者1791年，在还小的时候就到了圣奥古斯汀，之后不是成了孤儿就是被绑架了。

寓言故事没有什么可信度。[23]

据说就是从那时候开始，戈麦斯开始卷入冒险的海盗生活，他当起了船上侍者，服务的是大名鼎鼎但也多属虚构的何塞·加斯帕尔（José Gaspar），加斯帕尔从前是西班牙海军军官，后来变成了坚定的海盗。他纵情酒色、妻妾成群的老巢位于现在一个叫加斯帕里拉（Gasparilla）的岛上，在大海鲢聚集的博卡格兰德峡湾的北端，他专抢劫活动不便的货船和财宝船。1821年他壮烈地死去了。他的双桅帆船在联邦"进取号"（Enterprise）的攻击下陷入火海，他将锚链绕在身上，跳入了海湾，喊道："加斯帕里拉死在自己手里，不是敌人手里。"[24]

1904年，加斯帕尔在坦帕第一届加斯帕里拉狂欢节上被复活了，这是落了灰的雪茄生产城市急于将自己包装成过冬胜地向外推销。加斯帕尔的故事（除了被美化的海盗行为）有一个问题：它全是谎言。白色骷髅的海盗旗、"鹦哥想要一块饼干"这样的传说是许多旅游区为其历史人为添加的一道传奇色彩。不幸的是，权威的海盗主题书籍也收录了加斯帕尔的传说，坦帕甚至将其橄榄球联赛队伍命名为海盗（Buccaneers）。

戈麦斯是这些瞎话的主要兜售者，很可能也是那个编造者。在传说中他在当海盗的时候，其实，在现实中，他正在为海岸勘测局的海湾勘测队伍提供饮食服务。他也有可供分享的珍贵的地理知识。内战期间，他曾经担任封锁邦联任务的领航员。他的长官说，戈麦斯对"所有浅滩、岩石、牡蛎床、小溪、水湾、泥滩、钓鱼的岩架、鸟类的营巢地、鹿群走的路线、从基韦斯特到彭萨科拉的水道"都了如指掌。不难想象，海钓者们后来因为他的海上经验而来寻求帮助。他的向导服务广为人知，他的海上故事也经过一个不正经的老水手的口传播开来。他和妻子住在豹礁上的一个小屋里，小屋四周和屋顶用晒成深褐色的棕榈茅草遮盖。这符合他的形象。他的打扮总是充满了"热带和自由"的气息，再加上恰如其分的光脚，长长的灰白胡子，灌木丛般厚密的白发。《森林和溪流》没少写他的故事。他死于 1900 年，在 119 岁时意外溺亡，这是杂志的说法——如此死法才能不辜负他荒诞的人生故事。[25]

简·拉斐特是真正的海盗，甚至在出生时便有了这个帅气的海贼名字，他大概是在 1780 年出生在法国或者圣多明哥（Saint Domingue）。开始时，他是新奥尔良周边一个没什么人注意的走私犯，那时候像他这样的人很多，尤其是在杰斐逊总统实施 1807 年禁运法案，明令禁止与英国和法国的贸易后。拉斐特被当地政府驱逐后，他将他的生意挪到了南边的巴拉塔里亚岛（Barataria Island），岛在密西西比狭窄水道的西边，是拦截过路货船的理想位置。很快，他和他的兄弟皮埃尔（Pierre），以及他们的团伙，带着几条装上大炮的细船，把巴拉塔里亚变成了一个炮火连天的港口。他们的行为惹怒了路易斯安那的官员，两兄弟被逮捕了。他们很快趁着保释逃走了。当 1812 年和英国的战争打响后，他们保护了新奥尔良免受入侵，暂时为自己挽回了声誉，还获得了总统安德鲁·杰克逊的嘉许。

此后，海盗爱国者到了加尔维斯顿，帮助西班牙镇压墨西哥的反抗。在那里，他们重操旧业，掠夺运货和运奴的船只。1821 年，联邦"进取号"驶入加尔维斯顿，驱逐拉斐特们。"进取号"和海盗的对峙随后再次出现在了加斯帕尔的悲情结局中，但有一个很大的不同：拉斐特没有抵抗，而是离开了。他去了古巴，但很快就不受欢迎。从那里他又到了哥伦比亚，并得到了当地的独立政府的任命和一艘炮艇。成为官方支持的私掠者后，他开始抢夺西班牙船只。1823 年，他试图在洪都拉斯海岸附近拦截一批银子，在与两艘西班牙战舰的战斗中，他丢了性命。"拉斐特就此陨落，"路易斯安那州历史学会的主席在 1919 年写道，"他是个极有天赋的人，熟悉他的领域，有过人的勇气，也有强健的身体。"[26]

路易斯安那人以拉斐特的名字命名了一个节日，多条街道和渔村，还有一座国家历史公园和保护区。人们在格兰德岛上搜寻拉斐特留下的金子。他们在传说的引领下排干了印第安长沼（Indian Bayou），结果一无所获，除了一个土著人的独木舟——对印第安学者来说是个宝贝了。

在一个早春，沃尔特·安德森开始对画霍恩岛上死去的和濒死的动物产生兴趣。他着迷于它们不断变换的色彩。一只临死的乌龟"身上有代表所有中国珍稀品的颜色，"他在日记中用铅笔写道，"古金，玉色，铜红。"他体内的艺术家不"允许这一切形态、色彩，那种条理，就此浪费"。

他有充分的理由对死亡上心。在上一个春天，他正在北边岛上一个牡蛎潟湖附近四处晃悠时，在一丛灌木的高处发现了一个麻鸦的巢。出于探究生命光谱的前端颜色的想法，他轻率地伸手到巢里想摸一只蛋，只觉一阵刺痛。在他把手猛地缩回来之时，他看到一只"受惊的"大毒蛇溜走了。他手边没有可供切开伤口让毒液流出来的锐器，于是他赶回到三英里外的营地。他只找到一把黄油刀，他将水放在火上煮沸，想用来让肿起来的手上皮肤软下来，但还没来得及做什么，他就昏倒过去了。他醒过来时，炉火已经蔓延了开来。"看起来火势要吞噬这座岛，"他写道，"这都是我的错。我放声大哭着、怒吼着，但我连一棵树、一只小鸟或者兔子，都无力去救。"他和大火搏斗了几个小时后再度昏死过去。让自己动起来的做法是错误的，这会让毒液在体内循环，但他想的是在威廉·亨利·哈德森（William Henry Hudson）的《翠谷香魂》（*Green Mansions*）里，艾博被蛇咬后就是通过保持身体活动活下来的。

安德森醒来时，风已经将火扑灭了。驾驶一艘小汽艇的两个男孩发现了他，将他带回他家，交给了茜茜。医生说他没死是走了运了。安德森从未因此对蛇感到憎恶；有无数其他蛇，他推论说，都让他安然无恙地通过了。茜茜照顾着他，直到他恢复健康，他又马上回到霍恩岛。

长期以来，他看起来就像在弥补他失去的时间，就像这个激情的发现来得太晚了，或者是想弥补因二战而禁止登岛那些年的时光。国外的冲突侵扰了国内的平静，军需用品和训练基地有需求，个人的日常生活和期待都要做出大大小小的牺牲。在美国刚加入国外战场时，德国潜艇在密西西比河口处用鱼雷袭击了20多艘商船。对安德森来说，战争的真实性随处可见——海上的石油泄漏，被冲到岸上的焦油球和废弃物。他也不得不牺牲了霍恩岛。军方控制了几个海湾岛屿。佛罗里达的圣佐治岛（St. George Island）和鲻鱼礁，和帕德雷岛一样，被用作军方的轰炸演习场。军队在卡特岛上，将从街上提来的流浪小狗训练成做好战斗准备的攻击犬。就像在证实这是个笑话一样，炮火轰炸的声音将未来的战犬吓成了受惊的小猫咪。

类似笨拙的军事调度还发生在霍恩岛上，军方的化学战部队（Chemical Warfare Service）控制了它并在上面建立了一个精密的生物武器实验室。它的首要任务是将木馏油作为杀虫剂，喷洒在岛上的水塘里，以减少岛上的蚊子数量。海军修建营的战士

/ 328

们随后铺设了 7.6 英里长的窄轨铁道，然后用驳船从大陆运来两个重 14 吨的火车头和 20 个木制货运车厢。陆军工程兵团为全体人员盖了营房，为军官和士兵修建专门的休闲设施，有篮球场、电影院、食堂、司令部大楼、机动车调配车库、库房、金工车间、排污系统、发电厂、气象站、牲畜栏，还有实验室。与水平建筑相映衬的是耸立在焚化炉上方的红砖高烟囱，焚化炉是用来焚烧化学物和没用的实验对象的——实验对象的范围应该从老鼠到马都有。

据科幻作家埃德·里吉斯（Ed Regis）说，军方有意要将霍恩岛变成"美国生物武器实验的主要场地"。但在改建这座岛前，军队的工程师们就意识到霍恩岛并不满足偏远这一必要条件。来往于海湾的商业渔船每天开着马达从岛前经过，距离如此之近，以至于在岸边都可以听见他们从轻到重的哈欠声。即使是大陆上的人口也离这里太近。更糟糕的是，它处于下风口。尽管如此，拨款被批准了，钱会被花出去，实验会开始，只要完成化学战部队原始计划的一部分就可以了。最后，军队在岛上投下了 67 个四磅重的填充了肉毒菌液的炸弹，这是一种会导致肉毒（杆菌）中毒的化学剂。但是，在数百个不同物种的实验对象中，只有一个因吸入毒素而死，那是一只天竺鼠。对此，作为他们做的唯一一个英明决定，军队宣布肉毒菌不适合用作杀伤性化学剂，并停止了所有实验。[27]

但霍恩岛基地在关停之前还有一个任务：销毁从德军俘获的 3000 吨榴弹、火箭、炸弹，其中一部分是芥子气弹药。军队将一枚 3 万磅炸弹和三枚 500 磅炸弹投进了海湾。然后将化学武器带到霍恩岛上付之一炬。连续多日，大陆上的人们都能听到爆炸声，看见滚滚浓烟在南方的天边升起。烟火结束后，军火专家用驳船运输弹壳时，有一部分炸弹没有爆炸，导致芥子气外漏到了开阔水域，淹没在珀蒂布瓦岛和霍恩岛之间。海军对储备在新奥尔良的武器采取了相同的处理方式。最后，军队拆除了其在岛上的实验室，在 1947 年撤离，给霍恩岛留下了一堆乱七八糟的废弃建筑，还有睥睨着这一切的焚化炉烟囱。

对以岛为乐的安德森来说，烟囱的高高竖起是对自然的侮辱。"我去查看了军营，发现里面是废墟，于是决定搬进去"，1950 年一个寒冷的 3 月天里他在日记中写下这些话。但他在旧建筑里的居住时间很短。他登岛并不是为了寻找文明环境里的栖身地——还不止，这里还是让他受到冒犯的军方接管留下的残骸。他此前曾与岛上穿制服的占领者们分享过他这个看法。

战争接近尾声时，他们发现他被冲到了海滩上。他正驾船驶往路易斯安那州的尚德卢尔群岛，但船在航行中倾覆了。在还没划到霍恩岛海岸时，已经被灌进大量海水的安德森彻底不抱希望了。此时响起了火车的汽笛声，这在岛上是"绝对不可能发生的事"，于是他认定他正在通往另一个世界。接下来他实实在在地看到了火车，还有一条吠叫着的大军犬——他正躺在它看守的海滩上——然后两个带枪的士兵走近了他。"我震惊地意识到，我变成了敌人！"

/ 330

他后来向茜茜坦白，他觉得请求救援会让他显得软弱。慢慢地，他被现实在他眼前呈现的景象激怒了。士兵将他带上火车，到岛的另一头接受审讯，然后他更完整地看到了军事基地。对他的审讯还没开始，安德森将质问的矛头指向负责此事的军官。"你为什么来这里？"安德森问。"你毁掉了世界上最美丽的地方。我永远不能原谅你。"就是这样，他告诉茜茜，他的审讯人"认为我是个'疯子'"，于是他知道他会被释放的。[28]

这就是所需要做的一切：向眼前这个认为他的营房是最南边倒霉的服役之地的人描述这座海湾障壁岛无可比拟的美丽。当然，被俘的这个人，完全不知道把他救起来的人将很快用肮脏的军火弹药污染这片海湾。他到死也不知道。倾倒在珀蒂布瓦岛和霍恩岛之间的弹药残余一直是一个军事秘密，直到安德森死后五年才公开（2012 年，国家公园管理局在岛上发现了芥子气容器）。

除了这一次事件以外，在军队占领期间，外界对霍恩岛均是绕道而行，从没有过意外访客。在他还不能回到那期间，安德森去了尚德卢尔群岛（Chandeleur）。尚德卢尔群岛是 50 英里长的岛链，就在安德森出生那年，西奥多·罗斯福将它划为国家鸟类保护区。在战争期间，它们也成了安德森的收容地。尚德卢尔位于比洛克西的正南方，在霍恩岛以南 25 英里处。1772 年，一场持续了五天的飓风把这个新月状的岛群从中切割出了多条水道，岛群因此看起来像一只淘气咧着嘴笑的柴郡猫的一排牙齿，一座岛就是一颗牙。它隶属于圣伯尔纳堂区，是路易斯安那州在最东边的州界，但漂浮在海湾里的它们更像是将这里当成它自己的一片天地。岛上或多或少地分布着盐沼、稀疏的树木，以及长着海滩水草和灌木丛（杨梅属和千里光属灌木）的低缓沙丘。1699 年 2 月 1 日，群岛进入了伊贝维尔的视野，那一天是圣烛节（La Fête de Chandeleur）的前夕，于是为纪念此节日的虔诚天主教徒便以此作为岛名。

"噢，尚德卢尔，"沃尔特给茜茜解释道，我"感到被释放到了一个崭新的维度里"。他指的不是群岛正在消失，这是当时几乎没人注意到的事。他感受到的是"被自由的飞翔者，自由的游泳者占领的维度"。这是他眼中的群岛——自由，因孤独而喜悦。有一次，当他在岛上搭的帐篷里幸福地安睡时，潮流将他的船拖离了海滩上的锚，卷到了海里。当他给他女儿玛丽讲这个故事时，她尖叫起来："爸爸，你被困在那了！""是的，"他回答，"这多好啊。"[29]

但是，事情并不总这样好。另有一次，他在岛上已经住了一周，画素描、画水彩，与飞鸟为伴，直到他看见另一个人类——一艘小艇和两个渔民，他们"强壮、晒得黝黑、金发，散发着因常接触风和太阳才有的安乐"。他和他们聊了聊。他们给了他一条鲑鱼带回去烹煮，然后就继续上路了。那天晚上，这位隐居的日记作者表达了失望之情："这座岛的一部分魅力没了。至少我曾拥有过七天。"

安德森自幼就常到尚德卢尔去，他和他的兄弟们会去那里玩大冒险。再之后，他就是独行侠了。但尚德卢尔没有给他在霍恩岛上体会到的隔绝感。这里日记作者又登场了，这一次他在为被滞留在岛上而兴奋："我刚看到一只船驶过。昨晚有三艘亮着灯的船在岛周围；作为一个被困的人，我有很多陪伴。"生长着丰富的泰莱藻、海牛草、川蔓藻和浅滩野草的群岛周围是浅湾和潟湖，那意味着有鱼，有鱼则意味着有打鱼的人。

而且，鱼和野生的多草沙丘和黑红树林（它们的最西北端就是尚德卢尔）也意味着有鸟——哺育的鸟和营巢的鸟——而有鸟就意味着有安德森。日记时间，7月25日："潮水退去后的平滩上全都是涉水鸟，白鹭、小蓝鹭、三色鹭、秧鸡、鹈鹕、笑鸥、剪水鹱。"霍恩岛也许是他更偏爱的障壁岛，但尚德卢尔的鸟类是很难被打败的，这在一定程度上也归功于西奥多·罗斯福的大笔一挥。安德森最动情的日记有很多是在那里写下的，其中几乎没有哪一篇是没有提到鸟的。7月29日："午饭过后，我划上小艇去追逐军舰鸟……我画了一些飞鸟……大概2点的时候被雨赶了回来，于是在帐篷前写了日记，画了鹈鹕。"7月30日："真让人为难，因为好东西太多了。我正在画鹈鹕，狂风中的黑云映衬着它们雪白的身子，这时来了一只水龟，然后是一只螃蟹，最后是一只王秧鸡，蹑手蹑脚地走在红树林的根系间。"7月31日："那有苍鹭，天空中点缀着好多军舰鸟。"

军队一结束他们在霍恩岛上的事务，安德森就收拾了小艇，返回他最爱的绿色、白色和琥珀色相间的孤岛上去了，他的造访又恢复了从前的频率和时长。那里的鸟不如尚德卢尔的丰富，但这也不是坏事。丰富多样的生命形态分散了他的注意力，他的日记因此有了更多的写作素材：海马，是"时间的媒介，在机械的单调乏味可怕和爆发的诗意之间游走……这是我和大自然间的默契"；被滞留在潮水潭间的虾，"全身是亮丽的朱红色，有着一条龙的身躯"，是珍贵的海湾食物链底层动物；一只青蛙，"绿色、金色、黑色、铜色——一身盛装打扮"，它被画家借用作模特，被大毒蛇垂涎；一只"桶中猴子①"——他这么称呼章鱼——被冲到了岸上，躲过了啄食的银鸥，它弯曲扭动的肢体完美地契合了安德森富有表现力的画笔。

每一个记日志的人，从船长到农夫，每天都会花上大量篇幅报告当天的天气。岛屿知悉海湾上每一点或微妙或显著的即时天气变化，安德森总能完整接收到它的所有讯息。1959年1月："今天是暴风雨天气。天空从昨晚开始就一直在变化。"无论是寒冷的气温、咄咄逼人的暴雨，还是刮走了他的罩篷、把沙子吹进他

---

① 桶中猴子（Barrel of Monkeys）是美国一款经典的桌游玩具，它们是一群装在桶中的单色塑料小猴子，双手弯曲细长，可以互相勾在一起形成一个长链条，其双手上下挥舞的姿态形似章鱼。——译注

帐篷里的狂风，他的日志中都从未出现过它们的抱怨。这些都是岛屿的日常，多变的天气给了他观察作画对象的不同视角，世界不断以崭新的面貌呈现在他眼前。

这也是为什么 1965 年 9 月初飓风贝琪来袭时他无法接受海岸警卫队的救援。他要和他在岛上的同伴们一起经历暴风雨，他和它们一样，仓皇逃生。贝琪狂怒的大风迫使他放弃了他的营地转而到高地上去。海水涌上来，他再次往上撤。他在第三次回撤后，找到了"合适的树，如果海水继续上涨，他可以将自己绑在上面"。最后，飓风放过了他。

当飓风过去，水势退去，霍恩岛活了下来，但受到了重创。他的营地"——那个我数年来安居的地方——消失了，随海浪而去了"。岛屿最东端原来是长长的沙土尖端，现在只剩下"短短一道被海浪拍打的海岸"。熟悉的沙丘也不见了；"大的高的"靠近岛屿中心的那些"还在那里"，是它们在最后时刻保护了他，但失去近岸的防御，它们也会变得更脆弱。盐雾和沙暴将几英里内的松树都刮成了粗糙的褐色，也"伤害"了香脂冷杉和麒麟草。相反，岛屿的北面的海滩有了全新的美丽面貌，到处是正在享用半埋在海滩里的水蚤和死去动物的鸟群。

重建即刻开始。这些日志又有了另一种价值：关于从飓风中恢复的障壁岛的第一手记录。蚂蚁立刻就回到了安德森的营地；大量的鸭子几乎立马重新出现在水边。"我在西边看到我那熟悉的杓鹬出现在了老地方，"就在差点没躲掉上涌的海浪的第二天，他记录道，"黄褐色的夜鹭回到了和之前一样的地方，那个小河沼的河口位置……我想知道它们之前都在哪里。"这位岛民后来才慢悠悠地回到海泉。"变化，"他回忆道，"是神奇的。"

安德森在飓风贝琪中幸存了下来，这也是他最后一次逃离到霍恩或任何其他岛了。回到家一个月后，他咳出了血。他的医生发现了一个肿瘤，诊断他为肺癌——这是吸烟，也就是"做自己的主"导致的后果。病魔来得很快。他因手术并发症去世了，在1965年11月30日，在一家新奥尔良的医院里，而不是一座海湾的岛上——在文明世界里，而非自然的怀抱中。

在他死后，茜茜在她姐姐的陪伴下，多年来第一次走进沃尔特的小屋。里面落满了灰尘、东西凌乱，但是，她在回忆录中说，"满满的都是珍宝"。房间里堆起的、散落着的，是意味着多产、认真和独具慧眼的自然画家的毕生之作：数千幅的水彩画、版画和用铅笔、钢笔、蜡笔画就的素描，有些保存完整，有些被撕扯过，有些被扔到了小壁炉里烧掉。房里有一个老派的地板暗格，暗格的门是开着的，里面保存着他将近20年的岛屿日志，但它们也并未得到比其画作更有条理的保存。它们承载着一个精神上、理智上都无条件向自然靠拢的人所具有的感受力，一个更大的发展中的社会也许会从它映射出的世俗信念中获益，但日志主人所生活的及其死后的社会将这种信念摒弃了。

穿过小屋，堆满凌乱杂物的另一头是一间上了锁的房间。茜茜用钥匙开了锁，走了进去。她倒抽了一口气。这个房间是沃尔特向他的缪斯——神奇的大自然——致以的最高的敬意。从天花板到三面墙壁，他用他柔软灵动、色彩鲜明的笔触画下了"海湾海岸上"太阳和自然生命一整天的活动。茜茜姐姐脱口便说出了一个名字："日出之作。"[30]

十三　风和水

尽管飓风频频侵袭，例如 1919 年那场对科珀斯克里斯蒂、
得克萨斯都造成了巨大损失的暴风雨，但美国人依然在以有害的方式进行自我扩张。

> 　　上帝不想要我。他带走了他想要的人，留下我们来讲这
> 个故事。
>
> 　　　　　　　　——劳拉·迪普伊（Laura Dupuis）（2009）[1]

　　"它们叫作台风，"约瑟夫·康拉德（Joseph Conrad）的船长麦克沃尔（MacWhirr）在给妻子的信中解释道，他的妻子看到这里忍住了没打哈欠，她对"这些船上的事"不感兴趣。麦克沃尔船长是《台风》（Typhoon）的一个主要角色，他正遵守船员的守则，用所在地的叫法指代飓风。他的信来自太平洋西北部

的中国海。如果他是从南太平洋或印度洋来信，那么让其妻子打哈欠的就是当地命名法命名的"旋风"。飓风只有发生在东太平洋和大西洋，以及墨西哥湾，才是"飓风"。[2]

这么称呼一部分是因为尤卡坦的玛雅人。玛雅人信奉一位开不得玩笑的一条腿的神，乌拉坎（Huracan），他分管风、雷，以及相应地，出生和毁灭。玛雅人在东边和东南边的邻居，泰诺人和加勒比人，都分别有一位有着类似名字和性情的神。西班牙人于是用他们的huracán，来指称他们在新世界遭遇到的无法理解的暴风雨，因为在他们看来，这些将他们的船只和殖民毁掉的暴风雨是神的行为。

科学家们翻查了航海日志、灯塔日志、日记和报纸，为的是整合出一个半世纪以来的全球飓风地理。在历史风暴图上，他们绘制了以颜色区分的风暴路径线，紫色为最严重，浅蓝为最轻微；蜿蜒的线条看起来毫无规律可循，和小孩子用蜡笔画出来的一样，但它们是准确且始终严肃的。颜色在赤道附近的——而非赤道上的——七个区域变得尤其深。这些便是飓风的多发地，或者按科学家们的叫法是飓风盆地：印度洋周围有三个，北太平洋两个，西南太平洋和北大西洋各一个。

飓风是热带地区的土著；通常在长时间的炎热夏日里，海水在80华氏度（约26.6摄氏度）或更高的气温下不断蒸腾膨胀，便产生了飓风。这也是在世界各大洋航行的人们在南大西洋时最有安全感的原因。南美洲和非洲两块大陆距离遥远，两者之间更清凉的水温几乎无法搅动起一场飓风。老水手最有可能在北太平洋跪下祈祷，因为那里是风暴最为频发的海域。它每年平均会产生九次台风。而北大西洋也只是稍微好一点点。

三不五时地，在赤道附近的这些多发区域上，当热能积聚到一个临界点，一场热带风暴或飓风就诞生了。蒸汽从温暖的海面垂直上升，导致近洋面压力下降。更多的空气和水分穿过海面补充进来，就像一个真空带将它们吸入上升气流，而进入更冷的上层海拔后，空气里的水汽凝结。于是黑云形成了，雷声炸响，闪电刺穿云层，雨开始落下来。低空风切变使风暴愈演愈烈，最终汇集成一个单独的体系。

当体系足够大时，地球自转推动了风暴的旋转——赤道以北为逆时针旋转，以南则顺时针旋转。再加上已经蓄势待发的热能，整个无法化解的气团在海上任性地移动，最终导致狂怒的暴雨倾泻如注，所到之处，一切都被摧毁殆尽。如果风速保持在每小时 74 英里以下，那么这些都是可以抵御的热带风暴。如果超过了这个时速，你面临的就是一场飓风——波及范围广且力量巨大，一个以其风眼而闻名的紧紧缠绕的巨大风柱。

自飓风卡特里娜后，路易斯安那的气象学家巴里·凯姆（Barry Keim）和罗伯特·穆勒（Robert Muller）开始统计海湾风暴的数量。他们将自己的发现出版成书，书中包含了史话、科学解释和原始数据[3]。其中一份图表信息量巨大，图表显示，从 1886 年到 2005 年，产生于大西洋的飓风数量是 639 次，每年平均下来略多于五次。其中三分之一，即每年有不到两次的飓风或发端于海湾，或最终进入海湾。两次，听起来不多，但想象一下加州人每年都有几个月时间要与同样数量的大地震作抗争。海湾各州受飓风袭击的频率比其他美国各州的总和还要多 15%，从基韦斯特到加尔维斯顿的东部、北部海湾沿岸居民，也需要比其他美国人更常给他们的家钉上木板，然后逃离危险。[4]

有一些海湾飓风发端于百慕大高压下的温暖洋面，从非洲远道而来。百慕大高压是一个范围极广的高压带，在高压作用

下，干燥炎热的空气下沉，使得太阳的热力可以畅通无阻地到
达洋面。酝酿中的风暴搭上了北赤道洋流的顺风车开始向西运
动，而北赤道洋流正是汇入墨西哥湾流，让欧洲探险者得以进
入新世界的那道洋流。风暴在袭击了加勒比群岛后，有时会继
续西进，并向北通过尤卡坦海峡；有时它们会搭上安的列斯暖
流，进入北向的岔道，之后要么继续向北到达美国东海岸，要
么经由佛罗里达海峡进入海湾。风暴季，海湾的水温在阳光照
射，以及来自加勒比的环流的热力带动下，在 80 华氏度上徘
徊，它之于大西洋飓风就像磁石之于铁器，于是飓风在这里一
触即发。

　　宇航员在 1985 年 9 月 1 日通过 "发现（Discovery）号"
航天飞机拍摄到的飓风埃琳娜（Elena），让公众叹为观止。从
太空上看，飓风是映衬在蓝色地球背景上的一个缥缈的奶油白色
旋涡——从外沿到风眼，匀称而优雅，巨大而美丽。然而，在地
面上，它令人胆寒。飓风范围可以扩张到数千平方英里。埃琳娜
占据了墨西哥湾近四分之三的上空。它在一天中产生的活动能量
足以为美国家庭和企业带来六个月的照明。

　　埃琳娜是 3 级飓风，在风暴体系中处于低档。3 级的风力
维持在每小时 110~130 英里。这足以连根拔起树木，掀翻屋
顶，连续数天或数周扰乱电力供应。埃琳娜将房屋冲进海湾，
带走了九条生命。飓风卡特里娜（Katrina）的尺寸更小，但风
力达到了最高的 5 级——风速每小时 157 英里，将近 30 万所房
屋被毁，已证实的死亡人数是 2500 人。埃琳娜造成经济损失
28 亿美元（以今天的货币价值衡量）；卡特里娜的则为 1300
亿美元。

　　让飓风季雪上加霜的是，东南部是美国降雨最多的地区，雨

水最密集的十个大都市都在这里。"而浸透这些大都市的暴风雨，"辛西娅·巴内特（Cynthia Barnett）在《雨：一部自然与文化的历史》（*Rain: A Natural and Cultural History*）[①]中写道，"大多是在墨西哥湾的温暖水域中酝酿成形的。"有四个在路易斯安那，两个在佛罗里达的海湾沿岸。莫比尔是其中降雨量最大的。海湾上几乎每一处地方每年都有 50~60 英寸甚至更多的降雨量。光是一个热带风暴季，巴内特说，倾泻下来的雨量就比西雅图一年的还要多。你也许以为在这样一个湿漉漉的地方，城市应该都会配备最先进的雨水排放系统。没有。它们的排水系统和你在年降雨量 36 英寸的堪萨斯州首府托皮卡见到的是一样的，唯一的重大区别是：这些沿湾城市的雨水是墨西哥湾上的飓风带来的，又通过排水系统回到了墨西哥湾。[5]

对洪涝、毁灭和死亡的担忧从 6 月 1 日开始高企，一直持续到 11 月 30 日，也就是整个飓风季。历史上最严重的风暴都发生在 8 月和 9 月。但有时恶劣的天气也会在 6 月悄然而至。

1957 年 6 月下旬，在南边路易斯安那的卡梅伦堂区，数千只小龙虾纷纷逃亡至更高处的沼泽滩涂。不知怎的，反正它们知道，风雨将至，而且那是一场暴风雨。自然或本能，或两者都有，促使它们逃离。

路易斯安那人通过天气预报得知了天气情况。6 月 26 日，路易斯安那州居民了解到一个名叫奥德丽（Audrey）的风暴正从南墨西哥湾向北移动。但他们并没有放在心上。大风暴通常

[①] 辛西娅·巴内特：《雨：一部自然与文化的历史》，张妍芳译，外语教学与研究出版社，2019。——译注

在八九月到来，没人听说过在飓风季刚一开始就面临巨大威胁的。天气预报说奥德丽移动缓慢，居住在预测登陆点上的沿岸居民当晚可以睡个好觉，等第二天早上再决定是否需要撤离。"我们都上床睡觉了，感觉一切平安，"罗瑞塔·弗劳尔斯（Loretta Flowers）说，她是夏天来卡梅伦堂区拜访祖父母的一个十几岁女孩，"在第二天我们才会遇上坏天气。"[6]

在北边的新奥尔良，纳什·罗伯茨（Nash Roberts）正在有条不紊地将所有指标检查一遍。罗伯茨是一个独立的气象学者和电视天气预报员。而在 1957 年，多数人还是从报纸和电台获取天气预报信息。这对此次事件来说是不幸的。罗伯茨此时就像撤离的小龙虾。他感觉到了其他天气预报员都没有想到的事，那就是风暴会比所有人预期的来得更快。"有这样的东西压在头顶，"罗伯茨多年后回忆说，"他们不应该睡着。"[7]

"我们在早上 4:30 被呼啸的大风吵醒，"弗劳尔斯说，两个小时后，"我们看向前门，看见海水正翻涌过来。"[8]

"所有人都看见了，"劳拉·迪普伊（Laura Dupuis）说，她是住在卡梅伦堂区的一个年轻母亲，"你能看到海浪正涌过来。"[9]

"你无法想象迎面而来的是什么，"吉米·特拉汉（Jimmy Trahan）说，"还没看见它，你已经听见它了。那是冲着你过来的一堵灰色大墙。"[10]

"似乎整个海湾在朝我们而来，"海岸勘测局一位勘测副手的妻子回忆说。[11]

杰里·富尔斯（Jerry Furs）家的落地窗爆裂了。"海水像一堵墙般倾泻进来。"[12]

"上帝帮帮我们，"马歇尔·布朗（Marshall Brown）在妻子耳旁低语道，此时海浪已经重重砸向他们的家。[13]

那些在海浪中存活下来的极少数人，说海浪肯定有 50 英尺高。之后，气候专家通过测量、计算和事实认定，确定了它在垂直方向上的猛烈程度。在海潮涌起、落下、回撤后，像是要最后来个完结，海水再次重整旗鼓，卷起了 20 英尺高的海浪。两次大浪都随高达 12 英尺的风暴潮而来，风暴潮席卷至内陆 25 英里，横扫得克萨斯州东部和路易斯安那州西部海岸。10 英尺高的海浪已是常见。它们是时速 145 英里狂风不依不饶的结果，这是一场 4 级飓风。

失去爱人的人们希望他们有听纳什·罗伯茨的话。未来，他们会的。他们紧跟他的脚步，就像他紧跟飓风的脚步；他们会跟踪他，了解他，几乎到了崇拜他的地步，无一例外地遵守他的建议。对罗伯茨来说，准确追踪一场飓风无关对错，或能否成为最好的天气预报人，而是关乎生命。奥德丽夺走了 500 人的生命。①

在奥德丽和飓风卡特里娜之间的近 50 年，没有发生过致死率更高的海湾飓风。但除了极少数侥幸逃生的存活者，谁记得奥德丽呢？那些应从被遗忘的海湾风暴中吸取的教训呢？罗伯茨希望人们能领会的其中一点就是对有害的生活方式要再三斟酌。

起初，美国气象局（现在的国家气象服务中心）预测奥德丽会正面撞击加尔维斯顿。这个判断并非没有道理。这个岛屿城市

---

① 各项数据来源在死亡人数统计上有出入，从 390 人到大于 400 人再到大于 500 人都有。根据美国国家飓风中心的统计，有至少 416 人死亡；美国国家海洋和大气局则说有超过 500 人。

经历过的飓风远超过它的正常份额；它能发展起来并保持如今的繁荣兴旺是一个奇迹。加尔维斯顿位于海湾的风暴巷道（storm alley），它只比海平面高出 9 英尺，麻烦总是蓄势待发。其中最严重的一次莫过于 1900 年 9 月的一场风暴。再没有什么自然灾害夺走过比这更多的人的性命——根据美国飓风中心的统计，超过 8000 人。埃里克·拉尔森（Erik Larson）的调查显示这个数字超过一万，埃里克·拉尔森在他引人入胜的出版作品《艾萨克的风暴》（*Isaac's Storm*）中证实了这次风暴的历史性灾难的地位。无论是哪个数字，都超过了 1889 年约翰斯敦洪水和 1906 年旧金山地震的人数总和。一场美国史上空前的自然灾害，加尔维斯顿的飓风，包括它的灾后重建，都决定了现代海湾人对风暴的应对方式，但并不是纳什·罗伯茨会建议的方式。

楔在墨西哥湾和加尔维斯顿湾之间的加尔维斯顿是一座 30 英里长、2 英里宽的棍棒形岛屿。它是卡兰卡瓦人的过冬地，是海盗简·拉斐特的藏身之所，是新得克萨斯共和国的首都。奥杜邦曾拜访这个富饶无比的海湾，受招待前往候鸟春季迁飞的终点，那里大量的鸟群可供观赏和猎杀。在白人开始铲平岛屿沙丘，清理海岸上的灌木丛，将它变成一个城市之前，这片陆地上的人们正忙于种植作物和畜养牛群。绵延 710 英里的特里尼蒂河从沃思堡和达拉斯缓缓流下海湾，为这里的鱼群和宽广的牡蛎床带来鲜活的淡水和营养物质，而它们随后又将成为人们的食物。

时年 31 岁的 M.B. 梅纳德（Michel B. Menard），出生于魁北克，从事印第安贸易和锯木生意，他在 1836 年定居到这座岛屿，并将其发展作为他个人的事业。随着越来越多的东部人和移民涌入北方的大平原经营农场，必然会有更多的贸易机会顺着特里尼蒂河南下。看起来没有人会怀疑加尔维斯顿在未来会成为一个繁忙的港口。从那时起，岛上的一切便都是关于财富和经济增长。"加尔维斯顿，"曾在风暴发生的五年前来过这里的斯蒂芬·克莱恩说，"一直保持着巨大的贸易量且从未动摇过。"[14]

岛屿四周的水域并非天然适合作为港口。海湾平均深度为 7 英尺，水涨起来的时候能有 9 英尺。加尔维斯顿希望成为另一个新奥尔良，不想被野心勃勃的竞争对手休斯敦打败，于是商界领袖们委托人修建了防波堤。最终防波堤被建在海港入口处，13 英尺高——这在横帆船需要让行蒸汽货船的时代并不足够。他们希望它能高至 30 英尺，于是数百万美元被投入疏浚工程中。岛民们成立了一个深水委员会；还邀请格罗弗·克利夫兰总统，这位贪心的垂钓者，前来试试得克萨斯州的大海鲢；于是，在总统成功钓上鱼后，再加上一点哄骗，他们赢得了总统对联邦拨款的支持。取得了理想深度后，加尔维斯顿港一度成为国内最繁忙的港口之一。支持者们声称它出港的棉花比任何其他港口都多。那不是事实，但它每天的出港量有四艘或五艘蒸汽船。在风暴来临的前一个财年，出口国外的货值达到了 8600 万美元。三座供火车通行的栈桥和一座 2.1 英里供马车行走的路桥——桥身用厚木板搭就，桥墩以铸铁为框架——横跨海湾与大陆相连。

加尔维斯顿人戴的是得克萨斯州斯泰森毡帽，不是汗湿的、边沿磨损的那种，而是干干净净、拉过绒的，和他们上过浆的白衬衫领子一样硬挺。他们的城市不是尘土飞扬的牛镇。这是一个国际性岛屿城市，有将近四万居民，你可以在这里听到世界各国的语言。上面有教堂，而且是主教座堂，还有一座气派的犹太教会堂。它有一排优雅的正对着百老汇大街的房子，一间 1600 个座位、门厅由进口大理石铺设的剧院，还有好几家妓院。这个城市，和那些斯泰森毡帽一样，干净、整洁——不像大半个城市都建在湿地上的泥泞的休斯敦。城市的主道斯特兰德街，铺着用木馏油处理过的木板，可以减轻扬尘和马蹄落地的嘚嘚声。所有游客都不会错过的是海滩酒店，这座建筑有着宽阔、红白相间的横纹屋顶和半圆的穹顶，显示出它作为旅游贸易中的中心角色、州内一大旅游目的地所具有的"自觉的宏伟"。得克萨斯州记者加里·卡特赖特（Gary Cartwright）写道，加尔维斯顿有一种"玩具城的神秘，它暗示着生命就像一场永远不会停下的派对"。[15]

但加尔维斯顿人，或者任何海湾上的居民，都应该知道，派对总有停下的时候。在加尔维斯顿风暴发生的七年前，一场飓风夺走了路易斯安那州 2000 人的生命，彻底摧毁了牡蛎河沼（Oyster Bayou）和谢尼尔·卡米纳达（Chenière Caminada）的社区——就像美国气象局搞砸了这场风暴的预报一样彻底。得克萨斯州的印第安诺拉（Indianola）同样一次次地遭受重创，第一次是在 1875 年，最后一次是在 1886 年。它被湮没在沙地下——整座镇子就此消失了。

埃里克·拉尔森笔下加尔维斯顿故事里的英雄——悲剧英雄——是艾萨克·克莱因，他是美国气象局加尔维斯顿分站的负责人。他留着三个火枪手模样的髭须和山羊胡，已迈入人生的第 49 个年头，胡子也开始发白了。他的工作有时不免有压力，尤其是他身在像墨西哥湾这样一个风暴频发的地区，错误的预报付出的将是人们的生命。那时没有飞机或雷达进行风暴追踪——只有海上船舶和其他气象站用电传打字机发来的寥寥数语。让事情更糟的是，所有实地获取的风暴信息都要先通过在华盛顿特区的总部筛查后才能继续发出。

在 9 月 7 日周五那天，根据远处的官方指示，克莱因在绳索上升起了风暴预警的旗子，此时他办公室外已经嘶嘶嘶地开始起风了。是时候了。华盛顿方面不情愿地给出这些指示。起先它说的是一场相对无害的热带风暴正向北进入海湾，随后它将摆尾佛罗里达北部，转向大西洋。于是东海岸的气象站都挂起了预警，但海湾各州没有。然后，就在那个清晨，华盛顿改口称风暴往路易斯安那州南部移动，但仍坚称这是一次温和的风暴。

但克莱因觉得哪里不太对。气压计显示气压正在下降，这是其一。其二，当他走上海滩时，畅通无阻的大风正迎面吹向潮水，但海潮不跌反涨。1893 年击溃了谢尼尔·卡米纳达的那场飓风发生前一天，气象局预测第二天的天气是小雨，那个时候克莱因就已经在气象局工作了，而现在很有可能，他将目睹气象局的又一次错误。

那正是古巴气象专家所想的。36 小时前，在预测中将在路易斯安那州南部登陆的温和的风暴已经从大西洋而来，并横扫古巴岛，在圣地亚哥倾泻下了 24 英寸的大雨。对大西洋风暴可能比任何人都有经验的古巴气象学者们预测，风暴将发展为飓风，且正向得克萨斯州移动。但美国在美西战争两年后仍旧控制着古巴岛，华盛顿对古巴人有着高人一等的态度。于是美国气象局在古巴的派驻人员不顾当地专家的预测，向华盛顿报告说逐渐减弱的热带风暴正进入海湾。

他们错了；古巴人是对的。一场 4 级飓风正向克莱因袭来，而加尔维斯顿人对此一无所知。周六早上，家家户户走下海滩，对眼前不寻常的炸开的大浪花感到惊奇。随后，巨浪开始重重拍打在公共浴室和码头上，将它们砸成碎片，涂过木馏油的街道也被掀起，变成了流动的鱼雷，这时受到惊吓的围观人群才仓皇地往家赶。到了下午 1 点，高涨的潮水已经淹没了路桥和那三架栈桥，就在几分钟前，从休斯敦来的火车从上面驶过，从火车上下来的惊慌失措的周末游客，登上了这座正在被淹没的岛。房屋被扯裂开来，砖砌建筑轰然坍塌，220 英尺高的圣帕特里克教堂也不例外。那个下午的晚些时候，对此次飓风做过研究的几人写道，风暴潮"推着残骸碎片组成的一道超过 10 英尺高、数英里长的墙将岛屿扫荡而过……就像一个巨大的推土机，将还屹立着的建筑——推倒"。[16]

几个小时后，风雨和海都平静了下来，疲惫不安的幸存者走出去，外面满目疮痍，他们整理好思绪，开始寻找他们失去的亲人的遗体。克莱因找到了他的三个女儿但不见他怀孕的妻子。建筑物无一不受到重创，其中有三分之一消失不见。岛屿的建筑堆叠在一起，像一个暴怒中的庞然大物拿起了 100 个储木场和 100 个砖瓦场，将它们全都倒盖了过来一样。火葬的柴堆连续烧了数周。

但加尔维斯顿的人民不会被飓风打败。他们没有放弃岛屿，将它任由大海和狂风处置，相反，他们开始重建家园。美国人不会逃离自然，他们迎面相抗，尤其是在这个技术进步鼓励他们控制自然世界的时代。他们的知识和机械让他们不仅能在河上筑堤，也足以让河流改道，足以汲干广大的湿地，足以让火车隧道穿山而过，足以用钢索吊起一座横跨东河的布鲁克林大桥，足以让钢铁结构的建筑直插云端。无线电波将会在下一年到达大西洋彼岸；不久，塞缪尔·兰利（Samuel Langley）将首次试飞以内燃机驱动的飞机并以此征服蓝天；而就在以北海岸的博蒙特，美国第一口真正的石油喷油井将在纺锤顶喷发，标志着先进的摩登时代的到来。

美国人从来都生活在他们想在的地方。在沼泽地里、沙漠上、岩石边、泛滥平原中、岛屿上，无论严寒酷暑。他们总是带上他们的生活方式和期待，比起让自己适应环境，他们更喜欢改造环境让其适应自己。"重夺"（reclaim）是他们喜欢用的词，好似大自然曾经从他们手里夺走过什么，而现在，即使天崩地裂——都有分别或同时应验的时候——他们也死心不息地要将它夺回来。虽然沙漠里降雨不多，但他们依然种植着市场作物。他们总会取到水的，而事实上他们也的确办到了。

加尔维斯顿人要从大水中夺回他们的岛屿。就在他们一点点将家园重建起来时，这个城市草拟了一项全面的工程计划。首先，在深水委员会的主持下，它修建了一道 17 英尺高、27 英尺深的防波堤，防波堤由花岗岩巨石砌成，临海湾而建，堤上是一条滨海步行大道，它在刚建成时长三英里，这个长度将在日后被不断延伸。接下来，这座城市将自己的地势抬高，但并非仅是垫高自己那么简单。工程师们将河口海湾里的内容物排干，这相当于抽走了 100 万辆翻斗车的海洋生物栖息地，于是这个城市的栖息地——500 个街区——所在的陆地便得以抬高。人们将房屋建得更高，或将它们迁离，并建起篱笆那么高的临时木板路，如此人们就可以避开堆填的淤泥了。他们抬高了污水、供水和输气管道，还有消防栓、电线杆，以及街道。没有完成不了的任务。他们在三万吨重的圣帕特里克教堂下方插入 700 个手摇千斤顶来让教堂离天国近上五英尺。

和 1900 年飓风剧烈程度相当的 1915 年飓风考验了这座泥泞的城市，加尔维斯顿人说他们领土上勇敢的人们凭技术战胜了自然。新建的高耸在防波堤上的加尔韦斯酒店（Hotel Galvez）

是展示当地人决心的标志。只有九人丧命。不过这一次是路易斯安那，这个 100 多人丧生的地方，接受了飓风的正面冲击，而不是加尔维斯顿。并且，虽然紧挨着防波堤的建筑挺住了，但外围的建筑有 90% 都倒下了。46 年后，飓风卡拉（Carla）摧毁了120 座建筑，造成六人死亡。1983 年，飓风艾丽西娅（Alicia）带来三亿美元的财产损失但无人死亡。飓风艾克（Ike）连同20 英尺高的风暴潮在 2008 年席卷加尔维斯顿，令州府背负了500 亿美元的损失。加尔维斯顿 80% 的房屋被毁。厌烦、害怕、受伤的人们——最终有 9000 人，占人口比例的 17%——从此永远地离开了这里。

但从 1900 年飓风中留传下来的坚持并没有完全消失。市政执政官助理、第五代加尔维斯顿人布莱恩·马克斯韦尔（Brian Maxwell）告诉得克萨斯州的一名记者，说他"绝不会将我们岛屿的未来与其他任何人的交换"。[17]

无论是历史书、当地博物馆还是历史学会，都将 1900 年后非同寻常的城市重建视为诞生于灾难的伟大胜利。不屈不挠的加尔维斯顿人和众人说："在直面飓风的地方，你们也做得到。"① 这种城市重建和盲目的自信，让菲尔·斯科特（Phil Scott）想到了 T.S. 艾略特的一句诗，他当时正在写一本关于 1935 年劳动节灾难性飓风的书，于是他将其引用为他书作的卷首题词："我们的无知将我们引向死亡。"[18]

---

① 这是 2013 年美国国家公共电台的《科学星期五》（Science Friday）栏目在谈到飓风桑迪过后的纽约可以从加尔维斯顿借鉴到什么时的论调。"Galveston, Hurricanes, and Sea-Level Rise"，Science Friday，2013 年 6 月 15 日（美国国家公共电台）。

在电视上气象学者早就开始使用计算机图像进行气象预报，而纳什·罗伯茨依然在使用塑料天气板和毡制粗头笔。他从未用过高科技，路易斯安那人也从未对咯吱作响的毡制笔失去过信心。1998年，他打败了依赖多普勒雷达的专业对手，成功预测飓风乔治斯（Georges）会绕开新奥尔良转道向东，《亚特兰大宪法报》称他"箭无虚发"。这份都市大报说的话，路易斯安那人这么多年来早已了然于心。自奥德丽以来，他们获取天气信息的方式就是问旁人："纳什怎么说？"[19]

罗伯茨的头顶已经秃了，他脸上总是洋溢着喜气，他就像你的隔壁邻居，你会去向他借树篱修剪刀，然后邀请他和他的妻子孩子，一起来家里吃烤架上的汉堡。和很多其他住在新奥尔良郊区的人一样，他也参加过战争，在太平洋战场度过了他整个服役期。他于1946年回到他在新奥尔良的家，开了一家天气资讯公司，办公室就设在圣查尔斯酒店的大堂边上。他的主要客户是商业渔具和石油公司。因为预测准确，他树立起了自己的声誉。1951年，经过相当长时间的软磨硬泡，WDSU电视台第6频道成功说服他去主持节目。他是新奥尔良第一个定时播报的电视天气预报员，而且是从他的办公室进行远程播报。"纳什只有一个，"电视台的广告语说，"他就在第6频道。"

他对恶劣天气的准确判断从两个方面来说都是重要的。如果石油钻井工人或渔船工人不必要地撤离，他的客户会有财产损失。如果他预测出错而飓风袭来，那么工人们的性命便被置于险境。作为一个电视天气员，他需要扩大他的安全网。他要对所有收看节目的观众负责。

奥德丽有点棘手。自他第一次录制电视节目以来，罗伯茨只遇到过一次飓风，那是1953年9月进入了海湾的加勒比风暴——飓风弗洛伦斯（Florence）。它以 80 英里的时速冲击佛罗里达狭长地带，迅速扫荡陆地，像所有飓风在释放从水上集聚的热量和水汽时会做的那样。通常，风暴都源自加勒比或大西洋。奥德丽不是大西洋飓风。它就是海湾的产物。海湾飓风生成的频率更低，但它们的难以预测让天气预报员们时刻保持警觉。

奥德丽在大洋彼岸没有可供参考的路线，也没有已确定的行进模式可以为它接下来的可能动向提供线索，无法测得它的能量和速度是在加强还是减弱。它就这么毫无预警地出现了，第一次是在 6 月 24 日，它作为热带低气压在坎佩切湾现身，这是在特拉汉、迪普伊和其他人看到大潮汐波的三天前。那天下午，一艘拖网捕虾船报告说海上出现大浪，风速达到每小时 50 英里：这是热带风暴。第二天，一架飓风猎人飞进奥德丽的乌云里，测得了每小时 75 英里的风速，而且观测到了一个成熟的风眼：这是飓风。26 日，奥德丽将一艘 78 吨的渔船摔在一架石油钻台上，造成 9 人死亡。那天下午，另一架侦察机汇报风速已经超过每小时 100 英里。

对追踪飓风来说，空中气象侦测机的价值无法估量。历史上第一个风暴牛仔是二战期间从得克萨斯州布莱恩基地（Bryan Field）起飞的约瑟夫·达克沃斯（Joseph Duckworth），他是美国陆军航空队的飞行教官。为他挣得史上首位飓风猎人称号的是另一场海湾飓风。那次飓风起源于 1943 年 7 月里的一天，在密西西比海岸以南的 100 英里外。当时，达克沃斯正在训练英国飞行员使用 AT-6 得克萨斯单引擎教练机进行仪表飞行[①]。作

---

① 指在看不清天地线和地标的情况下，飞行员完全根据飞机上的各种仪表指示操纵飞机的飞行。——译注

为经验丰富的战斗机飞行员，英国人厌恶得克萨斯州飞机，认为驾驶这样破旧的飞机有失他们的专业身份。7 月的这场飓风到来时，他们接到命令，要驾驶飞机撤离布莱恩基地，他们对飞机便越发鄙夷了。AT-6 不值得英国人冒着生命危险去挽救，培训生们说。

这时达克沃斯站出来了，他要亲身证明飞机的坚固和仪表导航的优越性。他用一杯威士忌和英国人打赌说，他能开着 AT-6 进入飓风，并活着出来。就这样，在没有取得上级许可的情况下，他和一个领航员拉尔夫·奥海尔中校一起，系上安全带，起飞了，他们钻进了风暴黑压压的云墙中，在那里，奥海尔后来说，他们"被抛来抛去，就像一根棍子进了狗嘴巴里"。他们发现了风眼——平和安静，就在他们 10 英里开外——还看到了它下方的地面。在里面绕了一圈后，他们重新跳进凶猛的黑云中。[20]

回到布莱恩基地后，达克沃斯和奥海尔获得了他们的赌注。与此同时，风暴正瞄准与加尔维斯顿一水相隔的玻利瓦尔半岛（Bolivar Peninsula）。它将两边的房屋和建筑一扫而过。19 人就此丧命。

气象局起初以为这次奥德丽的目标是一样的，于是它对这个区域发出了飓风警告。但奥德丽并没有转向，它没有偏移。它一直往北移动，冲路易斯安那而去。6 月 26 日晚上 10 点，罗瑞塔·弗劳尔斯正准备上床睡觉，此时新奥尔良气象局发出了最新的"7 号警报"，更正了飓风路线。奥德丽正往路易斯安那行进。整个海岸和得克萨斯州东部都被纳入了飓风预警范围。加尔维斯顿地区的预警降级为风暴警告。警报称，路易斯安那的海浪高度将达 9 英尺，风速将达到每小时 100 英里，风暴位于 235 英里以南。奥德丽是气象局第一次使用雷达跟踪的飓风，通过雷达搜集的风暴的主要数据是可靠的，除了其中一个。"7 号警报"中报告的飓风路径是每小时 10 英里。气象预报专家计算后认为登陆在未来近 24 小时内都不会发生。因此不奇怪他们会建议市民们睡个安稳觉。警报结束前说下一则警报将在第二天凌晨 4 点发出。[21]

就在 4 点过后半小时，弗劳尔斯被风声吵醒了。

如此不慎重的警报让罗伯茨感到不负责任。第 6 频道的天气员是唯一说奥德丽将会在晚间登陆的人。不幸的是，当时的路易斯安那人还没有开始问"纳什怎么说？"

罗伯茨有他的一套办法让自己略胜一筹。他会"锁定'它们'"，他提到飓风时说，"每天 24 小时，日夜不休。"他不会离开他的办公室，当睡意袭来时，他会钻进角落里的一个睡袋打个盹。这项严苛的工作流程一直持续到他 80 岁。他超越对手预报员（而且是极具竞争力的预报员）的一个优势，就是他可以通过他的个人渠道，获得由钻井平台和渔船稳定输出的天气数据。他会将他获取的信息与美国气象局的报告做比较，而他发现气象局的报告经常充斥着"办公室想法"，指的是被制度约束住了的思维方式。在分解完所有信息，再加上一点直觉后，他会做出他自己的判断。他不像艾萨克·克莱因。他不需要执行来自华盛顿的命令。[22]

罗伯茨还有一个新奥尔良的气象局人员所没有的优势，而且很可能是当时所有其他电视气象预报员都不具备的优势：他飞进了飓风风眼，而且他是第一个这么做的气象学家。这发生于二战期间他在 VRF-1 海军航空中队服役时。台风总是扰乱军事行动，导致美军船舰沉没——军舰指挥的一大挫败来源。一天晚上在一次"模模糊糊的军官座谈上"，罗伯茨这么形容说，一个想法冒了出来，那就是将狂暴的太平洋天气转化为美军的优势。如果美国人可以准确追踪台风，舰队就可以偷偷跟在一个将在日本登陆的台风后面，然后趁敌军的船和飞机被风暴摧毁得不成样子时，再上去给他们一个了结。罗伯茨喜欢飞行，喜欢研究气象和解决问题，所以当第一个机会到来时，他和一个飞行员随即起飞，飞进了一个台风。一旦进入风眼，他便记下坐标，追踪其移动方向和速度。他的侦察让第七舰队不仅躲开了台风，还能跟在它后面，对日本发动了自1942年有名的杜立特空袭[①]以来的第一次航母攻击。[23]

从那之后，罗伯茨知道除了用双眼观察飓风外，还需要用上所有其他感官去理解它。破译它的性格，你就能更准确地预测它的行为。但你也要看到它周围正在发生的情况。奥德丽北边的高压系统正在减弱。那意味着风暴将会重新加快它的步伐。确实，它的每小时移动速度比气象局预测的快了将近25英里，它带动着大量的海水。

这风、这水将改变很多人的生活。

特里斯坦·德鲁纳（Don Tristan de Luna Y Arellano）对天气没有直觉，他是一个不走运的征服者，本身也是一个演绎飓风将如何改变人类历史进程的例子。他生于西班牙一个显赫家庭，是埃尔南·科尔特斯（Hernán Cortés）妻子的表亲，他参与了墨西哥的殖民征战，并赢得了上级的赞誉。1559年，墨西哥总督派

/ 352

---

① 杜立特空袭（Doolittle Raid），也称为空袭东京（Tokyo Raid），是二战期间美军对日本本土实施的首次空袭，行动由美国陆军航空兵中校詹姆斯·哈罗德·杜立特（Lt. Col. James Harold Doolittle）负责策划并带领行动，因此得名。——译注

他率领 13 艘船从韦拉克鲁斯出发，前往西佛罗里达，船上搭载着现成的殖民大军，包括 1500 个士兵和殖民者、必不可少的传教士，以及非洲和阿兹特克 ① 奴隶。马共计 180 匹。食物供应包括橄榄、樱桃、桃子、山核桃、胡桃、扁桃仁、山羊、鸡和牛。还有偷渡者：鼬鼠、甲壳虫、非洲的蟑螂、欧洲的老鼠——得了佝偻病的。[24] 根据鲁纳的传记作者的说法，这项计划在"万全的准备"和"小心"下启动了。[25]

西班牙人无疑并不待见 La Florida，当时的佛罗里达属地在如今佛罗里达州州界的基础上还要再往西北大幅扩展。庞塞·德莱昂和德索托都在这里断送了性命；德纳尔瓦埃斯好不容易才从那里逃出来，但跛了脚，离终结了他生命的得克萨斯州也不远了。在从前的征程中存活下来的人拒绝再去佛罗里达，他们说它"到处是泥塘和有毒的水果，寸草不生，是太阳底下最差劲的地方"。但是，帝国高于一切，国王腓力担心对手的入侵。[26]

鲁纳的领航员们说服他将帝国的旗帜和基督教的十字架插在 Ochuse，也就是今天的彭萨科拉湾旁边。它有着高耸的峭壁和深水，圣罗莎岛是一道天然的屏障，为它阻隔了风暴和大海。鲁纳后来写道："我选了一个不错的港口。"领航员们说这是西印度群岛里最好的。似乎是为了证明他们都错了，9 月的一场飓风咆哮而至。船都锚定在海湾里，按理来说是安全的，但大风从北面偷袭。雪上加霜的是，鲁纳还没下令将物资卸船。[27]

这场风暴留下的，词典中将其称作灾难。十艘船被打沉。死亡人数不得而知。不到一年，紧张忙乱的殖民者放弃了这次努力。总督宣布西班牙殖民者禁止进入受风暴骚扰的佛罗里达狭长

---

① 阿兹特克（Aztec），16 世纪西班牙征服墨西哥前住在墨西哥的印第安人。——译注

地带，这个做法就这样保持了139年。如果不是因为一场飓风，彭萨科拉将成为欧洲殖民者在今天的美国建立的第一个永久定居点。但是，在中止殖民狭长地带期间，佩德罗·梅内德斯·德阿维莱斯（Pedro Menéndez de Avilés）殖民了圣奥古斯丁，将第一城的荣誉给了东海岸。

163年后的恶劣天气又剥夺了彭萨科拉的另一个第一——打响内战的第一枪。当佛罗里达州退出联邦时，联邦军正保持着对彭萨科拉四座，黏土砖砌堡垒的控制。林肯总统同时向南卡罗来纳的萨姆特堡（Fort Sumter）和彭萨科拉派出补给船和援军，防止被邦联军强行接管。大西洋刮来的一场大风延误了护送船队，也挫败了邦联军进攻彭萨科拉的皮肯斯堡（Fort Pickens）的计划。等援军抵达彭萨科拉时，萨姆特堡的联邦军已经遭到敌军炮轰并投降了。

几十年后，一场大风暴颠覆了当时亚拉巴马州内小小的不知名的科登的发展计划。科登就在和它同名的长沼边上，与多芬岛隔密西西比湾相望，它是伯明翰和蒙哥马利商人家庭的垂钓胜地。那里宁静、丰饶，有着田园风情，在绿树成荫的街道上，有两座旅馆，莫比尔海滨铁路（The Mobile & Bay Shore Railroad）从这里穿行而过。科登想象自己在未来将成为一座虽然不大但享誉世界的度假胜地。那是在9月的一场飓风袭来之前。1906年的飓风季飓风五次来袭，房子、旅馆和所有人的物品都被掀翻散落到了大风里。在海湾北部海岸，134人丧生。科登只好在度假村之路上勒住了缰绳，转而向商业渔村发展。这是可行的，因为渔人比任何人都清楚生活在水边的风险。

我们再来看看在佛罗里达礁岛群的两个例子中风暴是如何影响人类活动的，首先从国内蓄奴争端——用欧内斯特·海明威的话来说就是发生在人类社会的大风暴——被挑起的前十年开始说起。海湾和大西洋之间的商船运输在内战前就已经迅速发展起来。海湾港口这一头迎来载着棉花的种植园马车和运送木材的火车，那一头送走了渔民们捕捞的水产。其他原料和货物被放上马克·吐温式的明轮船顺着河流而下，它们都来自遥远的地方——芝加哥、圣路易斯、明尼阿波利斯——在这里转运出口货船，去置换来自东北、欧洲和加勒比的货物。从西班牙人开始，所有船只都需要经由佛罗里达海峡和巴哈马海峡，小心翼翼地避开佛罗里达礁岛群一带的珊瑚礁和浅滩。

这片区域是航海人的噩梦。庞塞·德莱昂将礁岛群称为 Los Martires，"殉道之地"；基韦斯特的西班牙名字叫作 Cayo Hueso，"骷髅岛"；而梅特康贝（Matecumbe）两座礁岛的名字显然来自西班牙语中的 mata bombre，即"杀人"（也有一种说法是它取自这里生长的一种毒番石榴树的名字 manchineel）。美国海岸勘测局的一项早期目标就是绘制出可依赖的礁岛群海图，但这项工作常受华盛顿的官僚作风牵制，因为它是一项耗时的苦差，更别说还有风暴的阻挠。即使在测绘局的海图和标识开始为航海带来便利后，航船也不仅需要妥协于阻碍物，还有恶劣的天气，当风暴来袭，"航行"二字就只能是嘴上说说了。托马斯·杰斐逊认为海湾的这一带是"世界上最险恶的航海环境"。它考察最老练的舵手和领航员的技术和勇气。不是所有人都能经受住如此考验。在 19 世纪 50 年代，这片海域平均每周都会发生一起船难，情况常常是一艘船沉入海底的另一艘沉船上。[28]

而在南方的热带地区，严酷的天气和冒险的航行催生出一种靠打捞沉没商船发财的强劲产业，礁岛群上的人们称之为"捞残骸"（wrecking）。其从业者，也就是打捞人（wreckers），他们的人生信条是"有人赔才有人赚"，另一条常常被同时提及的是"占有即真理"。莱昂纳德·德斯坦和他的父亲、兄弟曾有意进入这个行业，直到厄运将他们的帆船变成待打捞船只的一员。到了 19 世纪，从沉船上打捞出的家具、银子、陶瓷、女士和男士用的精致衣饰被送到了新奥尔良和其他地方的拍卖行，使基韦斯特成为国内一大富户。

打捞沉船演变成了合法的趁火打劫。在 19 世纪 50 年代，大约 50 艘基韦斯特的沉船打捞船拿着联邦法院颁发的许可证活动。法律支持这种如荒诞新闻作者 H.S. 汤普森（Hunter S. Thompson）所说的"残酷但必要的打捞权"：首先取得财物并有能力保住它的——不管用枪、用刀还是赤手空拳——就有拥有它的权利。[29]

内科医师和《基韦斯特公报》（*Key West Gazette*）编辑本杰明·斯特罗贝尔（Benjamin Strobel），形容沉船打捞人是"热情友好、穿着体面、看起来可靠的人"。奥杜邦认为他们是无私善良、受过训练的水手，行事"规律、敏捷"，他们驾驶的是大海上最干净、最精致、最光滑的纵帆船。不那么善良的评价则说打捞人靠别人的厄运为生，是唯一会祈祷飓风发生的人。海岸勘测局的费迪南·格迪斯（Ferdinand Gerdes）苦涩地报告说在一艘船触礁后的 15 分钟内，"五六艘打着打捞船名号的船只"便像 6 月野餐时的蚂蚁般朝其聚拢过来。反而更安全的海上航行将危及打捞人履行他们有利可图的天职。有传闻说这些"看起来可靠的人"掰掉了勘测局设的航标灯和方位标，并点亮了假的灯塔信号以促成灾难的发生。[30]

尽管存在这样的恶作剧，地图的测绘人们继续前进，并完成了任务。即使这个区域的通行船只增加了，遇难船舶的数量也逐渐下降。最后，大部分打捞人都失业了，基韦斯特的经济注定只能依赖商业捕鱼和运输热带产品了。

饶是如此，新经济还是让亨利·弗拉格勒（Henry Flagler）在脑海中闪现出了一个念头。亨利·弗拉格勒身材高挑，有着浓密粗茬的白色须发，是高高在上的标准石油公司的百万富豪。从石油公司隐退后的他仍然是美国商界中令人瞩目的人物，他经营着一条贯穿佛罗里达东海岸的铁路线，在铁路沿线建了许多度假酒店，并在 1896 年一直延伸到了迈阿密。当地居民提出城市以他的名字命名，但他拒绝了这个荣誉。而且，他的宏图还未完全施展。他希望一路建到基韦斯特。来自古巴的新鲜菠萝，来自礁岛群的海绵和柑橘从这里用船运到北方。同样重要的是，这位有闲的大亨希望来往的游客都坐上他的火车。于是他做了其他人说不可能做到的事。1904 年，他提出计划，要建跨洋铁路，连通佛罗里达礁岛群，全长 156 英里。为什么不呢？海湾另一边加尔维斯顿的工程师们将整座城市建在了一座岛屿上，他们就是挑战一切看似不可能的事情并大胆行动的典范。

修建一座多半部分都悬在海面上的铁路是一项艰巨的任务。海外铁路——弗拉格勒这么称呼它——将消耗数量难以预估的混凝土、钢筋和人力，每个月光是为工人们送去淡水就要 450 万加仑——为了补充他们在酷暑下挥洒的汗水。新铁路其中一段的海上跨度是不可能完成的七英里，需要横跨骑士（Knights Keys）和小鸭礁岛（Little Duck Keys）之间的海域。弗拉格勒的标准石油在钻井取油时，伴随高风险的还有最起码的一点收回投资的概率。但在这件事情上，从一开始就很清楚，这条在岛屿间跳跃的铁路线永远不会回本。人们称之为"弗拉格勒的糊涂事儿"。

但这是这位老人自己的钱，用今天的货币价值算是 65 亿美元，他爱用来做什么都可以。重要的是结果。

但这几乎没有发生。并不是钱不够或激情不够，而是因为天气。在这项工程所需的八年时间里，三场飓风猛烈袭来，狂风横扫的速度是弗拉格勒的火车最高时速的两倍。每一次，数百万美元的设备都被毁于一旦。修建好的路段被冲走了。一并冲走的还有 300 多人的生命。最终在 1912 年 1 月 21 日，弗拉格勒坐在他私人的 90 号车厢——上面有三间卧室、一间浴室、会客室、厨房和办公室——随列车沿着完工的铁路驶向了基韦斯特，一路上火车哐啷哐啷地行驶在绵延开去的桁架和堤道上，它们连接着一座又一座岛屿，成为大西洋和海湾之间的人造分水岭。

人们现在称他的铁路是世界第八大奇迹。弗拉格勒刚过 82 岁，他年老瘦长的双腿已经跨过了两个时代。他的铁路是上一个时代的机器标志。它跨过大海，有着深远的意义，但当它置身于一个崭新的时代时则显得有些格格不入，变成了一个不合时宜的入侵者。讽刺的是，为弗拉格勒带来财富和铁路的石油，加速了这种不合时宜。就在弗拉格勒随隆隆车声到达终点的三年后，富有的汽车前灯制造商、印第安纳波利斯赛道（Indianapolis Raceway）的主席，C.G. 菲舍尔（Carl G. Fisher），在他自己的宝贝工程南方高速公路（Dixie Highway）上一路高歌从芝加哥开到了迈阿密。轿车和铺面道路，而非四面环水的铁路，才是属于新时代的。菲舍尔的高速公路大行其道，弗拉格勒的铁轨就要靠边站了。

那时的佛罗里达州风头正盛。就在弗拉格勒铁路下的第一批枕木开始腐烂并需要被换下时，州府计划用混凝土和沥青建一条通往礁岛南端的高速路。这项工程的承包人将会是有着 23 年历史的海外铁路最好的同时也是最后的客户。他们会在用火车运输完所需物料和设备后，将铁路关停——在一场飓风的帮助下。弗拉格勒的海外铁路受大萧条的影响，已经由破产管理人接管。基韦斯特，这个曾经在国内排得上号的富庶城市，也宣布了破产。还在旅行的少数游客，更多也是驾车，而非乘火车；因此佛罗里达州紧急救济署的负责人朱利叶斯·斯通（Julius Stone）推论，一条岛上高速路会将他们珍贵的美元带到热带地区来，就可以解决基韦斯特的偿债能力了。推翻铁路后所修建的通往热带乐园的路被公然命名为海外高速（Overseas Highway）。工程进行到一半，它就受到了飓风之府并不友好的迎接。

这是有记录以来的第一次 5 级飓风，发生在 9 月 2 日的星期一。它被称为 1935 年劳动节①飓风，这个名称背后包含的不幸的讽刺比它本身的发生日期更重要。这场飓风的大部分受害者都是劳动者，而他们的劳动本应在那一天得到这个节日的承认——具体来说，就是联邦的公共事业振兴署正在修建公路的劳工。作为他们应得的假日，他们在这天放假一天，并没有在意即将到来的事情。飓风将目标瞄准了他们在梅特康贝礁岛（Matecumbe Key）的工地。从半岛出发的救援火车因为好几件事延误了出发时间，最后它在瓢泼大雨中赶到了目的地——被水淹了一半的岛屿。但它没能出去。一个巨大的浪将它的十节车厢掀离了铁轨，只剩下火车头直立在铁轨上。结果，对躲过飓风来说，待在被掀翻在地的火车车厢里并不是一个太差的选择。外面，是大多

---

① 美国的劳动节是每年 9 月的第一个星期一，这天放假一天，以示对劳工的尊重。——译注

数生命被夺取的地方。弗拉格勒铁路的岩石路堤和铁路桥阻碍了风暴潮，造成海潮回流，卷走了物资和人。最后，超过 400 人丧生。

那一年的早些时候，美国气象局为了改善预测，在新奥尔良和杰克逊维尔设立了地区办公室。显然，新系统还存在没有解决的小问题。就在几个小时前，史上少有的强劲飓风登陆，气象局却还说这是热带扰动。气象预报员直到当天下午 4:30 才弄明白飓风的准确路径。风暴在当晚 8:30 左右全面席卷了佛罗里达礁岛群。

基韦斯特以南 45 英里处，欧内斯特·海明威正坐在家里看着这场飓风，他的房子是 1851 年由一个沉船打捞人手下的奴隶们建造的，是两层的珊瑚岩房屋，足以抵抗飓风。海明威最近为了退税优惠，从不景气的市政府手中买下了这所房子。星期三黎明时分，大风大浪终于平静了下来，这位作家、户外运动家、退伍老兵此时精神矍铄，他驾驶着他的小船"皮拉尔号"，去查看飓风过后的梅特康贝。他帮助清理尸体，很多的尸体。自从战争后他就再没目睹过这么多的死亡。这些不幸的人缠绕在红树林间，飘在泛着涟漪的水面上，臃肿而坚硬地躺在海滩上，在太阳底下慢慢变黑，他们死后强直的手臂正伸向天堂，张开双手请求让自己进去。

海明威感到愤怒。几乎所有的救援人员都是退伍军人，这种沮丧的心情他曾在开着救护车穿行在满目疮痍的欧洲战场上时体会过。他和他们中的很多人一起在酒馆喝过酒、聊过天。他将怨气发泄在他免费为《新群众》（*New Masses*）写的一篇文章里。他想让华盛顿为此负责。他想知道，"谁"是他这篇《谁杀死了老兵？》的主题。是谁，将这些不走运的好人派到佛罗里达来送死？是谁，蠢到在飓风季里没有留下一个疏散计划就把他们扔下？他们"事实上是被谋杀的"，他在给他的编辑麦克斯韦尔·柏金斯（Maxwell Perkins）去信时说。[31]

但海明威从来没有质疑建造海外高速公路的智慧。它在1938年开放使用，将会让更多人进入这个飓风之府。劳动节风暴发生时，基韦斯特的人口只有1910年高峰时的38%。到1950年，则是两倍有余，达到2.6万人。"我们的无知将我们引向死亡。"

当地人在1957年6月25日的周二当天已经得知飓风奥德丽正在往卡梅伦堂区移动。而且既然美国气象局已经为其命名，那说明这个海湾风暴已经不容小视了。但在当时，外围环境看起来是另一回事。卡梅伦的居民看向天空时，他们看到了蓝蓝的天，大朵大朵的积云从上面掠过。气温高得像置身在蒸笼，闷热潮湿——换句话说就是一切如常。衣服像湿纸似的黏在身上。这是一如既往让人乏力的南方天气，卡梅伦堂区不到7000人的居民们早已习以为常。学期结束了，人们带着孩子到了海滩，他们中很多人讲着卡津法语，收音机里放着卡津音乐。

从面积上说，卡梅伦是全州最大的堂区。它呈明显的方形结构，嵌在海湾和被当地人叫作大湖的加尔卡修湖（Calcasieu Lake）之间，前方是一片弱浪海岸，海岸上大片的泥滩和草地也是路易斯安那州与大海的接壤处。大陆架一直延伸到100英里外，这是美国境内海湾大陆架中"走"得最远的一处。在这里，大浪很罕见。水面通常平静如长沼，荡起的波浪像是被一小阵风掸起的透明窗帘。堂区同样地势低洼，平均不过高出海平面三英尺，超过四分之一是水和沼泽。

周三，几阵清凉的大风少有地让人透了口气。人们很肯定飓风还在路上。报纸上是这么说的。卡梅伦的商店正在往临风面的窗户上贴胶带，提前很久就做好了准备——至少大家是这么认为的。报纸上说奥德丽周五早上才会登陆，这比其实际登陆时间晚了整整一天。

海湾上，各个石油公司疏散了在加尔维斯顿外围近海钻井的工人，气象局最初预计奥德丽将在加尔维斯顿登陆。十年前，科麦奇的科麦克16号油井揭开了石油开采的新篇章，西北部海湾便成为石油和天然气钻井平台的天下。D.W.格里菲斯（D. W. Griffith）[①]是负责将钻井工人和设备安全转移到岸上的其中一个摆渡船长，他记得"钻井平台周围的"海浪"跟疯了似的"。他被满天的乌云和南边黑压压的海吓到了，他回到家后这么告诉他的妻子吉内瓦；他们的家就在卡梅伦堂区30英亩的布满橡树的沿海沼泽地边缘。[32]

格里菲斯是一个大块头，肩膀宽阔，有着一头长毛绒一样的黑发，他自小生长在海湾上，并不是一个会小看了飓风的人。他有两个孩子，莱斯利和切丽，他的父母从得克萨斯州的亚瑟港来这里拜访。抵御风暴的首要任务是把房子的门窗都钉上胶合板。吉内瓦已经储存好日用品和电池，他们的卡梅伦邻居已经给他们的汽车加好了油，以备第二天可以随时撤离。那天晚上，收音机里的天气预报员说奥德丽预计在周四下午登陆。撤离可以等到第二天早上。那天的晚报也是这么说的，于是这家人去睡觉了。

相对来说，在20世纪60年代飓风贝琪和卡米尔席卷海湾

---

① 这位 D. W. Griffith 和据称创立了好莱坞但通过电影将种族形象刻板化的那位同名电影导演没有关系。

时，当时几乎无人入睡。在贝琪这样一个毫无规律和难以捉摸得
令人胆寒的风暴面前，安然入睡是不可能的。它起源于 1965 年
8 月 27 日法属圭亚那的一个热带低气压，接下来的行进路线可
以用疯狂来形容。它迅速升级为 3 级风暴，然后是 4 级，然后缓
和回落到 2 级，又再次升级到 3 级、4 级。它的活动范围从头到
尾共覆盖了 600 平方英里，是有史以来最大的风暴之一。它先往
大西洋的西北方行进，然后一路向上，直冲南北卡罗来纳而去，
但随后信手涂鸦似的原地打了一个转，往西南移动，碰了一下巴
哈马群岛的北端，进而袭击了拉哥岛（Key Largo）——1948 年
鲍嘉和白考尔主演的一部令人回味的飓风电影就以此为片名① 和
拍摄地。贝琪以 125 英里时速的大风和 9 英尺高的风暴潮，切断
了礁岛和半岛的通道。它横穿佛罗里达湾和大沼泽地，同时积蓄
了来自海湾的热力，猛然转头向北——朝沃尔特·安德森扎营的
霍恩岛而去。

贝琪来势汹汹。纳什·罗伯茨在办公室里研究了好一段时
间，坐在他临街的玻璃窗前做远程天气播报。窗外是逐渐暗下来
的圣查尔斯大街，随着时间推移，天气变得越来越糟糕。贝琪进
入海湾后，他给听众送去了一则坏消息：飓风会在格兰德岛附近
登陆，并向新奥尔良方向推进。

往大陆方向移动的过程中，风暴摧毁了八座近海钻油平台，
不过让霍恩岛上的沃尔特·安德森活了下来。它荡平了耶斯科
罗斯基（Yscloskey）和德拉克洛瓦（Delacroix）岛上的渔村。
还有格兰德岛，它是土霸飓风手里的软柿子，从不退缩但受伤
的也总是它，它被热带风暴掠过或正面袭击过 28 次，或许还不

---

① 影片 Key Largo，通译名为《盖世枭雄》。——译注

止，因为玛莎·菲尔德是在 1892 年说这里是她最爱的避暑胜地的——其中有 8 次是飓风。贝琪依循了惯例。它裹挟着 150 英里时速的狂风和 10 英尺高的巨浪将格兰德岛的马路倾轧得粉碎，将几乎所有的建筑物都连根拔起。整座岛淹没在海水里。墓地里的棺材被大水冲走，漂到了卡米纳达湾（Caminada Bay）。有一个奇迹生还者叫苏西，它是一只浑身颤抖的吉娃娃，主人已经全家撤离，它坐在一只桶里漂在浸水的家中，孤身挺过了风暴。

在北边的新奥尔良，堤坝外立面的大河已经涨了 10 英尺。巨浪高高翻起，又重重地拍打在庞恰特雷恩湖上。罗伯茨仍在继续播报。在电力被切断前，罗伯茨一直在实时直播，电视观众眼看着一个石头或砖头——总之是重物——砸穿了那面玻璃窗，击中了后方那位可信赖的天气播报员。他没事，只是更多了几分英雄色彩。

佛罗里达大道的防洪坝，并不是万能的，它在风暴期间从不能让人安心。这次和以前一样，也将会和以后一样，它屈服了。就是这时电力中断了，城市陷入黑暗中。大水灌进了本就泡在雨水里的下九区（Lower Ninth Ward），淹没了 16 万所房屋，被水围困的人们蜷缩在他们的阁楼里。合众国际社的记者捕捉到了警察局发言人话语中无意犯下却恰如其分的赘述，他说："被洪水淹没的地区数不胜数。"[33]

佛罗里达州死亡 13 人，路易斯安那州死亡 75 人。经济损失惊人，损失金额第一次迈入十亿美元的门槛。保险巨头伦敦劳合社的一位职员坦诚地说："贝琪在我们这里已经变成了脏话。"[34]

约翰逊总统在风暴后一天就乘"空军一号"抵达了新奥尔良，他前所未有的迅速反应感动了新奥尔良市民。房子仍被泡在水里，街上依然淌着水，这种情况还会延续十多天。总统先生走过九区，用他独有的亲和力和当地人攀谈，体会他们的境况。人群慢慢围拢过来，他们很多是这座城市无家可归的七万人中的一部分，他对他们说："我来这里，是因为我要亲眼看看，风和水的不幸联合对这片土地和这里的人民都做了什么。"随后，回到机场时，他临行前留下一句承诺：这个州"会走出悲伤，开辟新的道路"。"联邦政府会站在路易斯安那的一边，在她前进的路上，尽全力帮她走好每一步。"[35]

约翰逊此前是一位新政拥护者，此时他提出的"伟大社会"①这一施政纲领也才一年。他认为，联邦政府有义务帮助有需要的人，而且除贫困人口外，受灾人口也应在被救助之列。城市本身也将得到联邦的扶助。从法国殖民时期起，路易斯安那负起了新奥尔良一带的防洪管理的职责。从 1965 年 10 月国会通过《防洪法案》（*Flood Control Act*）起，陆军工程兵团就代表联邦政府接手了这份职责，并受命重建和加强新奥尔良的防洪堤坝系统——一场预计耗时 13 年的工程。在贝琪被定级为飓风的 40 年后，飓风卡特里娜汹涌而来，但由于官僚主义作祟、丑闻频发、资金不到位，此时工程兵团的防洪堤坝工程仍未完工。

1969 年 8 月 17 日子夜将近时，此时工程几乎还未动工，飓风卡米尔就扫荡了密西西比河河口，驱使河水往北倒流，直逼新奥尔良。但这一次这座城市逃过了一劫。飓风在距离密西西比海岸西南方 120 英里处登陆了。这次登陆不单是一次冲击，而是一场 5 级飓风的重击。大风刮倒了风力计，风速可能达到每小时

---

① 让美国走向"伟大社会"（Great Society）是 1964 年约翰逊总统提出的施政目标，核心措施是向贫困宣战、保障民权和医疗卫生等，其施政理念与前文提到的代表国家垄断资本主义的"（罗斯福）新政"一脉相承，各项立法将战后美国的社会改革推到了新的高峰。——译注

175 英里，也许更快。没人知道确切的数字。

罗伯茨又一次箭无虚发，准确预测了卡米尔的路径。卡米尔发端于非洲西海岸的热带风波扰动，它穿过大西洋，运行到古巴以南、开曼群岛以西时发展为飓风，随后通过尤卡坦海峡进入了墨西哥湾。此时负责报告飓风路径、发布预警和警告的联邦部门是国家飓风中心，它在迈阿密设立了分中心，于是从这个无窗的分中心办公室里，他们对沃尔顿堡海滩以东的佛罗里达狭长地带发布了飓风预警。沿岸的数千居民在用木板封住自家房子后撤离了。

罗伯茨是另一种说法：卡米尔将袭击密西西比。揭晓真相的前一天，8 月 16 日，国家飓风中心将对佛罗里达的预警升级为警告。第二天早上，终于，中心对比洛克西提出预警，但还不是警告。此时在西边的帕斯克里斯琴，警长杰拉尔德·佩拉尔塔（Gerald Peralta）带着他的一小队警员在街上敲门，敦促居民撤离。他们大多并不愿意，坚持说他们的老房子在内战前就经受过了飓风考验，或说他们的房子是钢架结构，可以抵挡住任何风暴。黎塞留公寓（Richelieu Apartment）的住户们就是这么说的，只不过，建在沿海的 90 号公路边的这座公寓，墙内是木质结构，里面除了木条什么都没有。

/ 364

17 日晚上 6:00 左右，佩拉尔塔警长看向海峡对面黑暗中的海湾。"水面平静，平静得不能再平静了，"他说，"但越过它，你能看到黑暗正在走近。"一艘拖网捕虾船进入了他的视线，它正驶向被认为是安全的停泊处，尾流渐渐消散在海面上。[36]

另一边，沃尔顿堡和德斯坦的人们正等着卡米尔撞向他们的前门。但就在子夜前一刻，它在轰鸣声中登陆了 197 英里以外的密西西比州韦夫兰市（Waveland），韦夫兰在帕斯克里斯琴以西的两个镇，在飓风中心预测的飓风最西点比洛克西往西32 英里。卡米尔直径不大，但风力强劲，是 20 世纪的第二个 5 级风暴，引发了不可思议的 24 英尺的风暴潮。它荡平了三层高的黎塞留公寓（九人丧生），内战前就存在的宅第，还有位于帕斯克里斯琴的弗兰克·劳埃德·赖特①的一座宅邸——尽数夷为平地。前邦联总统杰斐逊·戴维斯的毕沃益尔庄园（Beauvoir）存活了下来，但也遭受重创（此后会有一场全国范围的资金筹集活动为其筹款修缮）。美国 90 号公路上发现了一艘燃油驳船；海滩上三艘远洋货船紧挨在一起，像是抱团的鹅群。飓风在船岛上劈开了一道峡湾，当地人将它称为卡米尔切口（Camille Cut）。

卡米尔飓风 30 周年时，纳什·罗伯茨当时在比洛克西。他剩下的头发修剪得整齐，已经全灰了；脸更圆润了，下颏也输给了地心引力。此时的他 81 岁，人生还剩下 11 年。他在那里做演讲，回顾卡米尔。外面，海岸高速路传来闹哄哄的行车和施工的声音。当年卡米尔留下的废墟早已被清理掉，现在正在重建。罗伯茨已经退出了电视节目，但在飓风进入海湾球场时，他还是会受邀回来打这场球赛的四分卫。比洛克西的观众听得入了神，在他离开前，他给他们留下一个清醒但无法想象的建议，这个建议来自最好的风暴预测员，一个穿越过风眼的人——无论是字面意思，还是隐喻。纳什说的是什么？"如果说我们能从这一切中得到什么，那就是去北方——远离大海。"[37]

在卡梅伦堂区，睡梦中的罗瑞塔·弗劳尔斯被奥德丽的风声

① Frank Lloyd Wright，20 世纪美国知名建筑师。——译注

吵醒不久，她住在隔壁的叔叔婶婶就带着三个婴儿过来了。所有人都聚在收音机旁，就在这时，停电了；他们看向门外，海浪越来越近。是时候按计划行动了。他们在一块长木板上放上淡水和食物，然后陆续从后门离开，此时从海湾涌出来的水已经有齐膝深，他们迎着吹向人行道的风雨，带着木板涉水往谷仓走，水越涨越高了。一到谷仓，他们马上爬上阁楼，将他们的食物高高举起。他们刚才离开的家现在已经离开地基，正浮在水上慢慢打着转，就像堪萨斯龙卷风时多萝西家被卷上天的房子一样。谁也不知道谷仓能不能顶住，如果它可以，它又够不够高来保证他们的安全呢？"我们把手指穿过阁楼的地板，它可以碰到水。"[38]

年轻的沃尔特·卢瑟福（Walter Rutherford）的家也从地桩上溜走了，和其他无数人的房子一样。卡梅伦堂区变成了一条漂行着很多木房子的公路。它们中有些在水浪的冲击下解了体，有些成了碎片，有些还保持着完整，但也被水浸透了。房子不见了的时候，沃尔特的祖父母失踪了。"和我们一起的婶婶和叔叔，他们消失在了水里，"他回忆说，"一个婶婶和一个表亲还有一个小女孩，他们消失在了水里。"沃尔特和他的一个表亲设法爬上了房顶。大水将他们的临时救生艇推向了一棵橡树，他们爬了上去。等他们在树上停稳时，屋顶已经没了踪影。"就我们所知，我们是最后剩下来的两个人了。"[39]

折磨还没有结束。雨点落在身上，"就像有人拿着空气枪打在你身上一样。实际上，它让我背上起了水泡"，所有人回忆起来都这么说，同样的撕裂感和刺痛感，不是被空气枪就是被石头打在他们的手臂上、脸上和太阳穴上，像不久前在战俘集中营里受到的那些酷刑。他们无法忘记咆哮的狂风，声音如此之大以至于你已经无法思考。沃尔特不知道自己还能在树上待多久。"我撑不了太久，"他对自己说，"我的手臂要掉下来了。"他看向脚下的水，它在"打旋、翻腾"，碎片残骸组成的鱼雷在里面穿插而过。"我说，唔，你知道吗，我可能还能再撑五分钟再松手。"[40]

吉米·特拉汉也正在为宝贵的生命死撑着，他的小手缠在他父亲的皮带上，他们的性命都被押在了他父亲紧紧攥着的一株高草上。强劲的水浪试图将他们冲散，"他们"指的不只是父亲和儿子。"我妈妈扯着爸爸的皮带，她还带着我妹妹。"然后皮带断了。"事情太坏了。"[41]

杰里·富尔斯家客厅的落地窗碎落后，全家人都知道他们最后的避难出路就是离开这里。的确是这样，于是他们所有人都抓着一台漂在水上的冰箱。

风暴伏击了吉内瓦和 D.W. 格里菲斯。他们在凌晨 4:00 醒来，外面还是相对安静的。格里菲斯偶然间打开房门，被吓得一哆嗦。他们在睡觉的时候，海水已经涨上来了。海风将海湾推得比沼泽的草地还要高，海水在风暴到来之前已经涌上了陆地。他们的房子成了一座海岛。更糟的是，海水已经深入内陆超过一英里，把所有的道路都切断了。"我的天啊，吉内瓦，"他说，"我们像老鼠一样被困住了。"他涉水走到仓院，放走了那些紧张不安的动物，它们已经感觉到了危险。风依然挥着它的鞭，毫无疑问水还会涨得更高。[42]

回到家中，全家人都跪下祈祷。说完"阿门"后，他们很快就站在了一路上涨的水里。格里菲斯在厨房天花板上钻了一个洞，一家老小赶紧爬上顶楼，包括爷爷奶奶。地上的所有家具都被冲出了房子，排在房子门口，就像牛群在赶牛槽里移动一样。浴缸紧随其后。水涨到了石膏天花板上，将天花板溶解了。然后格里菲斯在屋顶钻了一个洞，全家人又爬到屋顶上，抓住一切他们可以抓住的东西。现在天已经亮了，放眼望去，四面八方都是无边无垠的水。只有树顶和电线杆顶还能戳出水面。谷仓也已经看不见了。

然后他们的房子坍塌了，格里菲斯一家漂浮在屋顶上。屋顶被冲进他们家后面的树林，于是他们爬到了树上。他们这一带的风暴潮会在掀起 14 英尺的浪头后才退去。一阵不断向前推进的海浪席卷而来，他们屏住了自己的呼吸。格里菲斯的父亲在一棵较矮的树上，他挣扎后放了手，便消失在水里不见了，直到格里菲斯几天后在陈尸所辨认出他的遗体。吉内瓦顶着骨折的脚踝强撑着，她是在屋顶撞到一棵树时受伤的。更糟的是，她被一条毒蛇咬了。

直到那天下午 4:30，狂风和大水才开始有减退的迹象。下方的屋顶浮现了出来，格里菲斯一家爬下来。有那么一刻，吉内瓦问格里菲斯他觉得救援会马上赶到吗？"我不相信有人会知道，"他说，"我想剩下来的只有我们了。"[43]

他们在夜色降临前得救了。还有其他几个人在 6 月的这场风暴里活了下来，但几乎没有谁躲过了丧亲之痛。谷仓和罗瑞塔·弗劳尔斯一家奇迹般地挺过了风暴。沃尔特·卢瑟福尽管手臂疼痛，但还是坚守在了树上。杰里·富尔斯和他的家人也幸存了下来，除了他的祖母，她没有抓得住冰箱。吉米·特拉汉和他的弟弟基思逃过了死亡，但他们的妈妈和妹妹被发现在水塘里，她们的手还紧紧抓着草秆。活下来的劳拉·迪普伊失去了她名叫琼（June）的三岁女儿，在这场少有的发生在季初的 6 月（June）飓风里。

人们的亲身经历读起来常常像是在盘点失去和悲伤。"我的祖母和祖父被淹死了，"本尼·韦尔奇（Benny Welch）说，

"还有她的弟弟、弟弟的妻子和六个孩子也淹死了，我父亲的兄弟和他的妻子淹死在了邻屋，住在他隔壁的妹夫淹死了，和我待在一起的朋友和其他三个人——他的祖父、祖母和他的曾祖母——他们都淹死了，还有住在南卡梅伦小学对面的那家人全都淹死了。每一个人。我们周围的每一个人都被淹死了。"[44]

在比洛克西和帕斯克里斯琴之间的密西西比海岸，离峡湾还有 100 多英尺的微微倾斜的坡地上，生长着一株快 500 岁的槲树。在第一批西班牙人来此勘察海岸时，它就已经是一棵茁壮的大树了，但不知怎的，它躲过了斧头和锯子，没有变成造船的木材。有人曾经把这棵古树叫作友谊之槲。这名字从此就叫开了，人们说分享了它的树荫的人就分享了一生的友谊。卡米尔将每片叶子都刮落了，但这棵古老的大树无惧高龄活了下来。它向外生长出的巨长无比的枝干，弯扭曲折得像患了关节炎般走了样，但是它的柔软和弹性使它最终萌发绿芽，又长出了一片绿荫。橡子落在地上，这里又恢复了往日的生机。

在卡米尔过去的头四年，志愿者们取了十万棵友谊之槲迸发的枝芽，将它们种在了从帕斯卡古拉一直到韦夫兰的海岸上。这些志愿育木专家在传播的，是美丽，是荫庇，甚至，就像路易斯安那的那株保护了格里菲斯一家没被飓风奥德丽冲走的槲树，它们是救命的树。但随着海岸上人口结构的改变，这些志愿者很可能看不到它们的再生了。

当格里菲斯和他的家人仍在他们各自健壮的树上时，格里菲斯对吉内瓦保证说："如果我能活着爬下这棵树，我会在我和卡梅伦堂区之间的几英里路上都种上这种树。"他没有遵守诺言。他回来后在厚重的、经过木馏油防腐处理的墩柱上建了一所房子，房子建在地脊上，比地面高出一层。他还在树上时，就发现退水时地脊是所有陆地中最先露出水面的。[45]

其他人，包括吉内瓦，则哭喊着拒绝并祈祷，说他们永远不要再住进卡梅伦。但他们食言了，包括吉内瓦。起初人们离开了，但卡梅伦的人口在 20 世纪 60 年代反弹，并在 2000 年达到高峰，拥有一万人口，比 50 年代的人口数量多出了 60%。然后在 2005 年，卡特里娜过去两周后，飓风丽塔（Rita）来袭，一切又回到了奥德丽时期。在格里菲斯一家居住的槲木林一带，共有 35 座房屋，只有 4 座抵御住了 180 英里时速的大风和 17 英尺高的风暴潮。其中一座便是格里菲斯盖的那所。他在 1972 年去世，他的儿子莱斯利现在住在里面。奥德丽过后，他便放松了警惕，将底层变成了居住空间。丽塔将它掏空了，毁掉了主楼里几乎所有的东西。莱斯利和家人搬到了房子旁边的一辆联邦紧急救灾房车里，然后开始重建。"我别无选择，"他告诉正在为飓风奥德丽撰稿的凯茜·波斯特（Cathy Post），"我不能离开我的房子和土地。"[46]

约瑟夫·布德罗，《路易斯安那州的故事》里的那位卡津男孩，在年近 70 岁时，失去了他的房子。两周前，他和妻子刚为家里铺上了新地毯，在风暴来袭时，新地毯上化学剂的味道都还未退去。风暴过后，他们也成了住在救灾房车里的难民，2006 年末在接受路易斯安那州立大学研究生们的采访时，他们正住在他们儿子的地产上。这对夫妻说他们对未来不确定。"以我们的岁数再回去盖房子不太可能了，"约瑟夫承认说，"在某个地方有个［飓风］正等着我们。"卡梅伦堂区有 31% 的居民在飓风丽塔后选择不再回来。[47]

格里菲斯和布德罗在这个堂区扎下了深根，对这片土地有着纯粹的依恋。但搬到哈里森郡（Harrison County）的数千新移民则不然，哈里森郡是密西西比州海岸中部的一个行政区。由国家海洋和大气管理局部分委办的一份卡米尔飓风灾后报告指责当地的重建工作追求"盲目的人口增长，而不关心如何减轻灾害风险"。看起来人们没有远离让他们受伤的地方，反而反其道而行。这似乎违反常识，但人口增长是新生的重要产业，当地政府对此表示欢迎，就像卡米尔从来没有发生过一样，就像纳什·罗伯茨说过的那样，"放手去吧"。灾害发生一年后，哈里森郡的人口达到了 13.5 万人，和过去十年相比有增无减。2010 年，其人口达到了 18.7 万人。[48]

其中的主要推动力源自赌场赌博的合法化。州法律对赌博的合法化建立在一个具有讽刺性的条件上：赌场需要漂浮在水上（一个应对联邦向大陆赌场征税的策略）。于是在 20 世纪 90 年代，博彩业像风暴潮般涌入这里。巨大的豪华赌场巧妙地开设在近岸驳船上，带动酒店房间和独户住房数量增长到从前的三倍。两倍于前的旅游业收入向比洛克西砸来，人们将这种新经济称为密西西比奇迹。市长 A.J. 霍洛韦（A.J. Holloway）总爱讲起从前不起眼的每年接待 18.5 万人次旅客的地区机场，是如何成长为年吞吐量破百万的新航空枢纽的。

多年来的确有所改进的是事前准备和疏散工作。气象预测和通信技术在不断提高，风暴追踪交由国家飓风中心集中负责，再加上公众施加的压力，天气预报员们都开始加入纳什·罗伯茨的队伍。专家们宁可因过于谨慎而出错也要呼吁疏散。如果说人们学到了什么，那就是他们知道了要在危险到来前离开。当丽塔侵袭路易斯安那时，卡梅伦堂区几乎已经没人留在那里迎接它了。到 20 世纪末，飓风带来的死亡人数要比从前少得多。

但美国人依然在路上，他们盲目地往飓风季里驶去，倒不如当个西班牙宝船的水手。大概从奥德丽到卡特丽娜的这段时间，美国海岸人口增长了70%，其中以飓风带人口增长为最多。海湾沿岸人口飙升了150%，达到1400万人。为了安置这些迁移人口，更多的房屋、商家、购物中心、饭店和杂乱无章的基础设施需要被建造。住宅单元的数量猛增了246%，是全国增长速度的两倍。建筑是文明社会最昂贵的装备，暴烈的海湾天气预示着它们的毁灭和重置，让人脑海中不觉浮现出西班牙的黄金倾洒在海床上的画面。美国损失最为惨重（考虑通货膨胀后）的前十大飓风中，有八次发生在2000年后。七次发生在海湾，冲击着这个一心要建造、发展、定居、再建造的社会。[49]

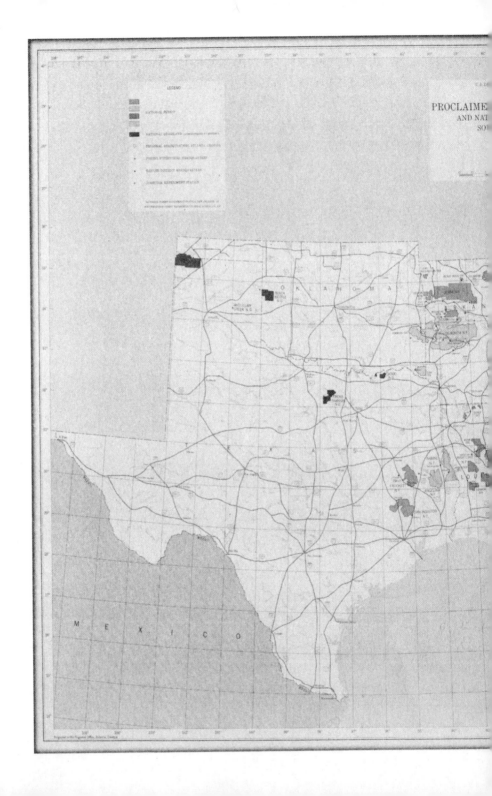

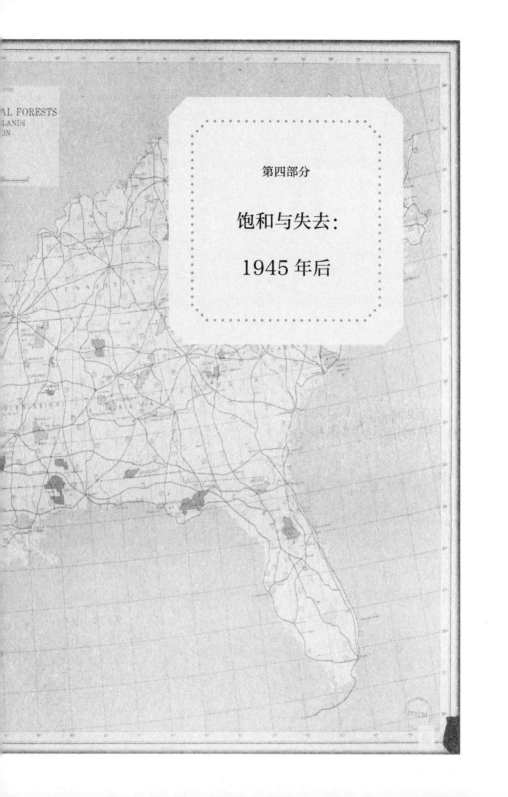

第四部分

饱和与失去:

1945 年后

1983 年马可岛上的公寓。直到 20 世纪 50 年代还被称颂的西南佛罗里达
红树林海岸已经变成了一片发展中的海岸，房子、酒店和公寓大厦，
只用了不到 20 年时间，便将至关重要的自然植被取代了。

mangrove（红树林）

名词

起源于 17 世纪 10 年代，当时拼作 *mangrow*，可能源
自西班牙语的 *mangle*。

Mangle（压坏；扭伤）

动词

1. 用切割、劈砍、挤压的方式使受伤、外形破损或残缺不全

——DICTIONARY.COM

礁岛群的老海螺们 ① 过去常说："飓风一刮，红树林里藏。"这种只向最猛烈的风暴低头的长腿植物，拥有保护和塑造一片海岸的力量。自然学家阿奇·卡尔（Archie Carr）曾沉思说："实在无法想象没有红树林存在过的南佛罗里达将会是什么样子。"[1]

红树生长在水边。它们是大陆的前线，是潮间带的哨兵。它们对盐水和含盐环境的容忍能力让它们在所有树木中独树一帜。证据就是从它们的叶子上渗出的含盐晶体。

和人类一样，红树林也在不知停歇地扩张。它们夺取领地，发起猛烈攻击，并实现统治。当地人把红红树叫作"行走的树"，指的是它们长长的支柱根。这个名字也恰当形容了它们快速的繁殖速度。它们的幼苗可以顺着洋流漂到数千英里外的新海岸，或者漂到附近的浅滩，在那里扎根，长成一片茂密的岛屿。黑红树常会在这时加入它们。"沧海变桑田，"蕾切尔·卡森惊叹着写道，"近乎发生在你的眼前。"[2]

红树林创造的热带森林没有惊人的高度，但它密密匝匝，引人瞩目，富兰克林·汉密尔顿·库欣写道，"让人根本看不见里面的轮廓"。它们的树冠又低又重，树叶的重重遮蔽下是扎入湿地的杂乱根系。它们纷杂缠绕，让人无法轻易通行。[3]

"怪物。"一位对红树林进行了探索性研究的科学家如此形容它们。可能他当时在读《黑暗之心》（*Heart of Darkness*）②。康拉德的查尔斯·马洛称红树林是"扭曲的"海滨入侵者，林

---

① 海螺（conch）起初（19 世纪到 20 世纪中叶）用来指佛罗里达礁岛群上的巴哈马人移民后代，现在已经用来泛指礁岛群上的所有居民。——译注

② 20 世纪的文学经典，中文译本很多，曾被著名导演科波拉改编成电影《现代启示录》。——译注

下叶层的守护者，"腐烂为泥……堆积成淤"。马洛沿着刚果河披荆斩棘，进入异族腹地，在那里找到了病重的库尔茨，库尔茨的无端残暴代表了丛林深处的阴森恐怖。"那些红树林，"马洛说，"极尽扭曲之态，仿佛在告诉我们它深深的无力和绝望。"[1]

历史上，人类对红树林的存在感到失望。在海湾上，它们是在土著人民和从大海来的征服者们之间竖起的一道护墙。它们让想在陆地和大海间画下清晰界线的早期地图勘绘人焦头烂额。它们曾经是，也会一直是咬人凶狠的虫子的恼人栖息地。

生态学的真相是，红树林其实是有着奉献精神的树种。它们古怪的根系能帮助平缓潮汐，接收被冲刷上来的沉积物，建立海滨线。它们的树林是河口生命的供养者和保护者。佛罗里达红树林里居住着 18 种哺乳动物、24 种爬行动物、181 种鸟类和 220 种大小不等的鱼类，其中包括伊氏石斑鱼，头 5~6 年的幼鱼与红树林密不可分。它们还是为跨海湾迁徙的候鸟提供休息和补给的中转站，包括濒危的巴巴多斯黄林莺。

海湾的红树林早在庞塞·德莱昂到来前的 2000 年前就已经存在了。卡韦萨·德巴卡在得克萨斯看到了它。西德尼·拉尼尔在锡达礁瞥到过一眼红树林，那里是这些热带树种在佛罗里达能到达的最北端。威廉·哈尔西·伍德在钓到据记载是第一条大海鲢时，环绕在他周围的就是萨尼贝尔岛附近的红树林。库欣在马可岛上的红树林边挖手工品。罐罐旅行者在它们的荫翳下扎营。从霍莫萨萨泉到基韦斯特一带的红树森林在美洲没有对手，即使放眼全球也属罕见。

在萨拉索塔过退休生活的美国合众社前主席，卡尔·比克尔（Karl Bickel），他的一本描写当地生活的书，让红树林海

岸（Mangrove Coast）这个名字流行了起来。他的书写于 1942
年，也就是说当时他身边有足够多的本地树林为他提供灵感。但
这种情况并不会持续太久。比克尔称红树林是"统治了海岸的工
程队"。这恰是那些南下到这里的人将会带来的问题。就在比克
尔的书出版后，他们到这里大搞建设，取代红树林统治了这片海
岸。就像不以为意的查尔斯·马洛，他们对潮汐森林所做的地理
和生态服务悲剧地给予了漠视。5

　　蕾切尔·卡森在 1955 年写作《海滨的生灵》时，她好奇
"红树林海岸的未来是什么？"她感觉到了战后美国正在集结的

步伐。也许她已经看到了泥浆四溅的推土机，听到了末日般的拉
铲挖土机吃力的拖曳声。6

　　那一年，就在卡尔森展开调研的地方，机器已经准备就绪，
它们将在圣彼得斯堡开始两项私人的疏浚堆填工程。发展商们经
常从海湾底部打捞起沉积物，然后将它们堆填在陆地边缘，以此
来扩大他们的房地产领地，有时能造出数百英亩的新土地。不管
在哪里，当他们想要更多的滨水区时，他们就叫来推土机和链
锯，将红树林不加选择地清理干净，然后叫来疏浚机建造新的陆
地。在二战结束后的繁荣年代，随着扩张的野心与日俱增，机器
拔除天然植被发出的声响也越来越大。

　　1955 年也是让陆地建造商大为震惊的一年。以往他们发展
滨水区的常规操作现在面临反对。针对圣彼得斯堡的博卡谢加湾
的一项工程计划，美国鱼类和野生动物管理局与佛罗里达州州长
委托机构进行了生物学调研。州长希望让机器就此息声，这在一
向迷恋发展的佛罗里达，以及海湾沿岸，都是闻所未闻的。

　　多年来，发展商们的得寸进尺已经没有什么大不了。州府总

是在一开始就给足了他们"一尺"。1856 年，立法者通过了《河岸法》(*Riparian Act*)，承认土地所有者堆填沼泽地的特权。他们在 1921 年经济大繁荣期间修订了法案，将这项特权扩展到了潮间地，称"滨水房地产［应］得到推进和发展"。所有水下土地由州政府所有，由委员会控制，委员会由州长和内阁官员组成，他们急于将这些土地卖给私营企业，而私营企业会将其改造成干燥而有生产力的土地。[7]

第二次世界大战结束后，佛罗里达掀起了另一场建筑大潮，这一次除了卖沼泽地，更多的是卖湾底。帕斯科郡(Pasco County)为了拓展土地开发，将其边界向海湾延伸了两英里。创造新的土地只需走一个简单的程序："你就去［州府塔拉哈西］，想挖多少就给他们多少钱，"说明是开发公司的代理人，"然后他们就会给你一个许可证。"报纸的各大头条宣扬报道了经许可的结果：湾底沙地助力佛罗里达银色海岸；如何打造一座全新岛屿；海滩计划疏浚工程即将启动；红树沼泽低地摇身变成"岛屿天堂"。[8]

艾伯特·富伦(Albert Furen)紧随 1953 年的协议而来。虽然他在圣彼得斯堡只拥有博卡谢加湾上六英亩的红树林海岸，但已经足以让州委员会批准他购买和堆填 504 英亩的湖湾。获得最终的放行信号还需通过派内拉斯郡(Pinellas County)的委员们，但他预计得到他们的许可不成问题。当地开发商已经制造出了 37 英里的人造滨水带，这些委员从来没有驳回过一个堆填计划。

博卡谢加湾是坦帕湾湾口外的一处潟湖状湖湾，毗邻圣彼得斯堡大陆和长礁岛，当年托马斯·罗伊的唐·恺撒酒店正是建在长礁岛上，博卡谢加湾是水下花园之所在。如果你还看不出这是自然的馈赠，那你肯定是从另一个世界来的生物。红红树和黑红树围拢着 38 平方英里茂密的泰莱草。就在富伦向塔拉哈西申请许可的那一年，博卡谢加湾为派内拉斯郡贡献了超过160万磅的捕捞量，占全郡的40%，而派内拉斯郡的出产量本就是佛州各郡的翘楚。海湾边上25家鱼饵店散发出的刺鼻味道，足以宣告它在游钓爱好者中的受欢迎程度。

就在富伦等着派内拉斯郡批文下来的时候，一组由当地市民组成的联盟试图阻挠这个开发计划。他们有《圣彼得斯堡时报》发行人纳尔逊·波因特（Nelson Poynter）作为后盾，他是他们的一个重要同盟。一来，他的报纸有影响力；二来，他住在博卡谢加湾边，这么多年来他已经看到各个堆填工程将他的落日景观抬得越来越高。其中充斥着令人不适的自相矛盾，表面寓意美好的名字，比如天堂岛、卡普里岛和棕榈岛，背后却是一度清澈的海湾被开发商弄得黯淡、乌七八糟，给渔业和鱼饵店的生意带来威胁。在蕾切尔·卡尔森为其《海滨的生灵》在红树海岸（Mangrove Coast）上调研时，波因特和她见过面，并从她那里了解到了河口对生态环境的重要性，并将此传递给了他的读者们。

派内拉斯郡的半岛周围有如此多的湖湾和潟湖，以至于居民们已经习以为常。同样地，鲜少有人能意识到所有这些人造陆地正在使海洋生态走向枯竭。堆填工程的唯一缺点"就是影响了'景观'之类的"，一位急于扩张的滨水区业主说，仿佛她在直接和波因特对话，但"因为所谓景观也就是［泥］滩和红树林，所以我们并不觉得改变它会是一个损失"。9

然后，富伦申请表上的墨水还未干透，第二份堆填申请就被递到了委员们的案前。底特律的开发商海曼·格林（Hyman Green）和欧文·格林（Irving Green）申请开挖900万立方码的博卡谢加湾，并将15座"低贱的红树"岛屿连成一片大陆。其中包括鲻鱼礁，具有历史意义的德索托堡便在其上，战士们曾经在那里用啤酒和葡萄酒抵御蚊虫的袭击。兄弟俩将公司命名为绿地公司（Green Land Company），开发的这片土地叫蒂拉佛得（Tierra Verde）①，灵感来自他们的姓氏，而与陆地植被无关。波因特的报纸称湖湾面对两重榨取，"令人忧虑"。派内拉斯郡居民要再一次为郡政府"错误的规划理念"买单。10

随着事态的发展，美国鱼类和野生动物管理局与佛罗里达州的资源保护局（后者由州长领导，成立于人们大肆猎杀鸟类的年代）发起一项研究，考察这两个项目对生态的潜在影响。这是首次在佛罗里达和墨西哥湾上将科学研究用于控制发展。这无论在哪里都是罕见的，它是环境影响评估报告的前身，环评报告将在20世纪70年代在环保局的推动下成为一项惯例。

研究由迈阿密大学已退休的海洋生物学家罗伯特·赫顿（Robert Hutton）带领。多年来，圣彼得斯堡任意排放污水，赫顿及其团队在他们的报告中写道，导致海湾多处"污染严重，污染物带有典型的人类肠道有机物的特点"。同时，陆军工程兵团也正在对海湾造成巨大伤害，他们为修建近岸内航道（Intracoastal Waterway），开掘了一条15英尺宽的河道——河道太深，水体浑浊，光线难以穿透，导致海草生长困难——并将弃土堆在数百英亩的生物栖息地上。越来越多的疏浚堆填将"导致鱼类和野生动物数量大幅下降"，科学家们总结道，并将损害当地每年带来60万名游客和1.5亿美元的旅游业。11

不管研究结果如何，派内拉斯郡委员会一如预期，批准了富伦的申请。州长勒罗伊·柯林斯（LeRoy Collins）随后提出诉

---

① Tierra 为高山气候带，Verde 是西班牙语中的"绿"（Green）的意思，Tierra Verde 发音类似英语中的"陆地"一词 terra firma。——译注

讼，要求撤回州政府的许可。"到什么时候，在什么地方，"他问道，"当地的郡政府才会叫停更多的博卡谢加湾的堆填工程？"柯林斯上任时，州政府已经将富伦的湾底地块卖了出去。时年45岁的柯林斯，头发浓密，是一个激情四射的淡水垂钓爱好者，他出生于相对不那么发达的北佛罗里达，与波因特和《圣彼得斯堡时报》一样，他对批文核发之快速持悲观态度。[12]

在20世纪50年代，一个有环境感受力的州长实属罕见——在美国南部就更是不存在了。也许柯林斯并不是真正的环保主义者，但他说过，自然馈赠是否受到保护，佛罗里达州"比任何地方都要更与之休戚与共"。当时，生态科学才刚获得承认，成为美国大学里的一门正式学科，但柯林斯已经拿着赫顿的研究报告上法庭，试图阻止所谓疏浚填土、造福大众的工程。他不是在控诉对方违法许可程序或区域划分，而是控诉它破坏环境。[13]

那时富伦已经将他的土地和湾底疏浚许可证卖给了伦纳德·拉特纳（Leonard Ratner），拉特纳是芝加哥的杀鼠剂制造商，身家千万，一直在寻找合法的避税手段。拉特纳雇用的律师是以抓捕共产主义者闻名的参议员约瑟夫·麦卡锡的前副手，这位律师的攻击性可想而知。在法庭上，赫顿作为证人，接受了拉特纳的律师对他可信度、胜任度和工作能力的质疑。虽然镇定的赫顿证明了他的正直，但初级法院和上诉法院都裁定拉特纳有权推进和发展他的滨水产业。接下来，州最高法院拒绝审理此案。派内拉斯郡也批准了格林兄弟的申请，这两项工程被启动。

挖掘出来的填埋土壤可以以一英尺的深度覆盖纽约的一条四车道高速公路。博卡谢加湾失去了一半的海草草甸和一半的红树林。好几个岛屿的草甸和红树都损失殆尽。开发商将海湾变成了市郊，上面的房屋和高层公寓紧挨在一起，阳光也只能侧身于其间。新建的土地在海湾下游，它就像一个塞子，收紧了水流的循环和流动，留下一片被污染的死水——几乎不值得在这里扔下一根渔线或渔网。商业渔民和饵料商铺纷纷离开。波因特的报纸说，自以为高明的短视"毁掉"了这片海湾。[14]

但湖湾的捍卫者们终究还是获得了一次胜利。波因特和《圣彼得斯堡时报》成功说服委员会将鲻鱼礁划为郡公园，保护了德索托堡——这座原意是为了保护文明进程的墨西哥湾堡垒。

1957 年，正当挖掘机日夜不停地在博卡谢加湾轰鸣搅动的时候，柯林斯将一份关于改革审批程序的水下土地法案提交给了立法机关。法案在延时会议上被提出，对原有法案做出了大量修订，以至于它几乎没有对传统操作进行任何改变。

这对杰克（Jack）和伦纳德·罗森（Leonard Rosen）来说是一个好消息，就在那一年，他们的社区破土动工，社区经过总体规划，占地 103 平方英里，位于南边的迈尔斯堡附近，是大海鲢的故乡，在一片红树密林的后方。兄弟二人正在打造佛罗里达的郊区。这意味着那里将以经过检验的莱维敦①为蓝本：一个模子印出来的宅地，简单重复的建筑式样，低廉的价格。但他们不像纽约的社区和在战后涌现的无数效仿者，罗森兄弟并不是为朝九晚五同时抚养着三四个孩子的都市通勤一族考虑的。

/ 383

罗森兄弟四处广告，大吹大擂，将目标瞄准在已退休、半退

---

① 二战后，新生儿数量急剧上升，同时大量军人退伍复员，美国社会住房需求大增，但战后经济萧条，住房供应不足，人们尤其退伍军人的购买力也十分有限，在这样的社会背景下便诞生了莱维敦式社区，并大获成功：一个叫莱维敦（Leviitown）的开发商在长岛建造了 17500 套住宅，住房样式简单且高度标准化，其建造过程被分解成 27 个步骤，以流水线方式建造，以此压低建造时间和成本。——译注

休和季节性的追寻天堂般惬意生活的住客身上。罗森社区除了标准化的设施外，还将有来自大自然的舒适：温暖的天气、灿烂的阳光和惬意的垂钓。杰克和伦纳德加入了新的元素，"尽我们所能，满足你最想要的梦"。自然并没有完全满足他们，于是他们将自己动手创造一个。他们承诺每一处房子都将要么坐落于水畔，要么能观赏到水景。也就是说，那一片红树密林，需要消失。[15]

最终，兄弟俩也许做错了很多事情，但他们把握住了对的时机。1950 年，佛罗里达的居住人口不足 300 万。20 年后，这个数字已经超过了 700 万。国内只有内华达州的增速高于佛罗里达。婴儿潮让全美国的人口数量都在上涨。但让阳光之州人口大增的与其说是新生儿潮，毋宁说是新移民潮。成年人占了人口的大部分，而且基本上每一个人都来自别的地方，其中又以东北和中西部地区为主。连发展商也是新移民。而且所有人似乎都是在同一时间迁居至此。史学家将他们的大规模到来归因于有效的蚊虫预防手段（以 DDT 杀虫剂的形式）和家用空调的普及。州府免征所得税也是一大诱因。

多数人是被吸引到海边来的，开发商承诺会扩建，要为更多人创造更多的空间。红树海岸一带的人口增速超过了佛罗里达州其余的地方，是从前的 7 倍，人口从 60 万上涨到 350 万。它变成了美国海湾上人口密度最大的区域。佛罗里达州的住房数量从不到 100 万增长到了 700 万；公路的英里数从 8000 延伸到了 8 万。随之而来的矛盾现象出现了：土生土长的佛州人抱怨规划者和开发商铺了通往天堂的路，导致越来越多人来到佛州，而那些新移民也抱怨天堂的铺路，导致更新的移民也来了，而更新一代的移民也在抱怨……于是不久，没人知道天堂到底是什么了。

不管人们心中理想的天堂是什么样，西南部的佛罗里达依然有大片未开发的土地可供改造。鲑鱼角（Redfish Point）是克卢萨哈奇河和麦乐西峡湾（Matlacha Pass）交汇的一处荒凉岬角，罗森兄弟打算在上面铺上柏油路。在河流的西南方，是迈尔斯堡和蓬塔罗莎，峡湾的西边坐落着派恩岛。住在岬角上从来不是一件易事。1836年，半岛上的塞米诺尔人受军队管制，被要求在指定居留地生活，他们因此攻击了白人的贸易站和岬角上的堡垒，杀死了14名士兵，并引发了第二次塞米诺尔战争。

国会随后通过了1842年《武装占领法案》，并以此驱逐印第安人。作为获得160英亩授予土地的回报，联邦土地局希望分得土地的定居者对其中5英亩的土地进行清理、围蔽和耕种。它还默认了定居者可以携带武器。为了对付另外一类不同的对手——蚊子——他们中有些人会烧牛粪，牛粪在当地并不难获取。麦乐西牛群公司在25000英亩土地上畜养牲畜，种植了专程从外地进口的百喜草当作牲畜的饲料。

21世纪伊始，百万富翁富兰克林·迈尔斯（Franklin Miles）退居到了鲑鱼角，他来自印第安纳州的埃尔克哈特，以邮购药品起家，以75美分的单价买下了鲑鱼角1700英亩的土地。他种植了越冬蔬菜、水果和观赏花卉①。他还运营了一个农业项目，向移民演示如何充分利用这里的沙质土壤。这些移民中有几位有意思的人物，尤其是W.T.贝尔文（William T.

---

① 有史学家说是富兰克林·迈尔斯发明了阿卡塞泽（Alka-Seltzer）消食片。但真正的发明者其实是一个叫莫里斯·特雷尼尔（Maurice Treneer）的药剂师，他受雇于迈尔斯医生医药公司（Dr. Miles Medical Company），在迈尔斯去世的那年，也就是1929年，发明了阿卡塞泽。迈尔斯在很早之前就已经离开了公司［1935年更名为迈尔斯实验室（Mile Laboratories）］，由其他人负责公司的管理，阿卡塞泽于1931年首次推出市场，和迈尔斯没有关系。

Belvin）。

贝尔文来自佐治亚州，此前是牧师，丧妻，带着两个孩子来到了鲑鱼角。他们在一件茅草屋顶房住下了，但威廉的女儿认为这样的生活过于原始，搬去了迈尔斯堡与另一家人共同生活——但显然对她父亲来说那里不够原始。1929 年，贝尔文离家出走，光着身子走进了丛林，他要证明一个人靠着土地和河口也能生存，就像曾经的卡卢萨人那样。"只是他的眼镜和假牙，"曾经研究过罗森兄弟社区（并在那里长大）的尼克·福尔曼（Nick Foreman）说，"将他和物质社会联结在了一起。"一年后，"狂野比尔"出现了，他特意蓄着大胡子，身上披着西班牙苔藓（松萝凤梨），比此前重了十多磅。[16]

当罗森兄弟在 30 年后买下鲑鱼角时，只要愿意，这里的环境依然可以让你成为下一个贝尔文。兄弟俩就此拥有了 66000 英亩的湿地、松林、狗尾草草原、橡木丛和百喜草牧场，所有土地都如桌子面般平整，间或有几条挖出的马车道或马道，道路不是沙子就是淤泥，或者两者兼有。这里还住着美洲豹、黑熊和穴鸮，它们都是佛罗里达半岛上命运悲惨的"原住民"；红树林在很早以前就已经沿着岬角开枝散叶，在岬角颏儿上尤其繁茂。红树滋养着这里的生命，使其蓬勃不息，为在克卢萨哈奇河上垂钓的爱迪生夫妇带去了无数的快乐时光，鼓励着约翰·史密斯船长将他的客人领向麦乐西峡湾。

蕾切尔·卡森关于野生红树林未来命运的问题，大海鲢的渔猎者给出了他们的答案，他们任其生长，不作干涉。但以众所周知的美国思维看来，大自然欢迎人类的干涉——改进自然，让它变得更好，让它加入文明的行列。即使最美丽壮观的地方也需要完善——驱逐不被接受的生物种群，或补充引入外来的物种。鲑鱼角是美丽壮观的反义词，它是荒芜的废墟，按现代社会的标准来说，那就是它无法造福多数人。

人们不能坐视这片土地荒废而不理，尤其是在快速发展壮大的战后美国社会，这是无法接受的行为——多么浪费。清掉一些东西，加入一些东西，驯化它，调教它，如此这般，这片草地才可以让除了牛以外的更多人受益。保护当地的生态财富带不来价值提升；而去掉红树林的负累，无论是对提高当地的不动产价值，还是保证杰克和伦纳德获得可观收益，都是必不可少的。如此看来，狂野比尔的大冒险并不是愚蠢的逞能，而是对荒野自然最后的道别。

/ 386

杰克和伦纳德的故事恰恰印证了佛罗里达人民普遍的移民出身，他们来自金光闪闪的北方大都市，"老家"——人们如此措辞——在巴尔的摩。罗森的妈妈是俄裔犹太移民，早年丧夫，一边经营着一家小杂货铺，一边抚养着四个孩子。伦纳德上学上到了六年级；杰克在约翰·霍普金斯大学读过几门课。他们偶尔会去当推销员，有时在大西洋城的木板路上，有时在嘉年华的狂欢队伍里，有时在郡县的集市上。他们享受向人们推销这个产品或那个服务多么令人激动的过程。他们干这个是一把好手。伦纳德更是为此而生。

很快他们在巴尔的摩开了一家罗森家居设备公司，出售家具和家用电器。他们记起母亲用赊销的方式招揽顾客，便也为自己的顾客提供分期付款的支付方式，此时正值战后住房数量激增，相应需求大增，他们卖出了大量的炉具和冰箱。查尔斯·卡舍尔（Charles Kasher）加入他们后，他们开始推出一款羊毛脂发乳的邮购服务，这款发乳就是查尔斯·安泰尔 9 号配方（Charles

Antell Formula No.9）。

邮购是传统业务，但电视这个新媒介，让罗森兄弟看到了推介商品的另一种木板路。他们向纽约一家电视台买了便宜的全天节目收播前的几分钟播出时间，也就是在开始播放国歌、电视画面"哔"的一声跳到印第安人头检验图之前的那几分钟。他们是电视购物的先驱——赚了不少钱。你会看见伦纳德出现在电视画面上，说着"先坐下来"，因为他将"给你讲一个令你头发倒竖的故事"。有时他们会把米奇·曼托①从中外场叫来当推销员。其他时候他们会用七岁的小演员蓓蒂·杜克（Patty Duke）。她当时是不知名的留着齐刘海的小姑娘，但你知道艾美奖或奥斯卡奖正在路上等着她（她两项都有）。罗森兄弟同样正走向他们事业的巅峰。[17]

事情是这样的。在棕榈环绕的迈阿密度假时，伦纳德注意到了那里的中介，他们为开发商代理出售分块宅地。他们坐在办公室里等着顾客上门——没有广告语，没有像20世纪20年代在街角吵吵嚷嚷倒卖不动产合同的男孩。伦纳德回去告诉了杰克，于是两人开始合计用电视节目来卖佛罗里达地产。他们先买了州中心附近的八英亩地作为试验，结果伦纳德在巴尔的摩的一家电视台投放广告后，转眼间销售一空。他可以就这样把整个佛罗里达的地都卖了，如果他有的话。

伦纳德出发了，在佛罗里达州四处巡察，买下了一大堆地皮。他有一次坐着一架单螺旋桨轻型机在天上逡巡时，瞥见了鲑鱼角，于是拉上了杰克，与那位药品商富兰克林·迈尔斯的后人展开了谈判。两兄弟在1957年7月成立了桑迪投资公司，把精

① 美国著名棒球运动员。——译注

力都集中在迈尔斯家的地块上。"我不想干其他事，"伦纳德后来说，"就想着……怎么把这块地一块钱买来，十块钱卖出去。"这并不完全是事实。他们买了更多的地，并试图打造一整座城市，里面有街道、电力、自来水、街灯、购物中心、玫瑰园、高尔夫球场、游艇俱乐部——有所有的一切。他们把它叫作开普科勒尔 ① （Cape Coral）。[18]

　　他们正值 40 多岁，处于人生的巅峰，风风雨雨也经历了不少——包括成功。这也没有阻止他们的母亲说出那句有名的话，她和伦纳德说："你建不了一个城市……你连自己房间都扫不干净。"在她这两个儿子中，伦纳德是比较邋遢的那个，但矛盾的是，他有着修剪整齐的发鬓，但一副角质边框眼镜却戴得歪向了一边。他没有他弟弟那么注重仪表（他有一次出席商务会议没穿上装就出现了），容易兴奋，冲动，嘴上没有把门的。他是两兄弟中更外向的那个，完美的推销员和谈判者，是做公众演示和媒体采访的主力，虽然满嘴跑火车，有时说话还用词粗俗。他还喜欢玩弄女性，这让杰克感到困扰——杰克有着波浪般的卷发，是一个"贴心的绅士"，一家公司的副主席如此评价他，他话不多，头脑冷静，懂行，总是衣冠楚楚，喜欢系丝质领带。伦纳德在前线披荆斩棘、推杯换盏时，杰克就在后方照管生意，控制他过分的言行，并试着坚持完成伦纳德的好想法。[19]

　　虽然母亲持悲观态度，但到 20 世纪 60 年代，她的两个儿子正经营着全美最大的土地销售公司：海湾美国土地公司。这家公司要做的，是贩卖一个梦，而且是多数人支付得起的梦。这就到了屡试不爽的分期付款计划出场的时候了。他们最顶尖的销售团

---

　　① "珊瑚角"的意思。——译注

队喜欢说："首付20美金，月付20美金，让你在天堂坐拥阳光。"的确，一个纽约邮差的养老金足以让他退隐开普科勒尔，开着一架小摩托艇驶入罗森打造的运河上，身后是罗森出品的10990美元的两居室和1990美元的土地，余生的大好年华尽可用来挥霍在游钓上。河滨地块相对贵些，要3390美元；不在海旁的海景地段只需990美元。

罗森兄弟在游戏节目《价格猜猜看》(*The Price Is Right*)上送房子，广邀社会名流到访，大造声势，其中包括鲍勃·霍普①(Bob Hope)。1961年，平均每天有125对夫妻造访这里。罗森兄弟为他们安排免费的小艇出行、午餐，还有搭乘四座的塞斯纳空中之鹰俯瞰城市的体验。下面寸草不生的土地并没有什么看头。这是天堂吗？哪里？在西边，在麦乐西峡湾、派恩岛海峡和大片蓝色的墨西哥湾在热带阳光下闪闪发光的地方。如果你在被承诺的乐园里挑选出心仪的位置，飞行员会变戏法似的地将一袋白色面粉撒在那里留下记号。而对那些闪烁其词的夫妻，一个有用的策略便是借观赏夺目的海湾落日来拖住他们。截止到当年最后一场落日，罗森兄弟已经售出了28000套宅地。

这些宅地很多还不存在。两兄弟需要用收到的20美元首付款来让推土机和疏浚机将它们挖出来。他们耗资10万美元买了推土设备和40吨炸药。推土机将那一头炸掉底层珊瑚岩后得到的废土堆填在这一头的湿地上。配备坦克履带的黄色机器将沿路的本地的美洲蒲葵、橡树和松树一一推倒，所到之处基本不留下一棵直立的生物。这是热带，但他们竟推倒了树荫！

为了抬高岬角的地势，机器四处出动，将石灰岩和贝壳碾

---

① 美国喜剧演员。——译注

碎，将成百上千的本土地鼠龟活活掩埋在它们的藏身洞穴里。每月20美元的房子，四周土地贫瘠，房子的主人们无法在上面种草或观赏灌木。多年后，一位野生生物学家将开普科勒尔比作撒哈拉沙漠。"只要风一吹，就尘土飞扬。他们彻底铲掉了覆盖在土地上的每一寸植被。"[20]

但罗森兄弟坚称，奢侈在于生活在海湾边，享受着充足的阳光和不计其数的消遣娱乐。再说，他们打造的不是绿色小山谷，而是海滨仙境。这就是你不会在上面看见树的原因。除非它们生长在正确的位置上——这是留给大自然的重要任务——否则它们是会挡到海景的。房子被建起来后面临同样的问题。水边的宅地只有这么多，于是罗森兄弟需要制造新的滨水区。他们清除了数千英亩的红树林。"消灭"，是佛罗里达奥杜邦协会的查尔斯·李（Charles Lee）在日后使用的词。他们开挖水道，在水道外侧修上一排防波堤，在防波堤外侧又盖上一排房子。最后，400英里的水道在开普科勒尔中奔流——比世界上任何一个城市的都要多，是意大利威尼斯的两倍有余，是佛罗里达州海湾海岸线长度的一半，比得克萨斯州的海岸线更长。[21]

7000多年来，人们为灌溉和通航而开凿水道，正如在开普科勒尔不远处的卡卢萨人所做的那样。但罗森兄弟的水道并不是航道。它们大部分是短短的侧向延伸水道，从主道岔开，分出密匝的分支，每一道分支尽头都是死胡同。行业里的人们把它们称作手指运河。但罗森兄弟修建的这些河流边界鲜明，有棱有角，又不十分像手指。从高空俯瞰，有些岔道群像梳子的梳齿，有些像叉子的尖齿；其他的，像可以插七或九支蜡烛的大烛台。水边的宅地面积小，后院地方也紧凑；而且因为水道太窄，码头是沿水道一侧而不是向水中延伸而去的。看起来你从自家的码头上可

/ 390

以一步跨到邻居家那边去。别人家后院里有什么活动你当然是可以看得一清二楚的。你可以沿水道划船到达湖湾或河流，但找路的过程会让你觉得自己像一只迷宫里的老鼠。交通并不是他们的首要考量，毕竟这也不是威尼斯。打造滨水之都才是。

所以在罗森的仙境里，"海旁"在大多数情况下等于水道旁。这便是纽约退休邮差可以支付的生活。但经济的滨水住宅付出了巨大的生态代价。人工水道的冲洗能力有限，留下了草地化肥和杀虫剂，混浊晦暗的水道环境几乎没有生物可以生存。开普科勒尔被疏浚和重新填埋的每一英里自然栖地，都是从过往渔牧场偷来的手工艺品，而垂钓之乐，是不断涌来的新移民被剥夺掉的又一项视觉和精神享受。

1960 年，开普科勒尔的居民有 280 人。到了 1970 年，这个数字是 11000。20 年后，其人口数量将突破十万。我们可以肯定地说，住在开普科勒尔的原始森林大道的人从未见过狂野比尔见到过的原始森林。住在湖湾大道、珊瑚大道、滨江大道、鹦鹉螺大道上的人们，虽然他们的水泥房子占据的正是红树林曾经繁衍生息的地方，但他们对红树林的生态重要性毫无头绪。此外，住在火烈鸟大道、棕榈树大道、奇基塔大道，还有一切名字庸俗或不那么庸俗的街道上的人们，对罗森兄弟鬼鬼祟祟的商业操作和马虎的挖掘工作，也一无所知。

20 世纪 60 年代初开普科勒尔在商业上的成功，为罗森兄弟积累了财富，接下来，他们买下了柯里尔郡（Collier County）175 平方英亩的土地，地块位于大沼泽地内大柏树沼泽的西部一带。这个野心勃勃的发展计划，被命名为金门庄园（Golden Gate Estates），最终集聚了 800 英里以石灰岩为主的道路，183 英里的多数情况下不起作用的排水渠——尽管他们将地下水位降低了四英尺而提高了野火的发生概率。1962年,《迈阿密先驱报》曝光了罗森销售队伍的高压战术,第二年,《星期六晚间邮报》刊发了一篇揭露性文章,标题是《土地欺诈》。受邀成为美国商业改进局成员的海湾美国土地公司,被刻画成了蒙人的老手。[22]

所控罪行包括承诺金门庄园到墨西哥湾之间可以通航(一个不现实的提议)以及出售仍在水下的宅地(这在20世纪20年代被讥讽为"土地按加仑卖")。作为对负面报道的回应,罗森兄弟在《纽约时报》中放了一则16版的煽情广告,似乎一切都是正常的。为了打消华尔街和股票投资者们的顾虑,伦纳德报告说公司1965~1966年度的销售合同签订量比上年度增加了32%,总销售额1.11亿美元,净利润超过1300万美元。《芝加哥论坛报》的一篇文章称:"〔佛罗里达现在的〕土地热潮和20世纪20年代空中楼阁般的土地热潮不同,现在的热潮有稳定的地产开发公司作为支撑。"稳定的公司之一,《芝加哥论坛报》说,就是海湾美国土地公司。[23]

《芝加哥论坛报》还不如说芝加哥小熊队稳定。这只棒球队在当赛季输掉了64%的比赛,在全国棒球联盟中垫底。在佛罗里达,海湾美国的顾客满意度则在所有地产销售公司中垫底,该州接到的投诉中有64%要算在它头上。佛罗里达土地销售委员会派出了暗中查访的便衣,从汽车后备厢里录下了推销说辞,于是海湾美国被控存在销售欺诈,包括透露关于房产地点、价值和未来增值空间等误导性言论;未经州府许可将土地二次划分;秘密将已出售宅地与七英里外的调包(多达1300户),以及未向买家出示不动产报告。

1967年,委员会令其从12月10日起暂停销售30天。海湾美国土地公司认罪并接受罚款。然后罗森兄弟改了主意。他们上诉到法院,而且在一定程度上说他们赢了。其销售额先是飙升,随后又迅速跳水，因其被控恐吓州长克劳德·柯克（Claude Kirk）的事件浮出水面。1968 年 7 月，伦纳德辞去了公司主席一职，称今后将致力于慈善事业。兄弟两人将他们的公司卖给了通用承兑公司，售价超过 200 万美元。杰克和伦纳德各收到 10 万美元现金和约 6300 万美元的通用承兑公司股票，两人在头三年每年分红各 54.4 万美元，此后每年分红各 164 万美元（小熊队也有获胜的赛季）。

最终的报酬远比伦纳德起初规划的十倍投资回报要高得多，实际上更接近百倍回报。你可以说兄弟俩的盈利建立在他人的代价之上，更不用说他们致富了，却导致红树海岸的生态越发贫乏。土地委员会提出的其中一项主要控诉便和其堆填工程有关。在开普科勒尔，海湾美国的疏浚机从克卢萨哈奇河的河床上铲出了 360 万立方码废土，是它所获批准的量的六倍之多。这个控诉在当时的重点并不是他们破坏了海草和红树林环境，而是侵占了州政府利益。被偷去的河床底部属于佛罗里达，因此州政府希望获得公平的赔偿。

关于疏浚，当时还有另一种不那么官僚的视角。奥杜邦协会的查尔斯·李称开普科勒尔是一场"环境悲剧"。非营利调查机构 INFORM 在 1977 年进行了一项针对美国 19 个住宅区的研究，证实了李的看法。调查发现在所有被调查对象中，开普科勒尔的生态环境最为恶劣。数千英亩海草和红树林被破坏并消失。鸟类和鱼类数量减少。哥法地鼠龟消失。河道淤积，并受草地和街道径流的污染。且不论房屋，这片土地已经被敲了竹杠。[24]

杰克和伦纳德给海湾带来了生态灾难，但这也有积极的一面。他们的抢掠激发了担忧红树海岸未来的人们的行动。

　　这些人当中包括作家约翰·麦克唐纳。他住在萨拉索塔，遭受着来自开普科勒尔和圣彼得斯堡的双重夹击，当地人都为他们红树凋零的湖湾忧心忡忡。在柯林斯州长提出水下土地法案，试图通过立法手段从根本上解决这个问题时，当地一位立法委员忧心地说道："有没有可能马纳提郡（Manatee County）最终也会落得和派内拉斯郡湖湾一样糟糕的下场？"[25]

　　自从 1950 年搬到海湾沿岸居住后，约翰和妻子多朵（Dordo）就目睹了很多约翰称之为打一枪换一个地方式的开发。在他看来，这只能怪被推选和任命的官员和他们不计后果的规划。作为一个犯罪侦探小说作者，他在他的打字机上发泄自己的怒火。"这就是速食的佛罗里达，"在他的小说《恐怖的橙空》中当时严肃的叙述者说，"黏腻得令人窒息，充满着丑陋和虚假的活力。"[26]

　　麦克唐纳的大多数小说都是适合在泳池边和飞机上消遣的读物，但它们扣人心弦、情节巧妙，丝毫不像以性别歧视和黄色笑话为乐的当代类型小说。小说的畅销使他成为 20 世纪下半叶最成功的作家之一。他每天要在他米黄色的 IBM 打字机前待上八小时，每周写下两万字；在他 38 年的写作生涯中，他一共出版了 78 本书。据估算，他的小说被翻译成十多种文字，已经售出了超过 7000 万册。

　　二战时，麦克唐纳在印度担任情报员，每天埋首于纸堆中，他因此养成后来的工作习惯。之后他取得了哈佛大学的工商管理学硕士，开始了朝九晚五的生活。白领的世界很快让他感到厌烦，而在他生长、工作过的纽约，天气寒冷灰暗，这促使他想到更温暖的地方去。在佛罗里达度假时，他和多朵（真名多萝西）深深地爱上了墨西哥湾。他觉得它"明亮、清新、悦目"。他们在清水海滩（Clearwater Beach）租了个房子，在那里他换下了他的羊毛西服，换上了不需要熨褶的开领加州衬衫和条纹棉布裤。在第一年租约到期前，他已经写了两本书和 50 多个故事。²⁷

那时，麦克唐纳夫妇意识到清水滩被发现了。当地人口比 20 世纪 50 年代翻了一番有余。于是他们没有续租，而是打包行李，驾车往南开，在坦帕湾口换乘渡轮，在渡轮右舷外滑过的是椭圆状的红树林岛屿，它们不出几年就会成为格林兄弟的蒂拉佛得。他们继续往前开。在摇下的车窗外，海岸红树林沿着路肩绵延了数英里。他们最后来到萨拉索塔，买了一所房子，从此便没在其他地方住过了。

萨拉索塔人口 1.8 万，是个相对未受破坏的小村庄。20 世纪 20 年代的土地热潮和随后的破产潮在这里留下了地中海式的建筑，包括约翰（John）和梅布尔·润格林（Mabel Ringling）有 30 间房的威尼斯哥特式宅邸，以及占地 15 万平方英尺（约 13935 平方米）的意大利乡村式博物馆，那里收藏着他们的巴洛克艺术藏品。以润格林名字命名的艺术学校在几年后开学。这个小小的临湾社区凭借它的文化底蕴，吸引了一批作家前往，其中包括厄斯金·考德威尔（Erskine Caldwell）、卡尔·加摩（Carl Carmer）和马金莱·肯托（MacKinlay Kantor）。他们组织了一个周五午餐会社团，一众主要成员中也有麦克唐纳的身影。

在城镇最东沿，牧场一直延伸至内陆；20 世纪 30 年代，富兰克林·罗斯福的民间资源保护队①在那里建立了美丽的迈阿

---

① 罗斯福新政举措之一，通过开展资源保护活动为失业青年提供工作，同时解决环境和社会问题。——译注

卡河州立公园（Myakka River State Park）。一群隐蔽的障壁岛——都称礁岛（长舟、利多、伯德、圣阿曼和塞尔斯特）——坐落于落日一侧，围绕着光辉下的萨拉索塔湾和众多小湖湾（帕尔马索拉、罗伯茨、小萨拉索塔和布莱克本）。宽吻海豚在周围嬉戏，鲻鱼跳跃个不停。麦克唐纳一下就爱上了这里"柔软的空气、碧蓝的海水、轻轻点水和啼叫的海鸟，还有广阔的海滩"。[28]

1925年，当地市政想试着做点时髦的事。它请来了景观设计和城市规划师约翰·诺兰（John Nolen），约翰·诺兰以巧妙融合自然和建筑环境著称。他为萨拉索塔带来了一系列临湾而建的滨水公园和景观道，和他此前不久在圣彼得斯堡做的一样。三年后，州和联邦公路的工程师们修建了41号公路，也就是塔米亚米步道（Tamiami Trail），他们将印第安贝冢挖来的贝壳碾碎后铺设于公路，公路通过镇中心，沿着约翰·诺兰的其中一条蜿蜒的景观大道而建。这种荒唐事让诺兰不禁说道："人类是唯一会玷污自己栖居地周围环境的动物。"[29]

约翰和多朵初来萨拉索塔时，这里仍葆有夫妻俩曾在纽约州北部夏日湖区中体会过的古色古香。只是，萨拉索塔不会永远留在古朴的过去。到这三年后，他们的新家已经脱离了从前的半隐居状态。州府将坦帕湾上的渡轮换成了双跨桥，距水面高度足以让货船通行，并取了一个野心勃勃的名字叫阳光高架桥。眨眼间，萨拉索塔郡的人口猛增了16%。

复合景观陷入了机器运转的轰鸣声中。咆哮的推土机没有停下来的时候。诺兰的景观大道兼41号国道变成了刺耳的驱赶行人的高速公路。湿地很快成为不时有轻微碰撞的停车场，屋顶取代了树冠，空调机在人们房屋的窗外嗡嗡响。当邻居将邻居告上法庭，控诉他们发出的噪声时，法官告诉原告，如果不喜欢新时代发出的声音,他们可以关窗。这着实让麦克唐纳恼怒至极,这些感动于自然的蓬勃来到佛罗里达的人,却只是践踏它,在室内躲避它,用他们制造出来的噪声,淹没了小鸟和青蛙的歌声,淹没了棕榈叶沙沙的摩挲声。

海边的确是逃离喧嚣的好去处。他搬到墨西哥湾海岸后,便喜欢戴着游艇帽扬帆垂钓。但噪声无处不在。在一个"阴郁寂静的早晨",他正在浅滩边摆弄绕线轮,来回调整饵料,一边喝着酒,然后突然迎风响起了疏浚机的哀号声。岸沿的红树对开发商来说没有任何意义,但意味着无限的可能。它是野生动物的栖居地,是抵御风暴的防线,这都不重要;它紧邻着崭新的价值连城的人造地,这才是至关重要的。[30]

麦克唐纳看着红树被重型机械连根拽起,堆在一边,和其他树木一起被当成垃圾付之一炬。他注意到自己钓鱼的运气变坏了。一切都是相连的,一圈令人不安的涟漪向外漾去——"快钱哲学",被征服的土地,失去的自然,被削弱的生命。他向朋友抱怨,在写给《纽约时报》《萨拉索塔先驱论坛报》的文章和自己的小说里发泄——个人经历影响创作,创作捕捉变化的现实。"佛罗里达一直在扩张,"在1953年出版的平装本《消失的低潮》中,主角如此深思道,"不像其他地方常规的扩张方式,在现有的土地上盖更多房子,而是土地本身在扩张。"[31]

1966年,麦克唐纳在塞尔斯特礁(Siesta Key)上盖了一座临湾的大房子——在他自己发展起来的土地上。他不得不拉来数千码的填充土料——"卡车运来的,不是从湾底挖来的",他向曾经听过他破口大骂的家人这么保证道——而且他需要从州府购买"一小块湾底地块",这样他的建筑工才能竖起防波堤。我们已经见过这种表里不一了——获得自己那份天堂的人不愿有其他人的加入。但麦克唐纳和这些人不太一样。他希望关掉的闸门刚好足以阻止更多的新来者涌入海岸，而且他反对的只是那种"对数量而非价值的不清醒的执着"。他应该会欣赏像约翰·诺兰这样的规划师，而且说出诺兰会说的话来。"人是自然的一部分。上帝帮帮他，他不能够在一个周遭的自然秩序被毁坏的世界生存。"[32]

至于开发商们，麦克唐纳倾向于将被他标记为快钱牛仔、金钱挖掘机、城区规划破坏者、反计划者的"物种"收押，而剩余的人则拴在一节短绳上。在他最后一部小说里，他想到了第七代的概念，他写道："等他们死后，他们造成的伤害一代一代地持续下去，他们的后代永远承受着这个恶果。他们曾孙的曾孙将会生活在一个单调、肮脏、丑陋、危险的世界里……病痛缠身，浑身恶臭。"[33]

当圣彼得斯堡的纳尔逊·波因特和当地市民联盟，试图阻止博卡谢加湾的开发商时，麦克唐纳正关注着他们。他在萨拉索塔建立了他自己的队伍，帮助创立了"大嘴居民"社团组织：美好萨拉索塔委员会，以及无党派市民委员会。他还加入了当地的环保学会。[34]

此时一份填埋小萨拉索塔湾（Little Sarasota Bay）的申请被提交上来，麦克唐纳为此写了整整一版的社论表示谴责。他写道，开发商"制造着大自然所没有提供的滨水产业，以此挣钱"，并认为这是他们的"职责"。他呼吁郡委员会摈弃惯例，"鼓起十足的勇气，坚定地表明立场，那就是今后不再批准填海申请"。当选官员们所持的唯一立场就是他们惯有的立场。委员格伦·利奇（Glen Leach）称所讨论的海岸线有"不稳定的潮滩"，会"排出气体，产出废弃物，因此需要被消除"。但这番过时武断的话和他所担保的"没人比我更反对填海"相去甚远。这番断言在堆填反对者听来如此可悲,但这番话是对他们立场的暗示,尽管空气中尚未有火药味。委员会批准了申请。[35]

　　然后来了一条更大的鱼,威胁要吞掉湖湾里所有的小鱼。亚瑟·瓦伊宁·戴维斯(Arthur Vining Davis),他是美国铝业公司脾气暴躁的前主席,同时也是全世界排名第三的富豪,在他91岁时,他拿定主意不想退休。他在1958年创建了阿维达(Arvida Corporation),计划用他名下位于佛罗里达半岛东南端戴德郡(Dade County)的80万英亩土地做点什么。他只花了几个月时间就发现了海湾海岸,从润格林那里买来2000英亩地产。他想建酒店、商业零售店和4000座住宅——制造一种生活方式,而不是乏味的铝制品,在一定程度上,这种生活方式需要借助制造土地来完成。麦克唐纳写信给一位环保主义同伴:"显然,他们计划尽全力把湖湾都给填了。"的确,润格林地块的3.5英里滨水区无法满足阿维达的计划,他们的计划包括了伯德礁和长舟礁的填埋工程。麦克唐纳发表社论宣称,"公众景观不应该成为车库和船坞",在此之后火力升级。[36]

　　为了供应麦克唐纳的纸张,许多树木因此倒下,但至少它们变成了有良知的纸张。在阿维达公布其计划后的18个月里,麦克唐纳完成了一本小说初稿,作家吉姆·哈里森(Jim Harrison)称那是"第一本也是最好的一本拥有生态意识的小说"。书被命名为《闪现的绿光》(A Flash of Green),在1962年出版上架,比卡尔森的《寂静的春天》早两个月,它被认为开启了环保运动。但运动早已开始,否则麦克唐纳也无法完成这本书。他在献词页向积极"反抗丑化美国行为"的活动家们致去了敬意。[37]

　　麦克唐纳第 38 本小说的发生地是海湾海岸上的一个临湾小镇棕榈城（Palm City），这是一个虚构的地方，但无论从地理位置还是城市特质来看，都很像萨拉索塔。里面也出现了博卡谢加湾和开普科勒尔的影子，还有麦克唐纳的个人经历。叙述者在开始时说："有着开阔潮水的湖湾带着它的宁静和古老的神秘感消失了，红树林、群栖地和橡树林被兢兢业业的人们连根拔起，建筑机器在清晨的轰鸣声比反舌鸟 ① ［州鸟］的叫声更让人感到熟悉。" 38

　　惊险情节围绕一个名叫"救我湖湾"（Save Our Bays）的市民团体展开，团体更愿意使用具有挑衅意味的简称 SOB ②。他们试图阻止棕榈地开发公司的堆填工程，工程将堆填沙礁边上 800 英亩的绿茵湾（沙礁上的主车道叫作红树林大道）。最后人们发现，开发商的背后有郡政府委员在撑腰。"他们是开着压路机来的，凯瑟琳，"小说的主角，新闻记者吉米·温，对他未来的爱人 SOB 的凯瑟琳·哈柏说，"任何挡了他们路的人都会被碾压而过。" SOB 的主要对手，委员会成员埃莫·布利斯，则希望压路机为他铺平走向州长办公室的路。他最后贿赂了吉米·温，通过他破坏了 SOB 找来做证的海洋学家证词的可信度。39

　　书名麦克坦纳很早就想好了。绿闪光是自然现象，在太阳落山的最后一秒，当光线消失在海平面的一瞬间，有时会有绿色的光斑一闪而过。麦克唐纳也许从自己家的门廊上看到过它们。在他看来，闪现的绿光是一个隐喻，它象征地产公司在棕榈城所捞取的快钱——绿色的美钞。另一个没有明说隐喻，和麦克唐纳小

/ 399

---

　① 指北美的反舌鸟，即 Mockingbird，又称小嘲鸫或北方嘲鸫。——译注
　② 这组缩写在英语中有"婊子养的"（son of a bitch）的含义。——译注

说的整体有关：红树海岸的绿色自然在转瞬间消失了。就像小说中的 SOB 一样，萨拉索塔的环保团体没有成功阻拦他们的敌人阿维达——这只是第一次。

在南边的马可岛，也没人阻止得了麦克尔家族（Mackles），直到他们给岛屿来了一次翻修，这次连最坚定的地球雕刻家——陆军工程兵团——都对此提出了质疑。和格林兄弟、罗森兄弟一样，麦克尔家族是一组兄弟开发队，不同的是他们有三兄弟：艾略特（Elliot）、罗伯特（Robert）和小弗兰克（Frank Jr.）。1908 年，老弗兰克在杰克逊维尔成立了一个建筑公司，这为他的儿子们开了一个好头，三兄弟后来分别在 1954 年创立了通用发展公司（General Development），在 1962 年创立了德尔托纳公司（Deltona）。

最终这个家族建了三万栋房子。在圣奥古斯汀的德尔托纳（Deltona）和比斯坎湾上的麦克尔社区，房子一幢幢地涌现出来。麦克尔兄弟在蒂拉佛得上建起了住宅、公寓和酒店，在夏洛特港的最北边，他们将 8000 英亩土地改造成了杂乱庞大的夏洛特口岸（Port Charlotte）。他们在纽约中央车站和曼德尔兄弟芝加哥商场里打造住宅模型，派发促销手册并附赠橙汁。第二年，1958 年，通用发展公司的销售额突破了 4500 万美元。1959 年的销售更是火爆。

就在那时，巴伦·柯里尔家族提出将大半座马可岛以 100 万美元卖给州政府作为野生动物保护区，但州政府拒绝了这次机会，随后麦克尔兄弟以 700 万美元成交，买下的几乎是同一块地块。这项交易最终将建造出 1.1 万块宅地。三兄弟证明了做麦克唐纳最厌恨的事——建造新土地——他们是最擅长的。

一组航拍的岛屿改造前后对比照片解释了麦克唐纳的厌恶。1964 年，在岛屿动工前夕，马可岛看起来几乎和库欣在 70 年前到访时一模一样——拳头形状，六英里长，四英里宽，岛上居民一共 550 人。威廉和玛姬·柯里尔的马可旅馆还开着，旅馆的白色护墙板四周依然植被葱茏。湿地、松木荒原、本地的棕榈和热带硬木群落依旧无人打扰。海滩是一道窄窄的白色线条，像完美的一弯新月，沿着海湾绵延三英里。红树林守护在剩下的岛屿边缘。饱览"绿意盎然的雄伟景观"，1965 年佛罗里达的一则旅游影片如此形容马可岛。[40]

照片能牢牢锁住的，时间无法做到。在宣传影片拍摄的那一年，麦克唐纳让他在小说《亮橙色的裹尸布》中的主角痛惜道："马可村让我感到痛心。自从我上次去过后，推土机和拉铲挖土机就占领了它。"此后的航拍照片便是岛屿被改造后呈现出来的毫无生气的一片灰褐。它的全景令人震惊。手指水道在岛屿上左探右探，钻进畸形的岛内腹地，增加了八倍于前的滨水区。房屋像多米诺骨牌般精确排列，一个屋顶挨着一个屋顶，蜿蜒曲折地立在沥青马路和 91 英里死气沉沉的水道旁。后院码头停泊着私人船只，既有"金汤力"平底船，也有舱房汽艇。岛屿的另一边是两个有绿茵草地的高尔夫球场。海湾一侧的银色海滩变成了更长更宽的白色腰带，守护在后方的是一排度假别墅。[41]

到 20 世纪 80 年代，滨水建筑已经成为普遍现象，社会对这个概念已经产生了不可逆转的麻木感。和在不断被制造出来的其他海湾海岸上一样，人们想要瞥一眼海景，却被困在车里或人行道上，眼前是棱角鲜明的建筑物，这样的情况屡见不鲜。高档的酒店和公寓耸立在那里，就像一道客流控制的关卡，将那些没有预约或访客通行证的人挡在门外。几乎没有其他的选择。马可岛上的两个公共海滩，停车费收得很贵，等候的车龙却也排得很长。9000英亩的岛屿，它们只象征性地占了其中的32英亩。

这么多的野生植物，曾经，它们生生不息，以岛屿的尽头为尽头，只有风暴和旱灾才能阻止它们的生长，但此时，它们都消失了。雨水汇入湿地和池塘，被舌头和鸟喙舔舐，被植物根系吸收，然后又重新进入雨水系统。鸟巢和洞穴——还有贝冢——被翻了个底儿掉，代之以房子、公寓和房地产办公室。浆果、树叶和根茎被扯下，代之以超市和便利店。爪子、钳子、肉掌踩过的小路让位于马路和水道。搞定了这一切后，麦克尔兄弟向全世界发起宣传攻势，配合以分期付款计划，将马可岛塑造为一个"原始天堂"。[42]

防波堤是天堂的盔甲。它们在很长时间里都与文明为伴。古希腊和古罗马人通过浇灌混凝土来制作防波堤。一道用切割石灰岩砌成的防波堤曾多次保护君士坦丁堡免受海水和军事入侵，虽然没有挡住奥斯曼人。墨西哥湾上最著名的防波堤大概要数哈瓦那的马雷贡（Malecon）长堤，它矗立于西班牙莫雷堡的港口对岸，在人们眼中，它不再只是一道隔离墙，而是一条在微风徐徐中观赏落日的滨海大道，情人们可以手牵着手漫步于其上。它建于1901年，正值四年美占时期。

此时在墨西哥湾的西岸，加尔维斯顿人正着手抬高他们的岛屿，并在沿岸修建了一道被不断加长的花岗岩巨石海堤，到1962年，其长度已达十英里。密西西比州人喜欢吹嘘他们26英里长、由荷兰人设计的阶梯式混凝土海堤，目的是保护新建的海岸高速即古西班牙路，它是"全世界最长"的海堤。1928年海堤完工后，根据当地新闻的报道，当地地产价格飙升到此前的十倍，支持者们更是乐于见到越来越多的人开始建起度假屋。[43]

没人计算过佛罗里达海湾沿岸有多少红树林因修建海堤而被毁。所有这些沿岛而建的迂回曲折的水泥墙、手指水道，还有人工海滨边上的笔直线条，它们的总长度早已达到上千英里，这是建设与毁灭并存的上千英里。直到 1969 年，国会通过自然环境保护法案的那一年，H.J. 赫姆（Harold J. Humm），这位任职于博卡谢加湾拐弯处附近的南佛罗里达州大学海洋科学研究院的主管，仍粗俗地称红树林是"荒地"的一种。[44]

当时和现在的科学家都断然否认这种说法。这并不是说防波堤导致了生态贫瘠的环境。藻类和藤壶依然在它们坚硬的表面上生长。海洋里的小生物依然在建筑产生的残骸和堤坝底部的碎石周边生长和穿行。你安坐在一道海堤上，放上鱼饵，掷下鱼钩，依然能钓上鱼来。但和划着船徜徉于红树林边上相比，钓上的鱼不再有那么多、那么大。

开发商坚持说海堤保护了现存的以及新增的海岸线。实则不然。海堤实际上可能加速海岸线被侵蚀。海水运送上来的新鲜补充沙砾被它们阻止，海浪形成的吸力遇到堤坝后被弹开，转而搜刮堤底，甚至到达地基和堤坝后方。"海堤挺住了，"麦克唐纳 1956 年在其《风中谋杀》（*Murder in the Wind*）中写道，"直到坚不可摧的海水越过它，将堤坝后的沙土席卷而去……很快，没有了支撑的海堤便扭曲着身子倒下了。"[45]

海堤的扩张很难得到阻止或减缓，因为像赫姆教授这样的河口海草专家也在告诉政府官员人造防波堤替代红树林并不会降低海洋生产力；因为发展是全州不容置疑的第一要务，滨海房地产业贡献了最高的财产税收入，而海堤让如此重要的房地产的扩张成为可能；因为像阿维达这样有着高薪的说客的大公司，做出扩大课税清册的保证，而且靠的不仅是单幢家庭住宅，更是混凝土高层建筑，这意味着相同面积的滨水区将容纳比单幢房屋多得多的人口。

如果说有什么比不断延长的防波堤（除了他自己的那个）更让麦克唐纳感到厌恶的，那就是公寓。"共管公寓"（condominium）本是法律名词，而不是建筑词语，是中世纪欧洲的发明。它为占用同一座住宅建筑的多个所有人提供指导原则。作为建筑，在人口密度大于土地供应量的地方，以及对于不想维护绿地的人群——比如希望在温暖的地方过退休生活的老人，现代公寓都颇具吸引力。在波多黎各，自20世纪50年代起，公寓就为这个拥挤的岛屿自治邦提供服务，并将这个建筑理念出口到了南佛罗里达。国会批准让联邦住房管理局为公寓提供按揭后，公寓建设便一发不可收拾。到了20世纪60年代末，所谓的超级巨塔已经将人类"码放"到了50层楼的高度上。对佛罗里达的开发商来说，公寓是一个绝妙的创造，让他们得以将一块滨水宅地卖给50个、100个甚至更多的买家。

麦克唐纳认为公寓必然导致交通拥堵，饮用水资源不堪重负，以及滨海景观被破坏。他在1977年出版的《公寓》（Condominium）充分显露了他的鄙夷之情。他的第66本书也是他的第一本精装非流派小说，但仍是典型的麦克唐纳风格。小说角色包括不择手段的商人，偷工减料的建筑工，以及一举摧毁了这些不堪一击的建筑和其中住户的巨大飓风。他写这本长篇巨作是为了表达对这些出现在大陆海岸线和障壁岛上的人造景观也就是佛罗里达人所称"公寓峡谷"的反抗。[46]

阿维达是制造公寓峡谷的先锋。当它的开发计划推进到萨拉索塔地区时，其总规划图上就出现了公寓楼的身影。反对活动也进入新的阶段。反对者毫不掩饰对《闪现的绿光》的支持，叫"救我湖湾"组织成立了。现实中的SOB联合萨拉索塔郡垂钓者俱乐部，对阿维达、州政府和长州礁岛——阿维达下一个堆填工程的所在地——提起诉讼，他们认为向私营企业出售公众共有土地，也就是此案中的湾底地块，以让其谋取私利，构成"对'公众信任'的侵犯"。[47]

麦克唐纳永远是那个"爱挑刺的人"，他写信给总统林登·约翰逊，内政部部长斯图尔特·尤德尔（Stewart Udall），以及冷眼旁观的佛罗里达籍参议员乔治·司马萨斯（George Smathers）。麦克唐纳还帮助举办了一场"湖湾保卫筹款晚宴"，为这次诉讼筹集资金。1964年12月，州政府将阿维达的长州礁湾底地块购买提案无限期搁置。"我们明显把阿维达的股价压下来了"，麦克唐纳在给拯救旧金山湾协会副会长的去信中兴奋地说，他和对方交换彼此的斗争故事。[48]

他兴奋没多久，阿维达再次提出申请堆填水獭（Otter）和利多（Lido）礁周边超过170英亩的地。SOB的成员们对此同样不会手下留情，而且他们也没有预料到事情将如何展开。援助之手从塔拉哈西向他们伸来，州长以"年薪一美元"聘请的环境顾问N.P.里德（Nathaniel P. Reed）促成了新观念的形成。里德提到佛罗里达的开发模式时曾形容开发商"抢了就跑，贪婪无度"，倒像麦克唐纳书中角色会说出来的话。1967年，他劝说州长克劳德·柯克（Claude Kirk）签署一项法令，法令要求在批复所有涉及潮间地和水下土地地貌改变的工程前，都必须进行环境调研——按前州长勒罗伊·柯林斯的方式。这项法案的倡议者是州议员，来自迈尔斯堡的泰德·兰德尔（Ted Randell）。

　　兰德尔喜欢待在克卢萨哈奇河上，当鱼不再咬他的钩时，他本人也亲历了开普科勒尔工程的影响。1月，他和柯克在萨拉索塔讨论立法事宜，行程包括了与阿维达主席布朗·惠特利（Brown Whatley）在伯德礁游艇俱乐部共进午餐。SOB得知了这次午餐会后，用200多条船摆起了"船阵"，在湖湾上"排成了队列"，以尖锐的哨声、钟声和喇叭声宣示它们的存在。柯克对他的午餐伙伴说了一句麦克唐纳会写的台词："布朗，你的海军部队在外面呢。"2月，萨拉索塔郡委员通过不记名投票，否决了阿维达新的开发申请。[49]

　　他们并不是孤军作战。在南边海岸上，狭长的萨尼贝尔岛是一座置身于开发热潮外的孤岛。它的形状像一只蟹脚，东西走向，在西边被轻轻向北吊起，通过一座短桥与科帕奇岛相连。从萨尼贝尔岛的右边，你可以看着太阳早上从海湾上升起，晚上又从那里落下。透过峡湾，你还能看到对岸派恩岛的一角和圣詹姆斯城（St. James City）。自从大海鲢爱好者们的圣卡洛斯酒店被大火烧毁，麻绳工厂也停工后，圣詹姆斯城也昏昏沉沉地睡去了。20世纪60年代，开发商的挖土机吵醒了它，他们正在为打造住宅区而大肆开挖水道。当你站在萨尼贝尔岛，用望远镜望向圣詹姆斯城时，中间会经过野餐岛（Picnic Island）、默温礁（Merwin Key）、饥饿礁（Starvation Key），经过大岛（Big Island）和小小的伯德礁——全都是无主岛礁——你可以勾勒出人口密集的开普科勒尔的轮廓。举着望远镜的你此时应该是站在或乘船漂在受到保护的萨尼贝尔红树林中。

　　从生态学角度来看，这座有着5000年历史的障壁岛是热带和温带岛屿的融合，而且整座岛屿可以说得到了完好保存。二战结束后，居民希望保有它的沙丘、沙丘草、海滩上的向日葵、马尾藻和红树林。他们很幸运能有这个选择。萨尼贝尔岛是佛罗里达半岛土地公司的所在地，公司在 1837 年由纽约投资者创立，是佛罗里达州最早的全国性住宅开发公司之一。它的负责人规划了一个由 50 块宅地组成的小镇，小镇周围是环绕的农场，岛屿被宣传为花园小镇，但它随即因法律问题而遭到强制解散，随后第二次塞米诺尔战争爆发，移民停下了他们的脚步。到了 19 世纪 70 年代末，待内战和一场大型飓风过去后，移民开始重新迁入，他们大多到这里来种植甘蔗、柑橘、鳄梨、茄子和西红柿。

1926 年，一场足以摧毁迈阿密及其建筑热潮的强劲风暴跨过半岛，将萨尼贝尔淹没在了水中。岛屿存活了下来，但是咸水浴破坏了土壤土质，它不再适合耕作了。但岛民们还有一条退路。大海鲢渔钓和冬季度假产业发展了起来。两年后，轮渡的开通吸引了大量观鸟者、自然学家和贝壳收集者前来。

来这里过冬的有一位重要人物，那就是杰恩·诺伍德·"丁"·达尔林 ① （Jay Norwood "Ding" Darling）。他是一个中西部人，他和妻子吉纳维芙（Genevieve）在 1935 年发现了萨尼贝尔和凯普蒂瓦岛。此前一年，总统富兰克林·罗斯福任命达尔林为生物学调查部（很快就更名为美国鱼类和野生动物管理局）的负责人，尽管他看起来是个奇怪的人选。达林既不是官员，也不是科学家，他是为多家报刊供稿的社论漫画家，普利策奖的获得者，而且忠于另一个政党。他的任职资格在于他常在野外活动，同时他的环保主义理念与新政的很多政策不谋

---

① 因为他在签名时习惯将自己的姓氏 Darling 简写为 Ding，从此这就成为他的昵称。——译注

而合。

　　作为调查部的主管，达尔林启动了联邦鸭票计划（Federal Duck Stamp Program），目的是增加政府对野生动物栖息地的购买量，他用自己的艺术天赋绘制了第一枚鸭票，并设计了全国野生动物保护区系统的蓝鹅标志。当意料中的阻挠者站起来反对调查局的新环保举措时，达尔林意识到无论是鸭子、鹅、熊、狼、老鼠，还是其他动物，在华盛顿都没有话语权。于是，1935 年末，他辞去职务，组织了一帮有选票的选民为它们发声。不出数月，他成为野生动物总联盟（后来更名为全国野生动物联盟）的创始人兼主席。

　　他一回到佛罗里达，就联合了萨尼贝尔、凯普蒂瓦的居民，创建了岛际环保协会（Inter Island Conservation Association）。达尔林的过冬房子建在峡湾水边的木桩上，他把这里叫作他的鱼屋，峡湾上有一座吊桥，他需要个人空间的时候，就把它升起来。保持岛屿的宁静满足了个人欲望，但不仅如此，他的窗外是一片沿着峡湾覆盖了整座岛屿的湿地，日夜都能听到鸟儿抖动翅膀的声音。他无法想象岛屿有其他的模样。1945 年，他和协会成功说服杜鲁门总统在那里设立了萨尼贝尔国家野生动物保护区。保护区在 1967 年更名为 J.N. 丁·达尔林国家野生动物保护区，居民们最初的绿色理想被写入了对萨尼贝尔未来的确凿宣言里。

　　岛上大部分居民是逃离寒冷气候的北部移民，而且他们多数受过良好教育，家境富裕，是政治上的保守派。他们都带有些许合乎情理的环保思想，主要是"别在我家后院"的邻避思维。1963 年，基本就在岛屿连接外界的第一条堤道和第一座桥开通后（违背了许多岛民的意愿），开发商就开着车带着设计图和大想法纷纷涌入。堤道附近开始了疏浚和堆填，郡政府的新综合规划图显示，一幢公寓将在萨尼贝尔撒满贝壳的海滩上高高耸起。

岛民很快有了他们自己的主意。他们组建了萨尼贝尔－凯普蒂瓦环保基金会，并在 1974 年将岛屿建制为市。然后，埃拉尔·马提森（Erard Mattiessen），他是一位纽约退休建筑师、水产养殖的先锋、全国奥杜邦协会 20 年的董事会成员、萨尼贝尔－凯普蒂瓦环保基金会的创始成员，以及作家彼得·马提森（Peter Mattiessen）的父亲，在他的发起下，人们研究出了针对岛屿本身的土地使用计划。萨尼贝尔的第一任市长，波特·戈斯（Porter Goss），在发展商的密集反对声中，将计划成功贯彻了下来。[50]

不再有疏浚和填埋，不再有被连根拔起的红树林，不再有难以负荷的公寓楼；度假村，可以有，但建筑物不能高于 43 英尺，且藏身于茂密的受保护植被后，通往度假村的马路不能超过两车道，汽车时速不能超过 35 英里，另外还铺设了 25 英里长的自行车道，所有这一切都被放在广阔的野生动物栖息地里。除基金会建立的保护区和丁·达尔林自然保护区外，大约三分之二的岛屿都未被开发。

1987 年，丁·达尔林保护区扩张边界，将大海鲢湾纳入了保护区范围。内政部封闭湖湾，禁止渔猎，码头上的垂钓向导业务也被强制关停，兰迪·韦恩·怀特的向导业务也受到波及。怀特看了一下形势，就自己关掉了商店，开始全职写书。他从不往回看，但上一份工作开始的地方除外。作为作家他开始有了名气，最后从派恩岛搬回到了田园牧歌般的萨尼贝尔，加入了同样来自其他地方的当地居民，包括波特·戈斯，他当时俨然已是一个全国性的人物，当上了国会议员和中情局主管。

在萨尼贝尔和凯普蒂瓦，还有罗伯特·劳森伯格（Robert Rauschenberg）[1]（他买下来达尔林的鱼屋），威拉德·斯科特（Willard Scott）[2]，以及R.T.阿伯特（R. Tucker Abbott），美国第一位贝壳学家。鸟类摄影师泰德·克洛斯（Ted Cross）买了保护区水边的一所房子。虽然他环游了全世界——包括南太平洋和西伯利亚，以及响尾蛇和棕颈鹭的乐园，得克萨斯州的绿岛（Green Island）——他仍然认为萨尼贝尔是全世界最佳的摄鸟地之一，只需一架无害的尼康相机和超长焦镜头。

到20世纪末时，萨尼贝尔的居民有6000人，达到了当地控制增长的目的，但一到冬天，人口数量会涨到两万以上。保护区的鸟和海滩上的贝壳每年吸引来近百万游客。主路上形成长长的车龙。游客踏着酒店和旅馆提供的脚踏车游览海滩，他们对自行车道很是满意。萨尼贝尔居民的平均年龄是60岁；人均年收入8万美元；他们的房产均价为50多万美元。在酒店、商店、饭馆领薪的员工，以及在主要十字路口上身穿制服的交通指挥官，他们都无法负担在岛上居住的花费。他们会在交接班后在收费站支付每次六美元的过桥费，通过桥梁往返于大陆和岛屿。在不断增长的海岸上，自然成了稀缺而被垂涎的商品，可惜，它的价格让很多人无法承受。

用罗森兄弟的话来说，自然的最好状态存在于它可以被出售的时候；这基本上也代表了每一个将原始海岸改造成稀缺品的开

---

[1] 艺术家，战后美国波普艺术的代表人物。——译注

[2] 著名的喜剧演员、电视工作者，也是最早的麦当劳叔叔扮演者。——译注

发商的想法，一切都适用于供需关系原则。出于生态原因捍卫它的人，几乎不会因为原生态滨海区所带来的经济利益而动摇。但那时，国内的环境保护意识开始崛起，1970 年发起了第一个地球日，当地和州府的官员开始重新思考海岸的发展问题。陆军工程兵团的一项决议得到了环保主义者们的称颂，他们拒绝了麦克尔兄弟要将额外的马可岛红树林和敏感地块改造成 3700 块预售宅地的申请。20 世纪 80 年代，内政部创立了万岛群岛国家野生动物保护区，并在日后将保护区的占地扩大到 35000 英亩，其中三分之二是红树林。

大约在同一时间，佛罗里达的立法者通过立法承认了红树林的生态价值，他们制定法律严格限制对红树的修剪和砍伐（但是滨水区业主违反这项法律的情况还是常见）。州政府、地方政府、联邦当局和私营企业以维系、保护为目的留下了佛罗里达 80% 的现存红树林。佛罗里达州并没有停止疏浚和堆填，但它将许多海湾地区指定为"重要水域"或"水上保护区"，包括博卡谢加湾和坦帕湾上其他三个区域。萨拉索塔湾、夏洛特港、派恩岛海峡、麦乐西峡湾都在名单上，它们将得到特别保护，严格限制日后的疏浚、堆填，以及筑堤。州政府认识到海岸线保护的必要性后，它常推荐或要求修筑用松散巨石堆砌的乱石堤，作为对环境友好的海堤替代物。将河口打造成住宅区的时代已经成为过去。

但是，保护和扩张之间的紧张拉锯依然存在。你无法阻止人们搬到佛罗里达的海湾沿岸生活。在很多地方，公寓和酒店沿着沙滩一路延伸，直到消失在远方。在新千年，开普科勒尔成为美国发展最快的城市，人口超过 10 万人。昂贵的萨尼贝尔有着每平方英里 356 人的非应税人口，人类和野生动植物栖居地在这里和谐共存。在价格实惠的迈尔斯堡，每平方英里人口是 2065 人，

/ 410

萨拉索塔的这个数字是 3540，在这里和谐共存的几乎只剩下人类和混凝土了。派内拉斯郡的人口密度是全州平均数的十倍，它一直在向外扩建。博卡谢加湾上的金银岛，有着沙丁鱼罐头般的人口密度，每平方英里有 4783 人。这里是最拥挤的墨西哥湾海岸带上最拥挤的障壁岛。

按 1895 年库欣的"银色浪花号"从塔彭斯普林斯到马可岛驶过的路线，沿途随意停靠在任何一个港口，你会发现到处是湾底翻转而成的海岸线——一道道伪造的、横平竖直、修剪得平平整整的 20 世纪末风格的海岸线。那就是对蕾切尔·卡森所提问的关于红树海岸未来的回答。

最后一点与现在的气候变化和海平面上升尤其相关。在谈到这两个问题时，很多注意力都投向了亚马孙雨林，讨论它们被耗尽后将会导致多么可怕的后果。但是，红树林本身的植被和它们交叉缠绕的根系周围的多泥煤土壤，让它比任何热带树林都吸收了更多的二氧化碳，其中包括燃烧化石燃料产生的二氧化碳。这意味着空气中将含有更少的二氧化碳，意味着气候变化和海洋酸化问题将得到减轻，而海洋酸化是导致佛罗里达礁岛的珊瑚礁死去的原因之一。红树林还帮助建设和保卫海岸线，即使上涨的海水要将它带走。就像本章开头卡尔·比克尔所说的，它们是"建筑队"，也是比疏浚机和防波堤友好得多、聪明得多的方案。

得克萨斯，亚瑟港（Port Arthur）。到 20 世纪中叶，
得克萨斯海湾沿岸已经成为石油化工的天下。

　　曾经的［湖湾］，潮起而落，灰鹭啄食，鹰击长空，概
莫能外，它沉睡在星空下，在时间的长河中不发一言。眼
下，它是否嗅到了自己的未来？

　　　　　　　　——黛安娜·威尔逊（Diane Wilson）（2005）[1]

／ 412

　　如果你于 20 世纪 90 年代中期在一家饭馆或海鲜市场点一份
牡蛎，那么大于一半的可能（57%）它们会来自墨西哥湾。如果
你叫的是虾，那么你剥到的那只虾有将近 70% 的概率也来自海
湾。美国海的虾蚝捕捞业是全美产值最高的。这就是为什么，算
上鳍鱼——大西洋鲱、金枪鱼、鲭鱼、石斑鱼、石首鱼、鲱鱼、
唅鱼、比目鱼——墨西哥湾的渔业出产量比五大湖和大西洋海岸
的合计还要多，在除阿拉斯加外的国内总捕获量中占据了三分之

一，码头收益达 6.98 亿美元。此外 4200 万条鱼来自 480 万休闲垂钓者的鱼钩。

当然，数据会说谎，或者隐藏相反的证据。墨西哥湾的产量在 20 世纪 80 年代末期到达高峰后，就开始逐年减少。其所占比例看上去仍然非常可观，是因为整个美国的渔业产量都在下滑。在东北部地区，向来被视为"矿井里的金丝雀"的大西洋鳕鱼数量已经遭遇了暴跌。科学家多年来一直在疾声警告，全世界正面临过度捕捞、过度发展，以及日益严重的海洋污染问题。1988 年 8 月 1 日《时代周刊》刊文称："各大洋正在发送求救信号。"它描画了一片受污染的海水，其中灰蒙蒙的海潮像人类的魔爪，伸向无辜的海洋生物，周刊在封面上大声喊出了"我们污秽的海洋"。就全世界的水域来说，美国有很大的责任。它是最大的海产消费者，最大的能源使用者，也是最大的污染源。[1] 因为大西洋和太平洋沿岸还有很多其他国家，它们也难辞其咎，这就让美国多少可以将自己在这些每况愈下的海域上遭受的指责转移出去。但在自家后院海湾上发生的问题，就只能是自己的问题了。[2]

这是战后海湾发展的另一面——工业的一面，它并不总是像耸立拥挤的住宅楼那么显眼，但真相一旦被揭开，也是骇人听闻的。第一个不对劲的征兆出现在红树海岸上，那里的开发商和新移民数量开始下降。1954 年联邦政府公布了一份关于海湾污染的报告，里面着重指出了 23 处污染严重地区——有 9 处位于佛罗里达（最严重的那个在狭长地带），7 处位于得克萨斯。它们

---

① 联合国粮农组织的一份报告（《2008 年世界渔业和水产养殖状况》）指出，自从 20 世纪 60 年代以来，全球消耗量翻了一番。

无一不是经历了工业化的河口湾。

尽管如此，报告作者依然对前景保持乐观。只要有州政府和包括美国公共卫生署贝类卫生部（也就是报告的撰写人）在内的联邦政府机构在，一个更干净的未来就可以得到保证。"这份水污染数据必定不会长久，"作者宣称，"这主要是因为，市政当局和工业企业都在采取措施减少污染，且不断取得进展。"但是，20年后，所谓的进展没有出现。工业不断飞速扩张，因为利润的增长总是能弥补生态的赤字。[3]

从小生长于佛罗里达狭长地带的查尔斯·洛厄里（Charles Lowery），此时正站在受到严重污染的海湾地区边上，看着那块他称为"死亡墓碑"的花岗岩石碑。它上面的刻字一目了然："纪念埃斯坎比亚湾，公元前1971年，死于污染。"这可能是他其中一个游钓伙伴从彭萨科拉的纪念碑制造商那里拿来一块花岗岩石板开的玩笑，游钓者也是一群在喝完了啤酒就把易拉罐扔进水里的人。纪念碑是在他们真正发现海湾正在遭受工业废物和人类垃圾污染之前就做好的，因为他们能从海水中嗅到、从捕获物中尝到这些不对劲的味道，他们发现钓上来的鱼身上有伤痕，看见死鱼的尸体被不断冲上岸来。墓碑并不是玩笑。[4]

1969年，埃斯坎比亚湾（Escambia Bay）上发现了21条死鱼。第二年，有30多条。在两亿美国人庆祝完第一次地球日后的五个月后，沿海地区的报刊纷纷报道，缺氧使埃斯坎比亚湾遭遇死亡威胁，这是有史以来所罕见的。专家的衡量标准不是海上的死亡数量，而是它波及范围之广：七英里的海洋动物死去，膨胀发臭，丧失了商业价值、消遣价值，脱离了食物链。佛罗里达海军巡逻队上尉刘易斯·赞加斯（Lewis Zangas）告诉美联社，大量的鱼肚翻白，让海面看起来"像雪地"，然后又坦诚地补充道："但闻起来就不像了。"[5]

彭萨科拉已经变得面目全非，不再是以前海湾上那个诞生了商业渔业的城市了。旧码头区隐身而去，让位给了众多的旅游酒店、一座海军航空站、一所州立大学，还有容纳着五万人的住宅区。来自东北部的商业渔民曾将彭萨科拉打造为重要的海鲜港口，但这段新英格兰历史，已经被遗忘了。西班牙的根仍然以某种奇怪的方式维系着，主要靠的是它的历史和热情好客的人民，但居民们最强烈的归属感来自这座城市的或他们自己的南邦联文化。彭萨科拉是一个不折不扣的南方城市——政治保守，种族隔离，以及排外，但也有例外，它对军事开支和工业发展是欣然接受的。

彭萨科拉和战后的其余南部各州一样，紧跟时代步伐，热情地摆上了饕餮盛宴吸引着来自北方和外国的产业入驻。劳动至上的法律削弱了工会地位，使当地劳动力价格低廉，可利用价值高。税收优惠像姜饼一样被一点点发放着。在南方州国会议员的支持下，它得到了联邦拨款，修建了深水航道。在以到港和出港载重量计算的全国前十大港口中，有六个是墨西哥湾货运港，其中南路易斯安那港（位于新奥尔良和巴吞鲁日之间）和休斯敦港分居第一、第二位。南部对投资人的热情充分体现在其松懈的环保法律和一项不言自明的善意中：污染到你满意为止。

在彭萨科拉，他们的确这么做了。这座城市被四个湖湾包围，它们的三分之二流域一直延伸到了亚拉巴马州的乡村。农业径流和渗漏的化粪池将废弃物送进了主要的排污系统：黄河（Yellow）、黑水河（Blackwater），还有埃斯坎比亚河。查尔斯·洛厄里所在的埃斯坎比亚湾的情况最为严重。埃斯坎比亚河及其支流为十座污水处理厂——"处理"是个暧昧的词——提供容器；其中九个在亚拉巴马，它们的半边屁股已经危险地坐到了佛罗里达的西部，剩下的那一半则蹲坐在湖湾岸上。

埃斯坎比亚河同时还支撑着一座发电厂和七座制造厂，其中四个是跨国化工产品生产公司。1977 年环境保护局的一项调研显示，工业生产产生的耗氧化学物和氮是杀害鱼类的主要元凶。工厂还排放了大量重金属污染物：铅、锌、铬、锰、镍、铝、铁、钛、镉、铜、钴、钒。洛厄里会在日落前开着他的小卡车通过 90 号公路大桥，后面的拖车上载着他的船，饵料也已经精心备好，然后在车前灯的照射下，他会看见海湾电力公司煤灰里的金属氧化物在河面上闪闪发光。他知道在汤普森长沼（Thompson Bayou）上，他的电力提供商在那里将毒性极大的煤灰堆出了"一座该死的岛"。他也许也诅咒过热污染。电力公司从湖湾或河流里抽水冷却机器，随后将热水重新排回河湾，这些热水含氧量更低，通常会造成海草的死亡。[6]

工厂将湖湾当作污水桶，往里面倾倒废弃物，最终进入海洋这个水沟里。但由于地理上的巧合——水流形态、大陆位置以及障壁岛的存在——彭萨科拉周围的湖湾并不会被及时冲入墨西哥湾。于是多达 40 种的高浓度化学物在这里徘徊不去。

在湖湾倒下前，有人需要站出来行动。化学物的生产者不会自愿做出改变，地方官员也不会这样要求他们。亲商业、亲增长的《彭萨科拉新闻期刊》（Pensacola News Journal）将工业企业视若宠儿，为其说尽好话。鱼类死亡事件接踵而至。环保局估测，在 1971 年，全国的受污染水域共杀害了 7400 万条鱼，比 1969 年记录的增加了 81%。将近四分之一的鱼窒息在得克萨斯海岸上，将近一半在佛罗里达翻了鱼肚，其中大部分都发生在埃斯坎比亚湾。

这是第一次，美国主要的致死水域不是在河流和湖泊，而是在沿海河口。对经济增长的盲目追求将生命的摇篮变成了死亡的坟墓。在彭萨科拉公布了当年最大的鱼类死亡事件后，刘易斯·赞加斯通过美联社说出了另一句简单明了的话："照这个速度，我想埃斯坎比亚湾不到一年就死了。"[7]

洛厄里那块石碑并非在凭吊死亡，而是在呼吁行动。

仍然有许多人认为往巨大的蓝色海洋里扔垃圾就像往一个湖里吐口水一样无害——想想二战结束时淡定从容地将化学武器从霍恩岛上扔下的美国军队。为和平目的制造化学品的公司照做不误，定期往墨西哥湾丢弃未稀释的有毒废弃物，包括二氯二苯三氯乙烷（DDT）和多氯联苯（PCBs）。1973 年，大约就在军方承认酿成事故的同一时间，环保局叫停了这种操作。大部分有害物质被转移到一座距离得克萨斯州 190 英里的离岸焚化炉处。但15000 名州民——有害废弃物排放量居全国第一（占全国总量的23%）的州——联名签署请愿书，环保局不得不在 1991 年关停了焚化炉。

孤星州的居民戴安娜·威尔逊，可以引用任何的事实数据说明有害化学物正在得克萨斯州的阳光下"无所不在地潜泳"。为了让有毒物质停止流动，她愿意不止一次地赌上自己的性命。[8]

威尔逊住在卡尔霍恩郡（Calhoun County）一个叫海漂（Seadrift）的小镇上。郡政府设在拉瓦卡港（Port Lavaca）。拉瓦卡港的名字来自它出港的第一件商品。根据卡韦萨·德巴卡最初的愿景，西班牙人在墨西哥湾上引入了最早的畜牧场，到1840 年，畜牧场传到了卡尔霍恩郡。美洲山核桃和棉花也是拉瓦卡港最早的一批出口商品。铜矿和铅矿也从那里被开采出来。它们预示着日后重金属的兴起，重金属并非从矿中开采，而是来自当地的化学加工。

拉瓦卡港在卡尔霍恩郡的北边，海漂镇则在南边，离海岸上的加尔维斯顿 150 英里远。和彭萨科拉类似，卡尔霍恩郡是插入四个湖湾里的一根手指，那四个湖湾分别是拉瓦卡、马塔戈达、圣安东尼奥（San Antonio）和圣埃斯皮里图（Espiritu Santo）。马塔戈达岛在这片陆地和水域的最前方，在另一个方向上，长耳大野兔的草原和杂草丛生的牧草地在它后方向西铺展。远处是林木线，生活着白尾鹿、北美鹑和野生火鸡。所有这些都曾经是卡兰卡瓦人的领地。

在威尔逊长大的 20 世纪 50 年代，海漂镇的居民不到 500 人。多数人通过网捞鱼、虾或蟹——常常三者兼有——来养家糊口。在 20 世纪 20 年代，这个小小的牧牛港口的虾产量在全国居于前位，至少当地历史是这么说的。威尔逊的曾祖父和祖父是捕虾人，她的父亲、叔伯、两个兄弟和丈夫也是——一个捕虾世家，到了威尔逊这里也不例外。海漂镇的水上晚高峰发生在船只纷纷回到鱼仓的时候。水边，杂草丛生的荒地上堆满了生锈的铁器、断裂的木头、剥落褪色的油漆和无主的马达，被扯断的渔网堆成了小山丘。[9]

威尔逊喜欢能包容这些垃圾的自然环境。她在回忆录中写道，那里有"长喙涉禽和红翼歌鸲，还有成群手指长短的鲻鱼和钻进裂缝的蓝蟹，还有幽幽划过污泥的鲽鱼、比目鱼和鳐鱼"。密布湖湾的捕虾船漂浮于丰饶的生态环境中，似乎它会永远这样下去。[10]

威尔逊在八岁的时候就跟着父亲出去工作了。她在 24 岁时买了属于她的第一艘船，那时的她高高的个子，皮肤被晒得黝黑，一头黑发；28 岁时买下了第二艘船。船很好，龙骨牢靠，她叫它海蜂。威尔逊可以在破晓前黑漆漆的湖湾上航行，这对她来说就像在自家房子里走路一样容易。她可以自己一个人在船后拖网，可以修补那些破掉的被别人放弃的渔网，嗅到风暴即将来临的味道。驾驶海蜂的同时，她也管理着一个虾仓（两件女人不该做的事），并抚养着五个孩子（一件女人该做的事）。

卡尔霍恩郡周围的湖湾都大而汹涌，几乎无时无刻不是风起浪涌。沉没的渔船是大海留下的印记。有些船半沉在水中，是那些兢兢业业的有着许多故事的船舶的幽灵。捕鱼大多在湖湾上进行，每一个船长都知道失去船的风险。波涛汹涌的水浪中藏着码头残骸和标记桩，被丢弃的油井，以及被轻率处置的钻井设备。

威尔逊后来了解到了另一种更大的危险。环保局发布了第一份《有害物质排放目录》（*Toxics Release Inventory*），那一年是 1988 年，也就是《时代周刊》以"我们污秽的海洋"为封面的那年。在所有上榜的化学物排放源中，路易斯安那和得克萨斯占据了近四分之一。目录的前三十大郡中，有一半都和墨西哥湾相通，包括卡尔霍恩郡。不是匹兹堡、扬斯敦、底特律这些重量级工业城市，而是威尔逊的家乡，那个生活质朴、按部就班的渔村，其陆源有害物排放在全国及其所有 19278 座工厂中位居前列。

有毒物质来自五个后院工厂：美国铝业、联合碳化物、台湾塑料（以下简称"台塑"）、杜邦、英国石油化工（英国石油公司的子公司）。英国石油化工任意排放两种致癌物：乙酰胺和丙烯酰胺。联合碳化物排放丁二烯，这是一种毒性剧烈的空气污染物。美国铝业的铝土矿厂建立于 1948 年，往拉瓦卡湾的一座岛上倾倒了大量的含汞废料，导致得克萨斯州的公共医疗卫生服务中心封闭了部分湖湾，禁止捕鱼。台塑计划投资 10 亿美元，用于扩张塑料生产业务，随之而来的将会是与日俱增的未经处理的废弃物排放，包括氯乙烯、二氯化乙烯和其他氯酸盐。[11]

卡尔霍恩郡并不是唯一上榜的得克萨斯州地区。在目录的前 10 名中，得克萨斯州有四个海湾沿岸郡府位居其中；前 30 名中，有 7 个，前 31 名中，有 8 个——但一个内陆郡都没有。1901 年的纺锤顶不仅将美国送上了石油成瘾的不归路，也将得克萨斯州海湾沿岸变成了主要的石油衍生品制造基地。一个世纪之后，将近 40% 的美国石油化工行业——按威尔逊的说法——都"锚定在湿地里"，从亚瑟港到曾经是大海鲢游钓胜地的科珀斯克里斯蒂，无不如是。目之所及，化工厂的火炬像一团白光中的火把般燃烧着，火光刺破夜空，明亮耀眼，不知是地狱还是圣诞。

/ 419

战后的住宅建造者在佛罗里达的红树海岸上找到了商机，工业美国则在得克萨斯的盐沼海岸上找到了避风港。东部海湾追求的是休闲经济；西部，追求的是工业。那边盖起了公寓，这边则升起了蒸馏塔。那边移民如潮水般涌来；这边，化学制品泛滥。佛罗里达的发展令人迷醉在幻境里；得克萨斯则将毒性带进了真实世界。工业的拥护者说他们创造了工作机会和税收。的确如此。但环保的拥护者也没有说错：毒害了鸟和鱼的，也将毒害人类。

每一个在得克萨斯州旅游或居住的人都不会想到《清洁能源法》和《清洁水法》已经颁布近 20 年了。得克萨斯州海岸的有毒物擅自排放、化学品溢漏、臭氧污染、清洁水污染、二氧化碳排放问题为全国最严重。每年大约有 1600 磅得克萨斯州工业废物经布拉索斯河（Brazos River）排入墨西哥湾，近 700 磅来自休斯敦航道（Houston Ship Channel）和加尔维斯顿湾。

休斯敦航道建于 20 世纪初，位于休斯敦和加尔维斯顿间，用来运输棉花、牲畜和其他农产品。纺锤顶过后，它成为石油化工业的海上高速公路，一并带上了重金属、二噁英、PCB 等物，不一而足，全都朝加尔维斯顿湾而去。河流致癌物浓度飙升，人们开始称呼得克萨斯州的曲折海岸为"癌症带"。卡郡的居民因此生出了病态的幽默，他们说如果有人患了肝癌、脑癌、石棉肺或其他肺病，你可以根据他的病症猜他在哪家污染工厂工作。有段时间你可以看见美国铝业的水银珠子流入拉瓦卡湾。如果你流产了，那么，威尔逊会从威胁环境和公共健康的有害物中总结出一份"致流产化学物"清单。[12]

/ 420

政府官员表示关心，但似乎在污染问题上并无作为。如果你走进一家工厂捣毁机器，或者走进一个农场射杀牲畜，你会被控以恐怖分子的罪名并被逮捕。但捣毁了人们赖以生存的河口湾的企业家们却安然无事。一封对当地报纸的去信说得对："化工厂污染环境，但没有违反环保法律。"[13]

环保局提出一条工业行业理念："稀释就是最好的解决办法。"将有害污染物以小剂量分散排入空气和水中，就不需要担心了。更糟糕的是，监管者定期给出"安全的"排放量标准，允许例外的发生。更更糟糕的是，行业的监管者就是它自己。污染者测量和报告它们自己产生的污染量——包括可免责部分和违法部分。它们总是称后者是意外，而许多"意外"完全不被提及。工厂趁人们晚上熟睡的时候，偷偷加大排放，推土机将大桶大桶的有毒物埋入秘密土堆里（全国范围内的普遍做法）。人人都知道这样的事情在持续发生。

在台塑公司宣布扩大生产计划后，威尔逊要求监管机构在批准扩建前，应遵循环境保护和公共健康法律以及它们自己的规则。看起来，政府官员对执行法规的热情，和这个总部设在台湾与新泽西州的塑料制造商遵守法规的热情程度是一样的。于是威尔逊成为她自己口中那个"不可理喻的女人"。

在埃斯坎比亚湾 1969 年因为死鱼潮而变得一片雪白后，查尔斯·洛厄里成立了欧鳊垂钓协会（BFA）。这不仅仅是一个户外运动团体，它仿照艾萨克·沃尔顿联盟建立，根据它的组织宗旨所说，其目标是提高"垂钓者、狩猎者、露营者和其他户外运动爱好者的环境保护责任感和休闲愉悦感"。BFA 最初的成员来自洛厄里一起钓鱼和喝啤酒的同伴，大多是辛勤工作、拥护红蓝白①的爱国者，有些人只有高中学历，有些也被称为"博士"，按洛厄里的话来说，他们是"一小帮红脖子"②。[14]

洛厄里终其一生都在彭萨科拉附近钓鱼。从六年级开始，他就和他最好的朋友吉尔伯特·麦吉（Gilbert McGhee）一起钓鱼了，麦吉是波阿克族的克里克人（Poarch Creek Indian）。他们住在彭萨科拉北边的松树林里，但在埃斯坎比亚河或其他湖湾上钓鱼实在太诱人，他们可以为此在天不亮就出发赶路。

J.D. 布朗（J. D. Brown）也是他们的一个朋友，共同创办BFA 的成员。他在格兰德长沼（Bayou Grande）长大，那里位于彭萨科拉湾底部，在埃斯坎比亚以南。曾经有一段时间，他可以一次从蟹笼子里抓出五六十只蓝蟹，或者走到海滩上，往水里撒几次网，捞到的鲻鱼就足够来一场丰盛的炸鱼了。

另一位关键的 BFA 成员是厄尼·里弗斯（Ernie Rivers），

---

① 美国国旗颜色。——译注

② 对美国南方的露天劳动者（政治观点保守，受教育程度不高）的贬称。——译注

他从小住在俯瞰埃斯坎比亚湾的红色断崖上。他有时往下看，会看见上百只宽吻海豚追着足有半英里长密密麻麻的鲻鱼群跑。他还能看见湾底黑暗的阴影中成片成片茂密的海草。在他的记忆中，经济大萧条时期也没人饿死。"我们有那么多鱼虾牡蛎可以吃。" [15]

里弗斯在 1943 年加入海军，成为一名职业军官和飞行员。当他 1964 年回到彭萨科拉执行他退役前的最后一次任务时，海草还在，但河床已经开始后退。湖湾里的水不再像从前那般健康，它们正将海草置于死地。河床持续退化，最后消失不见了——到 1980 年，彭萨科拉水域 95% 的河床消失了，是墨西哥湾所有湖湾中损失最为重大的。结果虾也绝了迹。于是鲻鱼离开了。海豚不再来了。渔民亦然。他们现在成为被围困的群体，在当地没有了影响力，他们不是放弃了捕鱼就是到近海更严酷的环境中工作。在加入 BFA 之前，里弗斯就想停止人们对湖湾的强行攫取。作为海军航空站的航空摄影导师，他会指导学员飞到工业和污水厂上方，将排放污水的画面拍摄下来。

就在里弗斯进行空中侦察的时候，J.D. 布朗组建了一支海军陆战队。他发动 BFA 的志愿者在湖湾和长沼中取水样，这成为一个监察系统。他们两人正在编制一份滥用记录。BFA 屡次到州卫生局和环保局，用他们搜集到的证据向它们施压。在联邦层面，国会和环保局制定了严格的全国污染物减少和合规日程表。到 20 世纪 70 年代末，彭萨科拉地区的工业企业为污染物建立了滞留系统，有害物将在那里等待，并最终以深井灌注的方式得到处理。在某些案例中，湖湾排污的减少量因此达到了 90%，企业对 EPA 如是说。报纸头条对此大加赞赏：湖湾归来，鱼儿又咬钩了。[16]

但 BFA 并不会就此关门钓鱼。彭萨科拉的污水处理设施像个猪圈。它只提供最基本的处理,但不会移除化学物,包括氮和传染性病菌。渗漏、事故和溢出导致的排污并不少见。这基本已经是全海湾范围内的常态了。美国公共卫生服务局在1954年主持进行了一次墨西哥湾调研,其中有一幅地图,地图上用建筑物图标来表示当地的废水处理装置。这个图标布满了湖湾和河流。黑色的代表废水未经合格处理就排放的处理厂,于是从科珀斯克里斯蒂一直到那不勒斯,黑色图标聚成一团,就像露天厕所里的苍蝇堆。[17]

研究还提到了赤潮,这是天然暖水区因为海藻暴发而引起水体变成红色、褐色或绿色的现象。20世纪50年代是关键的十年,科学家注意到,这类有害事件在墨西哥湾发生得越发频繁。赤潮引起人们双眼和肺部的不适,并在海滩上堆积了大量的海洋生物尸体。海牛尤其受到严重冲击。卡韦萨·德巴卡也许在得克萨斯州见过赤潮暴发;迭戈·洛佩兹·德科罗戈多(Diego Lopez de Collogudo),一位方济会修士,记录了发生在1648年袭击了尤卡坦的一次疑似的赤潮暴发:一阵"恶臭"和"堆成山的死鱼"。专家认为发生在1844年佛罗里达狭长地带上,位于莱昂纳德·德斯坦捕鱼处附近的那次,是有记录以来的第一次赤潮现象,虽然当时没人知道那是什么。人们称其为"毒水"。1935年南帕德雷岛水域暴发了赤潮,杀死了两英寸的鲻鱼、八英尺的大海鲢,还有处于它们之间的一切生物,留下懵然不知所措的研究人员。[18]

紧接着,1947年的赤潮摧毁了大量的海绵层,塔彭斯普林斯至今未完全恢复,在显微镜下,科学家发现大量的有害藻类会释放出一种能麻痹海洋生物呼吸系统的毒素。但他们不知道赤潮为什么以及如何发生，或者它究竟是从哪里开始的。为了控制赤潮，科学家尝试往水里泼一点硫酸铜。结果只是杀死了更多的鱼。20世纪80年代和90年代，南佛罗里达和南得克萨斯海岸周围的水域，赤潮暴发次数越来越多。

结果，得克萨斯州的牧场畜养起了更多的牛，屠宰场产能翻了一番。在佛罗里达，爆发式的人口增长引起了连锁反应，草坪肥料的使用量随之加大，类似家得宝、劳氏和沃尔玛这样的大卖场里，芳香的园艺商店引诱着人们，还有美乐棵这样的公司提供每月一次的草坪维护服务。一些科学家认为频繁的赤潮和绿地、牛粪和污水管道的涌出物有关，这让他们的同事头疼，因为他们认为没有证据证实这种关联。媒体的报道将藻华暴发当作自然的一种残酷奥秘，有时他们也将污染导致的鱼类死亡错认为赤潮，归责于自然，放过了真凶。

偶尔会进入彭萨科拉的赤潮，常常将海湾海滩和旅游季搞砸。长期折磨着湖湾的是抽水马桶。厄尼·里弗斯不断给市政执政官弗兰克·费森（Frank Faison）打电话："弗兰克，你又往我的湾里倒屎了。"里弗斯有照片为证。"你要把那些该死的东西弄出来。"但费森从来没弄过。他说市政负担不起一个新的排污系统。于是它不断地缝缝补补，安上新的管道，将同样的屎运到别的地方。每天超过2000加仑的污水流入水体。[19]

让彭萨科拉人备感为难的是主处理厂的地理位置，它位于市中心边缘，在湾边可以赫然看到它耸立的身影——一座古罗马竞技场状的排泄物建筑。顺着右边来的风，正在购物的顾客可能有一阵好闻。当地居民害怕风暴，是因为害怕狂风和水涝会让污水溢出到街道上。最可怕的时刻发生在2004年，飓风伊万（Ivan）将人类粪便灌进了轿车和建筑物里。弄脏了湖湾是一回事，弄脏了人住的房子，就是另一回事了。人们要求问题必须得到解决；该适可而止了。

市政管理局在征得联邦应急管理局的准允后，投资 3.16 亿美元，在老厂 15 英里以北处建了一座零排放的处理厂。它将经深度处理的水循环提供给当地的国际纸业造纸厂和海湾电力，用于机器冷却和需要大量用水的洗涤工序。这一处理系统赢得了全国和国际上的可持续环保奖项。彭萨科拉不再因为粪水满街和臭气熏天尴尬地荣登新闻头条，而是在通往更清洁的未来的道路上骄傲地领先了其他城市一大步。

但在其他方面，它仍然跌跌撞撞得厉害。失去闪耀头条的是它的 7 座超级基金工厂。能比得上墨西哥湾海岸上的各郡的，只有休斯敦的哈里斯郡（Harris County）（16 座）。彭萨科拉的其中之一是美国木馏油工坊，它污染地表和水体长达 80 年，直到 1981 年才关停。莫比尔也有一座带来污染的木馏油厂。密西西比河上的博加卢萨（Bogalusa）、博蒙特和休斯敦也各有一个。加尔维斯顿在 1900 年飓风中被卷走的木板路就是在当地一个木馏油厂里进行防腐处理的。沃尔特·安德森划船渡过密西西比湾时，他便置身于附近工厂排出的污染物中，工厂在处理用于巴拿马运河的木材。这些工厂很多为铁路公司所有，它们为铁路公司制造经木馏油处理的轨道枕木。这个地区的松树林不仅提供了枕木的原材料，还可以用作电线杆、码头铺设和早期的油井桩材，而且它们全都经过了化学防腐处理。

美国木馏油工坊的流出物渗进了奇科长沼（Bayou Chico）和彭萨科拉湾。J.D. 布朗回忆说，他捞上来煎着吃的鲻鱼吃起来就有一股码头木桩的味道。奇科长沼这个地方令人啼笑皆非。长沼边上有一个破破烂烂的废水输送站和那个木馏油加工厂，这里的水既不能在里面游泳，也不能喝，但船舶最爱停靠在这里，因为水里缺氧，藤壶无法在这里存活。

BFA 成员认为埃斯坎比亚湾也应该在超级基金的名单上。有几次他们试图修复海草床，耗费了数千项个人的和筹集的资金，但海草总是持续不了几个月就死了。这要归咎于湾底一圈残余的 PCB，PCB 在 1979 年被环保局禁止使用。要对此负责的机构很可能是孟山都公司，这家公司已经成为清洁湖湾支持者们喊打的对象了，这并非无妄之灾。孟山都在全世界的环保行为记录上已经臭名昭著，作为埃斯坎比亚河的占有者，它是一个众所皆知的 PCB 排放源。[20]

在这件事上，没人能比在彭萨科拉长大的琳达·杨（Linda Young）更清楚的了。她读小学时的一天，她母亲接了一通电话，随即哭了起来。琳达以为谁去世了。但其实是 1969 年那次大量鱼类死亡的消息。在此后很多年里，电话铃声不断响起，带来持续的天灾报道。这看起来的确像世界走到了末日。这就是埃斯坎比亚湾在人们生活中的重要性。杨记得人们的疑问："什么将会发生在我们身上？"换句话说就是，孟山都对他们做了什么？

30 年后，她成为一个环保积极分子，此时她正开着一辆小货车到了工厂外。和她在一起的，还有她的一个朋友和她们的四个孩子——并不都是自愿来的。杨跟在一辆运货卡车后面，溜进了那道颇具威慑性的大门，上面挂着禁止通行和危险品的标识。她听说有一座露天污水坑，里面的化学物直接往空气中挥发，大概也会排入湖湾。她爬上护道，远处是一片 17 英亩的湖泊，里面尽是会导致肺部灼烧的废水。她拍了照片，逃离了这个被围蔽的场地，随后在她的环境主题报纸《地球新闻》上发表了这项证据。

迫于压力，孟山都建了一个储存槽，抽干、铲平了它的污水坑。

湖湾也许恢复了昔日的美丽，但如果 PCB 一直阻止海草长回来，这又好在哪呢？缺氧是持续存在的问题，科学研究表明鱼和蟹体内存在高浓度的 PCB。卫生部张贴了严禁钓鱼的警示牌。但警示牌无法阻止鱼继续在受污染的湾底进食，有害物渗入它们的组织，然后它们游走了，在其他水域被捕捞上岸。杨，在当时已是佛罗里达清洁水网络的负责人，清洁水网络是一个非营利的环保和公共卫生组织，既然环保局和佛罗里达的环保部门没有完整履行其职责，杨就开始敲响湖湾边各家住户的门。她聚集了50 个原告，争取了法律代表，在 2008 年向孟山都以及后来接替它的企业提起诉讼，要求清除残余的 PCB。

14 年前，帕蒂诺湾（Perdido Bay）的沿岸居民提起了一个类似的诉讼。帕蒂诺湾是彭萨科拉西边唯一的一个湖湾，也是备受困扰的一个。帕蒂诺河和伊莱文麦溪（Elevenmile Creek）在这里交汇，而伊莱文麦就是问题所在，溪流上游有一座排放污水的造纸厂。造纸业是又一个让人又爱又恨的行业，爱它的薪资，恨它带来污染——它顺流而下，带着一股臭鸡蛋的味道，提醒着人们它的存在。自从化学家们发现，硫酸可以减少在南方松木转化为牛皮纸可用纸浆时所产生的树脂后，彭萨科拉的一家造纸公司，在 1903 年，第一次尝试生产这种产品。它失败了。但几年后，得克萨斯州位于萨宾河（Sabine River）上的一家工厂成功了。

于是，在松林密布的墨西哥湾北部，造纸厂像蘑菇般纷纷涌现，令这个剧毒行业在此地区站稳了脚跟。硫酸的臭气通过空气传播到数英里之外，随之而来的还有纸浆废水，废水的生物可降解性低，导致难以被净化。环境不会变得更好，因为化学家们又完善了漂白工艺，用氯将褐色的牛皮纸变白，过程中会产生副产品二噁英，一种有害的致癌物质，但令人费解的是，环保局直到2000年才将它纳入《有害物质排放目录》。1931年，国际纸业公司在巴拿马城建了全国第一座使用这项新工艺的造纸厂。

伊莱文麦溪的造纸厂成立于1941年。影响是立竿见影的。溪流和湖湾变成了红褐色。上游湖湾的海浴者从水里走出来后，身上还挂着纸浆纤维，皮肤上起了疹子。鱼、软体动物和海草一一死去。水边积聚起了泡沫。在20世纪60年代，州卫生局在检测后总结道："伊莱文麦溪受化学和生物的污染严重，这是圣里吉斯造纸公司的废水排放导致的。"但州政府什么都没有做。然后，与湖湾西岸接壤的亚拉巴马州提出控诉，促使联邦发起调查，调查结果和州卫生局的相同。但是，圣里吉斯依然将污水转移到伊莱文麦溪里。[21]

这件事让住在湖湾边的杰姬·莱恩（Jackie Lane）越想越觉得困扰。莱恩和她的丈夫吉姆在20世纪80年代初搬到彭萨科拉。这里是吉姆的老家，他在帕蒂诺湾度过了一个无忧无虑的童年。他和杰姬在东岸的上半边盖了一所房子，想为他们的孩子创造一个相似的环境。虽然莱恩觉得湖湾很漂亮，但她总觉得哪里不对。她会发现的；她的专业是海洋生物学。

她开始研究湖湾中的蛤蜊，但后来它们大部分都死了。那是在1986年。第二年，当时造纸厂的主人，钱皮恩（Champion），提出更新其许可证的申请，以继续排放并不符合州府标准的污水。莱恩和湾区的另一个居民乔·安妮·艾伦（Jo Anne Allen），建立了一个基层组织，要求州府行政听证。最终，政府批准了钱皮恩将合规时间延迟到1994年的申请。指定的1994年到来了，但事情几乎原地踏步，因为造纸厂再次申请更新它的排污许可。莱恩和她的组织带头，代表湾区居民提起了集体诉讼。钱皮恩最后赔偿原告500万美元，但不认罪，因为他持政府许可，进行的是合法操作。莱恩和其他诉讼成员用赔偿金的一部分建立了帕蒂诺湾基金会，而造纸厂则继续污染着水和天空。[22]

莱恩和杨与另一位为清洁水资源战斗的同志分享了斗争历程，对方是乔伊·托尔·埃泽尔（Joy Towle Ezell），她生活在半岛北边的泰勒郡（Taylor County）。迪克西①从未在泰勒郡死去（20世纪80年代当地的三K党曾将一家犹太熟食店团团围住）。这是一个满是沙砾的偏远乡村，疏疏落落地分布了不到两万居民，历史上充满着种族暴力和服役于伐木和松节油提取营地的罪犯劳工的故事。它曾两次是木材大郡——第一次在20世纪早期千年柏树被砍伐用于兴建高楼后结束，第二次是新的一批柏树在20世纪80年代长成，被当作护根覆盖物染成红色或黑色后装进塑料袋里。在同一时间，一些当地人，包括一个副治安官，利用大片未开发的大弯曲海岸来走私进口毒品——并被逮捕。对于一个高中学历的男人或女人来说，要踏实干活是很辛苦的。如果你走运的话，可以在巴克艾纤维素公司（Buckeye Cellulose）找到一份工作，有时它的雇员数量可以占郡人口的将近十分之一。

俄亥俄纤维素公司由总部设在俄亥俄州的宝洁公司所有，成立于1954年。宝洁建厂前，美国地质勘探局就警告过，泰勒郡松软、可渗透的、易形成落水洞的地质结构非常不适宜作为工业用地——含水层将会受到污染（最后的确发生了）；污

---

① Dixie，指美国东南部地区，通常包括那些内战中组成南部邦联的各州。该称呼由滑稽说唱的歌曲《迪克西的土地》而普及。——译注

水沉降池极易坍塌（也发生了）。那里有芬河，即芬霍洛韦河（Fenholloway River），它穿郡而过，最终流入墨西哥湾。佛罗里达官员在 20 世纪 40 年代将它指名为工业航道，于是炫耀着它很快就会褪色的宝石，它邀请宝洁到阳光之州来随意污染。

换句话说，政府夺走了人们最爱的垂钓和游泳的天然泳池，将它拱手让给一家以制造家用清洁剂闻名的制造商，但结果它留下了一团无法清理的残局。巴克艾从纸浆中提取出纤维素，用于生产卫生棉、香烟滤嘴、帮宝适的一次性尿布、冰激凌和其他食物的装填材料，以及香肠肠衣等各种低端产品。厂房是一座占地十几平方英里的永久性建筑，河流经过它后，氧气耗尽，深受污染，几乎没有生命可以存活。埃泽尔说巴克艾将元素周期表上的 H_2O 重新定义为"两份恐惧（Horrible）和一份恶臭（Odor）"。[23]

1981 年她在祖父母家体会到了她的第一份恐惧。她祖母站在厨房的水龙头前，尖叫道："这水里有巴克艾！"他们的饮用水井在厂房的 20 英里开外，结果郡上所有这些私有的水井都能闻到纤维素污染物的味道。不出五年，埃泽尔也成为积极分子。她聪明，为公共卫生而不停奔走，她有这个行业的工作经验，因此对化学物略知一二，她会在公开会议、产品演示会和媒体上与巴克艾做周旋。她甚至跑到俄亥俄，敲开宝洁公司总裁的家门，和他的妻子聊天，向她倾诉自己的孩子在备受污染的世界里长大，博得对方的同情。亲巴克艾的地方报纸称埃泽尔是一个"激进的环保恐怖分子"。人们威胁要取她的性命，因为他们说她威胁到了他们的工作。[24]

但她的丈夫在造纸厂工作了 26 年，而也鲜有人像她一样深深扎根于泰勒郡的沙质土壤里——可追溯至 19 世纪的整整五代人。和戴安娜·威尔逊一样，埃泽尔将人们的利益放在心上。当你无法从自家水井喝水，而不得不喝瓶装水的话，深受其害的是每一个人（最后，泰勒郡用的是由管道运输的净化水）。

环保局认定芬霍洛韦是佛罗里达受污染最严重的地区，部分原因是人们吃的捕捞自河流下游的鱼含有污染成分二噁英。在埃泽尔和其他人包括琳达·杨的努力下，州政府在 1997 年将芬霍洛韦重新指定为休闲河流，巴克艾在其股东易主后，称它投资了3000 多万美元清理其污染排放物。但它没有停止漂白它的产品（它坚称是因为母亲们希望用纯白的尿布）。

有兴趣的人，埃泽尔会带他们到工厂上游的河流里取一瓶水，这时瓶里的水清如山泉，然后再到工厂的下游取水，就会发现水色变得像白兰地一样。这种深色并非来自树皮中的丹宁酸，没人敢喝它。她会开车带着他们游览整条河，向他们展示这条化学之河，只有张大口呼吸空气的鱼才能在里面生存下来。有些鱼神奇地转换了性别。生物学家在 1970 年发现它们后称其为"大胡子女士鱼"。这条蜿蜒荫翳的水路本是一条风景秀丽的河流，但现在直到海湾的 25 英里沿河空气都刺鼻污油。巴克艾最后提出的补救措施是修一条直接通往墨西哥湾的管道。2005 年，塞拉俱乐部将公司告上法庭，控诉理由就是它将没有达到联邦标准的私营企业污水直接排向原目的地。稀释并不是合适的解决方法。[25]

/ 430

五年后，"深水地平线"钻井平台爆炸以来，前后 87 个噩梦般的日夜每天有 260 万加仑原油流入墨西哥湾。巴克艾的污水排放比这还多，而且这种做法已经持续了 50 年。即使在深水地平线的石油停止泄漏后，它依然在继续，这是一场不会停止的噩梦。

虽然赢了官司，但杰姬·莱恩仍然能看到帕蒂诺湾上噩梦在上演。2000 年，美国国际纸业公司，也就是人们所称的 IP，收购了钱皮恩在彭萨科拉的造纸厂。它开始扩大生产，致力于制造百分之百纯白的产品。公司一度为自己挽回了些许声誉，它使用了全新的污水处理设备，并将回收水循环用于抑制扬尘、浸湿堆积成山的木料以防起火。但这些做法对杜绝化学污染毫无作用。莱恩的组织做了检验，结果显示湖湾中所剩无几的蛤蜊体内含有二噁英和砷，其浓度决定了它们无法被安全食用。

佛罗里达环保部门在2010年一项新的排放许可中要求国际纸业建立一个"试验性"湿地治理系统，国际纸业照办了，为此发行了6000万债券，在1400英亩土地上建立了它所称的污水分排地。三分之二的污水将排向这里；纸业公司在这里种植了18万棵树，定期进行鸟类调查统计，并制作了一个推广视频。湿地的建立令国际纸业广受赞誉。但尽管污水经过处理，造纸厂排放物的氮、磷含量依然很高。当湖湾上半部变色起泡、遭遇缺氧时，国际纸业会辩称湿地上的污水并非点源污染，而且根据官方的定位这个系统是试验性的。等到2015年湖湾真的淤塞不通时，国际纸业试图指责是当地一个污水处理厂增加的污水排放导致了堵塞。[26]

湖湾是价值连城的资产，也是最初的彭萨科拉得以兴盛的原因。莱恩希望找回帕蒂诺失去的牡蛎、蛤蜊和海草床，正如琳达·杨以及如今已是暮年的洛厄里、布朗和里弗斯，希望埃斯坎比亚湾底的水草能重归繁茂。

拉瓦卡湾的海草也正走向消亡。20世纪90年代初的宽吻海豚遭遇了同样的命运。这样的事情太多，野生动物学家为此发起了一项调查，同时也让戴安娜·威尔逊过着并不合理的女性生活。这些是300磅重、站在食物链顶端的动物，他们比体积更小的生命更容易吸入污染源。威尔逊听一个调查员说："他们在掠夺的是我们的食物。"[27]

她为了台塑公司扩产的事，已经联系上了她认识的一个休斯敦律师。吉姆·布莱克本（Jim Blackburn）是路易斯安那州的本地人，在格兰德河谷（Rio Grande Valley）长大。他和威尔逊是灵魂上的至亲。他们对家乡都有着很深的情感，将得克萨斯的水草丰美的湖湾视为心中更高的存在。20世纪70年代，布莱克本决定成为一名环境律师，尽管当时几乎不存在这个领域。他头发蓬乱，蓄着胡子，对工作全情投入，起诉未经许可的污染，破坏湿地的行为，以及陆军工程兵团做的坏事，比如随地处置清淤废土。

/ *432*

事件起源于新成立的加尔维斯顿湾基金会发起的一项运动，因休斯敦航道最终汇入加尔维斯顿湾，因此运动反对休斯敦航道的不断拓宽拓深。加尔维斯顿湾自1918年的甜心16号油井井喷以来，已经遭遇了数百次的石油泄漏，整个州超过一半的污水排放都流向了它的流域。反对的一方做出了相当大的妥协。他们曾经受过也将经受更多的挫败。布莱克本对此处之泰然，他说，那些从破坏自然中得利的人，在他们随心所欲的路上，迎接他们的是坚定有力的反击。

越来越多的人愿意为环保事业而战。其中不少是女性，她们是早期俱乐部和奥杜邦协会成员的后继者，为维系一个对所有人都更好的世界而努力。比如威尔玛·苏夫拉（Wilma Subra），她是一个环境化学家，她将攻击的矛头指向了密西西比南部的石油化工行业，并在日后因此赢得了麦克阿瑟"天才大奖"。还有更靠近布莱克本的特里·赫尔歇（Terry Hershey），在20世纪60年代抗击哈里斯郡将水牛湾（Buffalo Bayou）变成防洪排污的沟渠一役上，她是主要力量。《休斯敦邮报》曾刊出一则头条说，河湾的水——"不过是阴沟里的水"。赫尔歇的榜样是阿内拉·德克斯特（Anella Dexter）和莎拉·埃莫特（Sarah Emmott），她们在20世纪50年代，通过援引西班牙国王在1815年的一道皇家命令中的优先权，成功劝说州立法机构通过了开放海滩的法规，该法规禁止了石化公司买下海岸线并阻止公众进入的行为。[28]

台塑公司是随意所欲的其中一员。该公司的环境污染前科，让即使是家乡的商业友好型的台湾当局也难以接受。但得克萨斯州的监管者似乎并未察觉。台塑在获得排放许可前就开始动工扩建，但当局并未阻止。工人在新厂房入口四周种上了观赏灌木丛和笔直的树苗，意在为台塑塑造一个生态友好的友邻形象。威尔逊一眼就看清了这些表面功夫，不过是在掩盖其污染者的本质。

同样惹怒她的还有环保局。环保局在此次扩建是否需要环境影响评估报告一事上摇摆不定。于是，威尔逊和布莱克本提出申请，请求公司提供评估报告。威尔逊组建了卡尔霍恩郡资源观察机构（Calhoun County Resource Watch），并尽全力为机构招揽成员。她和她最好的朋友，唐娜·苏·威廉姆斯（Donna Sue Williams）大概是其中仅有的活跃分子。环保主义者在劳动阶层中是不受欢迎的人群，被认为和一个普通刑事犯、共产主义者（对那些仍然惧怕共产党的人而言），或者一个恐怖分子没什么两样，如果不是更糟的话；环保主义者在社区街坊中像性侵罪犯一样不受欢迎。杜兰大学法学院教授奥利弗·霍克（Oliver Houck）曾听一个女士在泰勒伯恩堂区的公共聚会上对着麦克风说："在上帝创造环保主义者时，他应该选择堕胎！"此言引来了一片叫好声。[29]

卡尔霍恩郡委员会和商会将威尔逊视为反进步、反工作的煽动者。1991年3月，海漂镇的联合碳化物公司的厂房发生了三起爆炸，就发生在自我监管的得克萨斯州化工委员会称其为全州最安全的厂房后不久，但饶是如此，当一个污染者总比当一个环保主义者来得好。的确，污染制造者摧毁了一些生计，比如打鱼，但兄弟或叔伯可以停下他们的船去工厂里工作。人们知道污染制造者对自己的健康不利，但他们希望癌症不会落到自己头上，如果确实发生了，也许只是他们自己生活方式的问题，就像行业律师们说的那样——抽烟、喝酒、腰围的问题。[30]

渔民们对加入威尔逊的组织也并不热心。他们已经自身难保，不需要再加上一条工作破坏者的罪名。在鱼类数量大幅减少问题上，他们一直以来都是替罪羊。面对这样一个世界性危机，媒体和政客，甚至联合国，都坚持默认说法：过度捕捞。科学家们说渔民因误捕带来的间接渔获是导致危机的主要原因。在20世纪70年代曾有一段时间，墨西哥湾的捕虾人每捕上一磅的虾，就要丢弃和弄死十磅的其他海洋生物——每年无意识地屠杀了十亿磅。从1987年起，联邦政府强制捕虾人使用海龟逃脱装置，相当于海龟们的逃生舱，因为环保主义者称他们在杀害被缠在渔网中的海豚和海龟，有些渔网过于巨大，据《时代周刊》说，大得足以"吞掉12架波音747"。[31]

/ *434*

商业性渔民也遭到了来自休闲垂钓人群的炮火攻击。那些做生意的家伙正在清空大海，毁了他们的户外爱好，垂钓者们如是说。看看他们对红鲷鱼做了什么，从很久以前就开始了（在塞拉斯·斯特恩斯时代）。现在他们又对鲑鱼下手了。有专家说这是保罗·普鲁德霍姆（Paul Prudhomme）的错。这个新奥尔良的名厨在20世纪80年代兴起了一阵烟熏鲑鱼热，渔民们发现他们迎来了新商机。他们一时无法快速捕捞到足够多的鲑鱼。有些渔民甚至雇用了侦察机。鲑鱼的捕获量于是从 1980 年的 5.4 万磅飙升到了五年后的 540 万磅。

问题是鲑鱼是游钓者的最爱。他们开着双马达的大马力船在水面上恣意飞驰而过，这是最新的探鱼电动设备，甲板上的钓鱼者每人配备 3~4 根鱼竿。重复、大马力和复杂高科技是必不可少的。他们已经没有了克莉丝汀·霍利和弗洛伦斯·哈丁时代的好运气，钓上来的战利品也比那时的小了。垂钓者们想到了一个解决办法。在得克萨斯州，他们集聚了众人的智慧和不可小觑的资源，成功禁止了商业刺网捕鱼。与其说是救鱼，不如说是抢鱼。

商业代表团毫无胜算。商业渔民的工作模式决定了他们是单兵作战的人，无法联合在一起拯救他们的生计。在这个问题上带头奋起的人感到悲痛，因为让他们的人走到一起就像赶着猫群放牧一样。聚起来的得克萨斯州渔民无法筹集到足够支付电视广告和游说的钱，但对组织有方的游钓方来说，凭借他们的财力和来自中上层阶级的人脉优势，这些都轻而易举。身处同一社会阶层的州立法委员中，有不少人的钱夹里就塞着游钓执照呢。但没人听说过渔民中有谁担任过经选举的公职的，除了个别市政职位以外。

所以，游钓人士赢了。得克萨斯州在 1988 年取缔了商业性的刺网捕鱼，宣布鲑鱼是户外爱好者们的专属战利品。1994 年，佛罗里达的投票人以 72% 的多数票批准了宪法对刺网捕鱼的取缔，他们相信他们这么做是为了环境（而不是为了垂钓）。路易斯安那在第二年宣布刺网不合法，亚拉巴马则在刺网捕鱼的牌照发放上极尽严苛。这就有如从木匠手里夺走了锤子。商业渔民无法使用工作中的基础工具，数代相传的捕鱼传统就这么不体面地突然结束了。但对前渔民来说，后来老天开眼，他们也得到了些许安慰：墨西哥湾水域的垂钓客数量创下纪录——在 2011 年达到了 2200 万人次，批评的声音抱怨机动船堵塞河湾水道、大量鱼钩被扔进海里，因鱼类数量减少产生的骂声全都集中到了垂钓者的身上。

同时，被打败的渔民将他们的渔网移交给州政府，能获得一点补偿，然后他们卖了自己的船，或者任它们生锈腐烂，或郑重其事地将它们沉入水中。他们中有些人年纪太大，不愿费心参加职业培训，于是去申领了失业救济。大部分人不得不卖了他们的房子，因为享受了垂钓特权的胜利者们，带着另一种掠夺的快感，推高了当地的不动产税——占领水边的房屋，他们可以在那里停靠造型优美的垂钓船。从前的刺网捕鱼者有些设法做起了水产养殖，有些去为污染企业打工。

污染企业在钓鱼战的多方交火中得以置身事外。垂钓者们知道甩掉刺网渔民比甩掉污染企业容易，因为企业有更深的关系网。商业渔民也在找他们的替罪羊，但错误地将怒火发泄在了渔业专家身上，他们说专家不懂算数——海里的鱼比这些高学历的"聪明人"知道的多得多。

商业渔民的说客如果援引以下这项调查数据或许胜算更大，数据显示墨西哥湾上 95% 的商业鱼种依赖于健康的河湾环境，而污染事实上已经渗入每一个海湾河口。在美国，没有其他地方的渔牧场比海湾各州的更营养过剩了。低溶氧量是四分之一的得克萨斯州河口、四分之一的路易斯安那州河口面临的共同问题。恶劣的水体环境迫使路易斯安那州 35% 的牡蛎床消失。美国 90% 的沿海湿地都在墨西哥湾上，但在过去 200 年间，半数湿地已经消失。莫比尔湾的海草床死了 70%，坦帕湾为 85%，加尔维斯顿湾为 90%，彭萨科拉湾为 95%。或者，他们可以直接指向受污染的藻类，科学家们发现它们从墨西哥湾随着墨西哥湾流漂到了北卡罗来纳。[32]

　　甚至在得克萨斯州取缔刺网捕鱼之前，威尔逊就知道商业渔民被人抓住的把柄。当她争论污染企业正在摧毁鱼类和渔民们的栖居地时，郡府的官员和当地的一位法官就将其归咎于过度捕捞。威尔逊也见过，野生动物的代理人们气势汹汹地针对非法渔民执行着《濒危物种法》，而非违法的污染企业。勤奋工作的人因为使用渔网而被扔入监狱，而台塑的高管们可以任意毒杀动物却逍遥法外，正义何在？这并不是说过度捕捞不是事实。但在一个行业摧毁着海洋栖居地时，鱼的数量变少，总量正在衰减，渔网吞噬的数量自然就占据了更大的比例。

　　1990 年的春天，环保局透露它将考虑免除台塑公司扩产所需的环评报告，威尔逊对此进行了一次甘地式的绝食抗议。"我讨厌绝食抗议"，布莱克本回忆道。但就在她日渐消瘦时，台塑做出了意外之举。为了让她进食，企业同意允许工会成立组织，遵守清洁水法规，并提交针对其厂房和污水排放状况的第三方分析报告。长期以来，威尔逊都同时站在工人和环境的一边，意图说明两者并非对立。也许这对台塑来说有点难以承受，因为几乎就在她咬下汉堡，结束 30 天的绝食抗议的同时，企业反悔了。

　　环保局随后同意了台塑需要提交环评报告，但威尔逊认为这个行动来得太慢。工程已经开始了，所有人都知道环保局在这个时候是不会拒绝批准许可的了，它当然也不会要求台塑拆除它具有欺骗性的绿化景观。得克萨斯州的官员也没有。得克萨斯州的大气治理委员会在颁发许可证前眼都不眨一下，即使威尔逊和布莱克本给出了公司一直都在违反州法律的证据。[33]

威尔逊不得不暂退一步，分析最近的不幸局势。就是在那时，她了解到了零排放技术，包括超滤、反渗透和去电离子技术。运用这种高深技术，可以消除废液排放，减少清洁水的使用，意味着湖湾或海峡有可能就此免受污染。她还了解到墨西哥湾上还没有人使用它。她向公众阐述这个想法后，台塑召集了镇会议说零排放技术是一个骗局。

威尔逊的下一步就是组织抗议游行，她不得不拉上当地越南裔捕蟹人和战争难民，他们被视为来自外域的入侵者，一度和环保主义者一样遭到人们的厌恶。200 位和平示威者的游行拉开了一项新的疯狂行动的序幕：威尔逊要在台塑的污水排放处——一根 30 英寸直径的钢管，上面用绿漆印着公司名字，废液从里面喷涌而出——将她的"海蜂"沉入"湖湾，那里本是虾蟹鱼们的摇篮"。她将所有东西，包括引擎，从船上卸下来，她的哥哥用他自己的船将"海蜂"拖到指定地点，结果只招来鸣笛闪灯的海岸警卫队，用扩音器警告他们将面临 18 年监禁和 50 万美元罚款。威尔逊看到了其中的讽刺，她阻止工业企业用化学物杀害民众，而被派来阻止她的是"民兵组织"。[34]

她没能在排放污水的管道旁沉没"海蜂"。但后来，极具仪式感地，船沉入了另一个地点，变成了礁石。那时的台塑已经声名狼藉，并在 1994 年签下了布莱克本所称的"威尔逊－台塑零排放协议"。台塑起初减少了超过 30% 的废水；这不是严格意义上的零排放，但它或多或少抵消了扩产带来的影响，这个塑料生产商也在继续减少它的用水足迹。和台塑达成了协议后，威尔逊又立即转向联合碳化物、杜邦和美国铝业，要求他们签署类似的协议，并说服郡委员会和海漂镇议会通过零排放决议。她称这是"唯一一个能停止摧毁湖湾的合乎常理的解决办法"。[35]

接下来，美国铝业在 21 世纪花费了 1.1 亿美元对拉瓦卡湾进行了清理。环保局在 1994 年宣布将遭美国铝业汞污染的湾区水域划分为超级基金污染场址——这个声明对威尔逊来说来得太晚了。作为清理计划的一部分，美国铝业清除了湾底 2300 磅的水银。它在阿兰萨斯国家野生动物保护区（一个重要的水禽栖息地）旁建立了 70 英亩湿地，并向保护区捐献了稍多于一平方英里的土地。铝业公司还培植了 11 英亩的牡蛎床，修建了向公众开放的垂钓码头。州政府重新开放了此前禁入的部分休闲区。人们重新钓起了鱼。美国铝业展示了它的合作精神，这也是它在媒体中宣扬的，将它自己和历史上其他著名的污染企业加以区别。

拉瓦卡的复原是一个伟大的胜利故事，如果抛开几个必要因素不谈的话。威尔逊指出解决方案中没有提到要为沿湾居民的身体健康状况做评估。布莱克本反对只是简单地将污染湖湾的沉淀物转移到不远处湖湾岛屿上的一个隔离设施中。拉瓦卡是公众的资产，但它长期以来都成为美国铝业的"专属弃置点"，他争论道；他还质疑隔离设施是否能抵挡得了大型飓风的侵袭。他的质疑有理可循，因为风暴席卷岛屿已是常事。美国铝业的一位发言人担保说："我们"也"生活"在这里。"如果有问题，我们也脱不了身。"[36]

于是问题来了。就在那一年，2005 年，发生了飓风卡特里娜。虽然卡特里娜侵袭的是路易斯安那州，但它暴露了一个建筑堆砌的工业化海岸的脆弱。它同样卷走了岛屿，人们开始更多地谈论起逐渐开始显现威胁的海平面上升问题。没有比墨西哥湾上的海岸线和岛屿处境更危险的了。

十六　物质过剩的河流

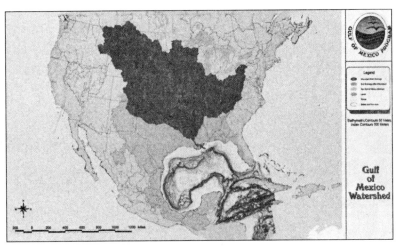

密西西比河流域覆盖美国31个州和加拿大两个省，
受污染的河水就这样随径流流入了墨西哥湾。

　　曾经人类是可以住在河流边上而不去破坏河流的和谐生态的。

　　　　　　——奥尔多·利奥波德（Aldo Leopold）（1940）[1]

　　河流不眠不休。它们是永不停息的奋进者。大约有116条河流不眠不休地流向墨西哥湾，每一秒都有百万吨的淡水被驱赶着汇入咸水。有些激流勇进数千英里，有些不过几英里，它们中许多已经持续了数百万年了。它们脱离了传统的时间体系，无所谓任期或延续，它们代表的是无限。

/ 441

　　在赫尔曼·黑塞（Hermann Hesse）关于谦卑和自我发现的

经典小说《悉达多》（*Siddhartha*）[1]中，智慧的船夫维稣德瓦解释道，"河水在同一时刻无处不在，无论源头或河口、瀑布、渡口、水流、海洋以及山脉间"。它"只存在于当前的时间中，并非过去或未来的影子"。[2]

不着时间痕迹的河流，是所有地质形态中最为持久的那个。落入墨西哥湾的河流有84条，它们汇集自美国南48州和加拿大部分地区60%的径流。如果不是它们，北美将是一团糨糊。它们分割峡谷，形成绿色的溪谷和湿地。它们的水波甚至在子夜也闪烁着蓝色、绿色、棕褐和灰色的光——有时同时有好几种颜色，这取决于阳光、阴影、水底的覆盖物和光线的反射。

在地图上，蓝色代表河流，鲜明的墨黑色线条代表在人类社会里被分割的土地。最粗的蓝色线条是密西西比河，将大陆分割成了东西两半。在历史上，蜿蜒的蓝色油墨代表国家扩张的进击之路；在寓言故事中，它们是传说中马克·吐温和哈克·费恩的河。地图上的河流有时也代表联邦和民族国家间的正式界线。在墨西哥湾上，帕蒂诺河分隔了亚拉巴马和佛罗里达，密西西比河、珀尔河划分了路易斯安那和密西西比，萨宾河则分开了得克萨斯和路易斯安那。而格兰德河，众所周知，是墨西哥和美国的国界线。

以河为界固然方便，但并非永远理想，河流一直是许多领土纷争的催化剂。它们是脚步不停的漫游者，喜欢偏离河道，将属于这边领土的土地带走，放到另一边去，但更重要的是，以此提醒我们它们独立的本性。

这种坚韧自主的精神正是我们人类所钦佩的。河流象征着我

---

① 赫尔曼·黑塞：《悉达多》，杨玉功译，上海人民出版社，2009。——译注

们自己的拼搏奋进。我们仿效它们的自由、力量和信心，追求它们的锲而不舍。我们将它的幽鸣写入音乐，将它的涓流写入诗篇，将其律动和色彩融入画布。我们在圣洁的河流中洗刷身上的罪孽。同样地，当我们为河流注入灵魂，在它身上发挥想象力时，我们正以人类的视角看待它。鲜有一位牧师或诗人会跳入河中，去看看除了我们自己之外的河流，去看一眼生命在其中的流动。

从河流的视角我们会看到很多。在漂浮的落叶上或站在水边的岬角旁，撒一张采样的网，你就会得到一份样本，它的生物多样性是地球上任何其他生态系统都无法比拟的。一条河就是一根不竭流动的纽带，它联结着位于上下游和两岸的栖居地和居民，不止，还有反复造访河床的访客。得克萨斯的布拉索斯河，便联结着水路和候鸟的迁飞路，沿着它，你可以听见——如果你能分辨出来的话——上百种鸟类的鸟鸣声。你也能遇上 37 种蛇，其中 7 种是毒蛇。

更老的河流，已经存在了 100 多万年的那些，它们更喜欢漫步在缓坡中。年轻些的，上千年的河流，它落入的崎岖地形还未经过足够的打磨，常常在流淌时击打出狂野的白色浪花。而已经上千万年的格兰德河，不顾年事已高，它的部分河段，经过石灰岩裂谷时，趾高气扬，激起了浪花千层，到了平坦的豆科灌木和丝兰地带时慢下来，直到即将落入墨西哥湾的曲形河道附近才平静下来。

多数的海湾河流河道狭窄，流过的是沙地而不是多卵石的河底，水面也几乎不见碎石。狭窄河流推送的沉积物很少，河水清甜，沿河的空气也被净化得充盈而纯净。有些河流源自古老的佛罗里达含水层喷出的泉涌，也有些河流在途中会因流入地底而消失。它们的水常常清澈见底，除非它流经的岸边植被疯长，那样腐烂的残枝败叶中含有的丹宁酸会将流水染黑。河畔林冠浓密的萨旺尼河，它的名字就取自当地的蒂姆库安（Timucuan）土著语，意思是"弯曲的黑水"。其他和它类似的都被称作黑水河，在墨西哥湾附近，人们将其透亮的水色比作冰茶。

受到阳光触摸的水底，总是分布着广阔的水生植物——尤其是带状叶子的慈姑草和苦草——将河道荫庇起来。叶子，或叶片，随着水流弯伸出一英尺或更多（苦草有数英尺），它们都开出长茎的白色的浮起的花，靠水流输送花瓣来授粉。

多草的水底有着丰富的溶解氧。它们之于水生动物，就像清新的山林空气之于我们这样的陆生动物的意义。在水面上快速移动的蜻蜓、豆娘和蜉蝣，它们繁殖的方式就是往水里投掷幼虫。在还是幼虫时，它们在水草中觅食、藏身，以及呼吸。在生长过程中，它们发育出平整的头部以抵御湍急的水流。在水下的动物群中，凹槽纹的身躯很常见，有些物种发育出了钩子、吸盘和有黏性的底盘来让自己停定在河水中。

扁头的鲇鱼，和被它吃的蜻蜓幼虫一样，进化出了聪明的应对之策，它们在水底活动，用颌上的胡须一样的感觉器官（触须）来觅食。此外还有鲟鱼，它们在不长牙齿的嘴和长长的口或吻之间，长着类似的胡楂儿，其身躯体现了"流线型"这个词的词源。在这个水上水下相互作用的动态群落中，这两种触须鱼类都有着开阔的上颌，可以吞食蚌、螯虾、幼鱼和昆虫；而它们自己又会成为短吻鳄、乌龟、水蛇、鸟类和更大的鱼的猎物。如果我们以看故事的角度来思考河流，就像赫尔曼·黑塞一样，那么食物链就是它的情节和叙事弧。这里有人物、句法、协同关系和事件更迭——但没有时间。

就环境而言，鲇鱼喜欢混浊的水域，这种水质在宽阔的大河中更为常见。它们强有力的水流充满了沉积物，在河流发大水的时候，它们就像工厂制造的肥料罐头一样滋养着河边的洼地。孟菲斯市和维克斯堡（Vicksburg）——这个维克斯堡不是河流末端的那个——之间是7100平方英里的密西西比三角洲，人们说这里的冲积土是尼罗河以西最肥沃的。在南边的大海上，这些被冲下来的淤积物创造了障壁岛、海滩和度假的乐趣。

在或清澈或混浊的河流末端是墨西哥湾健康的生态圈：河口。流入海湾的淡水每年有280万亿加仑，这些奔腾而下的淡水裹挟着营养物质和氧气，在这里熙熙攘攘地欢腾着。没有这些河流的浸润，这个世界上最大的河口系统之一就不会存在。汇入海湾的河流中有85%的河水溢出在美国的土地上。这就是为什么河口都集中在海湾的北部。这就是为什么，撇开其他一切不谈，墨西哥湾是一片美国海。

自人类在海湾上落脚开始，不眠的河流和它们的河口就维系着他们在这里的生存。住在河畔的人们数千年来从未破坏过它的秩序，直到现代社会打破了它。我们坚持从河流索取的比自然可持续的供给更多——我们大量攫取河中的水，并利用它们来运走我们的垃圾——而当我们钦慕它们的力量时，我们却也无法容忍这种力量。如果河流本性专横，那我们人类则更加如是。以我们自认为具备的如河水般的品质行事，我们在圣洁的水中犯下了罪。我们是维稣德瓦的智慧的背叛者：我们在河流里、在自己身上投下了我们过去和未来的影子。

《时代周刊》1988年"污秽之海"的封面故事中提到了它所谓的死水区。美国的近岸水域中有几个，面积都不算大——和其中那个"漂在墨西哥湾上"的300英里长、10英里宽的相比。

这个死气沉沉的区域位于路易斯安那海岸的前方，一头碰到得克萨斯的东边，另一头碰到亚拉巴马，在之后几年里，它将成长到新泽西州的大小。在某种程度上，它就是一个漂着的巨大的水下真空室，将所有的溶解氧都抽得一点不剩。[3]

"死水区"这个生动的词语很适合媒体，但科学家们则更喜欢用技术性的"低氧"来定义水域的贫瘠状态。从肉眼看来，水面清澈、健康。但里面的鱼类无法呼吸，就像没有带上自己的专利水肺的雅克·库斯托（Jacques Cousteau）一样。商业渔民不得不启动马达到更远的地方去追逐他们的猎物。"往水里抛下一根渔线，"一个包船船长说，"你会钓上一条死鱼。"所有在情况变糟时没有逃离出来的海洋生物，都遭遇了同样的窒息而死的命运。水底散落着尸体——一片悲惨的布满了蟹、软体动物和沙蚕残骸的荒地。它是可怕的海洋版本的核泄漏事件。它中心的毒气从密西西比河暴发。[4]

专家们起先并不知道。一个叫 R.E. 特纳（R. Eugene Turner）的年轻科学家在将 1974 年事件联系起来后终于弄清楚了。特纳身材匀称、不蓄胡子，他刚完成博士学业，是路易斯安那州立大学的海洋科学部的新人，当时他正在"四处闲逛"，想熟悉一下路易斯安那州的海岸。另一位科学家告诉他，那里的水有时显示出极低的含氧量。好奇的特纳于是接受了州府野生动物和渔业部门官员的邀请，从泰勒博恩堂区出发到近海海域上去一探究竟。乘着一艘 15 英尺的船，在汹涌的海浪上摇晃了几英里后，他将手持测氧仪的探针伸入水中，这个测氧仪是他的创作之一。探针几乎没动。他从未见过这种事情。随后，他又搭着国家海洋和大气局（NOAA）的便船测试了其他地方，所到之处得到的几乎都是极低的读数，他推测人类活动是罪魁祸首。[5]

这个想法令他感到不安。特纳在新英格兰的童年，尤其是在缅因州扎营度过的夏日，使他对自然持有一种有道义感。"如果我们对健康的环境没有敬意，"他多年后说，"我们就不能真正欣赏我们自然的人类状态。"在路易斯安那州，他饶有兴致地研究着三角洲对当地渔民社群的生计和文化的意义。他认识到了石油和天然气行业，既是雇主也是入侵者。几乎没有哪片沼泽海岸是看不到钻井平台的。起初他怀疑他们是否将什么渗入了水中而导致了低氧现象。这个想法被证明是错的。[6]

/ 446

解决这个问题，我们需要将目光放在密西西比河上，河有多长，目光就应有多密切。密西西比流域就是美国的厨房水槽，河流就是它的排水管。它从明尼苏达州北部喷涌而出，穿越十个州，有些流经边界，有些从州中穿行而过，全长 2300 英里。从西部的蒙大拿州到东部的纽约州，它整个水系吞没了美国大陆 41% 的面积。那是 31 个州。除此之外还有加拿大的两个省。只有亚马孙河和刚果河有比之更大的流域面积。

但是，墨西哥湾并不是被动接受排放的水坑。夏天，蒸发的海水上升形成逆时针往大陆北部移动的大气团。它在接近中西部时，常会与来自加拿大的高压系统相撞，它要占据 5 月到 9 月每日天气预报 40% 的篇幅。这是海湾为让人大汗淋漓的炎夏送去的湿气。更重要的是，特纳发现，降落在中心地带的雨水通常是来自海湾的水。雨水落入密西西比及其近百条支流中，然后又回到了美国海上。

特纳决定"爬上流域"，去看看它里面有什么，往下游送去的又是什么。[7]

东边 400 英里处，文斯·拉菲尔德（Vince Raffield）从未觉得有爬上阿巴拉契科拉河流域的必要。虽然不及密西西比河流域宽广，但阿巴拉契科拉河的流域也深入了亚拉巴马州和佐治亚州。在另一头是同名的壮丽湖湾。那里便是能令拉菲尔德——这样一位有着肌肉发达的肩膀和前臂、高大健美、皮肤被晒得黝黑的年轻人——满意的居住地。这里给予了他平静，让他可以养家糊口。他是一个采捕牡蛎的渔民，祖上几代都是。没有谁通过捕牡蛎变富了，但也几乎没有独立的渔民会梦想着为一个企业老板打工，没有哪座工厂的场地或大窗户的办公室能比得过湖湾上的工作环境。

几十年后，当拉菲尔德不再能捕捞牡蛎时，他坐在摄影机前，讲起他工作时的好日子。拉菲尔德带着南部口音，说话清晰有力，戴着一顶水手帽，一把蓬松的灰胡子一直扫到他壮硕的胸前，他提到一次他正在湖湾上驾驶着他手工制作的胶合板小艇时的经历。当时，空气，水面，一切都是静止的。

> 我坐下来吃午饭。我听见从船底传来一声咔嗒声，我彻底安静下来。我能透过船底的木头听见被放大的牡蛎开合的声音。我顿悟了。就在那时我意识到，我正在做的事，我爸爸做过，我祖父做过，我是某个东西的一部分，那就是自然。你在做那些牡蛎捕捞和捕鱼的事情的时候，你就会适应它。你阅读自然，你就会了解它。你就成为它的一部分。[8]

同一时间，拉菲尔德被拉走又推到了他的避难港。他的父亲曾经是巴拿马城的圣安德鲁湾的采牡蛎人。不久前当地的管理人感到一种"迫切的需要"——就业和税收——要引入一家造纸厂到镇上来，那是郡里第一家用氯漂白松木纸浆的造纸厂。到了

1971 年，污水导致湖湾上的牡蛎采捕业无以为继。到 70 年代末，海湾河口每十英亩中就有一英亩的贝类捕捞被污水逼停，占了得克萨斯州贝类捕捞业的 21%。[9]

拉菲尔德的父亲被迫到造船厂工作，他在那里和有害的材料打交道，后来得了石棉肺。他最终被病魔带走了生命。这就是文斯到阿巴拉契科拉的原因。除了父亲的死外，这里的一切都还不错。他和其他将近 2000 名的渔民一起打捞的牡蛎占了全州捕捞量的近 90%；在他们看来，这些肥厚的双壳贝，同时得到淡咸水的交汇滋养，鲜甜、味足，最是好吃。从新奥尔良到纽约的餐厅大厨都对此表示同意。

/ 448

可叹的是，阿巴拉契科拉也染上了其他湖湾的病。不管什么时候飓风猛烈攻击牡蛎床，它们总是能重新恢复活力。但自从陆军工程兵团为捕虾人和游钓客打造的从圣乔治岛到墨西哥湾的捷径完工后，河流大部分的淡水还未来得及冲刷湖湾、哺育牡蛎，就被这条新建水道给引走了。牡蛎床仍然活着，但它们抵御旱灾的能力越来越弱了。1988 年全国受到旱灾侵扰，河流水量大减。咸水如常进入湖湾，牡蛎床状况顿时恶化。

州政府急忙派科学家和渔牧场人员去拯救它最好的牡蛎产业。专家们将官僚作风带到了湖湾，他们决定了哪片牡蛎床在哪个时间应该被开放捕捞，甚至具体到了哪个星期的哪一天的哪几个小时，渔民因此怨声载道。如果有什么比坏了的引擎或 30 节① 的风更让渔民们讨厌，那就是政府。而政府还不是最坏的。1988 年的灾害显示，湖湾面临比旱灾更大的挑战——一个终身

---

① 节是海上的风速计量单位，一节 = 每小时 1 海里 = 每小时 1850 千米（气象学中表示风向和风速的"F"符号，其中一根长横杠就代表 10 节风）。——译注

的挑战——它和远方上游大城市的一意孤行密切相关。

拉菲尔德成为自然的一部分的日子屈指可数。

调查死水区原因的尤金·特纳到了密西西比河上游，去追寻成就了这条伟大河流的历史足迹。海湾河流是通往内陆美国的自然媒介，一个往返中心腹地的交通运输网络，它曾经主要用于运人和运货。它能提供不错的效率，一切都可以接受，如果河流没有被要求运输更多的其他东西的话。

在 1837 年的一本美国旅游书里，英国船长弗雷德里克·马里亚特（Frederick Marryat）称密西西比河是一条"肮脏的下水道"。他还形容华盛顿丑陋，纽约堕落。他的坦诚惹恼了美国人，他们拒绝买他的书。但他说得并非没有道理，至少在对河的描述上是这样。否则，受到冒犯的读者认为河边城市的夜间工作者都是往哪里倾倒来自厕所和污水坑的污物呢？不计其数的家庭生活垃圾和街道垃圾都消失去了哪里？还有屠宰场里那些有害的血液、胆汁和未经处理的身体部位，以及制造企业工厂排出的污染物？一个多世纪后的 1954 年，政府组织了一项名为《墨西哥湾：它的起源、水域和海洋生命》的大型调研，证实了马里亚特的话。密西西比河沿岸又脏又臭，调研的作者们写道。但他们忍住了这种消极想法，转而总结道"污染对墨西哥湾的影响并不严重"，"自然的净化作用"将会消除这些影响。[10]

研究公布后，这个令人不悦的死水区源头——这是特纳后来发现的——并没有被完整展现，或者没有被清晰地展现为一个使人反感的污水沟的样子。他发现了它具有欺骗性的外表：迷人、友好，赋予春雨以活力，而这正是每一种作物、每位农夫在期盼的。但它们所做的不仅仅是补充；它们将农田里的氮、磷肥料冲到了河里。为艾奥瓦州的玉米、明尼苏达州的甜菜、伊利诺伊州的大豆、堪萨斯州的小麦播撒下的肥料，搭上了罪恶的便车，随着水流到了密西西比河河口，到了最南端支流阿查法拉亚河，最终流入了墨西哥湾。负荷着超量营养物质的羽流刺激了藻类的急剧繁殖。海藻死后，沉入水底，分解腐烂。氧气是藻类分解的燃料，于是接近水底地层的氧气最终被消耗殆尽。低氧现象和痱子一样，在每年夏天如约而至。

　　另一位科学家，南希·拉巴莱斯（Nancy Rabalais），很快加入到特纳的海湾研究中来。她在科珀斯克里斯蒂上八年级的科学课时，就对生物学产生了兴趣。高中时，她便获得了潜水证，并在得克萨斯州南部和墨西哥近海潜水。大学毕业后她继续攻读研究生，她在得克萨斯大学的学位论文主题就是关于一种招潮蟹的生殖生物学研究。"在得克萨斯州南部追逐招潮蟹，"她后来说，"并不能让我做好发表国会证词的准备。"于是当她加入路易斯安那大学海事协会后，她选择了和特纳一起研究海湾低氧。两人在 1988 年结婚了。[11]

　　通常在 7 月，他们中会有一个人，或两人一起，带上一群研究生学生到海湾上去测量氧含量。他们在 1987 年没有测到多少。裹挟着数以吨计化肥的暴雨和洪水一直持续到入秋；路易斯安那海岸上的缺氧海水令大约 1.87 亿条鱼死于窒息，这是 16 年前全国鱼类死亡数量记录的两倍有余。就如报应一般，海湾的水在第二年拒绝降落在中西部。1998 是黄石国家公园有记录的最干燥的一年。在中心地带，庄稼枯萎死亡。但海湾的海洋生命没有——至少没有到往常的那种程度。

　　但干燥的天气，也让阿帕拉契科拉湾缺水严重，拉菲尔德希望能有一次过得去的牡蛎收成。干旱是海湾问题的一种解决办法，但不是特纳和拉巴莱斯所希望的那种。

没有其他河流像密西西比河一样承载了那么多、距离那么长的文明的垃圾。为了得到历史上的氧含量数据，特纳开始研究海湾底部200年前的岩芯样本。切开地球海底地壳的圆柱体标本，就像翻开一本美国历史的书页。其他科学家也在做同样或类似的事，也都有有趣的发现：被认为高耗氧的海洋生物体遗骸的密度在20世纪50年代突然增加，代表着缺氧时代的开始。

这个时间点完全说得通。20世纪50年代是转变发生的十年，尤其体现在预处理和预加工食品，以及婴儿潮的出现上。在1954年和1965年，美国每年都在增加400万张嗷嗷待哺的嘴。婴儿潮既是狼吞虎咽的进食机器，也是一个市场。抓住了机遇的快餐餐厅开始在全国各大主干道旁急速增长。内陆的农民忙着养更多的牛，种更多的小麦，以便供应汉堡和圆面包的制作，为此就要种更多的玉米和大豆去喂牛。在汉堡餐中加入可乐和薯条，成为在婴儿潮一代中颇受欢迎的套餐组合，在此影响下，密西西比河流域上的四个州发展成为全国产量最高的四个马铃薯种植大州。

与快餐区遥相呼应的是杂货店里的谷物食品区。生育高峰下的大胃口和聪明的广告手段——加入卡通老虎、熊、兔子、巨嘴鸟、魔法精灵、巧克力做的吸血鬼德古拉，还有滑稽的船长——让货架变得越来越高、越来越长，堆着让人无法想象的各种各样的盒装早餐食物。中西部的牛奶、谷物和玉米生产规模也相应扩大。玉米既用来做谷物麦片，也可用于制作高果糖的玉米糖浆，玉米糖浆可以为麦片和婴儿潮一代爱喝的可乐带去甜味。谁能想到早上一碗快乐的麦片，晚上来点简单的汉堡加薯条会让海湾患上呼吸系统上的小病呢？当婴儿潮一代步入中年，将他们的饮食习惯传给他们的孩子时，整个美国的人均卡路里摄入量增加了25%。

为了保证谷物和玉米的产量，化肥用量迅速拉升，越来越多的化肥溢流快速地、势不可当地流向了海湾。联邦的农场计划——尤其是提倡休耕荒地以换取政府补贴（被称为养家费）——鼓励农民在更少的地上种植更多的作物。化肥是提高亩产量的魔力药水。20世纪90年代，农民每年在每英亩农田上洒下的化肥平均有130磅。阿查法拉亚河和密西西比河的氮含量有时是20世纪50年代的四倍之多。

1991年，特纳和拉巴莱斯在《生命科学》上发表的一篇文章，呼吁制定一项"坚实有效的管理办法"以控制中西部的化肥溢流。据他们统计，美国42%的氮肥和30%的磷肥全部或部分地汇入了密西西比流域。将近一半的氮和超过四分之一的磷进入了墨西哥湾。这些数据甚至还没有考虑奶牛和肉牛，也就是牛奶和汉堡的生产者每年排出的将近十亿吨粪肥，也没有考虑每英亩土地上洒下的2.3磅杀虫剂（美国在控制杀虫剂污染上花费了14亿美元）。[12]

/ 452

在阿巴拉契科拉湾，来自上游的水源使咸水、淡水不平衡的问题更加严重，虽然方式不一样。我们随一条鱼从河流发源地开始顺流而下的路径，也许可以得到更清晰的展示。在佐治亚州北部蓝岭山脉3500英尺高的海拔上，在泉水滋润、置于密林中的查特胡奇河（Chattahoochee River）中，这条鱼——可以想象它是一条条纹鲈——出发了。下落途中，它首先会游过一片清澈的河段，这里的河底有五彩缤纷的鹅卵石。"查特胡奇"是印第安的马斯科吉（Muskogee）语中"多彩石头的河"的意思。一路上，这条旅途中的鲈鱼会遇到很多想用飞蝇钓法将它钓上来的垂钓者，还有划着皮划艇、划着木筏、浮潜的人堵在它的道上，这条河简直就是"胡奇"（Hooch，意为烈酒）。

在这位有鳍迁徙者进入亚特兰大外围开阔的西德尼·拉尼尔湖之前，三道堤坝给它带去了挑战。湖的名字以诗人西德尼·拉尼尔命名，他在 19 世纪 70 年代用富有表现力的语言描写过墨西哥湾的鱼，几年之后又为查特胡奇河写过一首诗。以他的名字命名的湖泊在 21 世纪初拥有 23000 条船舶，成为美国最繁忙的休闲度假湖之一。在那里，我们的鱼要和房子、滑水板、平底船作斗争，更别提配置了最新的探鱼装置的捕鲈船。等逃到下游，它一路还要跳过 13 座堤坝，才能到达查特胡奇河和弗林特河的交汇点，随后进入阿巴拉契科拉河。总共有 18 座发电车间在鲈鱼的探险路上投下阴影。

环境记者辛西娅·巴内特（Cynthia Barnett）说，就其面积而言，查特胡奇河"也许是全美国最努力工作的河"。生长在南亚拉巴马和佐治亚的一万英亩的花生、玉米和棉花都仰仗胡奇河的灌溉，可成百上千的工业企业和城市居民在合法地往河水中倾倒污染物。亚特兰大，这个在持续扩张的都市，对胡奇河的攫取最为厉害。胡奇，在 1990 年，为亚特兰大不到 300 万的都市人群提供饮用水、灌溉水和冲厕水，到 2010 年，这个数字又增加了 200 万有余。[13]

耗氧的且最终流向河流的都市溢流量是地区环卫系统排放量的三倍。环卫系统每天用 2.5 加仑的净化水交换水厂回收的 3 亿加仑水。饮用水来自拉尼尔湖，拉尼尔湖实际上是一座被陆军工程兵团用水坝隔开的 38000 英亩水库，水坝的另一边是胡奇河。这是一座贪婪自私的水库，成为阿巴拉契科拉湾之害的祸根。工程兵团罔顾自然，将蓄积起来的所有淡水都供给了一旁它认为更重要的亚特兰大，剩余的才流向下游的河口。河水南流时，水量陡然收缩，里面是从氮化合物到粪大肠菌的看不见的恶魔。

亚特兰大加大的水资源消耗加剧了 1988 年阿巴拉契科拉湾的干旱。一如往常，工程兵团设计了新设施来阻拦更多的河水，对此，亚拉巴马州提起诉讼。它的农民们需要胡奇河的水。山茱萸树也是一样；佛罗里达养蜂人以采集稀有的山茱萸蜜为生，因此山茱萸就是他们的依靠，而阿巴拉契科拉的沼泽湿地就是山茱萸树繁茂成长的保证。旱灾期间，在亚特兰大占据着大量水资源的情况下，阿巴拉契科拉湾被联邦指名为灾区。牡蛎渔民和他们的家人挤进 150 辆大篷车，开到州府，要求州府采取行动——这是少见的商业渔民团结一致的时刻。佛罗里达也加入了诉讼。通过将生态和经济相联系，佛罗里达州称，亚特兰大巨大的思乐冰吸管已经危及产卵的墨西哥湾鲟鱼和濒危的三脊贻贝（fat threeridge mussel），以及牡蛎捕捞业的未来。佛罗里达希望下游的最低水量能得到保证。

1997 年，国会通过了 ACF 协议（ACF 分别指阿巴拉契科拉、查特胡奇、弗林特），在此协议下，纠纷的三方州府需要协调出一个水资源共享方案。国会在六年中 14 次延长协商期限，但均因缺乏共识而终止。三个州在水量上没有联邦标准作为指导，就像没有水质量标准一样，事情依然没有得到解决。当旱灾再次袭来，再加上兵团对拉尼尔湖管理不善（它安装了一个计算错误的水位指示器），情况变得更糟，佛罗里达州再次被告上法庭。

在这种情况下，较劲的不仅仅是相互竞争的州府，还有下游的用水者和上游的分流者。得克萨斯州的活动家们同时也在游说立法机构制定管理法案，以保证湖湾和河口对河水有同等于农民、工业企业和城市的权利。但最后，其实早有预兆，管理工作输给了发展。在佐治亚州，人们房门外的草坪已经枯黄，车身上也已经落了一层灰，亚特兰大人无法理解限制用水就是为了保护蜜蜂、鲟鱼，还有他们听都没听过的古怪贻贝。法庭或多或少持同样的看法。联邦特区法官在 2006 年干旱的夏季做出裁决，自然——而不是亚特兰大或兵团——才是佛罗里达州的敌人。

"阿巴拉契科拉河是主动脉，就像我们体内的动脉一样"，牡蛎渔民约翰·理查兹（John Richards）说，对法官免除上游城市的罪责，他表示抗议。"如果动脉被切断了，我们就麻烦了。"已经在湖湾生活了 50 年的理查兹目睹了亚特兰大不断扩大的贪念给牡蛎床带来的巨大压力。蓝绿色的咸水代替衰减的淡水进入湖湾，让牡蛎蚌壳闭紧，不再进食。盐还引来了来自海湾的以双壳贝为食的捕食者。[14]

恶劣的环境让湖湾越发面临过度捕捞的风险，在这个问题上，牡蛎渔民显然会成为被指责的对象。于是，他们就看着他们的工作日益被一群越来越多的外人所控制——他们是来阿巴拉契科拉帮助拯救湖湾和牡蛎产业的农业技术推广研究员、州府的生物学家。对当地人来说，这些外来者是管闲事的人，和讨厌的政府并无二致，这些人都有一个带着恶意的外号叫"他们"。

"他们"一窍不通，渔民们抱怨道。"他们"会带着他们的笔记本、电脑、取样瓶，细细计算一番，但"他们"从来没有了解过湖湾，也不像当地人那么熟悉。"他们"会关闭最适宜采集的牡蛎床，或者开放那些应该休养的部分。"他们"会侵占牡蛎还没成熟的片区，却将已经可以采集的片区保护起来。"他们"会说你这不能做那不能做，把你逼疯，逼到破产。牡蛎床关闭后，一些渔民转而捕蟹或虾，但"他们"也会同样限制那些活动。

大多数牡蛎渔民直接就退出了这个行业。也许有 300 人还留在海上，这本来是一个 2000 人的产业。他们的儿子或女儿不再跟随他们的足迹，而是离开了这个郡，或者到 2005 年在附近设立的州立监狱工作。牡蛎捕捞不再是"自由的生活方式"，就像一个商人曾经说过的。能够养家糊口就已经很幸运了。

文斯·拉斐尔德也成为不得不放弃牡蛎的人之一。它们不再在他的船底下快乐地噼里啪啦地响起。和他父亲一样，他去了一个船厂工作。结果，他也和他父亲一样，得了石棉肺，需要借助氧疗法。为了保持一点活力，他写下了文采飞扬的长信给当地报纸，维护自然生命、林地、清洁水和滨水带，与发展商、官僚、政客作斗争，更重要的是要抗争无知和冷漠。和他爸爸一样，他因病去世了。他在家中离世，时年 55 岁，那天是 2011 年 9 月 28 日，联邦政府机构在那天公布了最终的深水地平线事故报告，呼吁石油钻井平台实行更严格的安全规范。

新千年伊始，科学家们在全球统计得到了 146 个沿海死水区。此后不出数年，这个数字就达到了 400，让很多人惊掉了下巴。美国占据了其中的 69 个。环境保护方面的楷模，俄勒冈州，也有一个死水区。同样的还有伊利湖、圣劳伦斯河、长岛海峡和切萨皮克湾。研究者报告说，海洋生物和氧气匮乏之间的较量在全国一半的河口湾区中已是常事。[15]

长期受灾的河流之一是历史上著名的查特胡奇河，卡卢萨人在那里建立了他们伟大的酋邦，大海鲢垂钓也从那里开始兴起。和常见情况一样，它的病源来自上游。河流发源于奥基乔比湖（Lake Okeechobee），这里位于内陆 60 英里处、大沼泽地的顶端，它是美国大陆内第二大淡水湖。但湖和河并不总是相连。

/ **456**

在 19 世纪，佛罗里达急于摆脱内战后的经济困境，一个富有的来自费城的手锯制造商，汉密尔顿·迪斯顿（Hamilton

Disston），以 25 美分一英亩的价格从州政府手中买下了 400 万英亩地块，他此时正在想象在这片广袤的水下土地建立庞大的甘蔗帝国。为此，他计划先将大沼泽地北部的水抽到湖中，然后引水到水道，水道最终随克卢萨哈奇河汇入海湾。1885 年，就在威廉·哈尔西·伍德钓上那条划时代的大海鲢时，迪斯顿已经通过挖掘和爆破，完成了河道的接入。随后在 20 世纪 30 年代、60 年代，陆军工程兵团又两次加深拓宽了迪斯顿最初的水道，将古老河流上的近 50 个牛轭湾连成笔直的一条线，牛轭湾是天然的环状河曲，每一道牛轭湾都是一个迷你的生态系统和水流的筛滤器。兵团将水道命名为"C-43"，它被剥夺了历史和自然传承，成为一个机构代号。

生态后果是严重的。堤坝阻碍了咸水潮汐的流入，阻隔了河口与上流的联系。受控于水利工程师，泄洪水量有时太大，逆流而上寻找河口家园的海洋生物只得被迫退回到外海。水利系统并没有抽干大沼泽地——没有完全抽干——但它排干了数千英亩的牧场农田，将河流变成了实实在在的一道满载着来自庄稼肥料、化学剂和牛粪的大型磷化物的污水沟。每个夏天，在废水和暴雨的共同作用下，藻类水华淤塞了河口。暴雨所裹挟的成吨的家用农药，正是来自每个美国家庭引以为豪的草坪。一片绿地意味着一片变成褐色的湖湾。

2008 年，李郡（Lee County）（郡政府在迈尔斯堡）通过一项法令，效仿萨尼贝尔－凯普蒂瓦环保基金会，于每年 6~9 月禁止使用家用化肥。在 40 年前拯救了萨尼贝尔当地湖湾的基金会，在此前一年带领这座岛屿城市实行化肥禁用期制度。萨拉索塔采取了同样的措施，且水质有所改善。但萨拉索塔并没有查

特胡奇的再改造河流，查特胡奇河无法通过化肥禁用期来阻止来
自农业的溢出废水。即使它没有被改造，即使堤坝得到移除，牛
轭湖被复原，但曾经水清沙幼的奥基乔比湖和查特胡奇河底，现
在已然淤泥成堆，那里堆积的是一个世纪以来累积的过剩营养
物质，它们将会让藻华现象无限期地持续下去。在州长杰布·布
什（Jeb Bush）的带领下，州政府已经放弃这项任务了。它认为
"大规模清淤不是一项可行的方案"，于是藻华将反复在每年夏
天上演。[16]

到 2014 年，佛罗里达的 64 个地方政府实行了化肥禁用期
制，肥料的商用和家用量相比世纪初都大幅减少。这对一个本土
化肥行业占数十亿美元体量的州来说，是一个非凡的创举。坦帕
湾是美国国内化肥生产的水上中心，它为中西部持续的土壤增肥
需求付出了生态代价。

在海洋科学领域，也有与特纳和拉巴莱斯一样的人，那就是
西尔维娅·厄尔（Sylvia Earle），20 世纪 50 年代，她在坦帕湾
上的清水镇（Clearwater）度过了她的少年时光。她引证家人和
朋友的经历写了一本为推动世界海洋清洁而作的回忆录，她回忆
说，"只要在退潮时涉水走进草滩，得到的湖湾扇贝就足够拿来当
晚餐了"；"我们以前常常捉红鲷鱼的地方，就在码头边上"；"在
坦帕湾，不用挪动半步，在同一个地方收获 52 个蛤蜊"。"现在
它们都不见了，"消失的还有草滩、红鲷鱼和扇贝。[17]

研究通常将建设、污水和雨水排放系统归结为湖湾退化的诱
因。但是，这些常见的"嫌疑犯"都有一个默不作声的、更早就
存在的同谋——磷酸盐；磷酸盐是坦帕湾的特产，在坦帕湾西部
的波恩谷（Bone Valley）发现了不可思议的大量磷酸盐矿产。

/ **458**

磷是化肥的主要成分。在坦帕湾周边的阿巴拉契亚山脉，从古老的海洋生物遗骸的骨头和牙齿中可以找到含有磷酸盐的矿石沉积物，它们全都埋在佛罗里达中部的石灰岩下。

1881年，一位蓄须的地理学家和土木工程师，约翰·弗朗西斯·勒巴伦（John Francis Lebaron），在皮斯河为陆军工程兵团做勘测时，发现了这里的磷酸盐卵石。就是在这一年，"老法国人"舍瓦利耶在坦帕湾买下了120英亩地，就为了方便射杀鸟类去做帽子。磷酸盐是西班牙人从未找到的佛罗里达的金山，它是颜色暗沉的粉末，并不闪耀，在殖民时期并不具备商业价值。那时农田还没被透支，全世界还没产生对肥料的渴求。

勒巴伦发现磷酸盐后的15年来，已经有200家公司在这一带开采磷酸盐矿。火车将大海鲢游钓客送来蓬塔戈尔达和博卡格兰德后，又将一车厢一车厢的磷酸盐拉走。亨利·普兰特将铁路业务扩张到坦帕，既是为了游客，也是为了磷酸盐。半个世纪后，露天开采的蒸汽挖土机和柴油动力机器，替代了手工采拣和铲子，将波恩谷变成了世界上产量最高的磷酸盐矿区，占美国总产量的75%。它的出产几乎全部被洒在了美国的草地和农田上，使坦帕湾的磷肥，经由内陆的庄稼地，成为造就墨西哥湾死水区的一个间接但主要的因素。

生产的一方同样存在危险。就像一个当地人说的，磷酸盐矿的开采将坦帕湾上方的空气变得污浊不堪，充斥着二氧化硫和氟化物的"毒烟"，杀死了灌木和树林。柑橘园枯萎了。牛群里的牛开始变得消瘦，腿瘸了，牙齿也掉了。人们的双眼直流眼泪，鼻子流血，喉咙肿胀。许多为了新鲜的空气和阳光而搬到佛罗里达的人，只能躲在屋里，门窗紧闭。开采和加工所产生的废料，包括受氟化物污染的泥浆，在未经处理和稀释的情况下，畅通无阻地流入了溪流，流进了坦帕湾和夏洛特港，一天下来产生的污水有数千加仑。[18]

来自各方面的侵袭难以负荷。到 20 世纪 70 年代，曾经伟大的河口湾，坦帕湾，正在死去。环保人士、游钓客、临湾居民开始在这个问题上施压，奋起反抗这个在当地提供了五万个就业岗位的行业。1991 年，国会成立了坦帕湾河口项目，全国最终成立了 28 个河口项目，这是其中之一，意在恢复河口的水质和生态完整性。政府领导和磷酸盐行业介入进来，周围生活着 230 万居民的坦帕湾迎来了非同凡响的回归。到 2000 年，来自草地和企业的污水溢流已经减少了 50%，许多志愿者重新在湖湾中种上了数千英亩的海草。代表了 25 种鸟类的四万对涉禽和岸禽——有些已经多年没见了——重新回到湖湾的岛屿上营巢，这是在一个世纪前躲过了舍瓦利耶猎枪的那部分鸟类。

随密西西比流域进入海湾的坦帕肥料影响到了它的一个姐妹湾，那就是莫比尔。特纳和拉巴莱斯的另一位科学界同僚，哈佛的自然和生物学家 E.O. 威尔逊，在莫比尔度过了他的大半童年时光，并称那里是"北美生态富庶之腹地"。一个半世纪前，伯纳德·罗曼斯在悲叹英国人对此地的开发时，说出了几乎同样的话。亚拉巴马州的 65%、佐治亚州和密西西比州的一部分，再加上田纳西州的一点，这些地方的水流都汇入了莫比尔湾。每年夏天，有一到两次，有时是六次，这个浅湾会出现低氧现象，这几乎都发生在早上，持续的时间比莫比尔新闻媒体播报要闻的时间长。在这期间，成群的底栖生物会被驱赶到水面和岸边寻找氧气。[19]

当地人将这个慌乱成一团的水面活动称为一次"周年大庆"。在那些特殊的早晨，邻居们呼朋引伴，摇着铃、吹着号角，纷纷拿着渔网、篮子、水桶、洗衣盆和鱼叉跑到水边。大群大群的螃蟹、鲇鱼、鳗鱼和其他的鱼在水边虚弱地扑腾。曾经见过一次周年大庆的自然学家阿奇·卡尔说："你可以叉到100条挣扎的鱼，然后往你的皮卡后面塞满一英尺厚的螃蟹。"人们难以相信湖湾里竟然生活着这么多生命。[20]

这些周年庆，卡尔解释道，"水波翻滚，只是自然现象"，这是威尔逊童年的草地成为死去的有机物后，在湾底不断积累、腐化，消耗掉了大量氧气的结果。来自五条河流的富余淡水叠在咸水之上——加盖，有些科学家这么称呼它——阻止了氧气在不同层次间的交换。在发生春汛的年份里，同样的现象也出现在了弗里波特附近的布拉索斯河末端。在莫比尔，事件变得越发严峻，附着在湖湾一排排船只上的藤壶因此死亡。有些研究人员相信，随着来自农场、高尔夫球场、郊区草坪的化肥溢流日益增多，这些周年大庆现象将变得越来越频繁和强烈。2014年，莫比尔湾成为墨西哥湾众河口中氮含量最高的水域，加尔维斯顿湾紧随其后，这些氮主要来自粪肥和化学肥料。[21]

在夏天，墨西哥湾的死水区变了质，并卷向亚拉巴马海岸，此时，鱼儿刚逃出透不过气来的湖湾，又被海湾来的水流噎住了，前后受阻。对一部分鱼来说，它们无处可逃。

接下来还有深蓝的大海。为了携手全球共同走向可持续之路，联合国大会宣布1998年为"国际海洋年"。紧跟其步伐，比尔·克林顿政府承诺治理墨西哥湾的低氧问题。在接下来的十年间，联邦政府和私人基金会在科学调研上拨付了大量资金，研究结果一再确认了死水区的产生和上游肥料的使用的相关性。美国国家海洋和大气局称拉巴莱斯是"环境英雄"；1999年，无党派的圣地亚哥基金会奖励她和特纳 25 万美元，作为对他们研究价值的认可。

在保守派记者迈克尔·福门托（Michael Fumento）的剧本中，这 25 万美元的"支票"让两位科学家成为挪揄对象。他在《福布斯》杂志中写道："真相就是没人确切知道墨西哥湾上发生了什么，或者造成这一切的原因是什么。"他是开始爬出阴影的众多批评者中的一个，和气候变化的怀疑者没什么不同，用上口的煽动性语言来弥补逻辑不通的缺陷。他称拉巴莱斯和特纳是推动了"低氧癌症"的"反化肥群体"中的"环境情侣"。他站在农业的一边，反对"在还不知道发生了什么事情时"就急着"解决"问题，尤其是这个解决方案包括制定"铁腕制度"并成立一个耗资 500 万美元的项目，放弃"高产农田"，回归"麝鼠都市"。[22]

他不需要担心。政府制定的不过是纸上谈兵的政策，除了和缓解海湾问题背道而驰的那些。以"后 9·11"时代国内安保和环境保护的名义，国会通过了 2005 年《能源政策法案》，并在 2007 年扩展了法案内容。这项立法意在减轻国家对中东石油的依赖。它要求在汽油中添加生物燃料，为本土可再生能源提供税收鼓励，其中，本土可再生能源包括以玉米为原料的乙醇——而不是风能或太阳能这类真正的可再生能源，但不止如此。

在 2006 年、2007 年，利用政府对他们产品的强制使用要求，农民新增开垦 1500 万英亩土地用于玉米种植，它们大部分都位于密西西比河流域。美国的消费者看着玉米价格上涨了两倍多（谷物、麦片价格也随之飙升），此后，2011 年他们拨付了 600 万美元用于补贴乙醇产业。在补贴的第三年，地方政府和联邦政府共同建立的环保特别小组要求密西西比州在 2015 年之前，减少45%的营养物质负荷量。这不会发生。美国已经是世界上最大的玉米生产国，其中相当一部分产品被制成乙醇。国会在2011年停止了税收补贴，但并没有停止它对这个产业其他劳民伤财的投入。新的联邦法令规定全国37%的玉米作物应进入加油站。他们还设定了一个目标，截至2022年，美国的乙醇产量应达到360亿加仑，其中150亿加仑来自玉米。

研究人员估计流入密西西比河的氮将会增加10~12个百分点。《国家地理》形容这是"硝酸盐的上涨浪潮"。"到目前为止，来自玉米地的硝酸盐比来自其他任何作物的都要多"，特纳提到乙醇时说。他和拉巴莱斯发表了一项研究，结果显示中西部是全国接受补贴最多的农业区，也是化肥使用量最大的地区。几乎每一年，在5月前后，国家级媒体都会预测出破纪录的墨西哥湾死水区数量。（一个例外是2012年，当年的另一场天灾，干旱，让化肥留在了土地里，而没有进入河道。）[23]

乙醇产业受惠和繁荣的积极一面，就是通过死水区的恶化，让解决方案如未被污染的水体般清澈可见：遏制流域中的农田溢流。拉巴莱斯喜欢举黑海的例子，黑海的死水区面积是墨西哥湾的两倍，而且在20世纪80年代苏联经济崩溃前，就已经杀死了约6000万吨的底栖生物。当政府切断对化肥行业的补贴后，曾经缺氧的海域很快恢复了生机。

近在眼前的也有一例。在礁岛群（Florida Keys）东边的佛罗里达礁与污水和化肥溢流展开了一场激烈的搏斗。从20世纪80年代到2000年，有93%的麋角珊瑚（elkhorn coral）和98%的鹿角珊瑚（staghorn coral）死去。美国大陆正在杀死它仅有的，同时也是世界上第三大的堡礁。在佛罗里达海峡对面的古巴岛，农民在这里推行有机农业，因此古巴岛海域中30英里长的堡礁，皇后花园（the Gardens of Queen），一如既往地充满生机。加勒比的其他地区，岛屿上是大量使用化肥的商业性农业用地，这残杀了其大约 50% 的珊瑚礁。"几乎没有任何疑问，"拉巴莱斯说，"人类活动、养分负荷和富营养化与沿海生态系统的死亡有着密切关系。"[24]

特纳称海湾的低氧现象是一个"迷局"（wicked problem）。这个词产生于 20 世纪 60 年代，社会规划者们用来指一个由于政府、企业和大众这三个参与方的复杂利益纠缠而导致的更加严重的问题。生态学者发现"迷局"很适合用来描述环境难题——首先，就是气候变化。例如自然保护协会以及特纳协助建立的绿野碧水组织（Green Lands Blue Waters）这样的机构，试图在恢复包括自然和人类社群在内的密西西比河流域健康的同时，让农民可以继续盈利。特纳的组织一来聚焦于在内陆重新引入多年生的作物，以此减少溢流，二来也重点关注寻求各方的共识。在绿野碧水的模式中，一个关键部分就是要让社区在他们流域的命运中扮演更重要的角色。在英国石油漏油事件后，特纳申请从路易斯安那赔偿金中拨款建立一个模范社区。申请提出后，他告诉作者保罗·格林伯格（Paul Greenberg）说，"没有了下文"。[25]

墨西哥湾的死水区已经发展到了令人难以接受的地步，它已经是世界第二大且最知名的死水区。2012 年，拉巴莱斯获得了赫赫有名的麦克阿瑟基金会的"天才大奖"，赢得奖金 50 万美元。她用这笔奖金继续死水区的研究。除此之外，民间基金和政府拨款都在消失。但死水区没有。

研究人员估计死水区造成的旅游业损失是 8200 万美元。在海湾其他地方，污染正在造成数以亿计的损失，而大量的资金又用在了拯救河口上——当我们试着去救的时候。美国社会在玉米地和污水，以及自然最大的馈赠之间，选择了前者，几乎就像我们需要从自然中逃离出来一样。特纳、拉巴莱斯和其他所有试着让我们重新回到自然的逻辑上来的人，从来不曾，也不会，认为这是一个非此即彼的问题。而且他们知道受到威胁的不仅仅是经济。

那篇"污秽之海"的文章开头引述了雅克·库斯托的一句话，他说："人类依赖于一片干净、有生气的海洋。"戴安娜·威尔逊一直都持这个观点，而西尔维娅·厄尔，整个职业生涯都在研究深海的她，在看到掠夺正向深海边缘蔓延时，她将自己变成了一个意图拯救海洋和人类的布道者。她也曾看见海湾的河口湾，比如说坦帕湾，是如何从崩溃边缘被拉回来的。[26]

飓风卡特里娜过后，密西西比州，比洛克西，
曾经浮在水上的宫殿赌场（Palace Casino）。

　　我有过这样的幻想。我们都知道孩子夭折所带来的巨大
悲痛。如果你相信有来世的话，我想大约在 20 世纪 30 年代
的时候会有一个特别的为这些孩子而建的墨西哥湾海岸，会
有一些天使在守护他们。

——E.O. 威尔逊（2014）[1]

　　在 1965 年最后一次去密西西比的霍恩岛时，沃尔特·安德
森得知了当地一些令人不安的发展动向。他一边划向他的岛屿
天堂，一边回头时，能看见英戈尔斯造船厂高高的、像长颈鹿似
的吊车从帕斯卡古拉河（Pascagoula River）两岸的树冠上探出

/ 466

来。英戈尔斯造船厂自从 1938 年创建以来，已经成长为一个工人数量上万的大厂。接下来，它建造了核潜艇、60 多艘驱逐舰，还有几乎一整个美国导弹巡洋舰舰队。它是墨西哥湾上最大的造船厂，但绝不是最大的污染源。

部分原因在于它是一家需对联邦标准负责的军工企业。此外，虽然美国主要河道的水流大多被严加控制起来，而人们对帕斯卡古拉河的热爱，让它成为其中少数的例外——没有水坝、没有堤防，没有水闸。它也被称为"唱歌的河"，彰显了其保护生态和谐的坚定决心。在"后 9 · 11"时代，乔治 · 布什政府宣布其计划将河流附近的盐丘掏空，用以填储 1.6 亿桶的战略石油储备计划的紧急燃油；计划引来了环保组织的高声抗议，包括大量由诸如领薪工人、律师、科学家等各阶层组成的草根组织。安德森最小的儿子，约翰，也是其中一员。

他们指出，能源部的报告已经给出了预测数据，那就是石油储库的建造将导致河流和湿地上的 75 处盐丘和近 20 处石油泄漏。同样令人不安的是一根输油管将横贯 15000 英亩湿地进入墨西哥湾。德高望重的生物学家爱德华 · 威尔逊认为这项计划是在不遗余力地将西南部"最接近原始生态"的地方"搅和得一团乱"。舆论压力奏效了。巴拉克 · 奥巴马执政时，这项计划在 2010 年因无法获得资助而流产。[2]

上游相对来讲算是安全了，而下游，早在沃尔特 · 安德森时期前，就一直担负着将人类社会的生活垃圾运向密西西比湾的任务。安德森横渡水湾去往他的隐居地时，那里的水也并非清澈无瑕。在霍恩岛的北面海滩，他会看见大陆上空飘着一长串褐白色的云雾，那是从国际纸业公司的工厂里排出来的。正如它的烟囱玷污了天空，它的排水管也在污染河流。废水经由斯卡拖帕河（Escatawpa River）汇入帕斯卡古拉河下游，并最终流入了海峡。

帕斯卡古拉河为东路易斯安那和西亚拉巴马的沿线市镇提供了赏景消闲的去处。另外，1954年美国公共卫生署展开调研，在其绘制的污水地图上，示意为污水集水池的黑色标记在这一带比比皆是。安德森死后，1969年卡米尔飓风过境，住宅数量在此之后持续增长，每个社区的废水废料都在节节攀升。

密西西比州的海岸线虽然不长，但该州人一向引以为豪。他们继承了吃海鲜的传统，商业渔民和垂钓者和谐共处，也从未禁止渔民使用刺网捕捞。包船出海钓鱼在这里仍然像在20世纪末般热力不减。据估计，这两个行业为当地提供了5000个就业岗位；它们也都支持沿海社区以旅游业为重点的发展模式，海滩沿岸建起了一条长长的步道，将海岸轮廓清晰地勾勒了出来。

但密西西比州人对海湾沿岸的爱依然逃不过福克纳式的悖论。20世纪90年代，"六姐妹"中有一半——比洛克西、格尔夫波特、圣路易斯湾——它们通过赌场这条捷径，跳出了熟悉的发展轨道，一跃从19世纪的度假浴场发展为20世纪的海滨城市。沿岸的海滨公路像拉斯维加斯的商业街一样，灯火通明，巨大的荧幕上轮番播放着正在上演的舞台秀和头奖金额。24小时水上赌场通过步桥与十层高的酒店相连，这个庞然大物将景观遮挡了起来，街对面的无论是游客、驾车者，还是历史悠久的房子和街铺，都失去了从前一览无余的开阔视野。

一如预期，博彩业带来了大量的旅游收入和税收，只不过它们没有被花在改善峡湾污染问题上。杰克逊郡没有赌场，但它率先发起清洁行动，利用湿地技术建造了一套复杂的污水处理系统。但峡湾的清洁需要沿岸各地的一致努力。2000年，密西西比州国会议员吉恩·泰勒（Gene Taylor）曾尝试——但并未成功——对《水资源开发法案》提出修订，这项法案最著名的举措是它批准了史无前例的大沼泽地生态恢复计划，若此次修订得以通过，密西西比州沿岸的污水处理系统翻新工程将得到国会拨款。2010年英国石油公司发生漏油事故，事故过去三年，政府依然在与废弃物污染作斗争。在国家资源保护委员会（National Resource Defense Council）进行的一项针对海滨30州的调研中，密西西比的沿海水域质量因常年不得重视，在全国位列倒数第三。

安德森的家乡海泉市拒绝了博彩业；它依赖1991年开业的沃尔特·安德森美术博览馆，将主要精力放在了不那么咄咄逼人的餐饮和购物上。美术博览馆在飓风卡特里娜中损毁严重（遗憾的是画作和日志的原稿均在飓风中遗失），它此后被复原并扩建，成为沿岸引以为豪的本土巨星。现实地说，这颗巨星依然不及比洛克西大桥上被成千上万颗灯泡照亮的赌场招牌闪亮。但这些招牌也遭不少人厌恶。如果你生活在北部的海湾沿岸，而且不想让开发商横行市政厅，不想让你的社区被混凝土路面和高楼大厦占领的话，比洛克西就是你会提到的反例；比洛克西共有11座炫目的赌场和一个不眠不休的海滨，昼夜不停地传出哐啷啷、砰砰砰，还有哔－哔－哔的声音；而且这些建筑还在没完没了地扩建、重建，整个城市的交通为它改道绕行。

卡特里娜过去数周，在博彩业游说团体的推动下，州政府批准赌场重建可以完全建在土地上，不再需要锚泊在码头边上了。接下来，在密西西比州尚有上万居民流离失所的情况下，说客又成功游说美国住房与城市发展部，允许密西西比州政府将联邦划拨的紧急住房援助金中的6亿美元用于赌场扩张和邮轮业发展。

州政府官员声称这种做法对重建家园而言是必要的；其他人则说
密西西比州海岸已经不复从前了。

　　一切为了赌场服务；在某种程度上，密西西比州正在走佛
罗里达狭长地带上部分城市曾经走过的路——有人说，它效仿的
是一个坏榜样。说到彻彻底底的不复从前——满目疮痍、奄奄一
息——没有哪里比得上当年莱昂纳德·德斯坦建立起来的，并最
终以他的名字命名的那条渔村。德斯坦经常被当作城市发展的反
面例子被提起。它的推土机后方并不是精致的赌场大厅，而是微
光粼粼的海滩和霓虹般的水面。有人由此想到了一个名字，"绿
宝石海岸"，于是这个名字就成为东北部海湾一个响亮的名头，
地产经纪更是常常挂在嘴边。

　　德斯坦经历了和红树林海岸一样的大开发阶段，不同的是，
它发生得稍晚，所用的时间也更短。20 世纪 60 年代，这个"全
世界最幸运的渔村"依然还是渔村，少不了有众多的泊船码头、
卖饵料的店铺，还有小木屋，这里交通慵懒，节奏缓慢，只有三
两个交通信号灯，还有几家虾食海鲜饭馆，一家小便利店，一家
酒肆和酒吧间。酒吧间门前是一个新奇的地标：一个涂绿漆的高
大的盔甲骑士。海滩边只有几家破烂的汽车旅馆，此外就是数不
尽的沙丘了。你花 2000 美金就可以在人工挖掘的手指运河上买
到一片宅地，它百分之百是沙地。如果你在 20 世纪 70 年代将它
卖掉，你可以维持收支平衡。

　　但如果你等上十年，这个滨水产业的价值将是过去的十倍；
再等个十年，就是十倍的十倍，尽管此时它的环境已经少了从
前的韵味：如果你的宅地曾经能眺望海湾景致，那么此时它必
定已经消失了，因为视线早已被拔地而起的公寓高楼遮挡了，

这样的高楼在海滩上一栋接着一栋被如法炮制，千篇一律。景观消失已经成为海湾沿岸越来越普遍的事情。在 1960 年前，德斯坦的住宅平均增长速度是每十年 1%；而从 1960 年开始的此后 40 年，这个数字是 24%。开发商更多地来自伯明翰和亚特兰大，而不是中西部和东北部州。但是和红树林海岸的开发商一样，他们对空间的追求在很大程度上就止步于如何最大限度地将它塞满。

德斯坦的海钓租赁游艇数量之多在全美也少见，但它显赫一时的码头俨然已经淹没在这片城市开发热潮中。这个有着 125 年历史的渔村在 1984 年建制为市，它牺牲了自己独特的个性，换来了和其他沿海旅游城市如出一辙的俗套和乏味：两层高的冲浪用品店里满满当当都是 T 恤，小型高尔夫球场有一座山那么大，一家偌大的滑水乐园起名叫"大人物"，还有数量众多的购物中心，门前是成排的连锁餐馆，里面塞满了连锁商店，这样的购物中心一座接一座沿着 98 号公路——奇迹地带——延伸开去，间或夹杂着警卫室和公寓社区的电动大门。公路两边的人造景观应接不暇，而且全都栽上了被修剪得整整齐齐的、粉白相间的紫薇花；公路上车水马龙，不得不动用数量众多的交通灯，市政工程师也出动了，为其设计了一套同步系统，以保证六车道上的车流能有序地缓慢行进。那个绿骑士在 20 世纪 90 年代中期就被迅速移除了。

伊斯特峡湾大桥以西便是沃尔顿堡滩。沃尔顿堡滩想要游客，但不想要高楼；它严令禁止建筑物高度超过 35 英尺。地上风景最珍贵的应该是圣罗莎岛，岛上建筑低矮，但更根本的原因是，它的狭长海滩隶属于美国国防部——这座 50 英里的岛屿上大部分土地都归它所有。98 号公路离开了德斯坦的大厦峡谷后，便进入了一片绵延不绝的白色沙丘——它们中有些已经超过了高度限制，在岛上连绵起伏，就像纵横的山脉。开发商们得到了一星半点的土地后，就像巴甫洛夫的狗 ① 一样，开始垂涎三尺，急切地想要复制下一个德斯坦。

"在与德斯坦比赛谁更俗气方面"，史学家哈维·杰克逊写道，亚拉巴马的格尔夫海岸（Gulf Shores）"也正鼓足干劲，不甘居于下风"。爱德华·威尔逊记得他还小的时候就坐着福特车从彭萨科拉做公路旅行，孤星州的公路一边是海滩，一边是林地，几乎没有例外的时候；当时的格尔夫海岸上不过也就是几间渔夫用的棚屋和避暑村舍。"哇，到格尔夫海岸的时候，看着那些大大的沙丘、墨西哥湾，还有海浪，感觉非常神奇。在我当时那么小的年纪，再也找不到比那更能令我兴奋的了。"3

二战后，对地产投资商而言，没什么比"开发"更能令他们兴奋的了。到 20 世纪 70 年代，格尔夫海岸上有了两三间纪念品商店，一家连锁汽车旅馆，一些乡村酒吧，第一批公寓楼房，还有三万名的夏季游客。游客几乎全部来自亚拉巴马，他们对自己家乡媲美地中海度假胜地的"红脖子海滨"感到自豪和骄傲。当地的常住人口也不过 1500 人。发展还不算太快——直到 1979 年飓风弗雷德里克（Frederic）扫荡了这片区域。4

格尔夫海岸成为又一个在飓风后兴起的新城。赈灾援助到了；"城市重建开始了，"杰克逊写道，"然后开发商们来了。改变来了。"所谓改变，指的就是公寓楼。12 年不到，格尔夫海岸上已经有了超过 100 个公寓综合体——"不是公寓楼，"国家飓风中心负

/ 471

---

① 指生理学家巴甫洛夫所做的一项经典条件作用实验：实验者每次在给狗喂食前都要给它听一段音叉发出的音乐，久而久之，实验者只在狗面前摇动音叉（而未递上食物），狗就会开始分泌唾液。——译注

责人在1992年如此向国会强调，"是综合体。"那都是些15层、20层，最高到30层的大厦。如果你将其中一栋楼推倒，它的高层部分会落入海湾。它们被建在水平的沿岸沙丘上。沙丘是阻挡海浪的一道防线，但为了将楼建得更高，格尔夫海岸变得越来越平坦。[5]

另一边的德斯坦，高楼综合体也在不断往东边海滩的方向发展，就像被风将最初入侵物种的种子散播到了这里一样。它们一英里接一英里地涌出地面，直到沃尔顿郡郡界上才停止。但是，那里除了早期潜入的两座中层建筑综合体外，其余开发商都遭遇了来自另一种开发思维的挑战。

一位来自佛罗里达狭长地带的伯明翰裔开发商反德斯坦模式而行之，赢得了不少赞誉之声。罗伯特·戴维斯（Robert Davis）来自一个犹太经商家庭，他们将亚拉巴马州人的家庭旅行目的地带向了佛罗里达州狭长地带。他们自己则喜欢去位于巴拿马城和德斯坦之间的海滩，他们在格雷顿海滩（Grayton Beach）上购置了一所小小的木结构房子，房子对面就是那座自19世纪起就存在的"冲刷酒店"。在海滩以东不远处南沃尔顿郡一个纯净的沙丘湖湖边，罗伯特的祖父约瑟夫·斯莫利安（Joseph Smolian）在1946年（罗伯特那年三岁）买下了那里80英亩的地块。这位老约瑟夫在伯明翰经营商店，他计划将这块地打造成他的员工们的一个度假屋。这块地上有半英里是绿宝石海岸标志性的滨海带，尽管当时还没出现"绿宝石海岸"这个说法；其余地方则覆盖着松树和锯棕榈灌木丛。老约瑟夫花了8000美金买下这块地，这遭到了他同僚们的嘲笑，他们说那是一块"毫无价值的沙地"，因此拒绝支持度假屋的建造计划。[6]

戴维斯后来到北部的纽约州念寄宿学校，暂时离开了他靠海的家。他先是到了安蒂奥克学院，后来又到了哈佛读商学院。他在犹太人和非犹太人、北部和南部世界中自由切换，游刃有余。此后不久，他又展现了自己作为教师的才能，他在奥斯汀学院同时任教职和行政职位，后来又得到了安蒂奥克学院的延揽——因为当时安蒂奥克有意吸引更多的少数族裔和低收入学生，招揽戴维斯无疑能为他们增加筹码。后来，戴维斯认为是时候将他的工商管理硕士派上用场了，于是在20世纪70年代动身到了迈阿密。此后好几年他都混迹在低收入住房建造行业，后来开始在市场上推出他自己的设计。

罗伯特·戴维斯为人体面，但不摆架子，人人都乐于与他打交道。他说起话来平静沉稳、自信谦和，既不带南方口音，也没有刚毕业的毛头小子身上的狂妄劲。他将自己从头到脚都拾掇得干净整齐，品味恰到好处，绝不至于浮夸或招摇。艺术、音乐、建筑，这类美学固然重要，但常识同样不容忽视。他知道他想在他的建筑物里呈现的是什么，或者说，至少清楚它们的重点在哪里：那既关于物，也关于人，建筑物应该体现人类与环境从里到外、方方面面的互动。与成就和结果同样必不可少的是远见——非常不幸，这正是南佛罗里达所缺少的。那些带领了这场大开发的人一门心思钻进了眼前自己的致富道路，而对未来毫无构想。发展仅仅就是达成这一目标，而在城市规划的目标体系中，混凝土的多寡总是优于社区的整体利益。戴维斯相信，一个州想要走向繁荣，它需要找到一个更明智的办法。[7]

其中一种办法就是回溯过去。他想起了他童年时度过的假期，还有他从祖母那里继承来的他已故祖父的80英亩土地。为了琢磨出一个开发方案，同时也是为了学习其他的开发模式，他和他未来的妻子达里尔·萝丝（Daryl Rose）游览了法国和意大利的沿海城镇。回国后，他们开着一辆1975年的庞蒂克红色

"大都市"敞篷车，周游了美国南部。这款庞蒂克款式经典，开起来轻松，车内空间非常宽敞。车篷收起来后，它就变身为他们的移动摄影平台，镜头可以在上面前后伸缩，移动自如。

罗伯特和达里尔将本地建筑分门别类地记录了下来。他们对旧社区很感兴趣，包括那里为步行设计的格局结构，街道的宽窄大小，还有从门廊到路缘的距离，等等。他们"乘着陆上游艇"到了新奥尔良、查尔斯顿、萨凡纳、基韦斯特，以及佛罗里达的一些内陆城市——在那里还保留着旧时佛罗里达的样子。罗伯特的脑海深处一直浮现出埃奇伍德的影子；埃奇伍德位于伯明翰，是罗伯特小时候生活过的一个电车郊区①。在那里，居民通过步行就可以到达杂货店、药店、学校、邮局，拜访社区医生——满足一切日常需求。他还研究了"冲刷酒店"和格雷顿海滩上的房屋为抵御飓风而做的功能性设计。他们夫妇二人先是在迈阿密都市区和一座佛州牛仔（Florida crackers）的传统木结构房屋上试验性地加入了这些理念，包括通风对流和树荫的设计，然后才将它们应用到了狭长地带上。[8]

1981 年，他们的锡赛德（Seaside, Florida）破土动工了。锡赛德是一个经过总体规划的社区（master-planned community）②，就建立在那 80 英亩的灌木丛和海滨带上。社区的设计者是来自迈

---

① 在美国的有轨电车时代（时间大约在 20 世纪 20 年代前期、私人汽车普及之前），路面电车和城际电车的普及大大延长了人们的日常出行半径，人们的居住范围超出了固有的城市界限，于是开始出现了沿电车线路分布的所谓电车郊区（streetcar suburb）。——译注

② 经过总体规划的社区，即 master-planned community（MPC），是一个相对于"住宅地块"（housing subdivision）而言的概念。住宅地块土地用途单一，是只单纯满足"住"的需求的房屋或楼宇地块；而 MPC 则经过良好规划以达到宜居目的，社区内有各项生活基础设施、康乐设施的支持，占地面积通常也更大。——译注

阿密的建筑师夫妇安得鲁·杜安伊（Andrés Duany）和伊丽莎白·普来特－吉伯克（Elizabeth Plater-Zyberk），他们借来了那辆大块头的庞蒂克，开始了他们的南部之行。他们也到过欧洲，思索过城市规划师和建筑师莱昂·克里尔（Léon Krier）口中的理想城市。在所谓的理想城市中，人们应当能在不超过四分之一英里（孩子通常会在这个节点开始抱怨"还要走多久"）的步行可达范围内解决日常所需。除此之外，他们还研究了乔治－欧仁·奥斯曼男爵（Baron Haussmann）的巴黎改造①。

事实证明，奥斯曼的辐射状街道网络设计运用到那片 80 英亩的土地上非常适合。社区中心设置了杂货店、商店、餐厅和邮局，而社区内任何一点离中心区的距离都不超过四分之一英里。社区内的住宅采用佛罗里达州的传统建筑式样，建筑模式沿用的是"通用的语言和语法"，戴维斯说，"让每栋房子在保留各自特点的同时，保证整体的充分和谐"，以"创造一个赏心悦目的街景"。房屋中的每个房间都将有自然采光，保证空气对流。屋顶是金属材质，呈陡坡式，有深檐作为房屋的遮挡。房屋则都是木质结构，坐落在小片成荫的本土植被上——没有草皮，没有草坪喷灌器，没有为了维持绿地而喷洒的化学肥料。[9]

每一所房子都被刷上了区别于左邻右舍的鲜亮颜色，房前有前门廊和尖桩篱栅。前门廊的设计是为了促进邻里交流，而篱栅则是为了美观——但又不仅仅是美观那么简单。成排的栅栏起到了道路减速装置的作用，让砖石街道看起来更狭小，而又无须用

---

① 巴黎改造（renovation of Paris，又称巴黎重建），是 19 世纪法国塞纳省省长乔治－欧仁·奥斯曼主导的法国规模最大的都市规划工程，它整修了巴黎长期以来的混乱拥挤等城市问题，极大地改变了巴黎的城市格局。——译注

到煞风景的减速带。这里也没有纵横交错的地下排水管道系统。房屋被架高了，这样既有利于通风，也能加速雨水渗透。而砖石街道也有同样的作用，不仅好看，光脚踩上去也完全没有问题。

锡赛德彻底远离了单调乏味、与自然割裂的传统住宅地块模式，它成为美国新城市主义的先驱范例。新城市主义是20世纪末的一个建筑设计运动，在这股热潮中，像戴维斯这样的建筑师开始重拾旧时的城镇生活，在设计中着重融入邻里社区和实用性的价值理念。社区设计赢得了一个又一个专业奖项，获得了媒体的高度关注，社区俨然已是一颗冉冉升起的新星。甚至在20世纪90年代，好莱坞也来到了这里，在这里拍摄了《楚门的世界》。

此后，观光客络绎不绝，他们总是驾车来到这个步行社区，直勾勾地盯着看；对此，居民感到厌烦不已。但这并没有阻止买房人的脚步，即使是在房地产价格飙升了20倍之后依然如此，高企的房价让了无生气的德斯坦也相形见绌。追求实用的锡赛德成功了，但它成为这个成功结果的受害者，与它的设计初衷渐行渐远，从前在戴维斯时代可负担的房产价格一去不返。本土建筑中有四分之三最终成为高收入的季节性住户的第二个家——但这也证明了人们对置身于自然所怀有的强烈渴望。

效仿者接踵而至，它们自称新城市主义社区。它们是掺了杂质的锡赛德。离此处不远的圣乔公司（St. Joe Company）是一家老牌的木材和木浆纸生产污染企业，它当时是佛罗里达州最大的私人地主；它建起了沃特卡乐（Water Color, Florida），这是一片占地500英亩的度假胜地，上面同样是木结构房屋——但许多附带了公寓楼——有金属深檐屋顶，有包裹式的门廊，有散步可达的购物商场。只是它依然采用的是模式化的建筑和柏油街道。

虽然这里对建筑物有高度限制，但多数建筑都会踩在临界值

上，让它们看起来格外突兀。沃特卡乐的房屋最低售价也要 100
万美元，这决定了它们是庄园大宅，而不是佛罗里达州牛仔的房
子。房屋四周精心布置着本土植被，此外还有大量的草皮、草坪
喷灌系统，以及一个 18 洞的高尔夫球场。新建筑大多只是为了
试水这股随锡赛德而掀起的环保风潮，这种做法让人们开始担心
这个国家珍稀的沙丘湖。

在 20 世纪 70 年代，佛罗里达，这个高速发展中的州，开始
慢下脚步以保护它的海岸线。它将平均高潮位线向陆 15 米作为
建筑的后退线，在此界限内禁止开发建设。几年后，后退线的设
置基准改为使用百年风暴潮线①，联邦应急管理局对此也有同样
标准。房屋必须建在后退线以上，打桩需足够深，活动空间也必
须设置在预计的泛洪区以外。得克萨斯州在经历 1983 年的飓风
艾丽西娅（Hurricane Alicia）后也制定了类似规定，禁止在海
滩植被区域内进行包括重建在内的建设活动。几年后，佛罗里达
州颁布新的《海岸带管理法》，严令禁止沙丘开发。锡赛德在这
方面树立了良好典范，它的建筑均建在沙丘的向陆一侧，另外在
上面铺设了通往海滩的木板路。

海滩本身是不稳定的存在，沙丘就像挡在它前面的最后一道
防线，因此，保护沙丘和植被并非没有意义。逻辑也告诉我们，
如果你将固定的东西搭建在不固定的东西上，这必然产生冲突。
而公寓楼、房屋、酒店和游客纷纷涌向海滩和岛屿，做的正是这
样一件事。海湾各州发现它们无法摆脱与自然的对抗——一场他
们的创造和他们深爱的海滩间的较量。

---

① 百年风暴潮（the hundred-year-storm surge）是指一场严重程度百年一遇的风暴潮，
或者说该区域在某一年发生这种极端事件的可能性不小于百分之一的情况。

十八　时光沙漏中的沙

20 世纪 70 年代，一群海滩游客正在泳池边上看着挖泥船改造他们的沙滩游乐场。
海岸侵蚀和代价高昂的修复工程在二战后普遍存在。

当我还是个孩子的时候，每次提着个塑料桶装沙子玩，
我提过的沙子得有十吨了吧。

　　　　　　　　——里克·布拉格（Rick Bragg）（2010）[1]

还记得小时候爸妈说，只要拿起贝壳贴近耳朵，你就会听见
大海的声音吗？闪着天然光泽的贝壳正好可以贴合小孩的耳朵，

然后你听，就在那儿：在贝壳浑然天成的旋涡里面和外围，是整个世界的声音，那里有风，有海浪，或许还有航行的船只和海盗。你大概也听说过，贝壳曾经是一只小小的海洋动物的家，等它长得比贝壳大了，便换了一间更大的屋子。于是你的脑海中又浮现出那只常年迁居者的模样。

这个广为流传的传说只是一个美丽的谎言。你长大后就会知道或发现，贝壳里面并没有藏着大海。相反地，是贝壳与周围环境中的声音产生了共振，这些声音中有时还包括了听者的脉搏或正在抽动的肌肉响声。

其占有者的真相则更为复杂，我们很多人从来没有机会真正了解过。只有寄生蟹和少数的章鱼会从一个贝壳转移到另一个贝壳，在这种情况下，它们也只是鸠占鹊巢罢了。它们占据的是另一种动物曾经的一部分。原本的贝壳拥有者是一种软体动物，贝壳不仅仅是它的容身之所。软体动物没有脊椎，因此它们需要一个坚硬的保护性外壳。海贝壳就是它们生下来便有的、永远不会抛弃的外骨骼。这副外骨骼与生俱来，让它们得以最终存活。"一个贝壳，"海洋生物学家斯蒂芬妮·沃尔夫（Stefanie Wolf）说，"就是一辈子。"[2]

软体动物是海洋中最大的动物门类，有将近四分之一的已知海洋生物都属于软体动物。而软体动物门下各种生物的种类、大小、习性又千差万别。如果以人口数量作比的话，佛罗里达西南部的大陆架就是它们世界中的雅加达和上海，数以百万计、万亿计的软体动物都生活在那里。它们的数量，以及恰到好处的沿岸洋流，让毗邻的萨尼贝尔岛和凯普蒂瓦岛成为在全球范围内都大受欢迎的沃尔夫所称"无瑕的天然珠宝"的采集地。当1880年的美国人正在尝试摆脱对海滩的恐惧心理时，旅行作家A.M.布鲁克斯（Abbie M. Brooks）〔笔名西尔维亚·森夏恩（Sylvia Sunshine）〕曾说起过这片区域，她说："贝壳学家和爱好采集贝壳的人们会在这里得到满足。"从那以后，在萨尼贝尔和凯普蒂瓦海滩上伏低身子的游客就比在上面晒太阳的还多了。[3]

其中就有林白夫人（Anne Morrow Lindbergh）的身影，她是著名飞行家林白（Charles Lindbergh）的妻子，曾在凯普蒂瓦岛上写下了《海的礼物》（*Gift from the Sea*）[①]，这本书登上了1955年非虚构类图书的畅销榜首。她在那里租了一处"房子贝壳"，享受孤身一人、远离伴侣的盛名和威权。在独处的时光里，她在找寻"外界的简单生活，内心的安稳，更完满的亲密关系"——也拾起了一枚枚的贝壳。清晨，她漫步在海滩上，伏低身子，翻捡贝壳；贝壳在她指间叮当作响，它们是在夜里被海浪冲上岸来，堆积在海滩上的。她将吸引了她注意力的都捡了起来。大海带给她的最宝贵的礼物就是让她重新认识了自己。它还每日送来这些贝壳，让她带回小屋中与她做伴。[4]

海滩上可供选择的东西必定是琳琅满目的。那里会有峨螺、鸟蛤、扇贝、郁金香旋螺、甲虫螺、海螺、蟹守螺、金星蛤，还有长得就像缩小版火鸡翅膀的火鸡翅，在壳上印着英文字母的字母锥，将尖的那头立起来后能打转的坦帕顶，常年生活在红树林里的咖啡豆，形似螺旋形开瓶器的法戈螺，以及巨大的踩上去噼啪炸响着裂开的锯齿笔[②]。此外，还有各种软体动物产出的旋曲

---

① 林白夫人：《海的礼物》，唐清蓉、林燕玲译，重庆出版社，2013。——译注

② 名称均为英文俗名的直译，它们的拉丁学名分别为：火鸡翅 Arca zebra、字母锥 Conus spurius、坦帕顶 Callisotomatampaense、咖啡豆 Melampuscoffeus、法戈螺 Vermiculariafargoi、锯齿笔 Atrina serrata。——译注

状的长条卵链（或卵囊）。

墨西哥湾上最大的软体动物是马螺。刚出生时，一个咖啡杯底就能装下上百个马螺；成熟后，它们能长到 11 磅重。软体动物是贪婪的食肉动物，它们甚至能吃人。马螺会让它的猎物窒息致死，其猎物之一是体型更小的佛罗里达战斗螺——凤凰螺，当然后者战斗螺也并非浪得虚名。左旋香螺会用它小刀般锐利的壳口外唇来撬开一个双壳贝，然后吃掉里面动物的软组织。美丽的字母锥是个刺客。它的齿舌长着像鱼叉一样的牙齿，可以用来刺穿猎物的外壳，并向其体内注射毒液。玉螺会对准猎物的外壳，释放出酸性酶，将其软化后，用牙齿在上面钻孔吸食。如果你在一个贝壳身上发现一个圆圆的孔洞或缺口，那很可能来自它的捕食者，而不是与其他贝壳在海浪中产生的碰撞导致。而且这只贝壳有很大概率在被冲上岸的几个小时前还活着。

为了防止被抢掠者吸食，腹足类动物（即蜗牛）会将自己缠在与外壳一体成型的壳内螺旋轴柱（被称为螺轴）上。许多双壳贝的贝壳——此时可以想象希腊女神阿弗洛狄忒越出水面时脚踩的那半边贝壳——通常会将自己伪装起来，下半边贝壳颜色较亮，而上半边则斑驳暗沉。有时这种防御机制是成功的，但由于海滩上贝壳数量密集，因此失败次数也不少。同类并不是唯一的敌人。鱼类，例如铁齿铜牙的大海鲢，也会以软体动物为食。石蟹和逍遥馒头蟹会用强有力的蟹钳撬开贝壳。即使是可怕的马螺也难逃它们的魔爪。寄居蟹也会大举入侵，猎食贝肉，并侵占它们的居所。

其中自然也少不了人类；自从居住在沿海地区以来，人类就一直在食用软体动物。他们对贝壳的利用还不止于此。在第一批欧洲人踏上北美大陆的那个年代，沿岸土著便拥有私有贝壳，他们将它们打磨抛光，做成贝壳珠串。贝壳串可以在贸易中作为货币使用，可以彰显某人的社会地位，可以作为宗教祭典用品，可以做成腰带的形式起到计数和记录事件的作用。根据库欣的了解，墨西哥湾的土著把贝壳当作工具和武器，用它们来抬高祭祀台和住所的地势。欧洲人也使用贝壳，利用其中的石灰来改良贫瘠的土壤，也会采掘贝壳灰岩——一种含有贝壳化石的沉积岩——来修砌房屋墙壁、建造坚不可摧的军事堡垒。同样地，他们会将石灰、沙子、水，以及碾碎的贝壳混合，创造出一种更坚硬的水泥状的材料，这种材料被称作泰比（tabby）。今天，许多海湾沿岸公路下铺填的正是海洋贝类，而为公路上行走的汽车提供动力的化石燃料，其部分也来自古生物的外骨骼遗骸。

为了维持它对游客的吸引力，萨尼贝尔颁布法律，禁止人们拿走被冲上海岸的活软体动物。但将它扔回海里也不是正确的行为。虽然它们有盔甲外壳，但这些行为会给它们带来刺激和伤害，甚至造成它们的死亡。正确的做法是将它们轻轻放回到水里，或者将它留在海滩上，等待下一次高潮的到来。

保卫沙子也是当地很长时间以来的重点工作。在凯普蒂瓦，当地的海岸线侵蚀问题让当地政府每隔几年都要对海滩进行修复。挖泥船聚集在近岸，沿着大陆架往海水方向铺设了三英里长的新鲜沙子。这些新建的沙滩里混杂着大量数不清的软体动物，随沙子一并被挖泥船汲走，铿铿作响地撞击着金属管道，然后被活活掩埋或折磨死在新堆砌的海滩上。

海滩，和它上面的贝壳一样，在千变万化的海洋和天气条件下来回往复。前一天还能看到的漂亮滩沿，可能在第二天就消失不见了。那些由机器和人力打造出来的人工海滩，就更是处于风雨飘摇之中。它们一开始就没有存在的基础，为了防止它们被冲走，人们必须与大自然对抗。

墨西哥湾的海滩修复史大致可追溯至 1947 年，当时接踵而至的风暴和飓风对湾区造成了重挫，一系列的海滩养护工程也就此启动。沃尔特·安德森骑自行车从海泉到新奥尔良的一路，就是沿着密西西比河著名的 26 英里防波堤的边沿行进的。这道防波堤在 1928 年完工，自打它建成后，它面前这片天然银色海滩就开始面临海岸线侵蚀的问题，这里的旅游酒店担负起了重造沙滩美丽的责任。可是 1947 年的"自然灾害"带来了联邦的救助拨款，于是这一切开始改变。不出数年，安德森就看见了在轰鸣工作的疏浚机。

安德森无法按捺心中重温沿岸骑行时光的念头。很快，他又踏着自行车行进在一片新的柔和海滩上。这片海滩头尾都是 300 英里宽，沙滩像白鹭的羽毛般洁白无瑕。陆军工程兵团负责了墨西哥湾上最大的一项海滩养护工程，运来了 700 万立方码的沙子，这些沙子多数是从 1500 英尺深的海峡中抽上来的。密西西比州人于是开始吹嘘他们同时有"全世界"最长的海堤和"最长的人造海滩"。但这都是需要维护的，维护者不是他们便是联邦政府。1969 年的飓风卡米尔让纳税人负担了一项 200 万立方码的修复工程，1985 年飓风埃琳娜的则是 150 万立方码。在没有灾害发生的时间里，仍然需要进行一些修缮工程。你在造出来的海滩前面挖了一道大大的沟渠，沙子自然总是想来填满它。[5]

早在人们开始为海平面上升的问题忧心前，沿海州府就一直在与海滩侵蚀做对抗。美国的大西洋和太平洋沿岸地区经历了其中最艰难的抗争岁月，但这并不意味着墨西哥湾地区就能轻松度过。从 20 世纪 50 年代初期开始，到 90 年代末，海

湾各州进行的海滩养护工程，小到得克萨斯州玻利瓦尔半岛
（Bolivar Peninsula）上不到一英里的新海滩，大到密西西比海
岸（Mississippi Coast）上的 26 英里海滩，共计有 158 项。

佛罗里达州，作为海滩数量最多的一个州，也是对新沙最为
渴求的州。其 67% 的工程发生在红树林海岸上，其中多数又在派
内拉斯郡中。佛罗里达州官员一直担心源源不断溜走的根基将会
威胁当地的旅游业发展。1950 年到 1997 年，他们批准了 4700 万
立方码的沙子重置工程，这些沙子经由卡车运输，然后通过挖泥
船输送或铲入到目的地。20 世纪 90 年代，州和地方政府在每一
立方码的海滩修复上需要花费 30 美元，年花费额则为 3000 万到
5000 万美元，这是为了刺激旅游收入而投入的税钱。海滨地区以
每年 6~10 英尺的速度在消失。这意味着大量的沙堡需要被建造，
来让人们重新晒上日光浴，并最终刺激经济的增长。

当暴雨冲走海滩，人们通常会咒骂天灾。但如果人类在本
没有海滩的地方建造出海滩来，自然也通常要将它夺走。研究者
们经过细致调研后发现，掠夺的背后有 85% 是人类行为造成的。
基本上在所有发生了陆地侵蚀问题的地方，都能看见大坝、突
堤、堤道、通道、防波堤的身影——这些为了解决通航或洪水问
题而创造出来的东西，几乎都与经济相关。

人造的或经过人为改造的通航水湾，通常都需加筑突堤作
为后盾，而突堤就是最坏的海滩杀手。在得克萨斯州的几个水湾
突堤——有些可以追溯至 19 世纪——对泥沙的流向造成了干扰；
在有突堤以前，泥沙可以从密西西比三角洲流向帕德雷岛中部，
在那里与来自南方的格兰德河的泥沙汇合（在这里汇聚沉积的泥
沙，让此处成为贝壳繁育的绝佳场地）。这些工程的胜利让大多
数得克萨斯州海滩都陷入了极度缺乏泥沙的境地。结果，突堤的

缔造者，陆军工程兵团，让情况变得更糟；1992 年，他们改变了科罗拉多河的流向，将原本流向墨西哥湾的泥沙导向了马塔戈达湾。

陆军工程兵团是海岸的主要改造者。他们的一个著名工程是海湾沿岸航道的建造；这项前后持续了一个世纪的工程于 1949 年完工，全长 1100 英里，连接得克萨斯州的布朗斯维尔和佛罗里达州的卡拉贝尔（后来延长到了迈尔斯堡）；水道上布满了航道标志，为往来商船导航。航道至少有 12 英尺深，150 英尺宽，穿过湖湾、长沼和海峡，在连接了海湾州府的天然河口湾区劈波斩浪而过，激起了人们对其生态影响的激烈抗议。它还破坏了海岸线。

佛罗里达州的立法者通过了一项法律，要求开凿航道所产生的废石弃土在符合条件的情况下应被用于海滩养护。他们认为这是双赢的举措。但人工航道通常会改变近岸水流的走向，导致河道将别处海滩上掠取来的沙子堆到另一个海滩上。结果通常只有赢家和输家。在 30 年间，凯普蒂瓦岛就接受了七次修复工程。萨尼贝尔岛则只有一次，部分原因就是凯普蒂瓦的新沙，连同贝壳一道，被不断地冲向萨尼贝尔。

1955 年，美国国家公园管理局（the National Park Service）发布了一项报告，报告中号召保护国内仅存的、未受破坏的沿海沼泽和海滩。"大西洋和墨西哥湾沿岸几乎每一处引人入胜的海滨都已经被事先占据，将用于商业或私人开发，"报告说，"我们漫长的海岸线只有一小部分被作为公共用地剩下，而这仅存的小部分海岸线也正迅速消失于我们眼前。"[6]

国家公园管理局决定将海滩纳入到它的受保护区域中来。它刚开始设定的目标是科德角、雷斯角（Point Reyes，在旧金山以北）、俄勒冈沙丘（Oregon Dunes）、印第安纳沙丘（Indiana Dunes），以及帕德雷岛。得克萨斯州人近来一直在致力于将他们的海岸线保留为公有土地，以防石油企业染指；他们从20世纪30年代开始就已经设想在帕德雷的沿海草原和海滩上设立自然保护区了。1962年，被称为"微笑拉尔夫"的得克萨斯州参议员拉尔夫·亚伯洛（Ralph Yarborough）——他同时也是未来《濒危物种法》的共同起草者——施展手腕，推动国会通过了立法，将帕德雷岛的大部分地区划立为国家滨海保护区，这是继北卡罗来纳的哈特拉斯角和科德角之后的美国第三个国家滨海保护区。

帕德雷岛是一个开始。海湾北部的很多人担心无人占领的障壁岛将会重蹈红树林海岸的覆辙。最终，佛罗里达州南部出现过的高耸公寓楼和奢华酒店还是被堆在了障壁岛上，四周围绕着的房屋也千篇一律，像用一个模子印出来的。在圣罗莎岛西端的彭萨科拉海滩上，开发商正铆足了劲，开动推土机，将沙丘夷为平地；此后过了十多年，州政府才开始对海滩采取保护措施。地产商们也同样关心哪块临湾可售地块被联邦政府收购的可能性更高。

约翰·麦克唐纳由此获得了他的小说创作灵感。这一次他并没有像往常一样将佛罗里达作为他故事的发生地；在这个谋杀悬疑故事中，他描写了一个密西西比州建筑商，这个建筑商表面上持有许可证，并准备开发一座岛屿，而实际上是想欺骗国家公园管理局，将那座岛占为己有。《离岛风云》（Barrier Island）的情节并非凭空想象。帕德雷岛的土地拥有者主要是些非本地的大型地产财团，他们后来拿着地下采矿权和1850万美元扬长而去，这笔钱已经超出了联邦政府为买下国家滨海区而设定的支出预算。

　　《离岛风云》在 1971 年出版，此时距离国会设立海湾岛屿国家滨海保护区（Gulf Islands National Seashore）已经过去了 15 年，它对在密西西比州出现的一个群众运动影响很大。保护区被纳入国家公园管理局的管辖，它们包括佛罗里达州西圣罗莎岛的部分地区［皮肯斯堡（Fort Pickens）附近］和帕蒂诺礁（PerdidoKey），密西西比州卡特岛的一部分，以及所有的东船岛、西船岛、珀蒂布瓦岛和霍恩岛。亚拉巴马州人最不信任联邦政府，他们将自己州内的海岸，包括海湾海岸（Gulf Shores）和多芬岛，都排除在联邦的海滨保护计划之外。

　　国家公园的管理员沿着沃尔特·安德森走过的沙丘和灌木丛老路，在霍恩岛上开辟出了一条从海峡到墨西哥湾的安德森之路。他们在他扎营的沙地上插上铁杆（虽然他日志上说飓风贝琪已经将营地冲入海中），将其划定为筑巢产卵季的禁止进入区域。他们将此地命名为沃尔特·安德森路口（Walter Anderson Crossing）。这是对这位自然艺术家的致敬，尽管这份敬意不够单纯。

/ 484

　　国家公园管理局在岛上还设立了其他步道和景点，印制了观光地图，向公园游客做推广，并一度提出要建设占地 100 英亩的露营地，铺设三条跨岛游览路线。这个计划最终被国会叫停，霍恩岛在 1978 年被划定为荒野保护区。十年后，美国鱼类和野生动物管理局将霍恩岛作为红狼的圈养繁殖地，红狼曾经的栖息地是更广阔的南部洼地和沿海草原。正如安德森所了解的那样，霍恩岛上兔子数量众多，因此红狼的数量在岛上也得到了迅速恢复，但十年后管理局将它们转移到了北卡罗来纳的荒地上，因为红狼和智人之间发生了太多次相遇，这些智人包括露营者、观光者、观鸟者、安德森迷，还有周末的划船人。

安德森死后，在墨西哥湾其他岛屿上拔地而起的任何一座公寓或酒店，都在证明海滨保护区对野生动物的重要性。1947年，就在美墨边境以南、墨西哥塔毛利帕斯州的新牧场（Rancho Nuevo）海滩上，肯普氏龟在这里搭建起了大约四万个营巢。31年后，这种小小的绿灰色海龟，它们在全世界范围内的巢穴只剩下不足1000个；于是美国科学家和墨西哥科学家合作，决定利用帕德雷岛的国家滨海保护区来扭转这个局势。

这时距离罐头汤的年代已经过去很久，生活在墨西哥湾上的五种海龟，有四种——均是濒危或受威胁物种——都在帕德雷岛上产卵。帕德雷岛是世界上屈指可数的能被濒危的肯普氏龟属意的产卵繁殖地。1987年，国会要求州政府对海龟采取保护性措施；但海湾各州中没有一个建立筑巢保护区，没有一个要求捕虾船使用带海龟放生装置（TEDs）的渔网。叛逆的巴吞鲁日立法者通过了一项藐视联邦命令的法律，明确告诉捕虾人，路易斯安那州的野生动物官员不会检查TEDs（迫于压力，州政府在2015年纠正了这种不作为行为）。在其他地区，成熟的海滩上都会执行熄灯政策，巢穴四周围上了黄色警戒隔离带，并有志愿者来回巡视。个人、公众和政府的通力合作将肯普氏龟从濒危边缘救了回来，现在肯普氏龟数量的年均增长率有15%。

如果安德森还活着，见证了海龟被改变的命运，那不难想象，他一定会写下一篇日志称颂州政府参与国家滨海保护行动所展现出的无私精神，尽管岛上不断增加的游客会让他不胜其扰。在安德森人生的最后几年，他不仅没有多少海龟可画，鸟类数量也在不断衰减。

他第一次注意这个令人痛心的变化是在20世纪50年代，当时褐鹈鹕的数量急剧减少，并正在走向灭绝。从1963年年初起，除了那只已经在州旗上栖息了 50 年的褐鹈鹕外，你在路易斯安那州大陆上就再也找不到这种安德森最喜爱的鸟类了。1966 年，立法者将鹈鹕选为州鸟，就像用一位战败英雄的名字为公路命名以示纪念一样。这时，从得克萨斯州东部到佛罗里达州的大弯曲，都已经不见了这位海湾自然首席大使的身影。没人知道它们去哪了。起初有一种说法最为盛行，人们说是暴风雨或一种不知名的鸟类致使病菌席卷了鹈鹕的栖息地——这么说来，人类是毫无责任的。然后，南加州的鹈鹕也开始消失了。

西海岸的科学家们追寻到问题的根源出自 DDT；制造工厂将上万加仑的 DDT 排入洛杉矶郡的污水管道系统，这些 DDT 便随水道进入了食物链。受感染的鸟类产下的卵远未成熟，如果没有鹈鹕父母将外壳击破，则无法成功孵化。1933 年，一位鸟类学家在尚德卢尔的北岛上统计得到了 2300 个鹈鹕鸟巢。30 年后，这个岛上的鹈鹕巢数量只剩下 100 个。尚德卢尔的常客，安德森，曾经怀疑过化学污染是祸首。他是对的。从二战时期始，农民就一直往他们位于密西西比河盆地的农田上灌 DDT，DDT 就这么沿着河流进入了食物链。

/ 486

到 1972 年末，美国禁止了这种化学物的广泛使用。第二年春天，海湾沿岸的报纸开始报道"大嘴鸟"的身影又出现了。《彭萨科拉新闻报》称大嘴鸟的回归"预示着大自然就不会抛下我们，只要我们给它一个生存的机会"。这个说法带着强烈的人类中心论，但这份日常亲商的报刊也曾经是国家滨海保护区坚定的支持者——滨海区不仅是鸟类的庇护所，也是海滩游客的胜地。[7]

没有哪个群体比挥舞着望远镜的观鸟者更感恩 DDT 禁令和海湾保护区的设立了。从 20 世纪中叶开始，他们的热情就让观鸟迅速发展为一大户外消遣活动。得克萨斯州海岸是中部大陆和密西西比候鸟迁徙线的汇合点，因此是人们最爱的观鸟目的地。这在很大程度上要归功于一位身姿轻盈、充满活力的女士——就像小鸟。

人们此前对候鸟迁徙路线知之甚少，直到康妮·夏甲（Connie Hagar）和她的前石油商丈夫杰克买下了罗克波特（Rockport）的一处自驾者旅馆，旅馆共有八间村舍，坐落在得克萨斯州菜棕和沿海被大风刮得横七竖八的橡木林中。那是1935年，在此之前，康妮和她的姐妹波特（Bert）为了躲避家族疾病关节炎，就离开了她们在达拉斯附近的家，到沿海地区另觅住处。她们有意追随候鸟的脚步；康妮也会在她随身携带的日记本里写下对鸟类、栖息地和它们习性的珍贵记录。等到她和杰克搬到得克萨斯州海岸的时候，她对这里的留鸟和候鸟比大多数人都要了解。

专业的鸟类学家——都是男人——总爱嘲笑她，认为她所谓的观鸟不过是大惊小怪的主妇在厨房窗台上放了一个喂食器而已。的确，她到田野上时身上穿的是棉裙，观察鸟类世界时戴着的是时髦的菱形眼镜（蕾切尔·卡森也是这样）。但她的田野是一条九英里长的环路，那是她机敏地沿着海岸在地图上标记出来的；沿途会经过树林、草原，还有湿地和盐沼，让她得以最大限度地观察到各种各样的鸟类。这条环线成为她日常踱步的路线。

美国观鸟界的大主教罗杰·托里·彼得森（Roger Tory Peterson）在1948年来到罗克波特时，曾让康妮当他的向导，因此他知道她是货真价实的观鸟专家。得克萨斯州以她的名字命名了一个鸟类保护区，后来这个保护区成为大得克萨斯海岸观鸟径（Great Texas Coastal Birding Trail）的核心。这条观鸟径开设于20世纪90年代，全长500英里，连接了沿岸的各个禁猎

区、保育区和徒步道。那时，得克萨斯州的帕德雷岛有超过 600
种鸟类，这里也是白鹈鹕在墨西哥湾上的唯一筑巢点。当地旅游
业因此财源不断，光是格兰德河谷——这里有两个国家野生动物
保护区——每年产生的旅游收入就有 9000 万美元。

　　到 1973 年，夏甲于 87 岁高龄离世时，海湾已经有了数不
清的地方和州立的鸟类禁猎区，以及十个国家野生动物保护区。
迫于公众对不受控的开发热潮的指责，到深海地平线石油平台爆
炸事故发生前，这里又增加了 28 个联邦自然保护区。但它们，
和当年险些灭绝的鹈鹕一样，正处于岌岌可危的境地。国会议员
吉恩·泰勒（Gene Taylor）有意肃清密西西比湾的污染问题，
他对 2000 年的《水资源开发法案》提出修正建议，其中一项主
要条款就是要进行海岸线修复。这不仅仅是要为游客修建海滩。
岛屿正面临逐年下沉、缩小、消失的问题。

　　具有历史意义的船岛让国家公园管理局最为忧心。法国人对
密西西比河口的搜寻就是从那里开始的，此外，它还是内战年代
马萨诸塞堡的所在地——目前而言是这样。1969 年的飓风卡米
尔在岛中间划开了一道口子，船岛分裂为东、西船岛，马萨诸塞
堡被留在了西船岛上，堡垒在飓风侵袭后摇摇欲坠，不断有砖块
跌落到峡湾里。

　　对老堡垒的加固成为一项旷日持久的战斗。从 1974 年到
2002 年，岛屿总共经历了六次养护工程。飓风卡特里娜过后，
堡垒被损坏，游客中心遭到摧毁；2008 年飓风艾克袭来，东船
岛在后来好一段时间里都淹没在了海水中。陆军工程兵团素来热
爱修复事业——虽然它们在相当程度上是由此前的海岸线侵蚀工
程导致的，因此有鉴于前述境况，兵团提出要为密西西比州的障

／ 488

壁岛群修建 15 亿美元的护岸墙。在这则提案中，船岛被提到了537 次。[8]

站在生态环境的角度来说，比失去一个历史建筑更糟糕的是失去尚德卢尔群岛。尚德卢尔群岛地势不比海平面高出多少，因此它们一直都是高危岛群。一座接一座的灯塔，以及安德森的画作都是这种高危状态的历史见证。美国于 1848 年在尚德卢尔盖了第一座灯塔，四年后，一场飓风将它带走了。由于 1853 年暴发黄热病，它的继任灯塔姗姗来迟。那是一座造型好看的、刷着白墙的砖砌塔楼，它以火焰为光源，使用四阶菲涅耳透镜，有50 英尺高。风暴孜孜不倦地侵蚀着灯塔的基底，于是在 1896年，一座崭新的金属骨架灯塔拔地而起，它使用更强大的三阶透镜，塔高是上一任的两倍。

50 年后，安德森为灯塔画了一幅画。灯塔下是两位看守人的住所，还有一道长长的栈桥横跨在盐沼之上。栈桥的一头停靠着一只船和一座库房。海面平静，一只海鸥正立在一根木桩上。到了 1960 年，风暴已经摧毁了其中的那座船库以及大部分的栈桥。九年后，仅剩的那所房子也被卡米尔摧毁了；这时的灯塔已经是自动化操作了。1998 年，飓风乔治斯（Georges）吞噬了大量陆地，留下灯塔搁浅在三英尺深的开放水域里；它看起来更像是航道标志，而不是灯塔了。最后，飓风卡特里娜抹掉了这座建筑物存在过的一切痕迹。在安德森画中灯塔下的干燥陆地，到2006 年时已经成为 17 英尺深的墨西哥湾海水。有些科学家说，卡特里娜带来了永久性的严峻打击，到 21 世纪的下半叶，尚德卢尔群岛将会彻底消失。

如果这是真的，那么美国第二古老的自然保护区，尚德卢尔的布雷顿国家野生动物保护区，也会随之消失。安德森遇见过到访群岛的红海龟、绿海龟和肯普氏龟，每日有 20 多种在海滨和盐沼觅食的海鸟和滨鸟的陪伴。这些野生动物中超过一半都在尚德卢尔群岛上筑巢，因此这里也被奥杜邦协会指定为全球重要鸟类区。褐鹈鹕，在经历与 DDT 的斗争后，它们在尚德卢尔群岛上重整旗鼓，这里成为它们的一个大本营。飓风卡特里娜导致的五起石油泄漏事故，让鹈鹕和尚德卢尔的其他鸟类再次面临危机，北美最大的燕鸥栖息地也难逃此劫；卡特里娜的风暴潮对岛屿的海滩和盐沼更是造成了无法逆转的伤害，影响了上面的所有居住者和过路者。

尚德卢尔群岛，正如海湾上其他任何一座障壁岛，是迁徙候鸟途中的一个重要"间断"。乔治·洛厄里（George Lowery）于 20 世纪 40 年代在证明跨海湾迁徙路线时使用到了这个词，从那时起到 2014 年，那里的迁徙鸟类数量下降了一半（从前被当作军犬训练基地的密西西比州卡特岛，更是一点不剩了）。之所以数量剧减，是因为滨海开发导致鸟类栖息地和繁殖地被分割得支离破碎，可供特殊鸟类寄生的巢穴就更少了。另外，气候变化也改变了鸟类的迁徙路线和习性。最主要也是最致命的因素，就是海湾陆地的消失。[9]

连障壁岛都在逐渐失去它的障壁作用，更像力量薄弱的沙嘴，而濒危物种的处境就更别提了。即使不考虑海平面上升的威胁，路易斯安那州海域的障壁岛面临的也是这样一种命运。和急剧下降的鸟类一样，沿密西西比河而下、填补岛屿和海岸的泥沙，其数量也已经不复从前了。

十九　消失的边界

到 21 世纪，上万英里的人工水道在路易斯安那广袤的海滨湿地上纵横交错，
大部分湿地演变成了如图中所示的开阔水塘，加剧了路易斯安那州的水土流失危机。

　　宇宙的运行有赖于万物的环环相扣，一切都恰到好处。
只要有一个环节出了岔子，即使是其中最不起眼的一环……
整个宇宙也会轰然坍塌。

　　　　　　　　　　　小玉米饼，《南国野兽》①（2012）[1]

　　在墨西哥湾的边沿，海滨沼泽比比皆是。长长的大陆架、障

----

① 2012 年的一部美国奇幻剧情片，讲述六岁小女孩"小玉米饼"和她重病的父亲在密
西西比河上顽强乐观生活的故事。又译《南方的野兽》。——译注

壁岛、温和的防波堤，还有各支河流带下来的泥沙，都促进了沼泽地的生息繁衍。包括盐沼和淡水沼泽在内，墨西哥湾占据了全国一半左右的海滨沼泽。它们广阔地围绕在湖湾、长沼和岛屿四周，装点着河流末梢处的河口水域。

在亚拉巴马州的拜尤拉巴特里（Bayou La Batre），大片的沼泽地恬静安宁，鱼虾码头依偎其上；当这片超脱尘世的景象出现在你眼前时，所有关于这世上纷争和苦难的想法在这瞬间似乎都变得遥不可及，目之所及只有茫茫无际的草地和天空，而你有如沧海之一粟，漂浮在这片浩瀚之地。但，只要你愿意，这片沼泽地可以成为数以亿计生灵的庇护所。它生机盎然。是生命在孕育生命。

西德尼·拉尼尔称海滨沼泽为"神之广袤"。就像其他人被高山所触动，西德尼·拉尼尔也为眼前的沼泽所感动，他作了长诗赞颂它们：

> 沼泽啊，你是多么的率直、简单，浩荡而自在
> 你招展于天际，献身于大海！ [2]

亚拉巴马，尤其是佛罗里达，都有着大量的海滨沼泽；密西西比有一两处；而数量最多的是得克萨斯和路易斯安那。可以去看看美国地图上的康涅狄格州，那就是路易斯安那所拥有的海滨沼泽地的面积。它们位于路易斯安那州"靴子"的后跟和"鞋底"的位置。临海湾的沼泽地几乎每一寸都是一样的，它深入内陆 15 英里，展开的冲击带足有 5500 平方英里，这在世界范围内也是少见的。

没有一个简单的词可以描述它。苍凉，这是肯定的；优雅，

没错；激动人心，也没错。广阔的沼泽上有满天白云投下的影子，云随风行，行云如流水，这片沃野便同时拥有了天空的无垠。这里的天地苍茫无际，这一端正阳光普照，却见遥远的那一角黑云压顶而寂静无声。沼泽不仅从视觉上充满了你的视野；那里万籁俱寂，你听不到其他一点响动，但能闻见混杂于其中咸咸的、质朴的气味，那是青草、泥土、空气和水流的味道。

过去人们提起海滨沼泽时，往往以轻蔑的语气将它和另一个词联系起来，那就是"荒地"，即使在荒野热爱者的口中也不例外。得克萨斯州的自然学家罗伊·白迪切克（Roy Bedichek）认为沼泽"匮乏"。但事实上，它们一点都不匮乏、不荒芜，也不"空洞"——这是另一个对沼泽地的常见描述。实际上白迪切克第一个承认尽管那里荒无人烟，但总能听到鲻鱼戏水，苍鹭鸣叫；那里就像水生的塞伦盖蒂平原①，总是生机勃发。拉尼尔认为它们自身就是一个活力十足的世界。[3]

> 走过它，听见呼哧呼哧扇动的翅膀正在朝西飞去。[4]

在路易斯安那，那里草野连天的群山上生活着 100 多种鸟类。小到海湾公路上的林莺，大到常年栖息于此的大蓝鹭，不一而足。体型介于这二者之间的是黑水鸡，又称沼泽鸡，它属于外来物种，在这里十分常见，在当地被称作湿地鸡或水秧鸡。秋天，20 多种迁徙野鸭从这里游过，引得猎鸭人纷纷出动。在艾弗里岛，当初在爱德华·麦基尔亨尼的庇护下存活的雪鹭已经繁

---

① 位于非洲东部、赤道以南的大草原，现在是国家公园，由于拥有极大规模的动物群落而闻名遐迩。——译注

衍了数百只后代，爱德华家族的后人在持续为它们提供着栖息地。

鹗是这里的常客，它们经常飞上数英里，从栖居的家中来到这里，有时一天要来回好几次——它们的翅展有将近六英尺，因此这种通勤距离对体型巨大、擅于飞翔的它们来说易如反掌。它们总是出双入对，搭建的巢穴也很大，足以让它们一辈子都生活在这里。蕾切尔·卡森曾经见过一个鹗巢，直径有六英尺，它的底座搭建得堪称巧夺天工，底座材料有被冲上海滩的漂浮树枝、牡蛎壳、海螺卵囊、船桨碎片、一只渔夫的靴子，还有用于加固的 24 英尺渔网和浮子绳。这个鸟巢非常宽敞，它的下方容纳了好几个家庭同住，它们分别是麻雀、椋鸟和鹪鹩；但它们太重了，挂在 40 英尺高的火炬松上，树顶的枝条都被绷紧了。沼泽地上出没的鹗有好几种，我们所知道的有灰的、白的和棕的；它们在水面高处追踪猎物，而它们自己也常常被另一种鹰从后面跟踪、偷走食物。

最正直且规矩的捕鱼者当数大蓝鹭。它常常一动不动地站在草丛边上，半隐匿于其间；从草丛上遮遮掩掩地伸出来它的脑袋，S 形的脖子，似匕首的鸟喙，还有一双黄眼睛。它将自己融入草地里，就像一棵长得特别高的新草抽了芽。

> 沼泽的草地，一里接着一里，它们齐腰般高，阔叶般宽，
> 高得整齐，绿得划一，没有谁更亮，没有谁更暗，
> 它们舒展着，在这欢快的平原上。[5]

如果没了草，沼泽什么也不是。那里有芦苇、灯芯草、粟草和荨麻。米草属植物称霸了盐沼，将草原渲染成了美丽的琥珀

色、绿色和灰色。当地人称它们为米草，有时也称狗尾草、沼泽干草，在卡津地区则称为 paille chat tegré——"老虎的毛发"。而盐沼在植物多样性方面类似旱地草原，种类较少（淡盐水沼泽多样性程度更高），但数量很多。盐沼上的草长得茂密而开阔；草长草落，枯荣交替，大量的植物在这里腐烂分解，使沼泽成为天然的缺氧环境。

在缺氧、水咸和水涝的生境里，远古的草类进化出了适应这种极端环境的特性。它们机智地进化出了折叠型的叶片，用于储藏淡雨水。草原上草的种子随风播撒，以此繁殖，但对沼泽草来说，这并不是理想的策略；米草得以快速繁殖，靠的是它在泥土中水平生长、侧向生长的地下茎。

> 但谁会出现在我们被唤醒的视野中
> 那漂浮的模样，蠕动的形体
> 在那沉睡的水底？[6]

海湾的沼泽里生活着水獭、海狸鼠、水貂、野兔、老鼠，还有蛇，以及一系列的龟（萨旺尼龟、莫比尔龟、钻纹龟）。盐沼上有蝴蝶，但没有两栖动物。最大型的沼泽常客是短吻鳄，它们更喜欢淡水。广阔的湿地花园是海洋的托儿所，有同样功能的还有红树林、河口和珊瑚礁。海滨沼泽上静静流淌着蜿蜒的天然水道，海草和牡蛎床卧在其中，安逸慵懒，年幼的鲑鱼、鳟鱼、石首鱼、黄花鱼、比目鱼、鲻鱼和红鲈穿梭于其间。

蓝蟹是其中的主要居民。蟹的每日进食习惯让科学家对它们的生态重要性有了新的认识。它们摆动着船桨似的后腿，也就是它们的游泳足，横行着游向水面，然后抬起一只蟹螯，从草丛中牢牢夹出一只玉黍螺。就和海狸鼠的情况一样，这种螺类的过度繁殖已经泛滥成灾；它们留下了大量的腐败植物，最终会导致更多的草本植物死亡以及水体环境的富营养化。螃蟹还是穴居者，它们挖掘地洞的行为——某些贻贝和蘑菇也有类似行为——在多孔渗水的泥土和植物废料中起到了提高含氧量、通风疏气的作用。

大多数水下动物的生命起源于"咖啡土"。所谓咖啡土，就是沼泽草地边缘上堆积的疏松褐色植物残骸，捕虾人称它们为咖啡土。这些腐烂物质吸收了大量的氧气，因此成为海洋动物的幼体、处于发育阶段个体的食物，比如褐虾。科学家们一度认为褐虾是"食腐质者"，也就是只以腐烂植物为食的动物。后来，研究人员发现其实是草本腐质促进了线虫的繁殖，褐虾通过啃啮腐烂草质来进食这些小虫。

早在 1977 年，当时这一切都还只是猜测，尤金·特纳，这位发现了死水区的科学家，就通过研究发现虾的数量规模与沼泽地区（即虾的"温床"）的大小和健康程度直接相关。如此也就难怪路易斯安那州的虾类出产量成为国内之最，它还是世界上不多的丰饶的海洋生物栖息地，1963 年有一位生物学家给莫比尔和得克萨斯州东部之间的这段海岸起了一个绰号，叫"肥沃的新月渔场"。[7]

沼泽之于人类，正如咖啡土之于水下生命。当大自然为风暴频袭的得克萨斯州和路易斯安那州海岸展开一床沼泽沃野时，它清楚自己在干什么。卡特里娜飓风灾害过后，很多人讲到保护自然风暴缓冲带的重要性，似乎这种庇护对人类而言是一项新发现。更准确地说，它在大多数时候都被遗忘了。早在 19 世纪 40 年代，为沼泽地法案论战的国会议员们就持有这样的观点。沼泽还有过滤污水的能力——其中主要是牡蛎的功劳。近来，科学家们一直在研究沼泽，以及红树林和海草；他们发现，它们在隔离海洋和大气中二氧化碳上的作用可以帮助减缓气候变化的速度。

但自然对人类能做的也只有这么多。沼泽的过滤和隔离作用终究有限。人类对此常常一无所知。

> 然后，冷不防地，人类罪恶的味道，
> 乘着风，飘然而来。[8]

1988 年，正是狂风大作的一年。这一年，环保局首次发布《有害物质排放目录》，《时代周刊》以"污秽的海洋"作为封面报道，得克萨斯州禁止了商业性的围网捕捞，旱灾重创了阿巴拉契科拉湾的牡蛎床但暂时性地缩小了死水区范围。奥利弗·霍克在这一年发表了一篇打破常见学术教条的法学评论文章；文章的第一句话就抓人眼球："我们正卷入一场灭绝之战。"战争的伤亡者是那些"沿海资源"，而就阻止伤亡发生这点来说，它"和其他的环保斗争"几乎完全不同。霍克是全国野生动物联合会前总顾问和前副主席，常在陆上河流划独木舟，也最享受与家人或学生在户外的时光，他当时任新奥尔良的杜兰大学法学院的教授，正在着手推动一项现状核查。"全美国的土地开发都正朝海上推进"，他这番话随后得到了其家乡最负盛名的飓风追踪者纳什·罗伯茨的认可。[9]

路易斯安那州的邻居，得克萨斯州，其近三分之一的人口、近四分之三的工业基地都已经进驻沿海。全国各州的近海开发审批程序无不是晦涩难懂、资金不足、人手太少、官僚僵化、政治弊病严重，对此霍克说——这一次听起来像尤金·特纳在描述某个罪恶问题——"我们创造出的是苏斯博士[①]笔下的机器，它偶尔能带来好事，但更经常的是坏事，一系列精心设计的机制最终只是让情况变得越来越糟。"难以招架这一切的环保局思忖良久后，决定将湿地分为重要的和不重要的两类，来达到精简流程的目的；这正是"满脑子建设思维的兵团"所倡导的做法，而陆军工程兵团恰恰是导致这场灭绝战的主力。[10]

结果是什么呢？全美的河口都在"遭受随处可见的污染"。霍克自家的大后方就是石油化工区，其规模仅次于得克萨斯州。同样地，路易斯安那州用自己的生态灵魂换来就业、税收，以及所谓的更高的生活水平。环境保护基金会（Environmental Defense Fund）在水污染调查中将路易斯安那州的近海水域列为受污染最严重水域的第五位。它超过三分之一的河口受到了污染问题的影响。治理污染水域的办法是有的，但相关部门是否有执行的决心就不得而知了。国会在1987年制订了美国国家河口计划（National Estuary Program），那时霍克便注意到，"肥沃的新月渔场"并没有获得像切萨皮克湾和五大湖那样的优先关注。[11]

而面对土地流失这一更大的威胁，人们与之斗争的决心就更是少得可怜。海滨"走向消失的速度如此之快，拯救手段几乎已经触及了技术的极限，"霍克写道，"更不要提经济和政治意愿了。"他所说的也不是游客到访的观光海滨——况且路易斯安那州也不是靠观光海滩闻名的——而是海滨沼泽。[12]

自20世纪50年代开始，墨西哥湾上的沼泽地流失问题尤

[①] 苏斯博士（Dr. Seuss）是20世纪美国卓越的儿童文学家，创作了许多家喻户晓的儿童绘本。

为严重的是其最大的两个湖湾。由于水道开凿和疏浚填土，40%的坦帕湾沼泽走向消亡，加尔维斯顿湾也因此丧失了 35000 英亩的沼泽，并且其海岸线依然在以每年六英尺的速度消退。但问题最严重的还是广布沼泽的路易斯安那州，美国 80% 的湿地流失都发生在这里。卡津地区一度独居一隅，在数十年前的那部影片中，那个卡津小男孩还在这里带着他的浣熊小伙伴，撑着独木舟，他们遇见的钻井平台在当时还是新奇古怪的事物，但如今的卡津已经"被纵横交错的高速公路、堤道、管道和运河网络所覆盖"。"它们每一个，"霍克说，"都是破坏。"13

路易斯安那州的海岸是天然的海蚀海岸。但它被侵蚀的部分可以通过——或说曾经通过——天然的泥沙沉积得到补充；阿查法拉亚河和密西西比河一直在维系、重建、重塑海岸线，它们是孜孜不倦的造岸者。密西西比这条瞬息万变的河流，在它上万年的生命里，像花园里一根不受束缚的浇水软管，奔腾着、挥舞着，自西向东、自东向西地来回喷洒，为海湾北部带去了水源以及使其重焕活力的泥沙。在卫星图像上，你可以看见在入海口处的墨西哥湾上，沉积物团团围拢在泥褐色的海岸边上，沿海浮起了巨大的混浊泥流。阿查法拉亚河，它分流了大约 30% 的密西西比河水流，一直在从容不迫地往其西边倾倒沉积物。

在它奔流不息的生命中，密西西比河将路易斯安那州海岸延长了 50 英里，打造了数个三角洲，其中被抛弃的几个现在已经成为路易斯安那州著名海滨沼泽的一部分。如果没有这些天然的造岸材料，就不会有这些沼泽泥滩，不会存在如格兰德岛、尚德卢尔群岛这样的障壁岛，更不会有路易斯安那州周围的地下、海底油气带。

英国的测绘员托马斯·哈钦斯曾经在 18 世纪参与绘制过墨

西哥湾的北部；关于密西西比河将大陆北部陆地重新安置到南方，他是最早知悉的人之一。陆地重置可谓一项大工程，但只要你想想密西西比河每一秒都在推动平均45万立方英尺的水量往海湾奔腾，这也就不足为奇了。再想象一下，200万辆翻斗车运着中西部的泥土——每年1.8亿吨的泥沙量——沿着州际公路隆隆往海湾开去的场景。这些泥沙足够建造300英尺的路易斯安那州海岸了。但这都是"开发"前发生的事了。[14]

开发——或者更准确地说，河流改造——从比安维尔时期的法国人就开始了，他们借助铁铲和独轮手推车，在河岸边建起了第一道堤坝。继新奥尔良之后，河边的每一座城市都需要建造堤坝。农田灌溉和工厂生产需要堤坝。通航需要码头和堤道。1862年，路易斯安那州的一对姐妹，安妮（Anne）和玛莎·丘比特（Martha Cubitt）在通往龙德河口（Ronde Bayou）的河岸上挖凿了（有很大概率是，命令奴隶们为她们挖凿了）一条水道——更准确地说是沟渠——为她们年迈的父亲打通了一条通行捷径，让老人可以撑着小艇前往河口捕牡蛎。结果那年春天河水泛滥，在洪水的侵蚀下，她们的水道被拓宽了上百倍，令人目瞪口呆。不出八年时间，这条水道已经有了2500英尺宽。到1950年，河口已经演变成了新奥尔良大小的湿地（现在是三角洲国家生态保护区）。

/ 498

丘比特姐妹所用到的技术无非人力和骡子。那么试想一下，工程师们若是借助了蒸汽和机械动力，那将产生怎样无法预料的后果。《沼泽地》法案颁布后，顶着开垦、防洪、通航的神圣名义，当啷作响、头顶冒烟的机器开始大行其道，改造起河流来。它们仿佛拿出了当年联邦军攻打新奥尔良的狠劲，开疆拓土，拼搏进取。

史学家约翰·巴里（John Barry）曾出版过一本珍贵的书，名叫《潮起》（*Rising Tide*）；他在里面毫无保留地谈到了工程师们的技术天赋和他们不服输的精神，这种好胜不仅存在于同侪之间，当他们面对河流毫无节制的泛滥时更是如此。他们的天赋依赖于未经验证的科学，他们追求对自然的控制，急迫地想"修理"桀骜的河流。防波堤是他们策略的第一步。1874 年，一道连接密苏里和伊利诺伊的铁道路桥完工，设计者是自学成才的土木工程师詹姆斯·布坎南·伊兹（James Buchanan Eads），这是他们的第二步。突堤是他们的第三步，这也是伊兹的另一大杰作。

对商业社会来说，大泥潭的一大缺陷就是它不断地往南方下游堆积泥沙，阻碍了新奥尔良和墨西哥湾之间的船运。伊兹，这个被《科学美国人》杂志称为"天才"的人，蓄着亚伯拉罕·林肯的胡子，脑袋上则溜光水滑，他尝试说服陆军工程兵团，告诉他们突堤是问题的解决办法。截流而建的突堤，会提高水流速度，使得水流冲刷河床，加深河道，从而减轻洪涝。突堤就是一台在永远工作的由液压驱动的疏浚机，完成了不那么可靠又更昂贵的机械疏浚机每天在做的事。

国会希望南通道（South Pass）的水深能达到 30 英尺，以让载荷最重的船也能在上面通行。伊兹说如果他没达到要求，政府无须支付他工钱。1879 年，突堤完工，测深员测得水深 30 英尺，伊兹拿到了他的报酬。保证了峡口通行无阻后，船主们省下了 500 万美元的海上保险，新奥尔良在美国各货运港的排名一举从第九位跃升至仅次于纽约的第二位。[15]

三角洲和尚德卢尔群岛之间是布雷顿海峡，南山口开航没多久，布雷顿海峡的牡蛎渔民就发现，咸水开始纷纷涌入淡水沼泽和古老的海滨森林。1892 年玛莎·菲尔德在格兰德岛上写道："河口湖湾上的水正闪闪发光地向南流去，它们从泥沙上冲刷而过，好像要将这并不牢固的陆地冲走似的。"他们看到的是什么？ [16]

五年后，伊兹的首席助理，身在密西西比州南部的埃尔默·科斯尔（Elmer Corthell）在《国家地理》的一篇文章中给出了一些提示。他报告说突堤附近的沼泽地正在后退，更准确地说是在沉陷，以每年略大于半英寸的速度沉陷；这并不是海湾水平面上升导致的，而是人为改造河流带来的后果。但他的发现并不是一个专业人员在做沉痛追悔的自白。科斯尔推论说，他和伊兹的工作成果"所带来的巨大益处"——而且他认为"这片大陆上的每一个人"都共享了这份益处——"远远超过了海湾三角洲陆地下沉对后世的影响"。"再说了"，这位美国未来福祉的预言家又说，"等那个时候到来时"，工程师们可以再"造一个保护性堤坝，阻止海湾海水灌入"。[17]

同时，科斯尔在西南通道（Southwest Pass）上又打造了一个类似的突堤，以适应不断扩大的往来船运量。伊兹主导的第一个突堤最终被他们的行业组织指定为国家历史土木工程地标（National Historic Civil Engineering Landmark）。然后在1914年，农业部门针对侵蚀问题做了官方声明。它给出的结论是，路易斯安那州海岸是安全的，泥沙的天然沉积量足以抵消侵蚀和下陷的影响，此前已经持续了5000年的造岸进程未受影响，它将一直持续下去。此后50年，工程师和地理学家们一直在宣扬这种平衡理论。

20世纪60年代末，路易斯安那州州立大学的一位地理学者，舍伍德·"伍迪"·加利亚诺（Sherwood "Woody"

Gagliano），成为沉积作用问题上的乔治·洛厄里。加利亚诺在路易斯安那州长大，见过许多干燥的土地最终成为湿地；他对凡事都持有合理怀疑，这是优秀科学家常具备的品质。彼时，陆军工程兵团捏造报告，将密西西比河三分之一的河道改道，抽干了得克萨斯州的部分地区和新墨西哥地区，加利亚诺于是在资金支持下，对这项工程对路易斯安那州海岸的影响做调研。他和他研究团队的发现让人触目惊心：路易斯安那州正在以每年 16.5 平方英里的速度消失。放射性碳定年法所测定的岩芯样本显示，路易斯安那州最开始是在 19 世纪 80 年代，也就是伊兹完成他的突堤工程的十年后开始失去它的边界的。

不像 20 世纪 50 年代，19 世纪 80 年代是一系列消失形态的征兆开始出现的十年。那时，塞拉斯·斯特恩斯发现红鲷鱼正在消失，威廉·斯科特发现羽毛鸟类数量日益减少。研究人员后来计算发现，路易斯安那州海岸的泥沙沉积量自那时起下降了将近80%。大部分的数据跳水发生在 20 世纪 50 年代，20 世纪 50 年代也就成为科学家们称之为后水坝时代的开端。密西西比河及其支流上的大坝和水库，将本该流向下流的泥沙都拦截了下来。

人们在得克萨斯州最闻名的水道上所做的类似研究也暴露出同样的问题。被认定为美国遗产河流（American Heritage River）的格兰德河，每 90 英里就筑起一道大坝，整条河共有大坝 21 座。如果不是它下游岔出的支流，其河口不会洒出一滴水来。而实际上它也只有一点。过去，大海鲢的游钓者就是站在一个叫大海鲢弯曲（Tarpon Bend）的地方掷下的渔线，格兰德河的泥沙顺流而下，堆积在海岸上，不断为帕德雷岛补充给养。现在，没人会在这里钓大海鲢了。大海鲢无法再经由河口进入大海鲢弯曲，因为河口收窄，变得细如纸片。有时河水甚至无法进入海湾，帕德雷岛从此失去了泥沙的主要来源。

在路易斯安那州，加利亚诺于 1970 年发表了他的研究发现。接下来的调查显示陆地的流失速度比之前所了解到的要更快——最新数据为每年 25~35 平方英里。自 20 世纪 30 年代起，截至世纪末，路易斯安那州的土地已经损失了 2300 平方英里，那是一个特拉华州的面积。人们归咎于墨西哥湾，说是海湾的洋流带走了土地。但实际上，堤坝才是凶手，而且它并不是唯一的凶手。伊兹的国家级地标突堤，以及所有其他突堤，都一如预期加快了河流的流速，防洪堤岸造成的也是同样的结果。将密西西比河及其支流上修建的这些堤坝长度加总后，比河流本身还长。堤坝促使河水流得更快、更猛，结果河水冲击了沿岸堆积物，将大部分的泥沙都冲入了海湾的大陆架，冲向深海，导致泥沙无法在海岸周围停留。[18]

事情还不止于此。早在 1974 年，在尤金·特纳试图解开海水低氧谜团时，他曾坐飞机从高空俯瞰过美国的广袤沼泽。眼前的景象令他震惊。人工河道在沼泽地上纵横交错。它们有些像看不到尽头的机场跑道，有些像街区的街道，其干净利落的线条将沼泽切割成了几块，显然不是大自然的创作。它们当中的四分之三是油气企业留下的河道网，平均宽度为 80 英尺，主要服务于输油管、物资供应和油井工人的交通艇。就在特纳进行鸟瞰之旅的同时，生物学家们正将人工河道的生态影响链串联起来——它们将改变沼泽地区的水流，导致原本属于淡水的区域充斥着咸水，杀死了水草和牡蛎床，抑制了沼泽繁殖哺育的功能。而不出十年，这里的每一条河道横平竖直的边缘都被侵蚀殆尽，河道比原来要宽上一倍甚至更多——丘比特姐妹效应。

早在 20 世纪 20 年代，路易斯安那州的一位海洋生物学家，珀西·维奥斯卡（Percy Viosca）就注意到，"运河和排水沟的切割正在从根本上改变"路易斯安那州湿地的"生存现状"。在很长一段时间里，他这个观点无人应和。然后在1948年的路易斯安那科学学会（Louisiana Academy of Sciences）的研讨会上，几位生物学家开始谈论起这个问题，那一年正赶上罗伯特·弗拉哈迪那部宣传影片首映。几年后，埃索（后来更名为埃克森）石油旗下的一家输油管道公司秘密承认水道的确造成了伤害，修复它需要耗费的功夫绝对不只是"一架推土机来回推几下，铲几把铁铲，撒点种子的事"。[19]

数年后，1959年，生物学家们注意到洛克菲勒野生动物保护区的20多英里水道面积激增。人们在保护区开凿水道，本意是为了让其展示石油和生态保育的和谐共生关系。就在特纳高空之旅的前一年，连工程兵团都承认了管道建设可能导致"无法挽救的沼泽地流失"。"他们用到了这么重的字眼"，霍克在随后的法律评论文章中如此对工程兵团挖苦道。[20]

20世纪70年代，霍克开始觉察到海滨沼泽的"坍塌"，但这在当时还是一个"大秘密"，"完全不被"媒体和政策制定者所"关注"。作为一个律师，霍克曾起诉污水制造者，为了阻止工程兵团抽干阿查法拉亚河盆地，他打了足足17年的官司。但这些水道是个"大得多的问题"。起初，他在1983年发表的一篇法律评论文章中，将矛头对准了石油和天然气企业，文中援引多处文献数据来说明水道和沼泽地流失的关系。在他的电影中，弗拉哈迪颂扬了那些可爱的钻井工人和他们无害的活动，但影片中没有披露的是不久后另一支钻井队伍将会开挖一条管道线，直通亚历山大·拿破仑·尤利西斯·拉图尔拥抱过的井口，然后随着石油公司不断向近岸和离岸扩张，更多的输油管道将被打通，直到路易斯安那州这只沼泽广被的"靴子"被饰以上万英里的水道。[21]

霍克、特纳，以及其他许多人，都说受到油气开采最大影响的是近岸地区。与此同时，他们也从未怀疑过离岸石油泄漏的恐怖；1979 年 6 月伊克斯托克（Ixtoc）1 号勘探油井在墨西哥坎佩切湾上爆炸的情景仍历历在目，在事故过去后的十个月时间里，每天有 1~3 万桶原油流入海湾。

直到 2010 年英国石油事故前，伊克斯托克 1 号都是行业史上最严重的海洋石油泄漏事故。足有一英尺厚的石油拍打着墨西哥的海滩，时间正赶上肯普氏龟在新牧场海滩上产卵，使生物学家们在墨西哥塔毛利帕斯州和帕德雷岛上初见成效的保育成果被侵吞殆尽。泄漏的石油在 160 英里有余的美国海滩蔓延，且主要集中在得克萨斯南部。某些地区的捕鱼量下降了 70% 之多，而且此后许多年的捕获量都在低谷徘徊。肯普氏龟的生存状态一度岌岌可危，直到 20 世纪 90 年代才开始恢复，但好景不长，英国石油公司的泄漏事故再次让它们浸满油污。

深海地平线的灾难，无论对现在还是未来数十年，都是一场巨大的灾难，如果有谁还对此避重就轻、含糊其词，那实在是愚蠢至极。也许很少有人尝试比较近岸和离岸事故的严重程度。但特纳和霍克提出了一个合理看法：海洋泄漏是一次性事件，它们多数只限于短期影响，且影响可控。面对这类紧急事件，人们提出了"危机情境"（Crisis Situation）这个说法。各大媒体每时每刻都在跟进事态的发展，制作成爆炸新闻，争相报道，而公众不会容忍看到一口满目疮痍的油井。清理队伍用当年联邦应急管理局响应卡特里娜飓风的速度，火速赶往现场海滩。但真相是近岸和离岸钻井平台的事故每天都在发生，几乎已经成为常规事务，但，就像约翰·巴里说的，它们"没有意外事故所具有的戏剧性"。[22]

当一家石油公司想开采一个新地区时，它的对手们也会虎视眈眈，结果就是海水被染得漆黑，度假海滩变得乌烟瘴气。三不五时地，佛罗里达的立法者开始为石油行业站台，试图解除海湾州府对离岸钻井的唯一禁令，每当这些时候，市民和游说团体便会纷纷站出来抗议。2010年2月的一个周六，春寒未退，但天气晴朗；这一天，锡赛德的饭馆业主兼冲浪好手戴夫·劳施科尔布（Dave Rauschkolb）组织了上万人，他们手拉着手站在佛罗里达海湾的90多个海滩上，以此表明他们捍卫海岸线的决心。两个月后，深海地平线钻井平台爆炸了。石油漫上了狭长地带的海滩，焦油球冲上了半岛的海岸，人们在萨尼贝尔海域的鱼的肝脏中发现了溶解的石油。

人们对外海危害的关注让石油公司集中精力解决这一问题。为了捍卫它的离岸活动，公司从1953年的《霹雳湾》中得到了灵感，想到了一个现成的办法——在影片中代表了美国精神的史蒂夫·马丁（詹姆斯·斯图尔特）曾经拿起过一只金色的大虾。近来，石油公司拿起了红鲷鱼，坚称它在海湾上的近4000个钻井平台每一个都是一座人工礁岛，这些礁岛帮助恢复了红鲷鱼的数量。到《霹雳湾》在影院上映时，商业渔民已经不得不到坎佩切湾上去找寻海湾所剩不多的红鲷鱼了。到20世纪60年代时，即使是坎佩切湾，也已经不剩多少条鱼能咬钩了，因此渔民的长途跋涉也失去了意义。然后，到80年代时，休闲垂钓者在石油开采地附近轻松地就能钓上来红鲷等鱼类。

当时，伯尔尼·基廷（Bern Keating）受埃克森公司的委托，创作一本以墨西哥湾为主题的书，书出版后广受欢迎。伯尔尼·基廷在书中引用了路易斯安那州州立大学一位海洋生物学家的话，说每当石油公司沉下一座钻井平台，就为"过去空洞的那片海洋创造了一片哺育海洋生命的沃土"。也就是说，这片有着全世界最密集的钻井平台的海湾，就成了世界上最大的人工礁岛集聚区。为了扩大这种生态复合性，亚拉巴马州在其海域中投下了废旧的小轿车、巴士、船舶、军用坦克、轨道车和建筑砖碴，形成了两万个所谓人工礁岛，使之成为全新的海钓红鲷鱼的热门地点。[23]

一些地区的红鲷鱼数量似乎回到了19世纪的水平，其中60%都集中在海湾西北部的钻井平台水域。工业辩护者说，多亏有了钻井台，红鲷鱼成了路易斯安那海上的新鲜事物。但这不是事实。在20世纪早期，商业渔民从这里捕获了大量的红鲷鱼。但依然有许多人，包括环境保护基金会和五个海湾州在内，反对内政部强制拆除停止不用的钻井平台的命令，因为强制拆除通常意味着要炸毁——也就是说，要炸掉鱼群、珊瑚、人工礁岛的一切。

红鲷鱼的故事让能源企业的存在不再难以容忍。但《墨西哥湾上的阴影》(Shadows on the Gulf)一书的作者，罗恩·雅各布森，看待钻探设备，即所谓人工礁岛的问题时，则比常人更敏锐。他指出"实际上，海湾上红鲷鱼的育种数量自二战起就骤降了97%"，而其中大多是由捕虾船的拖网误捕，以及在钻井平台周围追求"轻松垂钓"的垂钓者导致的。纵使平台周围真的有大量鱼群，这些"生产性水域"中也很有可能含有大量的汞——为了开采出油气，汞会被注入储油或储气层；汞同样存在于钻井泥浆中，但尽管环保局严令将泥浆留在钻井现场，这种现象依然屡禁不止。检测发现钻井设备附近的鱼虾体内的汞含量是外围水域鱼虾的25倍，结果也就导致经常食用平台捕捞海鲜的人群体内的汞含量也达到了高危水平。[24]

　　每一个钻井平台的存在，都将环境永远置于石油泄漏的风险中，而一旦发生泄漏，有毒的分散剂又将被投入海湾，因此虽然它们在无意中的确让鱼类数量迎来了增长，却得不偿失。土地流失，并不像石油泄漏事故能引起公愤；也不会有紧急救援队在农业污水径流处架设围油栏来防止死水区的扩大。就在英国石油钻井平台事故发生的前一年、当年，以及此后的每一年，密西西比河都有超过 1200 万磅的危险化学物质流入，而且它们绝大多数都属于合法排放。其中将近 300 万磅来自埃克森美孚在巴吞鲁日的炼油厂，它一直是国内十大污染源之一。[25]

　　密西西比也从不缺少未经处理的污水排放。① 在它们存在期间，政府没有出台限制政策，路易斯安那州唯一的防线就是它负责吸收养分的湿地，湿地起到了阻碍农业污水进入死水区的作用。

　　土地流失同样在侵蚀海岸的文化历史。为此，迈克·蒂德韦尔（Mike Tidwell）写下了动人的《再见河湾》（*Bayou Farewell*），以此向一群人和一处地方道别。这不仅仅是一个普通的关于语言、记忆和民族传统消失的故事。土地是世代传承得以延续的载体，而人们正在失去它们——一棵被淹没的大树，一根电话线杆，一条马路，一所房子，接踵消失。等文化消失殆尽时，纪念它的历史地标、纪念碑也就无处容身了。如蒂德韦尔所言，湿地的减少让其缓冲作用降低，卡特里娜过后的骚乱让新奥尔良损失惨重。与此同时，沼泽一带的居民身心交瘁，回到消失的地方，从此不再出现。卡特里娜过后数周，飓风丽塔袭来，其导致

---

① 其他地方也一样。2015 年夏天的大暴雨期间，圣彼得斯堡 1500 万加仑未经处理的污水倾泻入博卡谢加湾，公众健康面临受大肠杆菌污染的威胁。

的灾情甚至比前者更严重。这一切，就是约瑟夫·布德罗在飓风丽塔过后，坐下与电影专业学生聊天时想要吐露的真相——《路易斯安那的故事》的拍摄过去数十年后，"侵蚀便发生了"。[26]

但生活照常继续。人们依然在摩根城庆祝路易斯安那虾和石油节。随时随地，任何分量的秋葵汤饭和什锦饭都可以得到供应，蒂德韦尔怀着矛盾的心情享用他的那份食物。土地状况每天都在恶化，如同乌云盖顶，但看在眼里、身在其中的人们仍全然没有意识到这团阴云的威胁。

一个原因是渔民们普遍对政府不信任，因此政府的每个举动都只带来争议的升级，包括修建堤坝、调查沼泽、建造桥梁，让民众将房屋地基抬高，或将旅居拖车停在地势高的地方，在这个地方而不是那个地方钓鱼，以及在渔网中加上那些讨人厌的海龟排除装置。对抗土地流失，就意味着让政府更多地插手他们的生活。

另一个原因来自生活压力。如果你是一个渔民，你的每一天与守着沼泽捕鱼的鹭并无太大区别——都不得不为生计奔波。他们要应付生活开销，要一边支付货车和渔船的费用，一边祈祷它们不要出岔子，还要专心将油箱加满，计算话费花销，他们并没有多余的时间去思考未来。

但最主要的原因还是海里的虾依然活蹦乱跳，没有减少。石油泄漏前几年——实际上从 20 世纪 60 年代起，在科学家们不断为海岸侵蚀问题奔走呼号的那些年中——虾、牡蛎和蓝蟹的捕获量一直在节节攀升。捕获量在 2010 年曾经一落千丈，但它很快又恢复了，到 2013 年时又回到了泄漏前的水平。路易斯安那州的拖网捕虾仍然是美国之最。

也许科学家们只是在谎报军情。也许海岸侵蚀的后果不过是要搬到地势更高的地方去，或者驾车开过一座桥而不是一条马路。也许像摩根城的节日那样把石油和虾放在一起，也不是一件那么不可理喻或作弊的事。

但是激增的捕获量并没有让科学家们感到意外。特纳在70年代时就说过，海洋产量与湿地海岸线长度相关：界线越长，产量越高。由于人工河道的开掘和海岸侵蚀问题，路易斯安那的海岸被分割，从而暂时性地延长了其海岸线，并提高了产量。随着海岸不断受到侵蚀，最终，开阔水域和湿地的交汇面积开始缩小，产量也将应声下跌。[27]

1987年，环保局发布了《拯救路易斯安那海滨湿地：长期行动计划不容忽视》。一年后，一个由教会团体、科学家、环保人士和渔民组成的草根组织成立了"重建路易斯安那海岸联盟"（严格来说，它的成立时间还要早个三年），并发布了它自己的报告，其标题发人深省、拷问人心：《路易斯安那之滨：未来何去何从？》。它呼吁修复50万平方英里的卡津海岸。

州府和国会开始缓步推进立法，蒂德韦尔如此写道。地方开始修复工程，将河水和沉积物重新引向路易斯安那的海岸，且初见成效，包括布雷顿海峡这个在一个世纪前被牡蛎渔民发现事情不妙的地方。这对尚德卢尔群岛的鸟来说是潜在的好消息。但整个海岸的损失太大，个别修复工程带来的好转不过是杯水车薪。显然，我们需要的是一个大刀阔斧、花费高昂的工程——专家预测所需资金为140亿美元。

这笔资金后来也就没了下文。同时，海平面上升的问题日益严峻，让这个问题雪上加霜。而早在1987年环保局就曾预言："温室效应将导致海平面在未来50年上升一英尺甚至更多，如果这个预测准确，那么行动刻不容缓，形势比我们此前预想的要紧迫得多。"从2011年起，美国国家海洋和大气局开始以令人震惊的速度不断将消失的沿海地区划去；它们被海浪和历史所吞噬，而它们中不少在一开始正是由美国海岸勘测局放在地图上的。[28]

约翰·巴里，这位公民、作者以及近来的政策制定者，和伊兹相反，他不蓄胡须，一头卷发；他在两年后带头起诉了97家石油天然气公司——一个贡献了路易斯安那州36%的生产总值，同时导致其36%的土地流失的行业。讼状要求这些公司承担它们应承担的海滨湿地修复成本，对路易斯安那的未来负责。

后记　黑暗中的光明

　　生活在今天的我们只能想象；而不断上升的海洋完全可能书写一段别样的历史。

　　　　　　　　　　　　　　　——蕾切尔·卡森（1955）[1]

　　在路易斯安那的威尼斯（Venice）有一条街，叫哈里伯顿路（Halliburton Road）。你可以在导航仪中输入"哈－里－伯－顿"，然后选择一条路线去到那里。威尼斯，这个2010年人口为202人的小镇，位于密西西比三角洲的最北端入海口以南一小段距离上。2005年的飓风卡特里娜几乎要将这个小镇夷为平地，五年后深海地平线之灾又将石油和化学分散剂送到了它位于霍斯皮特尔湾（Hospital Bay）的海岸上，流过所剩无几的湿地屏障，从工业水道上冲刷而过。负责英国石油公司"深海"油井封堵工作的承包商是哈里伯顿公司；调查发现正是哈里伯顿在此过程中使用的劣质水泥，酿成了这场爆炸惨祸。

如果从新奥尔良驾车出发去哈里伯顿路，首先要经由休伊朗桥（Huey P. Long Bridge）跨过密西西比河，然后沿路易斯安那州23号公路继续行驶；不出几英里，便开始顺着沿途的河流曲折蜿蜒起来，如此行进70英里后就到了威尼斯。如果一直待在柏油路上，你是不会看到这片土地上超凡迷人的自然风光的，尽管它距离你也就几步之遥。它被藏在一座工程建筑后面，那就是长期以来备受争议的密西西比河堤。在公路左侧绵延不断的，便是这道设计精良的水泥河堤，有些地方生了杂草，其余均是光秃裸露。它是这一带唯一被抬高的建筑，横亘在土地和湿地之间，显得异常突兀。河堤既是一道上覆层，又是一笔下划线，它重笔刻画着民族精神，让它底下的这条河流以及河流即将汇入的大海都带有浓重的美国色彩。

在离威尼斯还有九英里的地方，拐过一道急弯后，就是杰克逊堡。杰克逊堡的砖墙已历经时日，但仍坚实如初，它在堤坝的簇拥下倒显得低矮了。你此时停好车，爬上河堤，密西西比河尽收眼底，河水呈混浊的暗绿色，奔腾、壮观。它河流激荡，暗涌深藏，但尽管如此，驶往新奥尔良的货船在上面络绎不绝，丝毫不受影响；这不禁让人想起，150年前，海岸勘测局的约瑟夫·史密斯·哈里斯为联邦军的攻击舰导航时，在这里遭遇了邦联军设置的拦截路障，对方也没有得逞。

舰队由18艘船组成，一支舰队的负载量用今天的一艘货轮就足以装满好几次了。每艘货轮都有好几千个长方体钢制集装箱，把货轮从船梁到驾驶台都塞得满满当当，每个集装箱有半挂式货车般大小——这些"丰饶之角①"在运抵目的地后，将倾泻出消费主义文化的累累硕果。货轮来自海外，载着维系我们日常生活的各种货物：从衣服、玩具、家具、厨房用具、园艺工具，到台式和手持的电子产品（包括你的导航仪），甚至是绿色环保的不锈钢水瓶，林林总总，几乎囊括了零售商场里会出现的所有在架商品。

如果按出入吨位数计量的话，2013年全美国前25大深水港中有13个都位于墨西哥湾。它们输出石油、化学品、硫黄、盐、磷酸盐、海鲜、牛、谷物和林产品，输入的则主要是商品货物——用自然换取人工制品。很难想象所有这些进口商品都源自哪里，如此经过了3.22亿美国人的双手后，它们又将到何处去，而又有多少经过层层包装，最终进了垃圾堆填区，或者悬浮于海洋垃圾带。海洋垃圾带满世界飘荡，所有垃圾带加起来的面积已有得克萨斯州大小，其中90%是塑料制品。我们该如何清理这样的庞然大物？西尔维亚·厄尔（Sylvia Earle）在她的"蓝色使命"运动中着重谈到了这些垃圾补丁，她说我们必须根除它们，才能拯救海洋和我们自己。

杰克逊堡壁垒的那一侧是河堤，货柜船诡异地从它头顶上方经过，相形之下，堡垒是如此渺小，它的过去变得微不足道、被人遗忘，就像公路边某个沿途休息站上的某个不知名历史地标。作为曾经奴工的庇护者，历经沧桑的杰克逊堡与23号公路沿途

---

① Cornucopia，又译作"丰裕之角"，作为神祇的手持物出现在不少古希腊和古罗马神话中，通常是一种大型角状的容器，其中能涌出物产、花、坚果、各色食物或者是以某种形式体现的财富，是富饶与营养的象征。——译注

的许多现代直升机停机坪已经大相径庭。四处延伸的停机坪是一片纹丝不动的交通工具的海洋，停在那里的几乎都是皮卡，而令人费解的一点是它们大多数都是白色的。这些皮卡是在油气钻井平台工作的工人们的，他们在这里换乘直升机去往近海，然后在那里连续工作上14天。钻井工人的薪资待遇优越，但他们并没有少中圈套，圈套一方面来自雇佣者的经济优势，另一方面恰恰来自那些在密西西比河上川流不息的货轮所承载的——他们梦寐以求的高水准的物质生活。

路易斯安那被称为"石油殖民"州，这一点让人无可辩驳。州立法机构几乎永远站在石油行业那一边，法院也少有不向着它们的时候。到头来，石油巨头还要说它为路易斯安那州的人民和经济做出了巨大的贡献。此外，根据《纽约时报》的报道，它"在过去20年间从路易斯安那州攫取了价值4700亿美元的自然资源"。[2]

/ 512

它的目的并不是提供就业机会。它是为了盈利，为了向股东分红，为了给公司高层支付奖金。石油和天然气行业的雇员数量，并没有随着它在国内生产总值中占比的大幅攀升而相应上涨。它和其他任何行业一样，当面对成本效益时，会毫不犹豫地用机器替代工人。另外，随着深海地平线事故的发生，以及水力压裂技术的大大繁荣，陆上资源的获取变得更经济，油气行业就开始减少昂贵的近海钻探活动了。就在2015年末到2016年初石油价格暴跌（数月时间里下跌了60%），美国重回全球能源供应大国地位之时，得克萨斯和路易斯安那的就业率均落后于国内其他各州。石油产业的相关税收水平急剧恶化，金融评级机构标准普尔在报告中称它将考虑降低路易斯安那州的信用评级，因为其油井工人的就业率在过去12个月中下跌超过20%（约为一万个就业岗位）。

沿 23 号公路深入，眼前的威尼斯不像小镇，更像一个工业园区，一个经历了石油价格暴跌也岿然不动的园区。导航会将你带向一条平坦、没有树木的道路，道路一侧是运河，另一侧是一排电线杆和低垂在它们之间的电线。接下来，你会看到被围起的大型钢制储油罐、建筑和垃圾装卸卡车，还有停在几乎空荡荡的沙砾停车场上的办公室移动拖车，以及无数在空转的起重机，它们正指向路易斯安那广阔的天空。

此时你的右侧，紧挨着目的地哈里伯顿路旁，会出现一座黑色的泥土山。环保局对钻井过程中所产生泥沙的处置方式是有规定的，但是实际执行效果并不理想。驳船将受汞和其他有毒物质污染的泥土通过运河运到陆地，然后便将它们堆积在一边；除了没有熟悉的海鸥在上方盘旋欢呼，整个过程都和市政当局将居民垃圾倾倒在垃圾填埋场无异。土著的贝壳冢堆被抹平成为路基，而这些泥山成为海湾在新时代的冢堆，在贝壳路基上堆得老高——它们都在以它们自己的方式证明海湾的丰饶，并双双服务于汽车文化。沿阴森泥山的反方向开去，是一个垂钓度假村，那里有一座汽车旅馆，一家餐厅，还有一个码头，上面停着各种价格不菲的游艇。顺着码头往远方地平线眺望而去，一片开阔的湿地像一幅风景画般在你眼前徐徐展开。它如鬼斧神工，展示着沿海路易斯安那的壮阔之美——除了偶尔探出头来的输气管道。不知不觉间，路易斯安那已经在自然与石油殖民的强烈冲突中找到了它的安身之道。曾经是渔港的威尼斯也不例外。

让人讶异的是，在经历了所有这些经济和生态变化后，威尼斯依然是美国产值最高的十大商业渔港之一。在 21 世纪的墨西湾沿岸，有此成就的也只剩威尼斯了。2000 年，前十大渔港中有一半在墨西哥湾。人们说它们还未从英国石油的泄漏事故中恢复过来，但其实它们在泄漏事故前就已经在走下坡路了。事故发生后，虾蟹牡蛎的捕获量便一直无法完全恢复，如果海岸线继续消失下去的话，这种情况将永远持续。正如奥利弗·霍克教授指出的，也许石油已经蔓延到了内陆100码，但土地侵蚀范围是以英里计的。最坏的情况就是海湾从此不再属于渔民，而属于油气业。

虽然说的是海洋，但近岸的情况也不容乐观，丰富的能源已经让这里遍地油污。在路易斯安那州23号以及其他沿海公路的边上，路易斯安那的盈利巨头们丢弃的废物随处可见：废旧机器和管道横七竖八地躺在地上，闲置驳船的停靠处已经杂草丛生，杂乱破败、锈迹斑斑。最令人不安的还是土地流失留下的痕迹。霍克多年前就说到这样一个令人感到悲伤和讽刺的现状，且此后多次重复：如果得克萨斯州每年从路易斯安那州抢去50平方英里土地的话，州长早就要召集国民警卫队了。但面对壳牌、雪佛龙、埃克森美孚、英国石油时，他们却无动于衷。

海岸边的房子和拖车式房子全都高高建在马路边上，而这些马路不是已经被冲走，就是正在被冲走，只剩电话线杆和凋零的树木屹立在水中。你也许不介意和生锈的输油管当邻居，但你无法住在不断被冲走的土地上。以格兰德岛为终点的路易斯安那州1号公路，其中有一段19英里的收费桥梁，它于2009年投入使用，就建在已经没入水中的旧公路上方。从谷歌地球上看，交错纵横的水道以这座桥为中心发散开去，将陆地分割成条条块块。

/ 514

多数水道已经断裂成不成形的长条状，就像身体中的血管，一团乱麻，注定命不久矣。

看到这里，约翰·巴里发起诉讼的原因也就显而易见了。原告是东南路易斯安那州东岸防洪管理局（The Southeast

Louisiana Flood Protection Authority-East）。约翰·巴里完成了《潮起》，随后又目睹了新奥尔良地区的堤坝在卡特里娜飓风的侵袭下是多么不堪一击，他约见了防洪管理局的管理委员会。最终，他和他的同事们一致认为海滨湿地是抵御风暴的第一道缓冲区，因此，为了保护新奥尔良，修复海滨湿地和修建堤坝同样重要。

联邦法律要求企业修复因其行为导致的环境损伤，当停止使用土地时，应该及时填埋处理。但水道使用者总是推卸责任，而联邦和州政府也极少会采取强制性措施。州政府为海岸修复设计了总体规划方案，只是缺少实施方案所需投入的 300 亿美元（最开始预计的 140 亿美元已经涨价，截至 2016 年，这个金额已经高达 700 亿美元）。能源行业对海岸总体规划方案表示支持，甚至身体力行，减少了会导致水土流失的活动，填埋旧水道，但对于分担修复费用一事则毫无表示。它坚称堤坝系统和水流加速才是湿地流失的主要原因。

在校时曾担任橄榄队球员和教练的巴里，后来又担起了诉讼的重任，为它奔走代言，并得到了政府委员会的一致支持。他们认为英国石油的赔偿金应用于覆盖部分修复费用，诉状上的 90 多家石油、天然气和油气管道公司应合计支付它们应承担的 180 亿美元。巴里在 2013 年 7 月 24 日就诉讼一事召开了新闻发布会，并得到了来自州报刊和三位前任州长的多方声援，但其中不包括现任州长。

州长博比·金达尔（Bobby Jindal）指责这项上诉"轻率"，说防洪管理局做的事已经超出了其职责范围。能源行业则认为控告"考虑欠妥，不明智，会引发分歧"，他们出动了 70 个说客试图阻止立案，结果也一如众人所料，他们得逞了。就这样，在海岸持续消失的情况下，立法机构经投票撤销了诉讼。随后，防洪管理局向联邦地方法院提起动议，申请对州法院行为的合法性做出裁决。2015 年 2 月，法官娜涅特·乔利夫特·布朗（Nannette Jolivette Brown）驳回起诉，理由是防洪管理局对被告的控告不是"可行的诉讼请求"。巴里和海滨地区居民认为，能源企业在州政府的允许下盲目追求利润，而这项裁决让纳税人成为这些行为的买单者。[3]

巴里在防洪管理局的任期届满后，金达尔拒绝对他再次任命。虽然巴里不认为自己是活动家，但作为作者的他随即创办了一个非营利组织"路易斯安那修复行动"（Restore Louisiana Now）来帮助诉讼活动得以继续。防洪管理局继续上诉到联邦第五巡回上诉法院，截至此书写作时，他们仍在等待法院做出决定。律师们告诉巴里，布朗法官的决定充满漏洞，霍克则说上诉有充分的法律依据，但是他们都不得不承认第五巡回法院从未做出过不利于油气企业的裁决。[4]

2014 年 3 月末，一艘有两个橄榄球场长的货轮在行经加尔维斯顿湾时，从侧边撞上了一只由机动船只拖行的油驳船。4000 桶燃油泄漏到海中，美国海岸警卫队和危险品处理队进入了损伤控制模式。风浪将有害物质推入了墨西哥湾——至少对加尔维斯顿湾来说是幸运的，有人这么说。但事情没有发生本质改变，沿岸洋流又将石油和焦油球沿着海岸送到了各个海滩和湿地上，沿途恰好是大得克萨斯海岸观鸟径；因此丧命的有 300 多只鸟，39 只海豚，以及 17 只海龟——这也算是幸运的，因为春季迁徙还要几个星期后才开始，野生动物避免了更惨痛的伤亡。得克萨斯州报纸称这是加尔维斯顿湾百年一遇的大灾，但事实并非如此。自 1985 年起，加尔维斯顿湾平均每年发生 285 起燃油泄漏事故。没人知道 1918 年的泄漏事故数字是多少，加尔维斯顿湾和墨西哥湾的第一滴泄漏燃油就是"甜心 16 号"在那一年贡献的。[5]

深海地平线事故后，人们一直关心海湾是否受到了更好的保护。自那年起，石油产量开始上扬，部分原因是深水钻井正处于快速扩张阶段，它有更高的产出量，会到达比"深海地平线"更深的深度。而在深海钻井比在浅水更容易触发意外发生；为了抵御这种风险，行业发展出了一种水下机器人技术，它声称可以在45 秒之内封住一口泄漏油井。分析人士指出这种技术尚未经过深海测试，他们担心石油公司再次因为追求利润而忘乎所以。

它们并没有为了达到目的而不顾一切。石油公司和国会成员抱怨奥巴马政府开放新石油开采租约的动作太慢，而对于将在2016 年定案的职业环境安全和油井防护等联邦新规，他们也提出抗议，认为落实的成本太过高昂。

而更为隐秘的近岸开采活动，就没有新规约束了，但实际上它们对河口湾区的伤害要比深海开采大得多。所以它们毁灭性的操作模式从未得到改变，老故事一而再再而三地上演。

此时，亚拉巴马州、佛罗里达州和佐治亚州在阿巴拉契科拉湾的水量多寡问题上的纷争还没有定论，人们预测不久后，采摘阿巴拉契科拉湾的牡蛎将会成为一种生活方式。但水华问题并没有消失。2013 年，佛罗里达发生了有害水华导致海牛死亡的事件。次年，在一项全民公投提案中，有 75% 的佛罗里达选民投了支持票；这项提案也叫《一号修正案》，修正案将不动产税收入重新纳入购地信托基金的资金来源，而相应的资金将被州政府专门用于购买自然保护区土地——被议会和州长里克·斯科特

（Rick Scott）掏空的土地。在萨尼贝尔－凯普蒂瓦环保基金的大力推动下，佛罗里达州政府将大沼泽地（the Everglades）中的私有土地买了过来，并划立为保护区；这将大大减少营养物流入克卢萨哈奇河，从而有效抑制水华的产生。

信托基金所获取的第一轮资金并没有被用于购买保护区土地（但它划拨了部分资金用于不相关的民权法案侵害赔偿金）。多个环保组织联合对州议会提起诉讼，就在案件等待开庭审判时，陆军工程兵团在2016年2月将创纪录的农业污水排入了克卢萨哈奇河。在网上流传的视频中，咖啡一样的漆黑排放物在河口上散播，杀死了牡蛎和鱼以及遇上它的一切生物。画面触目惊心，让人想起20世纪70年代埃斯坎比亚湾上鱼群大规模死亡的场面，人人都以为已经成为历史的事再次出现了。污水随后进入海湾，沿着海岸传播，此时正是旅游旺季，这个旺季于是被称为"来自地狱的旺季"，客人们收到酒店预警说海滩上有"红潮"。许多游客远从欧洲而来，就为了在墨西哥湾边享受阳光和欢乐，结果却被建议远离海水，如果要在海滩上散步也要带上面罩。

三年前，海岸上的一条河流——不属于墨西哥湾——也在等待救援。科氏兄弟（查尔斯·科赫和大卫·科赫）掌握的科氏工业集团在2013年收购巴克艾技术（Buckeye Technologies）后，佛罗里达州为他们颁发预批许可证，他们可以建造很早前申请的15英里管道，管道将连接芬霍洛韦河的末端，并被允许每天向河中排放5800万加仑的工业废水（截至本书出版，管道尚未完工）。

此前巴克艾被要求应首先对污水处理程序进行改进，但就当地的活动家乔伊·埃泽尔所知，巴克艾易主后，这项要求并没有被提上日程。她知道科氏工业集团是国内出名的污染重灾区。根据《滚石》杂志的报道，埃泽尔的这颗眼中钉往"美国河流排放的污染物比通用电气和国际纸业加起来的都多"。佛罗里达清洁水网络的负责人，琳达·杨，说佛州的水质检测标准——也就是巴克艾适用的检测标准——是低于标准的，而在"利益私有化和污染公众化"方面，没有谁比科氏兄弟更"精通这门艺术"了。[6]

2016 年，在彭萨科拉，琳达·杨和欧鳊垂钓协会终究还是没能让埃斯坎比亚湾重见水草。多年前，当地 50 名居民曾联名上诉，将孟山都及其继任者，法玛西亚公司（Pharmacia Corporation）和首诺公司（Solutia Inc.），都告上了法庭，要求它们清理湖湾中残余的 PCB；2016 年这项诉讼已经有了判决结果。最终结果是被告向原告支付一笔未公开披露金额的赔偿金，但不包括清理残余 PCB。"对我来说，这不是钱的问题，"厄尼·里弗斯说道。他今年已经 90 岁了，他为这场长达 50 年的抗争竟落得如此结果感到悲哀。"我只是想让我的湖湾干净起来。"[7]

在帕蒂诺湾，自 1940 年以来草甸数量减少了 90%，目前它们维持得很稳定。杰姬·莱恩仍在继续检测水质，但废水和工业排放仍然在持续输送过量的营养物和大肠菌，于是故事再次重演。

环保局每年发布关于工业排放量的评测报告《有害物质排放目录》（下称《目录》），在最新的 2014 年评测中，埃斯坎比亚郡榜上有名，位列第十二。奥升德高性能材料有限公司（Ascend Performance Materials，前身为"孟山都"）就在埃斯坎比亚河上，是最严重的污染排放企业，其污染物主要通过大气排放；琳达·杨在 21 世纪初对其提起诉讼，才迫使它将污染物从河流排放改为深井灌注。国际纸业则将污水排入帕蒂诺河，论污染严重程度，它仅次于奥升德，位居第二。

戴安娜·威尔逊所在的卡尔霍恩郡，1988年时在《目录》中位居榜首，如今已经下降到第35位了。对比1988年，全郡在2014年的总排放量减少了86%，但工业产值没有下降。美国铝业堪称环保之星，其有毒污染物的排放比例一直维持在平稳水平。台塑公司，则恰恰相反，其产能提高了一倍，排放量却是此前的十倍有余，且全部进入了大气。拉瓦卡湾（Lavaca Bay）的污水量有轻微的下降。2016年，台塑申请提高其铜和氯仿的日排放量上限，提高排放水温，这再次惹怒了戴安娜·威尔逊。这一次她得到了来自商业牡蛎渔民联盟（Union of Commercial Oystermen）的支持，台塑只好撤回申请，维持现在的排污量和水温水平。

/ 519

密西西比州的哈里森郡在《目录》中排第13位。制造祸端的主要是杜邦公司一间排放二氧化钛的制造工厂。但什么都比不上未经妥善处理的城市污水，密西西比湾因此正处于不断恶化的状态。2015年，海峡的沿岸各郡共发布了36次"下水"警告，关闭海滩一次，持续时间超过一周。

海湾沿岸各郡中有五个在《目录》中上排名前三十。你也可以算上路易斯安那州紧挨着密西西比河的两个堂区。五个毗邻海湾的郡中，有三个在得克萨斯州，其中两个，哈里森和布拉佐里亚，都名列前十。有20个石油化工厂污染着布拉佐里亚郡的大气和河流，而哈里森郡的污染大户中，有19个都属于能源行业。休斯敦航道每天有将近350艘船和驳船在上面来往通行，它已经成为得克萨斯州的洛杉矶高速公路，加尔维斯顿湾就是它的四方向枢纽立交。2015年3月，一艘散货轮和一艘化学液体船在航道上相撞，导致可燃汽油添加物泄漏进入航道，事故发生后海岸警卫队将航道临时关闭。

除此之外，远方的化肥残留物也在不断进入海湾。2016年的冬末春初，中西部的雨雪来得比往年都更充足，导致当年墨西哥湾的死水区面积超过了平均值，为将近6500平方英里——这个数字和上一个夏天相同，相当于罗得岛州和康涅狄格州的面积总和。环保局在2008年设定目标，要将死水区面积缩小到1900平方英里，但此后各年，死水区的平均面积都是这个目标数字的将近三倍。在尤金·特纳看来，政府部门本应做好整肃清理的监管工作，但它们"前进"无力，甚至有"倒退"的迹象。8

面对这些问题，再加上气候变化和海平面上升，特纳说："海岸前景堪忧。"预测模型显示，到下个世纪，平均气温将上升7度。得克萨斯州的一位科学家建议可以想象一下科珀斯克里斯蒂在气候变化影响下，向西南内陆移动100英里的样子。9

到2016年，受气温上升影响，野生动物的繁衍足迹已经向其他方向行进了。渔民在加尔维斯顿附近水域捕到了灰笛鲷，而在从前，他们要南下到马德雷湖才能见到灰笛鲷的影子。得克萨斯州海岸北部的观鸟人在那里跟踪到了70多种鸟类，包括大蝇霸鹟、黑头拟鹂和热带必胜鸟，它们以前从未到过格兰德河谷北边。福来尖蛱蝶（Guatemalan leafwing）、蓝眼水手（blue-eyed sailor）和其他很多热带蝴蝶，都越过墨西哥边境，落在了得克萨斯州的蜜源植物上。热带蜻蜓中有五种移居到了佛罗里达；而此前已经入侵到佛罗里达的古巴树蛙也开始向佐治亚州挺进了。

在得克萨斯州，科学家们观察到黑红树和红红树正跟随耐寒植物向北移动。二三十年前，黑红树在阿兰萨斯湾的占地面积约有65英亩；到2015年，它们已经占据了15000英亩。红红树不耐寒，虽然被当地人称为"行走之树"，但它的生长范围其实一直局限在南佛罗里达和墨西哥，但现在它们开始沿着得克萨斯州海岸一直向北进军，最北已经到了马塔戈达湾。

正常来说，像红树林这样的河口物种的到来是一件令人高兴的事，但气候变暖同时也导致北极冰层融化和海平面上升。温度上升时，海水会膨胀。水温上升也意味着飓风的产生。科学家们预计未来风暴的数量会减少，但强度会更大。海平面上升让一切都变得比从前更复杂，比如海岸修复和海滨的公寓生活。2015年，杜兰大学的地理学家们发现，墨西哥湾海水在上个世纪的上升速度比现代工业革命前1000年要快上五倍。

美国宇航局的科学家们报告称，未来一个世纪，海水将比现在高出7英尺，到时美国宇航局也难以幸免：海浪将会击打在休斯敦航天中心的混凝土外墙上。这也意味着休斯敦航道将化身为一片湖湾。加尔维斯顿人也无须像1900年那样，在飓风后大费周折地将城市抬高，因为这一次，他们的整座岛屿城市都将彻底淹没在水里。所有沿海岸建厂的企业——那些将成吨成吨的导致气候变暖的二氧化碳排入大气，将吸收二氧化碳的海草杀死的企业——也都会消失得无影无踪。

在墨西哥湾沿岸，咸水入侵已经毁掉了淡水沼泽和海滨森林。从前的很多潮汐滩已经变成了开阔水域。这些变化给了人们修筑海堤的借口，它们还有更委婉的说法，即"海滨防御"和"工事保护"。但不要忘了，海堤会导致海岸被侵蚀。海堤毁掉了珍贵的海洋和海岸植被，导致海浪卷入地底、渗入多孔石灰岩，这些多孔岩层蕴含淡水，组成了横跨佛罗里达、亚拉巴马和密西西比州部分地区的佛罗里达含水层。许多人认为高大的土堤——比如新奥尔良和荷兰——是抗击大海的好手，但其实当建在石灰岩层上时，它们形同虚设，因为海水可以通过堤坝底部渗入岩层。

　　几十年来，咸水便一直以这种方式污染着城市地下水，迫使当地供水部门到更远的内陆地区汲取淡水资源并通过管道运输进来。海堤对排雨系统的工作也毫无帮助；当暴雨来临时，沿海城市的排水系统往往更常遭遇雨水倒灌。雨水从天空落到地面，通过下水道后，又重新被海水倒逼上来。2015 年 8 月对美国风暴潮的一项调查统计显示，前十大易危城市中，有五个位于墨西哥湾沿岸。其中，坦帕 - 圣彼得斯堡都市圈居首，新奥尔良第二，迈尔斯堡第五，加尔维斯顿 - 休斯敦第六，萨拉索塔第七。[10]

　　应对海平面上升的首要原则是要明白生态系统的重要性。红树林、湿地和海草床的繁荣生息不仅能为鸟类鱼群提供栖息地，也可以帮助抵挡上升的海水、吸收碳排放。2016 年 1 月，中国一位与墨西哥湾素昧平生的亿万富豪，承诺投入 500 万美元帮助修复马可岛附近的红树林生态。个人也可以做出改变，家庭可以减少草坪上化肥和杀虫剂的使用，可以用本地植株代替草地，而且要明白问题的根源并不只出在沿海草坪上。离海湾数英里之遥的社区，其污水也会通过排水系统进入大海或汇入最终流向大海的河流。此外，个人还可以通过投票选出更聪明的决策者。

　　但在海湾各州并没有看到这样的趋势。在博比·金达尔2016 年 2 月结束他的第二个任期之前，路易斯安那州的五个州长对气候变化议题要么予以否认，要么持怀疑态度，谁都不承认人类或工业企业的过失。大自然成为唯一的替罪羊。他们将气候变化视为政治问题而不是摆在眼前的一个现实。2015 年，就在卡特里娜飓风十周年纪念活动即将在新奥尔良举办之际，金达尔还要求奥巴马不要在活动上提起气候变化的话题。

根据佛罗里达州政府人员和其合作方的说法，州长里克·斯科特办公室曾指示他们不要在官方通讯、报告或公众演讲中使用"全球变暖""气候变化"等词。斯科特政府对所谓的"讨厌的洪水"的应对措施就是在批准更多的海滨公寓建造计划的同时，大兴海防工程，装上船运集装箱大小、燃油驱动的抽水泵；但只字不提迁移傍海居民的事。[11]

得克萨斯州联邦参议员、2016 年共和党的总统参选人特德·克鲁兹（Ted Cruz）称，气候变化是"图谋更大权力的大政府政客编造出来的伪科学"，是想获取政府研究经费的科学家们想出来的诡计。同时，他又说人们应该信任自由企业制，让它发展出对气候变化有效的应对措施。而克鲁兹就来自在 2014 年《目录》上排名第十的全球变暖典型城市哈里森郡。[12]

墨西哥湾也感受到了另一种离岸油类开采活动带来的连锁反应，那就是鱼油，它普遍存在于家庭日用品中，包括肥皂、人造黄油、唇膏、油漆、杀虫剂、地板材料，以及营养保健品等。这种鱼油主要来自鲱鱼，它是沿海水域盛产的一种鱼类。欧米伽 3（Omega-3）鱼油补充剂在 20 世纪 90 年代开始风靡，被认为可以抵御心脏病、前列腺癌和阿尔茨海默病；鱼油的来源，和其他各种喂给农场动物、家养猫狗吃的鱼类食物一样，都来自鲱鱼。你绝对没见过鲱鱼被干干净净地排列在海鲜市场的冰块上等待出售；因为它严格来说是一种工厂鱼，要在流水线上经过无数道粉碎、压榨等鱼粉加工（reduction）工序。H.B. 富兰克林（H. Bruce Franklin）称鲱鱼是"大海中最重要的鱼"，他写过的一本扣人心弦的讲述当代鲱鱼所面临困境的书，便是以此为书名。[13]

鲱鱼的重要性并不在于其商业价值，而在于其生态重要性。

它们是海洋鸟类的主要食物来源。一战期间，鹈鹕因为和商业渔民抢食而遭到猎杀，那些被鹈鹕吃掉的大部分就是鲱鱼。它们是一种小鱼，"集群而游，浩浩荡荡"，19世纪时，有人见过鲱鱼鱼群有 40 英里之长。可它们虽然规模庞大，却"和羊群一样无助"，可以成为任何体型较大的食肉鱼类或海中哺乳动物的猎食目标，小到条纹鲈，大到鲸鱼，都是其天敌。[14]

这些对无助鲱鱼的描写出自乔治·布朗·古德。他是出色的鱼类学者，19世纪80年代，他在为美国渔业委员编写第一份综合性鱼类研究材料时，曾招募塞拉斯·斯特恩斯为其撰写墨西哥湾部分。在谈到鲱鱼在食物链中所处的底层地位时，古德说只要你吃的是海鱼，那你吃的"就只有鲱鱼"。如果你的工作是处理鱼类，你面对的很可能就是鲱鱼。它们当时是——至今也依然是——美国规模最大的鱼类产业。截至 1948 年，海湾各州每年捕获的鲱鱼达 10.3 万吨。[15]

印第安人将鱼当成肥料，随庄稼撒播在地里，后来还将这个做法传授给欧洲移民。有史以来，无论是垂钓者还是渔民，鲱鱼都会被拿来用作钓饵鱼。但最主要的鲱鱼消耗者一直是加工渔业，而不是个体渔民。有一家总部在休斯敦的公司叫欧米伽蛋白（Omega Protein），它的生产工厂分布在弗吉尼亚、路易斯安那和密西西比州，它会战略性地买下所有更小的同类公司，以达到在渔业行业中接近垄断的地位，以避免违反反垄断法。

2007 年，布鲁斯·富兰克林在写作那本书时，欧米伽蛋白公司的实际控制人是马尔科姆·格雷泽（Malcolm Glazer），他同时是地产界的亿万大亨，橄榄球队坦帕湾海盗队（Tampa Bay Buccaneers）的老板——下辖 61 艘船，30 架探鱼飞机，这正如一个飞行员和富兰克林所说的，令"鲱鱼无处藏身"。早在 19

世纪末，大西洋渔业开始走向衰落，到 20 世纪 60 年代时，墨西哥湾的渔业规模一举超过大西洋，且其年捕获量在 20 年后到达顶峰——其中鲱鱼超过了 20 亿磅——然后开始稳步下跌，到富兰克林写书的那个时间，海湾产量只剩其巅峰时期的一半了。这个下跌并不意外，毕竟渔船有了探鱼飞机的助力后，效率不容小觑；渔船的渔网足有三分之一英里长，它张着贪婪的大嘴，将整个鱼群一网打尽，直到把自己塞得鼓鼓囊囊，夹在两条渔船之间不留半点缝隙为止。[16]

2015 年，渔业报告称大西洋和墨西哥湾的鲱鱼产业发展健康，因此应提高可捕捞数量。海湾州海洋渔业委员会——总部设于海泉市，由美国五个海湾州府于 1949 年成立，目的是促进可持续商业渔业的发展——对此表示同意，它说"过度捕捞以前没有发生过，现在也不存在"，尽管 2014 年的渔获量已经比前五年的平均值下降了 25%。[17]

富兰克林认为，欧米伽蛋白公司已经掌控了商务部的鲱鱼咨询委员会。此外，由于组成整个鲱鱼产业的只有三家公司——欧米伽蛋白和其他两家没有被欧米伽蛋白吸收的小公司——商务部没有要求它们公开披露捕捞数量，理由是这样能让行业成员之间保持竞争状态，虽然它们捕捞的鱼是公共而非私有资源。[18]

有一件事是肯定的：海湾的鲱鱼数量已经大幅减少了。鲱鱼数量的减少会影响其他鱼类的数量和海洋的整体健康状况。主要以浮游植物为食的鲱鱼是一种游泳滤食性动物，与之相对应的是表栖固着滤食类动物，例如蛤蜊和牡蛎，它们的成熟个体每分钟会过滤掉四加仑的水。这些被吃掉的浮游植物就包含了成吨成吨的海藻。

富兰克林不厌其烦地论证道，鲱鱼的饮食习惯能帮助抑制水华现象，但这个看法并没有得到海湾州海洋渔业委员会的认可。牡蛎和蛤蜊床已经大幅减少，且这种减少仍在持续当中，在这种情况下，他写道，鲱鱼群是"[自然界中]仅存的可以有效抑制浮游植物生长，从而消除藻华和死水区的东西了"。近来，科学家们指出，人类漠视规则的行为，例如将大量农业污水排入克卢萨哈奇河，导致藻华现象更为频繁和严重，鲱鱼的日常饮食受到污染后，这种毒性将随着食物链传递给其他鱼类和动物——就像生活在石油钻井平台附近的红鲷鱼一样。[19]

虽然现实不容乐观，但总有水清洁和野生动物保护的故事让我们看到希望。甚至其中有个故事是关于滤食性动物的，尽管在2015年发生的事令所有人感到费解。那个春天，所有筑巢的鸟都从佛罗里达大弯曲地带的海马礁（Seahorse Key）上消失了。当科学家们前去调查时，165英亩的岛屿和营巢地像是刚经历了一场浩劫。"只剩下风"，一个野生动物生态学家说。海马礁起初是一片尚未融化的冰川海岸上的一座高大的沙丘，它属于锡达礁群，因为礁岛状似海马而得名。19世纪，军队将海马礁当作驱赶塞米诺尔人往西部的中转站，不少塞米诺尔人曾在古巴人的渔牧场上工作过。1929年，胡佛总统将海马礁连同它的12座姊妹岛屿划为国家野生动物保护区。[20]

上万只鹈鹕、苍鹭、白鹭、朱鹭、篦鹭和鸬鹚从那以后就开始在海马礁上筑巢栖息，但谁也不知道为什么2015年时它们会弃巢而去。科学家们锁定了几个潜在凶手——浣熊、蛇、鹰、中毒、疾病、汽船和食物短缺——但都不是。他们也考虑过气候变化，但还是排除了，虽然他们能从很多方面看到它的影响：被淹没的湿地，死去的树木，包括让锡达礁（Cedar Key）得名的雪松（Cedar）。

锡达礁成为"人类世"（Anthropocene）的一个无辜旁观者；有人认为人类活动对环境的影响足以成立一个新地质时代，这个时代被他们称为人类世。锡达礁在19世纪90年代关闭了铅笔厂，在20世纪初关停了木材厂，从那以后，这片区域在不断减少它的环境足迹，尽管大部分海湾地区已经深陷其中。在两个国家自然保护区和四个州保护区中，此前被砍伐一空的林地渐渐又茂密了起来；另外，除了巴克艾所造成的灾难性影响，大弯曲地带已经在很大程度上躲过了房地产开发商和能源企业的践踏。锡达礁依旧是个渔村，保留着老佛罗里达的最后一点魅力，渔民在这里撒网捕鱼、捞蚝抓蟹。2010年，这里的人口是701人，无边无际的沼泽依旧是"广袤而甜美的容颜"，激发着西德尼·拉尼尔和约翰·缪尔的创作灵感。[21]

锡达礁还见证了水产养殖业的一个成功案例，那就是以洁净环境和工作为特色的蛤蜊养殖。写下这则成功故事的主要是两个人，苏珊娜·科尔森（Suzanne Colson）和莱斯利·施蒂默尔（Leslie Sturmer），她们将锡达礁的蛤蜊养殖称为"蛤蜊洛特"（Clamelot），取"卡米洛特"（Camelot）之意，那是传说中一个充满诗意和快乐的地方。

施蒂默尔进入水产养殖业的第一份工作是在科珀斯克里斯蒂的一家鲑鱼孵化场，那时正是大厨保罗·普鲁德霍姆声名大噪的时代。在1988年大旱后，她凭借此前的工作经验，在阿巴拉契湾一门甲壳类动物养殖的职业进修课程中担任负责人。那里的渔民对政府提出的意见或课程有抵触情绪，所以不管施蒂默尔怎么努力，当地的水产养殖业还是步履维艰。

与此同时，科尔森在大弯曲地区做起了自己的生意。她是一个造船商的女儿，从小在长岛长大，后来她来到佛罗里达，并嫁给了从萨旺尼来的一个牡蛎渔民，于是跟着丈夫在海上谋生，海上咸咸的空气和沼泽湿地都让她有归属感。然后在 1991 年，萨旺尼河上的细菌污染事件迫使美国食品和药物管理局喊停了萨旺尼海峡上的牡蛎捕捞活动。海峡位于锡达礁北边，风景如画，四周岛屿环绕，岛屿地势低洼，杂草丛生，但没有树木。很久以前一位写过萨旺尼河传记的作者称，这里是美国最浪漫的地方。

有人说玛雅人划着船从尤卡坦沿河而上，来到了今天佐治亚州的奥克弗诺基沼泽。西班牙牧师在河岸边的传教所布道。印第安人和美国人在这条河上打了两场仗。在胜利者的接管下，河流越发乌烟瘴气了。科尔森是一个"不轻易罢休的人"，施蒂默尔这么形容她，意思是说她坚忍顽强；科尔森决心要将河流清理干净，让牡蛎渔民重返海峡。"他们没有污染那里的水，"她说，"他们没有弄脏它。"她加入了佛罗里达州的萨旺尼河水资源管理区，帮助当地政府取得联邦拨款，淘汰了漏水的化粪池，换上了一套新的污水处理系统。水资源管理区还建立了最佳管理措施（best management practices，BMPs）的实施体系，鼓励上游的畜牧和家禽养殖活动主动减少农业地表径流。[22]

与此同时，科尔森和其他人说服州政府官员，让施蒂默尔和贝类养殖产业转移到萨旺尼来。就像在阿巴拉契科拉时一样，施蒂默尔在这里遭遇了类似的对政府干预的抵触情绪。最终，在科尔森和其他人的帮助下，她还是成功让治理体系运作了起来。接下来，1994 年，佛罗里达叫停了商业性刺网捕捞活动，锡达礁的 150 多个渔民只好上交了他们的渔网，失去了他们的主要经济来源。

"这道坎我永远过不去"，面对刺网禁用令，迈克·戴维斯如是说；他的家族早在内战前就开始在锡达礁上捕鱼了。"其他人也一样，只要他在捕鱼这个行当里谋生。我们都感觉像有谁死了似的。这不对。"施蒂默尔开始行动，她组织起了69个渔民，培训他们学习如何在岛屿四周两英亩大的租用水域中养殖蛤蜊。这不是开船出海，追逐鱼群，反而更像朝九晚五的上班族在自己的工位上工作。但好歹眼下这份工作还在户外，还能养家糊口。[23]

科尔森不想看到渔民们"再次被环境灾难所困"。她于是去竞选，并成功在锡达礁城镇委员会中占有一席。她的首要任务是清理水域，并换上新的雨水排放和污水处理系统。截至2000年，这里的蛤蜊养殖面积已经扩大到了950英亩。到2001年，最后一个化粪池也停止使用了。干净的水域提醒州政府重新开放此前封闭的3700英亩渔场，其中包括被食品和药物管理局关闭的萨旺尼海峡。2010年，共有1300英亩的水域维持着206名蛤蜊养殖者的生计。

这是1300英亩的滤食性动物，它们在减轻水中氮、碳含量的同时，还将水体过滤得干干净净，让依赖阳光为生的海草受益。有研究者做过统计，在2012年全年，佛罗里达租赁养殖场共产出蛤蜊1.36亿只，它们为周围环境清除了25000磅氮和76万磅碳，为市政省下了10万美元的污水处理成本。这些蛤蜊有四分之三在外地出售。当地，在网捕时代，它们产出的收入超过了摄取量，每年产生经济效益近5000万美元。这个行业在生态上的可持续，更是让各方得益。

锡达礁取得的成功最终是否会被气候变化所吞噬，还有待观察。在热带风暴侵袭期间，高涨的海潮已经涌上了这个小市区的街道。海平面的上升早已影响到了这里的淡水供应。但有一位蚌蛤养殖者，他的祖辈都以捕鱼为生，他说他欢迎大海回来。也许风暴和上涨的潮水会赶走北方来这里过冬的"候鸟人"，这些人在沙地上种植入侵的、极度依赖化肥的草皮；赶走该死的游钓群体，他们夺走了商业渔人的渔网，通过抬高不动产税迫使他们出走家园，包围他们的古老渔村，促使他们中的一些人搬入公寓村。渔民们，不管状况如何变化，都是最知道如何在海边生活的人，他们最终会夺回属于他们的海滨。

与此同时，水产养殖业已经在海湾沿岸逐渐发展壮大了起来。牡蛎养殖在路易斯安那水域大概已经存在了好几个世纪。近来，大自然保护协会（Nature Conservancy）成功推动了一个牡蛎礁项目，这个项目的一个核心结构就是曾经在 20 世纪 60 年代告诉我们路易斯安那州正在消失的舍伍德·加利亚诺所研发的。2015 年对亚拉巴马州来说，是新牡蛎养殖场爆发式增长的一年，而且尽管此前人们抵触情绪高昂，但到了这时候，水产养殖在阿巴拉契科拉已站稳了脚跟。

但是水产养殖作为一项在开阔水域进行的鱼类养殖活动，它和陆地畜牧业面临一样的困境：繁育过度，抗生素的滥用，排泄物养分的传播，污染，以及疾病。路易斯安那捕虾人的最大竞争对手是泰国的养虾场，他们干的事就是将红树林铲掉，再往水里加养料，他们所付出的生态代价如此巨大，是经济利益也无法弥补的。而与此同时在地球的另一边，墨西哥湾上的一个小小的古老渔村，通过修复一个健康的生态系统，获得了健康的经济。

人类总是这么后知后觉，不知道保护一个富饶多产的河口比生产海鲜产品的收益要高得多。保护不是控制；恰恰相反，保护是控制我们自己的行为，而不是自然的行为。它意味着放手让自然找到属于它自己的节拍。在这种情况下，我们应该压抑主导一切的冲动，去服从、顺应，秉持一个想法，那就是自然比人类更能照顾好它自己。

　　幸运的是，每一个河口湾、每一条河流都有至少一个有组织的团体在维护它的生态完整。眼前这个更大的海湾也有多个组织在服务于它。我们不妨将它们当成公众利益组织，而不是环保组织。它们为世间生灵所做的一切努力，其实也是在为我们的美好生活服务。它们做出了巨大的贡献，将勃勃生机带回到河流、湖湾和海洋。完成它们已开始的工作，这是再合乎情理不过的事了；如果我们有幸见证，它们的努力有一天将谱写一段崭新的历史。

　　"海浪的低鸣，"华莱士·史蒂文斯写道，"永远不会有停下的一刻。"墨西哥湾是一个没有结局的故事。在无穷无尽的时间长河里，人类就像恐龙，是这片土地上的过客，出现了又消失了，只不过我们更渺小，而且几乎可以肯定，我们存在的时间会更短，从某种程度上来说，我们也不会比这些已经灭绝的前辈拥有更重要的地位。在我们自己眼中，我们既不渺小也不短命，也许这就是为什么我们胆敢尝试去统治自然，试图说服自己，我们是重要的、强大的。我们的行为和决定，的确影响着地球上的许多生命，包括我们自己。如果我们能控制我们的越轨行为，如果我们能尊重早于我们存在的自然平衡、我们赖以生存的生物圈，如果我们能明白自然之慷慨只有当其权威被尊重时才能施展，我们在这个星球上会活得更久一点。对于海洋，我们毁不掉它，也控制不了它，我们可以削弱它，但当我们这样做时，我们背离了天意，也削弱了我们自己。[24]

注　释

序　历史、自然和被遗忘的海

1. H. F. Helmolt, *The World's History: A Survey of Man's Record*, vol. 1 (William Heine-mann, 1901), xxv.

2. Edward O. Wilson, *Half Earth: Our Planet's Fight for Life* (Liveright, 2016), 211.

3. Charles Hallock, *Camp Life in Florida: A Handbook for Sportsmen and Settlers* (Forest and Stream Publishing, 1875), 336, 337; Helen Cooper, *Winslow Homer Watercolors* (Yale University Press, 1986), 234; Randall C. Griffin, *Winslow Homer: An American Vision* (Phaidon Press, 2006), 190.

4. Count Edward Wilczek, "The Historical Importance of the Pacific Ocean," in Helmolt, *World's History*, 566.

5. A couple of noteworthy exceptions include Robert S. Weddle, *Spanish Sea: The Gulf of Mexico in North American Discovery, 1500–1685* (Texas A&M University Press, 1985); and Kathleen DuVal, *Independence Lost: Lives on the Edge of the American Revo-lution* (Random House, 2015).

6. Fernand Braudel, *The Mediterranean and the Mediterranean World in the Age of Philip II*, vol. 1 (University of California Press, 1995), 20.

7. Walter Inglis Anderson, *The Horn Island Logs of Walter Inglis Anderson*, ed. Redding S. Sugg Jr. (Memphis State University Press, 1973), 28.

8. T. S. Eliot, "The Dry Salvages," in *Four Quartets* (Harcourt, 1973), 48.

9. Rowan Jacobsen, *Shadows on the Gulf: A Journey through Our Last Great Wetland* (Bloomsbury, 2011). Similarly, Terry Tempest Williams has dedicated a compelling chapter in her latest book to the events of the tragedy and its immediate aftermath. See *The Hour of Land: A Personal Topography of America's National Parks* (Sarah Crichton Books, 2016), 221–51.

引言　诞生

1. Quoted in Associated Press, "Scientists Say Flood Waters Threaten Gulf," *Christian Science Monitor*, August 17, 1993.

2. Stephen Crane, *Stephen Crane: Prose and Poetry* (Penguin, 1984), 707.

3. E. O. Wilson, *Naturalist* (Island Press, 1994), 7, 11; Edward O. Wilson, interview by the author, June 19, 2014.

4. Henry Major Tomlinson, *The Sea and the Jungle* (E. P. Dutton, 1920), 363.

5. Holly Stevens, ed., *Letters of Wallace Stevens* (University of California Press, 1996), 268.

6. Rachel Carson, *The Edge of the Sea* (Houghton Mifflin, 1983), 192.

7. Stevens, *Letters of Wallace Stevens*, 449, 655.

一 冢堆

1. Quoted in Marion Spjut Gilliland, *Key Marco's Buried Treasure: Archaeology and Adventure in the Nineteenth Century* (University of Florida Press, 1989), 94.

2. Charles Kenworthy, "Ancient Canals in Florida," *Forest and Stream* 5 (August 12, 1875): 8.

3. Frank Hamilton Cushing, "Relics of an Unknown Race Discovered," *Journal* (New York), June 21, 1896.

4. "Folk Lore of the Zuni," *Washington Post*, August 25, 1895; Alex F. Chamberlain, "In Memoriam: Frank Hamilton Cushing," *Journal of American Folklore* 13 (1900): 129; "In Memoriam: Frank Hamilton Cushing," *American Anthropologist* 2 (1900): 366.

5. Cushing, "Relics of an Unknown Race Discovered."

6. Ibid.

7. Ibid.

8. Ibid.

9. Ibid.; Frank Hamilton Cushing, *The Pepper-Hearst Expedition: Preliminary Report on the Exploration of Ancient Key-Dweller Remains on the Gulf Coast of Florida* (MacCalla, 1897), 20.

10. Cushing, "Relics of an Unknown Race Discovered"; Cushing, *Pepper-Hearst Expedition*, 3, 4.

11. Cushing, *Pepper-Hearst Expedition*, 7, 68.

12. Ibid., 8, 68; Frank H. Cushing, *Exploration of Ancient Key-Dweller Remains on the Gulf Coast of Florida* (University Press of Florida, 2000), 3, 4.

13. Cushing, *Exploration of Ancient Key-Dweller Remains*, 4; Phyllis E. Kolianos and Brent R. Wiesman, eds., *The Florida Journals of Frank Hamilton Cushing* (University Press of Florida, 2005), 22.

14. Kolianos and Wiesman, *Florida Journals*, 23.

15. Ibid., 23; Cushing, *Exploration of Ancient Key-Dweller Remains*, 28.

16. Wells M. Sawyer, "Memories," Wells M. Sawyer Collection, Special and Area Studies Collection, University of Florida; Wells M. Sawyer, "The Health" (undated verse), Sawyer Collection; Wells Sawyer to My Dear Weller, March 1896, Sawyer Collection; Kolianos and Wiesman, *Florida Journals*, 89–90.

17. Kolianos and Wiesman, *Florida Journals*, 59.

18. Randolph J. Widmer, "Introduction," in Cushing, *Exploration of Ancient Key-Dweller Remains*, xvi; Cushing, *Pepper-Hearst Expedition*, 112.

19. Cushing, *Pepper-Hearst Expedition*, 83.

20. Darcie A. MacMahon and William H. Marquadt, *The Calusa and Their Legacy* (University Press of Florida, 2004), 84.

21. Gilliland, *Key Marco's Buried Treasure*, 75; Sawyer, "Health."

二　墨西哥湾的由来

1. Joseph Conrad, *The Mirror of the Sea* (Harper & Brothers, 1906), 168.
2. Charles W. Arnade, "Who Was Juan Ponce de Leon?" *Tequesta* 27 (1967): 3.
3. Stan Ulanski, *The Gulf Stream: Tiny Plankton, Giant Bluefin, and the Amazing Story of the Powerful River in the Atlantic* (University of North Carolina Press, 2008), xii.
4. Carl Ortwin Sauer, *Sixteenth-Century North America: The Land and the Peoples as Seen by the Europeans* (University of California Press, 1975), 29.

三　无谓的送命

1. Bernard Romans, *A Concise Natural History of East and West Florida*, ed. Kathryn E. Holland Braund (University of Alabama Press, 1999), 259.
2. William Carlos Williams, *In the American Grain* (New Directions, 1925), 44.
3. T. S. Eliot, "The Dry Salvages," in *T. S. Eliot: Poetry, Plays and Prose* (Atlantic, 2008), 141.
4. Marjory Stoneman Douglas, *Florida: The Long Frontier* (Harper & Row, 1967), 51.
5. Bernal Diaz del Castillo, *The Memoirs of the Conquistador Bernal Diaz del Castillo*, vol. 1, trans. John Ingram Lockhart (J. Hatchard Lockhart, 1844), 302–28.
6. Samuel Eliot Morison and Henry Steele Commager, *The Growth of the American Republic* (Oxford University Press, 1962), 33.
7. *The Account: Álvar Nuñez Cabeza de Vaca's Relación*, trans. Martin A. Favata and José B. Fernández (Arte Público Press, 1993), 46.
8. Robert F. Berkhofer, *The White Man's Indian: Images of the American Indians from Columbus to the Present* (Vintage, 1979), 5, 11.
9. Andre Reséndez, *A Land So Strange: The Epic Journey of Cabeza de Vaca* (Basic Books, 2009), 104, 121; *Account: Álvar Nuñez Cabeza de Vaca's Relación*, 23.
10. *Account: Álvar Nuñez Cabeza de Vaca's Relación*, 56.
11. Ibid.
12. Ibid.; Edward W. Kilman, *Cannibal Coast* (Naylor, 1959).
13. Robert A. Ricklis, *The Karankawa Indians of Texas: An Ecological Study of Cultural Tradition and Change* (University of Texas Press, 1996).
14. C. Herndon Williams, *Texas Gulf Coast Stories* (History Press, 2010), 13.
15. Albert S. Gatschet, *The Karankawa Indians, the Coast People of Texas* (Peabody Museum of American Archaeology and Ethnology, 1891), 56; Ricklis, *Karankawa Indians of Texas*, 10, 109–10.
16. William C. Foster, ed., *The La Salle Expedition to Texas: The Journal of Henri Joutel, 1684–1687* (Texas State Historical Association, 1998), 99.
17. Ricklis, *Karankawa Indians of Texas*, 61.
18. Douglas, *Florida: The Long Frontier*, 53.
19. David Ewing Duncan, *Hernando de Soto: A Savage Quest in the Americas* (University of Oklahoma Press, 1997), xx.
20. Michael Gannon, "First European Contacts," *The New Florida History*, ed. Michael Gannon (University Press of Florida, 1996), 23–30.
21. Lawrence A. Clayton, Vernon James Knight Jr., and Edward C. Moore, eds., *The De Soto Chronicles: The Expedition of Hernando de Soto to North America in 1539–1543*, vol. 1 (University of Alabama Press, 1993), 162.

22. Francis Parkman, *La Salle and the Discovery of the Great West* (Charles Scribner's Sons, 1915), 3.

23. Ann F. Ramenofsky and Patricia Galloway, "Disease and the Soto Entrada," *The Hernando de Soto Expedition: History, Historiography, and "Discovery" in the Southeast*, ed. Patricia Kay Galloway (University of Nebraska Press, 2006), 270–75.

24. Williams, *In the American Grain*, 44.

四 一条最重要的河流和一个"了不得的"海湾

1. Quoted in John D. Ware and Robert R. Rea, *George Gauld: Surveyor and Cartographer of the Gulf Coast* (University Presses of Florida, 1982), 37.

2. Joseph Conrad, *The Mirror of the Sea* (Harper & Brothers, 1906), 168.

3. Louis De Vorsey Jr., "The Impact of the La Salle Expedition of 1682 on European Cartography," in *La Salle and His Legacy: Frenchmen and Indians in the Lower Mississippi Valley*, ed. Patricia K. Galloway (University Press of Mississippi, 1982), 71.

4. Francis Parkman, *La Salle and the Discovery of the Great West* (Charles Scribner's Sons, 1915), 373; Christopher Morris, *The Big Muddy: An Environmental History of the Mississippi and Its People from Hernando de Soto to Hurricane Katrina* (Oxford University Press, 2012), 25.

5. Parkman, *La Salle*, 366.

6. Robert S. Weddle, *The French Thorn: Rival Explorers in the Spanish Sea, 1682–1762* (Texas A&M University Press, 1991), 82.

7. Richebourg McWilliams, *Iberville's Gulf Journals* (University of Alabama Press, 1991), 52.

8. Weddle, *French Thorn*, 136, 157.

9. Thomas Hutchins, *An Historical Narrative and Description of Louisiana, and West Florida* (University of Florida Press, 1968), facsimile reproduction of 1784 ed., xliv.

10. Newton D. Mereness, ed., *Travels in the American Colonies* (Macmillan, 1926), 489.

11. Thomas Hutchins, *A Topographical Description of Virginia, Pennsylvania, Maryland, and North America* (Burrows Brothers, 1904), 49.

12. Bernard Romans, *A Concise Natural History of East and West Florida*, ed. Kathryn E. Holland Braund (University of Alabama Press, 1999), 1, 3, 321, 348.

13. Ware and Rea, *George Gauld*, 61, 62.

14. Ibid., 24; Romans, *Concise Natural History*, 267.

15. Ware and Rea, *George Gauld*, 24; Romans, *Concise Natural History*, 262, 267.

16. Hutchins, *Historical Narrative*, 33.

17. Romans, *Concise Natural History*, 158.

18. Ibid., 126.

19. Ibid., 138.

20. Ibid., 142.

21. Ibid.

22. Ibid., 209–10.

23. Edward Charles Boynton, *History of West Point* (Applewood Books, 1864), 32.

1. US Coast Survey, *Report of the Superintendent of the Coast Survey, Showing the Progress of the Survey during the Year 1862* (Government Printing Office, 1864), 92.

2. Anne P. Streeter, *Good Fences Make Good Neighbors: Joseph S. Harris and the U.S. Northwest Boundary Survey, 1857–61* (Trafford, 2012), 428.

3. US Coast Survey, *Report of the Superintendent*, 262.

4. Robert W. Tucker and David C. Hendrickson, *Empire of Liberty: The Statecraft of Thomas Jefferson* (Oxford University Press, 1990), 109.

5. Ibid.

6. T. D. Allman, *Finding Florida: The True History of the Sunshine State* (Atlantic Monthly Press, 2013), 65.

7. Roger G. Kennedy, *Mr. Jefferson's Lost Cause: Land, Farmers, Slavery, and the Louisiana Purchase* (Oxford University Press, 2003), 303.

8. Thomas Jefferson to James Monroe, October 24, 1823, in Thomas Jefferson, *The Wisdom of Thomas Jefferson*, ed. Kees De Mooy (Citadel Press, 2003), 106.

9. Thomas Jefferson to James Monroe, May 14, 1820, in Thomas Jefferson, *The Works of Thomas Jefferson*, vol. 12, ed. Paul L. Ford (G. P. Putnam's Sons, 1904), 160.

10. G. J. A. O'Toole, *The Spanish War: An American Epic—1898* (Norton, 1984), 38.

11. "The Ostend Manifesto" (Aix-la-Chapelle, October 15, 1854), historyofcuba.com, http://www.historyofcuba.com/history/havana/Ostend2.htm, accessed summer 2014.

12. Henry Nash Smith, *Virgin Land: The American West as Symbol and Myth* (Harvard University Press, 1978), 176.

13. US Coast Survey, *Report of the Superintendent*, 92.

14. Ibid., 90.

15. Ibid., 79.

16. Walt Whitman, "I Saw in Louisiana a Live-Oak Growing," in *Leaves of Grass* (Modern Library, 1892), 101.

17. US Coast Survey, *Report of the Superintendent*, 175; Bernard Romans, *A Concise Natural History of East and West Florida*, ed. Kathryn E. Holland Braund (University of Alabama Press, 1999), 262.

18. D. W. Meinig, *The Shaping of America: A Geographical Perspective on 500 Years of History*, vol. 1, *1492–1800* (Yale University Press, 1986), 410.

19. Michelle Honora Zacks, "From Table to Trash: The Rise and Fall of Mullet Fishing in Southwest Florida" (PhD diss., University of Hawaii, 2012), xix; Sidney Lanier, *Florida: Its Scenery, Climate, and History, with an Account of Charleston, Savannah, Augusta, and Aiken; a Chapter for Consumptives; Various Papers on Fruit-Culture; and Complete Hand-book and Guide* (J. B. Lippincott, 1876), 94.

六　鱼的海洋

1. Sidney Lanier, *Florida: Its Scenery, Climate, and History, with an Account of Charleston, Savannah, Augusta, and Aiken; a Chapter for Consumptives; Various Papers on Fruit-Culture; and Complete Hand-book and Guide* (J. B. Lippincott, 1876), 94.

2. H. C. "Hank" Klein, *Destin's Founding Father: The Untold Story of Leonard Destin* (Freeport, FL: Arturo Studios, 2017), 11–60.

3. Wallace Stevens, "Some Friends from Pascagoula," in *The Collected Poems of Wallace Stevens* (Vintage, 1990), 126–27; Lanier, *Florida*, 94; Edward King, *The Great South:*

A Record of Journeys in Louisiana, Texas, the Indian Country, Missouri, Arkansas, Mississippi, Alabama, Georgia, Florida, South Carolina, North Carolina, Kentucky, Tennessee, Virginia, West Virginia, and Maryland (American Publishing Company, 1875), 406; Bernard Romans, *A Concise Natural History of East and West Florida*, ed. Kathryn E. Holland Braund (University of Alabama Press, 1999), 185.

4. Philip Lee Phillips, *Notes on the Life and Works of Bernard Romans* (Florida State Historical Society, 1924), 124.

5. Ibid., 185.

6. Michelle Honora Zacks, "From Table to Trash: The Rise and Fall of Mullet Fishing in Southwest Florida" (PhD diss., University of Hawaii, 2012), 29; Clinton Newton Howard, *The British Development of West Florida, 1763–1769* (University of California Press, 1974), 40.

7. Phillips, *Notes on the Life and Works*, 185.

8. John Lee Williams, *The Territory of Florida: Or Sketches of the Topography, Civil and Natural History, of the Country, the Climate, and the Indian Tribes, from the First Discovery to the Present Time* (A. T. Goodrich, 1837), 25.

9. "Pensacola—A City of Manifest Destiny," *Stone & Webster Public Service Journal* (December 1908): 382–86.

10. Henry David Thoreau, *Walden, and On the Duty of Civil Disobedience* (Arc Manor, 2007), 178.

11. J. W. Collins, "Notes on the Red-Snapper Fishery," *Bulletin of the U.S. Fish Commission* 6 (1887): 299.

12. *Makers of America: An Historical and Biographical Work by an Able Corps of Writers*, vol. 2, Florida ed. (A. B. Caldwell, 1909), 360.

13. Ibid.

14. Collins, "Notes on the Red-Snapper Fishery," 299.

15. Jason T. Raup, "Fish On: Pensacola's Red Snapper Industry," *Florida Historical Quarterly* 85 (2007): 327.

16. Silas Stearns, "The Red-Snapper Fishery and the Havana Market Fishery of Key West, Florida," in *The Fisheries and Fishery Industries of the United States*, ed. George Brown Goode (Government Printing Office, 1887), 591.

17. "The Retail Markets," *New York Times*, January 7, 1883.

18. Silas Stearns to Professor S. F. Baird, April 17, 1878, Silas Stearns Papers, John C. Pace Library Special Collections, University of West Florida Archives.

19. Stearns, "Red-Snapper Fishery," 553–54.

20. William N. Lindall Jr. and Carl H. Saloman, "Alteration and Destruction of Estuaries Affecting Fishery Resources of the Gulf of Mexico," *Marine Fisheries Review* 39 (1977): 1.

21. Roy Bedichek, *Karánkaway Country* (Doubleday, 1950), 8; Clyde L. MacKenzie Jr., "History of Oystering in the United States and Canada, Featuring the Eight Greatest Oyster Estuaries," *Marine Fisheries Review* 58 (1996): 59.

22. Mark Kurlansky, *The Big Oyster: History on the Half Shell* (Random House, 2007), 165.

23. Ibid., 47; Stearns, "Red-Snapper Fishery," 563.

24. Stearns, "Red-Snapper Fisher," 579, 580.

25. John Steinbeck, *John Steinbeck Novels, 1942–1952* (Library of America, 2001), 101.

26. Jack Rudloe and Anne Rudloe, *Shrimp: The Endless Quest for Pink Gold* (FT Press, 2010), 31.

27. Martha Field, *Louisiana Voyages: The Travel Writings of Catharine Cole*, ed. Joan B. McLaughlin and Jack MacLaughlin (University Press of Mississippi, 2006), 5.

28. Bern Keating, *The Gulf of Mexico* (Viking Press, 1972), 55; Rudloe and Rudloe, *Shrimp*, 37, 39.

29. Kirk Munroe, "Sponge and Spongers of the Florida Reef," *Scribner's Magazine* 12 (1892): 640.

30. "Ten Fathoms Down in the Gulf," *Florida Highways* 10 (March 1942): 10–12, 14.

31. Field, *Louisiana Voyages*, 19; Zacks, "From Table to Trash," 129.

32. Mike Davis, interview by the author, October 28, 2011; Zacks, "From Table to Trash," 126; L. S. K., "Fishing in Florida," *New York Times*, December 25, 1876.

33. Zacks, "From Table to Trash," 87, 139.

34. Leo Lovel, *Spring Creek Chronicles: Stories of Commercial Fishin', Huntin', Workin' and People along the North Florida Gulf Coast*, ed. Ben Lovel (L. V. Lovel, 2000), 17, 18.

35. Jack Rudloe, *Time of the Turtle* (E. P. Dutton, 1979), 100.

36. Lovel, *Spring Creek Chronicles*, 11, 53; Leo Lovel, *Spring Creek Chronicles II: More Stories of Commercial Fishin', Huntin', Workin' and People along the Gulf Coast*, ed. Ben Lovel (Spring Creek Restaurant, 2004), 137.

37. Rudloe, *Time of the Turtle*, 3, 7–8.

38. John James Audubon, "The Turtles," in *Audubon in Florida*, ed. Kathryn Proby (University of Miami Press, 1974), 352.

39. Ibid.

40. Osha Gray Davidson, *Fire in the Turtle House: The Green Sea Turtle and the Fate of the Ocean* (Public Affairs, 2001), 70.

41. Corey Malcom, "Turtle Industry in Key West," *Sea Heritage Journal* 19 (2009): 5.

42. Audubon, "Turtles," 348.

43. Joint Resolution for the Protection and Preservation of the Food Fishes of the Coast of the United States, no. 22, 41st Cong., session 3, February 9, 1871, preamble.

七 降服海岸的野鱼

1. Richard L. Sutton, "The Initiation of Raymond: A Tarpon Story of Aransas Pass," *Forest and Stream* 44 (1924): 76.

2. I thank Randy Wayne White for sharing his life story with me at Doc Ford's Rum and Bar Grill in Sanibel on January 19, 2013.

3. Evan Williams, "The Relentless Randy Wayne White," *Fort Myers Florida Weekly*, March 3, 2010, http://fortmyers.floridaweekly.com.

4. Moise N. Kaplan, *Big Game Angler's Paradise* (Liveright, 1937), 97.

5. Frank Sargeant, *The Tarpon Book: A Complete Angler's Guide* (Larsen's Outdoor Publishing Group, 1991), 5.

6. John Dos Passos, "Under the Tropic," in *The Key West Reader: The Best of the West's Writers, 1830–1990*, ed. George Murphy (Tortugas, 1989), 86.

7. Accessible scientific studies of the tarpon are found in Jerald S. Ault, ed., *Biology and Management of the World Tarpon and Bonefish Fisheries* (CRC Press, 2010).

8. "Gulf Coast Byway," Texas Tropical Trail, http://thetropicaltraveler.com/blog/about/gulf-coast-byway, accessed summer 2013.

9. Otis Mygatt, "Some Tarpon Adventures," *Badminton Magazine of Sports and Pastimes* 1 (1895): 328.

10. John Waller Hills, *A History of Fly Fishing for Trout* (Philip Allan, 1921); C. B.

McCully, *The Language of Fly-Fishing* (Fitzroy Dearborn, 1992), 9–11; John McDonald, *The Origins of Angling* (Doubleday, 1963), 67–68; Dame Juliana Berners, *A Treatise of Fishing with an Angle* (Walking Lion Press, 2006), 86; Dame Juliana League, http://www.djlflyfishers.org, accessed summer 2013.

11. Izaak Walton, *The Compleat Angler or the Contemplative Man's Recreation* (S. Bagster, 1810), 39.

12. Walton, *Compleat Angler*, 243; *Philadelphia Inquirer*, March 12, 1878, clipping found in Hampton Dunn manuscript materials, Old Courthouse Heritage Museum, Inverness, FL.

13. Henry William Herbert, *Frank Forester's Fish and Fishing of the United States and British Provinces of North America* (W. A. Townsend, 1866), 12.

14. John James Audubon, *The 1826 Journal of John James Audubon* (University of Oklahoma Press, 1967), 5.

15. Charles Hallock, *An Angler's Reminiscences: A Record of Sport, Travel and Adventure* (Sportsmen's Review Publishing, 1913), 38.

16. "Qx," unidentified manuscript, in Hampton Dunn manuscript materials, Old Courthouse Heritage Museum, Inverness, FL; Charles Hallock, *Camp Life in Florida: A Handbook for Sportsmen and Settlers* (American News Co., 1876), 14, 30.

17. Kenworthy's dispatches in *Forest and Stream* appeared under the pseudonym Al Fresco on March 18 and 25; April 1, 8, 15, 22, and 29; May 13, 20, and 24; and June 10 and 17, 1875. Hallock reprinted them, along with other essays, in *Camp Life in Florida*. Quotes are from the book's following pages: 38, 40, 259.

18. Hallock, *Camp Life in Florida*, 341.

19. Ibid., 336, 341.

20. Ibid., 341; "Angling at Homosassa Florida," *American Angler* 3 (March 24, 1883): 185.

21. Helen Cooper, *Winslow Homer Watercolors* (Yale University Press, 1986), 234.

22. Peter Brazeau, *Parts of a World: Wallace Stevens Remembered: An Oral Biography* (Random House, 1983), 97; Sidney Lanier, *Florida: Its Scenery, Climate, and History, with an Account of Charleston, Savannah, Augusta, and Aiken; a Chapter for Consumptives; Various Papers on Fruit-Culture; and Complete Hand-book and Guide* (J. B. Lippincott, 1876), 94.

23. Robert Grant, "Tarpon Fishing in Florida," in *Angling*, Leroy M. Yale, A. Foster Higgins, J. G. A. Creighton, et al. (Charles Scribner's Sons, 1897), 182; James A. Henshall, *Camping and Cruising in Florida* (Robert Clarke, 1884), 192.

24. Randy Wayne White, *The Heat Islands* (St. Martin's Press, 1993), 119; White, *Sanibel Flats* (St. Martin's Press, 1990), 45, 108.

25. Randy Wayne White and Carlene Fredericka Brennen, *Randy Wayne White's Ultimate Tarpon Book: The Birth of Big Game Fishing* (University Press of Florida, 2010), 265.

26. Anthony Weston Dimock, *Wall Street and the Wilds* (Outing Publishing, 1915), 12.

27. Anthony Weston Dimock, *The Book of the Tarpon* (Outing Publishing, 1911), 15.

28. N. A. Bimon, "The Silver King," *Forest and Stream* 38 (1892): 394; Grant, "Tarpon Fishing in Florida," 183.

29. White and Brennen, *Randy Wayne White's Ultimate Tarpon Book*, 9, 50, 55, 227, 234.

30. Ibid., 122–23.

31. Ibid., 138.

32. Kevin Kokomoor, "'In the Land of the Tarpon': The Silver King, Sport, and the

Development of Southwest Florida, 1885–1915," *Journal of the Gilded Age and Progressive Era* 11 (2012): 191.

33. White and Brennen, *Randy Wayne White's Ultimate Tarpon Book*, 26–28; Kokomoor, "'In the Land of the Tarpon,'" 211–12.

34. White and Brennen, *Randy Wayne White's Ultimate Tarpon Book*, 55.

35. Theodore Roosevelt, *The Rough Riders: An Autobiography* (Library of America, 2004), 296.

36. Theodore Roosevelt, "Harpooning Devilfish," *Scribner's Magazine* 62 (1917): 293–305.

37. White and Brennen, *Randy Wayne White's Ultimate Tarpon Book*, 81.

38. Paul Hendrickson, *Hemingway's Boat: Everything He Loved in Life, and Lost, 1934–1961* (Alfred A. Knopf, 2011), 230; White and Brennen, *Randy Wayne White's Ultimate Tarpon Book*, 136.

39. R. M. S., "The Tarpon Record—How Long Do They Fight," *American Angler* 21 (1892): 327.

40. White and Brennen, *Randy Wayne White's Ultimate Tarpon Book*, 89.

41. Bimon, "Silver King," 394. Thanks to Gary Mormino for bringing this issue of the *Fort Myers Press* to my attention.

42. Kokomoor, "'In the Land of the Tarpon,'" 192, 212; White and Brennen, *Randy Wayne White's Ultimate Tarpon Book*, 167.

43. "In the Land of Tarpon," *New York Times*, March 5, 1893.

44. W. D. "The Land of the Tarpon," *Atlanta Constitution*, December 18, 1893; Martha Field, *Louisiana Voyages: The Travel Writings of Catharine Cole*, ed. Joan B. McLaughlin and Jack MacLaughlin (University Press of Mississippi, 2006), 10, 11.

45. Nellie D. S. Graham, "Tarpon Fishing at Port Aransas Pass," *Outing* 35 (February 1900): 473; Barney Farley, *Fishing Yesterday's Gulf Coast* (Texas A&M University Press, 2008), xi.

46. Zane Grey, *The Best of Zane Grey, Outdoorsman: Hunting and Fishing Tales* (Stackpole Books, 1992), 51.

47. Field, *Louisiana Voyages*, 5.

48. Farley, *Fishing Yesterday's Gulf Coast*, xiii.

49. "Harding Fights Fish 45 Minutes," *Washington Post*, November 10, 1920; "Harding Loses Fish," *New York Times*, November 9, 1920.

50. "Tarpon along Florida Coast," *New York Times*, April 2, 1912.

51. "Aransas Pass Tarpon Club," *Forest and Stream* 69 (1907):100.

52. "Fierce Fighting Tarpon," *New York Times*, July 21, 1895.

53. Randy Wayne White, "Fishing's Dirty Little Secret," *Tampa Tribune*, April 14, 2013.

八　铩羽之鸟

1. In Thomas Wright, ed., *Popular Treatises on Science Written During the Middle Ages, in Anglo-Saxon, Anglo-Norman, and English* (R. and J. E. Taylor, 1841).

2. "Notes from Field and Study," *Bird-Lore* 18 (March–April 1916), 103; "A Tropical Migration Tragedy," *Bird-Lore* 18 (1916): 103; W. T. Helmuth, "Extracts from Notes Made in the Naval Service," *Auk* 37 (1920): 255–61.

3. George H. Lowery Jr., "Evidence of Trans-Gulf Migration," *Auk* 63 (1946): 175–211.

4. Scott Weidensaul, *Living on the Wind: Across the Hemisphere with Migratory Birds* (North Point Press, 1999), 251.

5. John Muir, *A Thousand-Mile Walk to the Gulf* (Houghton Mifflin, 1998), 134.

6. Harriet Beecher Stowe, *Palmetto-Leaves* (James R. Osgood, 1873), 260, 261.

7. Quoted in "The Pinellas," *Medical Bulletin: A Monthly Journal of Medicine and Surgery* 29 (1907): 34.

8. W. E. D. Scott, "The Present Condition of Some of the Bird Rookeries of the Gulf Coast of Florida," *Auk* 4 (1887): 139–40.

9. Ibid., 276.

10. Ibid.

11. J. A. Allen, "The Present Wholesale Destruction of Bird-Life in the United States," *Science* 7 (1886): 192.

12. Minnie Moore-Willson, *Birds of the Everglades and Their Neighbors the Seminole Indians* (Tampa Tribune, 1920), 7.

13. Marjory Stoneman Douglas, *The Everglades: River of Grass* (Pineapple Press, 1997), 279.

14. *Life Histories of North American Marsh Birds, Orders Odontoglossae, Herodiones, and Paludicolae*, Smithsonian Institution United States National Museum Bulletin 135 (Government Printing Office, 1926), 149.

15. Edward A. McIlhenny, *How I Made a Bird City* (privately published by author, 1912), 2.

16. Shane K. Bernard, *Tabasco: An Illustrated History* (McIlhenny Co., 2007), 107; John Taliaferro, *In a Far Country: The True Story of a Mission, a Marriage, a Murder, and the Remarkable Reindeer Rescue of 1898* (Public Affairs, 2007), 228, 273.

17. McIlhenny, *How I Made a Bird City*, 7.

18. Terry L. Jones, "Alligator Tales: Stories from Louisiana's Alligator-Filled Past," *Louisiana Sportsman*, September 1, 2012, http://www.louisianasportsman.com, accessed fall 2013.

19. Mark Derr, *Some Kind of Paradise: A Chronicle of Man and the Land in Florida* (William Morrow, 1989), 136–37.

20. Oscar E. Baynard to A. J. Hanna, September 24, 1947, Plume Hunting folder, Alfred J. Hanna Papers, Special Collections, Rollins College, Winter Park, FL.

21. Oliver H. Orr Jr., *Saving American Birds: T. Gilbert Pearson and the Founding of the Audubon Movement* (University Press of Florida, 1992), 30–31.

22. George B. Sennett, "Destruction of the Eggs of Birds for Food," *Science* 7 (1886): 200.

23. Virginia Woolf, *The Diary of Virginia Woolf*, vol. 2, *1920–1924* (Harcourt Brace Jovanovich, 1978), 337.

24. Ella Lowery Moseley, "Fashion Has No Soul," *Washington Post*, November 10, 1901; Robin Doughty, *Feather Fashions and Bird Preservation: A Study in Nature Protection* (University of California Press, 1975), 54; McIlhenny, *How I Made a Bird City*, 1.

25. Woolf, *Diary of Virginia Woolf*, 2:337; "Poetry of Season's Hats: Grace in New Shapes," *Washington Post*, October 24, 1909.

26. "Activity of the Audubon Society Spells Death for Vagrant Cats Slinking about Saint Petersburg," *St. Petersburg Times*, January 10, 1915.

27. Martha R. Field, "Come South, Young Woman," in *The Congress of Women*, ed. Mary K. O. Eagle (Monarch, 1894), 776.

28. John Gould, *Handbook to the Birds of Australia* (published by the author, 1865), 410.

29. The US Biological Survey *Bulletin* 41 (1912) contains a list of game protection laws by state from 1776 to 1911, pages 20–46.

30. Frank Graham Jr., *The Audubon Auk: A History of the National Audubon Society* (University of Texas Press, 1992), 47.

31. "Third Audubon Warden Murdered," *Bird-Lore* 11 (January-February 1909): 52.

32. Robin W. Doughty, *Wildlife and Man in Texas* (Texas A&M University Press, 1989), 62.

33. Theodore Roosevelt, *A Book-Lover's Holidays in the Open* (Charles Scribner's Sons, 1916), 283, 288, 300.

34. John M. Parker, "Roosevelt as a Student of Birds," *Forest and Stream* 89 (1919): 627.

35. Graham, *Audubon Auk*, 123; Theodore Cross, *Waterbirds* (W. W. Norton, 2009), 13, 14.

36. Edward A. McIlhenny to May Mann Jennings, August 5, 1916, May Mann Jennings Papers, P. K. Yonge Library of Florida History, University of Florida, Gainesville. I thank Leslie Poole for bringing this letter to my attention.

37. Frank M. Chapman, *Camps and Cruises of an Ornithologist* (D. Appleton, 1908), 368.

38. John James Audubon, *The Audubon Reader* (Alfred A. Knopf, 2006), 526. Thanks to Gary Mormino for the following *Tampa Daily Times* articles from 1918: "Say, Folks, Whaddye Know about Old Man Pelican?" (February 17); "Fishermen Generally See, to Hold Pelican a Pirate" (February 28); "State Council of Defense Wants Pelican Protected" (March 2); "The Pelican: His Enemies Take a Swing at Him" (March 4); "The Pelican: Is Bird a Blessing or a Burglar?" (March 5).

39. Graham, *Audubon Auk*, 90.

40. Henry Hazlit Kopman, *Wild Acres: A Book of the Gulf Coast Country* (E. P. Dutton, 1946), 37.

41. Martha Field, *Louisiana Voyages: The Travel Writings of Catharine Cole*, ed. Joan B. McLaughlin and Jack MacLaughlin (University Press of Mississippi, 2006), 12.

42. Graham, *Audubon Auk*, 10.

43. "The Audubon Society of Louisiana," *St. Tammany Farmer*, December 27, 1902.

44. "Voice of the People: 'Ignoble and Cowardly,'" *Chicago Daily Tribune*, November 28, 1923.

九 从海湾到海滨

1. Rachel Carson, *The Edge of the Sea* (Houghton Mifflin, 1983), 1.

2. Anthony Weston Dimock, *The Book of the Tarpon* (Outing Publishing, 1911), 232, 256.

3. Carson, *Edge of the Sea*, 125.

4. Martha Field, *Louisiana Voyages: The Travel Writings of Catharine Cole*, ed. Joan B. McLaughlin and Jack MacLaughlin (University Press of Mississippi, 2006), 9.

5. Michael Welland, *Sand: The Never-Ending Story* (University of California Press, 2009), 19.

6. Carson, *Edge of the Sea*, 129.

7. Field, *Louisiana Voyages*, 10.

8. Martha R. Field, "Come South, Young Woman," in *The Congress of Women*, ed. Mary K. O. Eagle (Monarch, 1894), 776; Field, *Louisiana Voyages*, 123.

9. Lena Lenček and Gideon Bosker, *The Beach: The History of Paradise on Earth* (Viking Press, 1998), 40, 43.

10. Victor Hugo, *The Toilers of the Sea*, trans. Mary W. Artois (George H. Richmond, 1892), 25.

11. Bernard Romans, *A Concise Natural History of East and West Florida*, ed. Kathryn E. Holland Braund (University of Alabama Press, 1999), 8.

12. Charles Lawrence Dyer, *Along the Gulf* (Women of Trinity Episcopal Church, 1971), 1.

13. Jessica Brannon-Wranosky, "Corpus Christi History before La Retama," Corpus Christi Libraries, http://www.cclibraries.com/local_history/laretama/lrhistory.htm, accessed May 2012.

14. Louis H. Sullivan, *The Autobiography of an Idea* (Press of the American Institute of Architects, 1924), 295.

15. Robert H. Gore, *The Gulf of Mexico* (Pineapple Press, 1992), 152.

16. Alexander Agassiz, *Three Cruises of the United States Coast and Geodetic Survey Steamer "Blake"*, vol. 1, 2 (Houghton, Mifflin, 1888).

17. Wallace Stevens, *The Collected Poems of Wallace Stevens* (Vintage, 1990), 126.

18. Ibid., 128.

19. Sidney Lanier, *Florida: Its Scenery, Climate, and History, with an Account of Charleston, Savannah, Augusta, and Aiken; a Chapter for Consumptives; Various Papers on Fruit-Culture; and Complete Hand-book and Guide* (J. B. Lippincott, 1876), 115.

20. John Muir, *A Thousand-Mile Walk to the Gulf* (Houghton, Mifflin, 1916), 114, 134.

21. Ibid., 139, 140.

22. Ibid., 142.

23. Julian Ralph, "Coney Island," *Scribner's Magazine* 20 (1896): 12; H. Barbara Weinberg, Doreen Bolger, and David Park Curry, *American Impressionism and Realism: The Painting of Modern Life, 1885–1915* (Metropolitan Museum of Art, 1994), 119.

24. Mary Austin Holley, *Mary Austin Holley: The Texas Diary, 1835–1838* (University of Texas Press, 1965), 27, 29; "Surf Bathing," *Corpus Christi Daily Herald*, May 21, 1910.

25. Stephen Crane, *Stephen Crane: Prose and Poetry* (Penguin, 1984), 710.

26. "Corpus Christi, the Home of the Next Annual Convention," *Texas State Journal of Medicine* 3 (1908): 313; "The Life of Velasco," *Velasco Daily Times*, January 22, 1892.

27. Field, *Louisiana Voyages*, 9, 11, 12.

28. Ibid., 9.

29. Ibid., 3–11.

30. Ibid., 6, 123; Henry Lee, *The Octopus: Or, the "Devil-Fish" of Fiction and of Fact* (Chapman and Hall, 1875), 31.

31. Abby Sallenger, *Island in a Storm: A Rising Sea, a Vanishing Coast, and a Nineteenth-Century Disaster That Warns of a Warmer World* (Public Affairs, 2009), 5; James M. Sothern, *Last Island* (Cheri, 1980), 19.

32. Sothern, *Last Island*, 26.

33. Ibid., 36.

34. Field, *Louisiana Voyages*, 10; Charles Tenney Jackson, *The Fountain of Youth* (Outdoor Publishing, 1914), 293.

35. Albert Irving Clark, "The History of Galveston Island," *Texas Teachers' Bulletin* 14 (1927): 58.

36. Harvey H. Jackson III, *The Rise and Fall of the Redneck Riviera: An Insider's History of the Florida-Alabama Coast* (University of Georgia Press, 2012), 14.

1. "Offshore Petroleum History," American Oil & Gas Historical Society, http://aoghs.org/offshore-history/offshore-oil-history, accessed fall 2014.

2. "Thunder Beast Breathes Again at World's Fair," *Wall Street Journal*, June 30, 1933.

3. Sinclair Oil Corporation, "Sinclair History," https://www.sinclairoil.com/history, accessed fall 2014.

4. Henrietta M. Larson and Kenneth Wiggins Porter, *History of Humble Oil and Refining Company: A Study in Industrial Growth* (Harper & Brothers, 1959), 6.

5. Judith Walker Linsley, Ellen Walker Rienstra, and Jo Ann Stiles, *Giant under the Hill: A History of the Spindletop Oil Discovery at Beaumont, Texas, in 1901* (Texas State Historical Society, 2002), 23.

6. Ibid., 34, 82.

7. Larson and Porter, *History of Humble Oil*, 1.

8. Walter Rundell Jr., *Early Texas Oil: A Photographic History, 1866–1936* (Texas A&M University Press, 1977), 38.

9. Linsley, *Giant under the Hill*, 226.

10. Patricia Meyers Benham, "Goose Creek Oilfield," *Handbook of Texas Online* http://www.tshaonline.org/handbook/online/articles/dog01, accessed fall 2014; Tommy Thompson, *Great Oil Fields of the Gulf Coast* (Houston Chronicle, 1967), 12–13; Rundell, *Early Texas Oil*, 119.

11. Craig Thompson, *Since Spindletop: A Human Story of Gulf's First Half-Century* (1951), 20, 21.

12. "Gusher Makes $33 a Minute," *Pittsburgh Gazette*, August 19, 1917.

13. *Houston Chronicle*, July 13, 1916, quoted in Olga Miller Haenel, "A Social History of Baytown, 1912–1956" (master's thesis, University of Texas, 1958), 7.

14. "Ohio Offshore Wells," American Oil & Gas Historical Society, http://aoghs.org/offshore-history/ohio-offshore-wells, accessed fall 2014. See Judith L. Sneed, "The First Over-water Drilling: The Lost History of Ohio's Grand Reservoir Oil Boom," *Oil-Industry History* 6 (2005): 49–53.

十一　石油和路易斯安那的奋力一跃

1. A. W., "'Thunder Bay' Shown at State on New Wide, Curved Screen," *New York Times*, May 21, 1953; Jeanine Basinger, *Anthony Mann* (Wesleyan University Press, 2007), 132.

2. Nola Mae Ross, "Heywood 1872 History," USGenWeb Project, Louisiana Archives, http://files.usgwarchives.net/la/jeffersondavis/history/heywood.txt, accessed fall 2014.

3. "Jennings Has Become Greatly Excited," *Dallas Morning News*, September 24, 1901; Ross, "Heywood 1872 History."

4. Ross, "Heywood 1872 History."

5. Diane Austin, Tyler Priest, Lauren Penney, et al., *History of the Offshore Oil and Gas Industry in Southern Louisiana*, vol. 1, *Papers on the Evolving Offshore Industry* (US Department of the Interior, 2006), 29.

6. Michael Gannon, *Operation Drumbeat: The Dramatic True Story of Germany's First U-Boat Attacks along the American Coast in World War II* (Harper & Row, 1990), 308, 310.

7. Ibid., xviii.

8. Alistair Cooke, *The American Home Front, 1941–1942* (Grove Press, 2007), 76.

9. John Samuel Ezell, *Innovations in Energy: The Story of Kerr-McGee* (University of Oklahoma Press, 1979), 154.

10. Ibid.

11. Ibid., 169.

12. Ibid., 165.

13. Ibid., 169.

14. Paul Rotha, *Robert J. Flaherty: A Biography* (University of Pennsylvania Press, 1983), 235.

15. Ibid., 235.

16. Robin L. Murray, *Film and Everyday Eco-disasters* (University of Nebraska Press, 2014), 165.

17. Alan Gevinson, ed., *Within Our Gates: Ethnicity in American Feature Films, 1911–1960* (University of California Press, 1997), 614.

18. "Fishermen in Gulf of Mexico in Contest with Oil Men," *New York Times*, June 8, 1947.

19. Diane Austin, *History of the Offshore Oil and Gas Industry in Southern Louisiana*, vol. 3, *Morgan City's History in the Era of Oil and Gas—Perspectives of Those Who Were There* (US Department of the Interior, 2008), 226.

20. Jason P. Theriot, *American Energy, Imperiled Coast: Oil and Gas Development in Louisiana's Wetlands* (Louisiana State University Press, 2014), 72.

21. Oliver Houck, "Who Will Pay to Fix Louisiana?" *Nation*, June 24, 2010, online edition, http://www.thenation.com/article/who-will-pay-fix-louisiana.

22. John McPhee, *The Control of Nature* (Noonday Press, 1993), 86.

23. Coastal Zone Information Center, *Outer Continental Shelf Impacts, Morgan City, Louisiana* (University of Southwestern Louisiana, 1977), 3.

24. *Revisiting Flaherty's Louisiana Story*, produced by Patricia A. Suchy, James V. Catano, and Adelaide Russo (Louisiana State University, 2006), DVD.

十二　岛屿，因时而易的沙子

1. *The Gulf Islands: Mississippi's Wilderness Shore*, directed by Jay Woods and Robbie Fisher (Mississippi Public Broadcasting, 2009), DVD.

2. Unless otherwise noted, all Anderson quotes come from *The Horn Island Logs of Walter Inglis Anderson*, ed. Redding S. Sugg Jr. (Memphis State University Press, 1973).

3. Agnes Grinstead Anderson, *Approaching the Magic Hour: Memories of Walter Anderson* (University Press of Mississippi, 1989), 112, 148.

4. Sugg in Anderson, *Horn Island Logs*, 85.

5. Martha Field, *Louisiana Voyages: The Travel Writings of Catharine Cole*, ed. Joan B. McLaughlin and Jack MacLaughlin (University Press of Mississippi, 2006), 5.

6. *Letter of Hernando de Soto and Memoir of Hernando Escalante de Fontaneda*, trans. Buckingham Smith (1854), 14.

7. Rachel Carson, *The Edge of the Sea* (Houghton Mifflin, 1983), 246.

8. Susan Cerulean, *Coming to Pass: Florida's Coastal Islands in a Gulf of Change* (University of Georgia Press, 2015), 221.

9. Anderson, *Approaching the Magic Hour*, 174.

10. Roderick Nash, *Wilderness and the American Mind* (Yale University Press, 1982), 91.

11. Christopher Maurer, *Fortune's Favorite Child: The Uneasy Life of Walter Anderson* (University Press of Mississippi, 2003), 227.

12. Richebourg McWilliams, *Iberville's Gulf Journals* (University of Alabama Press, 1991), 42.

13. Maurer, *Fortune's Favorite Child*, 17; *Mississippi: The WPA Guide to the Magnolia State* (University Press of Mississippi, 1988), 292.

14. Nancy Sweezy, *Raised in Clay: The Southern Pottery Tradition* (University of North Carolina Press, 1994), 292.

15. Anderson, *Approaching the Magic Hour*, 128.

16. Maurer, *Fortune's Favorite Child*, 175.

17. Sugg in Anderson, *Horn Island Logs*, 31.

18. Anderson, *Approaching the Magic Hour*, 118.

19. Simon Winchester, *Atlantic: Great Sea Battles, Heroic Discoveries, Titanic Storms, and a Vast Ocean of a Million Stories* (Harper Collins, 2010), 197–99.

20. "Harding's Vacation Town Used by Gen. Taylor in 1848," *Washington Post*, November 10, 1920; Geoff Winningham, *Traveling the Shore of the Spanish Sea: The Gulf Coast of Texas and Mexico* (Texas A&M University Press, 2010), 118–19.

21. Rodman L. Underwood, *Waters of Discord: The Union Blockade of Texas during the Civil War* (McFarland, 2003); Frank Zoretich, *Cheap Thrills: Florida, the Bottom Half* (Pineapple Press, 1994).

22. C. H. Rockwell, "Death of John Gomez," *Forest and Stream* 55 (1900): 82; Charles Hallock, *An Angler's Reminiscences: A Record of Sport, Travel and Adventure* (Sportsmen's Review Publishing, 1913), 38.

23. Rockwell, "Death of John Gomez," 82.

24. James A. Henshall, *Camping and Cruising in Florida* (Robert Clarke, 1884), 189.

25. Gaspar Cusachs, "Lafitte, the Louisiana Pirate and Patriot," *Louisiana Historical Quarterly* 2 (1919): 434.

26. Anderson, *Approaching the Magic Hour*, 156–58; Maurer, *Fortune's Favorite Child*, 280–81.

27. Ed Regis, *The Biology of Doom: The History of America's Secret Germ Warfare Project* (Henry Holt, 1999), 64–76, 223–24.

28. Anderson, *Approaching the Magic Hour*, 96–98.

29. Ibid., 100.

30. Ibid., 174–75.

十三　风和水

1. *All Over but to Cry*, directed by Jennifer John Block (Fresh Media and National Hurricane Museum and Science Center, 2009), DVD.

2. Joseph Conrad, *Typhoon* (Doubleday, Page, 1908), 186.

3. Barry Keim and Robert A. Muller, *Hurricanes of the Gulf of Mexico* (Louisiana State University Press, 2009).

4. These frequency numbers come from Eric S. Blake and Ethan J. Gibney, "The Deadliest, Costliest, and Most Intense United States Tropical Cyclones from 1851 to 2010," National Oceanic and Atmospheric Administration Technical Memorandum, NWS NHC-6 (National Weather Service, August 2011), 21.

5. Cynthia Barnett, *Rain: A Natural and Cultural History* (Crown, 2015), 21.

6. Loretta Koonce Flowers, quoted by lawson at BeaumontEnterprise.com ("Mem-

ories of Hurricane Audrey"), June 27, 2007, http://beaumontenterprise.activeboard.com/index.spark?forumID=90886&p=3&topicID=12394316.

7. "WWL-TV Meteorologist Nash Roberts Dead at 92," *New Orleans Times-Picayune*, December 20, 2011.

8. Flowers, quoted by lawson at BeaumontEnterprise.com.

9. *All Over but to Cry.*

10. Ibid.

11. Mrs. John R. Smith, "My Battle with Audrey," *Personnel Panorama* 6 (July–August 1957), quoted at "NOAA History," National Oceanic and Atmospheric Administration, http://www.history.noaa.gov/stories_tales/hurricaneaudrey.html, accessed spring 2014.

12. *All Over but to Cry.*

13. Cathy C. Post, *Hurricane Audrey: The Deadly Storm of 1957* (Pelican, 2007), 120.

14. Stephen Crane, *Stephen Crane: Prose and Poetry* (Penguin, 1984), 709.

15. Gary Cartwright, *Galveston: A History of the Island* (Texas Christian University Press, 1998), 141.

16. Keim and Muller, *Hurricanes of the Gulf of Mexico*, 8.

17. "Galveston Still Healing 5 Years after Hurricane Ike," *Texas Tribune*, April 26, 2013.

18. Phil Scott, *Hemingway's Hurricane: The Great Florida Keys Storm of 1935* (International Marine, 2006).

19. Dominic Massa, "Legendary Meteorologist Nash Roberts Dies at 92," Houmatoday.com, December 19, 2010, http://www.houmatoday.com/article/20101219/ARTICLES/101219492.

20. Lew Fincher and Bill Read, "The 1943 'Surprise' Hurricane," National Weather Service Weather Forecast Office, Houston/Galveston, TX, National Oceanic and Atmospheric Administration, http://www.srh.noaa.gov/hgx/?n=projects_1943surprisehurricane, accessed spring 2014.

21. New Orleans Weather Bureau, "Hurricane Warning and Advisory Number 7 Audrey, 10 PM CST June 26 1957," Weather Underground, http://www.wunderground.com/education/audrey.asp?, accessed spring 2014.

22. "Forecaster Is Right on Gulf Storms," *New York Times*, October 4, 1998.

23. Brian Altobello, *New Orleans Goes to War, 1941–1945: An Oral History of New Orleans during World War II* (1990), 67–68. On the Pacific fleet's frustration with typhoons, see *Command Summary of Fleet Admiral Chester W. Nimitz, USN, Nimitz "Graybook," 1 December 1941–31 August 1945*, vol. 6, especially pp. 2687, 2698, 2919.

24. These items were discovered by underwater archaeologists. See a special issue of the *Florida Anthropologist* devoted to the Luna shipwrecks: *Florida Anthropologist* 62 (September–December 2009).

25. Herbert Ingram Priestley, *The Luna Papers, 1559–1561*, vols. 1 and 2 (University of Alabama Press, 2010), xxvii.

26. Ibid., xxi.

27. Ibid., 7.

28. Thomas Jefferson, *Memoirs, Correspondence and Private Papers of Thomas Jefferson*, vol. 1, ed. T. J. Randolph (Henry Colburn and Richard Bentley, 1829), 61.

29. Hunter S. Thompson, "The Gonzo Salvage Company," in *The Key West Reader: The Best of the West's Writers, 1830–1990*, ed. George Murphy (Tortugas, 1989), 209, 211.

30. John Viele, *The Florida Keys: The Wreckers* (Pineapple Press, 2001), vi, 54–55; Kathryn Hall Proby, ed., *Audubon in Florida* (University of Miami Press, 1974), 338, 340.

31. Ernest Hemingway, "Who Murdered the Vets? A First-Hand Report on the Florida Hurricane," *New Masses* 16 (1935): 9–10; Jeffrey Myers, *Hemingway: A Biography* (Da Capp Press, 1985), 288.

32. Post, *Hurricane Audrey*, 68.

33. "Betsy Lashes New Orleans," *Chicago Tribune*, September 10, 1965.

34. "Lloyd's Last to Feel Impact of Hurricane Betsy's Winds," *Chicago Tribune*, December 24, 1965.

35. Transcript of audio of President Johnson in New Orleans following landfall of Hurricane Betsy, September 10, 1965, LBJ Presidential Library online, http://www.lbjlibrary.net/collections/quick-facts/lyndon-baines-johnson-hurricane-betsy/lbj-new-orleans-hurricane-betsy.html, accessed spring 2014.

36. Philip D. Hearn, *Hurricane Camille: Monster Storm of the Gulf Coast* (University Press of Mississippi, 2007), 28.

37. Dan Ellis, *All about Camille—The Great Storm* (CreateSpace, 2010), ii.

38. Flowers, quoted by lawson at BeaumontEnterprise.com.

39. *All Over but to Cry.*

40. Ibid.

41. Ibid.

42. Post, *Hurricane Audrey*, 91.

43. Ibid., 152.

44. *All Over but to Cry.*

45. Post, *Hurricane Audrey*, 298.

46. Ibid.

47. *Revisiting Flaherty's Louisiana Story*, produced by Patricia A. Suchy, James V. Catano, and Adelaide Russo (Louisiana State University, 2006), DVD.

48. Roger A. Pielke Jr., Chantal Simonpietri, and Jennifer Oxelson, *Thirty Years after Hurricane Camille: Lessons Learned, Lessons Lost*, Hurricane Camille Project Report (1999), 14.

49. Steven G. Wilson and Tomas R. Frischetti, *Coastline Population Trends in the United States: 1960 to 2008*, Current Population Reports (US Census Bureau, 2010); Blake and Gibney, "Deadliest, Costliest, and Most Intense."

十四　扩张的海岸

1. Archie Carr, *The Everglades* (Time-Life, 1973), 136.

2. Rachel Carson, *The Edge of the Sea* (Houghton Mifflin, 1955), 246.

3. Frank Hamilton Cushing, *The Pepper-Hearst Expedition: Preliminary Report on the Exploration of Ancient Key-Dweller Remains on the Gulf Coast of Florida* (MacCalla, 1897), 3.

4. John H. Davis Jr., "Mangroves," *Nature Magazine* 31 (1938): 551; Joseph Conrad, *Heart of Darkness* (Plain Label Books, 1983), 35.

5. Karl A. Bickel and Walker Evans, *The Mangrove Coast: The Story of the West Coast of Florida* (Coward-McCann, 1942), 3.

6. Carson, *Edge of the Sea*, 246.

7. Gary R. Mormino, *Land of Sunshine, State of Dreams: A Social History of Modern Florida* (University Press of Florida, 2005), 340.

8. David Dodrill, *Selling the Dream: The Gulf American Corporation and the Building*

of Cape Coral (University of Alabama Press, 2002), 231; Mormino, *Land of Sunshine*, 340–42.

9. Marian Coe, "Permit Sought from State for Huge Boca Ciega Fill," *St. Petersburg Independent*, May 14, 1958.

10. R. Bruce Stephenson, *Visions of Eden: Environmentalism, Urban Planning, and City Building in St. Petersburg, Florida, 1900–1995* (Ohio State University Press, 1997), 131–32.

11. Robert F. Hutton, *The Ecology of Boca Ciega Bay, with Special Reference to Dredging and Filling Operations . . .*, Technical Series no. 17 (Florida State Board of Conservation, 1956), 69, 78.

12. Martin A. Dykman, *Floridian of the Century: The Courage of Governor LeRoy Collins* (University Press of Florida, 2006), 163.

13. Ibid., 87.

14. Jon Wilson, *The Golden Era in St. Petersburg: Postwar Prosperity in the Sunshine State* (History Press, 2013), 73.

15. Nicholas Foreman, "The Owl and the Monitor: Nature versus Neighborhood in Cape Coral, Florida" (unpublished manuscript in the possession of the author, courtesy of Nicholas Foreman).

16. Ibid., 8.

17. "Human Hair Can Die of Thirst," *Life* 36 (1954): 93; Dodrill, *Selling the Dream*, 20.

18. Dodrill, *Selling the Dream*, 13.

19. Kenneth J. Schwartz, interview by David Dodrill, November 16, 1987, Samuel Proctor Oral History Program, University of Florida, Gainesville, Florida, 2; "People of Influence: The Rosen Brothers in Cape Coral," *Fort Myers News-Press*, August 28, 2014.

20. Cynthia Barnett, *Mirage: Florida and the Vanishing Water of the Eastern U.S.* (University of Michigan Press, 2007), 26.

21. Dodrill, *Selling the Dream*, 233; "People of Influence," *Fort Myers News-Press*.

22. Trevor Armbrister, "Land Frauds," *Saturday Evening Post* 236 (April 27, 1963): 17–23.

23. James M. Gavin, "Land Boom Echoes Way thru Florida," *Chicago Tribune*, July 4, 1965.

24. Dodrill, *Selling the Dream*, 232.

25. Dykman, *Floridian of the Century*, 162–63.

26. John D. MacDonald, *The Dreadful Lemon Sky* (Fawcett Books, 1964), 45.

27. "Motor Boating and Sailing Answers," John D. MacDonald Collection, box 148, folder 18, Special and Area Studies Collection, University of Florida, Gainesville, FL.

28. John D. MacDonald, "Why a Quarter-Century of Growth May Not Have Been Progress," *Florida Trend* 25 (1983): 34.

29. Stephenson, *Visions of Eden*, 56.

30. John D. MacDonald, "A Florida of Swamps and Silences," *New York Times*, August 15, 1982.

31. Ibid.; John D. MacDonald, *Dead Low Tide* (Fawcett, 1953), 19.

32. Hugh Merrill, *The Red Hot Typewriter: The Life and Times of John D. MacDonald* (Minotaur Books, 2000), 132.

33. MacDonald, "Florida of Swamps and Silences"; John D. MacDonald, *Barrier Island* (Knopf, 1986).

34. John D. MacDonald to Jerome Bernard, n.d., John D. MacDonald Collection, box 148, folder 2.

35. John D. MacDonald to Frank S. Freeman, December 20, 1967, John D. MacDonald Collection (JDMC), box 67, folder 8. And the following newspaper clippings in JDMC, box 71, folder 8: "Developer Gets Bay Fill Permit," November 26, 1956; "Filling in Bay Defense Heard," undated; "Further Filling of Bay Opposed," November 27, 1956.

36. John D. MacDonald to Paul Stannard, December 16, 1959, John D. MacDonald Collection (JDMC), box 69, folder 7; T. Carrington Burns (JDM pseudonym), "Off the Beat," *Newsmonth*, June 1960, JDMC, box 69, folder 7.

37. Jim Harrison, *Just before Dark* (Houghton Mifflin, 1999), 248; John D. MacDonald, *A Flash of Green* (Simon & Schuster, 1962; repr., Fawcett Gold Medal, 1984), dedication page.

38. MacDonald, *Flash of Green*, 24.

39. Ibid.

40. *Florida's Emerald Isle, Marco Island* (Hack Swain Productions, 1965), State Library and Archives of Florida, https://www.floridamemory.com/items/show/232443, accessed summer 2015.

41. John D. MacDonald, *Bright Orange for the Shroud* (Random House, 2013), 87.

42. Mormino, *Land of Sunshine*, 57.

43. "Sea Wall Project Began in 1925" and "Know Your Coast—Sea-Wall," undated newspaper clippings, M. J. Stevens Collection, Notebooks, box 10, McCain Library and Archives, University of Southern Mississippi, Hattiesburg.

44. US Fish and Wildlife Service, *Proceedings on Coastal Ecosystems of the Southeastern United States, February 18–22, 1981*, ed. Robert C. Carey and Paul S. Markovits (Office of Biological Services, USFWS, 1981), 48 https://archive.org/stream/proceedingsusfis00care/proceedingsusfis00care_djvu.txt, accessed summer 2016.

45. John D. MacDonald, *Murder in the Wind* (Fawcett, 1956), 53.

46. John D. MacDonald, *Condominium* (J. B. Lippincott, 1977).

47. John D. MacDonald to Clark Kerr, February 11, 1965, John D. MacDonald Collection, box 70, folder 4.

48. James to John [MacDonald], n.d., John D. MacDonald Collection, box 67, folder 9; "Bay Bottom Purchase Off IIF Agenda," *Sarasota Herald Tribune*, December 17, 1964, and "Bayfill: Thrust and Riposte," *Sarasota Herald Tribune*, January 25, 1968; Pete Schmidt, "An Armada of Retirees Invades Sarasota Bay," *Sarasota Magazine* 16 (1994): 103.

49. Barnett, *Mirage*, 28; "Bay Bottom Purchase," *Sarasota Herald Tribune*, and "Bayfill: Thrust and Riposte," *Sarasota Herald Tribune*.

50. John Clark, *The Sanibel Report: Formulation of a Comprehensive Plan Based on Natural Resources* (Conservation Foundation, 1976).

十五 深陷泥潭的佛得二州

1. Diane Wilson, *An Unreasonable Woman: A True Story of Shrimpers, Politicos, Polluters, and the Fight to Save Seadrift, Texas* (Chelsea Green, 2005), 355.

2. Anastasia Toufexis, "Our Filthy Seas: The Oceans Send Out an S.O.S.," *Time* 132 (1988): 44.

3. Paul Galtsoff, ed., *Gulf of Mexico: Its Origin, Waters, and Marine Life* (US Fish and Wildlife Service, 1954), 555.

4. Charles Lowery, interview by the author, August 27, 2013.

5. "Huge Fish Kill in Escambia Bay," *St. Petersburg Times*, September 3, 1970.

6. US Environmental Protection Agency, *Environmental and Recovery Studies of Escambia Bay and the Pensacola-Bay System, Florida* (EPA, 1975); Lowery, interview, August 27, 2013.

7. "Massive Kill Spotted in Florida Bay," *Chicago Tribune*, September 13, 1971.

8. Wilson, *Unreasonable Woman*, 382.

9. Ibid., 48.

10. Ibid., 322.

11. The information on pollution from these manufacturing plants was gathered in spring 2015 from the EPA's annual Toxics Release Inventory reports, accessible online at http://www2.epa.gov/toxics-release-inventory-tri-program. On the closing of the bay, see "EPA Superfund Program: Alcoa (Point Comfort)/Lavaca Bay, Point Comfort, TX," Environmental Protection Agency, https://cumulis.epa.gov/supercpad/cursites/csitinfo.cfm?id=0601752, accessed spring 2015.

12. Ibid., 36-37, 382.

13. Irene Hahn, "Plants, Pollution and Lavaca Bay," *Victoria Advocate*, August 23, 1989.

14. Bream Fishermen Association, "Our Mission," http://breamfishermen.org, accessed summer 2016; Lowery, interview, August 27, 2013.

15. J. D. Brown, interview by the author, May 2, 2013; Ernie Rivers, interview by the author, May 2, 2013.

16. Peter Behr, "Bay Recovers from Pollution," *Pensacola News*, February 21, 1975; "The Fish Are Biting Again in Escambia Bay Waters," *Escambia County Beacon* 2 (1976): 2.

17. Galtshoff, *Gulf of Mexico*, 555–73.

18. Deborah Cramer, *The Narrow Edge: A Tiny Bird, an Ancient Crab, and an Epic Journey* (Yale University Press, 2015), 145; Robert F. Hutton, *The Ecology of Boca Ciega Bay, with Special Reference to Dredging and Filling Operations . . .*, Technical Series no. 17 (Florida State Board of Conservation, 1956), 12.

19. Rivers, interview, May 2, 2013.

20. Jennifer Waters, "Harmful Fish," *Earth Issue*, no. 8 (April 10, 2008), http://inweekly.net/article.asp?artID=7299.

21. R. F. Schneider, *Surveys of Perdido River and Bay, 1966–1967*, Report of Florida State Board of Health, Bureau of Sanitary Engineering for the Northwest Region (1967), 36.

22. *Jacqueline M. Lane v. International Paper Company and Department of Environmental Protection*, State of Florida Department of Environmental Protection, OGC case no. 01-0582, DOAH case no. 01-1490; Jackie Lane, interview by the author, August 27, 2013; *James H. Lane, Jacqueline M. Lane, and Robert C. Donnenwirth, on behalf of themselves and others similarly situated, Plaintiffs, v. Champion International Corp., et al., Defendants*. Civ. A. No. 93-0914-BH-M. US District Court, SD. Alabama, SD. 844 F. Supp. 724 (1994).

23. Joy Towles Ezell, interview by the author, November 11, 2011, and July 29, 2015; Will Lester, "State May Face Worse Pollution," *Gainesville Sun*, November 23, 1995; TaMaryn Waters, "Foley Cellulose Mill Plans River Restoration Project," *Tallahassee Democrat*, June 2, 2015; Julie Hauserman, "Dioxin at Mill Too High," *St. Petersburg Times*, February 9, 2001; Thomas B. Pfankuch, "Florida's Rotten River," *Florida Times-Union* (Jacksonville), June 5, 2002.

24. Ezell, interview, July 29, 2015; Pfankuch, "Florida's Rotten River."

25. Lester, "State May Face Worse Pollution."

26. *Jacqueline M. Lane v. International Paper Company*; Lane, interview, August 27, 2013; US Environmental Protection Agency, TRI Explorer, Release Reports, 2014 Dataset (March 2016), Inventory Facility Report, Escambia County, Florida, https://www.epa.gov/triexplorer, accessed summer 2016; Taylor Kirschenfeld, Robert K. Turpin, and Lawrence R. Handley, "Perdido Bay," US Geological Survey Publications Repository, 115-27, http://pubs.usgs.gov/sir/2006/5287/pdf/PerdidoBay.pdf, accessed summer 2016; William Rabb, "Suit Doesn't Rule Out Escambia Cleanup," *Pensacola Today*, October 21, 2014; Craig Pittman and Joni James, "DEP Chief Will Join Company He Helped," *St. Petersburg Times*, January 29, 2004; "Paper Plant to Eliminate Its Water Pollution," *GreenBiz*, June 6, 2001, https://www.greenbiz.com/news/2001/06/06/paper-plant-eliminate-its-water-pollution; *Tidings: The Newsletter of the Friends of Perdido Bay* 29, no. 1 (February 2016), http://www.friendsofperdidobay.com/Feb%2016.pdf.

27. Wilson, *Unreasonable Woman*, 150.

28. "Bayou Water . . . 'Just Sewer Water,'" *Houston Post*, January 8, 1967.

29. Oliver A. Houck, *Downstream toward Home: A Book of Rivers* (Louisiana State University Press, 2013), 112.

30. Wilson, *Unreasonable Woman*, 204.

31. J. Madeleine Nash, "The Fish Crisis," *Time* 150 (1997): 27.

32. William N. Lindall Jr. and Carl H. Saloman, "Alteration and Destruction of Estuaries Affecting Fishery Resources of the Gulf of Mexico," *Marine Fisheries Review* 39 (1977): 1–7.

33. James B. Blackburn, *The Book of Texas Bays* (Gulf Coast Books, 2005), 158.

34. Wilson, *Unreasonable Woman*, 158.

35. Louise Popplewell, "Alcoa to Study Ending Lavaca Bay Discharges," *Victoria Advocate*, August 8, 1995; Blackburn, *Book of Texas Bays*, 161–63.

36. "Company's Cleanup of Polluted Bay May Not Purge Acrimony," *Los Angeles Times*, February 13, 2005.

十六　物质过剩的河流

1. Curt D. Meine and Richard L. Knight, eds., *The Essential Aldo Leopold: Quotations and Commentary* (University of Wisconsin Press, 1999), 248.

2. Hermann Hesse, *Siddhartha* (Simon and Brown, 2013), 76.

3. Anastasia Toufexis, "Our Filthy Seas: The Oceans Send Out an S.O.S.," *Time* 132 (1988): 45.

4. Joby Warrick, "Death in the Gulf of Mexico," *National Wildlife* 37 (1999): 48.

5. R. Eugene Turner, interview by the author, April 7, 2015.

6. "Eugene Turner Named Boyd Professor," *LSU Research*, 2013, 18.

7. Turner, interview, April 7, 2015.

8. Vince Raffield, interview, provided on tape by Linda Raffield, December 12, 2011.

9. "Greeting from Bay County Florida" (1915 promotional brochure), facsimile on *Exploring Florida*, http://fcit.usf.edu/florida/docs/b/baycounty.htm, accessed summer 2015; US Environmental Protection Agency, *Water Quality Study, St. Andrew Bay, Florida* (EPA, 1975).

10. Paul Galtsoff, ed., *Gulf of Mexico: Its Origin, Waters, and Marine Life* (US Fish and Wildlife Service, 1954), 555, 569; Frederick Marryat, *A Diary in America: With*

Remarks on Its Institutions, vol. 2 (Longman, Orme, Brown, Green, Longmans, Paternoster Row, 1839), 143.

11. Nancy Rabalais, e-mail to the author, May 3, 2015.

12. R. Eugene Turner and Nancy N. Rabalais, "Changes in Mississippi River Water Quality This Century: Implications for Coastal Food Webs," *BioScience* 41 (1991): 144; Scott W. Nixon, "Enriching the Sea to Death," *Scientific American Presents* 279 (1998): 50.

13. Cynthia Barnett, *Mirage: Florida and the Vanishing Water of the Eastern U.S.* (University of Michigan Press, 2007), 114.

14. John Richards, interview by the author, December 13, 2011.

15. Committee on Environment and Natural Resources, *Scientific Assessment of Hypoxia in U.S. Coastal Waters* (Interagency Working Group on Harmful Algal Blooms, Hypoxia, and Human Health, 2010).

16. Karl Havens, Mark Brady, Erin Colborn, et al., "Lake Okeechobee Protection Program—State of the Lake and Watershed," in *2005 South Florida Environmental Report*, vol. 1, *The South Florida Environment—WY2004* (South Florida Water Management District, 2004), chap. 10, p. 2.

17. Sylvia A. Earle, *Sea Change: A Message of the Oceans* (G. P. Putnam's Sons, 1995), 179.

18. Scott Hamilton Dewey, *Don't Breathe the Air: Air Pollution and U.S. Environmental Politics, 1945–1970* (Texas A&M University Press, 2000), 176.

19. Edward O. Wilson and Alex Harris, *Why We Are Here: Mobile and the Spirit of a Southern City* (Liveright, 2012), 186.

20. Archie Carr, *A Naturalist in Florida: A Celebration of Eden* (Yale University Press, 1994), 24.

21. Ibid., 23.

22. Michael Fumento, "Hypoxia Hysteria," *Forbes* 164 (1999): 96, 97, 99.

23. Brian Clark Howard, "Mississippi Basin Water Quality Declining Despite Conservation," *National Geographic*, April 12, 2014, http://news.nationalgeographic.com/news/2014/04/140411-water-quality-nutrients-pesticides-dead-zones-science; Carolyn Lochhead, "Dead Zone in Gulf Linked to Ethanol Production," *SFGate*, July 6, 2010.

24. Lochhead, "Dead Zone in Gulf"; Cheryl Lyn Dybas, "Dead Zones Spreading in World Oceans," *BioScience* 55 (2005): 554.

25. Paul Greenberg, "A River Runs through It," *American Prospect*, May 22, 2013, http://prospect.org/article/river-runs-through-it.

26. Toufexis, "Our Filthy Seas," 44.

十七　出逃和失控

1. Edward O. Wilson, interview by the author, June 19, 2014.

2. Ken Olsen, "Mississippi's Pearl: The Pascagoula," *National Wildlife* 48 (2010): 18.

3. Harvey H. Jackson III, *The Rise and Fall of the Redneck Riviera: An Insider's History of the Florida-Alabama Coast* (University of Georgia Press, 2012), 151; Wilson, interview, June 19, 2014.

4. Jackson, *Rise and Fall of the Redneck Riviera*, 89.

5. Ibid., 103.

6. Robert S. Davis, interview by the author, January 28, 2013.

7. Bruce Stephenson, e-mail to the author, August 10, 2015.
8. Davis, interview, January 28, 2013.
9. Ibid.

十八　时光沙漏中的沙

1. Rick Bragg, "The Lost Gulf," *Garden & Gun*, August/September 2010, http://gardenandgun.com/article/lost-gulf.
2. Stefanie Wolf, beach tour narration, February 25, 2015, Sanibel Island, FL.
3. Ibid.; Sylvia Sunshine (Abbie M. Brooks), *Petals Plucked from Sunny Climes* (Southern Methodist Publishing House, 1880), 303.
4. Anne Morrow Lindbergh, *Gift from the Sea* (Random House, 2011), 28, 115.
5. Office of Geology, Mississippi Department of Environmental Quality, *Mississippi Coastal Geology and Regional Marine Study, 1990–1994: Final Report*, vol. 2 (US Geological Survey, n.d.), 198.
6. US National Park Service, *A Report on Our Vanishing Shoreline* (US Department of the Interior, 1955), 7.
7. "The Pelican Returns," *Pensacola News Journal*, May 6, 1973.
8. US Army Corps of Engineers, *Mississippi Coastal Improvements Program (MsCIP), Hancock, Harrison, and Jackson Counties* (2009).
9. George H. Lowery Jr., "Trans-Gulf Spring Migration of Birds and the Coastal Hiatus," *Wilson Bulletin* 57 (1945): 92–121.

十九　消失的边界

1. *Beasts of the Southern Wild*, directed by Benh Zeitlin (Cinereacah, Journeyman Pictures, 2012), DVD.
2. Sidney Lanier, *Poems of Sidney Lanier*, ed. Mary Day Lanier (Brown Thrasher Books, 1999), 16.
3. Roy Bedichek, *Karánkaway Country* (Doubleday, 1950), 23.
4. Lanier, *Poems of Sidney Lanier*, 18.
5. Ibid., 16.
6. Ibid., 18.
7. R. E. Turner, "Intertidal Vegetation and Commercial Yield of Penaeid Shrimp," *Transactions of the American Fisheries Society* 106 (1977): 411–16.
8. Lanier, *Poems of Sidney Lanier*, 33.
9. Oliver A. Houck, "Ending the War: A Strategy to Save America's Coastal Zone," *Maryland Law Review* 47 (1988): 358, 360.
10. Ibid., 362.
11. Ibid., 360.
12. Ibid., 358.
13. Ibid., 360.
14. These figures come from Michael J. Mac, Paul A. Opler, Catherine E. Puckett Haecker, et al., *Status and Trend of the Nation's Biological Resources*, vol. 1 (US Department of the Interior, US Geological Survey, 1998).
15. John M. Barry, *Rising Tide: The Great Mississippi Flood of 1927 and How It Changed America* (Simon and Schuster, 1997), 22.

16. Martha Field, *Louisiana Voyages: The Travel Writings of Catharine Cole*, ed. Joan B. McLaughlin and Jack MacLaughlin (University Press of Mississippi, 2006), 4.

17. E. L. Corthell, *A History of the Jetties at the Mouth of the Mississippi River* (John Wiley & Sons, 1881), vii; E. L. Corthell, "The Delta of the Mississippi River," *National Geographic* 8 (1897): 354.

18. Sherwood M. Gagliano, Hyuck J. Kwon, and Johannes L. van Beek, "Deterioration and Restoration of Coastal Wetlands," *Coastal Engineering Proceedings* 12 (1970): 1767–81.

19. Jason P. Theriot, *American Energy, Imperiled Coast: Oil and Gas Development in Louisiana's Wetlands* (Louisiana State University Press, 2014), 82;

20. Oliver A. Houck, "The Reckoning: Oil and Gas Development in the Louisiana Coastal Zone," *Tulane Environmental Law Review* 28 (2015): 198, 209.

21. Oliver Houck, interview by the author, December 1, 2015; Oliver A. Houck, "Land Loss in Coastal Louisiana: Causes, Consequences and Remedies," *Tulane Law Review* 58 (1983): 45–48, 169–70.

22. John Barry, interview by the author, December 8, 2015.

23. Bern Keating, *The Gulf of Mexico* (Viking Press, 1972), 62.

24. Rowan Jacobsen, *Shadows on the Gulf: A Journey through Our Last Great Wetland* (Bloomsbury, 2011), 137.

25. 18 discharges at ExxonMobil Baton Rouge, see the EPA's TRI Explorer, 2014 Dataset and earlier years, https://www.epa.gov/triexplorer; see also Jennifer Larino, "Louisiana Waterways among the Most Polluted in Nation, Report Says," *New Orleans Times-Picayune*, June 19, 2014.

26. Mike Tidwell, *Bayou Farewell: The Rich Life and Tragic Death of Louisiana's Cajun Coast* (Vintage, 2004); *Revisiting Flaherty's Louisiana Story*, produced by Patricia A. Suchy, James V. Catano, and Adelaide Russo (Louisiana State University, 2006), DVD.

27. J. A. Browder, L. N. May, A. Rosenthal, et al., "Modeling Future Trends in Wetland Loss and Brown Shrimp Production in Louisiana Using Thematic Mapper Imagery," *Remote Sensing of the Environment* 28 (1989): 45–59; Rex H. Caffey and Mark Schexnayder, "Floods, Fisheries, and River Diversions in Coastal Louisiana," in *Coastal Water Resources: Proceedings of the American Water Resources Association, May 13–15, 2002, New Orleans, LA*.

28. Louisiana Wetland Protection Panel, *Saving Louisiana's Coastal Wetlands: The Need for a Long-Term Plan of Action*, US Environmental Protection Agency report (1987), ii.

后记　黑暗中的光明

1. Rachel Carson, *The Edge of the Sea* (Houghton Mifflin, 1983), 246.

2. Nathaniel Rich, "Waterworld," *New York Times Magazine* (October 6, 2014): 32.

3. Mark Schleifstein, "Federal Judge Dismisses Levee Authority's Wetlands Damage Law Suit against Oil, Gas Companies," *New Orleans Times-Picayune*, February 13, 2015.

4. The case is Board of Commissioners of the Southeast Louisiana Flood Protection Authority-East et al. v. Tennessee Gas Pipeline Co. LLC et al.

5. Matthew Tresaugue, "Oil Spills in Galveston Bay a Routine Occurrence," *Houston Chronicle*, April 6, 2014; Matthew Tresaugue, "Latest Oil Incident Belies Painful Truth," *San Antonio Express-News*, April 6, 2014.

6. Tim Dinkinson, "Inside the Koch Brothers' Toxic Empire," *Rolling Stone*, Septem-

ber 24, 2014, http://www.rollingstone.com/politics/news/inside-the-koch-brothers-toxic-empire-20140924; Kate Bradshaw, "Environmentalists Tout New Study Highlighting the Influence of 'Corporate Polluters,'" *Creative Loafing*, February 24, 2015, http://cltampa.com/politicalanimal/archives/2015/02/24/environmentalists-tout-new-study-highlighting-the-influence-of-corporate-polluters#.VmncivkrJN0.

7. Ernie Rivers, interview by the author, August 24, 2016.

8. Eugene Turner, e-mail to the author, December 11, 2015.

9. Ibid.

10. *Most Vulnerable U.S. Cities to Storm Surge Flooding* (Karen Clark, 2015).

11. John Van Beekum, "In Florida, Officials Ban Term 'Climate Change,'" *Miami Herald*, March 8, 2015.

12. Thomas Kaplan, "Republicans on Campaign Trail Largely Ignore the Climate Deal," *New York Times*, December 13, 2015.

13. H. Bruce Franklin, *The Most Important Fish in the Sea: Menhaden and America* (Island Press, 2007), 7.

14. George Brown Goode, *A History of the Menhaden* (Orange Judd, 1880), 109.

15. Ibid., 110.

16. H. Bruce Franklin, "Net Losses: Declaring War on Menhaden," *Mother Jones*, March/April 2006, http://www.motherjones.com/environment/2006/03/net-losses-declaring-war-menhaden?page=3.

17. Gulf States Marine Fisheries Commission, "Current Status of This Species in the Gulf of Mexico Ecosystem" (2015 report on menhaden), http://www.gsmfc.org/profiles/Gulf_menhaden/Gulf%20Menhaden.php, accessed winter 2016.

18. Franklin, *Most Important Fish in the Sea*, 161–62.

19. Ibid., 9.

20. Tessa Stuart, "What Made All of Seahorse Key's Birds Jump Ship?" *Audubon*, July 15, 2015, https://www.audubon.org/news/what-made-all-seahorse-keys-birds-jump-ship.

21. Sidney Lanier, *Florida: Its Scenery, Climate, and History, with an Account of Charleston, Savannah, Augusta, and Aiken; a Chapter for Consumptives; Various Papers on Fruit-Culture; and Complete Hand-book and Guide* (J. B. Lippincott, 1876), 115.

22. Leslie Sturmer, interview by the author, October 7, 2011; Suzanne Colson, interview by the author, September 23, 2011.

23. Mike Davis, interview by the author, October 28, 2011; Colson, interview, September 23, 2011.

24. Wallace Stevens, "Fabliau of Florida," in *Wallace Stevens: Collected Poetry and Prose* (Library of America, 1997), 18.

Altobello, Brian. *New Orleans Goes to War, 1941–1945: An Oral History of New Orleans during World War II.* Brian Altobello, 1990.

Bailey, Conner, Svein Jentoft, and Peter Sinclair, eds. *Aquaculture Development: Social Dimensions of an Emerging Industry.* Westview Press, 1996.

Barnes, Jay. *Florida's Hurricane History.* University of North Carolina Press, 2007.

Bedichek, Roy. *Adventures with a Texas Naturalist.* University of Texas Press, 1994.

Boesch, Donald F., and R. Eugene Turner. "Dependence of Fishery Species on Salt Marshes: The Role of Food and Refuge." *Estuaries* 7 (1984): 460–68.

Brinson, Ayeisha A., Eric M. Thunberg, and Katherine Farrow. *The Economic Performance of U.S. Non-catch Share Programs.* NOAA Technical Memorandum NMFS-F/SPO-150. US Department of Commerce, National Oceanic and Atmospheric Administration, National Marine Fisheries Service, 2015.

Britton, Joseph. *Shore Ecology of the Gulf of Mexico.* University of Texas Press, 2014.

Cancelmo, Jesse, and John W. Tunnell. *Glorious Gulf of Mexico: Life below the Blue.* Texas A&M University Press, 2016.

Casas, Bartolomé de las. *The Devastation of the Indies: A Brief Account.* Translated by Herma Briffault. Johns Hopkins University Press, 1992.

Cerulean, Susan, Janisse Ray, and A. James Wohlpart, eds. *Unspoiled: Writers Speak for the Florida Coast.* Heart of the Earth, 2010.

Chipman, Donald E. "Alonso Avarez de Pineda and the Rio de las Palmas: Scholars and the Mislocation of a River." *Southwestern Historical Quarterly* 98 (1995): 369–85.

Crouse, Nellis Maynard. *Lemoyne d'Iberville: Soldier of New France.* Louisiana State University Press, 2001.

Cusachs, Gaspar. *Lafitte, the Louisiana Pirate and Patriot.* Louisiana Historical Society, 2013.

Cushing, Frank Hamilton. *Exploration of Ancient Key-Dweller Remains on the Gulf Coast of Florida.* University Press of Florida, 2000.

Day, John, and George Paul Kemp, eds. *Perspectives on the Restoration of the Mississippi Delta: The Once and Future Delta.* Springer, 2014.

Dean, Cornelia. *Against the Tide: The Battle for America's Beaches.* Columbia University Press, 1999.

Dickinson, William R. "The Gulf of Mexico and the Southern Margin of Laurentia." *Geology* 37 (2009): 479–80.

Dimock, A. W. *Florida Enchantments.* Outing Publications, 1908.

Doughty, Robert W. *Wildlife and Man in Texas: Environmental Change and Conservation.* Texas A&M University Press, 1983.

Durrenberger, E. Paul. *"It's All Politics": South Alabama's Seafood Industry.* University of Illinois Press, 1992.

Dyer, Charles Lawrence. *Along the Gulf.* Women of Trinity Episcopal Church, 1971.

Eidse, Faith. *Voices of the Apalachicola.* University Press of Florida, 2007.

Field, Martha R. "Come South, Young Woman." In *Congress of Women*, edited by Mary Kavanaugh Oldham, 776. Monarch, 1894.

Florida Department of Agriculture. *Third Biennial Report of the Florida Shell Fish Commission, Years 1917–18.* T. J. Appleyard, [1918].

Fontaneda, Hernando d'Escalente. *Memoir of Dr d'Escalente Fontaneda Respecting Florida. Written in Spain, about the Year 1575.* Glades House, 1944.

Frazer, Lynne Howard. *Silver King: The Birth of Big Game Fishing.* WGCU Film, 2012.

Galloway, William E. "Depositional Evolution of the Gulf of Mexico World." In *The Sedimentary Basins of the United States and Canada*, edited by Andrew Miall, 506–44. Elsevier, 2008.

"The Gentleman of Elvas: From *The Narrative of the Expedition of Hernando de Soto* (1557)." In *The Florida Reader: Visions of Paradise from 1530 to the Present*, edited by Maurice O'Sullivan and Jack C. Lane. Pineapple Press, 1991.

Green, Ben. *Finest Kind: A Celebration of a Florida Fishing Village*. Florida Historical Society, 2007.

Griffin, Randall C. *Winslow Homer: An American Vision*. Phaidon Press, 2006.

Hansen, Gunnar. *Islands at the Edge of Time: A Journey to America's Barrier Islands*. Island Press, 1993.

Hearn, Lafcadio. *Chita: A Memory of Last Island*. University Press of Mississippi, 2003.

Hoffman, Paul. *A New Andalucia and a Way to the Orient: The American Southeast during the Sixteenth Century*. Louisiana State University Press, 2004.

Holder, Charles Frederick. *The Big Game Fishes of the United States*. Macmillan, 1903.

Horowitz, Andy. "The BP Oil Spill and the End of Empire, Louisiana." *Southern Cultures* 20 (Fall 2014): 6–23.

Houde, Edward D., and Edward S. Rutherford. "Recent Trends in Estuarine Predictions of Fish Production and Yield." *Estuaries* 16 (1993): 161–76.

Howard, Clinton N. "Colonial Pensacola: The British Period." *Florida Historical Quarterly* 19 (1940): 114.

Hubbert, M. King. "Energy Resources." In *Resources and Man: A Study and Recommendations*, by the Committee on Resources and Man of the Division of Earth Sciences, National Academy of Sciences-National Research Council, 157–241. W. H. Freeman, 1969.

Huffard, R. Scott, Jr. "Infected Rails: Yellow Fever and Southern Railroads." *Journal of Southern History* 79 (2013): 80–95.

Humphreys, Margaret. *Yellow Fever in the South*. Johns Hopkins University Press, 1999.

Ingle, Robert M. *Sea Turtles and the Turtle Industry of the West Indies, Florida and the Gulf of Mexico*. University of Miami Press, 1974.

Jacobsen, Rowan. *Shadows on the Gulf: A Journey through Our Last Great Wetland*. Bloomsbury, 2011.

Jenkins, Peter. *Along the Edge of America*. Mariner Books, 1995.

Johnson, Sherry. "Climate, Community, and the Commerce of Florida, Cuba, and the Atlantic World, 1784–1800." *Florida Historical Quarterly* 80 (2002): 445–82.

Kahrl, Andrew W. "The Sunbelt's Sandy Foundation: Coastal Development and the Making of the Modern South." *Southern Cultures* 20 (2014): 24–42.

Kane, Harnett T. *The Golden Coast*. Doubleday, 1959.

Kasprzak, R. A. "Use of Oil and Gas Platforms as Habitat in Louisiana's Artificial Reef Program." *Gulf of Mexico Science* 16 (1998): 37–45.

Keating, Bern. *The Gulf of Mexico*. Viking Press, 1972.

Lowery, George H., Jr. *Louisiana Birds*. Louisiana State University Press, 1955.

Lugo, Ariel E., and Samuel C. Snedaker. "The Ecology of Mangroves." *Annual Review of Ecology and Systematics* 5 (1974): 39–64.

Maril, Robert Lee. *Texas Shrimpers: Community, Capitalism, and the Sea*. Texas A&M University Press, 1983.

McComb, David G., and J. U. Salvant. *The Historic Seacoast of Texas*. University of Texas Press, 1999.

McCracken, Karen Harden. *Connie Hagar: The Life History of a Texas Birdwatcher*. Texas A&M University Press, 1986.

Melosi, Martin, and Joseph Pratt, eds. *Energy Metropolis: An Environmental History of Houston and the Gulf Coast*. University of Pittsburgh Press, 2007.

Minor, H. E. "Goose Creek Oil Field, Harris County, Texas." *AAPG Bulletin* 9 (19265): 286–97.

Montrose, Jack. *Tales from a Florida Fish Camp and Other Tidbits of Swamp Rat Philosophy*. Pineapple Press, 2003.

Mullen, Patrick. *I Heard the Old Fishermen Say: Folklore of the Texas Gulf Coast*. University of Texas Press, 1978.

Norris, Thaddeus. *The American Angler's Book: The Natural History of Sporting Fish, and the Art of Taking Them*. E. H. Butler, 1864.

Nuñez Cabeza de Vaca, Álvar. *Chronicle of the Narváez Expedition: A New Translation: Contexts, Criticism*. Edited by Ilan Stevens. Translated by David Frye. W. W. Norton, 2013.

Ober, Frederick. *Juan Ponce de Leon*. Harper & Brothers, 1908.

Perdichizzi, Elizabeth McDonald, and Katherine Stephens Kirk. *Island Voices: They Came to Marco*. Edited by Marion Nicolay. Caxambas, 2006.

Pilkey, Orrin H., William J. Neal, Joseph T. Kelley, and J. Andrew G. Cooper. *The World's Beaches: A Global Guide to the Science of the Shoreline.* University of California Press, 2011.

Porch, Clay E., S. C. Turner, and M. J. Shirripa. "The Commercial Landings of Red Snapper in the Gulf of Mexico from 1872 to 1962." *Southeast Data, Assessment and Review* SEDA31-RD46 (2012): 2–12.

Powell, Lawrence N. *The Accidental City: Improvising New Orleans.* Harvard University Press, 2012.

Pratt, Joseph A. *Offshore Pioneers: Brown & Root and the History of Offshore Oil and Gas.* Gulf Professional, 1997.

Priest, Tyler. "Extraction Not Creation: The History of Offshore Petroleum in the Gulf of Mexico." *Enterprise and Society* 8 (2007): 227–67.

Rabalais, Nancy N., R. Eugene Turner, and William J. Wiseman Jr. "Gulf of Mexico Hypoxia, a.k.a. 'The Dead Zone.'" *Review of Ecology and Systematics* 33 (2002): 235–63.

Reiger, George. *Profiles in Saltwater Angling: A History of the Sport—Its People and Places, Tackle and Techniques.* Prentice Hall, 1973.

Roberts, William. *An Account of the First Discovery, and Natural History of Florida.* University Press of Florida, 1976.

Rudloe, Jack. *The Wilderness Coast.* Great Outdoors, 2008.

Salvador, Amos, ed. *The Gulf of Mexico Basin.* Geological Society of America, 1992.

Schmidy, David J. *Texas Natural History: A Century of Change.* Texas Tech University Press, 2002.

Schueler, Donald G. *Preserving the Pascagoula.* University Press of Mississippi, 1980.

Scott, William Earl Dodge. *The Story of a Bird Lover.* Outlook, 1903.

Seavey, J. R., W. E. Pine III, P. Frederick, L. Sturmer, and M. Berrigan. "Decadal Changes in Oyster Reefs in the Big Bend of Florida's Gulf Coast." *Ecosphere* 2 (2011): 1–14.

Sheffield, David A., and Darnell L. Nicovich. *When Biloxi Was the Seafood Capital of the World.* City of Biloxi, MS, 1979.

Streeter, Ann P. *Joseph Smith Harris and the U.S. Northwest Boundary Survey, 1857–1861.* Trafford, 2012.

616

Streever, Bill. *Saving Louisiana? The Battle for Coastal Wetlands.* University Press of Mississippi, 2001.

Sullivan, Charles, and Murella Hebert Powell. *The Mississippi Gulf Coast: Portrait of a People.* Windsor, 1985.

Swanton, John R. *Indian Tribes of the Lower Mississippi River Valley and the Adjacent Coast of the Gulf of Mexico.* Sagwan Press, 2015.

Tembanis, Arthur C., and Orrin H. Pilkey. "Summary of Beach Nourishment along the Gulf of Mexico Shoreline." *Journal of Coastal Research* 14 (1998): 407–17.

Turner, Frederick. *A Border of Blue: Along the Gulf of Mexico from the Keys to the Yucatán.* Henry Holt, 1993.

Tveten, John L. *Coastal Texas: Water, Land, and Wildlife.* Texas A&M University Press, 1982.

Ulanski, Stan. *The Gulf Stream: Tiny Plankton, Giant Bluefin, and the Amazing Story of the Powerful River in the Atlantic.* University of North Carolina Press, 2010.

Walsh, J. J., J. K. Jolliff, B. P. Darrow, J. M. Lenes, S. P. Milroy, A. Remsen, D. A. Dieterle, et al. "Red Tides in the Gulf of Mexico: Where, When, and Why?" *Journal of Geophysics Research* 111 (2007): 1–46.

Weber, David. *The Spanish Frontier in North America.* Yale University Press, 1994.

White, Nancy Marie, ed. *Gulf Coast Archaeology: The Southeastern United States and Mexico.* University Press of Florida, 2005.

Widmer, Randolph J. *The Evolution of the Calusa: A Nonagricultural Chiefdom of the Southwest Florida Coast.* University of Alabama Press, 1988.

Yergin, Daniel. *The Prize: The Quest for Oil, Money and Power.* Free Press, 1991.

10	National Oceanic and Atmospheric Administration.
18–19	University of Florida Map & Imagery Collections
21	Florida State Library & Archives
39	Florida State Library & Archives
50	Annie Cole Cady, *The American Continent and Its Inhabitants before Its Discovery by Columbus* [Gebbie, 1894]
77	Florida State Library & Archives
98–99	David Rumsey Map Collection, http://www.davidrumsey.com.
101	Florida State Library & Archives
120	Mississippi Department of Archives and History
162	Useppa Island Historical Society
201	State Library of Louisiana
244–245	University of Florida Map & Imagery Collections
247	Florida State Library & Archives
289	Library of Congress
310	Universal Studios
337	Walter Anderson Museum of Art, Ocean Springs, MS
371	Portal to Texas History, https://texashistory.unt.edu; Corpus Christi Museum of Science and History
412–413	University of Florida Map & Imagery Collections
415	Florida State Library & Archives; photo by Robert M. Overton.

455 Portal to Texas History, https://texashistory.unt.edu; Museum of the Gulf Coast

485 Environmental Protection Agency; National Oceanic and Atmospheric Administration

511 US Air Force; photo by Jennifer C. Wallis

524 Florida State Library & Archives

540 David Kidd/*Governing*

562 Florida State Library & Archives.

（此部分页码为原版书页码，即本书页边码）

African slaves and slavery, 101, 271
　　Cuba and, 105, 119, 140
　　on Gulf with Spanish, 55, 58, 67,
　　　　68, 69, 70, 236, 352
　　runaways to Gulf from colonies
　　　　and U.S. states, 102, 103, 121–22
　　in the U.S., 98, 105–6, 112, 141,
　　　　196, 207, 247, 251, 353
　　used on the U.S. Gulf, 90, 196,
　　　　197, 271, 358, 497
Agassiz, Alexander, 240–41
Agassiz, Louis, 239, 240
Alabama
　　fishing industry and, 128
　　oysters and, 529
　　shrimp and, 491
　　U.S. annexation of, 110–11
Alaminos, Antón de, 48
　　navigating the Gulf Stream,
　　　　46–47
Alcoa Aluminum, 397, 418, 419,
　　438, 518
alligators, 78, 229, 443, 493

hunting and, 135, 190, 198, 200–
　　201, 293, 294
Allman, T. D., 101–2
Álvarez de Pineda, Alonso, 49, 72, 178
　　first map of Gulf, 41–42, 48–50
American Ornithologists' Union,
　　192, 193, 201, 205, 206, 208
Anclote River, FL, 32, 137, 139,
　　190
Anderson, Agnes "Sissy," 305, 312,
　　314, 316, 318, 327, 329–30, 331,
　　334
Anderson, John, 304, 466
Anderson, Peter, 316
Anderson, Walter, 314, 316
　　compared with other artists, 317,
　　318–19
　　Horn Island and, 304, 305, 306,
　　307, 313, 317, 326, 327, 328,
　　330, 331, 361, 465
　　nature sensibilities of, 8, 306–8,
　　312–13, 317–18, 326–27, 331–
　　32, 334

Apalachee Bay, 60, 66, 78,

Apalachee Indians, 59, 69, 70, 73

Apalachicola Bay, FL

  ecological decline of, 447–48,
    452–55, 516

  oysters and, 130–31, 133, 147,
    446–48, 450, 453–55, 495, 516

Apalachicola, Chattahoochee, Flint
    Compact, 453–54

Aransas Pass, TX, 182, 189, 216

Arvida Corporation, 397–98, 399,
    402, 403–5

Atchafalaya River, 132, 282, 290,
    299, 449, 451, 497, 502

Atlanta, GA, 131, 238, 452–54,
    469

Atlantic Ocean, 5, 13, 17, 34, 70, 82,
    84, 157, 288, 356, 481

  comparisons with the Gulf, 10, 15,
    16, 17, 318–19, 482

  crossings of, 45, 46, 47, 49, 54, 77,
    89, 125, 345

  fishing and, 157, 163, 412, 524

  hurricanes and, 16, 252, 336–38,
    344, 348, 353, 361, 363

  See also Gulf Stream; Homer,
    Winslow

Audubon, John James, 189, 215, 217,
    218, 355

  Gulf birds and, 180, 206, 317, 342

  sea turtles and, 144–45

Audubon Society, 191, 194, 213,
    215, 432

  bird wardens of, 201, 208–9

  local and state groups, 204–5, 207,
    210, 211, 217, 389, 392

  national organization of, 206–7,
    208, 209, 212, 219, 300, 407,
    489

Austin, Martha, 232–33, 237

Austin, Mary, 246–47

Austin, William, 232–33, 237–38

Avery, Daniel, 196, 197

Avery Island, LA, 198

  as bird sanctuary, 184, 199–200,
    213, 300, 492

  salt dome under, 197, 266, 267,
    293

Bache, Alexander, 47, 106–8

Bahama Islands, 34, 44, 52, 122,
    255, 361

Balli, Nicholas, 320–21

Barnett, Cynthia, 338, 452

Barry, John, 498, 503, 508, 514–15

Batty, Joseph H., 193–94

Bay of Campeche, Mexico, 48, 148,
    156, 186, 348, 503, 504

Bayou Chico, 424–25

Bayou La Batre, AL, 131, 132, 136,
    491

beaches

  erosion and restoration of, 475,
    479–82

  geological origins of, 224–27

  segregation and, 259

as tourist attraction on Gulf, 175,
247–60, 470–71

beachgoing

history of in western culture,
229–31, 245–47

trepidations about, 229–32, 238–
39, 250, 252

Beaumont, TX, 216, 265, 268,
269–70, 345, 424

Bedichek, Roy, 129, 492

Belvin, William T., 384–85, 386, 390

Bermuda High, 187, 337

Berners, Juliana, 157–58, 182

Bickel, Karl, 377, 410

Bienville, Jean-Baptiste Le Moyne
de, 80–81

establishes New Orleans and
builds first dike, 82, 235, 497

Big Cypress Swamp, FL, 31, 390

Biloxi, MS, 316, 330, 363, 364

boat- and shipbuilding industry of,
136–37, 289

French settlement of, 80, 81, 232

seafood industry of, 131–34, 234,
315

tourism and, 161, 233–34, 364,
379, 465, 467, 468

Biloxi Bay, 87, 315

French settlement and, 80, 81

birding, 2, 187, 188, 406, 484,
486–87

birds and ornithology

Audubon orioles, 520

black skimmers, 188

Blue Goose symbol, 406

common gallinules (marsh hen),
492

coots, 216, 317

cranes, 163, 177, 216

curlew, 333

ducks, 66, 109, 177, 188, 199, 212,
216–17, 274, 317, 333, 406, 492

eagles, 4, 19, 30, 142, 163, 242,
274, 492, 525

egg hunters and, 206, 208

egrets, 3, 30, 184, 188, 191–96,
199, 200–202, 211–13, 217, 331,
408, 480, 492, 525

feather trade and, 184, 190–94,
201–2, 203

Federal Duck Stamp Program,
406

flyways, 2, 186–87, 211, 218, 442,
486, 489

frigate birds (man-o'-war birds), 307

geese, 216, 217, 406

Gulf Express and, 188, 492

gulls, 123, 142, 187, 194, 207, 317,
331, 332, 488, 512

herons, 3, 30, 163, 188, 190–96,
306, 317, 331, 332, 492–93, 525

hummingbirds, 186

ibises, 30, 163, 188, 191, 192, 195,
525

ivory-billed woodpecker, 3, 196

migration across the Gulf, 185–89

birds and ornithology (*continued*)

ornithology, 185–86, 189, 192, 194, 196, 202, 211, 213, 217–18, 486–87

ospreys, 4, 30, 142, 163, 190, 274, 492

oystercatchers, 188

pelicans, 30, 142, 163, 176, 194, 202, 274, 304, 307, 317, 321, 332, 485–86, 489, 523, 525

pelicans as targets of Gulf fishers, 213–15

protection of, 184, 203–9, 210, 214, 215, 217, 219

purple gallinules, 317

redstarts, 187

red-winged blackbirds, 417

sanctuaries and preserves of, 207–13, 218–19, 300, 487

sandpipers, 185, 187, 189, 193, 199, 210, 216, 229

shearwaters, 316, 331

sparrows, 186, 188, 194, 492

spoonbills, 30, 188, 191, 194, 217, 274, 525

starlings, 492

terns, 188, 193, 194, 207

turkeys, 73, 80, 88, 109, 163, 417

warblers, 186, 187, 188, 377, 492

wood storks, 30, 188, 191, 194, 195

wrens, 492

bison, 37, 64, 67, 81, 88, 166, 172, 190, 191, 202, 218

Blackburn, Jim, 431–33, 436, 437

Boca Ciega Bay, FL, 56, 379, 398, 402, 409, 505

sea grass and, 379, 381, 382

Boca Grande Pass, 169, 175, 182, 183, 458

Bonaparte, Napoleon, 100, 101–2

Bosker, Gideon, 229, 230

Boudreaux, Joseph, 293, 369, 506

Bowles, William Augustus, 324

BP, 418

2010 oil spill and, 10, 272, 430, 463, 468, 502–5, 510, 513, 514

Bradley, Guy, 208

Braudel, Fernand, 6, 8, 10

Brazos River, 26, 246–47, 442, 460

pollution of, 182, 419

Bream Fishermen Association, 420, 421, 518

Brennen, Carlene Fredericka, 163

Breton Island, LA, and national wildlife refuge, 210, 211, 488

Breton Sound, 132, 315, 499, 508

Brooks, Thomas E. 258

Brown, J. D., 421–22, 424

Brown, Marshall, 340

Brown, Nannette Jolivette, 515

Buckeye Industries (a.k.a. Buckeye Technologies), 428–30, 517

Buffalo Bayou, TX, 432

Cabeza de Vaca, Alvar Núñez, 68, 232

    envisions cattle ranching in Texas, 67, 416

    Panifilo de Narváez expedition and, 57–58, 61–62

    Texas years and escape to Mexico, 62–68, 377, 422

Calhoun County, TX, 416–17, 418, 419, 432, 433, 518

Caloosahatchee River, 168, 174, 384, 392, 404

    pollution and, 456, 457, 516, 517, 525

Calusa, 64, 152, 155, 310, 389, 456

    Cuban ranchos and, 120

    European views of, 34–35

    interactions with Spanish and, 34–40, 52, 73

    population of, 33

    trade with Cuba and, 119

    way of life with estuaries, 34–39, 385

Cameron Parish, LA, 303

    hurricanes and, 339–40, 359, 360–361, 365–69, 370

Cape Coral, FL, 382, 387, 388–93, 396, 404, 405, 409

Captiva Island, FL, 169, 172, 405, 406, 408, 477, 479, 482

Carr, Archie, 142, 460

Carson, Rachel, 18, 223, 224, 385, 398, 486, 492

Gulf of Mexico and, 227, 310, 376, 377–78, 380, 410

    sea-level rise and, 509

Cat Island, MS, 308, 315, 328, 483, 489

cedar trees, 90, 243–44

Cedar Key(s), FL, 31, 140, 162, 377, 525

    aquaculture and, 526–29

    commercial fishing and, 145, 148, 527

    pencil industry and, 243–44

    sea-level rise and, 528

Chandeleur Islands, LA, 210, 211, 329–32, 485, 499

    sea-level rise and, 488–89, 497, 508

Chapman, Frank, 194, 202–7, 209, 213, 215, 217

Charlotte Harbor, FL, 34, 167

    estuary and, 27–28

    feather industry and, 192, 208, 210

    Juan Ponce de León at, 45

    pollution of, 459

    population growth around, 399

    preservation of, 409

Chattahoochee River, 131, 452–54

Chevelier, Jean (a.k.a. Alfred Leche-velier), 192, 194, 458, 459

Chickasaw Indians, 88, 91

Choctawhatchee Bay, FL, 79, 116, 258

Choctaw Indians, 88, 91

Civil War, 31, 122, 133, 142, 237, 353

   Gulf blockade during, 197, 240, 271, 274, 322, 325

   nature and war during, 98–99

   See also Mississippi River

Clement, Jules, 284–85

climate change, 9, 489, 495, 519, 520, 522, 526, 528

Cline, Isaac, 343–44, 345

Coalition to Restore Coastal Louisiana, 507

coastal marshes, 3, 90, 110, 286, 482, 515, 521, 526

   ecology of, 490–95

   erosion of, 496 (*see also* Louisiana coastal marshes)

Cobb, Sewall C., 123, 124

Coden, AL, 353

Collier, Barron, 31, 169, 181, 248, 399

Collier County, FL, 31, 390

Collier, Maggie Eliza (McIllvaine), 31, 33, 400

Collier, William D., 24, 25, 30–32, 37, 147, 400

Collins, Joseph, 129

Collins, LeRoy, 381, 382, 393, 404

Colson, Sue, 526–28

Columbus, Christopher, 44, 45, 46, 60

   encounter with Gulf of Mexico and Gulf Stream, 42–43

Conrad, Joseph, 76, 151, 335–36, 376

Cooke, Alistair, 289

Cooper, James Fenimore, 25, 241

Corpus Christi, TX, 62, 235, 248, 289, 335, 418, 422, 526

Corpus Christi Bay, 65, 177, 248, 422

Cortés, Hernán, 48, 49, 53–54, 352

Cortez, FL, 140, 148

Corthell, Elmer, 499

Covacevich, Jacob D., 136–37

crabs, 3, 29, 36, 56, 59, 60, 61, 142, 144, 146, 156, 248, 296, 332, 460, 494

   blue, 29, 61, 65, 66, 116, 117, 125, 126, 417, 421, 494, 507

   fiddler, 29, 449

   grapsid, 125

   hermit, 29, 311, 477, 479

   industry in, 117, 128, 131, 248, 417, 437, 455, 507, 513, 526

   pollution and, 426, 437, 445

   stone, 61, 317, 479

Crane, Hart, 242

Crane, Stephen, 14–16, 242, 247, 345

Creek Indians, 88, 91, 120, 324, 421

creosote industry, 236, 238, 287, 424–25

Cross, Ted, 212, 408

Cuba, 4, 28, 34, 65, 103, 236, 255, 289, 344, 363
  agriculture and, 53, 82, 85, 355, 462
  American manifest destiny and, 101, 103–5
  fishing industry and, 114, 119, 138, 141, 144
  Gardens of the Queen coral reef, 462
  Gulf geography and, 17, 18
  Spanish period in, 38, 42–44, 48, 52, 53, 54–55, 68, 70, 73, 82, 122, 324, 326
  See also Spanish-American War
Cubitt sisters, 497–98, 501
Cushing, Frank Hamilton, 74, 151, 154, 377, 400, 479
  aboriginal relationship with nature and, 28, 30, 35, 36, 37, 39–40
  archaeology research in Florida of, 25, 26, 27–33, 34–35, 38–39
  mangroves and, 376, 410
  Zuni Indians and, 25–26
cypress trees, 3, 31, 34, 59, 60, 90, 110, 136, 195, 196, 265, 276, 277, 298, 299, 428

Darling, Jay "Ding," 406–7, 408
Dauphin Island, AL, 308, 353, 483
Davis, Jefferson, 284, 364
Davis, Mervyn Bathurst, 205

Davis, Mike, 140, 527
Davis, Robert, 471–74
DDT (dichlorodiphenyltrichloro-ethane), 416, 485–86, 489
Deepwater Horizon oil platform, 10, 272, 430, 455, 487, 503–4, 510, 512, 516
deer, 36, 64, 67, 73, 88, 90, 109, 201, 310, 325, 417
De la Cosa, Juan, 42–43
Delmonico's, 140, 202, 249
De Pourtalès, Louis François, 239–40
Destin, FL, 161, 258
  late-20th-century boom, 469–70, 471
Destin, Leonard, 114–17, 121, 149, 161, 354, 422
devilfish, 172, 210, 250
Dimock, Anthony Weston, 165–66, 175, 181, 223–24
Disston, Hamilton, 456
dolphinfish, 161
dolphins, bottlenose and others, 56, 113, 143, 297, 394, 421, 431, 433, 515
Douglas, Marjory Stoneman, 69, 195
dredge and fill, 31, 378–82, 383, 388–90, 392, 395–98, 400, 404, 407, 409, 410, 431, 469
Dry Tortugas, 45, 112, 144, 148, 206, 310

Duany, Andrés, 473
Duckworth, Joseph, 349
dune lakes, 259, 471, 475
Dunn, Patrick, 321–22
DuPont Chemical, 418, 438, 519
Dupuis, Laura, 335, 340, 348, 367
Durnford, Charles D., 24–27
Dutcher, William, 207, 208, 209, 218

Eads, James Buchanan, 498–500
Earle, Sylvia, 457, 464, 511
East Florida, colony of, 7, 83, 118
Edison, Mina, 168, 173, 385
Edison, Thomas, 165, 168, 385
Elevemile Creek, 426–27
Eliot, T. S., 9, 52, 347
Emerson, Ralph Waldo, 242, 243
Endangered Species Act, 436, 483
Energy Policy Act, 461
Escambia Bay, FL
    fish kills and, 413–16, 425, 517
    pollution of, 413–16, 420
    sea grass and, 421, 425, 426, 431
Escambia River, 87, 414, 415, 421, 425, 518
estuaries, 10, 133, 299, 380
    aboriginal life and, 26, 30, 35, 39, 41, 57, 61, 67, 68, 69, 74 (*see also* Calusa, way of life with estuaries; Karankawa, way of life)
    commercial fishing and, 129, 131–32, 463–64

defined, 26–27, 28, 64–65
destruction of, 9, 182, 274, 279, 346, 402, 409, 413, 416, 420, 435, 447, 455–56, 460, 482, 496, 517
mangroves and, 377, 520
marine life and, 29, 30, 37–38, 60, 142, 152, 156, 170
natural wealth of, 8, 23, 26, 29, 64, 66, 444, 492, 493–94
protection and restoration of, 454, 459, 463, 464, 529
Spanish and, 55–56, 62, 66
U.S. Gulf distinctiveness and, 26, 162, 444, 516
See also specific bays, bayous, and sounds; Trinity-San Jacinto Estuary
ethanol, 461–62
ExxonMobil (and earlier incarnations), 270, 286, 502, 504, 505, 513
Ezell, Joy Towles, 428–30, 517

Farley, Barney, 180
Farragut, David, 98, 99, 107, 197, 322
Faulkner, William, 242, 319, 467
FEMA (Federal Emergency Management Agency), 369, 424, 475, 503
Fenholloway River, 428–30, 517
Field, Martha (a.k.a. Catherine Cole), 135, 140, 178, 205, 216,

224, 227–228, 248, 252, 260,
308, 499

fish

bass, 117, 153, 155, 160, 163, 322,
452, 523

density of, 4, 113, 117, 412

drum, 66 (*see also* fish: redfish)

fish oil industry, 522–25

flounder, 117, 412, 417, 460, 493

grouper, 117, 121, 129, 136, 141,
163, 377, 412

mackerel, 117, 161, 177, 412

menhaden, 126, 412, 522–525

mullet, 61, 65, 113, 114, 116, 117,
119, 129, 139–43, 146, 147, 153,
156, 178, 394, 417, 421, 423,
424, 493

pompano, 119, 125, 126, 138, 155,
322

redfish (red drum), 61, 65, 66, 125,
178, 322, 331, 434, 493, 526

red snapper, 114, 125–27, 129,
136, 148, 153, 434, 457, 504–5,
525

sea trout, 65

sharks, 15, 30, 36, 56, 113, 187,
239, 250

sheepshead, 61, 125, 163, 493

sturgeon, 117, 443, 453, 454

tarpon, 24, 27, 139–40, 150–57,
163–83, 189, 190, 216, 223, 248,
254, 272, 287, 322, 342, 377,
385, 418, 423, 456, 458, 479,
500

tuna (also skipjack), 18, 65, 155,
412

See also fishing, commercial; fish-
ing, sport

fishing, commercial, 115, 127, 213–
15, 379, 417–19, 523

British rejection of, 118

Cuban ranchos and, 118–22, 135,
140, 525

declining yields in, 147–49, 382,
412, 433–35, 500, 507

diversity of fishers and, 128,
132–33, 135, 137

early, 1, 31, 113, 118–19

Gulf comparison with other fish-
eries regions, 128–29, 148, 412,
513

ice and refrigeration and, 123–24,
135

New England influence, 7, 8, 114,
117, 121–125, 129, 141, 414

Northeastern U.S. and, 128, 129

Spanish rejection of, 67

See also specific states

fishing, sport, 1, 3, 31, 60, 140, 233,
342, 379, 382, 396, 412, 469,
504–5, 513, 523

connection to Gulf tourism, 149,
150, 152–55, 156–57, 161,
163–64, 167–71, 174–80

conservation and, 181, 182,
420–21

economics of, 161, 412

history of, 157–61

fishing, sport (continued)
    manhood and, 171–73
    overfishing and, 9, 181–83
    popularity with northerners, 1, 4,
        31, 141, 149, 163, 164, 176–78,
        181–82
    women and, 173–74
fishing, subsistence, 37, 66, 140, 421
Flagler, Henry, 167, 355–57
Flaherty, Robert J., 292–98, 302,
    502
Flint River, 103, 134, 452
Florida
    clams and (see Cedar Key(s), FL)
    fishing industry and, 108, 115,
        116, 128 (see also specific cities)
    oysters and, 116, 421, 431, 447,
        517, 526, 527 (see also Apalachi-
        cola Bay, FL)
    sea turtles and, 29, 30, 36, 38, 117,
        145
    shrimp and, 60, 116, 117, 128,
        421, 448, 455
    Spanish naming of, 44–45
    U.S. acquisition of, 103–94, 120
Florida Big Bend, 60, 111, 428, 485,
    525, 526
Florida Everglades, 168, 175, 192,
    208, 212–13, 361, 390, 456, 468,
    516
Florida Keys, 4, 18, 85, 111, 112,
    144, 165, 208, 217, 462
    origins of, 309–10

Overseas Highway, 357–59
Overseas Railroad, 355–57, 358
See also Key West, FL
Floridan aquifer, 89, 232, 428, 442,
    521
Florida Reef, 85, 112, 240, 410, 462
Florida Straits, 17, 18, 111–12, 119,
    240, 252, 289, 338, 354, 462
Flowers, Loretta, 339, 340, 350, 365,
    367
Forbes, Edward, 239
Foreman, Nick, 385
Forest and Stream, 4, 24, 325
    on bird protection, 207, 217
    on Gulf fishing, 164, 168, 175,
        181
Formosa Plastics, 418, 420, 431, 432,
    436–38, 518
Fort Jackson, 99, 510
Fort Myers, FL, 152, 382, 404, 410,
    521
    tarpon fishing and, 153, 167–68,
        175–76
Fort Walton Beach, FL, 324, 363,
    364, 470
Franklin, Benjamin, 25, 91
Franklin, H. Bruce, 523, 524, 525
Fumento, Michael, 461
Furen, Albert, 379, 380, 381
Furs, Jerry, 340, 366, 367

Gagliano, Sherwood "Woody," 500,
    501, 528

Gaillard, John, 271–73, 274, 279

Galveston Bay, 65, 66, 79, 202, 271, 419

degradation of, 419, 431–32, 436, 460, 496, 519

fishing and, 131, 132

oil spills and, 279, 432, 515–16

Galveston Bay Foundation, 431

Galveston, TX, 14, 62, 66, 153, 189, 205, 322, 326, 424

as beach resort, 247, 252–53, 343

fishing and, 148, 161, 520

hurricanes and, 205, 247, 252–53, 268, 337, 311, 341–47, 350, 356

port of, 342, 419

sea-level rise and, 520, 521

Gasparilla Island, FL, 175, 192, 193, 324

Gauld, George, 91

Gulf survey work of, 84–87, 106

view of Pensacola and, 75, 84

Gerdes, Ferdinand, 97, 107–8, 355

Gomez, John, 324–25

Goode, George Brown, 127–28, 523

Good Roads Movement, 256

Goose Creek Oil Field (and Tabbs Bay), 261, 271–75, 277–78, 279, 284

Goose Creek, TX, 271, 274, 275, 279

Goss, Porter, 407, 408

Granday, Armand, 145, 146

Grand Isle, LA, 182, 248–50, 252, 300, 361, 497, 499

Great Texas Coastal Birding Trail, 487, 515

Green brothers (Hyman, Irving), 380, 382, 394

Grey, Zane, 157, 165, 170, 176, 179

Griffith, D. W., 360, 366–67, 368, 369

Griffith, Geneva, 360, 366–67, 368, 369

Griffith, Leslie, 360, 366–67, 368, 369

Grinnell, George Bird, 206–7

Gulf American Corporation, 388, 391–92

Gulf Islands National Seashore, 482–84, 485, 486

Gulf of Mexico

dead zone and, 2, 444–46, 448–52, 455, 458, 461–64, 494, 495, 506, 519

dumping biological weapons in, 328–29

early deep-sea exploration of, 240–41

early tourism and, 232–35, 238–39 (see also beaches; individual cities and states)

European discovery and early mapping of, 41, 43, 45, 48–49, 83–87

geological origins of, 12–14, 89

historical research and, 4, 5, 6–7, 8–11

Gulf of Mexico (*continued*)
  manifest destiny and, 100–6,
    112–13
  physical geography of, 16, 17, 50,
    85, 240–41
  Pleistocene epoch and, 13, 19, 195,
    226
  post–World War II, development
    and growth and, 375, 378–40,
    391, 402–5, 407–10, 469–71, 495
  sea-level rise and, 438, 480,
    520–21
  U.S. expansion in (*see* Manifest
    Destiny)
  World War II and, 288–89,
    327–30
Gulf Oil Corporation, 270, 273, 277,
  295, 298
Gulf Shores, AL, 465, 470–71,
  483
Gulf Stream, 12, 42, 55, 104, 338,
  436
  anatomy of, 17–18
  discovered and used by the Span-
    ish, 45–47
  mapping and, 47, 107

Hagar, Connie, 486–87
Haiti, 43, 101–2
Halliburton Corporation, 509–10,
  512
Hallock, Charles, 161–62, 207
Harding, Florence, 179–80, 434
Harding, Warren. G., 179–80, 322

Harris County, TX, 424, 432, 519,
  522
Harris, Joseph Smith, 98, 99, 100,
  107–8, 109, 112, 312, 510
Harrison County, MS, 369, 519
Harrison, John, 106
Harvey, John Hale, 249
Havana, Cuba, 17, 23, 19, 168,
  401
  feather market and, 206
  fish market and, 116, 117, 119,
    121, 124
  Spanish colonial period and, 43,
    54, 55, 68, 73, 82
Hawley, Christine B. M., 150,
  173–74, 181, 182, 434
Hearst, Phoebe A., 32
Hemenway, Harriet, 207
Hemingway, Ernest, 18, 156, 165,
  170, 173, 242, 353, 358–59
Herbert, Henry William, 159–60
Hershey, Terry, 432
Hesse, Hermann, 441, 443
Heywood, Scott, 183–86
Higgins, Patillo, 265–67, 270, 271
Hispaniola, 43, 44, 46, 52
Homer, Winslow, 6, 7, 8, 9
  as angler, 3–4, 163–64
  Atlantic Ocean and, 3, 5, 15, 163,
    318–19
  Gulf of Mexico and, 3–5, 15, 60,
    163–64, 242, 245
Homosassa River, 3, 4, 5, 15, 60,
  166, 245

Homosassa Springs, FL, 162–63, 377

Hornaday, William T., 218

Horn Island, MS, 79, 317, 327
  military occupation of, 306, 328–29, 330, 416
  national seashore and, 483–84
  See also Anderson, Walter

horseshoe crabs, 142

Houck, Oliver, 299fn21, 433, 495–96, 502, 503, 513, 515

Houston Ship Channel, 419, 519, 520

Houston, TX, 57, 153, 252, 342, 343, 345
  pollution and, 424, 432
  as port city, 414
  sea-level rise and, 521

Hughes, Howard, Sr., 274, 277

Humble Oil, 269, 279, 294, 300

Humboldt, Alexander, 43

Humm, Harold J., 402

hunting
  American liberty and, 158–59
  commercial, 31, 81, 91, 135, 200–201, 202, 299 (*see also* birds and ornithology: feather trade and)
  conservation and, 158, 217–18, 219
  sport, 31, 154, 158, 166, 177, 189–90, 203, 216–19, 229, 248, 279, 286, 420, 492
  subsistence, 36, 37, 49–50, 57, 62, 67, 81, 88, 158–59, 199

hurricanes, 2, 36, 76, 82, 108, 231, 260, 292, 311, 330, 356, 361, 480
  1559 storm, 352
  1906 storm, 353
  1861 storm, 353
  1926 storm, 405–6
  anatomy of, 335–39, 348, 349
  Audrey, 339, 341, 347, 348–50, 351, 359–60, 365–68, 369, 370
  Betsy, 307–8, 333, 360–62, 363, 484
  Camille, 311, 360, 363–64, 368, 369, 467, 480, 487, 488
  Carla, 346
  Elena, 339
  first tracked by plane, 349
  Florence, 348
  frequency in Gulf, 337
  Galveston storm 1900, 205, 247, 252–53, 268, 311, 341–47, 356
  Georges, 347, 488
  Ike, 346–47
  Ivan, 424
  Katrina, 337, 338, 341, 363, 369, 370, 438–39, 465, 468, 487, 488, 494, 506, 510, 514, 522
  Labor Day storm 1935, 358–59
  property damage and, 338, 346–47, 370–71
  Rita, 369, 506
  sea-level rise and, 489, 520
  See also Atlantic Ocean; Cameron Parish, LA; New Orleans, LA; Pacific Ocean; Pensacola, FL

Hutchins, Thomas, 84, 85, 87, 91–92, 100, 106, 311, 497
Hutton, Robert, 380–82

Iberville, Pierre Le Moyne d', 200, 213, 330
  discovery of Mississippi River, 79–80, 314, 315
  settlements on Gulf and, 80–81
Indians, 6, 24, 25, 37, 66–67, 83, 114, 115, 178, 233, 322, 523
  American interactions with, 527
  British interactions with, 88–89, 90–91, 103
  Cuban ranchos and, 120, 121
  enslavement of, 43, 44, 48, 53, 54, 58, 69, 70, 71, 73, 74, 119, 352
  European diseases and, 49, 53, 73, 91, 232
  European views and, 57, 61, 62, 63, 88, 89–90, 232
  fishing and, 144 (see also Calusa, way of life with estuaries; Karankawa, way of life; shell mounds)
  French interactions with, 77, 78, 79
  Gulf population of, 41, 57
  hunting and, 36, 49–50, 57, 62, 67, 80, 81, 88, 91
  Spanish interactions with, 44, 49, 51, 52, 59, 61, 63–64, 68–70, 71, 73, 102
  See also specific Indian groups

International Paper Company, 426–27, 430–31, 466–67, 518
islands, 61, 62
  as bird habitat and migration stops, 188, 193
  development of, 308–10, 311
  erosion of, 487–89
  estuaries and, 131, 415
  popular imagination and, 312, 319, 323–24
  as protective barriers, 239, 308–9, 489
  sea-level rise and, 439, 489
  See also Mississippi
Ixtoc I oil spill, 502–3
Izaak Walton League, 181

Jackson, Harvey, 258, 259, 470
Jacobsen, Rowan, 10, 505
Jefferson, Thomas, 6–7, 100–102, 104, 112, 113, 354
Jindal, Bobby, 514–15, 522

Karankawa, 73, 341
  cannibalism myth and, 63
  Spanish interactions with, 63, 320, 417
  way of life, 63–64, 66–67, 231, 271
  white views of, 63–64
Keim, Barry, 337
Kenworthy, Charles, 24, 162
Kerr-McGee Oil Industries, 290–92, 294, 299, 360

Key West, FL, 16, 17, 18, 65, 112, 121, 156, 356, 358
  Labor Day Hurricane and, 358–59
  poem by Wallace Stevens and, 242–43
  seafood market of, 115, 124, 145, 206
  shipwrecking (salvage) industry and, 116, 353–55
  sponges and, 138, 355
Kircher, Athanasius, 47
Kirk, Claude, 392, 404
Koch Industries, 517
Kurlansky, Mark, 130

Lacey Act, 207
Lafitte, Jean, 325–26
Laguna Madre, TX, 65, 66, 178, 320, 322
  sea grass and, 65
Lane, Jackie, 427, 430–31, 518
Lanier, Sidney, 117, 162, 164, 242, 377, 452, 491, 492, 493, 495, 526
Larson, Erik, 343
La Salle, Robert
  descent of Mississippi River and, 77, 80
  Gulf expedition of, 66, 77–79, 87, 232
Last Island, LA, 248, 250–52
Lavaca Bay, sea grass and, 431
Lee, Charles, 389, 392
Lenček, Lena, 229, 230

Lindbergh, Anne Morrow, 477–78
Louisiana
  Cajun culture and, 128, 135, 141, 293, 295, 296–97, 299, 302, 303, 359, 493, 496, 507
  nutria and, 201
  oil and gas industry, 285–86, 297–303, 497, 501, 502–3, 507–8, 510, 511–15 (*see also* Kerr-McGhee Oil Industries; oil: Caddo Lake and, first off-shore wells and)
  oysters and, 81, 132, 133, 147, 198, 297, 298, 299, 436, 498, 499, 501, 507, 513, 528
  sea-level rise and, 489, 519
  shrimp and, 128, 297, 300–301, 302, 494, 504, 505–6, 507, 513
Louisiana coastal marshes, 18, 19, 102, 110, 111, 229, 248
  canals and, 298–99, 490, 496–98, 501–2, 513–15
  erosion and, 303, 496, 498–502, 506–8, 513–15
  restoration of, 514–15
  sea grass and, 493, 495
Louisiana Purchase, 6, 100, 102
Louisiana Shrimp & Petroleum Festival, 301–2, 506
Louisiana Story, 303, 369
  See also Flaherty, Robert J.
Lovel, Leo, 142, 143
Lowery, Charles, 414–16, 420–21, 431

Lowery, George H. Jr., 186, 217–18, 489, 500

Lucas, Anthony, 267, 270, 271, 284, 292

Ludwig, John, 248–49

Luna y Arellano, Tristan de, 351–52

MacDonald, Dorothy, 393, 394

MacDonald, John D., 393–99, 400, 402–3, 404, 483

McGee, Dean, 290–91, 297

McGhee, Gilbert, 421

McIlhenny, Edmund, 197–98

McIlhenny, Edward Avery
  bird protection and, 195–96, 201, 204, 209, 211–13, 250, 300, 492
  conservationists and, 218–19
  hunting and, 217, 218–19
  Louisiana Story and, 293, 294
  nutria farming and, 201, 203
  Tabasco business and, 198
  trips to Artic north of, 198–200

McIlhenny, John, 198

Mackle brothers (Elliot, Frank, Robert), 399–400, 401, 409

MacLeod, Columbus, 208–9

malaria, 33, 70–71, 108, 236, 244

manchineel tree, 52, 354

mangroves, 30, 31, 50, 108, 313, 358
  carbon sequestration of, 410, 521
  climate change and, 520
  destruction of, 375, 377–79, 382, 383, 389, 392, 396, 398, 402, 409, 529
  habitat of, 29, 32, 56, 65, 111, 152, 156, 179, 191, 195, 211, 310–11, 331, 376–78, 379, 385, 394, 402, 478
  negative views of, 111, 377, 378, 380, 386, 395–96, 402
  protection and restoration of, 393, 405, 407, 409, 521
  shoreline protectors and, 310, 377, 400
  species on Gulf and, 28–29

manifest destiny, 112
  See also Cuba; Gulf of Mexico; West Florida

Mann, Anthony, 282–83, 290, 294, 296, 299, 302

Marco Island, FL, 30–31, 147, 154, 164, 311, 409, 520
  archaeological research on, 24, 25, 31, 32–33
  growth and, 375, 399–401

Marryat, Frederick, 448

Matagorda Bay, 66, 78, 79, 481

Matlacha Pass, 37, 384, 385, 388, 409

Matthiessen, Erard, 407

Mediterranean Sea, 6, 137, 139, 229, 230
  Gulf of Mexico comparisons and, 16–17, 18, 84

Meinig, Donald W., 112–13

Mellon, Andrew W., 267, 270

Mellon, Robert B., 267, 270

Menard, Michael, 342

Migratory Bird Act, 215

Miles, Franklin, 384, 387

Mississippi, 89, 115, 210, 309

  barrier islands of, 310, 322, 483, 488 (*see also specific islands*)

  coast of, 109, 110, 233, 256, 305, 319, 368, 369, 401, 480, 481, 483, 491

  fishing industry and, 114, 117, 128, 133, 137, 147, 467, 523 (*see also* Biloxi, MS)

  oysters and, 80, 85, 133–34, 233, 234, 238, 315, 327

  pollution and, 424, 448, 450, 468, 519

  seawall and, 480

  shrimp and, 315

  sport fishing and 161, 177, 467

  tourism and, 161, 232–34, 259, 369–70, 401, 467, 468, 480 (*see also* Biloxi, MS; Ocean Springs, MS)

  U.S. annexation of, 110

Mississippian culture, 72–73, 88

Mississippi River, 18, 24, 70, 84, 102, 186, 241, 242, 289, 327

  basin and watershed of, 13–14, 75–76, 440, 441, 446, 450, 451, 463, 489

  Civil War and, 98–99, 107, 322, 510

  delta of, 75–76, 78, 87, 363, 481

  European discovery and, 48–49, 70–71, 72, 77–82, 100, 200, 314

  international rivalries and, 79, 83, 87, 88, 92, 101

  jetties and, 498–501

  levees and, 235, 501, 510

  pollution and, 432, 445, 446, 448–49, 450, 489, 505

  sediment flow and, 76, 78, 109, 224, 225, 319, 481, 489, 497–99, 500

  See also Gulf of Mexico: dead zone and

Mississippi Sound, 79, 232, 306, 311, 353, 368

  pollution of, 424, 466–68, 519

  tourism and, 467

Mobile, AL, 19, 168, 234, 309, 322, 494

  British and, 87

  fish market and, 234, 124, 234

  French and, 81, 88, 90

  pollution and, 424

  rainiest city and, 339

  sea-level rise and, 520

Mobile Bay, 79, 87, 111, 131, 247, 309

  Jubilee and, 459–60

  pollution and, 459–60

  sea grass and, 436

mollusks, 3, 37, 38, 129, 144, 185, 225, 241, 427, 445, 477–80

Monroe, James, 103, 104

Monsanto Company, 425–26, 518

Morgan City, LA, 133, 282–83, 299, 301, 506, 507

mosquitoes, 29, 315
  diseases and, 33, 235–38, 244 (*see also* malaria; yellow fever)
  as irritant, 33, 36, 64, 108, 111, 210–11, 264, 323, 380, 383, 384
  species of, 236, 237
Muir, John, 188
  Gulf trip and, 243–44, 526
Muller, Robert A., 337
Mullet Key, FL, 322–23, 328, 380, 382
Mustang Island, TX, 178, 321
Myakka River, 28, 394

Naples, FL, 147, 176, 180, 181
Narváez, Panfilo de, 109
  Gulf expedition of, 53–62, 65, 67, 68, 69, 70, 71, 72, 352
National Estuary Program, 496
National Hurricane Center, 341, 363, 364, 370, 471
National Oceanic and Atmospheric Administration, 341, 369, 445, 460, 508
Native Americans. *See* Indians
nature
  human relationship with, 9–10, 11, 38, 64, 135, 202–3, 244, 383, 385–86, 445, 530
  views of European explorers and, 57, 81, 314, 315–16
New Orleans, LA
  Civil War and, 98–99, 107, 197, 322, 498
  founding of, 82

hurricanes and, 350, 351, 358, 361–62, 363, 522 (*see also* hurricanes: Audrey, Betsy, Katrina, Rita)
  international rivalry and, 82–83, 87, 91, 101, 103, 326
  levee and, 99, 235, 277, 361, 363, 497, 514, 521
  port city of, 117, 124, 125, 126, 234, 236–37, 289, 342, 354, 414, 498–99, 510
  sea-level rise and, 520
  society in, 98
  yellow fever and, 108, 234–37
New York, 314, 319, 321, 382, 386, 395, 448, 499
  feather trade and, 193, 194, 202–3, 206, 207, 210, 211, 244
  Gulf seafood and, 126, 145, 447
  Gulf tourism and, 164, 170, 173, 176, 179, 181–82
  migrants to Gulf and, 388, 390, 393, 405, 407
  oysters and, 129–30
Nicholson, Eliza Jane Poitevent Holbrook, 227–28
Nolen, John, 394–95, 396

oak trees, 109, 110, 122, 138, 162, 196, 208, 233, 248, 306, 365, 368, 385, 389, 398, 486
Ocampo, Sebastian de, 43–44, 48
Ocean Springs (a.k.a. Biloxi and East Biloxi), MS, 305, 306, 314, 316, 468, 480, 524

as early beachside resort, 232–33,
234, 237–38, 315
Spanish settlement as Biloxi,
80–81
O'Hare, Ralph, 349
oil
artificial reefs and, 302, 303,
504–5
Caddo Lake and, 276–77
early commercial uses of, 268–69
early prospectors and, 264–65,
271, 286
first Gulf spill and, 279
first offshore wells and, 280, 282,
287–88, 290–92
geological origin of, 263–64
origin myth of, 261–63, 272, 297,
302
overwater drilling and, 275–79
salt domes and, 261, 266–67, 271,
285, 286
seismograph exploration and, 286,
290, 295–98
spills (*see* BP; Galveston Bay; Ixtoc
I oil spill)
Spindletop strike and, 264–68,
269, 270, 271, 274, 278, 283,
284, 294, 345, 418
See also Goose Creek Oil Field;
Louisiana; Pacific Ocean; *specific
oil companies*; Texas
Omega Protein Company, 523–24
Ovando, Nicholas de, 43–44
Overseas Highway, 357–59

Overseas Railroad, 355–57, 358
oysters, 29, 81, 114, 117
beds of as navigational hazard, 61,
80, 85, 325
habitat of, 36, 38, 56, 60–61, 80,
132–33, 311, 448, 493, 526
industry and market of, 117, 131–
32, 315, 411–12, 455, 518
loss of, 147, 296, 297, 298, 431,
436, 447–48, 453–54, 501, 507,
513, 516, 517, 525
native peoples and, 5, 36, 61, 64,
80, 129, 271
road bedding and, 233 (*see also*
shell mounds)
species of, 29, 130–31
tools and weapons of natives and,
35, 231, 479
See also shell mounds; *specific bays;
specific states*

Pacific Ocean, 5, 6, 42, 53, 348, 412
Gulf of Mexico comparisons and,
10, 17
hurricanes and, 336, 351
oil and, 276
Padre Island, TX, 65, 328, 422, 481,
487, 503
erosion of, 500–501
geological origin of, 319–20
history of, 320–23
national seashore and, 323, 482–
83, 484
Panama City, FL, 259, 426, 447, 471

Parkman, Francis, 72, 77, 78, 79

Pascagoula, MS, 19, 107, 133,
  233–34

Pascagoula River, 80, 85, 309, 466

Pass Christian, MS, 233–34, 238,
  363–64

Peace River, FL
  estuary and, 28
  phosphate industry and, 175, 458

Pearl River, 132, 309, 441

Pearson, T. Gilbert, 215, 218–19

PCBs (polychlorinated biphenyl),
  416, 419, 425–26, 518

Pensacola Bay, 131
  British period and, 75, 84
  pollution of, 414, 415, 421, 422,
    423–24
  sea grass and, 436, 518
  Spanish period and, 86, 352

Pensacola, FL, 106, 417, 421
  British period and, 24, 86–87,
    90–91
  fishing industry and, 122–25, 127,
    129, 145, 148, 153, 414
  growth and, 483
  hurricanes and, 81, 352, 353, 424
  pollution and, 413–16, 422, 423–
    27, 430, 518
  Spanish period and, 80, 91, 103,
    352–53
  tourism and, 257–58, 259, 260, 414

Pensacola Beach, FL, 259–60, 483

Pepper, William, 25, 32

Peralta, Gerald, 363–64

Perdido Bay, FL, 426, 430
  sea grass and, 427, 518

Perdido River, 81, 102, 426, 441

pesticides, 383, 390, 416, 451–52,
  485–86, 489, 521, 522

Petit Bois Island, 308, 311, 329, 330,
  483

petrochemical pollution, 431, 432,
  433, 436–37, 496, 505

Peterson, Roger Tory, 487

Philadelphia, PA, 25, 27, 32, 139,
  159, 246, 456

Pine Island, FL, 155, 168, 324, 384,
  405

Pine Island Sound, FL, 37, 248, 388
  Calusa and, 152
  Cuban ranchos and, 120
  as an estuary, 28, 131, 152
  sport fishing and, 169

Pinellas County, FL, 192, 379, 380,
  393, 410, 481

pine trees, 110, 136, 316–17, 243, 389
  as construction material, 36, 80,
    122, 175, 287, 424
  Gulf region and, 59, 60, 89, 90,
    110, 111, 175, 228, 243, 260,
    306, 333, 385, 400, 421, 471
  naval stores and pulp industries
    and, 60, 90, 123, 426, 447

pirates, 47, 214, 323–26, 477

Plant, Henry, 175, 176, 458

Plater-Zyberk, Elizabeth, 473

Pleistocene epoch, 13, 19, 195, 226

Polk, James K., 104–5

Ponce de León, Juan, 53, 174, 377
  death of, 52, 352
  Dry Tortugas and, 112, 144
  first Gulf entrada of, 34, 35, 38,
    44, 45, 48
  Florida encounters of, 35, 45, 52,
    152, 231, 354
  Gulf Stream discovery of, 45–46
Port Aransas, TX (formerly Tarpon,
  TX), 148, 156, 161, 178, 182,
  248, 287
Port Arthur, TX, 360, 411, 418
Port Lavaca, TX, 416, 417
Powell, John Wesley, 25–26, 33
Poynter, Nelson, 379–80, 381, 382,
  397
Price, William Armstrong, Jr., 226
Procter & Gamble, 428–29
Prudhomme, Paul, 434, 526
pulp industry pollution, 426–427,
  428–30
Punta Gorda, FL, 28, 193, 154, 167,
  172, 458
Punta Rassa, FL, 161, 384
Putnam, Frank W., 33

Rabalais, Nancy, 449–50, 451, 457,
  459–63
Raffield, Vince, 446–47, 448, 450, 455
Randell, Ted, 404
Ratner, Leonard, 381–82
Rauschkolb, Dave, 503
red tides, 422–23, 517 (see also
  sponges)

Reed, Nathaniel P., 404
rice, cultivation on Gulf, 90, 215,
  250, 271, 279, 284, 285, 286,
  298
Richards, John, 454
Ricklis, Robert, 63–64, 67
Ringling, John, 254, 394, 397
Rio de las Palmas, 55, 59
Rio Grande, 55, 65, 76, 178, 441,
  442, 520
  diminished flow of, 182, 500
  sediment flow of, 225, 226, 319,
    481
Rio Grande Valley, 431, 487, 520
Rio Pánuco, 72, 178
rivers, ecology of, 440–44 (see also
  specific rivers)
Rivers, Ernie, 421–22, 423, 518
Roberts, Nash, 339–41, 348, 350–51,
  361–64, 370
Rockport, TX, 178, 486, 487
Rogel, Juan, 38–39
Romans, Bernard, 51, 91, 111
  on commercial fishing in Gulf,
    118–19
  Indian observations of, 88, 89–90
  Mobile observations of, 87–88, 90,
    459
  Pensacola observations of, 86, 87
  as surveyor in the Gulf, 84–90,
    106, 117, 232
Romantics, 241–45, 246
Roosevelt, Franklin, 156, 180, 269,
  287, 394, 406

Roosevelt, Theodore, 160, 171, 172, 198, 205, 250
  bird conservation and, 209–12, 217, 330, 332
Rosen, Jack, 382–83, 384
Rosen, Leonard, 382–83, 384
Rowe, Thomas, 153–54, 255–56, 379
Rowland, Thomas, 275
Rudloe, Anne, 136
Rudloe, Jack, 136, 143, 144
Ruge, John G., 132, 133
Ruth, Babe, 254–55
Rutherford, Walter, 365–66, 367

St. George Island, FL, 188, 328, 448
St. Johns River, FL, 27, 242
St. Petersburg, FL, 204, 214
  bird sanctuaries and, 212
  post–World War II boom and, 378–82, 391, 393, 397
  real-estate boom of the 1920s and, 254–55, 395
  sea-level rise and, 521
Sanibel-Captiva Conservation Foundation, 407, 457, 516
Sanibel, FL, 151, 152, 377, 477, 482, 504
  growth management of, 405–9, 457, 479
San Jacinto River, 66, 271
Santa Rosa Island, FL, 86, 116, 227, 257, 258, 324, 352, 470, 483
Sarasota Bay, 394, 397, 409

Sarasota, FL, 148, 161, 182, 192, 257, 377, 457
  post–World War II growth, 393–99, 403–5, 410
  real-estate boom of 1920s and, 254
  sea-level rise and, 521
Saunders, E. E., 125, 127
Save Our Bays, 403–4
Sawyer, Wells Moses, 23, 32, 33, 39–40
Sayles, Edwin Booth, 63
Scott, Rick, 522
Scott, William Earl Dodge, 189–90, 191, 192–93, 194, 206
Seadrift, TX, 416, 417, 433, 438
sea grass, 134, 379, 402, 527
  habitat of, 29, 37, 56, 60, 140, 145, 421
  loss of, 296, 381, 392, 415, 421
  See also specific bays and rivers
Seale, Tom, 290, 291, 292
sea-level rise, 9, 347, 439, 519–22, 528
  See also Carson, Rachel; Gulf of Mexico; islands; *specific cities*; US Environmental Protection Agency
Seaside, FL, 472–75, 503
sea turtles, 18, 45, 112, 114, 117, 138, 142, 327, 443, 488
  consumption of turtles and eggs, 145–46, 232
  industry in, 137, 143–45
  protection of, 211, 433, 484–85, 503
  species of, 144, 484

See also Audubon, John James;
　specific states
seawalls, 28, 253, 346, 389, 396,
　401–3, 409, 410, 480, 481, 521
Seixas, Cecile, 205
Seminole, 91, 116, 166
　conflicts between U.S. and, 102–3,
　　121, 154, 322, 384, 405, 526
　Cuban ranchos and, 121–22
sewage pollution, 2, 130, 238, 247, 381,
　422–25, 430–32, 453, 456, 458,
　462, 467, 506, 518, 519, 527, 528
shell mounds, 30, 36, 37, 49, 69, 401,
　512
　Gulf region density of, 4–5, 23,
　　24, 28, 129
　as road bedding, 133, 395, 479
Ship Island, MS, 80, 314, 315, 322,
　364
　sea-level rise and, 487
shrimp, 29, 36, 56, 60, 114, 131, 138,
　156, 198, 234, 332, 412
　industry and, 134–36, 140, 143,
　　144, 147–48, 248, 287, 296–97,
　　433, 484–85, 505, 529
　species of, 65, 135–36, 494
　See also specific states
Sigsbee, Charles, 240–41
Sinclair Oil Corporation, 261–63,
　272, 273, 279
Singer, John V., 320–21, 323
Smith, John, 27, 28, 30, 69
　first hooked tarpon and, 154, 155,
　　168–69, 385

Smithsonian Institution, 25, 127
Soto, Hernando de, 109
　encounter with Texas oil, 71, 265
　Gulf expedition of, 68–72, 76,
　　352
　legacy of, 72–73
Southeast Louisiana Flood Protec-
　tion Authority–East, 514, 515
Spain and the Spanish
　Christianity and, 38–36, 55, 59,
　　62–63, 199, 352
　colonizing the Caribbean basin
　　and, 42–47, 48, 52
　desire for gold and silver of, 18, 24,
　　44, 46, 47, 48, 53, 54, 55, 58, 59,
　　68, 70, 74, 76, 82, 458
　navigation and the New World
　　and, 46–47, 54–55
　pigs of in New World, 43, 53, 69,
　　70, 73, 88, 235
　*See also specific Spanish
　　conquistadors*
Spanish-American War, 172, 198,
　210, 322
sponges, 29, 241
　habitat of, 117, 138, 266
　industry in, 117, 129, 355 (*see also*
　　Tarpon Springs, FL)
　red tide and, 423
Stagg, Mrs. George T., 174, 179
Standard Oil, 168, 283, 287, 293–95,
　355, 356
Stearns, Silas, 125, 126–49, 500,
　523

Stevens, Wallace, poetry and obser-
vations of, 16, 18, 117, 164, 242,
287, 529

Stewart, James, 264, 275, 280, 281–
83, 290, 291, 296–97, 302, 504

Stowe, Harriet Beecher, 190, 242

Straits of Yucatán, 13, 17, 18, 48, 77,
86, 338, 363

Sturmer, Leslie, 526–28

Sugg, Redding S., 313

Sullivan, Louis, 238, 314

Swamp Land acts, 495

Tabasco sauce, 197–98, 300

Tampa Bay, 85, 111, 175, 254, 394
Cuban ranchos on, 120, 121
description of, 56, 66, 87
estuary and, 56, 64–65, 409, 459, 464
feather trade and, 191–92
marshes and, 496
phosphate industry and, 458–59
pollution of, 457–59
restoration of, 459, 464
sea grass and, 379, 436, 459
Spanish and, 55, 56, 57–58, 68

Tampa Bay Estuary Program, 459

Tampa, FL, 19, 124, 148, 153, 167,
257, 289, 325
growth of, 254
port of, 192
sea-level rise and, 521
Spanish-American War and, 172,
210, 322

Tampico, Mexico, 150, 178, 179, 181

Tariff Act, 207

Tarpon Bay, 152, 168, 407

Tarpon Springs, FL, 60, 162, 190,
410
sponges and, 32, 137–39, 423
sport fishing and, 161, 168
tourism and, 138

Taylor, Gene, 467–68, 487

Ten Thousand Islands, 192, 201,
310–11, 409

terrapins, 248–49, 332, 493

Texaco, 270, 281, 294, 297

Texas
coastal environment of, 110,
225–26
independence and U.S. annexa-
tion, 104–5, 108, 122, 342
oysters and, 64, 65, 66, 78, 129,
147, 271, 275, 342, 438, 518
petrochemical industry and, 295,
297, 303, 411, 416–20, 431–33,
435–39
sea turtles and, 145, 515
shrimp and, 65, 66, 275, 297, 417,
437

Thoreau, Henry David, 123, 243, 313

Thunder Bay, 264, 274–75, 280–83,
290–92, 296–97, 299, 300, 302,
504

Tidwell, Mike, 506, 507

Tierra Verde, FL, 380, 394, 399

Tin Can Tourists, 256–57, 377

Time, "Filthy Seas" article, 412–13,
      418, 444, 463–64, 495
Tippetts, Katherine, 204, 205, 212,
      217
Tocobaga Indians, 58–59, 73
Tombigbee River, 87
Toxics Release Inventory (TRI), 418,
      426, 518
Trahan, Jimmy, 340, 348, 366, 367
Trinity River, 66, 342
Trinity–San Jacinto Estuary, 66, 274
tupelo trees, 196, 453
Turner, R. Eugene, 502–3
      coastal canals and, 501, 507
      Gulf dead zone and, 445–46, 448,
      449–50, 451, 457, 459, 461–63,
      494, 495, 519

Union Carbide, 418, 433, 438
US Army Corps of Engineers, 9,
      277, 328, 399, 409, 453, 454,
      480, 488, 517
      navigation projects of, 323, 381,
      431, 448, 456, 458, 481
US Coast Survey, 47, 99, 106, 250,
      312, 340, 510
      biological study of Gulf and,
      239–41
      mapping the Gulf and, 97, 100,
      107–112, 325, 354, 355, 376–78
US Environmental Protection
      Agency, 380, 418, 429, 438, 505,
      507

fish-kill study of, 415, 416
      lax oversight of 420, 426, 436,
      496, 512, 519
      offshore chemical incinerator and,
      416
      pollution reduction and, 422, 425
      sea-level rise and, 508
      Toxics Release Inventory and, 418,
      426, 518
US Fish Commission, 127–28, 141,
      147, 149, 523
US Fish and Wildlife Service, 378,
      380, 406
US Geological Survey, 309, 428
US Weather Bureau, 341, 343–44,
      349, 350, 358, 359, 360
Usseppa Island, FL, 150, 169–70,
      171, 173, 181, 248

Velázquez de Cuéllar, Diego, 44,
      46, 53
Veracruz, Mexico, 53, 182
Viosca, Percy, 501–2
vom Hofe, Edward, 170–71, 174

Walton, Izaak, 157–59, 162, 166, 178
Wang, Wenliang, 521
Ward, Charles Willis, 211–12
War of 1812, 102, 103, 326
Warren, Andrew Fuller, 123, 124,
      125, 127, 129
WaterColor, 474–75
Weddle, Robert, 68, 79

643

Welch, Benny, 367–68

West Florida, 7
  British colony of, 75, 83, 86
  manifest destiny and, 101
  Republic of, 102
  Spanish colony of, 101, 102, 103,
    110–11, 120, 352

White, Randy Wayne, 151–55,
  165–66, 168, 182–83, 408

Whitman, Walt, 109, 241

Wilczek, Edward, 5–6

Williams, James, 108, 110

Williams, Ted, and tarpon fishing,
  165

Williams, William Carlos, 52, 73–74

Wilson, Alexander, 189

Wilson, Diane, 411
  as activist, 416–20, 429, 431–33,
    436–438, 464, 518

Wilson, Edward O., 3, 15, 459, 460,
  465, 466

Wood, William Halsey, 164–67,
  172, 189, 377, 456
  hooking first tarpon and, 153–54,
    155, 168–69

Woolf, Virginia, 203, 204

Yarborough, "Smilin' Ralph,"
  482–83

yellow fever, 71, 108, 192, 235–38

Young, Linda, 425–26, 428, 429,
  431, 517, 518

Yucatán, Mexico, 13, 14, 17, 34, 43,
  48, 43, 83, 241, 422, 527
  bird migration and, 185–86, 187
  continental shelf and, 19

Zacks, Michelle, 119, 140

图书在版编目（CIP）数据

美国海：墨西哥湾的历史 /（美）杰克·E. 戴维斯
(Jack E. Davis) 著；丘梦晨译. -- 北京：社会科学
文献出版社，2020.2
　书名原文：The Gulf: The Making of An American
Sea

　ISBN 978-7-5201-5276-1

　Ⅰ. ①美…　Ⅱ. ①杰… ②丘…　Ⅲ. ①美国 – 历史
Ⅳ. ①K712

　中国版本图书馆CIP数据核字（2019）第263238号

美国海：墨西哥湾的历史

著　　者 / 〔美〕杰克·E. 戴维斯（Jack E. Davis）
译　　者 / 丘梦晨

出 版 人 / 谢寿光
责任编辑 / 周方茹
文稿编辑 / 郭锡超

出　　版 / 社会科学文献出版社·联合出版中心（010）59367151
　　　　　　地址：北京市北三环中路甲29号院华龙大厦　邮编：100029
　　　　　　网址：www.ssap.com.cn
发　　行 / 市场营销中心（010）59367081　59367083
印　　装 / 北京盛通印刷股份有限公司

规　　格 / 开　本：787mm×1092mm 1/16
　　　　　　印　张：41　字　数：598千字
版　　次 / 2020年2月第1版　2020年2月第1次印刷
书　　号 / ISBN 978-7-5201-5276-1
著作权合同
登 记 号 / 图字01-2018-7152号
定　　价 / 99.00元